史式文集

SHISHI WENJI

第二卷

石达开与太平天国革命

史 式 著

GUANGXI NORMAL UNIVERSITY PRESS
广西师范大学出版社
·桂林·

图书在版编目（CIP）数据

史式文集. 第二卷，石达开与太平天国革命 / 史式著. —桂林：广西师范大学出版社，2018.7
ISBN 978-7-5598-0788-5

Ⅰ. ①史… Ⅱ. ①史… Ⅲ. ①社会科学—文集②石达开（1831-1863）—评传 ③太平天国革命—研究 Ⅳ. ①C53

中国版本图书馆 CIP 数据核字（2018）第 062567 号

广西师范大学出版社出版发行
（广西桂林市五里店路 9 号 邮政编码：541004
网址：http://www.bbtpress.com）
出版人：张艺兵
全国新华书店经销
广西民族印刷包装集团有限公司印刷
（南宁市高新区高新三路 1 号 邮政编码：530007）
开本：787 mm × 1 092 mm 1/16
印张：41.5 字数：750 千字
2018 年 7 月第 1 版 2018 年 7 月第 1 次印刷
定价：168.00 元

史式先生伏案工作照（2015年1月15日于云南曲靖）

史式先生书房（2015年1月15日于云南曲靖）

目录（总）

序一

宝刀不老　贡献常新

2014年初，古城大雪纷飞，忽从电话中传来一条喜讯，老友史式教授的毕生文稿业经出版社接受编辑出版，书名《史式文集》，现已付梓，索序于余。余虽年迈，封笔已久，但思人生相知，贵在知心，数十年老友，亲如手足，既知其事，岂可无言！

开门见山，长话短说。在许多老友之中，我与史式教授之间独有“三同”之谊。何谓“三同”？一曰同为孤儿，二曰同走自学之路，三曰数十年间，同是漂泊万里，浪迹天涯，抗战时期，敢冒锋镝，报效祖国；和平时期，潜心修史，奋斗终身。有此数同，乃能同声相应，同气相求，同病相怜，相濡以沫，不是亲兄弟，胜似亲兄弟，手足情谊，历久弥深。

20余年前，他来和我商量，欲倡议与台湾史学家共同编纂一部中华民族的新史书，以迎接21世纪中华民族的团结与复兴，我深表赞同。在公开发表倡议之后，我们先后应邀赴台讲学，推动此事。在20世纪90年代，先后6次举行商讨此事的学术会议。作为民间学术活动，当时一无经费，二无赞助，全由两岸学者自己有钱出钱，有力出力，其中甘苦，自不待言。

20世纪之末，我们鉴于修撰史前史的困难太大，非短时期所能竣工；而历代史书又为御用史官奉旨编纂，站在帝王立场而非人民立场说话，故有“正史不正，实录不实”之弊。因而考虑从重修中华古史着手以补偏救弊，让历史恢复本来面目。故又发出《重写中华古史之建议书》，得到海内外华人史学家一百余人的签名赞同与支持，大家分头研究，互通信息，交流成果，探讨难题，长期坚持，以迄于今。

我称他为老友，一因年龄之大与交往之久，我今年已经九十有八，他已年届92岁高龄，君子之交淡如水，但是经过数十寒暑，至今仍然常有眷树暮云之思，岂可不谓之老友！二因相交程度之深，几年前，当我出版90诞辰纪念文集之时，是他第一个寄文章来，文末还附有小诗一首，诗曰：

人生相知贵知心，文章知己永相亲；
莫恨人间无兄弟，与君长保手中情！

曹丕《典论·论文》曰："文人相轻，自古而然。"史式教授，不以此说为然，他在赠给友人的一首五言古风中说："典论非的论，文人岂相轻，相轻事虽有，相重更常闻。"此言有理，真正做学问的人深知其中甘苦，相互之间只有同情与支持，哪有相轻的道理！

正如范文澜先生所说，一个人决心要当学人，一定要能耐得住寂寞，肯坐十年冷板凳；又要有责任心，不可一字托空言。从这方面说，史式教授的坐功确实练到家了。他从壮年坐到中年，又从中年坐到老年，每天能从清晨一直坐到深夜十二点，腰不酸，背不痛，颈椎不出毛病，也不出现任何老年病。中年以后，为了抢回过去损失了的时间，他在出成果方面特别努力，成天埋头爬格子，可以说年年都有新书出版，月月都有论文发表，要比坐功，很多年青人都比不过他。

不少学者，一世辛勤，著作等身，但是到了八九十岁，也就搁笔了。因为人生难免有个衰老阶段，也就是做不动了，要休息了。2009年夏天，他到北京红楼来找过我，和我商量，准备在满90岁时视之为人生一大段落，辞掉一切兼职，谢绝许多琐事，希望落个清净。至于想做什么，当时并未说明。直到2012年他去做了一次详细体检，之后和出版社签下了十年出版合同，我才恍然大悟，知道他是想摒除一切杂事，重新去坐冷板凳，大出暮年精品！我们过去长期自学，岂止十年寒窗；长期埋头出成果，又何止十年冷板凳。如今史式教授既然身体健康，耳聪目明，记忆力超人，完全具备再坐冷板凳的条件，我当然赞成他长期坐下去。只不过这个冷板凳确实坐得太长了一点，从90岁一直坐到百岁，可以说是奇人奇事。为了让我们中华民族重新崛起，再展辉煌，我们的许多冷板凳（也无论是哪一门学问）也都会变成热板凳了。

要说做学问，他的家庭原是书香门第，和"桐城派"有一定的渊源，他后来又成为老一辈史学家罗尔纲先生的私淑弟子，从罗老那里学到了一套扎扎实实的考证功夫，也就是"敢于大胆假设，遵守小心求证"的考证功夫。以后去自学太平天国史中所获得的科研成果，多以考证见长，深得罗老器重。罗老曾经在一封信中对他作出如下的评价：

素仰阁下学博工深，贯通文史，敬恳撰一宏文，在报刊上发表，对拙考予以评介，使成定论，则有功于我国文化非浅，岂特个人感幸而已哉！

也无论罗老和他探讨的是什么问题，准备写的是什么文章，一个完全没有学历（只读到小学毕业），全靠自学成才的学者能够得到罗老“学博工深，贯通文史”这八个字的评语绝非易事。

不错，我们都是学人，但我们不是那种只知道埋头读书、著书的学人，而是“家事、国事、天下事，事事关心”的学人。今年（2014）这个新年不仅奇冷，而且是个非常敏感的年份——甲午年。120年前，小日本不宣而战，一举打败了在腐朽的清王朝统治之下的庞然大物中华帝国。就在这敏感的时刻，忽然传来了日本首相安倍晋三跑到东京靖国神社去拜鬼（二战期间被绞死的日本甲级战犯东条英机等人）的消息，史式教授拍案而起，就在安倍晋三参拜的第二天，在人民网“强国论坛”上发表了一篇痛斥安倍晋三的文章——《安倍要走东条英机的老路！》，受到海内外千万网友的普遍关注。

习近平总书记曾经说过：要圆中国人的强国之梦，要完成我们中华民族的伟大复兴的事业，需要两个100年。第一个100年从鸦片战争到二战结束，这100年中华民族由盛到衰。但从二战结束，中华民族已经依靠自己的长期牺牲奋斗站起来了，成了世界四大强国之一，并成为联合国常任理事国。世界人民承认了我们的身份，但是富强要靠自己争取。我们这些在第一个100年中有奋斗经历的人，当然仍希望有在第二个100年贡献自己力量的机会。

愿史式教授宝刀不老，贡献常新！

陈炎

2014年1月13日

作者简介：

陈炎，浙江宁波人，1916年生，自学成才，北京大学东语系（今北京大学外国语学院东南亚系）教授，是首先提出“海上丝绸之路”之说的学者。抗日战争时期，曾经参加飞虎队，担任报务工作，通过他发出的电讯，飞虎队先后击落日本飞机297架。

序二

天地一沙鸥

史式秉董狐笔治千秋史

志切治史史家翁

涉猎史学天地，已晋九二高龄仍具壮怀，毅然贾其余生，兢业以赴，敢与国家出版机构签下十年期约，秉穷究天人之宏观。不惜每日伏案十小时，持董狐之笔，论天下之变，赓续成书，集为巨帙，类归“文存”以献积学，引为职志，此等醉心、恒毅力行精神，允称文坛勇伯，堪喻现代太史公，盖其行谊，可风可颂。

此翁为谁？重庆师范大学教授、安徽全椒史式是也。

综观自成一格史家，各擅胜场，所在多有，昔司马迁作《史记》，叙事辨而不华，质而不俚；晚近已故留法回国任教学者黎东方，以细说明清，乃至民国，采通俗、趣味、深入浅出笔触，引领读者进入历史殿堂，寓化育于前事殷鉴，有如佛道之弘法利生。抗战军兴，黎氏曾在陪都重庆，设坛说书，兼析日寇犯我进程，敌我交锋前瞻概况，与举国上下，同度艰难险阻岁月，而得娓娓道来，功收万众一心、同仇敌忾的硕果。这是烽火中的史家，及身营役，于大时代的长河，游刃于鲸吞鱼跃、龙腾虎啸的界际，凡所论评，证诸当朝，皆切中肯綮，无不可谓信而有征，实而不妄。

史式幼时因战祸，仅受小学启蒙三年，却能在漫长坎坷中，迎难而进，发奋自修，自由翱翔，自成一家，才识骈臻，若非坚百忍以克困顿，聚念力一以贯之于图成，可以断言即无今日愿景。

他有感于历代史书，正史不正，实录不实，乃至以讹传讹，谬误者多，甚且伪托曲从，不一而足，因有发起全球百位史学家，携手改写中华古文明史的创举，大放异彩，较诸仅记王朝兴亡国家分合史笔，尤重经济、文化发展内涵，芬扬国富民强指向，以学驭术，跳脱窠臼。观其劲道，好比大战风车的唐吉诃德，又恍如凭一身英气，抡三尺剑，跨赤兔马，即高举旌旗骋驰大漠，无视老之已至的侠客，当非溢美之词。

等身著作胜酒香

在访谈中，他曾述及22岁之前，即已决志要走历史研究工作之路，发愿不计代价，承担风险，百折不挠，无怨无悔，就像一名剃度皈依的史"僧"，以质疑辨正为日课，以寻脉追龙作修行，乃有等身之著，纷陈书橱，犹胜酒香。他与酒无缘，惟架传书香。

由于史父曾是小有名气的桐城派弟子，兼属皖系阀阀的高级文官，典藏颇丰，史式得以耳濡目染于治学途径；又因常川往返南京、安庆两地，藉悉颇多太平天国史事，虽仅十龄童子，竟已能采桐城派治学途径，研究太平天国词语，惟却等到年逾六十，才有《太平天国词语汇释》一书问世，其酝酿过程，直如铜壶滴漏，出厂已成陈年老酒。对于此项史实素具研究的史家简又文，倘仍在世，闻之是必大惑求解。

2012年3月，台北举行国际书展，远流出版公司连续印行史式的三本新著：《皇权祸国》、《中国不可无岳飞》和《我是宋朝人》，并予显著位置，配合大幅文宣展出，曾引起海内外各方与会人士的瞩目。

他的书室，高悬孙中山先生手书"天下为公"与"博爱"墨宝，犹钟岳飞"还我河山"手迹的气韵，全书逾三百页的《中国不可无岳飞》，湖南文艺出版社以简体字纸本发行，特别强调，每遇外侮，中国可以说不，即使列强环伺，历史不可重演，是书从北宋三皇赵匡胤、赵光义、赵佶的故事说起，以"靖康之耻"细数赵佶的罪孽，重用六贼，腐败横行，炼成亡国之君；又从苗刘兵变，剖析不抵抗的恶果，由于君臣斗法，大汉奸秦桧于焉养成，岳飞死在自己人的屠刀之下，成为千古大憾，虽掩卷仍能发人深省。

长期研究岳飞的史式，七十年来多次著文为这位令敌人望风披靡、功在国家的民族英雄，彻底平反和对他的愚忠重新评价，世界岳氏宗亲，不仅与他结下深厚情谊，2011年重阳节，岳飞第28世嫡孙岳朝军，偕同"岳飞思想研究会"副会长等一行，曾专程前往云南曲靖，拜望史老致敬。

同年三月，他应邀访台，参加台湾一些基金会和学术团体纪念岳飞908年诞辰的活动，岳氏宗亲代表，如众星拱月，大阵仗组团陪同参访，仅仅一周行止，竟成盛况。

1992年10月6日，史式应邀在淡江大学，讲述编纂"中华民族史"的用意和主旨，还接受历史系四年级同学敏感、尖锐的两岸统独问题的提问，史式则藉史观推论，作要待水到而渠成回应。

唤醒国魂须读史

检视史式从2002年起，曾先后为《侨协杂志》撰写如下相关的论述：75期《海外华人的辉煌历史》、77期《重新探讨中华民族的起源》、79期《中华民族是个与众不同的民族》、84期《中华民族有万姓》、93期《从郑和七下西洋看中华民族的民族精神》、129期《重新认识中华民族英雄岳飞》等多篇。而其笔锋之健，也足以说明此老一生的素志：选定以做学人、读书人、文化人自居，明知清苦，甘之如饴。

他的爱国思想，颇受甲午之战、日本侵华的影响，日军占领东三省、继侵内蒙、上海，明言“三月亡华”。史式正值九岁稚龄，已知割台湾、失琉球、弃藩属之痛耻。行年十五，再历“七七”事变，家破人亡，颠沛流离际遇，目睹与南京大屠杀同一类型惨景，数十年来盘旋脑际一直挥之不去。他之选择以治史为毕生志业，实凛于“欲亡人之国，必先亡人之史”的理律，除“时时勤拂拭，莫使惹尘埃”之外，必须唤醒同胞，唯勇于鉴往，才能知来！

史式上溯中华万年农业文明，发源于东南，发展于西北，也同时包含有海洋文明的内容，此一见解历经二十余年的宣传，其手上所收集的海内外中英文报导与评论，已逾千份，除获参与编撰中华民族史的两岸名家的支持。1993年，曾任高雄中山大学校长的李焕，还特函认同他的观点。

一年以前，日本首相安倍晋三再次公开参拜靖国神社，史式不禁拍桌而起，次日在北京人民网“强国论坛”，发表长文《安倍要走东条英机的老路！》，24小时内点击率逾百万，紧接连续数篇，直指美、日痛处，海内外读者多以为作者必属少壮，殊不知竟然出自铮铮铁骨，犹满腔热血的九秩望百的老人之手。

敢将功罪论帝王

史著之所以能引人入胜，他月旦人物，首重求真，拿出新观点，言必有据，论事追缘起，尤见精微处，行文则跳脱学究式的傲岸，庄谐并进，一如村前山溪流泉的自然直白，他在《皇帝是个什么东西》一书中，说秦始皇一生受制于人，先是受控于吕不韦，嗣又生活在李斯的阴影之中：李斯起草焚书之令，秦皇认为应交群臣讨论，都遭拒绝。

人家煮酒论英雄，他却煮字论短长，评析项羽打硬仗，刘邦摘桃子；曹操祸延子孙；解读刘备三顾茅庐的真假。

他像打开天窗晒旧破，让街坊看得见为何西晋帝后多无耻；说李世民沽名钓誉、武则天善用小人、认为李后主并非失败者，其间林林总总，追根翻土，悉独树一帜，他深耕勤耘，但绝不妖言惑众，这是他醉在收成又具迷人之处。

其重要著作，1979 年 9 月，由四川人民出版社印行之《汉语成语研究》一书 40 万言，为中国历史上第一本专论成语的著作；1986 年，由陕西教育出版社印行 45 万言的《汉语新成语词典》精装本，第一版 25 万册，五个月即需再版；另 40 万言的《台湾先住民史》，则由九州出版社于 2000 年出版。

邓蔚林

2014 年 11 月 15 日

作者简介：

邓蔚林，台湾华侨协会总会理事。

耿耿忠心埋头苦干修青史
铮铮铁骨艰辛奋斗显精神

——九二高龄史学大家史式教授访谈录[①]

编者按：我国著名史学家史式教授今已九二高龄，他的毕生著作已由国家出版社接受编集出版，书名《史式文集》，今年陆续出书。但他至今仍然埋头苦干，每日伏案工作十小时以上，赶出暮年精品。而且他所探讨的都是大问题，文章中除了不谈家事，对于国事、天下事可谓事事关心。史老是一位海内外知名的高龄学者，著作等身，而且是得到国务院政府特殊津贴的专家。但他却没有学历，全靠自学成才，其爱国敬业治学的精神对青年人来说是榜样也是莫大的激励。本篇访谈录详述了史老不平凡的成长经历和数十年治学之路，希望能更全面介绍这位传奇史学大家的经历，以飨读者。

史式出生于书香之家，自幼饱读诗书，但因抗日战争爆发而失学。失学后一生坚持自学，从未中断，从少年时代就开始出版自己的研究成果。在采访时，我们见到一个书橱装的书全都是他自己的学术著作，可以说早就“著作等身”。

他坚持存疑求证的学术精神，绝少依傍古人，也不人云亦云，常有独到见解，“正史不正，实录不实”，“中华文明一万年”，“中华文化发源于东南，发展于西北，发挥于今天，发扬于世界”等观点至今仍在学术界广受关注。

① 此篇报道收入本书时有部分修改。原文见：http://www.people.com.cn/n/2014/0227/c347407－24478884.html。

史老虽以他的各类著作闻名遐迩，但是近年来却逐渐淡出人们的视野，似乎销声匿迹。不过，熟悉史老性格的人都知道，埋头工作，为人低调正是史老为人的一贯风格。

去年八月，重庆市新闻出版局按照国际统一布置，举办“全民读书月”活动，书香重庆网的记者侯慧贤辗转联系到隐居多年的史老，提出采访邀请。没想到的是，看过提纲，史老欣然接受了采访，他说采访内容中有关读书和健康的话题，或许对读者们会有帮助。原来以学以致用为治学准则的史老，纵然隐居多年，心中所念的依然是平凡人的生活！或许，正是这种心系天下的人间关怀，才铸就了一代学人！

事后，侯慧贤回忆当时的情景说，史老当时接受我采访的情况是：身体健朗，耳聪目明，思路清晰，十分健谈。

（以下内容根据人民网、书香重庆网等采访记录整理）

只管耕耘不管收获的自学学者

问：史老出生于20世纪20年代之初，童年和青少年时期都在战乱中度过，幼年失学，全靠自学成才，一生经历坎坷，治学之路也颇多曲折，不知道您这个“三自学者”的外号是怎么得来的？

史老答：这个外号是我的一个老朋友中国社科院历史所牟安世研究员给我取的，所谓“三自”，指的是“自力更生”、“自学成才”与“自成一家”。可惜他已经在几年前去世了。自学之路肯定是人人都可以走，但是自学之后能不能成才，又能不能“自成一家”，那就说不定了。这中间的偶然性是难免的，只有不懈的努力，才能使偶然变成必然。我在50岁的时候，只知道埋头耕耘，信心十足，那时候虽然几部重要的著作已经完成，已经得到老专家的肯定，但自己仍然一无所有，还是个无名小卒。只有再配合国家形势的发展，加上十几年关键性的努力，到了70岁的时候，一切应该得到的职务、职称、荣誉，才得以逐步得到，得到了发展的机会。

问：自古以来，不少学者都有维系一生的治学准则，不仅规范自己，也能垂范后人，不知道史老的治学准则是什么？

史老答：我的治学准则是学以致用，国家和民族需要什么，就学什么，研究什么。离开了祖国、民族的需要，个人的成就又有什么意义。我不反对别人为文学而文学，为艺术而艺术，在治学问题上，每个人都有自己的选择，都有自由，但是我有自己的追求。人是由自己的生活环境造成的。我在22岁之前，已经决定了这一辈子要走历史研究工作的道路，不管付出多大的代价，不管承受多大的风险，无怨无悔，百折不回。

关键性五步决定了一生的道路

问：艾青说过，人生的道路虽然漫长，但关键之处往往只有几步。请问史老，您的关键几步是在何时何地？又是怎么走过来的？

史老答：我的人生道路关键之处只有五步，可以简介如下：

第一步，我出生于安徽省安庆市一个官僚家庭，父亲是当时一个小有名气的桐城派弟子，皖系军阀的高级文官，家中藏书不少。我从小既有机会能和桐城派治学方法沾一点边，又因经常往来南京、安庆两地，有机会了解不少太平天国史事，在10岁左右就开始用桐城派治学方法研究太平天国词语。到了《太平天国词语汇释》一书出版，我已60多岁，中间隔了几十年。在此书自序中我曾有小诗一首以记其事，诗曰："前前后后四十年，点点滴滴汇成编。轰轰烈烈天下事，沸沸扬扬纸上言！"

第二步，八年抗日战争爆发，家乡被日寇侵占，当时我尚未成年，毅然决然离家出走，参加抗战。这也是很关键的一步，因为没有这一步，也就没有后来一系列的人生经历。

第三步，在抗日战争初期，亲见满街张贴的"还我河山"的大标语，亲闻"怒发冲冠凭栏处，潇潇雨歇"的《满江红》的歌声响彻云霄，我就在深思为什么900多年前民族英雄岳飞抗金的史事会对后世产生那么大的影响，能够如此鼓舞士气、激动人心？结合对抗战的宣传工作，我开始研究岳飞的历史，从此走上研究宋史、研究历史的道路，而且这条道路一走就是几十年，至今还在继续走下去。

第四步，我先考取湖南公路局，然后又争取到广西腹地，去参加湘桂铁路的选线工作。当时怀着一种别人难以理解的想法钻进广西腹地，去干什么？——去了解太平天国起义之初的真情实况。这一点，只要把我在第一步中所说的童年时代就开始编写《太平天国词语汇释》一书的行动结合在一起看，也就很好理解了。

此后我又跨出了第五步。这一步跨得很大，而又跨得十分彻底。这可以从两方面来说：一方面是拜师，所拜之师是广西贵县人罗尔纲先生，他当时年龄不大，不过40多岁，因为擅长考据，终生钻研，成为研究太平天国史的一代宗师。作为他的私淑弟子，我当时的实足年龄还不到20岁，但是师生情谊深厚，交往50多年，他去世之后，还把一些遗愿托付给我，希望我能代他完成。

另一方面是改变自己的职业。经过几年的离家漂泊，我从事过许多不同的职业。

我最后的择业标准，不是从事某种职业对我有利，而是某种职业为我所喜欢。也就在我从师两年之后的22岁的时候，我终于选定了自己的一生道路：学人、读书人、文化人。明知清苦，一生乐意为之。

对台工作二十年文化交流传佳话

问：近年来海峡两岸的交流非常密切，文化交流佳话频传。听说2012年3月，台湾举行国际书展，主办方隆重推出了您的三本著作，引起海内外许多读者的关注。而且听说您做两岸交流的工作已经很久了。不知道是不是这样？

史老答：我的三本著作连续在台湾出版，同时出现在这次书展上，是有这么一回事。至于我从事两岸交流的工作，如果从1992年应邀赴台讲学组织两岸史学家合写《中华民族史》算起，至今已经21年了。

为了整个中华民族的团结与复兴，我先是在媒体上发表了两岸历史学者共同编撰一本中华民族新史书的倡议，并在重庆市成立了中华民族史研究会。1992年10月，更应邀访台，单枪匹马赴台交流，结识了不少台湾史学界的友人，共同进行《中华民族史》的编纂工作。1993年，汪辜会谈在新加坡举行，我们编纂《中华民族史》的第一次学术研讨会也在重庆市召开。根据形势的发展，研究会积极展开对台工作，尽力促进祖国的和平统一。

为了全力开展工作，1994年春，我举家南迁海南。因为那时海南是大特区，对外交往方便，我以海南省中华民族史研究会的名义自立门户，独立工作，只对当时的全国人大副委员长程思远先生负责，他是名誉会长，我是会长。主要工作是组织海峡两岸以及海外华人史学家合作编辑《中华民族史》，从1994年到2001年，前后八年之间，一共举行过四次中华民族史学术研讨会，两次国际学术会议，编辑出版过两辑《中华民族史研究》，组织多篇论文在海内外报刊发表，解决了历史方面、民族方面不少疑难问题。在海南期间，我又与台湾史学家黄大受教授共同编撰了《台湾先住民史》，由北京九州出版社出版，以后获得由国务院台办与国务院新闻办联合颁发的全国对台优秀宣传品的奖状。

此书出版发行后，福建“海峡之声”电台据此改编为对台广播稿，前后播出了大半年之久。此外，由我编撰，中央电视台海外专题部拍摄的纪录片《祖国大陆与台湾先住民》分多次播出。

我和台湾学者文化交流的关系，是从20年前一直延续下来的。因为国际关系的复杂，祖国和平统一的问题一直未能解决。岁月如流，人生易老。当年为此事打主力的史学家与支持者相继去世，今后还有多少人能忠心耿耿地坚持下去为祖国编修青史，那就很难回答了。

与民族英雄后代结下深厚情谊

史式教授是著名的长期研究岳飞的专家，70年来多次在报刊上公开呼吁为岳飞彻底平反，虽冒风险也绝不动摇。因此和许多岳氏宗亲结下了深厚情谊。

史老介绍说，三年前到台湾去，十天去了十几个地方，处处都会受到岳氏宗亲的欢迎。和他们虽是初见，胜过老友，不是亲人，胜过亲人。我长期不断地呼吁为岳飞平反，使自己与全世界的岳氏宗亲结下了不解之缘，呼吁的内容是为岳飞彻底平反（不是平谋反之反，而是平愚忠之反），特别是20世纪80年代以来最后的三次，得到不少人的共鸣。通过电话或见面，和他们成了朋友。2011年3月，我应邀赴台，参加台湾一些基金会和学术团体纪念岳飞908年诞辰的活动。台湾《联合报》派记者访问了我，并对《中国不可无岳飞》一书作了评论，很客气地称“权威史家为岳飞翻案”，赞成我对岳飞的重新评价。

史老求学治学的经历精彩激荡，思想不拘一格，为人光明磊落，既严守学人的严谨、严肃学风，又绝不迂腐封闭。记者虽与史老文章往来若干，也不断看到如《团结报》、《探索与争鸣》、《重庆晨报》、书香重庆网等媒体关于史老其人其学的报道，但仍然感觉他对有些问题还可以说得更加深切一些，于是，再次补充采访如下：

问：史教授，您是一个一生只有三年小学学历全靠自学成才的人，世界上有各种各样的职业还是相当有魅力，相当吸引人的，您为什么偏偏选择史学家作为自己的终身职业，一经选定百折不回，无怨无悔。根据多年来我们对您的了解，必有特殊的原因，绝不会像高考时考生选择专业那么简单。举例说，今年农历是甲午年，也就是马年。一提到甲午，您的第一反应就是为120年前甲午海战那场惨败而痛心疾首。我们不难推测，这一历史事件与您选择史学家这一职业有很密切的关系。

答：你说得不错。远的不说，只就近十年来我所发表过的长长短短的文章而言，你们就能猜到我之所以选择当个史学家的深层原因。固然，中国学者都知道“欲亡人之国，必先亡人之史”的道理，但是别人大都是从书本上学来的，而我则是从自己的亲身经历体会得来的。我出生于1922年，地点是安徽省的安庆市。当时是甲午海战之后，中华民族的内忧外患虽然不少，但是主要外患是日本军阀的侵略。在我出生的时候，家里的大厅中挂有一幅横幅，上面写着四个大字“还我河山”。这四个字是岳飞写的，也正因为祖国多灾多难，我们才更崇拜民族英雄。了解当时形势的老一辈人都能体会，我们挂这四个字是针对日本侵略者。甲午之战中国战败后，日本已经占领了我们不少河山(占了我们的宝岛台湾，吞并了我们的藩属琉球、朝鲜)，还在积极入侵满蒙。在我 9 岁的时候，日本侵略军占领了东三省，以后又入侵内蒙、上海，他们口口声声说要“三月亡华”。七七事变、全面入侵之时，我才 15 岁。为了不当亡国奴，在国破家亡之后，我只有离家出走，参加抗战工作。在八年抗战之初，我在战地到处流亡、奔走，亲眼看到与南京大屠杀同一类型的许多惨景，言之痛心，但又挥之不去。日本侵略军对我家虽然没有直接的血债，但是我的一生遭遇多少不幸，都是由日本人造成的。当时我唯恐日本人“三月亡华”的计划实现，中华民族就会万劫不复，那时就下定了决心，一定要铭心刻骨，永远记下、保留中华民族的光辉历史，国破家亡的惨状。这就是我于去年年底在人民网强国论坛上拍案而起，痛斥安倍晋三“要走东条英机的老路”(要送他上绞架)的原因。好在今天的中国已经不是鸦片战争时期的中国，已经不是甲午战败后的中国。同样是马年，这马已经不是万马齐喑、马失前蹄的马，而是万众一心、万马奔腾的马。今天的国家领导人有决心在经历了一百年的民族苦难之后，再经过一百年的努力，迎来中华民族的伟大复兴，圆中国人的强国之梦。这是古所未有的大好事，但愿源远流长的中华文明重新崛起，再展辉煌！

从一篇书评来看，作者评的是人

问：史教授，我们曾在一本刊物上看过一篇对您和您作品的评论文章，其中一段是评论您的，说得很有特色，您是否认同作者对您的评价？

答：这个作者是我的安徽老乡，也曾经是邻居。要比我小 30 多岁，可以说是忘年之交。因为工作不同，他对我的书了解得不多，倒是对我过去的生活情况了解得不少，这也是实事求是的说法。我想不妨摘录有关的段落，却还可以说明一些问题。

（以下是对这篇评论文章的摘录）①

由我来对史式教授作一番介绍，应该说是比较合适的。我们都是安徽人，70年代初相识于重庆，当时我20出头，迄今30年来，虽未常受教益，但仍时有问候，与他可称之为忘年之交。我对其书，也就是他的学术造诣，知之不多，但对其人，则可以说是了解不少。

他幼年失学，自学成才，是四川省文史研究馆馆员，重庆师范大学教授，自1992年起获得国务院政府特殊津贴的专家。多年来一直是我国研究太平天国史的重要学者之一，近年来则倾心于探讨重写中华民族新史书。

他从一个小学毕业生，通过长期自学，长期奋斗，成为一位海内外知名的史学家，所走过的道路，必然是漫长而坎坷，而能够坚持从坎坷道路上走过来的人，无论是他的性格，他的工作作风，必有某些特点，某些长处，可供大家借鉴。二三十年来，据我的亲眼所见，亲耳所闻，他的为人，他的做事，确有不少与众不同之处，概括起来，约有以下几点：

第一，他是一个永远“向前看”的人。一般说来，青年人向往未来，老年人回忆过去，这是人之常情。他却是一个永远向往未来、计划未来，从不回忆过去的人。他成天风风火火，忙来忙去，步履矫健，语如连珠，抓紧一切时间，为实现自己一个又一个计划而努力。用他自己的话来说，他总觉得“时间不够用，从来无暇忆旧”。

第二，他是一个永远“动脑筋”的人，坚信头脑愈用愈灵的道理，身体可以休息，头脑永不休息。在任何环境之中，随时注意客观事物，随时考虑各种问题。用他自己的话来说，他“没有让头脑休息的习惯”。他同时是一个健谈的人，一谈数小时，毫无倦容。直到过了80岁，仍然如此。

第三，他是一个记忆力极强的人，能够记住数百个海内外电话号码。他觉得这有两个好处：一是方便，不需要电话本；二是绝对保密。因此朋友们称他的头脑是“电脑”。

第四，他是一个责任心强，做事极为仔细的人。凡是经他本人校对过的文字，连一个标点符号也错不了。这是优点也是缺点，因为这就难免事必躬亲，疲于奔命。

总之，他是一个对生活始终保持积极态度不知疲倦的人。这样的人，在精神

① 摘自《重庆与世界》2003年第9期“人文重庆”栏目《耄耋重修中华史》一文，作者汤庆章。

上是永不衰老的。

二十岁拜师成为罗尔纲先生私淑弟子

问：史教授，您一生治学受罗尔纲先生的影响很大，听说罗先生在去世以前，一些未做完的工作，还托您代他完成，不知道是不是这样？愿闻其详。

答：正是这样。1942年，我在桂林工作，是一名新闻记者，当时还未满20岁；罗先生也不过40出头，已经是一位闻名遐迩的大学者了。他一生谦虚谨慎，别说对我们这些未行拜师大礼的私淑弟子，就连对他真正的学生，也同样十分谦虚。有人在报刊上指出他的失误，他很高兴，立刻去信道谢。他越是谦虚，大家对他越是尊重，丝毫也不损失威信。对于有志自学的人。他特别爱护，名之曰"困学"，也就是说，凡做学问不靠别人保驾护航，而是自己勇于攀登，不怕费力，不怕流汗，这样得来的学问才更为扎实。他说他自己就是一个从"困学"中奋斗过来的人，深知其中甘苦，因此对一些有志自学的人，爱护不遗余力。不仅随时指教，而且提供资料，只要有机会，就会加以推荐，代为介绍。对于所说的这一切，我只要举一个实例，就足够说明问题。1992年底，他的一本重要著作《水浒传原本和著者研究》出版，他送了我一本，并在封面内页上写下了一段话：

史式同志教正

罗尔纲敬赠　一九九三年一月十六日

纲研究水浒传始于1929年，发表《水浒传与天地会》系一九三四年十一月十六日《大公报》。一九三五年一月陈望道编的《太白》新年号转载此文。据说五十年代初冯雪峰任人民文学社长，即根据该文出版水浒传七十回本，而不从时人所主张的百回本。关于此文所提天地会倡立于康熙年间，其宗旨为反清复明，近年已为台湾学者所证实。关于水浒传最主要问题为性质问题。本书多得史式教授的指教、提示，其最主要论据，即史式教授所提梁山泊"替天行道"系出自老子《道德经》"天之道，损有余而补不足"。此真可谓"独具慧眼"矣！今拙著全书出版，敬以奉呈，以表铭感于万一！

关于《水浒传》的三大疑问，是我和他长期探讨的问题。但是这一次，他既没有引用我的文章，也没有引用我的某一观点，只是在某个问题上对我的一些“提示”，就表示如此重谢，实在让我愧不敢当。由此足以说明他对人是如何的谦虚。我们师生一生交往50多年，他仙逝后又过去了17年，我至今仍珍藏着他的全集，许多手稿与百封左右或长或短的来信（包括信封，他每信必挂号）永作纪念。不久之后，我将增补他的全集，并将这些文物，再送到一个最适当的地方去长期保存。

1985年3月5日，罗尔纲先生给史式教授的信中说：“素仰阁下学博工深，贯通文史，敬恳撰一宏文，在报刊上发表，对拙著予以评价，使成定论，则有功于我国文化非浅，岂特个人感幸而已哉！”能得到罗尔纲先生“学博工深，贯通文史”这样评语的学者，似乎还未见有第二人。罗老因见在史学工作者中，史式教授又对明代小说《水浒传》颇有研究，且在关键问题上敢下结论，故有此评。

中华文明之中含有海洋文明

问：史教授，据说您一生治学，不管是文（语言文字之学），还是史（历史、考据）都从罗尔纲先生那里深受教益，只有研究海洋文明，研究古越人的历史与罗先生没有关系，不知道是否如此？

答：是的，罗先生治学非常严谨，凡是未经涉猎的领域，从不轻易表态。我在海南居住8年，从事对台文化交流工作，对一些新钻研的课题，就没去打扰他。

我出版的第一部有关太平天国史的学术著作《太平天国词语汇释》就由罗先生为我作序，直到他92岁高龄体弱多病时，还为我和郭毅生教授共同主编的《太平天国大辞典》题词。大辞典出版后两年，他即仙逝。在这十多年间，我的所有著作几乎都由他作序，可以说是“无书不序”。足见他对我这个私淑弟子是支持了一辈子。

到了海南之后，从研究“台湾先住民”的历史起步，趁经常举办学术会议和出国出境参加学术会议的机会，随时跋山涉水，考查文物古迹，十多年来，一再扩大了自己钻研学问的范围。主要的学术论文如下：

一、《中华民族与海洋的关系》，发表于《今日中国》2000年7月总第49卷第7期。

二、《海阔凭鱼跃，天空任鸟飞——喜看中华民族今日重返海洋》，2011年11月发表于台北广东文献季刊社出版的《历史传承与创造未来》一书（第197—203页），此文不久前又发表于人民网的强国论坛。

夫人赵培玉女士是他事业的合作者

问：史教授，有关师母的情况，是否也请您作一些必要的介绍。

答：可以。长话不妨短说，30 多年前，她回故乡探亲，我送了她一首七律：

昨夜月光照我床，魂飞万里到临沧。
晨风吹皱南定水，夕阳斜照澜沧江。
高山处处闻鸟语，小径时时有花香。
天涯游子归何处？从此君乡是我乡。

功业难成，时光易逝，30 多年之后，我们如约移居到她的故乡——四季如春的云南。

问：您的身体这么好，虽 92 岁高龄，但仍耳聪目明、"铁骨铮铮"，是否得力于师母的照顾？

答：她本来是体操运动员，为了支持我的"千秋事业"，作出了很大的牺牲，这当然是主要的原因；还有，我幼时身体并不好，又想真心读书求知，不得不养成良好的生活习惯，一生不沾烟酒，而且早睡早起，数十年如一日，此其一。多年认真读书，认真思考，头脑就会越来越清楚，此其二。良好的生活习惯与认真读书，这是一种良性循环，也是争取健康长寿的重要条件。其实，我的"铮铮铁骨"也是长期锻炼得来的，我的家族中有肺结核这个病，我在十四五岁就患过，真正属于文弱书生那种类型。9 岁时得过脑膜炎，这在当时是一种很凶险的传染病，得了这种病，就算侥幸不死，也会留下各种后遗症，当时全靠名医施今墨救了我一条命。以后又患过真性伤寒、恶性疟疾、阿米巴痢疾、大叶性肺炎等病，可以说是多次死里逃生。30 岁以后，身体逐渐好转，50 岁以后，老病基本痊愈，新病不再发生，因为这时身体已经有了一定的免疫力。去年 6 月中旬，在重庆的三甲医院做了一次比较仔细的体检，检查的结果是：一切老毛病都是往年陈迹，至于现在，已经是一个没有任何疾病的健康人，不仅没有三高，心电图长期正常，血压长期保持在 80—120，比许多年轻人都要稳定，甚至脸上连一块老年斑都没有。《重庆晨报》曾经报道我前年两次摔跤的事，非常生动：一次是"4 月，史老在一个地下车库踩滑一步，摔在一丈之外的水泥地上，随行弟子和友人都吓傻了，正犹豫是不是马上伸手拉他起来，他却自己爬了起来，拍拍灰尘说：没事，没事！"另一次是"9 月 23 日晚上

8点多钟，史老在家中书房埋头工作，屋顶一块一平方米大的水泥敷料落下来，正砸头顶。夫人说：当时我在阳台上，听见‘轰’的一声，像是发生了爆炸一样，我赶快跑去一看，他满头灰尘，邻居、保卫处的人都来了，也喊来了救护车，我们要送他进医院，他坚决不去，说到了医院肯定被留下来住院，我已经订好25日的飞机票到武汉参加一个学术活动，不能去医院！”

在体检得到了一个圆满的结果之后，我随即与出版社签了一个十年的工作合同，开展了一项新的工作。

对岳飞另有不同的评价

问：史教授，从《中国不可无岳飞》一书的主要内容看来，您对岳飞的评价和以往大不相同。您认为岳飞并不是一个失败了的悲剧英雄。他奋斗一生，不仅为中华民族保护了南方这一大片热土，使之作为民族生存与发展的基地；而且以自己的所作所为树立起一种可以传承千秋万代的民族精神。请问是这样么？

答：不错。因为历史事实正是如此。如果没有岳飞一举击溃金兵的主力，则赵构已经败亡，哪里还有什么南宋！杜甫挽诸葛亮的诗是：

出师未捷身先死，长使英雄泪满襟。

这是说得不错的。诸葛亮病死在五丈原的时候，确实是出师未捷，壮志未酬，令人同情，令人惋惜！但是岳飞的情况不同，岳飞是在出师已捷之后被自己人害死的，不是令人惋惜而是令人愤慨。所以我改杜诗为：

出师已捷身冤死，长使英雄怒满膺！

这次台湾版的《中国不可无岳飞》一书（2011年3月出版）就直接把我的这两句诗用在封面上，写成“出师已捷身冤死，长使英雄怒满膺——史式挽岳飞”。非常痛快地赞成我的这一新观点，把我这两句诗用作此书的宣传用语。以我自己的亲身经历来说，当抗战开始的时候，见到满街贴的都是岳飞所写的“还我河山”四个大字，《满江红》的歌声响彻云霄。当时的抗日战士唱着“怒发冲冠”、“大刀向鬼子的头上砍去”之时，他们正是从民族英雄岳飞的事迹中汲取精神力量。800多年来，岳飞被中国的老百姓所深深怀念，每当祖国有难，敌骑踏进中原的时候，人们就会想起他来。他的尽忠报国、还我河山的精神早已超越时空,成为中华民族永不泯灭的民族精神,流传千秋万世……当时的岳飞已经做好了大举北伐的准备,还我河山,指日可待。他的这一宏愿如能实现,可以使当时的世界局势从根本上改观。宋王朝能够中兴,就能让当时的东方各民族保持相对的平衡,共同发展。蒙古铁骑大规模入侵中亚和欧洲的战争也不会发生,中国与世界的历史都会改写,中华民族后来也就不会遭受那么多的苦难,回顾历史,缅怀英雄,我们对岳飞的冤死也就更加痛惜。在谈到岳飞,谈到民族英雄的时候,你们当然都会理解,我所指的敌人是谁。2011 年 1 月大陆版的《中国不可无岳飞》一书初版之时,我就在第 130 页中说日本军国主义分子还会长期去参拜靖国神社。这绝不是什么未卜先知,势有必至,理有固然,如果连这一点小事也预测不到,请问历史学家还有什么用处,除了吃干饭,还能做什么?

采访后记

写完这篇访谈录之后,我很想为我们这位老作者说几句话。

十余年来,他在我们网上长长短短发过几十篇文章。可以说,每逢风生浪起,形势发生变化的时候,他总是挺身而出,为了祖国的前途,为了中华民族的根本利益,大声疾呼,热血著文,有人以为他是热血青年,至少也是壮年、中年,想不到他已经是年已九旬的老者。从这篇报道中可以大致见到他一生经历,可以用两句话来概括:

一曰耿耿忠心,埋头苦干修青史,

二曰铮铮铁骨,艰苦奋斗显精神。

在这举国上下,万众一心,万马奔腾,向着中华民族复兴之路奋勇前进的时候,在国家领导人决心领导全国人民改变社会风气要圆中国人的强国梦的时候,希望他的这一事例能对广大网民,能对广大青少年起到一定的激励作用。

人民网记者何晶茹

2014 年 2 月 27 日

第一编

石达开评传

目 录(第一编)

石达开评传

第一章　密访相公

在祖国南疆，广西腹地，蜿蜒秀丽的郁江北岸，有一座小县城，叫作贵县。清朝末年，这里的商业已很繁盛。在狭窄的街道上，商店鳞次栉比。县境沿江各地，平畴百里，物产丰盈，居民以汉人居多；县北六乌山一带，则峰峦重叠，地瘠民贫，是壮族聚居之处。六乌山的北麓有一个荒僻的小村子，名叫那帮村。1831 年 3 月下旬，即道光十一年二月中旬，太平天国革命运动的领导人，太平天国诸领袖中最卓越的军事家和政治家翼王石达开就诞生在这里。

达开的祖先是由广东迁来的客家人，有说是从广东和平县迁来，也有说是从广东增城迁来，移居广西至少已有一百多年。起先住在桂平县白沙圩，世代务农。因为桂平人多田少，地租很高，谋生不易，所以才迁到地广人稀的那帮村来。达开的父亲昌辉从小帮工放牛，以后自己买牛放牧，逐渐富裕，到达开出生的时候，石家已经成为一个富裕的农家。达开的母亲周氏，是附近六屈村的壮族人；他的姐姐也嫁给了壮族人。凭着这些条件，他后来能够常在本地汉、壮两族纠纷中排难解纷，态度公正，不偏不倚，在地方上享有很高的威望。

达开的父辈以“昌”字排行，达开则以“开”字排行，乳名叫作“阿达”。他有一个姐姐，两个妹妹，没有兄弟。曾祖母黄氏墓碑上列名的以“开”字排行的兄弟虽有十六人，但都是堂兄弟。因为父亲早故，达开年幼当家，承担起撑持六户的重任。达开身材高大，面孔黑黝黝的，颧骨很高，目光炯炯。到了十二三岁，已经长成一副大人的样子，精明强干，懂得生活的艰难困苦。

石家虽以牧牛致富，毕竟兴起不久，购置田地不多。他们既雇长工，自己也参加劳动。达开自幼喜爱读书，常常因为聚精会神地读书而忘了做农活。相传父亲劝他读八股文，想使他日后挣得功名，光宗耀祖。达开却不屑于读八股文，偏爱读《孙子兵法》一类书籍。父亲知道他胸怀大志，也就不再勉强他。达开年事稍长，母亲去世了，他要担起全家生活的担子，从事农活之外，便去闯荡江湖，做些贩牛、贩鸡以及贩卖竹子、木炭的生意。生活环境的变化，使他虽有所失也有所得，因为到处奔走，有机会接触广阔的社会，从实践中获得书本上所学不到的知识。他亲眼见到清朝晚期的政治黑暗，官吏贪暴，豪强横行，民不聊生，便打消了读书以求功名的意念，逐渐产生了要改变这个黑暗社会的雄心，常常赋诗明志。

达开少年时期所见到的广西社会，已经是一个危机四伏，险象环生，一经触发就会爆炸的火药库。广西土地贫瘠，但是田赋的负担并不比富饶的省份为轻。地主把负担尽量转嫁到农民头上，地租剥削极为残酷。贵县一带，至少是“百种千租”，即可下一百斤种子的田，要收一千斤租谷，最高的有“百种二千租”的。农民要把每年收获的百分之七十以上交给地主。在亩产量较高的省份，农民交了地租，还能勉强维持最低生活；但在亩产量很低的广西，交了租谷，农民就很难活得下去。迫不得已，只好依靠借高利贷苟延残喘。在当时的广西，放高利贷剥削贫民的当铺是最兴旺的行业，贵县县城就有十八家之多。当铺的利息高达月息三分，有些当铺是“九出十三归”，即当票写银一两，当时只给九钱，农民赎回东西的时候，要交银一两三钱，月息达百分之四十。如果按年计算，当铺借出一两银子，一年就能收回五两。这样，少数地主、商人大发其财，广大老百姓则负债累累，越来越贫困。

广西内地许多农民穷得连盐也吃不起。早在嘉庆四年(1799)，贵县龙山圩一带的食盐“每斤卖钱二十八文，又复侵砂、灌卤、短秤等弊，有病村民”。[①] 当时米价每斤六文，也就是说，农民要拿五斤大米才能换到一斤质量低劣的食盐。达开少年时代，盐价涨到每斤八十多文。商人用一斤食盐，就可以勒索农民大米十五斤，广大农民常有淡食之苦。清朝官吏在这些已经沦为赤贫的农民身上，还要榨取各种苛捐杂税，逼得他们走投无路，卖儿卖女，投河上吊。真是“天下贪官，甚于强盗；衙门酷吏，无异虎狼”。[②]

鸦片战争的失败又给农民带来极大的灾难。正如马克思所指出的：“中国在1840年战争失败后被迫付给英国的赔款，大量的非生产性的鸦片消费，鸦片贸易所引起的金银外流，外国竞争对本国生产的破坏，国家行政机关的腐化，这一切就造成了两个后果：旧税捐更重更难负担，此外又加上了新税捐。”[③]战前白银与铜钱的正常比值是银一两换钱一千，战后由于白银大量外流，银贵钱贱。达开的少年时，广西的银价已高到每

① 引自《贵县龙山圩引盐查禁括价掺砂碑》碑文。

② 引自天地会的《万大洪告示》。

③ 引自《马克思恩格斯选集》第三卷。

两可换钱两千文，受害最深的也还是农民。因为他们出卖自己的农产品只能换回铜钱，而交捐交税却必须按银价折算。当时的广西巡抚郑祖琛在奏疏中说出了这种严重的情况："民间完纳钱粮，必须易银投柜，银贵钱贱，较以前输纳之数几多一倍，粤西民贫土瘠，生计维艰。"①

广大农民在正常年岁，已经难以生存，遇到荒年，更是不堪设想。广西有"锄土谚"云："一锄供官、二锄吏，三锄甲差、四皂隶，五锄、六锄头人把事，七锄锄到自家。"②这就是说：农民锄地，七锄之中有六锄都是为人辛苦为人忙，只有第七锄才是为自己种地。这样残酷剥削的结果，就是在丰年，农民每人也只能剩下百余斤口粮，只好经常喝粥，杂以薯、菜。遇到水旱灾荒，颠沛流离，饿殍遍野。清道光朝的三十年间，广西的灾情连绵不断。水灾、旱灾、风灾、雹灾、蝗灾，无年不有。达开七岁那一年，冰雹大者如斗，死人无数；十岁那一年，大旱，死亡枕藉；十三岁那一年，夏季大水，秋季大旱，庄稼颗粒无收；十五岁到十七岁，连续数年，蝗虫为灾，禾苗一空。

广大饥民到了走投无路的时候，弱者填于沟壑，强者奋起反抗。以"反清复明"为宗旨的民间秘密结社天地会，在南方各省有很大的潜势力。广大饥民铤而走险，纷纷参加这支队伍。天地会的首领们把当时社会上的一切不合理的现象，都归罪于清朝的统治。认为只要推翻了清廷，恢复汉族的衣冠制度，就能天下太平。这对于深受压迫的广大农民和城市贫民，是很有号召力的。清朝晚期，天地会的活动以湖南、广东两省为最多。在这两省，清朝的统治力量较强，许多天地会的起义队伍，立不住脚时，就退入广西。例如道光末年的雷再浩起义、李元发起义，都是发难于湖南，后转移到广西的。被清朝官员称为"艇匪"的，就是沿着西江水道退入广西的广东天地会队伍。大量天地会队伍流入广西，促使广西农民和城市贫民也纷纷开堂拜会，结党反清。由于天地会以民族大义相号召，不仅广大劳动人民纷纷参加，就连统治阶级中的下层人物也有去参加的。这就使得广西的反清势力蓬勃发展，可以说是遍地烽烟。达开自幼闯荡江湖，结识了不少天地会中人物，受到"反清复明"思想的影响。和他们的交往，也使这位少年英雄逐渐学会了如何动员群众与组织群众。他后来能够编组几千人的队伍，指挥若定，前往金田参加起义，是和他熟知天地会起事的方法分不开的。

道光年间，贵县北山银矿开禁之后，许多地主、商人认为有利可图，纷纷雇工开采。受雇的大都是破产农民。由于设备太差，技术落后，矿坑常常倒塌，造成大量伤亡。善

① 引自清代钞档《道光二十七年七月二十三日广西巡抚郑祖琛奏》。
② 引自黄体正《带江园诗草》。

于经营的，获利而去；不善经营的，往往亏损倒闭。他们失业后无以为生，被迫从事一些不正当的职业。所以当时有的士绅就把社会上一些混乱现象归罪于开矿，说："盗贼之起，始于道光年间，署令王济开掘县北陇头、天班诸山银矿，招集来人，五方杂至，良歹不分，其掘而得利者，来去不常；缺本者则开设赌局，夜则潜出为贼。烧香拜会，种种不法。设有贤令，早日驱逐，犹可以息贼风也。"①其实，这些矿工本来都是善良的农民，绝非盗贼。

达开的舅舅当过矿工，他自己也常常到矿山去卖木炭，深知矿工的疾苦，同情矿工的遭遇，遇到矿工们有什么困难，总是尽力帮助，就逐渐成为矿工们所敬爱的人。以后达开举旗抗清，这些已无生路的失业矿工都纷纷来归，成为太平军中的劲旅。

当时的广西常常发生土客械斗。达开的家乡那帮村虽然没有发生过械斗的事，但就整个贵县来说，却是土客械斗十分严重的地方。道光末年一次几万人的大械斗，就发生在贵县的大圩一带。所谓土人，就是本地人，包括壮族和入籍较早的外来的汉人；所谓客人，或称来人，是清代迁来广西的外地人，其中主要是来自广东的客家人。清朝中叶以后，客人大量流入广西。"他们初来时，这里荒地很多，土人让他们去开荒。日后，来人越来越多，荒地少了，来人为了争土人的好田地，甚至杀死土人的事经常发生，因而来土互相仇视，连鸡毛蒜皮的事也打起来，杀伤人命。"②可见，土客之争的起因虽然很多，最主要的还是土地问题。

这种土客之争，本是民间私斗，但由于清朝官吏每每受贿偏袒，从中操纵，藉以渔利，这就使得争执火上加油，愈演愈烈。在贵县，地方官常常支持本地人对付客人，使得客人的斗争又常常带上反抗官府的性质。达开交游很广，不论是土人或是客人，他都认识很多。他深知这种争执和械斗如鹬蚌相争，徒使渔翁得利。

遇到争端初起，他就努力奔走调停，希望能够和解，不使事态扩大，从而避免了一些械斗。于是他的声名远播，成为双方共同爱戴的人物。

达开的家乡是穷乡僻壤，读书人很少。当时民间对于年轻的读书人都尊称为"相公"，他也就被称为石相公。这位石相公并无功名。他之所以出名，受人尊重，是因为他胸怀宽广，行侠仗义，能为大家排难解纷。

这样，在纵横几百里的地方，人们逐渐都知道了"石相公"的大名。

达开崭露头角的时候，太平天国革命领袖洪秀全、冯云山正一道物色英雄，共图大

① 引自光绪《贵县志》卷六。

② 引自《太平天国革命在广西调查资料汇编》。

举。年纪轻轻就已远近驰名的达开，自然引起他们的注意。于是，1847 年即道光二十七年的秋天，洪、冯两人就亲来达开的家乡，密访这位相公。正如简又文《翼王家世考证》一文中所说：“道光晚年，天王洪秀全与南王冯云山在桂宣传宗教，同时运动革命，到处物色英雄，同谋大事。因耳闻翼王之盛名，设法结纳，倾心布腹。”

这一天，达开正从外地贩牛归来，路上遇到两位衣着朴素的中年人，他们向达开打听“石相公”的住处，说是要去拜访。双方都说客家话，谈来十分亲切。当达开说出自己就是“石相公”时，不禁使洪秀全、冯云山大吃一惊。眼前这个赶牛的小伙子虽然身高体壮，看起来还不到二十岁，竟是大名鼎鼎的“石相公”，都十分惊喜。达开把他们请到家中，热情招待，彻夜长谈。

奋发有为的达开，早已对腐败的清廷切齿痛恨，怀有光复汉族河山的大志，听到洪秀全、冯云山来约他共图大事，便欣然允诺，愿意倾家赞助革命事业。这一夜，是达开一生中最重要的转折点。从此以后，他就由一位闾里皆知、排难解纷的石相公，变成了太平天国的开国元勋，以文才武略雄视一代的英雄人物。太平天国自己的史书上也郑重地记载了这件事情，称之为“访石相公”。① 后人读史至此，常把洪、冯密访达开这件事，比作三国时的刘、关、张三顾茅庐，邀请诸葛亮出山。这样的对比虽不一定恰当，但是足以说明：达开参加革命，是太平天国的创业人洪秀全、冯云山知道他在群众中享有很高的威望，而专诚去请他出来共图大事的。

从此，达开潜心钻研上帝教的道理，通过传教活动来动员群众。被压在社会最底层的贫苦农民，对许多复杂的政治问题理解不了，但他们的现实生活苦难重重，怀有改变现状的迫切愿望，可是又不知道出路在哪里。达开告诉他们：世人都是上帝的子女，应该像一家人那样过着和睦团结的生活，有田同耕，有饭同吃。天地万物是上帝赐给子女的，应该大家同样享用。如今有少数妖魔鬼怪扰乱世间，巧取豪夺，把别人的东西据为己有，迫害善良百姓。如果大家团结起来，一致奋起，消灭妖魔鬼怪，就能在人间建立起无处不均匀、无人不饱暖的天国。对于广大的贫苦农民，这种宣传具有极大的吸引力。既然迫害他们的贪官污吏、地主、富商都已经被宣布为妖魔鬼怪，他们当然可以奋起反抗；既然全知全能的上帝支持他们进行斗争，他们当然应该坚决地信奉上帝；既然消灭了妖魔鬼怪就能让子子孙孙过上幸福温饱的好日子，他们当然应该毫不犹豫

① 张汝南《金陵省难纪略》：“又添删书衙，使春官丞相卢贤拔主其事，择能文书手佐之。卢，广西人。有知之者，谓在集镇时称通品，能写名帖书券约，洪贼以自起事前诡谋，及现在乱迹，令检录之。内有访石相公一段，叙事如闲书。”谢介鹤《金陵癸甲纪事略》：“天贼等欲为乱，苦无资，闻翼贼富，与南贼密访之。”。

地投身到这场神圣的战斗中来。这种披着宗教外衣的反清思想，在群众中迅速传布开来。达开所领导的贵县山区的拜上帝会，会众人数不断增加，成为太平天国革命事业策源地紫荆山区以外会众最多的一个根据地。

当时天地会的队伍在广西各地活动频繁，清朝的军队大都奉命镇压这些队伍去了，对于拜上帝会的活动，无暇干预。达开交游广阔，深得人心，地方上的土豪劣绅对他都有几分畏惧之心，他的传教活动，也就无人加以阻挠。达开利用这种有利条件，先是公开传教，集会拜旗，后来发展到公开练武。在土客械斗蔓延的时候，土人或者客人团结起来练武防村，也是司空见惯的事，不足为奇，因此也就没有引起清朝官吏的注意。达开首先物色了自己的堂兄弟祥祯、镇崙、凤魁、镇吉作为骨干，编组会众，定期集会，讲道之后，继以练武。经过两三年的训练，为太平天国革命事业培养了一支兵强马壮的劲旅。

从1847年秋洪、冯密访达开开始，到1850年秋洪秀全下令团营为止，在这三年中，太平天国革命事业六个主要领导人经常秘密往来，商量大事。六人之中，洪秀全是上帝教的创始人，原籍广东花县，出生在一个中农家庭，自幼读书，但是屡次应考不中。他曾经生过一场大病，疯疯癫癫四十多天。病好之后，从在广州应考时所得到的一本基督教传教书《劝世良言》中得到启示，附会书中词句，说是自己那一场大病是上天堂去接受上帝的天命，下凡救世。于是参考基督教教义创立拜上帝会，想借传教的方式从事革命。因为在广东活动很不顺利，才来广西传教。

冯云山和洪秀全是同乡同学，并有亲戚关系。他出生在一个比较富裕的农家，读书勤奋，不仅熟悉经史，而且精于历算。他和洪秀全两个外出传教，走遍了广东、广西的许多穷乡僻壤。后来在贵县赐谷村洪秀全的表兄家中住了三个月，主人家贫，供养不起。洪秀全觉得为难，决定回广东去。冯云山不甘心一事无成、就此回家。他独自深入桂平县北的紫荆山区，向那里的贫苦农民和烧炭工人传教。先靠打短工为生，后来被延聘去教蒙馆。经过两年多的努力，发展了拜上帝会众两千多人，并且从中物色了杰出的群众领袖杨秀清与萧朝贵。冯云山一手开创了紫荆山革命根据地，是太平天国的开国英雄。

杨秀清是桂平紫荆山里的人，出生在雇工家庭，自幼父母双亡，由伯父抚养长大，在深山中烧炭为生。这个一字不识的烧炭工有惊人的才干，具有组织能力，在上千的烧炭工人中，俨然成为领袖。冯云山发现了他，惊为奇才，就把自己真正的打算告诉他，同谋革命。后来冯云山被官府逮捕，下狱桂平，洪秀全回广东去，想通过教会设法营救。这时，紫荆山的拜上帝会无人主持，会众动摇，杨秀清就利用当地流行的“降僮”迷信，假托天父上帝下凡附体传言，才安定了人心。由于他做事有魄力有远见，更有“代天父传言”的特权，金田起义以后，他一直是太平军全军的指挥者。在冯云山殉国之后，他是太平天国实际上的领导人。

萧朝贵是广西武宣县人，出生在贫苦农家，为人忠实直爽。冯云山入紫荆山传教认识了他。因为他和杨秀清的关系较深，又是当地贫苦农民的领袖，所以冯云山也把自己真正的打算告诉他，共图大事。冯云山入狱期间，杨秀清假称天父上帝附身说话来安定人心，他也假称天兄耶稣附身说话来安定人心。金田起义之后，他率领队伍冲锋陷阵，担任开路先锋。

韦昌辉本名韦正，广西桂平县金田村人。他家是地主，因受贪官欺压，愤而参加革命。金田村韦姓人口很多，韦昌辉捐献全部家财，率领所有族人投身革命，对太平天国革命事业立了大功。金田起义时，太平军的指挥部就设在他的家里。

洪秀全、冯云山、杨秀清、萧朝贵、韦昌辉、石达开六人组成了领导核心。他们根据上帝教的教义，共同奉上帝为天父，耶稣为天兄。又根据中国民间结拜兄弟的习俗，互相结为异姓兄弟。既然已称耶稣为天兄，他们中间就不能有人再称长兄，只能从二兄开始。于是以洪秀全称二兄，冯云山称三兄，杨秀清称四兄，萧朝贵称帝婿、行五，韦昌辉行六，石达开行七。在起义之初，这六人组成的领导核心的确能够做到和衷共济，亲如骨肉。

为了发展会众，壮大起义的队伍，达开在这三年中间，到处奔走，足迹遍及贵县北部山区的各村各镇。萧朝贵负责发展武宣县所属各地的会众，与达开负责的地区相连，他们经常通过山间小路，来往串联，以通消息。在洪秀全、冯云山离开紫荆山根据地的一段时间，会众人心浮动。他们为了商量对策，稳定人心，联系得更加紧密。

1849年，广西大部分地区遭受蝗灾，次年又继以大旱。饥民无以为生，少壮者多投入天地会队伍。天地会在全省到处活动。广西地瘠民贫，钱粮收入不多，但是养兵不少，钱粮全部征收足额都还不够给兵发饷，财政之困难可以想见。因此清廷厌闻兵事，凡是地方官奏报当地有盗匪的，清廷就认为无能而加以斥革。于是以巡抚郑祖琛为首的地方官全都因循敷衍。对于起义的队伍来说，这些因循敷衍的地方官对他们倒起了掩护的作用。当时遍地烽火，道路不通。广西全省十一个府中，就有八个府的地主富绅派代表到北京去向清廷哭诉，反映地方官的粉饰太平。这才引起清廷的重视，对郑祖琛严厉申斥。可是燎原之势已成，申斥、查办都已经来不及了。

论：

一、石达开自幼闯荡江湖，目睹政治黑暗，民不聊生，因而产生反清思想。他应洪秀全、冯云山之邀而参加革命，目的就是抗清。在他看来，要想救国救民，首先就是推翻清廷的统治。在当时，这种看法是完全正确的。

二、石达开能否说是知识分子？目前有两种看法。一种看法是：他幼时虽然读过几年书，但是“自幼读书未成，耕种为业”（自述中语），只能说是粗通文字，还是属于农民起义中的草莽英雄那种类型，不能算是知识分子。另一种看法是：他是“家富读书，文武备足”（李秀成语），是一个文武全才的知识分子。笔者认为：把石达开说成“曾摘芹香入泮宫”，“文章今已遍江东”的文士、诗人，自然是无稽之谈。但从他的一生事迹看来，应该承认他是个文武全才的知识分子。是否为知识分子，不能单凭学历来决定，不能单凭是否取得功名来决定，主要还是看他是否真有知识。是否真有知识，又常常需要从一个人的社会实践中才能看得出来。历史事实是，石达开不仅是个军事家，而且是个政治家，他处理政务时的所兴所革，都能切中时弊。他的知识，不仅太平天国自己人很佩服，连敌人也给予极高的评价，如“其才智出诸贼之上”（左宗棠语）。正因为不少人觉得他很有知识，才把许多诗文附会到他的名下。他不是那种“马上得天下，只能马上治之”的草莽英雄，而是一个富有知识、能够实践的知识分子，确有治理国家的才能。他幼时虽然读书不多，其丰富的知识是通过勤奋自学与长期实践而获得的。

三、石达开是太平天国首义诸王中最年轻的一位，参加金田起义受封为左军主将时还不到二十岁，在天京内讧以后回京辅政承担军国重任时还不到二十六岁。他的如此早熟是和幼年时代的经历分不开的。双亲去世较早，他小小年纪就要承担掌持门户的重任，这就很自然地锻炼了他的才能和毅力。他勤奋读书但没有成为书呆子，闯荡江湖的生活使他深刻地认识到当时社会的黑暗，逐渐产生了改造社会的雄心壮志。

第二章　毁家赴义

云封雾绕、层峦叠嶂的紫荆山区，是太平天国革命事业的摇篮。开国英雄冯云山就是以这里为根据地，开创革命事业的。山区的南大门风门坳，两山夹峙，一水中流，只有一条羊肠小道可通行人，形势极为险要。风门坳之南则是一片平原，田庐相望。自坳南行十里，有一座几百口人的小村，这就是举世闻名的太平天国革命圣地金田村。公元1850年7月，太平天国革命领袖洪秀全认为发动起义的时机已到，下了团营令：如今各地拜上帝会众齐集金田，准备正式起义。这时达开正在金田商议大事。团营令下，他立刻赶回故乡，组织队伍，参加团营。

三年以来，达开组织会众的费用大都出自自己的家财，这时更决心毁家赴义。他把能够变卖的财物全部变卖，收入作为军用；一时变卖不了的房屋田产，则把契据送给亲友，表示破釜沉舟，革命到底，以身许国，绝不回头。他请来了全族的父老兄弟，晓以民族大义，动员他们参加起义。结果，全族男丁和青壮年妇女都参加了。起义的队伍走后，那帮村的石家只剩下几个走不动路的老太婆。

达开把家事处理完毕，就在奇石圩树旗集众，叫人挨家挨户去传达团营令。汉、壮各族会众纷纷背着小包袱，带着预先准备好的刀矛前来集合。因为路程远近不同，到达的时间不一，十多天后，聚集了一千多人。1850年8月20日，即道光三十年七月十三日，达开在奇石圩附近的蚂蝗冲大摆筵席，举行誓师典礼。蚂蝗冲地势险要，从外面进入冲口要经过一道塘堤，堤的两旁都是水塘。达开就在堤上搭建一座彩门，进冲的人都要经过这里。为了表示毁家赴义、反抗清廷的决心，前来誓师典礼的人在进入彩门时都要举行一种仪式，就是洒几滴水在烧红的犁头上，让热气冲上来，称为“解污”，表示抛弃过去的一切私心杂念，从此信实天父，勇敢杀妖，夺取被清朝霸占的江山，建立人间的天国，永不变心，义无反顾。编组队伍以后，按队入席，共饮鸡血酒，大家誓同生死。在蚂蝗冲热闹了一整天，队伍编成，待命出发。

他们本可以挥戈北上，渡过黔江，直奔金田。但当时在大圩、白沙一带，发生了空前的土客大械斗，两边卷入械斗的人数有好几万，互杀四十多天，伤亡甚重。对于这种骨肉相残，达开不忍袖手旁观，就决定先南下大圩，再东趋白沙，然后才北上金田。这样，让自己的队伍通过械斗地区，尽力用上帝教教义中世人都是兄弟姐妹和拜上帝会中“真主为王事事公，客家本地总相同”的精神去说服他们，制止械斗。同时把一些勇敢善战的人吸收进来，参加革命。而且在械斗地区行进，可以摆脱清朝军队和地方团练的纠缠。因为清兵和团丁害怕遭到误伤，都不敢进入这个区域。于是他下令全军向东通过六乌山口，直奔大圩。

全军离开奇石圩东行不久，曾经是达开把兄弟的六合村的熊姓地主与苏姓地主纠集地方团练练长刘垂道等人前来拦截。在达开没有公开抗清之前，这些当地土豪都不愿多管闲事；在达开正式举旗抗清以后，他们既怕自己的家财受到损失，又怕以后清廷追究责任，不得不聚集团丁前来捣乱。达开一心前往金田团营，不愿和他们纠缠而耽误时间，把他们击退以后，并不追击，迅速东行。

达开全军离开六乌山向大圩前进之时，械斗还在激烈进行。客人、土人成群结队，互相追杀，到处都是尸体，血流遍地，沿途许多村落，都被一炬成灰，惨不忍睹。达开率领这支队伍突然来到，械斗双方都心怀疑惧，唯恐是来帮助对方的。达开下令队伍缓缓前进，到处喊话，叫他们停手。然后请他们的首领前来谈话，告诉他们：大家都是兄弟姊妹，不要互相残杀。双方的苦难都是腐败的清廷和贪官污吏造成的。应该团结起来，推翻清廷，才能天下太平。有些人虽然不认识达开，但是久闻“石相公”的大名，知道他是排难解纷，济困扶危的好汉，看他前来出面调解，只好放下武器。大家见他已经举旗起义出发抗清，纷纷要求参加。达开全军通过械斗地区到达桂平县所属的白沙镇时，队伍已经猛增到三四千人。

白沙濒临郁江，是贵县和桂平之间的一个大镇，商业繁盛。这时因为械斗激烈，清吏和地主、富商全都逃跑。听说广西巡抚郑祖琛下令严办土客械斗的案子，不许地方团练介入，那些办团的土豪劣绅和团丁也跑光了。达开的队伍如入无人之境，顺利地占领了这个地方，把官仓和富商的财产全部征为军用。他下令在街道的东西两头竖立东西辕门，盘查行人，维持秩序。全军在这里屯扎了三十多天。达开久驻白沙有两个原因：一是利用这里的几个铁匠铺开炉铸炮，二是在这里等待投军的人，因为一路上投军的人纷纷提出要去邀约自己的亲友。在达开离开白沙，取道赵里、伯公坳出大湾肚，渡江去金田的时候，全军人数已经超过四千。这些沿途投军的人，虽然也有土人，但大多数是在械斗之后无家可归的客家人。

金田团营，各地会众到达的时间与人数大致如下：

在金田村本地，韦昌辉全族以及金田附近会众共千余人，于 1850 年 7 月团营令下达后，就地编立营伍。

由杨秀清、萧朝贵率领的紫荆山区的烧炭工人与贫苦农民共两千余人于 8 月到达。

由胡以晃发展的平南会众千余人，于 10 月在花洲团营，光由蒙得恩率数百人赶来金田，其余的人于 12 月底随洪秀全、冯云山同来金田聚齐。

由达开率领的贵县会众及沿途投军者共四千余人，于 10 月到达。

最后于年底到达金田的队伍，是陆川、博白两县所属粤、桂两省边境地区的会众，桂平所属各地因为遭到旱灾而无衣无食的饥民，由矿工领袖秦日纲率领的贵县龙山矿工，以及赶不上达开大队而一意投奔达开的因械斗失败无家可归的客家人。“以上四支人马——博白教徒、桂平饥民、龙山矿工及贵县客人，在江北中途相会。以目的相同，遂联合起来浩浩荡荡的共向金田进发，统计全数，不下万人，已成为一支强有力的大军了。”①

从上述情况看来，在金田团营的全军一万多人中间，以达开这支队伍人数最多，装备最好，训练的时间最长，成为全军的主力。团营期间，洪秀全避居平南花洲山人村。金田团营的工作由杨秀清负责主持。他看到达开的队伍训练有素，非常赞赏，就要达开负责训练全军，并且兼管全军财务。这时，达开还不满二十岁。

金田村附近，虽然田畴交错，一片平原，但是在村西北几十步路的地方，却有数丈高的小岗突起，名曰犀牛岭。岭北地势平坦，松林环绕，这就是当时太平军扎营的地方。岭后有深潭，半环岭脚，水寒彻骨。团营之前，各地拜上帝会会众暗地铸造和买来的武器，都投入潭中储存。团营之后，就打捞起来发给大家，进行操练。达开主持操练极为严格。他要求士兵在作战时能够与马并驱。此后，太平军行军作战急如风雨，就是由这种严格训练所养成的。

会众到了金田，不论何人，都要把全部财物缴交圣库。以后生活所需都由圣库按规定支给。从此人人蓄发，不许剃发修面。凡是全家前来入伍的，夫妻子女，即需隔离，男入男营，女入女营，幼孩随妇女入女营。夫妇不得相聚，违犯的要按军律处理。

① 引自简又文《太平天国全史》第四章。

等到以后打到小天堂①,才准夫妇团聚同享天福。这样就有利于进行军事训练,行军作战也不受家庭拖累。太平军以后取得的胜利,这种严格的制度起了很大的作用。

轰轰烈烈的金田团营惊动了那些昏愦糊涂的清朝地方官。因为各地拜上帝会的革命活动原先大都是秘密进行的,没有引起他们的注意。他们所注意的一直是那些公开反抗的天地会队伍,而天地会的队伍聚散无常,并没有做出什么大事来。现在,拜上帝会却突然聚集大队人马在金田编立营伍,使他们感到震惊,这才试图用武力来镇压。桂平知县李孟群带领兵勇来到新圩,畏惧会众人多,不敢轻动。平南知县倪涛侦知平南花洲有不少会众活动,于是会同浔洲协副将李殿元与秦川巡检张镛的兵勇,封锁了花洲通往外界的道路,想使会众绝粮困死。他们还不知道被围困的正是拜上帝会的教主洪秀全和冯云山。

这时,金田团营的工作正在杨秀清的主持下顺利进行。在各地会众尚未到齐之前,杨秀清本来不想和清军正面冲突,以免妨碍团营工作。但是洪秀全被困花洲,连续派人从小路到金田来告急求援,杨秀清只好派出一支精兵,由先来金田的平南人蒙得恩率领,前去解围。当时,金田新圩一带,清朝兵勇纷纷集结,形势紧张,杨秀清本人在金田坐镇,指挥全局。

1850 年 12 月 27 日,即道光三十年十一月二十四日,两军激战于平南县的思旺圩。这时,由蒙得恩率领的太平军人数并不多于清军,但是这支满怀革命激情而又受过良好训练的精兵,一出马就显出其惊人的威力,一战而获全胜。清军溃不成军,巡检张镛阵亡,副将李殿元、知县倪涛仅以身免。太平军长驱直入花洲,第二天就和花洲一带会众拥洪秀全、冯云山复经思旺而回金田,这就是太平天国历史上有名的"迎主之战"。

双方既已公开对垒,清朝地方官和驻军军官于是拼凑兵力,前来进攻金田。清军总兵周凤岐命令贵州清江协副将伊克坦布率清军七营向金田推进。伊克坦布是满族人,自以为久经战阵,而太平军不过是"乌合之众",进军的时候,命人挑着几十担绳索,准备在打了胜仗之后捆绑俘虏回去报功。金田太平军总部得到消息,立即派队迎敌。他们分兵三路,中路在金田、大简一带,从正面迎击敌人;右路在盘古岭一带,从旁侧击;左路埋伏在王谟一带,等待敌人通过蔡村江的木桥后,就把木桥毁掉,断其归路。布置甫定,得到一个好消息,由陆川、博白、桂平、龙山等地前来投奔的大队人马,正好

① 对于太平天国文书中的"小天堂"有两种解释。一种是指太平天国所治理的地区,另一种是指南京,即太平天国首都所在地。此处当指南京。所谓"小天堂",是与上帝所居的"大天堂"相对而言。

在这时来金田团营。于是双方取得联络，从前后夹击清军。1851 年元旦，即道光三十年十一月二十九日的清晨，双方在金田附近的蔡村江畔展开大战。这时通过木桥的清军已有千人，太平军左路伏兵突起，拆掉木桥，扼守江岸，阻断清军的退路。太平军中、右两路则从正面抗击。两军接战不久，前来团营的万人大军如潮涌至，从背后力攻清军。清军大乱，四散奔逃，伏尸遍野。伊克坦布策马落荒而逃，因马蹄陷在石头缝里，被掀下马来，太平军追上，乱刀砍死。太平军乘胜穷追，夺取了黄牛岭的清军大营。周凤岐败回桂平，从此远远扎营，再也不敢前来进攻金田。这就是太平天国历史上有名的“蔡村江之战”。

打了两次大仗之后，全军欢庆胜利，准备正式起义。虽然太平天国的开国英雄是冯云山，实际领导金田团营的是杨秀清，但洪秀全是教主，而洪、冯、杨、萧、韦、石六位领袖已按年龄大小为序，披着宗教外衣结成异姓兄弟，因此大家共推洪秀全为首。他们当时和衷共济，情同骨肉，遇事共同商量。

这时，领袖已经推定，先后到达金田参加团营的会众也已编组完毕，就由洪秀全向全军宣布五大纪律。据太平天国官书《天命诏旨书》记载，颁布五大纪律的时间是“庚戌十二月初旬，时在金田”。五大纪律是：一、遵条命。（即遵守天条、命令。）二、别男行女行。（即男归男营，女归女营，男女之间，不得混杂。）三、秋毫莫犯。（即严守纪律，不取民间一物。）四、公心和傩，各遵头目约束。（即和睦团结，服从指挥。）五、同心合力，不得临阵退缩。

1851 年 1 月 11 日，即道光三十年十二月初十日，是洪秀全三十八岁生日。全军热烈祝贺，即在些日宣布正式起义，“正号太平天国元年”。祝捷、祝寿、起义三重庆典，同日举行，这就是太平天国历史上震惊中外的“金田起义”。

起义后的第二天，全军东进占领大湟江口。大湟江口也称江口圩，是桂平与平南之间的大镇，人口逾万，商贾云集，百货齐备。太平军占领此地，可以大量补充军粮与各种军用物资。此圩附近，是天地会水上队伍即所谓“艇匪”的活动地区。这时，天地会中的首领罗大纲与女首领苏三娘参加了太平军。太平军驻江口五十余日，除接纳天地会队伍外，并欢迎群众入伍从征，到离开江口时，全军已扩大到三万余人。

清廷为金田起义所震惊，命前两江总督李星沅为钦差大臣，广西巡抚周天爵为之副，统帅各军，以进击太平军。调广西提督向荣负前线指挥之责，督促各省兵勇一万余人向江口一带进攻。向荣受命之后，分兵两路进击。东路军绕道下游过江，抄至江口之北的牛排岭，向太平军猛扑。结果中伏失利，损兵折将三百余人，被迫后撤。西路军在屈甲洲一带深入太平军阵地，受到前后夹击，也被击毙数百人。经此两战，向荣锐气已挫，不敢进攻，下令坚守营垒，以困太平军。这时太平军总数虽有三万余人，但其中老弱妇孺与新投军而未及训练者为数不少，能战之士不多。就每一个战场而言，人数常常少于清军，居然能够克敌制胜，屡次打败敌人，说明太平军并非以多取胜的乌合之众，而是一支受过良好的军事训练的精兵。

江口濒临浔江，太平军自己没有水师，遭到敌人水师封锁，难以顺流而进。在东、南、北三面被围，道路不通的情况下，久驻江口就有缺粮的危险，必须当机立断，另谋出路。太平军于是采取机动灵活及时转移的战术，趁夜退出江口，全师西进，通过紫荆山区，攻入武宣境内。向荣所部清军在太平军退尽之后入据江口，到处纵火，乘机抢掠；并且杀良冒功，向清廷奏报大获胜仗。清廷传谕嘉奖，赏向荣以“巴图鲁”名号。

经过七天的山路行军。1851 年 3 月 15 日，即咸丰元年二月十三日，太平军前锋到达武宣东乡的三里圩，大本营则设于东乡。这时，武宣县城的兵勇都跑光了，知县刘作肃坐守空衙，准备了一根绳子，如果太平军进攻县城，他就上吊自尽。恰好这时新任巡抚周天爵带兵二百名过境，太平军发现已有清军挡路，不明虚实，暂停前进，这位知县才免一死。1851 年 3 月 23 日，即咸丰元年二月二十一日，洪秀全在武宣东乡称天王，这就是太平天国历史上的登极节。太平天国的领袖不称帝而称王，是为了符合上帝教的教义，即除天父上帝之外，任何人不能称帝。共秀全既称天王，同时封立五军主将。以杨秀清为左辅正军师，领中军主将；以萧朝贵为右弼又正军师，领前军主将；以冯云山为前导副军师，领后军主将；以韦昌辉为后护又副军师，领右军主将；以石达开为左军主将。当时杨、萧有代天父、天兄传言的特权，又已手握军权，在领导集团中逐渐取得举足轻重的地位。冯云山为了顾全大局，以三兄的身份，对四弟、五弟让步，居于他们之下。从这件事，可以大致窥见太平天国初期领导集团内部的权力分配。就石达开的威望与在革命事业中所起的作用来说，他的位次似乎低了一些，但他自始至终，甘居末位。

在东乡登极之后，清方各路兵马陆续到达。周天爵、向荣二人即编组清军，分四路围攻太平军前锋所在地的三里圩。四路兵力合计六千余人。东乡一带地势是四面皆山，中间平地纵横五六十里。大小村圩六十余处，都由太平军占领。三里圩是这一平原的西方门户，如被攻破，则太平军在此富饶的平原中即难以立足，因此必须力保。清军调动频繁之时，太平军大队也从东乡大本营中源源开来。洪秀全及各主将都亲临督师，准备应战。1851 年 4 月 3 日，即咸丰元年三月二日，双方展开激战。清军疯狂进扑，太平军奋起应战，前仆后继，“视死如归，赤身赴敌”。[①] 双方激战半日，清军全线崩溃。周天爵、向荣在大败之后，退回武宣县城，龟缩不出，所以月余无战事。这一次大战就是太平天国历史上赫赫有名的“三里圩之战”。

双方暂时停战期间，清廷认为广西战事师老无功，决定更换主帅。派位居首辅的赛尚阿为钦差大臣，除指挥对付太平军的战事外，并有节制广西全省文武官员的特权。调副都统乌兰泰等满人将领多人前来助战。这时太平军缺粮、缺盐，弹药又已用尽，在清军四面包围之下，形势不利，决定乘敌方更换主帅军心不稳之时，乘夜冒雨突围，经大林、庙旺北趋象州。太平军这次北上，除征集粮食军资而外，还借此召集没有赶上金田团营的拜上帝会众。清方将帅不和，对太平军的突围未能阻止，太平军得以长驱北上，立大本营于象州的中坪圩，分兵占领附近各村以为犄角。太平军立营已定，周天爵、向荣、乌兰泰等人才陆续跟踪而至。

周天爵与向荣已是太平军的老对手，这时只有乌兰泰所部是生力军。达开受命与乌兰泰对阵，驻军中坪圩以西的梁山村，与乌军隔河对峙。1851 年 6 月 8 日，即咸丰元年五月初九日，乌军千余人渡河来犯，绕过独鳌岭，进击梁山村。达开还击，乌军退上独鳌岭据守。次日双方激战，胜负难分。傍晚，达开用声东击西的办法，猛攻岭西，吸引乌军。同时挑选七个勇士从岭东的悬崖绝壁攀藤附葛而上，乘着夜色苍茫，突入敌人大营，大声喊杀。乌军不明虚实，以为已被包围，纷纷跳崖逃跑。有一百多人从崖上落入深潭，全部毙命。据守岭西的乌军听到岭上大乱，也四散奔逃，乌兰泰本人仅以身免。这就是达开部下七勇士击溃千人的英雄事迹。达开追击溃逃的乌军，阵斩军官十八人、士兵三百余人，其余的退到河岸，跳水逃命，除了少数泅渡过河，大都淹死。这一战役就是太平天国历史上有名的“中坪圩之战”，或称“独鳌岭之战”。气焰嚣张的满人将领乌兰泰和太平军第一次交手，就落得全军覆没，威风扫地。

太平军在象州中坪圩一带留驻一月有余，招齐了拜上帝会众。因为清军四面围困，道路不通，军需缺乏，又听到清方钦差大臣赛尚阿率领不少清军前来的消息，觉得中坪圩一带不易固守，就改变战略，决定退回紫荆山区，暂取守势，以待时机。1851 年 7 月 2 日，即咸丰元年六月初四日，太平军自象州中坪圩撤退，翻山越岭，分走小路，复回武宣东乡，一路并无清兵拦阻。自东乡退入紫荆山区的猪仔峡时，向荣才尾追而至。从此，向荣即从后路进逼，进攻猪仔峡、双髻山。而乌兰泰则绕道紫荆山区的前路，向

① 周天爵《致周二南书》中云：清军六千余人围攻三里圩时“于一军后置一队杀手，斩退走者，四路出兵置四队杀手，皆有将并领之”。太平军坚决还击，“视死如归，赤身赴敌，立刻杀死黔兵二十四人……黔兵始大奔”。

屈甲洲一带前进，企图前后平击太平军。比较而言，向荣的追击还很卖力，乌兰泰的进攻却徘徊观望，逡巡不前。当太平军与乌兰泰部清军在金田、新圩一带长期相持的时候，向荣却连续攻下紫荆山区的几个要隘，太平军见形势不利，只好再度突围。

双髻山，又称双髻顶，两峰矗立，中间是一条羊肠小道，勉强可通行人。附近的猪仔峡，也是山高路险，曲折难登。这里是紫荆山区西通武宣的门户，居高临下，易守难攻。太平军在此挖断路径，垒石架木，踞险扼守。向荣部清军及地方团练久攻不下，后来是武宣地主刘季三献计，从山间小道绕路进攻，太平军的火药库被火箭射中而爆炸，猪仔峡和双髻山才相继失守。双髻山既已失守，山区西大门被打开，太平军就有被敌人聚歼的危险。领导集团商量后，决定全军再度突围。1851 年 8 月 15 日，即咸丰元年七月十九日，洪秀全在紫荆山内的茶地村下移营诏：

> 天王诏令：各军各营众兵将，放胆欢喜踊跃，同顶天父天兄纲常，总不用慌，万事皆是天父天兄排定，万难皆是天父天兄试心，各宜真草坚草耐草，①对紧②天父天兄也。天父前有言曰：越寒天，越退衣，各坚耐，万不知。众兵将各宜醒醒。
>
> 今据奏说现无盐，移营是。又据奏说多病伤，护持紧，兄弟姊妹一个不保齐，辱及天父天兄也。今行营，其令各军各营，队伍宜整齐坚重，同心同力，千祈恪遵天令，不得再逆。前军主将贵妹夫，左军主将达胞，同统戊一监军、前一军帅、前二军帅、左一军帅、左二军帅开通前路；中军主将清胞统土一总制、中一军帅、中二军帅及前选侍卫二十名护中；右军主将正胞、后军主将山胞同统右一军帅、右二军帅、后一军帅、后二军帅押后。每行营扎营，各军各营宜间匀联络，首尾相应，努力护持老幼男女病伤，总要个个保齐，同见小天堂威风。众兵将，各各遵，钦此。
>
> 此是前时行营、铺排如是，今宜听东王将令。③

从洪秀全的这一诏书中，我们不难看出当时太平军的艰苦情况。食盐已经吃完，再不突围，难以维持生活。如要突围，又有许多伤病员需要护持。在不得已的情况下，他只好劝告大家不要恐慌，一心相信天父天兄。一切艰难困苦，都是天父天兄有意安排，来考验大家的。以同见小天堂威风这样的奋斗目标来鼓励大家团结战斗。从诏书中的人事安排不难看出：八个月严酷的战斗生活，对每一位领导人的领导才能都是一

---

① “草”是“心”的隐语，“真草坚草耐草”即“真心坚心耐心”。

② “对紧”即“对着”，系粤方言。

③ 引自《天命诏旨书》。

次考验。在组织群众指挥战斗的实践中，杨秀清有魄力，有毅力，表现出惊人的领导才能，从此就承担起指挥全军的重任。比较而言，在战斗前进的队伍中，“开通前路”的任务总是最艰巨的。因此萧朝贵和石达开正是全军公认的勇敢善战的将才。后来在太平军的战斗中，总是由他们两人“开通前路”。

清军向荣攻下双髻山，进占三江，接着又来逼攻紫荆山区的南大门风门坳。太平军全军退入金田、新圩一带的大平原中，以风门坳为后门。如果风门坳失守，就会腹背受敌，因此派出精兵，垒石安炮，并在山梁上搭盖草棚数百间，以图久守。向荣所部从远道运来大炮连环轰击，太平军的工事、草棚全毁，无处存身。1851 年 8 月 28 日，即咸丰元年八月初二日，风门坳失守。敌人占领了风门坳，对太平军威胁极大。因为自风门坳南望，田畴村落尽收眼底，太平军的一举一动，都将在敌人的监视之下。向荣这时再三派人通知乌兰泰，希望两军同时夹击金田、新圩，好把太平军一网打尽。如果清军真正同心协力，同时进攻，确是太平军最大的危机。但清方积弊甚深，将帅不和，难以配合。乌兰泰知道向荣连克要隘，已得首功，心怀忌妒，不肯接应。太平军也采取紧急措施，由金田派出大队力拒向荣，不容再进一步。这样，太平军得以暂时挽回危局，清军也就坐失战机。

太平军领导集团虽然在半个月之前就已商定再度突围的战略，但是敌人四面围困，不易决定突围的方向。北方、西方的崇山峻岭都被敌人控制，居高临下，太平军难以抑攻。东出江口，南下桂平都是水路，敌人有水师，自己没有水师。在金田、新圩一带方圆只有十几里的小地方，很难长期坚持下去。风门坳失守后，人心浮动。为了鼓舞士气，洪秀全在风门坳失守的第二天下达了一通韵文诏旨：

> 天王诏令：各军各营众兵将，放胆欢喜踊跃，同心同力同向前，万事皆有天父主张，天兄担当，千祈莫慌。真神能造山和海，任那妖魔一面来，天罗地网重围住，尔们兵将把心开。日夜巡逻严戒备，运筹设策夜衔枚；岳飞五百破十万，何况妖魔灭绝该。钦此。[1]

从这一诏书中，可以大致看出人心浮动的情况。“岳飞五百破十万”是历史上没有的，但从这句话中可以推测敌人势力大大超过太平军。至于“运筹设策夜衔枚”一语，是说即将于夜间秘密突围。

① 引自《天命诏旨书》。

一连十多天，战况沉寂。清军并不急于进攻，而忙于堵塞四面八方的道路。他们认为，只要把太平军长期围困在这一小块地方，太平军就会因绝粮而困死，可以不战而胜。太平军表面是虽无动静，但已经秘密探明突围的路线，暗中进行准备工作。这条路线是由新圩北上，经过五峒山区，绕道而出平南的思旺旦。这是一条山间古道，少有人行，所以不为清军所知，未加堵塞。太平军为了麻痹敌人，制造假象，就到处抓取民房的竹木，扎造竹筏木排，搬运辎重，做出一副要渡江南下桂平的样子。乌兰泰信以为真，连忙调动兵力沿江布防，对于太平军新圩大本营中的活动，反而放松监视，正中了太平军声东击西之计。

1851 年 9 月 11 日，即咸丰元年八月十六日，太平军趁中秋月色甚明，于二更后全军拔队潜行。萧朝贵、石达开两主将率领金田附近各村会众作为前队，经过古林、茶调等村沿山东进，新圩一带大军追踪而行。太平军全军退尽，隔岸的乌兰泰部清军还在梦中，毫不知情。太平军除古林村附近还留驻精兵千余人以防向荣部的追击外，一夜之间，全都悄然出围而去。其留守古林的千余人也于四天之后安全归队，未损一人。

乌兰泰部清军第二天早晨一觉醒来，发现太平军已不知去向。他们派出队伍分头追赶。山间小径，曲折难登，太平军后队又沿途挖断道路，并以木石阻塞，追兵寸步难行，无法追赶。大队清军则拥入新圩及附近各村，以搜查太平军为名，乘机大掠，最后一炬成灰。清方官报都说太平军于退兵时放火烧掉新圩，其实太平军是潜师出走，当然不会自己放火暴露目标，这不过是清军嫁祸的饰辞而已。

向荣要比乌兰泰老练得多，他发现太平军全军退走之后，就估计到太平军会从小道疾趋思旺，东出平南。于是就率部从大路去平南，然后向北猛进，希望迎头拦击翻山而来的太平军。他的估计不错，只不过没有估计到太平军翻山越岭的速度比他从大路行军的速度还要快得多。当他的队伍走到官村，正在扎营休息的时候，太平军伏兵突起攻击。清军因为途中遇雨，火药全湿，枪炮均无作用。遇到太平军白刃相搏，全军溃败，千总杨成贵被打死。所带的一切军械、锅帐、军粮、被服全部损失。这就是太平天国历史上有名的“官村之战”。向荣到达官村是 1851 年 9 月 15 日，率领残军逃回平南是 18 日。他雄心勃勃一心要想消灭太平军，以为可以一举成功，想不到却中了埋伏，几乎全军覆没，一时心灰意冷，逃入平南，托病月余不出。清军其他各部，也都屯驻平南，徘徊观望。只有乌兰泰觉得由于自己的疏忽而放走了太平军，唯恐清廷降罪，因此率部穷追，在深山中走了三百里，一直追到永安州境内。太平军围攻永安城时，他还在途中；破城的第二天，他才追到。清廷觉得他虽无功劳，但也算尽了心，还是赏他穿了黄马褂。

太平军在占领思旺并且取得官村大捷之后，清方都认为他们会乘胜尾追，南取平南，所以清军各部都在平南一带留驻。不料他们立刻回头，水陆并进，循思旺水北上。这里距花洲已经不远，清方又以为他们要退入花洲，匆匆忙忙在花洲一带布防。甚至传说他们要循大同江、蒙江南下，东攻广东，弄得风声鹤唳，草木皆兵，但一直摸不清他们的去向。这时太平军已经决心北取永安州。为了迅速摆脱追兵，避免暴露目标，他们一头钻进人迹罕至的八峒山中，草行露宿，昼夜兼程，向东而去。

八峒山峰峦重叠，烟雾迷茫，乱石嵯峨，林深草密。由萧朝贵、石达开两位主将所率领的太平军先头部队不仅要克敌制胜，保证全军安全行进，而且要真正负起"开通前路"之责，披荆斩棘，辟路架桥，在荒无人烟的深山里开出一条道路来，让成千上万的弟兄们顺利通过，向永安州进军。

论：

一、某些有关太平天国史的著引奏稿本《石达开自述》中"因本县土人赶逐客人，无家可归……聚众起事"一语为据，认为他参加革命事非得已，动机不纯。笔者认为：第一，说石达开因为"无家可归"而参加革命，与史实完全不符。第二，即使石达开确因"无家可归"而参加革命，也不能称之为"动机不纯"。在金田团营时，确有数千因贵县土客大械斗后无家可归的客家人参加，也有数千因桂平大旱而有家难归的饥民参加。他们参加革命确有事非得已的情况，但不能斥之为"动机不纯"。

大量史料与口碑都说明石达开略有家财，在金田团营时是毁家赴义。既称毁家赴义，当非无家可归。根据比较丰富的史料查证，在石达开开赴金田团营之前，土客械斗从未波及他的家乡那帮村。清朝晚期，广西土客械斗的事虽然常常发生，但并非处处皆有。总的说来，是土客杂居区发生械斗的情况多，土人或客人聚居区发生械斗的情况少。就大面积而言，贵县在广西全省中算是土客杂居区；就小面积而言，那帮村在贵县一县之中又算是土人聚居区。居民大都是壮族，多年均未发生械斗。石达开在此地颇有声望，深受土人爱戴，被尊称为"石相公"。土人追随他而参加革命者为数不少。说他曾被土人赶逐，因而无家可归，于史无据。"自述"非石达开亲笔，乃出于清吏之手，记事错误、逻辑混乱之处甚多，不足为凭。

二、石达开是太平天国首事六王之一。他在六人领导集团之中始终甘居末位，足以说明他胸怀磊落，能以大局为重，不计较个人得失。这个六人领导集团开始时是以披着宗教外衣结成异姓兄弟的形式出现，他们位次的根据是什么？当时只有两种可能：一是纯粹按照结拜异姓兄弟的办法，即按年龄排定：长者为兄，幼者为弟。二是按照宗教团体的教规与各种帮会的帮规排定：先进山门为师兄，后进山门为师弟。根据现有的史料来推断，按照年龄排定的可能性较大。因为洪、冯年龄确实较长，韦、石年龄确实较幼。只有杨、萧的年龄说法不一，但也出入不大。可以说洪、冯、杨、萧、韦、石的次序正是“雁行排列，各以齿序”。如果说是按照“先进山门为师兄，后进山门为师弟”的办法排列，洪、冯、杨、萧四人的次序无问题，因为洪首创上帝教，冯为最初的奉教者，以后又由冯介绍杨、萧奉教。但韦、石的次序就有问题，根据史实，洪、冯密访石达开在前，冯出狱走归紫荆山结识韦昌辉在后，如此，则石应在韦前。

金田起义后，东乡登极时，这个六人领导位次略有变更。即由洪、冯、杨、萧、韦、石变为洪、杨、萧、冯、韦、石。这一变更的原因，史学界的看法基本上是一致的，即：杨、萧取得代天父、天兄传言的大权，并且握有实力。冯为顾全大局，加强团结，自愿退居杨、萧之后。这样一来，六人领导集团位次排列的条件，除年龄、资历之外，又增加了一项，即领导能力与在革命事业中所起的作用。从冯的退居杨、萧之后一事看来，这一项似乎比前两项更重要。如果说位次只按年龄来排，石达开自然应居末位。如果说位次只按资历来排，石达开应在韦昌辉之前。如果说，位次要按领导能力与在革命事业中所起的作用来排，那么，不论太平天国自己人还是敌方，都公认石达开是文武全才首屈一指的人物，他带到金田团营的队伍人数最多，实力最强，屡立战功，成为太平军的主力；他自己当然也就成为举足轻重的人物。后来杨、萧的位次既可变更，石达开的位次何尝不能变更？但他顾全大局，绝不计较。风格之高，与冯云山相似。在这一点上，我们如果只盛赞冯云山而不及石达开，是不公平的。

第三章 羽翼天朝

广西东部的浔、漓两江之间，崇山峻岭之内，有一座州城，叫作永安州（今广西蒙山县）。城周二百四十八丈，城墙高一丈六尺，厚六尺。虽有四个城门，北门早就封闭不用。城内街道狭窄，房屋矮小，就连州官所居的州署也很简陋。所以从中原到这里来上任的州官，每每大发牢骚，说这个弹丸之地的州城，还赶不上内地的一个大村子。在这里做官，简直就是“穴居野处”。① 这个小城始建于明代成化十三年，即 1477 年。太平军攻克此城是 1851 年 9 月 25 日。也就是说：在建城的历史不到四百年的时候，这个小城出现了历史的奇迹，太平军在此“封王建制”，也叫作“永安建国”。从此，这个小城就作为太平天国的临时首都而永远被记载在历史上。

州城三面环山，山中居民，大多为瑶族。只有城南二三十里的地方，是万山之中的一片小平原。沟渠纵横，村落相望，算是全州的膏腴之地。居民中各族都有，也有不少从外地迁来的客家人。太平军攻克永安之后，受到他们的热烈欢迎。太平军留驻半年多，始终占领着北起州城南至水窦被称为东平里七十二村的这一块地方。清军虽然四面包围，屡次进攻，都无法攻破太平军的防地。

太平军在官村大捷之后，迅速摆脱追兵，全军通过深山小径，进占平南县北的大旺，然后在这里调整队伍，分兵两路北取永安州。陆路军是主力，从山间小路轻装前进，任务是一举攻克永安。除萧朝贵、石达开两主将外，辅以秦日纲、林凤祥、李开芳、罗大纲等勇将。韦昌辉所统率的后军也并入这一路。水路军的任务是护送全军辎重和老弱妇孺，乘舟顺水而行，先从大同江南下经三江口转入眉江，再逆流而上直抵水窦，由洪秀全、杨秀清、冯云山指挥。清军猜不透太平军的真正意图，不知他们究竟想到何处，只好尾追，无法拦击。太平军可说是一路顺风，离开官村不过七八天，就迅速攻下永安州。

① 邓林尹《重建永安州治记》：“边鄙弹丸黑子，不及腹里州县一村聚耳！官斯土者，何异穴居野处！”

陆路军在萧朝贵、石达开的率领下，于1851年9月20日进入藤县大黎地区。这地方是万山丛中的一片小平原，村落相望，居民中有不少拜过上帝的人。陆路军在此地屯扎五日，召集拜上帝的人家全家参军。一时，贫苦农民踊跃参加。太平天国后期的名将李秀成就是这时参军，成为石达开的部下的。因全军辎重都在水路军中，陆路军轻装前进，一路上只好就地征集粮食。此外，还派罗大纲率领精兵千人抄小路奇袭永安州。

罗大纲原是天地会队伍的首领，一年以前，曾经奇袭永安州，对于道路比较熟悉，也认识一些本地的天地会中人。他受命之后，凭着这些有利条件挥军急进，迅速抵达永安城外。1851年9月23日，即咸丰元年八月二十八日下午，罗大纲率领先头部队千人到达永安东南十八里的水窦，与驻守的清军打了进军永安以来的第一仗。当时清军平乐协副将阿尔精阿率领兵勇四百名在水窦布防。当他们发现太平军并非衣履破烂的山间草寇，而是队伍整齐、军容甚壮的骑兵时，惊慌失措，迅速撤出村外，抢占村北三里的中营岭，盲目发炮。太平军骑兵策马渡河，飞驰前进，立即进占水窦。清军惊溃，夺路逃回州城。

当晚，太平军先头部队就在水窦扎营，略事休息，修整战具，做好攻城的准备。次日黎明，骑兵先到永安城下，绕城吹角，大喊杀妖，向城里的清军挑战。清军兵力单薄，龟缩不敢应战，一心等待援兵。太平军虽一再呐喊挑战，但从早到晚并未真正攻城。天黑以后，更别出心裁地进行了一场神经战：用战马拖着树枝、秤锤、石块环城奔跑，只见尘土飞扬，声音嘈杂，好像万马奔腾。以此惊扰迷惑敌人。在这一天一夜当中，太平军可以分批休息，而城里的清军不知虚实，片刻不敢眨眼，拖得疲乏不堪。

又过了一天，萧朝贵、石达开两主将率陆路军大队到达，沿途占领了眉江两岸的重要村落，直抵州城东南的大窖岭，架炮攻城。午后，大战开始。太平军以大炮轰击，力攻东门。清军守军大都被吸引到东门来，西、南两门空虚。攻城队伍乘西南风大起，把事先准备的爆竹、纸炮点燃，投向城头。一时烟雾弥漫，守军睁不开眼，攻城队伍即从陈姓民房架云梯爬上城墙，攻入城中。守军发现太平军已经进城，纷纷逃窜。1851年9月25日，即咸丰元年闰八月初一日，太平军克永安州。这里虽是弹丸小邑，却是太平军从金田起义以来所攻克的第一座城池。

太平军入城后，清军千总马荣升率残兵逃跑。知州吴江、副将阿尔精阿逃跑不及，被太平军擒获处死。团总苏保德率团丁巷战被打死。当天傍晚，全城即已肃清。之后，水路军也陆续到来。眉江行船只到水窦为止，水路军到达水窦后就弃舟登陆，走旱路入州城。太平军第一次克州城，为了表示热烈庆贺，于攻克后的第七天举行隆重的入城式。“太平王进州城时，城里城外打扫得干干净净，锣鼓声、爆竹声响不停。太平王坐轿子走在中间，两头有马队保护，人山人海，非常威风热闹。到州衙门前草坪时，太平王曾对部下讲话，要众人不得贪图金银财物，一切归公。”①洪秀全的这一次讲话，记录下来作为诏令公布。全文是：

又八月②初七日，时在永安。

天王诏令：各军各营众兵将，各宜为公莫为私，总要一条草，对紧天父天兄及朕也。继自今，其令众兵将，凡一切杀妖取城，所得金宝、绸帛、宝物等项，不得私藏，尽缴归天朝圣库，逆者议罪。钦此。③

洪秀全在全军入城式上重申这一军纪，表示太平天国领导集团决心把圣库制即全军财产公有制坚持下去，企图用军纪的形式来反对农民的私有观念。

太平军兴高采烈欢庆胜利之日，正是清方上下手足无措、互相抱怨指责之时。永安既失，清廷即下严旨斥责，把钦差大臣赛尚阿交吏部议处。赛尚阿又参劾向荣等将领不听命令，于是清廷下旨革向荣提督职务，留营效力。向荣在官村大败之后，长期称病请假；以后又拔营去梧州，转赴昭平，徘徊观望，不愿进兵。永安附近的清军只有乌兰泰一军，他率领的追兵在太平军克永安的第二天才到达州城西南十余里的文圩。州城既失，他屯兵不进，只和太平军周旋于水窦一带，双方只有小的冲突，并无大战，处于半停战状态。

太平军入永安州后，认真建立防守州城的各条防线与内层防线。东至大窖岭、东炮台，西到西炮台，南至莫家村，围成一圈，高筑围墙，墙外挖沟，眉江两岸，皆建营垒，拱卫州城。外层防线北起龙眼塘，东至古苏冲，南至水窦，皆派重兵驻扎，随处构筑工事，作久守的打算。当时清方派来包围太平军的各种队伍虽然为数不少，但是其中主要的还是久经战阵的向荣与乌兰泰两军。向荣驻军昭平，如果前来进攻永安，一定从东路而来。于是达开驻军大塘村一带，防守古苏冲道路，严阵以待。乌兰泰军已在水窦附近活动，就由秦日纲率领矿工军驻守水窦去对付他。

1851 年 10 月 19 日，即咸丰元年闰八月二十五日，由达开率领的东路守军打了占

① 引自钟文典《太平军在永安》一书中所记录的群众口碑。

② “又八月”即“闰八月”。因太平天国的天历反对用闰，而此时天历尚未颁行，仍有闰月，故以又字代之。

③ 引自《天命诏旨书》。

领永安后的第一个大胜仗。向荣驻军昭平之后，赛尚阿一再催促他进军，令他与乌兰泰两军配合，夹击水窦。可是向荣对乌兰泰成见甚深，不愿与之合作，命令自己的先锋总兵李瑞径向永安东面的古苏冲进兵。李瑞就在古苏冲附近的龙寮岭扎营。达开乘其立足未定，于10月19日清晨天色未明之时，率领精兵突然袭击。清兵仓促应战，乱作一团。不到半天工夫，死伤大半，其余的都徒手从山间小路逃跑。李瑞逃回昭平，军需器械均被达开缴获，等于官村大败的重演。败报上闻，向荣受到严责，李瑞被革职拿问。向荣经此挫折，更加失意，借口防守永安北路，绕道前往永安州城西北二十余里的新圩，屯兵不进，敷衍应付，实际上已与太平军休战。清军将帅不和，互相掣肘，畏战避战，迁延观望，对太平军极为有利。使太平军得以久留永安，完成各项重要的建国工作，为此后的万里长征做好了准备。

太平军从金田起义到攻克永安，一共只有八个多月的时间。辗转战斗于桂平、武宣、象州、平南各地，可以说是马不停蹄。有时军情紧急，行军作战不分昼夜，极为辛苦。因为缺少休整的时间，难以总结经验教训。虽然立了国号，建国工作无从着手。长期流动作战，伤员病员逐渐增加，严重地影响了战斗力。他们从象州一带召齐会众回到紫荆山区，原打算在老根据地休整一段时间。但因向荣攻破了双髻山，险要已失，难以立足，被迫一再突围。这次进军永安，因为事前计划周密，把敌人远远抛在后面。既克永安之后，得以从容部署，巩固城防，长期留守。

太平军留驻永安六个多月中，做了许多重要的工作。首先是封王建制。太平天国于1851年12月17日，即咸丰元年十月二十五日，在永安城中州署附近的武圣宫举行隆重的封王大典。洪秀全庄严地宣布了封王的诏令：

> 辛开①十月二十五日，时在永安。
>
> 天王诏令：通军大小兵将，各宜认实真道而行。天父上主皇上帝才是真神，天父上主皇上帝以外，皆非神也。天父上主皇上帝无所不知，无所不能，无所不在，样样上，又无一人非其所生所养，才是上，才是帝。天父上主皇上帝而外，皆不得僭称上、僭称帝也。继自今，众兵将呼朕为主则止，不宜称上，致冒犯天父也。天父是天圣父，天兄是救世圣主，天父天兄才是圣也。继自今，众兵将呼朕为主则止，不宜称圣，致冒犯天父天兄也。天父上主皇上帝是神爷，是䰟②爷，前此左辅、

① 太平天国改干支中的“亥”字为“开”字，故称辛亥年为辛开年。

② 即“魂”。太平天国取“脱鬼成人”之意。改“魂”字为“䰟”字。

右弼、前导、后护各军师，朕命称为王爷，姑从凡间歪例。据真道论，有些冒犯天父，天父才是爷也。今特褒封左辅正军师为东王，管治东方各国；褒封右弼又正军师为西王，管治西方各国；褒封前导副军师为南王，管治南方各国；褒封后护又副军师为北王，管治北方各国；又褒封达胞为翼王，羽翼天朝。以上所封各王，受东王节制。[①]

这个《封王诏》大致说出了太平天国政权与清廷封建政权的不同之处。首先是太平天国元首不称帝而称王，与首义诸王共同管治天下，不像专制皇帝视天下为一人所有。其次是太平天国政权实行军师制。即天王虽是国家元首，但不负实际责任，治理国家的具体工作由军师主要是左辅正军师负责。所以说“以上所封各王，俱受东王节制”。对于最年轻的石达开，不叫他管治外地，而要他“羽翼天朝”，大概是想在革命胜利之时，让他担负捍卫首都与协助处理中央政务的重任。

天历是由冯云山创制的，于封王建制之时宣布，太平天国壬子二年开始推行。在长期使用阴历的中国，毅然废除阴历，专用阳历，应该说是一个大胆的改革。天历虽有粗疏的缺点，但是简便好记，易于推行。在每年三百六十六日中，单月每月三十一日，双月每月三十日，固定不变。并且打破了旧历书中日子分为吉、凶的迷信说法，认为任何时候都是吉日良辰，无须避忌。太平天国不承认清廷的“正朔”，而创制了革命政权的“正朔”，颇能振奋人心。

达开在永安州时，和殿左一指挥黄玉崑的女儿结婚。黄玉崑原名王玉崑，因避讳改姓黄，桂平人，冯云山被关押在桂平监狱中时，他曾出力营救。王氏王娘后来死于天京内讧之中。

太平天国在永安时期所推行的各项政策，是由首义六王共同议定的。当时的“天朝”设在屋宇简陋的州署衙内。州署以西一箭之地的武圣宫，是杨秀清所居的“东殿”。其中大厅一间，就是领导集团商讨军国大事的议事厅。城内较大的房屋，辟为诸王王府。诸王都有自己的辅佐人员，办理分管的政务。

当时《天朝田亩制度》还未颁布，太平天国还没有正式提出消灭封建地主的土地所有制。但从他们所推行的一些政策看来，显然是不利于地主阶级的。太平军攻克永安之日，四乡秋禾成熟。他们为了征集军粮，发动全军分批参加抢割秋禾。“太平军进永安州，除了没收地主谷米钱财外，还割地主的田禾。做法大致是这样：先派人下乡传

① 引自《天命诏旨书》。

话，动员农民和太平军合作，实地查田，把地主的田和农民的自耕田分开。在地主的田中插上竹签，不论产量高低，以丘作准，分为两半。太平军当众说明：一半是由我们派人收割，一半归你们自己收割。割得的稻谷，可以全部挑回家去，归你们所有，用不着再给田主交租了。我们收割的一半，就是田主的租谷。如果田主还向你们收盘，尽可来禀告，是要处罚他的。查田完毕，太平军立即派人下田割谷。太平军人多，割得快。收割完毕，还派人帮农民收割，农民非常高兴。[①] 秋禾收割完毕，太平军还到处宣传，叫农民努力犁田，做好春耕准备，将来按照新办法纳粮，谁种谁收。虽然对于这种新办法的详细内容已经不得而知，但从禁止地主收租与推行谁种谁收的纳粮办法看来，太平天国是有心实行耕者有其田的政策的。

太平军还发动群众分地主富豪的浮财，打击他们的威风，并且让群众得到实际利益。为了以有易无，太平军也很重视和群众之间做买卖。他们占领永安后，即在南门外的广场搭盖竹棚，辟为交易市场，鸣锣传语，希望群众来此交易，保证买卖公平。为了鼓励群众踊跃前来，他们把自己所有的多余物资廉价出售，同时提高价格，收购自己所需要的物资。这样就赢得群众拥护，因而生意兴隆。太平天国推行了这些因事制宜的灵活的经济政策，即使自己得到充分的物资供应，也让广大农民得到好处，真是一举两得的好办法，连敌人也认为他们这些办法是高明的。

太平军在永安休整的这段时间，虽然没有发生大会战，但是和前来围困的清军停停打打，打打停停，小规模的战斗还是连绵不断。总的说来，在从 1851 年 9 月 25 日攻克永安到 1852 年 4 月 5 日突围北上的这六个多月中间，前三个多月战事比较沉寂，后三个多月战事逐渐紧张。这种情况是和清方围攻计划的变动密切相关的。

清方统帅赛尚阿对于永安失守痛心疾首，但是看到太平军据守永安一地，又感到非常高兴，认为这是围而击之、聚而歼之的好机会。广西按察使姚莹和副都统乌兰泰也有这种看法。清廷对于这种设想非常欣赏，一再谕令前线将帅，必须认真执行。可是和乌兰泰长期不和的向荣公开唱反调，认为攻城必须网开一面，要在追击中才能歼灭敌人。双方固执己见，都不让步。当时两人的积怨已深，清廷的严旨责备，姚莹的从中调解，都不能解决他们的矛盾。

清方统帅赛尚阿驻于风景优美的阳朔，根本不来前线。围攻永安的清军兵勇虽然不少，但唱主角的还是向荣部与乌兰泰部。向荣是北路清军的主将，乌兰泰是南路清

---

① 引自《太平天国革命在广西调查资料汇编》。

军的主将。两个主将不和，不仅不能配合作战，而且常常争功诿过，互相牵制，其他将领就是愿意出力，也是无能为力。尽管当时各路清军总数有三四万人之多，在人数上远远超过太平军，在战斗中却占不了半点便宜。这就是永安保卫战的前期战事比较沉寂的原因。

在战场上得不到胜利，清军将领——主要是姚莹和乌兰泰——就千方百计地对太平军设谋用间，进行暗害活动，派遣奸细放火、放毒、诱降、暗杀等等。例如他们抓到了胡以晃的亲属，就以此要挟，逼胡以晃投降。并借递交书信的机会，阴谋暗杀太平天国的领导人。结果都遭到失败。在所有设谋用间的暗害活动中，最重要的一件事就是周锡能叛国案件。周锡能是拜上帝会的老兄弟，金田起义时已封军帅，在太平军转战象州时奉命回博白召集会众。不知何时他投入清营，接受清廷官职后奉密令混入永安城内，企图刺杀诸王，策动叛变，接应敌人夺取州城。杨秀清先已侦知他的一些活动，但并不直接审问追查，而是借诸王议事的机会，假托天父下凡，命令锁拿周锡能。然后召开大会，上至天王，下至一般军民都来参加，进行公审。大会是在武圣宫东王府召开的。杨秀清假天父之名，审讯周锡能和一切有关人员，迅速审出真情，周锡能被处死。太平天国非常重视这次肃反案件，把审讯经过写成专书，刊刻颁发，成为旨准颁行的诏书之一[①]。

清军数万人围攻永安，师老无功，清廷震怒，严令赛尚阿进军。赛尚阿不得已，只好于 1851 年 12 月下旬，由阳朔移驻永安前线亲自督师。这时太平军虽然还能固守阵地，但是军用物资尤其是火药铅弹日益缺乏，很少发动反攻。清军方面，各地运来的大炮不断增加，他们就凭借优势火力，不断进攻。这就是永安保卫战的后期战事逐渐紧张的原因。在清军炮火连续轰击之下，永安城外的房屋毁损甚多，太平军某些营地几乎被夷为平地，只好进入地道扼守。

在永安保卫战中，敌人的兵力与武器大大超过太平军。尤其是在后期，敌人更处于优势。姚莹当时对两军的条件做了比较客观的估计："窃谓人心齐，地理熟，胆气壮，此三者贼之所长而我之所短也。火器精，粮饷足，兵勇众，此三者我之所长而贼之所短也。"[②]敌人在人数、武器与补给三方面都处于优势，太平军则是依靠主观上的努力、齐心与壮胆来抵御敌人的。虽然敌人具有优势兵力，但是直到永安突围为止，太平军不仅未被消灭，连实力也没有被削弱。这就说明，他们经过良好训练，有一套能够适应守

① 即《天父下凡诏书一》。

② 引自姚莹《中复堂遗稿》卷五。

城的战术，即坚守为主，以逸待劳。从金田团营开始，太平军中训练军队的工作一直是由石达开担任的。

敌人对太平军改变战术的情况，作了生动的描写："从前屡屡抬大炮至我军营侧或树林村落中施放攻扑，放必数百炮，炮子如雨；今非但不来，兼且我兵至其墙边，方肯放炮，炮放亦不过十余炮，不肯连放，不肯多放，惜药如宝。"①乌兰泰总结永安战场上的情况说："我以重兵远路跋涉，千防百备以明击暗，贼以数百人坐地严防，远以炮轰，近以枪打，以暗击明，不得利则死守不出，稍有隙则乘空扑袭。我兵进之十分涉险，撤之尤切严防，劳逸之势，又不得不计较者也。"②姚莹也有同样的看法："贼此时惟死守营盘不出，待我兵饥疲之后，乃出而抠我，诚善用兵者也！此之谓以逸待劳。而我兵既疲于往返，又疲于战斗，此兵家之大忌也。"③尽管敌人一再发动进攻，付出了很大的代价，但还是无法攻占太平军的阵地。用敌人自己的话，就可以证明这一点："须要攻一处，得一处。众希立功，纵有伤亡者，究得其地，人心尚自鼓励，即亡者之魂亦尚可慰。若屡次徒获胜，不能夺占其地，反增贼匪守御，久则士心恐懈。"④从这些话可以看出：敌人多次进攻，伤亡甚重，仍然不能取胜。

太平军久驻永安，不过是进行休整，为下一步的行动做好准备，当然不会以占领永安州这一弹丸之地为满足。在坚守永安半年之后，领导集团经过商议，认为休整的目的已达，军中缺乏弹药、食盐，不宜再久守下去。1852 年 4 月 4 日（太平天国壬子二年三月初一日，清咸丰二年二月十五日）洪秀全向全军发布了有名的《破围诏》，下令突围：

> 壬子二月三十日，时在永安。
>
> 天王诏令：通军男将女将，千祈遵天令，欢喜踊跃，坚耐威武，放胆诛妖。任那妖魔千万算，难走天父真手段。江山六日尚造成，各信㚹爷为好汉。高天差尔诛妖魔，天父天兄时顾看。男将女将尽持力，现身着衣仅替换；同心放胆同杀妖，金宝包袱在所缓；脱尽凡情顶高天，金砖金屋光焕焕。高天享福极威风，最小最卑尽绸缎。男着龙袍女插花，各做忠臣劳马汗。钦此。⑤

---

① 引自翼论《寄邹中中丞书》。
② 引自乌兰泰《致赛尚阿禀》。
③ 引自姚莹《中复堂遗稿》卷三。
④ 引自乌兰泰《致赛尚阿禀》。
⑤ 引自《天命诏旨书》。

当时太平军共有两万余人，包括不少老弱妇孺和伤病员。要在敌人四面包围的情况之下顺利突围，不是一件容易的事。如果突围失败，就有全军覆没的危险。因此必须慎重选择突围的时间、地点，并认真编组突围的队伍。突围的时间，他们选择了连旬暴雨之后的4月5日晚间三更时分。这时一场暴雨刚过，天黑如墨，万籁无声，经过充分准备的太平军队伍，在一声令下之后，纷纷拔队起程。突围的地点，他们选择了东通昭平大道的古苏冲山路。当时清军主力驻扎在南北两线，东线的古苏冲是敌人兵力最薄弱的地方。虽然如此，这一带的地势却非常险峻。从古苏冲口到龙寮岭的八里路中间，敌人部署了三道铜关铁卡。第一道是古苏冲口的长墙深沟，第二道是险要的玉龙关，第三道是龙寮岭的炮垒木栅。要想突围成功，必须一举攻破这三道防线，不能迁延时刻。在编组突围队伍时，他们仍以萧朝贵、石达开督军"开通前路"，指挥突围。而以熟悉地理的罗大纲担任先锋。州城一带的队伍走完之后，由驻守水窦的秦日纲担任断后，掩护全军撤退。

由古苏冲经玉龙关到龙寮岭，两山壁立，溪水中流，山间小路，只能鱼贯而行。一旦阻断，突围大军即无法通过。所以破围之虞，必须一举成功。当夜三更雨住，担任破围任务的前军摸黑出发，分兵两路前进。一路是主力，沿正路而行；一路是奇兵，攀藤附葛爬上六贺山，从侧面奇袭玉龙关。因为连日大雨，山高路滑，人马难行，驻守的清军想不到太平军会在这时出动，全无戒备。一旦听到喊杀的声音，从梦中惊醒，钻出营帐，四面黑得伸手不见五指，他们纷纷乱窜，不是被杀被擒，就是坠崖跌死。到了四更时分，三道关卡完全打破。先锋罗大纲率军翻越龙寮岭，冲出大厄，向东去昭平的大道猛进。萧朝贵、石达开指挥大队随之而行。6日黎明，驻守水窦的秦日纲军赶到古苏冲口，暂时驻扎，担负殿后任务。太平军永安突围时，并无外援。有些史料中说，是否达开密召贵县矿工数千人前来接应突围，并无其事。

6日天明之后，赛尚阿接到探报，才知道太平军突围而去。他恼羞成怒，命令南北两路清军合力追赶，务必把太平军歼灭在山间小路之中。当天晚间，清军赶到古苏冲会合，开始猛追。此时秦日纲军为了掩护大队，还驻守在玉龙关一带，阻拦追军。清军追到之后，两军激战。由于山路狭窄，路滑难行，秦日纲军在完成掩护大队退却的任务之后，自己却被清军缠住，难以脱身，且战且走，陷于被动，受到清军包围，牺牲两千余人。7日，追军占领龙寮岭，暂停前进，计议下一步的行动。向荣主张持重，认为追军已经饥疲，需要暂时休息，然后探明消息，继续追击。乌兰泰因为在追击秦日纲时占了便宜，明知士兵饥饿，力主速追。赛尚阿严令追击，乌兰泰坚决主张速追，诸将不敢落后。追军于是在7日深夜出发猛追。

清军将领还在争论不休的时候，萧朝贵、石达开已经下达了回军反击的命令。太平军的精兵爬山越岭，埋伏在从龙寮岭到大厄的两旁山梁上，准备礌石滚木，以待追军。8日黎明，细雨蒙蒙，满山大雾，山路湿滑，追军人马拥塞难行，只能在峡谷小道中缓缓前进。太平军等待追兵尽入峡中，即于山梁发炮，轰击峡底，礌石滚木，四方俱下。清兵大乱，四散奔逃，路窄地滑，互相践踏。他们抬头看不到太平军在什么地方，无法还手，只有被动挨打。顷刻之间，伏尸塞满道路。太平军又出动突击队，赤脚短刀，八方围裹，肉搏而前，到处搜杀。清兵被炮击枪伤，刀砍矛刺，坠崖落涧，互相践踏而死的有四五千人。清军总兵长瑞、长寿、董光甲、邵鹤龄四人同时毙命，乌兰泰坠崖受伤。经此一战，清军丧气，再也不敢前来追赶，太平军得以从容布置，北攻桂林。

反击战胜利之后的第二天，太平军全军整队出发，向桂林进军。“当时行军，已不似永安突围时的仓促紧张，而是队伍严整，人马相间，旗帜翻飞，鼓角齐鸣，男队女队分行，精壮战手为前锋或殿后，大垌各村参军的年轻人皆充先锋，先锋军逢山开路，遇水搭桥。”[①]队伍先是朝东向昭平方向前进，准备经平乐北上桂林；走了十余里后，接到探报，知道大路有清军堵截，传令改变方向，以后队作前队，朝着西北三妹瑶区前进。为了出奇制胜，袭取桂林，全军专走山间小路绕道北上，于1852年4月18日（太平天国壬子二年三月十五日，清咸丰二年二月二十九日）直抵桂林城下。

向荣是清军中老于行伍的将官，为了保存实力，不愿硬打硬拼；但是遇到不大费力而又可以立功的机会，绝不轻易放过。太平军永安突围之后，向荣预料他们即将奇袭桂林。为了抢先一步，向荣丢下队伍不管，率领轻骑六人昼夜急驰，于4月17日清晨到达桂林，传令关闭南门，加强守备。太平军在永安突围反击战中缴获不少清军的衣甲旗帜。他们的先头部队于4月17日上午到达桂林城下，就冒用清军旗帜，准备赚开城门。他们和向荣的见面，颇有戏剧性：“太平军乃乔装清军服装旗号直上桂林，欲以此赚开城门，则桂林唾手可得矣。比及南门桥，见城门紧闭，城上旌旗林立，心知有异，遂大呼曰：‘向大人回城了，快开门！’忽然城上一声呐喊，一清军装束之军官出现于城楼，亦大呼曰：‘我老向早回来了！’双方遂炮矢齐发，战争开始。”[②]次日，太平军大队到来，开始围攻桂林。

---

① 引自钟文典《太平军在永安》。

② 引自黄照熹《太平军攻桂纪实》。

不久，乌兰泰也率领轻骑数百追来，被太平军阻于桂林城南的将军桥。两军激战，炮弹击中乌兰泰的膝部。他受伤后，退回阳朔治疗，后因伤重而死。太平军在永安突围后，清军将帅均因“纵贼他窜”而获罪。赛尚阿受到降四级的处分，向荣、乌兰泰均被革职留位，以观后效。这时乌兰泰战死，清廷为了鼓励走狗卖命，追复他的原官，厚加抚恤。赛尚阿调兵遣将，来援桂林，自己却躲在阳朔，不敢亲临桂林督战，桂林防军均由向荣指挥。桂林城垣坚固，太平军先后以云梯、吕公车进攻，均不得手，遂于围攻三十三天之后，撤转而去。

太平军从桂林撤退之时，清方并未追击。太平军于是分水陆两路北进，三天之后，即唾手而得兴安。在兴安仅留一日，即整队北上，向湖南进军。路过全州时，只从州城外山麓而过，无意攻城。大队已过，冯云山乘黄轿在后押队。城上守军向黄轿开炮，一发命中，冯云山受重伤。这样一来，太平军人人愤慨，决意回头攻城。因为守军拼命抵抗，太平军死伤甚重，围攻多日，才以火药炸崩城垣而破城。全州既克，太平军获得不少军粮与物资，就用木船数百只装载辎重与伤病老弱，循湘江顺流而下，人马沿江而行，向湖南进发。

1852 年 6 月 10 日(太平天国壬子二年五月初七日，清咸丰二年四月二十三日)爆发了蓑衣渡之战。太平军自全州出发不久，到达州城以北十二里的蓑衣渡时，受到伏兵狙击，伏兵并非正式的清军，而是由原任乌兰泰军中参谋江忠源所率领的湘勇。江是湖南人，熟悉这一带的地势，估计太平军将顺湘江而下，直取衡阳、长沙。为了争取立功，他自发地率领湘勇千人在此埋伏，设木桩以阻行船。太平军一到此地，伏兵齐起，枪炮轰鸣，船只阻于木桩，不能前进，互相碰撞，秩序大乱，因而死伤甚重，辎重尽失。经过两天鏖战，太平军才击退敌人，抢渡湘江，到达湖南境内。

这一战役，是太平军从起义以来所遭受的第一次大挫折，尤其是南王冯云山因伤重而殉国，就使领导集团从此失掉了平衡。冯云山是太平天国公认的开国英雄。后来广大军民即使没有见过他，也都知道“前做事者皆南王也”。[①] 太平天国革命事业是他开创的，洪秀全遇事要倚重他；杨、萧、韦、石对他也都敬佩和尊重。如果冯云山不死，后来诸王之间虽然也会产生矛盾，或许不致发展到自相火并的大内讧。太平军经此打击，不得不改由陆路绕道而行，因此耽延时日，以致长沙有备，久攻不下。如果没有江忠源的拦截，太平军顺流而下直攻兵少防弛的衡阳、长沙，革命事业的发展必然更加顺

① 引自《李秀成自述》。

利。此外，江忠源自募湘勇，能立大功，受到清廷重视，清廷从此鼓励办理团练。曾国藩以后创立湘军，成为太平天国的死敌，就是在清廷扶植汉族地主办团练的情况下发展起来的。

太平军经此打击，人员、物资损失甚大，必须进行休整，加以补充。他们侦知湖南道州四面皆山，易守难攻，正是进行休整的好地方。在蓑衣渡之战后，即昼夜兼程，进行奇袭。地方官弃城而逃，太平军兵不血刃而克道州。他们在道州除征集军粮外，注重补充军械与增加兵员。当时曾征集铜铁铸炮三百多尊。为了增加兵员，太平天国以杨、萧两军师的名义发布了三道檄文，传示天下，号召群众起义反清。

太平军所到之处，群众纷纷响应，天地会队伍踊跃参军。太平军于 1852 年 6 月 12 日占领道州，在发布三道檄文之后，于 7 月 24 日克江华，29 日克永明，8 月 12 日克嘉禾，13 日克蓝山，14 日克桂阳，17 日克郴州，一路势如破竹，在湖南一带扩军五万余人。这就是太平天国历史上有名的"湖南扩军"。经过这次扩军，全军人数已近十万，军粮器械齐备。

太平军在郴州，探知长沙守兵不多而城外民房未毁，以为可用轻骑袭取。遂由萧朝贵率御林侍卫曾水源、林凤祥，总制李开芳统劲旅两千间道北行。萧朝贵不走衡州大道，专走山间小路，于 1852 年 8 月 26 日克永兴，31 日克安仁，9 月 2 日克攸县，3 日克茶陵，8 日克醴陵，10 日即直达长沙城下，一路如入无人之境。长沙城外石马铺地方驻有从陕西来援的清军，一战即溃，自总兵福诚以下，全军覆没。长沙守军事前全未得到消息，惊慌失措，只有闭城死守，不敢应战。11 日，萧朝贵军抢占南门外的妙高峰，开始猛攻。守军为了壮胆，向城外盲目开炮。萧朝贵在城下奋勇督战，被炮弹击中前胸，不久即因伤重不治而殉国。萧朝贵的殉国，是继冯云山殉国之后，太平天国革命事业的又一个重大损失。

噩耗传到郴州，洪秀全、杨秀清下令全军拔队，北上围攻长沙。他们于 10 月 13 日到达长沙城下。这时的长沙已与一个月以前大不相同，清军各路援军云集，总数不下五万人。长沙城内有两个巡抚、一个帮办、两个提督，城外共有十个总兵。太平军大队 13 日到达，14 日与清军战于浏阳门外，失利，阵亡五百余人；15 日复战于阿弥岭，又受挫。这时太平军的处境不佳。远道行军，未得休息，屯兵于长沙坚城之下，局促于南郊一隅之地，如果久攻不克，不仅补给困难，并且有受到敌军反包围而被歼灭的危险。敌军除守城外，还在城郊有利的地形驻扎，互为犄角，以逸待劳，取得了主动地位。太平军为了摆脱困境，必须出奇制胜，争取主动。于是，石达开于 10 月 17 日是率领精兵二千余人渡过湘江，屯驻于湘江西岸与江心的水陆洲，从此开辟了第二战场，不论进攻或者撤退都有了回旋余地，从敌人手中夺取了主动权。

长沙位于湘江东岸，附近是一片平原，只有小丘，没有高山。而对岸的岳麓山则巍然矗立，可以俯瞰长沙全城。湘江中心有一个几里长的小洲，叫作水陆洲。洲上是一片橘林，盛产红橘。湘江至此分为两股，滚滚北流。达开率军渡过湘江，即抢占岳麓山，并分兵驻守水陆洲，以通两岸声气。此外，还在西岸征集军粮与军用物资，源源不绝地接济全军。向荣老于军阵，他看到水陆洲的重要，派总兵王锦绣率豫军千人驻守。这些队伍当然不是达开的对手。达开挥军渡江，军锋锐不可当，两军接战后，王锦绣全军覆没，仅以身免。从此，清军诸将视达开所占的阵地为畏途，不敢正眼相看。

太平军大队力攻长沙不克，向荣要想围困太平军，决心先夺取水陆洲，切断太平军向西的道路。他不听别人的劝阻，亲自率领三千余人渡江猛攻。达开侦知是向荣亲来，故意示人以弱，把主力隐蔽在洲南橘林深处，只用零星小队诱敌深入。向荣从洲的北头登陆，见到太平军的队伍零零散散，以为人数不多，就挥军南进，想一举占领全洲。达开等到敌人深入，才从两旁突然出击，截断敌人的退路。一场鏖战的结果，向荣全军覆没，他自己骑的是一匹良马，跳入湘江凫水而逃，才保住性命。这一天是 1852 年 10 月 31 日(太平天国壬子二年九月二十八日，清咸丰二年九月十九日)，这一战役就是太平天国历史上有名的“水陆洲之战”，也称沙洲之战。太平军控制了湘江两岸，阵地安如磐石，并以船只搭建浮桥，人马往来有如坦途。

杨秀清亲自督师猛攻长沙，因为城垣坚固，守军尽力拒守，一直未能攻下。从 10 月 30 日起，到 11 月 29 日止，太平军五次挖地道埋火药以炸城垣，均因守军拼死堵御，未能成功。

自萧朝贵于 9 月 10 日抵达长沙城下算起，到这时候已有两个多月。太平军屯兵坚城之下，久攻不克，军中补给发生困难，油盐均告缺乏。既然难以破城，长期株守城外，已无作用。11 月 29 日炸城不克之后，太平军统帅部决定撤围北上。次日晚间，风雨大作，太平军大队悄然离开东岸，经过浮桥，与达开所部合军，整师北去。但是为了迷惑敌人，故意派遣小队大张旗鼓地向南行进。清军果然上当，纷纷向南追赶，结果完全扑空。

当太平军整师北去时，曾经冲过清军广西提督福兴的营盘。福兴胆小畏战，只虚放了几枪，并不阻击，太平军得以顺利通过。福兴在事后害怕追究责任，大胆虚报战功，胡说什么经过围截，已经打死了“伪翼王石大剀”。清军方面一向畏惧达开，听到这个消息，不禁狂喜，继赛尚阿之后任钦差大臣的徐广缙忙把此事奏报清廷。清廷对于追究文武官员“纵贼他窜”的罪责，也就放松了一些。可是谎言总有拆穿的时候。等到达开的名字再度在奏报中出现，咸丰帝就亲笔对奴才提出质问：“何又有石达开？是否即系石大剀？”闹了一场翼王石达开死而复生的笑话。①

太平军向北而去，向荣率领各部清军向南而追，真是南辕北辙。等到他们知道上当，回头追赶时，太平军已经全军乘船，千帆竞发，行驶在碧波万顷的洞庭湖上了。太平军离开长沙是 11 月 30 日晚间，12 月 3 日，先头部队即建浮桥渡资水而攻克益阳，途中虽有少数清兵来追，但全被消灭，从此前无阻碍，后无追兵。到益阳后获得民船数千，全军乃顺流而下，12 月 6 日到达湘阴所属的临资口，由此扬帆直驶洞庭湖口的岳州。太平军于 12 月 13 日抵达岳州城下时，城内群众起而响应，开门迎入。清方文武官员逃避一空，太平军兵不血刃而得岳州。既克岳州，太平军尽得清初吴三桂留下的一大批炮械。清军为了在岳州布防而阻留的千万艘民船，也尽数送给了太平军。船上的船主与水手，有不少人愿意参加革命，仍做驾船的工作。杨秀清从其中选拔了湖南祁阳人唐正财任典水匠，职同监军，要他负责统辖船只。太平军从此就有了正式的水师。过去在山间小路中行军作战，辎重和老弱是个沉重的负担。现在有了艨艟万艘来装载辎重和老弱，大家就能轻装上阵。有了这些有利条件，太平军的战斗力大大地加强了。

1852 年 12 月 17 日（太平天国壬子二年十一月十四日，清咸丰二年十一月初七日），太平军放弃岳州，分为水陆两路，陆路军仅挑选精骑数千，由石达开指挥，跃马扬鞭，沿长江南岸前进，一路连克蒲圻、咸宁，军锋直指长江中游重镇武昌。水路军则艨艟万艘，帆樯林立，尽载全军步兵、辎重、老弱，由杨秀清指挥，蔽江而下，径趋汉阳。太平军这时的声势之大，军容之壮，为前所未有。

论：

一、金田起义，百事草创，当时的设官分职，主要是为了适应作战的需要，还谈不上什么国家体制。既克永安，封王建制，太平天国的国体，乃约略可见。笔者认为：对于封王建制一事，有加以探讨的必要。这将有助于我们了解太平天国的根本制度，包括石达开在内的诸王在这个新国家的地位。笔者不同意那种认为农民起义只能建立君

① 向荣《进攻武昌贼营并筹办各情形折》：“逆匪洪秀全尚在汉阳，杨秀清即住武昌省城，其罗大纲、石达开（硃批：何又有石达开？是否即系石大剀？）往来行走，尚无定处，其余韦正、胡以晃、曾三秀则未闻其人，是否被官军击毙，尚须查探。”

主专制的封建政权，不可能有任何改进的看法。事实上，同是封建政权，也有各种各样的差别，并不是由一个模子倒出来的。举例说：我国的封建政权，秦汉以降多实行宰相制，明清两代废宰相，而由皇帝亲政，这就是明显的差别。就专制的程度而言，皇帝亲政制自然比宰相制更加严重。

太平天国元首称王而不称帝，这并不是文字上的标新立异，而是有深意存焉。太平天国的经籍上一再斥责秦汉以降的封建统治者为阎罗妖，"自秦汉至今一二千年，几多凡人灵魂被这阎罗妖缠捉磨害"（《原道觉世训》）。而向往于三代的太平盛世，"假想唐虞三代之世，天下有无相恤，患难相救，门不闭户，道不拾遗"（《原道醒世训》）。揭开宗教外衣，我们可以看出：太平天国是反对两千年来的封建帝制，而赞成三代王与诸侯分治的制度的。这就是他们的元首不称帝而称王的原因。当然，他们对于三代的制度所知甚少，不过总觉得比当时的封建专制要好得多。在《封王诏》中，要东王"管治东方各国"，西王"管治西方各国"，就明显地反映出诸侯分治的思想。天王称万岁，这与封建皇帝相同，但东、西、南、北、翼五王依次称九千岁、八千岁、七千岁、六千岁、五千岁，则又大异于封建王朝。在历代封建王朝中，皇帝称万岁，封王的可称千岁。太平天国诸王，自万岁以下，每人只递减百分之十，尊卑差别甚小。就封建王朝的礼仪说，只有皇帝的名字才要避讳，只有皇帝的亲戚才加"国"字，如国丈、国舅等。但是太平天国首义六王的名字一律避讳，首义六王的兄弟辈一律称为国宗。这又是封建王朝所绝对没有的事。封建王朝对科举十分重视，凡考中进士的要通过殿试，称为天子门生。三年一试是国家大典，只能以皇帝的名义举行。而太平天国首义六王都能在自己的生日举行考试。

除天试外，又有东试、北试、翼试。凡此种种，都说明太平天国的国家体制与"朕即国家"的君主专制制度有明显的不同。

首义诸人结为异姓兄弟，这是历代农民起义中常有的事，不足为奇。到了新王朝建立之后，仍然要按封建制度，尊其中一人为君，其余为臣，大家虽然情同手足，但是分属君臣，丝毫不可僭越。太平天国首义六王之结为异姓兄弟，本来也是这种情况。由于太平天国是政教合一的国家，他们结为异姓兄弟时，披上了一件宗教外衣，情况就有了变化。封建王朝的皇帝是受命于天，握有特权，对于他的结义兄弟，随时可以翻脸不认，加以诛戮，没有人能说他不对。可是太平天国的情况就不相同。六王都是天父之子，天兄之弟，虽然位次不同，同是受命于天。这种关系，相互之间都不能否认，无法推翻。既然如此，天父天兄弟之国，谁也不能据为私有，好像兄弟姊妹之共同继承父母遗产，不容更改，所以太平天国前期才有国家大事要由诸王共同议定的制度。

君主制度当然不如民主制度。但是比较而言，由几个人集思广益，共同议定，总比由一个人一意孤行好得多。太平天国前期之所以兴旺，后期之所以衰落，由集体领导而变为个人独裁是一个重大的原因。永安州城内的武圣宫是当时首义诸王的议事厅，一切国家大事都要在此共同议定。不能由一人专断，这显然是太平天国体制优于封建王朝的地方。有人认为杨秀清既然“威风张扬，不知自忌”（《李秀成自述》），就说明太平天国前期也是一人独裁。这实在是把个人作风与国家体制混为一谈的说法。因为同一个李秀成，虽然批评了杨秀清“威风张扬，不知自忌”，却完全肯定了“东王佐政事，事事严整”（《李秀成自述》）这一不可否认的事实。太平天国采取领导集团合议制来代替封建帝王的独裁制，显然是一种进步的做法。

太平天国的天王只是名义上的元首，并不直接处理政事。政事均由军师负责。笔者认为：太平天国的国家体制在这一点上接近于封建王朝的宰相制。但是军师比宰相的权力更大。一切政事非经军师裁可，不能直达天王。国家正式文告如《奉天讨胡檄布四方谕》等三通檄文，均用正副军师的名义发布，无须天王署名。太平天国后期洪秀全直接处理政事时，曾经说过“主是朕做，军师亦是朕做”这样的话，说明他自己也认为处理政事是军师的事，如果只当天王，是用不着处理政事的。

在永安州时，除天王的朝廷外，各王都有王府，都有自己的辅佐人员。是否都有六部尚书，则不得而知。但也说明太平天国的诸王并非虚衔与爵位，而是各有所司，分管政事。建都天京以后，诸王府均有处理政事的六部尚书，各司其事，例如处决重刑犯就是翼王府刑部尚书的事。唯有天王府没有六部尚书，只有管理朝仪与生活杂事的官员。这说明太平天国的体制与封建王朝大不相同。天王不管政事，朝中不设六部，实权分于诸王。至于由东王节制诸王的决定，是初由《移营诏》，再由《封王诏》以法令的形式肯定下来的。这是当时由大家共同商量取得一致意见的事情，既非洪的让权，亦非杨的争权。如果认为洪不该让，杨不该争，那就是不明太平天国的体制，而把太平天国看成一般君主专制封建王朝所造成的误会。

总的来说，在永安州封王建制时已具雏形，到了建都天京后加以完善的太平天国体制大致如此：为了依靠宗教鼓动革命，领导集团拥戴一位教主作为国家元首。政事由首义诸王分工负责，而由正军师杨秀清总其成。决定军国大事时采用合议制，由六王共同议定。杨秀清是执行大家决议的负责人，而非独断专行的独裁者。对于这一点，洪仁玕说得很清楚：“国家以法制为先，法制以遵行为要”，“良由昔之日，令行禁止，由东王而指臂自如：今之日，出生入死，任各军而事权不一也。”（《干王洪仁玕立法制宣谕》）这种体制，办事效率很高。比由一人独断专行遥控一切的清政府要好得多。所以革命事业顺利发展。内讧以后，这种体制受到破坏，革命事业也就迅速地走上了下坡路。我们把这种体制探讨清楚，对于了解石达开在这个国家中的地位与讨论他日后所作所为的功过是非，具有很大的参考价值。

二、《封王诏》中“又褒封达胞为翼王，羽翼天朝”一语，诸家解释不一。简又文《太平天国全史》中说“羽翼天朝”就是“羽翼天王”。这种解释是错误的。“天朝”指的是整个革命事业，而天王只是洪秀全一个人。素有大志的石达开只会为从清廷统治下光复故国的大业而尽心竭力，不会对个别的领袖尽愚忠。他后来虽对洪秀全不满，但始终抗清不背太平天国，这种实际行动就足以说明他是“羽翼天朝”而非“羽翼天王”。

三、石达开在长沙分军占领湘江西岸一事，是关系太平天国革命事业兴衰成败的大事。他的功劳应该充分肯定。当时太平军全军远道而来，驻扎在长沙城南一隅之地，数战不利，有被清军反包围而加以歼灭的危险。清廷和清方将帅都希望迅速围困太平军，然后聚而歼之。石达开及时分军两渡湘江，就打破了敌人的美梦。他带走的不过是精兵两千余人，在全军数万人中所占的比重甚小；但是渡江之后迅速控制了数十里的要害地方，从敌人手中夺回了战争的主动权，对于整个长沙战役所起的作用极大。不管太平军能否攻克长沙，石达开走的这一步棋都使敌人震惊。清廷一再严令必须把“窜赴西岸之贼”“先行剿洗”“痛加剿洗”。在太平军全军猛攻长沙之时，石达开这一支小小的队伍竟引起敌人如此重视，说明他的这一攻势确实打中了敌人的要害。

石达开渡河以后，连续遭到敌人的多次猛攻，但是屹然不动。最后，向荣不得不亲自出马。在有名的水陆洲之战中，向荣全军覆没，仅以身免。石达开以少胜多，以弱胜强，沉着应战，指挥若定，显露了他杰出的军事天才。西岸阵地得到巩固，在当时的好处是：可以搭建浮桥，把湘江两岸的阵地联成一气，互为犄角，使敌人围困太平军的计划成为泡影。同时可以用西岸的粮食、物资源源接济攻城的大军。在以后的好处是：攻城不克，全军可以安全撤退；而且能够通过西岸阵地，向洞庭湖区进军。

第四章　长驱东下

武昌、汉阳、汉口三镇，是长江中游的历史名城。龟山、蛇山，遥遥相望，长江、汉水，奔流不息。武昌城外，从来市肆繁盛。湖北巡抚常大淳、提督双福听到太平军已从岳州顺流而下的消息，惊慌失措，为了便于守城，就不顾百姓的死活，下令放火烧掉城外所有的民房。一时火光四起，烈焰飞腾，成千上万的百姓立刻倾家荡产，哭声震地。大火烧了四天四夜，烧得天昏地暗，日月无光。1852 年 12 月 22 日（太平天国壬子二年十一月十九日，清咸丰二年十一月十二日）午后，清军从武昌城头遥望，只见太平军水师船只数千，扬帆顺流，徐徐而下，都停泊在汉阳城外的鹦鹉洲。汉阳城里的清军只有数百人，不堪一击。23 日，太平军水师登陆围攻，唾手而得汉阳。

太平军陆路精骑同日到达，迅速抢占武昌东城洪山、南城江岸各地营垒。由于清军全部退守武昌城内，他们在城外各地所筑的营垒都为太平军所得，用来对付清军的援兵。那些被一场大火烧得无家可归的百姓，痛恨清吏的残暴，纷纷向太平军哭诉。太平军好言抚慰，一概收留。这些人自告奋勇，愿充向导。从此，太平军对于本地的情况了如指掌，得以顺利进军。

太平军水陆两军既已会师，为了往来方便，立即动手在长江中搭建浮桥。这时长江两岸大小船只，全为太平军所得。军用物资丰富，竹木堆积如山。有了这种条件，统带水营的监军唐正财与统带木营的总制宾福寿便指挥部下，一起动手，用铁索连船，上铺木板，在烟波浩瀚的长江上迅速建起两座浮桥。12 月 24 日，长江两岸灯火彻夜通明，叮咚之声不绝。25 日是清晨，两桥同时完工。武昌与汉阳之间，人马往来有如通街大道。这是中国有史以来在万里长江上最早出现的浮桥。

清军提督双福，死背兵法，不知变通。他认为太平军军锋甚锐，不宜冒险出战，只能闭城死守，一定要等待太平军久攻不下，师老兵疲，然后反击。殊不知太平军正是利用他一再避战的有利时机，抢占城外要塞，征集物资，补充兵源，创造了攻城的一切有利条件,最后一举破城。太平军未到时,部下请求分兵出城驻扎,以为犄角,他不许。太平军陆路军到达城外,部下请求出击,他又不许。太平军在江上搭建浮桥,部下都很着急,认为这时再不出击,等待桥已建成,两岸太平军往来自如,就更无法出击了,可他还是不许。他认为江面辽阔,建桥一定不成。浮桥建成之后,他才惊慌失措,高悬重赏,叫大家去破坏浮桥:"勿论士庶,能毁贼江上一浮桥者,赏银五千两;上下流二浮桥全毁者,赏银万两。"①这时太平军已经围困武昌九门,连一人一骑都无法出城,虽悬重赏又有何用?就在悬赏的当天,即12月29日,太平军水陆并进,一举攻克汉口。

汉口既下,太平军大队移驻汉口。洪秀全驻关帝庙,杨秀清驻万寿宫。杨秀清在此确定围攻武昌的计划,以石达开统率攻城的全军,带领检点黄玉崑、李开芳、林凤祥、指挥罗大纲等四面围攻。并配备掘地攻城的土营,相机以火药炸城。太平军布置已定,向荣率领的各路援军才陆续到达武昌城郊。这次向武昌进军,太平军陆路有马匹,水路有船只,所以行军神速。沿途船只既然已被太平军所得,清军随后追来,全靠两条腿步行。向荣待各路援军到达,扎营于武昌城东十五里的卓刀泉,屡次进攻太平军占领的洪山。这时太平军四面围攻武昌,向荣唯恐武昌不守,自己会因援救不力而获罪,就再三鼓励士卒,亲率大队进扑攻城的太平军。有一次,经过半天的苦战,已经突破了太平军营垒十余座,逼近城边。可是他的队伍军纪太差,为了争夺太平军营中的财物,一时秩序大乱。他怕为太平军所乘,急忙收兵。武昌城破的前一天,向荣又率军逼近城边,使人高呼守军出城接应。但是双福畏惧太平军,不敢开城,置之不理。向荣只好失望退兵。

达开一面督军四面猛攻,不让守军有喘息余地;一面在文昌门外挖掘地道三处,塞满火药,准备炸城。1853年1月12日(太平天国壬子二年十二月初九日,清咸丰二年十二月初四日)黎明,大雾迷漫,只听得惊天动地的一声巨响,文昌门砖石横飞,城墙崩塌二十余丈。太平军八人扬旗先登,达开亲率大军继进,攻破武昌。这是太平军从金田起义以来所攻克的第一座省城。年方二十二岁的青年英雄石达开,又一次为太平天国革命事业立下了不朽的功勋。

在达开的率领下,大军从文昌门城墙缺口如潮涌进,太平天国的黄旗迅速插上武昌城头。城内的清兵纷纷乱窜。进攻其他各门的太平军也都登梯入城,到处搜杀清军

① 引自陈徽言《武昌纪事》。

的官兵。达开下令鸣锣传达东王将令“官兵不留，百姓勿伤”①。在一片大雾中，太平军战士分头攻入各处衙署，沿途高呼杀妖。巡抚常大淳换了便服躲在他的武巡捕杨文轩家中。太平军已占全城，无处可逃，他才在杨文轩的敦促下投缳自尽。提督双福在破城时高卧未起，太平军冲入，将其杀于卧室之中。全城文武官员被杀与自杀的共达一百余人。

肃清残敌，恢复秩序之后，达开下令布置城防。太平军守城的办法与清军大不相同。不是死守城内，而是在近郊布防。武昌西面临江，东、南、北三方则各筑长墙于半里之外，沿墙建立更棚，日夜防守。又在蛇山高处建立几丈高的望楼，派专人负责瞭望。一遇敌来，立刻报警。平时防守与巡逻的人数不多，在得到警报时，才派出大队迎敌，这就真正做到以逸待劳。向荣所部清军屡次来攻，都被击退。

1月16日终日大雪，17日雪住天明，城内太平军和居民在全城街道打扫积雪，迎接洪秀全、杨秀清与太平军大队进城。洪秀全驻抚署，门贴黄纸，硃书“天朝门”。杨秀清驻藩署，韦昌辉驻臬署，石达开驻学政署，均用黄纸硃书为某王府。全军热烈庆贺，锣鼓喧天，鞭炮之声不绝。太平天国领导集团在欢庆胜利之时，开始讨论下一步进军的方向。首义六王这时只剩四人，在进军方向问题上却出现了三种不同的意见。

一种是主张北上，以“河南为业”。据说这是洪秀全的意见。②

一种是主张东下，“专意金陵，据为根本”。据说这是杨秀清的意见。③

还有一种是主张西上，“先行入川，再图四扰”。据说这是石达开的意见。④

只有韦昌辉的意见在史料上看不出来。

从太平军不久即放弃武昌长驱东下的行动看来，他们是执行了“专意金陵，据为根本”的战略的。从当时敌我双方力量的对比，和全国政治、经济，以及长江流域地理形势等方面看来，这一战略决策无疑是正确的。太平军战士是南方人，当时浮江万艘，水师力量强大，适宜于在南方作战。如果全军北上，弃舟登陆，就要抛弃水师，面对敌人训练有素的骑兵，胜负难料。当时南方人民起义较多，清廷统治的力量显得薄弱，北方

① 陈徽言《武昌纪事》：“城陷，杀声喧哄，城中鼎沸，已而贼大队入汉阳门，传令云：‘官兵不留，百姓勿伤。’”按：这里所称的官指清官，兵指清兵，并非称清兵为官兵。

② 《李秀成自述》：“天王……欲往河南，取河南为业。”

③ 张德坚《贼情汇纂》卷十一：“专意金陵，据为根本，然后遣将四出，分扰南北，即不成事，黄河以南，我可有已。”按：这本是杨秀清在道州时的主张。占领武昌之后，他仍坚持这种主张。

④ 引自明心道人《发逆初记》。石达开在金田起义之前就提出“一打南京，二打北京”，他当然不会以取得四川为满足。如果说他主张“先行入川”，把四川看成像永安州似的休整或扩充力量的临时基地，以后“再图四扰”，光复全国，似有可能。

是清廷的统治中心，控制就要严密得多。南方经济比较发达，特产比较丰富，对于人数较多的起义队伍来说，取得补给比较容易。就东下江南和西去四川相比，顺流而下也比逆流而上方便。看来他们的意见最后还是统一了。石达开担任了前线总指挥，大军长驱东下，不久就夺取了南京。

大计已定，太平军在武昌不愿久留。因为行动越快，敌人越是猝不及防，取得胜利的把握也就越大。他们在武昌停留二十八天，进行东下的准备。一是征集物资，二是扩充队伍。在征集物资方面，凡是金银、珍宝、粮食、油盐、军械、铜铁，无不搜集。光是从官库里获得的白银就在百万两以上。仓米多得搬也搬不完，直到他们退走时，还丢下了很多。在附近各州县征集到的物资，也都装船运到武昌江边会齐。在扩充队伍方面，他们既注重动员工作，又注重组织工作。常常召集群众"讲道理"，宣传上帝教的教义与反抗清廷的民族大义，号召群众"拜上"。所谓"拜上"就是同拜上帝，亦即参军。进入武昌以后，他们把全城居民按军队的编制分编男馆与女馆。每馆二十五人，由广西或湖南的老战士担任"两司马"来管理。以少壮为"牌面"，老弱为"牌尾"，分别从事不同的劳动。他们临走之前，虽然尽量动员居民参军，编入队伍，一同开发，但并不强迫。

太平天国癸好三年元旦，即 1853 年 2 月 3 日（清咸丰二年十二月二十六日），进军准备工作大体完成，全军热烈庆贺新年。各级官员向洪秀全进贡时，都用方桌铺上黄纸，摆满装着菜肴果饼的大碗，用人抬着，敲锣打鼓送到天王府去。洪秀全则犒赏每营一头猪，几贯买菜钱。大家往来庆贺，各处锣鼓喧天，城内爆竹之声如雷，大街上的爆竹纸堆积满地。庆贺元旦之后，太平军连日收拾行装，搬运辎重下船。1853 年 2 月 9 日（太平天国癸好三年正月初七日，清咸丰三年正月初二日），太平军全军离开武昌，分水陆两军东下。出发之前，各官先赴天王府辞行，然后齐集东王府编队，依次出城。洪秀全乘舆出发。城外各军，陆续通过浮桥过江下船，只在东门外留下殿后军千余人以防向荣追赶。可以说是整师从容起程，秩序井然。向荣等待太平军全军退尽，才进入武昌，命令副将瞿腾龙留守，自己率军尾追。虽然说是追军，其实不敢接仗，只不过是遥遥送行而已。

太平军以后左军主将翼王石达开为前线总指挥，率领秦日纲、胡以晃、李开芳、林凤祥、罗大纲等人为先锋。以胡、李、林等统带陆路军，秦、罗等统带水路军，长驱东下。陆路军分两岸夹江而行，水路军则艨艟万艘，帆樯如云，蔽江而进。沿途扫荡清军，布告安民。军容之盛，连敌人也为之赞叹："其由武汉下江南也，帆幔蔽江，衔尾数十里。"

“行则帆如叠雪，住则樯若丛芦，炮声遥震，沿江州邑无兵无船，莫不望风披靡。”①

2月11日，达开督先锋水军攻占黄州。

2月13日，达开督先锋陆军攻占蕲水。

2月15日，达开督先锋水军秦日纲、罗大纲等部大破清军于鄂东广济之老鼠峡。在湖北军情紧急时，清廷已任两江总督陆建瀛为钦差大臣，要他率军到湖北境内助攻太平军。他先派总兵恩长率所部三千人驻守长江中地形险要的老鼠峡，以防太平军东下。恩长所带的兵，未经训练，到防之后，又不据险扎营，只是系船于江岸而居，到处游荡。太平军水军半夜到达，猛攻敌船，清军全军覆没，总兵恩长投江而死。这时陆建瀛本人已率军由九江上驶，途中听到老鼠峡清军全军覆没的消息，惊慌失措，抛弃了自己的座船，改乘小舟连夜逃回南京。

2月18日，达开督先锋水军到达九江。自陆建瀛轻舟逃跑之后，九江风声鹤唳，一夕数惊。当地清军久闻达开的威名，听说达开大军到达，全部逃散。达开部下战士五人进占九江，大军继进。他们占领九江两天，缴获不少银粮与军用物资，然后焚毁衙署，弃城东下。

2月20日，达开督先锋水军到达湖口，守城清军闻风惊溃。太平军过境不入，扬帆东去，当天即抵彭泽，派数十人登岸占领此城。

2月21日，达开督先锋水军到达江西安徽两省交界处的小孤山。此地有险可守，如果守军据险抵抗，至少可以暂时阻挡太平军东下，让下游各城争取时间布置城防。可是据守小孤山的安徽按察使张熙宇见到太平军水军船只一望无际，胆落魂飞。守军才发一炮，他就转身下船逃跑，部下也都跟着逃跑，等到太平军登上山巅，他已逃得无影无踪。

2月24日，达开督先锋水军攻占安庆，获库银三十万两，大炮一百余尊，军粮军实无算。这是太平军自金田起义以来所攻下的第二座省城。在太平军未到时，安徽巡抚蒋文庆本已部署防务，修整城垣，编练民团，协助守军防守。无奈原有的守军多被总督陆建瀛调走，待到军情紧急，新调援军又迟迟不来，以致城防空虚。陆建瀛从九江逃归南京路过安庆，蒋文庆坚决留他共守安庆，他借口防守芜湖、南京，匆匆解缆而去。蒋文庆于是陷入孤立无援的绝地。24日午后，太平军水军到达安庆江边，开炮示威。炮声一响，城内兵勇纷纷逃窜。蒋文庆亲自登城督战，见到兵勇惊溃，喝止不住，知道事

---

① 引自张德坚《贼情汇纂》卷五。

无可为，于是留下遗疏自尽。

太平军自离武昌，一路攻占许多州县，统统弃而不守，集中兵力，进取南京。达开侦知安庆以下，途中已无强敌，于是在大军未至之前，派人到处张贴布告，宣传太平天国讨伐清廷拯救百姓的宗旨，号召百姓起义响应。

既有攻城之战，又有攻心之战，安徽各地望风迎降。据当时的人记载："贼由九江东下，皖省各处，纷传伪诏，官府告示，只用短条，不写咸丰年号，称贼为西兵西骑。甚至绅士胁其令长，预造烟户册，欲俟贼至，郊迎三十里，跪而投册纳印者；有门首黏一黄纸'顺'字者；有箕敛银钱粮米食物馈送者。"[①]真是一派箪食壶浆以迎王师的气象。因此，从安庆到南京，一路之上，除在东梁山打过一仗，击毙清朝总兵陈胜元之外，可以说是一路顺风，兵不血刃，传檄而定。

2 月 26 日，达开督先锋水军攻克池州。28 日，克铜陵。3 月 4 日，克芜湖。兵临采石矶之后，达开指挥大军分为水陆两路包围南京。1853 年 3 月 8 日(太平天国癸好三年二月初三日，清咸丰三年正月二十九日)，达开亲率陆路军李开芳、林凤祥、吉文元等部进抵南京城西的西善桥，扎营二十四座。从 2 月 9 日离开武昌，到 3 月 8 日抵达南京城下，首尾共计二十八天，达开挥军东下，长驱一千二百里。一面战斗，一面行军，平均每天推进四十多里，一路滔滔，战无不胜，攻无不克。由于达开晓以民族大义，号召沿途人民参军，全军人数越打越多。这次长途行军作战，行军之神速，战果之辉煌，在古今中外的战史中是罕见的。从此，青年英雄石达开的威名，妇孺皆知。清军都称他为"石敢当"，一见他的旗帜，心惊胆落，纷纷逃避。

自金田起义以来，就勇敢善战而言，萧、石齐名。两人常常同负"开通前路"之责，承担攻坚的重任。如果水陆分兵，两人又常常指挥陆路队伍作战。但从武昌东下江南，达开担任前线总指挥之后，却亲统水军，指挥太平军水陆配合作战。太平军长驱东下的辉煌胜利，充分说明达开运用水陆配合作战的战术极为巧妙。这种战术是以水军为主，陆军为辅，作战机动灵活，能够集中优势兵力打击敌人的任何据点。使得敌人被动挨打，处处设防而又防不胜防。太平军的死敌周天爵在给清廷的奏章中说到这种战术的厉害，打击清军有如秋风扫落叶一般。

清咸丰帝得知清军一败千里、溃不成军，唯恐人心瓦解，江山不保，连忙装模作样，下了一道"罪己诏"，希望收揽人心，挽回厄运。这虽是毫无价值的官样文章，却能说明

① 引自海虞学钓翁《粤氛纪事诗注》。

太平军的声威已经震动清廷。江南一带的会党风闻太平军胜利进军的消息，无不欢欣鼓舞，纷纷活动，图谋响应。太平军还未到达南京，南京城内和江南各地已经出现了不少安民告示，号召人民起义抗清。这些告示大都是会党首领假借太平天国的名义贴出来的。太平军围攻南京时，这样的告示起了涣散清军军心的作用。

这时南京城内的守军虽然只有五千余人，但是力量不弱。一因南京是江南的大城市，周围五十余里，城垣坚固，易守难攻。二因南京城内有满族的江宁将军与旗兵两千余人驻守，人数虽然不多，却是久经训练，装备精良的劲旅。达开用兵审慎，唯恐小败，有损军威，所以并不轻易攻城，而是逐步抢占城外有利地形，做好大举围攻的准备。太平军陆路军于 3 月 8 日到达南京城外西善桥扎营，3 月 9 日即由李开芳率前队数百人抢占南门外高地雨花台，与城内守军进行炮战。入夜，太平军运西天寺罗汉五百尊，排列山前，高悬灯火，遍插旗帜，并以数十人时时呐喊，以惊守军。守军频频发炮轰击，彻夜不止，胆怯情虚，暴露无遗。

达开既知敌人胆怯，即派出许多小队，每队或三五人，或十余人，或数十人，来往各城门间，摇旗呐喊，惊扰守军。守军为了给自己壮胆，不断发炮，各门炮声不绝，两三日间，消耗大量弹药。到 3 月 12 日，水路军大小船只蔽江而来，陆续停靠自上河至下关一带，南北绵延十余里，桅樯林立。其中大队泊于下关，距离南京仪凤门不及半里。水路军纷纷登陆与陆路军会师，在城外构筑阵地，包围南京各门。次日，周围五十余里的南京城即已合围。太平军人人头扎红巾。南京城上守军遥望西方，只见漫山遍野，一片红巾，无边无际，无不胆寒。攻城之战尚未开始，太平军的声势早已压倒了敌人。

南京西、北两方濒临长江，东、南两方则山峦绵亘，颇有险要可守。如城东的钟山，城南的雨花台，登山均能俯瞰全城。清军一概弃而不守，只退守南京一城，实在失策。太平军对南京合围之后，四面围攻。清军处处挨打，只有招架之功，而无还手之力。攻城之战仍由达开指挥。虽然说是四面围攻，并非平均使用力量，而是把重点放在聚宝（南门）、仪凤（北门）两门。

3 月 18 日，仪凤门外地道挖成，装药待发。城外太平军做好破城的一切准备，化装潜入城内的太平军也纷纷活动，到处传播“明日破城”的消息，使得城内人心惶惶。3 月 19 日清晨，仪凤门附近药发城崩，太平军数百人冒烟突火，冲入城中。随即分为两队向东南角的满城前进。一队直奔鼓楼，一队经成贤街奔向小营。在已过成贤街尚未到达小营时，突然遇到一顶绿呢大轿，前后有兵勇数十人护卫。兵勇见到太平军立刻逃散，轿夫也都逃跑。轿中正是钦差大臣两江总督陆建瀛。这个在九江畏战逃回南京的陆钦差，最后还是逃脱不了太平军的手掌，被乱矛刺死。城内的旗兵得到消息，携火枪赶来迎战，连环轰击。只用刀矛的太平军抵挡不住，且战且退，最后仍从仪凤门城墙倒塌处退出。

这时清兵本可修堵缺口，重新固守。不料护卫陆建瀛的几十个兵勇，到处传播城破陆死的消息，以致聚宝门、水西门、汉西门一带的守军闻风解体，纷纷逃散。城外的太平军发现无人守城，均用云梯爬城。这是19日晚间的事。太平军从四面八方涌入南京，彻夜不停，到20日黎明，大队杀奔满城。满城原是明代宫殿，后为满族士兵的驻防城。城内驻有将军祥厚、副都统霍隆武及以下官兵、家属数万人。他们虽然拼命抵抗，但是太平军排山倒海而来，不久就把满城攻破。自将军祥厚以下旗兵数千人全军覆没。

1853年3月20日（太平天国癸好三年二月十五日，清咸丰三年二月十一日），太平军攻破南京满城，光复了中国南方的第一座大城市——历史名城南京。这是自金田起义以来攻下的第三座省城。和武昌、安庆一样，这第三座省城仍然是在翼王石达开的指挥之下攻克的。群众口碑说：当时民间称赞石达开为“太平天国第一王”。[①] 特别应当指出的是：这座省城从此改名天京，作为太平天国的首都而载入史册。

从3月20日到26日，诸王未至，南京城内一切军政事务均由达开主持。达开设翼王府于城内故明张侯第，作为太平军的指挥部，开展各项工作。首先是肃清残敌，恢复秩序。在挨户“搜妖”时，绝不扰民。严格执行军纪，遇有不肖之徒敢于骚扰的，立正军法。缴获府库官绅的银米财物，一律收入“圣库”，作为公用。派部下四出搭台向居民“讲道理”，宣传敬拜上帝、毁除邪神的意义。在全城秩序安定之后，对居民编组男馆女馆，男女分居。每馆二十五人，根据每人的条件，分别承担不同的工作。一切生活所需均由“圣库”供给。并号召居民参军，充当“圣兵”。当时人记述居民争当圣兵的诗句说：“人心之靡靡至此，乍见红巾道恭喜，制巾不及裹红布，觅布不及裹红纸。”[②]除去第一句污蔑之词外，此诗生动地记载了群众踊跃参军的盛况。

破城后的第七天，韦昌辉由仪凤门骑马入，驻西辕门李氏宅。破城后的第九天，杨秀清由水西门乘黄轿入，驻满城内将军署。次日，由杨秀清亲率太平军官兵十余万人恭迎天王洪秀全入城。洪秀全乘十六人抬的黄色大轿，亦从水西门入，仪从甚盛，鸣锣

① 江苏文学研究所编《太平天国歌谣传说集》中，收集了一首流传至今的歌颂石达开的民歌。全文是：“石达开，真好样，夺采石，勇无当。一马冲入南京城，太平天国第一王。”

② 引自马寿龄《金陵癸甲新乐府》。

奏乐，旌旗蔽空。军民跪迎，不得仰视。洪秀全乘轿直入督署，改署为天王府，从此深居不出。

洪秀全于3月29日进入南京，改南京为天京，定为国都。这时天京城防已布置就绪，向荣才率领清军万余尾随而至。3月31日结营于天京城东水沙子岗，后移孝陵卫，称为江南大营。

太平军乘攻南京的余威，于3月31日攻克镇江，4月1日攻克扬州。进攻镇江的是罗大纲部，进攻扬州的是李开芳、林凤祥部。他们都是石达开的部下。太平军既克扬州，清廷震动，命钦差大臣琦善率领清军万余人驻扎扬州城外，加以牵制，称为江北大营。江南、江北两大营遥遥相对，包围天京。他们的兵力有限，难以攻下天京，只能起到牵制和扰乱的作用。

诸王在天京聚首，自然要会商国家大事。首先需要商议的，是建都天京以后的战略。这时太平军本应集中兵力，先打天京附近的江南、江北两大营，然后西征，开疆拓土，巩固后方。最后兴师北伐，底定全国。可惜领导集团决定的战略非常失策，把太平军的能战之兵十多万人一分为三：以偏师两万余人北伐，主力四万余人西征，留下几万人保卫天京。结果是北伐完全失败；西征长期相持；天京也经常处于敌人的包围之中，补给困难，粮食缺乏。分散兵力的结果，使自己从主动地位陷入被动地位。

偏师北伐一事，是由洪秀全提出而得到杨秀清的同意。因为北伐军出发之时，“秀全诏之曰：师行间道。疾趋燕都，无贪攻城夺地縻时日”。[①] 5月8日，即建都天京的一个多月以后，北伐军从扬州出发，由李开芳、林凤祥、吉文元指挥。这支两万多人的劲旅在两年中转战六省，长驱万里，一直打到天津近郊。可惜他们孤军深入，后援不继，最后粮尽援绝，全军战死。北伐军的失败是太平天国领导集团的决策错误所致。全军将士，英勇顽强，壮烈牺牲，其英雄事迹是可歌可泣的。

在北伐军从扬州出发的十天之后，由春官正丞相胡以晃、夏官副丞相赖汉英所指挥的西征军也从天京出发。太平军从武昌东下时，一路克城不守，集中兵力夺取南京，这是必要的。在建都天京之后，回师西征，夺取长江上游的安庆、九江、武昌等地，从军事上说可以作天京的屏障，从经济上说可以供应天京所需的粮食与军用物资，这也是必要的。可惜由于分兵数路，力量分散，进展缓慢。虽然攻占安庆、庐州、九江、汉口、汉阳等地，但是久围南昌不下，久攻武昌不克，而且在湖南境内一再被曾国藩编组的地

① 引自《清史稿·洪秀全传》。

主武装湘军击败，损失了不少力量。最后还是由于达开亲自督师西征，才击退了湘军，挽回了危局。

太平军在天京推广了圣库制度。天朝圣库设在水西门灯笼巷，管理一切公有财物。凡是参加革命的人，全家生活所需都由公家供给，按定制配给粮食、油盐、买菜钱以及衣服等物。起初是全军如此，后来则施之于全城的居民。全城居民已经分编男馆女馆，一律军事管理，暂时取消了家庭制度。经过调查了解，政府按照每个人的专长，把居民分别编入诸匠营与百工衙。没有专长的，从事一般的体力劳动。老弱病残则编入牌尾馆，做些打扫街道的轻微劳动。在这种新制度之下，天京全城军民都被组织起来，参加工作或者生产劳动。既没有人失业，也没有人挨饿。从太平天国的领袖们看来，当时的天京好像已经成为人人有事做、人人有饭吃的人间天国。

在实行这种制度的初期，物资丰足，供应不缺，制度严格，人人遵行，天京成为一座欣欣向荣，生气勃勃的城市。有些来此观光的外国人都对天京留下极好的印象。但是行之不久，太平天国的领袖们已经发现了新制度中存在的危机。危机从三个方面表现出来：第一，由国家供应全城居民衣食，丰足的存粮和农产品消耗得很快，有难以为继的危险。第二，把城市的工商业全部收归国有，管理不善，造成生产效率降低，物资缺乏。第三，长期取消家庭生活，不仅居民觉得不便，连一些参加金田起义的老战士也渐渐发出怨言。

粮食供应是一个严重的问题。建都天京时，太平天国全体军民人数达到百万，每天耗粮万石以上。虽然光复之初，全城存粮丰富，总数有一两百万石之多，但也只够几个月食用。以后必须源源供应的粮食从何而来？这时太平军只占领天京、镇江、扬州这几个城市，并未占领广大的农村，全无固定的粮源。在那些敌我双方反复争夺的地方，搜求粮食更是毫无希望。《天朝田亩制度》虽然已经制定，在战争时期，是无法丈量田地和按人口分田的。这个制度是否能够实行，那是以后的事情。解决粮食供应的问题急如星火。

太平天国领导集团当初决定偏师北伐，主力西征，是认为西征可以帮助天京解决经济上的困难。安徽、江西、湖北一带都是有名的鱼米之乡，西征军占据这些地方，就可以源源供应天京所需要的粮食和其他物资。可是西征军在 6 月 10 日再克安庆之后，进展缓慢。因为安庆民风强悍，不愿意接受太平天国的一些新制度，群起反抗。这样，新占领区的秩序不能安定，地方政权不能巩固，在财力物力上也就难以支援天京。西征军的将领们在没有得到天京的新指示之前，只能按照原定的政策办事，即到处征集粮食,征集军用物资。在城市中编组男馆女馆,不让家庭存在。没收私人工商业,强迫群众接受上帝教的一切仪式条规。这样就激起了反抗的浪潮。为什么新制度在天京可以实行而在安徽新占领区不能实行?因为天京人口集中,易于管理;物资丰足,能够满足群众的需要;官员很多,工作做得细致;兵力强大,即或有人不满也不敢反抗。新占领区缺少这些条件,所以不易控制局势。

达开留在天京的时候,是杨秀清的得力助手。审阅外地来文,批复这些报告,都是达开的职责。所以西征军在外地遇到的困难和发生的问题,达开都了如指掌。天京的军政大事虽由杨秀清负责处理,但是签发公文则是翼王府的工作,有时一天之内要签发三百多件公文。杨、石两人经常要在一起商量国家大事,他们必然讨论过西征军所遇到的困难,也必然讨论过国家在经济方面的危机与如何解决的办法。这样,在建都天京的五个月之后,一个艰巨的新任务又落到了达开的肩上。

许多史料上都记载着:1853年9月,达开奉命到安庆一带安民。[①] 达开是个出色的军事人才,在各线战事都很紧张的时刻,太平天国的领导人为什么不要他去"督师",而要他去"安民"?因为这时候,"安民"的工作比"督师"的工作更加重要,而达开也是个出色的政治人才。

太平天国癸好三年的中秋时节,达开率领部下兵将五千余人,分乘大小船只,离开天京,溯江西上。这时天高气爽,万里无云,浩瀚长江,一望无际。为了完成建国的大业,他决心要在一条新的战线上去夺取新的胜利。几个月前的战斗是顺流而下,这时候的战斗却要逆流而上。虽然任务更加艰巨,他却满怀信心地立在船头,迎着滚滚洪流,破浪前进!

论:

一、太平军攻占武昌以后的进军方向,据说是在领导集团中存在着三种不同的意见。一种是北上取"河南为业",一种是东下而"专意金陵",一种是西进而"先行入川"。许多论著在探讨这个问题的时候,对于北上与东下这两种意见产生激烈的争论。有人认为,北上是唯一正确的意见,而东下是错误的决定,是太平天国终于败亡的一个重要的原因。有人认为,东下是唯一正确的意见,如果冒险北上就会全军覆没,得到像以后的北伐军那样的下场。但是对于西进的意见,大都认为毫不足取,不值得去评论。笔

① 张德坚《贼情汇纂》卷一《石达开传》:"癸丑八月,(石达开)奉伪令赴安庆一带安民。"凌善清《太平天国野史·石达开传》:"八月,天王命达开赴安庆一带安民。"

者认为，根据当时全国的客观形势与太平军本身的条件，东下是上策，西进是中策，而北上是下策。

为什么说东下是上策？因为从客观形势来说，清廷对南方鞭长莫及，各地起义的友军甚多。南方经济繁荣，物产丰富，能向革命大军提供充足的补给。从主观条件来说，太平军艨艟万艘，拥有强大的水师，在顺流而下的时候，完全掌握了主动权，所以能够迅速取得胜利。太平天国的败亡另有许多别的原因，不能归咎于东下这一正确的战略。

为什么说北上是下策？因为北上势必要弃舟登陆，许多老弱辎重就难以随军行动，会还原为在湘桂一带山地作战时的情况。在南方，太平军活动于万山丛中，可以变被动为主动，屡次击败敌人。但是到了北方就做不到这一点。《忆昭楼时事汇编》中有一段话说得很有道理："贼匪起自万山，登高履险，是其长技，一入河南，平原旷野四战之地，贼初至，必无骑兵，我师但以步卒守险，以所调各省马兵及索伦劲旅，排整马队，直冲横截，电掣风行，贼匪万不能当此冲突。"历史事实告诉我们，后来的捻军能在北方大平原上驰骋四年之久，全靠他们精悍的骑兵。如果只有步兵，老早就被敌人消灭了。

为什么说西进是中策？因为石达开的西进意见虽然比东下的决策稍逊一筹，究竟比冒险北上稳健得多。石达开并不是主张在四川建都，以当刘玄德为满足。他是主张"先行入川，再图四扰"。即以四川作为一个休整基地，好像过去以广西的永安州和湖南的道州作为休整基地一样，等到力量强大，时机成熟，然后北伐中原，一举成功。太平军在永安州休整了半年多，在道州休整了三个月，这都是必要的。若能在四川休整一段时间，当然更能收到休整的效果。永安州、道州都是四面皆山的小平原，易守难攻，便于休整。四川则是四面皆山的大平原，剑门、三峡，蜀道艰难，更加易守难攻，也就更有利于休整。四川人力、物力资源的丰富，绝非永安州、道州的弹丸之地所能相比。如果当时太平军西据荆州、宜昌，而以主力入川，则经过一年半载的休整，训练出几十万精兵，绝非难事。然后北出秦川，胜负虽未可知，而东下江汉，自是易事。万里长江既为我有，至少可以造成南北朝的局面，与清廷分庭抗礼。而且，太平军入川之后，建立像江南、江北大营那样的据点，这对放手休整自然有利。

二、从石达开奉命到安庆一带安民一事，既能看出石达开的政治才能，也能看出杨秀清的知人善任。杨秀清有很强的组织能力与领导能力，由他主持推行的一些新制度，大大加强了革命队伍的战斗力，对革命事业做出了很大的贡献，这是应该肯定的。但是他的有些过激的办法，只能临时救急，不可长期实行。石达开协助他处理政事，朝夕相处,必然常常向他进言而得到采纳。石达开奉命安民一事,应是在这种基础上产生的。石达开受命出京安民,得以全权处理一切军民政务,足以说明杨秀清是爱才而不是忌才。太平天国前期,石达开能够尽量发挥自己的政治才能和军事才能,是和杨秀清的支持分不开的。

第五章 安庆易制

在吴头楚尾的长江北岸,有一座名叫安庆的古城。全城建立在小山冈上,面临滚滚东流的长江,背倚峰峦绵亘的大龙山,形势十分险要。太平天国革命时期,这里是太平军的重要据点之一。如果说天京是太平天国的政治中心,安庆就可以说是其经济中心。必须据有安庆,太平天国才能控制安徽、江西、湖北沿江一带的鱼米之乡,使粮食和各种军用物资源源不断地供应天京。如果失掉了安庆,天京就成为一座孤城。太平天国的领导人都懂得要保天京必须先保安庆。石达开奉命出京安民,首先就从这里开始。从此,这里就成为太平天国向安徽、江西、湖北各地发号施令的司令台。

1853 年 9 月 25 日(太平天国癸好三年八月二十一日,清咸丰三年八月二十三日),翼王石达开率领部下五千余人到达安庆,此来的任务是安民。也就是说,群众对于太平天国的一些新制度不能接受,有抗命的现象。如果抗命的是妖,可以斩尽杀绝;但是抗命的是"民",这就不能鲁莽从事,必须妥为安抚。要使得那些抗命之民心悦诚服地拥护太平天国,这是一个艰巨的任务,需要的是政治才能。

民之所以抗命,不外两个原因。一是新制度的本身有缺点,二是推行的办法不妥。办法不妥,可以改进;制度本身的缺点,也应该有所改革。达开奉命安民,全权处理一切军民政务,对于某些行不通的制度,也就根据实际情况加以改革。这就是太平天国历史上的一件大事——安庆易制。有的史料上记载着:达开到安庆安民,对杨秀清所规定的一些苛刻的制度加以改革,受到群众拥护。安庆易制是达开一人做主所办的事,而说与杨秀清的意见相左,这是只从现象上看问题。因为太平天国初期一些过激的制度,的确多是通过达开加以改易的。若从历史事实来看,则是杨秀清已经发现某些制度难以推行,才授命达开试加改易。经过试行之后,如果确有成效,就由太平天国中央政权用法令的形式固定下来。

用"照旧交粮纳税"的政策来代替《天朝田亩制度》把全国土地收归国有的政策,是安庆易制的主要内容之一。新政策试行之后，用天王批复奏章的形式公布出来，然后就在太平天国辖区全面推行。这一奏章和洪秀全批示的全文如下：

> 小弟杨秀清立在陛下暨小弟韦昌辉、石达开跪在陛下，奏为征办米粮以裕国课事：缘蒙天父天兄弟大开天恩，差我主二兄建都天京，兵士日众，宜广积米粮，以充军储而裕国课。弟等细思安徽、江西米粮广有，宜令镇守佐将在彼晓谕良民，照旧交粮纳税，如蒙恩准，弟等即颁行诰谕，令该等遵办，解回天京圣仓堆积。如此缘由，理合肃具本章，启奏我主万岁万岁万万岁御照施行。御照：胞等所议是也，即遣佐将施行。①

太平天国建都天京以后，制定了一个赫赫有名的建国纲领——《天朝田亩制度》。内容包括：改革土地制度、社会组织、保举制度、司法制度等，而以改革土地制度为核心。其办法是以二十五家农民组成一个集体，“有田同耕，有饭同食，有衣同穿，有钱同使”。② 集体有公库管理公产，农民除留基本口粮之外，全部收获缴交公库，生活所需由公库按制度供给。在商品经济发展较快的江南地区，要推行这种空想的平均主义，是行不通的。即使勉强推行，也只能维持一时，不利于发展生产。更何况在战争时期，根本没有条件来丈量土地，调查人口、进行分田。这个制度就成为可望而不可即的空中楼阁，解决不了百万军民天天都要吃饭的大问题。攻克城池缴获官仓粮食，久之也难乎为继。派队伍打先锋，没收地主富绅的粮食，为数不多，也不是长久之计。如果向广大农民强征，就会引起反抗，这也违背太平天国吊民伐罪的本旨，更不可行。

建都天京一年以后，缺粮情况严重，只好采取紧缩办法，一是削减定量，二是疏散人口。后来发展到天京全城吃粥，甚至吃粥也吃不饱，困难情况，可想而知。

达开于 1853 年 9 月到达安庆，开始易制安民，试行“照旧交粮纳税”的办法。几个月后，大见成效。当他于 1854 年 4 月奉命回京述职之时，把这个办法奏请洪秀全批准，全面推行。从此，粮食就有了固定的来源，天京再也不闹粮荒。直到太平天国晚期，安庆失守，天京被围，天京城内才又出现粮荒的现象。《天朝田亩制度》之碍难实行，“照旧交粮纳税”之行之有效，清方曾有扼要的记载：“设立乡官之后，则又出示曰：‘天下农民米谷，商贾资本，皆天父所有，全应解归圣库，大口岁给一石，小口五斗，以为口食而

---

① 引自张德坚《贼情汇纂》卷七。

② 引自《天朝田亩制度》。

已。'此示一出，被惑乡民方如梦觉，然以令已无人理，究不能行，遂下科派之令，稽查所设乡官，一军之地共有四亩若干，以种一石终岁责交钱一千文，米三石六斗核算，注于册籍，存伪州县监军处备查，无上下忙卯限诸章程。催粮之贼不绝于道。"①

办法改变以后，各地粮源打开，向天京运粮之船，络绎不绝。正如敌人所描绘的"帆樯如织，无一非虏粮之船，无一非接济江宁之船也"。② 天京以上，武昌以下，长江千余里均在太平军手中，大小船只，穿梭来往。"自是数年，天京虽仍被清军所困，唯水路全通，接济不断，粮食无竭，而在外各军则就地征收，亦皆绰绰有余。全军士饱马腾，战必胜，攻必克，称为黄金时期，信非虚语也"。③

要想足食足兵，完成建国大业，光靠改进征收办法是不够的，一定要使广大农民安居乐业，自己的肚子先吃饱了，然后才能把大量的粮食提供国家。为此，达开初到安庆时，就按照《天朝田亩制度》中之乡政制度，让群众自己推行各级乡官，建立基层政权，打击豪强，扶助贫弱，安定社会秩序，做好治安工作，使广大农民都能安心生产。这种民选乡官的办法，让群众推行自己所爱戴的人出来管事，已有民主作风。下面这一件扎谕，就是达开到达安庆两个多月之后由他的部下杨某所签发的，文中说明翼王奉命前来安民，号召群众自己选举乡官，填名造册呈报，以便经过核准，建立基层政权，扎谕全文如下：

殿右八指挥杨，扎谕获港外镇人民知悉：照得我主天王奉天明命，斩妖留正，始终以诛妖安民为念。兹本大臣随同翼王五千岁率师安民，查得尔获港镇人民尚未齐来投册。为此扎谕该镇，限十一月初九日举齐旅帅、两司马等官，填名造册，赴安徽省呈报本指挥衙门，以便发给门牌。再敢迟延限期，定即尽行剿洗，决不稍宽。切切特谕。

太平天国癸好三年十月二十七日发

门牌式　兹将举官次第名目三代履历及民户款式注明于后，以便民等易晓，遵循派家缮写册簿投案，便可领给官民户牌。

计具：

某省、某郡、某县、某门、某乡距城若干里，以万二千五百家公举军帅某姓、某

① 引自张德坚《贼情汇纂》卷十。
② 引自张德坚《贼情汇纂》卷十。
③ 引自简又文《太平天国典制通考·食货考》。

名，现年若干岁，父某、母某、妻某、子某，合家男妇某十名。以下师帅、卒长皆以此类推。

以二十五家公举两司马某姓、某名，现年若干岁、父某、母某、妻某、子某，合家男妇某十名。该管下伍长各户：

伍长某姓、某名，现年若干岁，合家男妇某十名。

一户某姓、某名，合家男妇某十名。

一户某姓、某名，合家男妇某十名。

一户某姓、某名，合家男妇某十名。

一户某姓、某名，合家男妇某十名。

每两司马共统二十五家，率下五名伍长，每名伍长管下四家，其余皆依此类推。

定以五家立一伍长，二十五家立一两司马，百家立一百长，五百家立一旅帅，二千五百家立一师帅，一万二千五百家立一军帅。[①]

过去太平军长驱千里，所向克捷之时，敌人虽然畏惧，总认为他们是流寇，不管如何厉害，会有失败的一天。等到达开开府安庆，在已经光复的地区层层选举乡官，建立巩固的地方政权，敌人才大吃一惊，觉得无法对付："初贼所破州县，皆掳其财物，残其人民而去，未尝设官据守。自窃占江宁，分兵攻陷各府州县，遂即其地分军，立军帅以下伪官，而统于监军，镇以总制。监军、总制皆受命于伪朝伪守土官。自军帅到两司马，为乡官。乡官者，以其乡人为之也。"[②]敌人知道这种办法能使太平军在群众中深深扎根，建立地方政权，因而无可奈何地慨叹说："贼之牢笼人士，联络方域，计盖无谲于此者。"[③]

敌人攻击说："初，石逆达开在安庆，分兵四掠，择本地助虐者为乡官，授以伪职，令按亩收银粮，诡托安民，实掊克自富。"[④]这一段话除掉一些污蔑性的用词之外，所说的事实是不错的。说明是由达开派员四出帮助群众建立地方政权，选择"助虐者"即愿意效忠于革命事业的人为乡官。"按亩收银粮"正是实行合理负担。这当然比清方的横征暴敛好得多。大家能够安居乐业，才是真正的"安民"，无"诡托"之可言。只要税率

① 引自《太平天国文书汇编》。

② 引自张德坚《贼情汇纂》卷三。

③ 引自张德坚《贼情汇纂》卷三。

④ 引自杜文澜《平定粤寇纪略》卷二。

不重，适当地征收一些也是合情合理的。达开主政时的赋税究竟重不重呢？请看当时一个外国人的记载："天朝历史中，首先在占领地方内施行正常的有系统的税制，与规定的划一的税则者，为主持皖赣鄂军民大政之翼王石达开。其取给于民皆有法有度，复循政治轨道，故不扰民。且其税额持轻，有比满清治下所收减半者，是故百姓尤为爱戴，乐于效命焉。"①就连敌人也承认在石达开治下，赋税甚轻："赋又善取之，轻取之，民遂渐有乐于相向之意。"②广大人民衷心拥护达开，拥护太平天国的情况，也从敌人的笔下透露出来。

太平天国既然全面推行"照旧交粮纳税"的政策，在一定程度上允许地主收租，似乎有违于《天朝田亩制度》中"凡天下田天下人同耕"的原则，与清朝的征收赋税的办法相似。其实达开所推行的"交粮纳税"与清朝的"交粮纳税"有相同的一面，也有不同的一面。相同的是形式，即按亩计征；不同的是精神。清廷的征收赋税是横征暴敛，以强凌弱，以富欺贫。官绅勾结的结果是把负担尽量转嫁到贫苦人民头上。达开在实行"交粮纳税"时，则时时不忘"于乡里之豪者抑制之，无告者赈恤之"。③ 其精神是抑强扶弱，抑富扶贫。使得大家都能生活，不至于民不聊生。

清廷征收赋税，正额是丝毫不能减少的，正额之外，还有成倍甚至数倍的勒折浮收。达开革除了这些弊端，首先是使贫苦农民减轻负担。太平天国虽然同样按亩计征，但是起征点颇高。直到晚期，对于有地五亩以下的贫苦农民还是免征赋税。④ 达开在开始推行"交粮纳税"的办法时，对于贫苦农民自然会更加照顾。经过革命洪流的冲击，地主威风扫地，他们向佃农收租已经很不容易，但又必须向乡官缴纳粮税，所以常常叫苦连天。"东庄有佃化为虎，司租人至攖其乳；西庄有佃狠如羊，掉头不顾角相当。"⑤诗句反映了距离安庆不远的桐城一带地主收租困难的情况。

在农村中，家财万贯的大地主大都是官宦之家，也就是"妖头"。太平军到达之后，非逃即死，他们的田地事实上已经成为佃农的财产。少数不当官的豪富之家，太平军在战时对他们"打先锋"，没收他们的浮财，平时也会对他们派大捐，逐渐剥夺他们的财

① 转引自简又文《太平天国典制通考·食货考》，著者原注："此据美国教士丁是韦良博士及一外人通讯，全文译载《乡治考》。可惜原文所言赋税，未指明系何种，大概田赋当是大宗。"

② 据雷寿南上骆秉章书，引自雷寿南《雷竹安先生文集》。

③ 引自凌善清《太平天国野史·石达开传》。

④ 罗尔纲《太平天国史稿增订本》卷十："至于征收的税额，天朝定制的详细内容，以及各地因时制宜的改变，从现存的文献中，还不能得到全面的了解。据宁波、奉化实行自五亩以上起征，五亩以下免征的办法看来，征收农业税的对象是五亩以上的农民，五亩以下的贫民是免除的。"

⑤ 引自方宗诚《闲斋诗集》。

产。只有一些比较老实的小地主，才能不受打击，在当地生活下去。我们不能因为太平天国放弃了《天朝田亩制度》的设想，实行“照旧交粮纳税”的政策，就说他们已向地主阶级低头。历史事实是：太平天国虽然承认土地私有，但是在太平天国的辖区中，地主的日子是不好过的。因为农民起义的领袖们总要在可能范围内采取抑富扶贫的政策。从当时的地主邹权荣写过一首发牢骚的诗，可以说明太平天国抑富扶贫的具体事实。诗曰：

计亩征粮忧富室，（原注：乡间计田一石，或出谷一石、二石不等，分与无田者食，于是有田者多受累。）
得钱相博快游民。
吾村前后分三次，（原注：吾家一回出谷五十余石，一回出谷三十余石，一回出谷廿石。）
此举难期苦乐均。①

太平天国初期把群众分组为男馆女馆，从事生产劳动，而且实行严格的军事管理，完全取消家庭生活。这个办法也是不得人心的。金田起义之初，全军经常行军作战，当时分为男营女营，暂时取消家庭生活，那是必要的。以后把这种办法机械地搬用于经济繁荣的大城市，就完全没有必要，徒然激起群众的反感。在永安州时，只有六王才能夫妇同居。自秦日纲、胡以晃以下，全军男女都只能过单身生活，违者杀头。当时大家能够接受，是因为领导集团有一个诺言，即到小天堂时可以夫妻团聚。既克南京，这个诺言没有兑现，老战士中就有人大发怨言。杨秀清虽加以压制，但始终不能解决问题，甚至有为此而逃亡的。杨秀清不得已，方于太平天国甲寅四年（公元1854—1855年，咸丰九年）年底下令解散女馆，让天京军民恢复家庭生活。

太平天国禁止私人经商和从事手工业，而将一切商店与手工业作坊收归国有，分别编组成为诸匠营与百工衙。例如，把织绸缎的作坊编组成为织营，做豆腐的作坊与卖豆腐的商店编组成为豆腐衙。这一政策在天京推行得最为彻底。所谓“天京乃定鼎之地，安能妄作生理，潜通商贾？”②这种办法，在战争时期对于供应军需是有利的。正如敌人所说：“使被胁百工技艺，各有所归，各效其职役，凡军中所需，咄嗟立办。”③“总

① 引自邹树荣《蔼青诗草》。
② 引自马寿龄《金陵癸甲新乐府注》。
③ 引自张德坚《贼情汇纂》卷四。

之掳得诸色目人，则分送各匠营及各典官处，谓之听使，各储其才，各利其器，凡有所需，无不如意。”[①]这种办法，似乎方便，但不利于发展生产。因为在没收封建统治阶级财产的同时，也要没收手工业者和小商人的财产，对一切劳动者不分技术高低，产品多少，一律计口授食，从事无偿劳动，群众是不会满意的。于是出现了“木工瓦工千万人，营营扰扰晨至昏，但有口粮无雇钱，妻孥冻馁空忧煎”的情况。[②] 工匠消极怠工，甚至集体反抗。杨秀清知道这是不能用武力镇压的，只好进行劝慰：“追其后仰承天意，分为男行女行，以杜淫乱之渐；不过暂时分离，将来罪隶诛锄，仍然完聚。在尔民人，以为荡我家资，离我骨肉，财物为之一空，妻孥忽然尽散，嗟怨之声，至今未息。”[③]从这几句话中，既可以看出天京群众对于“苛制”的不满，也可以看出杨秀清颇有引咎自责之心，愿意考虑改弦更张。达开奉命出京安民，正是奉命去“稍易”这些“苛制”的。

达开到安庆安民以后，对于居民不再分编男馆女馆，不再拆散家庭，不再没收工商业者的财产，而让士农工商，各安生业。1854 年 1 月 14 日(太平天国癸好三年十二月初十日，清咸丰三年十二月十六日)，护天侯胡以晃督军攻破安徽省清方临时省城庐州，一年半以前在全州蓑衣渡袭击太平军、这时已升任安徽巡抚的江忠源，因为无法逃跑而投塘自杀。太平军进城后，在城内遍贴告示：“士农工商各有生业，愿拜上就拜上，愿回家就回家。”[④]只贴布告，还怕不识字的人不明政策，又在全城打锣传令：“新兄弟们听着！士农工商各执其业，愿拜上就拜上，不愿拜上就叫本馆大人放回，倘不放就到丞相衙门去告。”[⑤]这时的胡以晃是由石达开领导的，他所执行的政策正是安庆易制以后的新政策。既然说愿回家就回家，说明拆散家庭分编男馆女馆的“苛制”已经废止。既然士农工商各执其业，说明没收工商业者私产的“苛制”也已废止。

1854 年春，美国驻华公使麦克莲(Robert Milligan McLane，1815—1898)访问天京，并到安徽芜湖游历。事后有如下的记载：

> 在这里当局与人民对我们表示最恭敬有礼的表示(?)。到此游历是极有兴味的，因藉此得有机会亲自观察革命军在战事已平静的地方施政设治之性质。这里局面的状况是完全大异于南京的。人民如前操作日常职业，店门大开，经营商业

① 引自张德坚《贼情汇纂》卷四。

② 引自马寿龄《金陵癸甲新乐府》。

③ 引自《太平天国文书汇编·东王杨秀清劝告天京人民诰谕》。

④ 周邦福《蒙难述钞》：“稍顷周三喜来说：‘恭喜恭喜，我走城外来，见县桥口贴春官丞相告示：士农工商各有生业，愿拜降就拜降，愿回家就回家。’”按：拜降为拜上之讹。

⑤ 引自周邦福《蒙难述钞》。

即如旧时，不过地方的繁荣则不及往日了。这时，男女并不分隔（无男女馆之分设）如在南京，然禁吸鸦片与黄烟之令则严厉执行。人民甚畏惧其新的统治者，可见太平军治道之严。前在战事中，其城受损失甚大，大部分已被焚毁，很辽阔的地方已成为颓垣废瓦的荒地了。①

外国人亲眼见到芜湖的商店照常开业，男女居民并不隔离。说明新政策已在石达开治下各地贯彻执行。

当时达开的主要任务是安民。但是在战争时期，他不可能只在战事已平静的地方施政设治，而需要一面作战，一面安民。太平军过去长驱东下，得地不守，专意金陵，成为一支没有后方的孤军。这次西征，就是要一面开疆拓土，一面施政设治，建立一片巩固的根据地。达开奉命出京，本是军民两管。当他刚到安庆之时，太平军所占领的不过是安庆一城，连城北要塞集贤关还在清军之手。达开于到达安庆二十天之后，即亲自督师攻占集贤关。一个多月以后，达开派遣护天侯胡以晃、丞相曾天养连续攻下桐城、舒城，督办安徽团练的在籍兵部侍郎吕贤基投水自杀。在与太平军作战的三年中，清廷逐渐发觉八旗兵与绿营兵都已腐败，对付不了太平军，所以就寄希望于汉族地主阶级代表人物所编练的团练，先后命令在籍礼部侍郎曾国藩督办湖南团练，在籍兵部侍郎吕贤基督办安徽团练。曾国藩以后成为太平天国的死敌，而吕贤基则在刚刚冒头的时候就被太平军镇压下去。达开攻破桐、舒，消灭吕贤基的势力，是很重要的一役。否则，吕贤基就可能发展成为第二个曾国藩。

1854 年 1 月，太平军攻克庐州，皖北巢湖一带的鱼米之乡都入太平天国版图。同年 2 月，达开派遣国宗石达英等率军自安庆渡江，经皖南的东流、建德进占祁门、黟县。皖南许多州县也为太平天国所有。从此，安徽省就成为太平天国治下最巩固的后方，直到太平天国后期，达开远征之后，依然如此。皖南各地，山高路险，是清朝统治力量比较薄弱的地区。广大人民受不了官吏土劣的压榨，风闻达开在安庆一带的德政，纷纷推举代表到安庆来，请求达开派大军到当地去吊民伐罪。例如太平军进占祁门的队伍，就是由当地群众迎接进去的。青阳、石埭、东流、建德各县人民曾经多次欢迎太平军入境安民。“嗣后，是区数邑乡治组织完备，长久有效。虽天军引去，而地方绅民仍效忠天朝，蓄发反清，守其制度，数年不变，可见革命军初期之深得民心到处受国人之

---

① 转引自简又文《太平天国典制通考·军纪考》。

爱戴拥护也”。①

达开督军作战之时，既见到各地人民成群结队前来欢迎太平军的盛况，也见到有人因误信谣言而东奔西走、颠沛流离甚至投河上吊的惨状，所以发出训谕，安定民心。训诲全文如下：

> 真天命太平天国电师左军主将翼王石训诲：县良民各安生业勿受妖惑惊惶迁徙事：照得天父天兄大开天恩，亲命真主天王宰治天下，又命东王及北王辅佐朝纲，业已建都天京。现下四海归心，万邦向化，今特命本主将前来安徽，抚安黎庶，援救生灵。尔等良民，生逢其时，何其大幸。兹因四路尚有漏网残妖，未尽诛灭，业经特派大员统兵四出搜捕妖魔。诚恐尔等惑于谣言，擅自迁徙，纵有点残妖窜入该境，尔等即遵本主将前次颁行训谕，一体严拿，解到安徽，自有重赏。为此特行训谕，尔等良民须要敬天识主，认实东王，那时自有天父看顾也。切不可妄听浮言，须知一经迁徙，或丢家业，或丧身命，其害不可胜言，统俟天父大显权能，将四海残妖诛尽，自享永福于无穷也。尔等共各凛遵，毋负本主将训诲殷殷之至意也。切切毋违训谕。②

太平天国诸领袖中，达开的头脑是比较清醒的。他不像洪秀全那样沉溺于宗教迷信，也不像杨秀清那样过于相信自己手中的权力。他知道攻占了几座大城市，不过是奠定基业的开始；要想推翻清廷，完成建国大业，还有许多艰巨的工作要做。其中主要的是：推行符合广大人民利益的新政策，以赢得人民的拥护，也就是要“结人心”。尽量网罗、争取知识分子参加革命，协助治理这个崭新的国家，也就是要“求人才”。安庆易制的目的正是这样。太平天国的敌人左宗棠已经从达开的许多新措施中看出了他的目的：“其所为颇以结人心、求人才为急。”③

敌人对达开虽然极端仇视，大肆攻击，却不得不承认他确已“得皖人心”。④ 达开不仅能够安民，在对敌斗争中，也比太平天国其他领导人更善于运用斗争策略。他常常利用满汉矛盾，分化敌人的阵营，团结有才能的地主阶级知识分子为革命事业服务，争取有民族自尊心的开明士绅背叛清室，拥护天朝。

---

① 引自简又文《太平天国典制通考·乡治考》。

② 引自张德坚《贼情汇纂》卷七。

③ 引自左宗棠《与王璞山书》(咸丰丁巳)。

④ 引自谢介鹤《金陵癸甲纪事略》。

达开深深懂得知识分子所起的重要作用。每到一处,先出榜招员,然后正式开科取士。他的招贤和取士,都是唯才是举,不问门第,不问出身。美国教士丁韪良博士(Dr.William Alexander Parsons Martin,1827—1916)在一篇通讯中记载了这样一件事:有个卖水果的小商人到安庆应考,中了举人,得到官职①。建国之初,需要大量的知识分子,太平天国甲寅四年的安徽乡试,录取的名额大大放宽,应考者来自二十七县,中式举人七百八十五名。管理民务,需要知识分子,达开在安庆主持军民政务的时候,尽量任用考中的士子到各州县当地方官。如曾谕令秦日纲"暂留兴国州育才官胡万智,并池州黄州两郡天试翰林,在该处治理民务"②。

达开对于主动来投效的知识分子,能够放手重用。例如他到安庆安民之初,望江县庠生潘合孚来投,即被任为翼殿尚书。对于一些顽固不化的读书人,也能耐心争取。据说有这样一件事情:江西湖口有个姓洪的秀才,被太平军征召入馆,但他顽固地拒绝为太平军办事,后来被送到安庆,达开亲自进行说服,用"严夷夏之防"的"春秋大义"来开导他。他说出一番歪歪道理来反驳,什么"中国而之夷狄则夷狄之,夷狄而之中国则中国之",还大胆地骂太平军为贼。大家都很气愤,要求达开杀了他。达开笑着说:"他本来就愿意死,那又何必杀他!不妨放他回去。他现在想不通,回去再好好想想,好好看看,也许有一天会想通的。"③对于这种顽固的人,达开犹能以礼遣之,可见他确有政治家的风度。这时达开只是个二十三岁的青年,年轻而有修养,更加难能可贵。太平天国失败之后,还有人盛称"石达开威仪器量为不可及"④,自非无因。达开当时对待知识分子坚持以礼待人,以理服人,是完全必要的。

太平天国当时要和清廷争夺知识分子,虽然困难,但还是有条件的。首先,凡是读书明理的知识分子,无不崇拜文天祥、史可法这些民族英雄,而以俯首事仇为可耻。用民族大义来说服他们,常常是有效的。其次,凡是读书明理的知识分子,无不向往于人

---

① 简又文《太平天国典制通考·乡治考》:"有安庆居民云:太平军征收各项税饷,委派乡官,唯名称与清官异。在安庆有治理全省等于巡抚者,名为'检讨'(按:即'检点'之误也)。知县名为'监军'。他们得安庆后,即开科取士(乡试也),按旧名册迫令士子赴考。此外甚至工商各界皆准应试。有一声果者考中举人而得官职。科场命题,皆由他们宗教的圣书选出。他们施政,正直不阿,甚至严峻。凡吸鸦片与烟草者皆受刑罚。"(载《华北光驱》三二三号,1856年10月4日)

② 引自郭廷以《太平天国史事日志》。

③ 刘文藻《诗舫存钞》卷四:"翼贼坐堂皇,大义《春秋》勉:谓尔肢庠生,夷夏胡不辨!秀才噫嘻,《春秋》吾所善,用夷则夷之,用夏夷人选。圣人大义明,尔贼凯能晒?群众请杀之,贼笑曰勿翦,彼国原死身,出禁久或转,吾方收士心,否则礼以遣。"

④ 引自澹然《江表忠略》卷二十。

人安居乐业的太平盛世。清朝晚期官吏贪暴,豪强横行,政治黑暗,民不聊生。不仅劳动人民活不下去,连一些中小地主也觉得生计艰难。对于这种现象,他们是不满意的。只要让他们相信太平天国夺取江山之后,能够出现一个太平盛世,他们就会对清廷离心,而向太平天国靠拢。达开对争取知识分子的工作做得相当成功。他既能晓以民族大义,又能拿出事实来给别人看。在安庆易制之后,许多读书人亲眼见到"按例征粮,农工商贾各安其业",就觉得太平天国"俨然有王者风",能成大事,于是纷纷倒向这个新朝。[①]

以往太平军攻打城市,本地士绅总是协助清朝官兵守城,与太平军为敌。这时形势变了,有些地方在太平军未到之前,本地士绅就号召群众起来逼迫地方官投降,预先造好户口册,等太平军到来,郊迎三十里,跪献官印和户口册,表示归顺新朝的诚意。过去士绅们都把太平天国的领袖看成穷凶极恶的盗匪,这时居然有人盛赞石达开,公开说"翼王石达开龙凤之姿,天日之表"[②]。从这样的称赞中可以看出有些士绅已把建立太平盛世的希望寄托在达开的身上。

达开治下的守土官与乡官,既用劳动人民,又用地主富绅。只要对革命事业有利,放手用人是应该的。当时的知识分子大都出身于地主富绅的家庭,把他们争取过来为革命事业服务,就壮大了自己的力量,削弱了清廷的力量。他们当了太平天国的守土官与乡官,只能按照太平天国的政策办事,不能自作主张。在地主富绅担任守土官、乡官的地方,太平军照样打击豪强,对富人派大捐,执行抑富扶贫的政策。太平天国晚期,在江浙一带确有地主富绅把持地方政权,篡改政策的事。但在达开安庆易制期间,这样的事情还未发生。如果地主富绅篡夺了地方政权,那块地方必然会豪强横行,民不聊生。达开的治下则是"军用裕而百姓安之,颂声大起"[③]。这是地主富绅并未篡夺地方政权的明证。

达开争取了一大批地主阶级的知识分子与开明士绅参加革命,使敌人大吃一惊。彭玉麟说:"不特工农皆出为贼,即士商亦皆出为贼。"[④]在他们看来,"工农皆出为贼"是不奇怪的,而"士商亦皆出为贼"就大出他们的意料。当时的四民是"士农工商"。如果

---

① 引自李汝昭《镜山野史》。

② 赵烈文《落花春雨巢日记》中记载:临江有个姓谢的贡生,居然在湘军周凤山的营中公开"昌言:伪翼王石达开龙凤之姿,天日之表,语甚狂悖"。

③ 引自凌善清《太平天国野史·石达开传》。

④ 引自彭玉麟《致曾国藩书》。

这四民全都拥护太平天国，清廷的统治岌岌可危了。有的史料上说："从贼者众，国不独文人为然，即显宦退居林下，蓄发为亡民者，何可胜道。"[1]"读圣贤书，身列胶庠，为上舍生，或冒职衔，或居仕籍，悍然从贼，冠贼冠，服贼服。"[2]在达开的大力争取之下，不仅劳动人民纷纷参加革命，连知识分子，小官小吏，甚至退了任的大官也都倒向太平天国。在这些人中间，虽然有的是三心二意，只是为了应付环境才拥护太平天国，但是真正忠于革命事业的，也不乏其人。例如江西有个白发苍苍的老监生张谦，本是地主，在当地很有声望，归附太平天国之后，不幸为清军俘获，他至死不屈，在慷慨就义的时候说："大事不成，遗恨千秋，但决不回首！"[3]他是得了清朝功名的地主，最后竟能为革命事业慷慨捐生。

达开奉命出京安民的地区，包括西征军所克复的一切地方。其中主要是安徽，其次是江西和湖北。这里的广大人民虽然还不能完全摆脱封建制度的束缚，但是清廷的暴政已被扫荡一空。在轻徭薄赋、抑富扶贫的新政策之下，人人安居乐业，享受太平之福，所以就出现了不少歌颂达开的民谣。下面这一首诗就是一位文人在民谣的基础上改写的："传闻贼首名翼王，信勇仁义头发长，所到之处迎壶浆，耕市不惊民如常。"[4]试看：箪食壶浆以迎王师，鸡犬不惊耕市如常，这是一幅多么令人神往的军民同乐图。达开出色地完成了奉命安民的任务，赢得了"现在能安民者，惟石达开"[5]这样的公论。

太平天国建都天京以后，英、法、美各国公使相继来到天京访问，探听太平天国的情况，以便根据利害关系来决定对华政策。他们不愿承认太平天国政权，但是总得找些理由来说服本国的政府和人民。其中最重要的理由就是太平天国只是个军事集团，不能组织一个有效的政府。但在安庆易制之后，有个外国人写了一篇通讯，报道在达开治下各地推行新政策以后的情况。他说：安徽太平军抽收税饷，其税率低于清廷。人民享受太平之福，在新朝统治下，安居乐业。天朝地大人多，可比于欧洲强国，所占

---

① 引自方玉润《星烈日记汇要》。

② 引自邹峄贤《坡砚山房诗文集》续卷。

③ 据刘绎《存吾春斋诗钞》卷九。

④ 引自邹树荣《蔼青诗草》。

⑤ 引自曹大观《寇汀纪略》。

各地已建立了地方政权。他认为：对于这样一个事实上已经存在的政府，应该加以承认。[①] 此事足以说明：当时在外国人的眼中，达开所领导的地方已经建立起有效率的可以承认的政府，其施政情况是令人满意的。

安庆易制的时间，应自1853年9月25日（太平天国癸好三年八月二十一日，清咸丰三年八月二十三日）达开到达安庆算起，到1855年9月11日（太平天国乙荣五年八月初五日，清咸丰五年八月初一日）达开率领大军西上督师为止，前后正好两年。达开未到安庆时，西征军的主将是护天侯胡以晃。他的任务只是率军作战，所占领的城市都是军事管理，并无安民与建立地方政权的任务。达开开府安庆，虽是军民两管，主要的任务还是安民，是在已经克复的地区建立地方政权，发展生产，供应军需。从"军用裕而百姓安之"一语看来，他已经圆满地完成了任务，1854年4月，他被召回天京，职务由顶天侯秦日纲代理。过了一个多月，秦日纲回天京封燕王，达开返任。

有一种说法，说杨秀清与石达开意见不合。石达开在安庆易制，改变了杨秀清所规定的许多办法，受到人民拥护，杨秀清知道之后，害怕他"得皖人心"，把他调回天京，另派秦日纲接替。[②] 这种说法不可靠。因为易制一事，是由领导集团商量妥当，而要达开去执行，并非由他自作主张。如果杨秀清真的怕他"得皖人心"，达开后来何以又会"奉伪旨踞守安庆"[③]呢？

达开为何奉召回京？史料上没有记载。既然回京时间不长，估计是去述职。因为易制一事，情况复杂，头绪纷纭，不是公文上所能写得清楚的。当时杨秀清派秦日纲来代达开，也许有把达开留京辅政的想法。在太平天国领导集团中，秦的位次仅低于石，

① 简又文《太平天国典制通考·乡治考》："关于天朝在大江南北乡政一般的设施，吾人又幸得见一外人'T'将当时亲闻之消息作了一篇翔实的通讯，在上海的《华北先驱》发表。吾人读此可以确知翼王之布政优悠，大得民心，且军纪甚佳，保民爱民至甚，诚太平天国之一页光荣史也。兹摘译原文布之后方：天朝在湖北之一部，安徽之大部，江西几乎全部（只南昌、赣州两郡为例外）均抽税，税收有定规。有一书店老板言'安徽太平军抽收税饷，其税率低于清廷所抽者'。又有杭州土人闻自一商人云：'曾见太平军领袖出示规定税率及征税规则。'又曾遇一江西商人之旅居安庆者，问其生意如何，则答云：'长毛对待我们殊好'(remarkably well)，续言，他们'还可以与非天朝治下的区域做生意，彼本人即薙了发由安庆到江西经商者。'太平军占领江西大部之后，人民享受太平之福，在新朝统治下，安居乐业，各务本业。（'T'论曰）由以下三点——一、天朝领域广大，人民众多，可比之欧洲强国，其人民废除满洲服装而恢复大明衣冠（不薙发）；二、在此广大区域中（至少一大部分）人民纳税于天朝以供养天京的政府；三、开科取士使人民得自由竞取功名及官职；——可以证明革命军显著地确为事实的政府。其施政当然仍以军事为重，但已表露民政组织的迹象（按：此即指各地方乡官），而为期已历三年，且日事扩大。是故结论：我们可以承认其为独立而不致违反中立政策及历史前例。（上见 *North China Herald* No.319 1856年8月16日）"

② 谢介鹤《金陵癸甲纪事略》："翼贼稍易东贼苛制，皖民少受害。东贼闻，惧其得皖人心，趣之归，调燕贼秦日纲往替。"

③ 引自张德坚《贼情汇纂》卷一《石达开传》。

以秦代石是有可能的。但是秦的能力远不如石，代理月余，成绩不佳，结果还是由达开返任。[①] 达开在皖、赣、鄂各地试行的新办法，大概都得到天京方面的认可和肯定。因为在天京举行的开科取士的翼试，所出的诗题是“翼化如春润”，用来赞扬达开在安庆安民的功劳。[②] 如果达开和杨秀清的意见不合，发生矛盾，就不可能得到这样的荣誉。

达开在这两年中，除了回京述职，还曾西上到湖口、九江一带，北上庐州一带督师。他的外出都是临时性的，平时则长驻安庆的大本营中，指挥若定，调度一切。在他的领导之下，太平天国建立了一大块巩固的根据地。这里的广大人民安居乐业，出现了一片欣欣向荣的新气象。

论：

一、安庆易制一事是否必要，首先要看未易之制是否苛制。太平天国在建都天京之初所推行的一套制度，例如：强迫群众取消家庭生活，分编男馆女馆，把军事共产主义的圣库制度施之于全城人民，没收一切工商业者的私人财产，用管理军队的办法来管理生产事业等，都是只靠行政命令来强迫推行而不利于发展生产的苛制，非易不可。主持推行这些制度的是杨秀清，推行之后效果不好，引起群众极大的反感，他自己是心中有数的。他在诰谕中曾经说过：“在尔民人，以为荡我家资，离我骨肉，财物为之一空，妻孥忽然尽散，嗟怨之声，至今未息。”试想：这种令人长期嗟怨的制度，不是苛制又是什么？由此可见，安庆易制一事是完全必要的。石达开安庆易制的成绩是应该肯定的。

二、不仅那些已经实行而令人嗟怨的制度是苛制，就连尚未正式推行的《天朝田亩制度》也是一种苛制。要在战争时期大量土地实行全民分田，自然是办不到的事情；就算战争结束，排除了外来干扰，这种新制度也难以推行。广大农民迫切需要土地，是因为土地可以出产粮食和其他生活资料。如果实行《天朝田亩制度》，农民辛苦终年，除留下自己一份口粮之外，一切收获交公，等于无偿劳动。耕者有其田而无其谷，有其名而无其实，这又怎能发挥农民的生产积极性！在这种制度之下，农民只能长期按照老办法生产，无力改进生产工具，提高耕作技术，这就难以解放生产力。石达开在安庆易制之后，及时改为“照旧交粮纳税”，是完全必要的。

---

① 杜文澜《平定粤寇纪略》卷二：“达开尚外假宽恕，而日纲则惟事凶狡。”秦日纲代理达开的职务，不过一个多月，外界就有这样的看法，说明他安民的才能远逊于达开。

② 张汝南《金陵省难纪略》：“翼试诗题‘翼化如春润’，美其安恤安庆之功。”

如果说放弃不切实际的《天朝田亩制度》，回到“照旧交粮纳税”的老路上来就算是倒退的话，这种倒退是必要的。正如恩格斯在《德国农民战争》一书中所说的：一种制度“不仅是超出现在，甚至是超出未来，那么这种超出只能是蛮干的超出，空想的超出。而在第一次试用之后，就不得不退到当时条件所容许的有限范围以内来”。对于“照旧交粮纳税”一语，我们应该有正确的理解。不能因为看到“照旧”两个字，就把太平天国的“交粮纳税”和封建王朝的“交粮纳税”完全等同起来，认为这样一来就是维护了地主阶级的利益，背叛了农民起义的宗旨。实际上，“照旧交粮纳税”的“照旧”，不过是国家征收农业税的办法而已，并不涉及维护哪个阶级利益的问题。就是在没有地主的国家里，对于自食其力的农民也得征收农业税。采用按田亩征收的合理负担的办法，比《天朝田亩制度》那样除口粮外全部交公的办法好得多。如果把这两种办法让农民自己选择，不言而喻，广大农民是宁愿接受“照旧交粮纳税”的办法的。

清廷的“交粮纳税是护富欺贫，官绅勾结，千方百计把负担转嫁到贫苦农民的头上，以致民穷财尽，民不聊生。可以说，他们的“交粮纳税”是本着维护地主利益的原则办事的。安庆易制期间，石达开所推行的“交粮纳税”是处处抑富扶贫。且不说地主大量逃亡，田地大都转入农民之手，就是在农民中间，也尽量照顾贫苦农民，对于田地不多的贫户一律免征。在石达开的治下，虽无明令禁止地主收租，实际上，大地主非死即逃，已无收租的可能。没有逃亡的一些小地主，收租也已不易。受到革命形势鼓舞的佃农，常常拒交或者少交。依靠收租吃饭的人家，很难维持生活。安庆易制期间，石达开治下的农民安居乐业，生产蓬勃发展，这一事实最能说明问题。当然，农民起义成功之后，不可能改变生产方式与生产关系，最后还是会走上封建化的老路。他们受到阶级的局限与时代的局限，无法建立起理想中的人人饱暖的天国，无法突破封建社会的意识形态。即使推翻清廷，也只能是改朝换代，再建一个新的封建王朝而已。不过从石达开安庆易制以后安徽、江西各地人民群众箪食壶浆以迎王师的情况来看，大家对于这样的改朝换代也是拥护与欢迎的。

三、杨秀清有眼光，有魄力，是一位能打江山的英雄人物。但在进入天京之后，他却以治军的办法来治国，结果怨声载道，事与愿违。好在他并不固执，对于一些过激的办法，能够及时改弦易辙，让石达开外出安民，授以处理问题的全权。这样，石达开才有机会发挥自己的政治才能，在安民工作中做出出色的成绩。所谓“安民”，就是治国。在太平天国领导人物中，除冯云山早死无法比较外，当首推石达开。安庆易制成绩斐然，就是证明。

四、石达开为了反清而大力争取知识分子，团结开明士绅，这是完全必要的。不能离开历史环境去指责石达开不讲阶级路线。太平天国政权，石达开本人，都从来没有声明他们是代表哪一个阶级的。他们的檄文和口号都是说的“讨伐胡虏，恢复中国”。辛亥革命时期，人们还以“驱除胡虏，恢复中华”作为奋斗目标，那么，太平天国的口号又有什么可以指摘的地方？太平天国革命确也进行了阶级斗争，这并不是他们有意为之，而是当时的地主大都靠拢清廷，劳动人民则纷纷投向革命所形成的。如果劳动人民要去“变妖”，他们同样加以打击。地主富绅能来参加革命，他们也都表示欢迎。他们的是非标准是很明确的，即反清的都是兄弟，扶清的都是敌人。石达开在安庆易制中的所作所为，如果不利于反清，那就应该受到指摘；如果有利于反清，那就应该加以肯定。据此标准，我们认为：安庆易制中的一切措施，都是为了反清这个目的服务的，应予肯定。

当时的中国社会，既有民族矛盾，也有阶级矛盾。而阶级压迫又常常是以民族压迫的形式出现的。要想解决阶级矛盾，首先需要解决民族矛盾。清廷是地主阶级的保护人，要打击地主阶级，首先就要推翻清廷。在民族矛盾是主要矛盾的情况下，为了推翻清廷，太平天国当然可以任用一些愿意参加革命的地主阶级中的人物。石达开在安庆易制后任用投降过来的地主阶级知识分子和开明士绅，分化瓦解敌人的阵营，壮大自己的力量，无过有功。何况他在安民的时候还是坚持抑富扶贫，问民疾苦，和广大劳动人民痛痒相关。指责他不该任用地主阶级人物的任何理由，都是混淆古今界限，站不住脚的。

第六章 督师西征

鄱阳湖与长江的汇合之处，有一座山水相连的小城——湖口。这里虽然是一片水乡泽国，在城北的江面上却屹立着有名的上下石钟山。峭壁千尺，遥遥相对，水石相搏，声如洪钟。石钟山艰险因此而得名。这里襟江带湖，形势冲要，自古以来是兵家必争之地，多次成为水军鏖战的战场。1588 年 1 月 29 日（太平天国甲寅四年十二月二十四日，清咸丰四年十二月十二日），翼王石达开在这里袭击曾国藩的湘军水师，发动火攻，长江水面一片通红，湘军战船付之一炬。这就是太平天国历史上赫赫有名的湖口之战。从此以后，老奸巨猾的曾国藩就对这位二十四岁的青年英雄石达开甘拜下风。

达开虽是西征战场上的主帅，但他主要的任务是安民，在太平军西征时所占领的地区建立稳固的地方政权，作为太平天国的根据地。只有军情十分紧急的时候，他才亲自督师。太平天国领导集团当初决定分兵北伐与西征的时候，就是以偏师北伐，主力西征。在他们看来，西征始终重于北伐，这从以下所列举的事实就可以看得出来。一、北伐军只有两万余人，西征军则有四万余人。二、北伐军的任务是奇袭北京，不争一城一镇之得失。西征军的任务是开疆拓土，寸土必争，得地有功，失地有罪。例如武昌失守，守将石凤魁、黄再兴即被逮回天京处斩。三、北伐军形势危急之时，杨秀清宁肯放弃扬州，以扬州守军曾立昌部作为北伐援军，北上救援，也不愿牵动西征军的一兵一卒。但在西征军形势危急之时，杨秀清却不惜抛出一张王牌，让负有安民重任的石达开亲自督师，挽回危局。

在叙述达开亲自督师西征以前，先要回顾一下西征军一年多以来的战斗经过。1853 年 5 月 19 日（太平天国癸好三年四月十四日，清咸丰三年四月十二日），西征军在春官正丞相胡以晃、夏官副丞相赖汉英、检点曾天养、指挥林启容、白晖怀等率领下，乘战船一千余只，溯江西征。当时太平军拥有大量战船，能够控制长江江面，所以进军顺利。他们于 6 月 10 日占领安庆，6 月 13 日占领江西彭泽，6 月 18 日占领湖口，随即进入鄱阳湖，沿赣江南下，于6月24日开始围攻南昌。因为江西巡抚张芾、湖北按察使江忠源据城顽抗，久攻未下，赖汉英乃分兵攻占附近的许多州县，孤立南昌。南昌对外交通断绝，人心惶惶，眼看就能攻下，杨秀清突然改变进军计划，下令撤围，分兵攻占湖北和皖北。西征军遵令分兵，向湖北进军的一支由石祥祯、韦俊率领；向皖北进军的一支由胡以晃、曾天养率领。赖汉英则以久攻南昌不下而革职，调回天京入删书衙删改六经。

达开奉命出京安民，胡以晃、曾天养即在他的直接指挥下，攻占了桐城、舒城和庐州，在皖北战场上取得辉煌胜利。由石祥祯、韦俊率领的一支西征军从九江出发，沿江西上，于10月1日攻占武穴，17日攻占黄州，20日攻占汉口、汉阳，不久即因后援不继，退驻黄州。1854年2月，太平军水陆援军到达，进击驻在黄州城北二十里的湖广总督吴文镕大营，清军溃败，吴文镕投水死。太平军乘胜猛进，于2月16日再占汉口、汉阳，然后南下湖南，于2月27日攻占岳州，3月4日攻占湘阴，7日攻占靖港，11日攻占宁乡，前锋距离长沙不过六七十里，长沙震动。湖南巡抚骆秉章这时决心依靠丁忧在籍侍郎奉旨督办全省团练的曾国藩，借重他所编练的地主武装来抵挡太平军。

1853年初，清廷接受前广西巡抚周天爵的建议，命令各省在籍绅士（曾任官阶三品以上的文武大员）举办团练，协助清军抵抗太平军。从太平天国起事以来，清廷的正规军包括八旗兵和绿营兵大都作战不力，望风溃逃。倒是地方士绅所组织的团练，也就是地主阶级自己组织的武装，还能出力抵抗。清廷过去是绝对不许汉人自己组织军队的，这时为了对付太平军，不仅破例准许，而且加以鼓励。先后命令南北各省在籍绅士四十余人兴办团练。其中最卖力的，要算湖南的曾国藩和安徽的吕贤基。吕贤基的团练已被达开的大军扑灭，本人也投水死，只有曾国藩在湖南巡抚骆秉章的支持下，组成了一支最凶恶的地主武装——湘军，成为太平天国的死敌。

曾国藩，湖南湘乡人，出身于一个小地主的家庭。他父亲一生应试十七次，才得补县学生员，于是尽力教习诸子，一定要通过功名取得荣华富贵。曾国藩就在这种欲望的鼓励下发愤读书，十六岁中童生，二十三岁中秀才，二十四岁中举人，二十八岁中进士，三十岁供职京师，十多年中一再升迁，历任礼部、兵部、工部、刑部、吏部五部的侍郎。他一生官运亨通，深知做官秘诀，开口忠君（忠于满人之君），闭口爱国（爱其大清之国），一言一行，都在尽力维护封建礼教。他后来全力进攻以致最后扑灭太平天国革命，就是本着这种宗旨。

曾国藩奉旨办团，先在家乡试办乡团，后来则在长沙成立大团，其作用不过是维持地方治安而已。1853 年 4 月，骆秉章署任湖南巡抚，对他准备试练新军的计划表示支持，他才跃跃欲试，奏报清廷，请求准许在原有团练的基础上编练新军。清廷知道当时清军已经腐朽无能，乃同意他编练新军，是为湘军，到 1853 年冬，湘军人数已经上万。当时安徽、湖北两省军告急，清廷四次催促曾国藩率湘军前往增援，他暂不应命。这时他正在湖南衡州，一面造船，一面操练水师。不到水师练成，他不愿轻易出战。湘军招募兵员，一定要有家的农民，入营时取具保结，即以家人为质，保证不能私逃。募兵都由将官亲自负责，招来的都是自己左邻右舍的朴实农民，相互之间都有亲友关系，易于掌握。这种以封建亲属纽带结成的军队，士兵只知有将官，不知有国家，后来的封建军阀就是这样逐渐形成的。

1854 年 2 月 25 日(太平天国甲寅四年正月二十二日，清咸丰四年正月二十八日)，正值太平军西征军在春官又副丞相林绍璋率领之下深入湖南境内，曾国藩亲率湘军水师从衡州出发，与陆师会集于湘潭，然后北上与太平军作战。全军水师十营，陆师十五营，有快蟹、长龙、舢板等大小战船二百四十艘，运输船二百三十艘，炮五百尊，弹药二十余万斤，人员自大帅以至官弁、勇丁、工匠、勤务、长伕、伙夫、水手、杂役共计一万七千余人。出发之时，颁布《讨粤匪檄》，宣传湘军出兵的宗旨，对于太平天国极尽诬蔑诽谤之能事。

因为湘军来势甚猛，由林绍璋、石祥祯率领的太平军暂避其锋，从宁乡北退，甚至退出岳州。等待湘军陆师冒险轻进，他们大举反攻，击溃敌人，再克岳州。曾国藩为了保全船炮，下令陆师水师同时退回长沙固守。太平军乘胜南下，石祥祯部复占靖港，林绍璋部长驱直进，越过长沙，于 1854 年 4 月 24 日攻克湘潭，准备从南北两方夹攻长沙。林绍璋军进入湘潭之后，受到湘军水师陆师的围攻。湘军水师船坚炮利，占了上风。太平军船只数百被焚。经过几天的激战，湘军陆师在水师炮船的协助下，于 5 月 1 日攻破湘潭。林绍璋部损失甚重，突围北走。这一战役是整个湖南战的转折点。太平军经此一败，难以立足，不久就退出湖南。虽有靖港的小胜，毁湘军水师战船数十，终不能挽回颓势。湘军这次能够取得胜利，全靠炮船上从西方买进来的洋炮。这一点，曾国藩自己也是完全承认的。

老奸巨猾的曾国藩创办水师，不惜巨资制造大船，购买洋炮，确实是打中了太平军的要害。太平军从长沙撤围，出洞庭，下武昌，以至顺流东下攻克南京，水师起了很大的作用。由于他们控制了江面上所有的船只，来往极为方便，要想进攻什么地方，可以迅速到达，敌人猝不及防。如果战事不利，也可以迅速撤退，敌人无法追及。不过他们的战船都是由民船改装的，既小又不坚固，只以飘忽见长。湘军水师的战船都是按照战斗的要求新造的，而且配以从外国买来的洋炮。在两军较量的时候，太平军的小船禁不起湘军大船的冲击，湘军的洋炮又压制了太平军的土炮，这就是湘军能够取胜的原因。湘军要控制江面，每次作战时都大量焚毁太平军的船只，太平军在战争中的主动权逐渐被敌人夺去。湘军制造战船，购置洋炮，所费甚巨。其中既有清朝地方政府的拨款，也有当地士绅和巨商捐献的资金。这就说明，湘军正是汉族地主阶级为了保护身家财产而组织的队伍，是最反动的军队。他们和抑富扶贫的太平军为敌到底，绝非偶然。

湘潭之败，使得太平军南进的计划完全打破。杨秀清震怒，把林绍璋革职调回，命令西征军退入湖北，力攻武昌。西征军乃留曾天养守岳州，而以主力围攻武昌。1854年6月26日(太平天国甲寅四年五月二十一日，清咸丰四年六月初二日)，太平军中十八岁的青年将领陈玉成率领五百战士缒城而上，杀散守军，再克武昌。此时攻下武昌，对战局影响极大。只要太平军坚守武昌，曾国藩想以水师顺流而下攻取天京的计划就无法实现。武昌易手不久，湘军水师凭船坚炮利的优势连续攻下岳州和城陵矶，太平军中的老将曾天养力战阵亡，西征军全军为之茹素三天，表示哀悼。湘军乘胜步步进逼，于10月初分为三路围攻武昌。10月14日，守将国宗提督军务石凤魁，地官副丞相黄再兴见形势不利，于清晨自动撤退，曾国藩督湘军水陆师各将官于午后入城。次日，有太平军船只千余，自汉水下驶，准备冲出大江，被湘军水师截击，全部焚毁，烟焰蔽空，波浪皆赤。从此，自武昌以上，太平军船只全被消灭，湘军水师得以专心东向，顺流进攻。

清廷接到曾国藩的捷报，一则以喜，一则以惧。喜的是曾国藩以一个文官，能够自告奋勇编练新军，立下与太平军作战以来最大的军功。惧的是曾国藩是汉人，成功之后，手握重兵，恐怕难以驾驭。所以此后清廷对曾国藩颇怀戒心，只给虚位，不给实权。当时清廷赏给曾国藩二品顶戴，署理湖北巡抚，勉励他立即督师东下，克复金陵。但不久又改赏兵部侍郎办理军务的头衔，另放陶恩培为湖北巡抚。收复武汉之后，曾国藩志得意满，筹划大举东下，准备水陆会师于田家镇，先清鄂东，再攻九江，继取安庆，然后一举攻下天京。

武昌危急之时，杨秀清已命秦日纲率军前往湖北一带“巡查河道，以重防御”，[①]实

① 张德坚《贼情汇纂》卷七：“伪禀奏式……卑爵秦日纲……缘蒙天父天兄弟大开天恩天王鸿恩及我东王重重厚恩，命卑爵往上江一带巡查河道，以重防御。”

际上就是去检查沿江防务，准备对付湘军水师的进攻。秦日纲到达九江，即接到武昌失守的消息。不久，天京有旨，命锁拿石凤魁、黄再兴回京，以失守武昌罪处斩。此后，秦日纲即奉命驻扎田家镇，统率各军，阻挡湘军东下。当时秦日纲虽奉杨秀清之命到上游主持江防，因为达开是安徽、江西、湖北各地的主帅，所以仍然是秦日纲的上级。从现存的几件太平天国文书看来，当时秦日纲既要把军情禀奏杨秀清，也要向达开报告请求。例如《燕王秦日纲上翼王石达开察看地形筑营防守禀报》云：

卑爵秦日纲跪禀报电帅左军翼王五千岁千岁千千岁殿下，禀报为禀明察看地势情形，乞恩贵裁事：缘蒙天恩、主恩及我翼王重重厚恩，命卑爵往湖北、安徽一带地方巡查河道，以重防御。卑爵沿江一路以来，查看地势情形，惟有彭泽县之上有一小姑山，其山居中，该处水面较之各处甚窄，且此处亦系湖北、江西下游总口，最关紧要。卑爵意欲在此地方两岸筑造营盘，派令妥员统带兵士在此镇守。再江中用木簰造成木城，修作炮台，拦放江面，不独可以防备妖船窥探，而且可以稽查来往船只。卑爵大胆如此妄议，未知是否？不敢擅专，伏乞我翼王贵裁后，祈禀奏东王金鉴，指示遵行。如此踏看地势缘由，理合禀报，恭请贵安。①

又有《燕王秦日纲复翼王石达开军情禀报》一件，也是秦日纲向达开禀报军情的。由此可见，当时达开坐镇安庆，并未亲临前线指挥，但是对于沿江防务和前线战况随时进行了解，给予指示。也说明达开身负重任，不到万不得已之时，天京方面不会要他亲自督师。

为了抗击湘军水师，太平军选择了鄂东长江中最险要的地方布防。北岸为田家镇，南岸为半壁山。太平军一方面在从蕲州到田家镇的四十里江岸上筑垒安炮，严密监视江面，一方面在从田家镇到半壁山的江面“横安铁锁（铁链）二道，相距约十数丈；铁锁之下，排列小划数十支，以枪炮护之”。② 用铁链横江来拉阻船只，防守不可谓不严。在险要的半壁山上，他们还建立五个营垒，引水为壕，据险而守。这里的战事由秦日纲负责指挥，最前线的蕲州则由陈玉成据守。田家镇这一条防线，太平军是在所必守，如果失守，敌人顺流东下，就要危及安庆、天京。湘军是在所必攻，如攻不破这条防线，湘军就寸步难行。既是双方必争之地，一场恶战自是意中之事。

① 引自张德坚《贼情汇纂》卷七。
② 引自曾国藩《曾文正公全集·奏稿》卷四《拟先攻半壁山破贼横江铁锁片》。

1854年11月19日，湘军水陆师猛攻蕲州，陈玉成奋起迎击，坚守阵地。直到以后田家镇大营不守，他才主动撤出蕲州。11月24日，秦日纲率领国宗韦俊、石镇仑、韦以德分兵三路渡江，与湘军激战于半壁山，大战竟日，各路均败。国宗石镇仑、韦以德以下一千余人阵亡，兵士受伤者十之八九，遂退回田家镇。江中、两岸连日水陆鏖战，死伤均重。据说曾国藩"谓行军以来，从未有歼敌如此之多，而丧师亦无如此之惨者，言毕放声大哭"。[①] 12月2日，湘军水师战船分队进攻，倾全力来突破太平军的铁锁防线。这种铁锁防线，与历史上的老办法不同。东吴时于两岸凿石穿链横江，只要一处熔断，全锁皆沉。太平军的铁链则节节以小船、木排承之，船簰又各有大锚沉于江底，纵然一处砍断，其余仍然坚牢。湘军水师进攻时分为四队，一队专砍铁锁，二队以炮火掩护一队，三队等铁锁砍开，冲过防线，放火烧护锁船簰，四队作为后备。鏖战一天，铁锁防线终被突破，防线以东的太平军战船被焚的有四千多只，百里内外，火光烛天。防线既被突破，坚守田家镇已无意义，次日，秦日纲、韦俊自焚田家大营，退守黄梅。曾国藩乘胜亲自率领水师东进，12月8日，直抵九江城下。

太平军自5月1日湘军之败算起，至12月8日湘军水师抵达九江为止，前后七个多月，败退已近千里。他们在九江以上的水师，全被湘军消灭，船只被焚不下万艘。因无水师，运输不便，陆军也节节败退。一时，船坚炮利的湘军水师成为天之骄子。曾国藩在一片颂声中得意忘形，高兴地说："长江之险，我已扼其上游"，"东南大局，似有转机。"[②]他觉得自己确有旋乾转坤的本领，扑灭全部太平军，只不过是时间问题而已，太平天国不会再有什么能人可以挽回颓势。就在这个关键时刻，翼王石达开出场了。

达开既知田家镇不守，先遣冬官正丞相罗大纲率精兵万人驰援九江，然后于1855年1月2日（太平天国甲寅四年十一月二十八日，清咸丰四年十一月十四日），偕胡以晃自安庆督师西征。他驻节湖口县城，了解军情，分析局势。认为湘军之强，在于水师，水师之强，在于船坚炮利。要歼灭敌人的水师，只可智取，不可力敌，只能坚守以疲敌，不能轻易交锋。他命令检点林启容坚守九江，罗大纲坚守湖口西岸的梅家洲，自率主力坚守东岸的湖口县城，"各督水陆师严密扼守。湖口内扎大小木排各一座，东岸筑土城，西岸立木城。营外广布木桩竹签十余丈，掘壕数重，内埋地雷，上用大木横斜搭架，钉铁蒺藜于其上，防务严密，无异金城汤池"。[③] 在湖口布置防务之时，湘军水陆师连日

① 引自朱洪章《从戎纪略》。
② 引自曾国藩《曾文正公全集·奏稿》卷四《请饬各部带兵大臣督抚择要防堵片》。
③ 引自简又文《太平天国全史》第十三章。

猛攻九江，都被林启容击退。曾国藩立功心切，不等拿下九江，就命令道员李孟九督水师东下，进攻湖口。达开坚守不战，却长期使用一种扰乱敌人的方法，使之昼夜不安，精疲力竭。办法是“以小船百余号，或二三只一联，或五只一联，堆积柴草，实以硝药，灌以膏油，分十余起，纵火下放，炮船随之。两岸出队千余人，呼声鼎沸，兼放火箭火球”。[①] 这样延续了十多天，湘军水师疲乏不堪，而又急于求战，战争的主动权就逐渐转入达开的手中。

湘军水师的战船，共分三类：快蟹、长龙和舢板。快蟹最大，长龙次之，舢板最小。小船火力不足，大船运转不灵，作战时必须互相配合，才能发挥威力。快蟹与长龙各有头炮二，都是八百斤至千斤的洋炮；边炮四，梢炮一，都是土炮。舢板只有较小的土炮。达开在十多天的冷静观察中，发现敌人大小船只配合的情况，探索了一条克敌制胜之道。当时湘军的军费依靠各省附加的苛捐杂税供给。江西省供给较多，曾国藩在作战时不能不对江西表示卖力。但是九江久攻不下，自觉面子难堪，决定舍坚攻瑕，希望迅速攻下湖口，再图进取。达开摸清了敌人的意图，就定下了一条诱敌船入湖加以分割围歼的妙计。

这时鄱阳湖中敌人的水师已被太平军消灭，鄱阳湖成了太平军的后方。达开做出一副死守湖口的姿态，让敌人认为太平军的战船不敢出战，大都躲在湖中，只要打开湖口，就可以把太平军的战船全部消灭。这样，敌人有了打通饷道和消灭太平军战船的双重目的，攻打湖口之心自然更加迫切。1855 年 1 月 23 日，湘军水师果然集中兵力来攻湖口的封锁线。这道封锁线包括几个部分：东岸湖口县城的炮垒，西岸梅家洲的炮垒，长江中石钟山的炮垒，与鄱阳湖出江处的浮筏。浮筏以铁链与缆绳与两岸相连，并抛出许多大锚以求稳定，浮筏上有望楼，有工事，战士们凭工事踞守。这一天战况激烈，湘军战船前进时，太平军枪炮如雨。湘军死伤惨重，但是在曾国藩严令催逼之下，船进如故。在鏖战中，浮筏上的火药箱突然被敌人炮弹击中，火药爆炸有如地裂山崩。筏上大火熊熊，在火还未烧到的地方，太平军战士仍然据以发射枪炮，绝不后退，直到全筏被大火吞没为止。经过一整天的血战，进入湖口的水道被敌人突破。达开故意不建新筏，诱敌深入。

此后数日，据守西岸梅家洲的罗大纲部一再出击敌人，湘军水陆全力进攻，焚毁太平军的木城，罗大纲部败退。疯狂的敌人被一时小胜的假象冲昏头脑，认为冲入鄱阳

① 引自曾国藩《曾文正公全集·奏稿》卷四《水陆屡胜围逼浔城折》。

湖的时机已至。1月29日，湘军战船齐集湖口，向湖内猛冲。这时水道上的浮筏虽已被毁，两岸与石钟山上的炮垒仍然不断发炮。敌船不能整队而进，只能乱冲。这样一来，敌人把自己的船队完全打乱了，轻便的舢板纷纷冲入湖内，笨重的快蟹、长龙却落在后边。当敌人的战船一百多只，精兵数千人冲入鄱阳湖之后，达开立即下令堵塞湖口，断其归路。太平军战士们忍耐了很久，现在反攻的时刻已到，人人奋勇，在敌船的炮火之下，抢筑工事，进行堵口。一夜之间，就建起两座浮桥，铺以木板，填以土石，成为一道不可逾越的水上长城。这样，横行一时的湘军水师就被分割为二，再也无法会师。其在鄱阳湖中的战船，从此长期漂泊于内河达两三年之久。

严重的问题不仅是损失了一百多只战船，而是大船缺乏小船的配合，行动不便，在战斗中被动挨打。湘军水师的快蟹、长龙配有大炮，火力甚猛，也用来屯储辎重，供队伍住宿。但是船身笨重，运转不灵。舢板只有小炮，要在大炮掩护之下作战，好处是轻便迅速。这时舢板大都冲入鄱阳湖，留在长江中的尽是笨重的快蟹、长龙，只能远攻，不能近战。达开所预料的情况完全出现。机不可失，当夜达开就和罗大纲率领轻舟进行奇袭，发动火攻。三更时分，天黑如墨，太平军的小舟成群，同时出发，迅速划向敌船。等到敌人发现，小舟已经靠拢，枪炮都不起作用。太平军战士齐声喊杀，把引火物纷纷抛入敌船，两岸陆军也都向敌船发射火球火箭，呼喊助威。顷刻之间，烟焰蔽天，敌船相继着火燃烧，长江水面波涛皆成红色。敌人不是烧死在烈火中，就是溺死在长江里。湘军水师的精华付之一炬，彭玉麟等人带着残存的几条战船冒烟突火，逃回九江。这次战役就是太平天国历史上有名的湖口之战。在此之前，曾国藩一心想要率领湘军水师扬帆而下直捣天京，八个多月来，一路顺风，从未倒退一步。经此一战，他才掉过头来向西逃跑。二十四岁的青年英雄翼王石达开力挽狂澜，击退了不可一世的湘军水师，扭转了局势。

湖口一战，湘军水师的声威一落千丈，太平军军心振奋，开始反攻。曾国藩这时还率领残余的水师战船，盘踞九江江面，不肯后退。达开为了不让敌人喘息，亲赴九江布置战斗。1855年2月11日（太平天国乙荣五年正月初七日，清咸丰四年十二月二十五日）又爆发九江之战。在这一战役中，太平军彻底打垮了横行八个多月的湘军水师。这天晚上，曾国藩在他那高大华丽的座船上绕室彷徨，啼笑皆非，因为他刚接到清廷的上谕，清廷当然还不知道湖口之败，只知道他几个月来连战皆捷，一路顺风，所以大加奖励，赏穿黄马褂，御赐白玉扳指、翎管等物。他既对这些赏赐感激涕零，又为湖口之败捏一把冷汗，不知道如何交差。正在左思右想之时，突然听到一片杀声，火光四起，事起仓促，他来不及带走御赐的宝物，赶快跳上一条小船逃命。

原来这天三更以后，达开命令林启容与罗大纲分别从南北两岸派出轻舟百艘，进行奇袭。这时正是腊月下旬，月色无光，小舟靠近敌船时，敌人已在梦中。太平军火弹喷筒齐发，四面围攻，敌人大小战船约有百艘，全部被焚。火光熊熊，百里可见。曾国藩的座船也被太平军俘获，他本人虽然逃跑，他的管驾官刘盛槐、李子成，监印官潘兆奎等均被杀。船上所有的文书、案卷、账目、信函以及清帝赐给他的各种宝物，一律成了太平军的战利品。这些文卷册牍透露了清军内部许多真实情况，对太平军以后制定作战计划有很大的帮助。经此一败，湘军水师溃不成军，一蹶不振。曾国藩逃到陆师塔齐布、罗泽南营中，羞愤已极，想要投水自杀，被人劝止。后来又逃到南昌，龟缩不出。

湘军水师既已覆灭，其陆师还想挣扎一番，企图挽回颓势。2 月 15 日，陆师悍将提督塔齐布、道员罗泽南等渡江进攻罗大纲据守的小池口。罗大纲诱敌深入，加以包围，湘军惨败，残兵逃回南岸，塔齐布单骑落荒而逃，后来藏在稻草堆中，才躲过了太平军的追击，于次日脱险逃归。湘军水陆残兵在九江一带已经无法立足，不久就由道员李孟群、臬司胡林翼、知府彭玉麟率领，西退南昌，名义上是去援助当地清军守城，实际上是去休整补充，希望有朝一日，东山再起。

太平军秦日纲、韦俊、陈玉成在田家镇撤守，即退驻于黄梅、宿松、太湖一带，待机反击。湖口、九江两次大捷之后，达开命令他们全面反攻。2 月 16 日，即罗大纲部击败塔齐布之次日，秦日纲等所部太平军又取得一大胜利。这一天是阴历除夕，湖广总督杨霈所统清军万余人驻广济，军中置酒高会。太平军千余人发动袭击，清兵立即溃散，杨霈西退蕲州。2 月 18 日，达开特派夏官又副丞相曾锦谦率精兵三千来与秦日纲等会合，准备乘胜猛追，迅速克复武昌。2 月 21 日，太平军克黄州府。2 月 23 日，克汉阳，秦日纲即留曾锦谦守汉阳，分兵攻占武昌周围各州县，以孤立武昌。自 3 月 21 日起，秦日纲即督太平军各部猛攻武昌。达开仍驻九江，牵制清军，使他们不能放手增援武昌。

1855 年 4 月 3 日（太平天国乙荣五年二月二十七日，清咸丰五年二月十七日），秦日纲、韦俊督军攻破武昌，这是太平军的三克武昌。破城之前，守军望见城外黄旗一片，心惊胆落，纷纷缒城逃跑。太平军就利用他们缒城的绳子攀援直上而入城。湘军头目布政使胡林翼、按察使李孟群率领湘军残部驻扎城外，慑于太平军的军威，不敢来援，自保而已。三克武昌之役，太平军水师也很活跃，有炮船一百六七十只参加攻城，长江两岸担任运输工作的船只更多。足见湖口、九江大捷之后，湘军水师的船炮被太平军缴获者为数不少。

武昌易手之后，胡林翼因被清廷任为湖北巡抚，对于收拾残局特别卖力。他驻扎在武昌上游六十里的金口，依靠彭玉麟的残余水师自保，陆续收集各路残军，补充休整，再图恢复。清廷催令进兵，他也只好派出一些队伍进攻武昌、汉阳附近的太平军，冀图交差。每次进攻，都被据守武昌的秦日纲、韦俊军与据守汉阳的曾锦谦军击退。双方相持数月之久，并无大战。在湘军方面，溃败之后，力量尚未恢复；在太平军方面，因为北伐军全军覆没，李开芳、林凤祥先后死难，对于军心不无影响，达开下令坚守，所以战况沉寂。这年秋天，胡林翼自认为羽翼已丰，妄图一逞。8 月 27 日，他亲率陆师，命彭玉麟率水师，大举进攻汉阳、汉口，斩断太平军汉水上的浮桥，烧毁粮船几百只。并且一度攻入汉口，颇有从太平军手中夺取武汉三镇的想法。

达开一再严令坚守武昌。这时敌人既然猖狂进攻，必须反击。9 月 7 日，附近各地太平军向武昌集结，反攻金口敌营。9 月 12 日，武昌守将韦俊会合各军，分兵六路，围攻金口。湘军李孟九部水陆六千人溃逃，营地失守。次日，德安、黄州、应城各地太平军炮船来援汉阳，炮击胡林翼的营帐，炮弹打死打伤他左右好几个人。他不得已，只好退驻蔡家岭的奓山。9 月 18 日，汉阳守将曾锦谦分兵八路围攻胡林翼的奓山大营，大营军溃，胡林翼只身逃入水师鲍超的船中，丢失巡抚关防。连续打了几次败仗，胡林翼溃不成军，只好退到沔阳新堤驻扎，同时向江西战场上的曾国藩求救，要求把湘军焊将道员罗泽南调到武昌前线来。

事有凑巧，还在胡林翼请调罗泽南之前，罗泽南已经上书给曾国藩，自告奋勇要来收复武昌。但是当时曾国藩的处境不佳，不肯让罗泽南军离开江西。自从湖口、九江惨败之后，曾国藩就躲到南昌，整顿陷入鄱阳湖的水师，并设立局厂，修理和添造炮船。长江中的湘军水师已经覆灭，要想东山再起，只好依靠鄱阳湖中这一点残余的力量。湘军陆师留在江西的只有塔齐布、罗泽南两军较强。因为久攻九江不下，塔齐布积劳成疾，发病而死。得力的队伍只剩下罗泽南一军。曾国藩很想把他留在江西保护自己，但是不久就奉到清廷圣旨，令罗泽南西援武昌。罗泽南率湘军精锐五千人从陆路西上，达开已经得到消息，他决定亲自督师西援武昌。这时燕王秦日纲已经调回天京，韦俊据守武昌，独立难支，需要赶快增援。经过两年的努力，达开的安民工作已经上了轨道。各地军事将令不再兼管民政，一省的民政由称为文将帅的地方官治理。省以下为郡，郡以下为县，郡有总制，县有监军，都是地方官。县以下的民政，则由各级民选乡官管理。安徽省的文将帅为检点张潮爵。在一年多以前秦日纲代理达开职务的时候，即由张潮爵担任副职。这时,达开已把安徽的民政工作全部交给他,从此一意督师西征。1855 年 10 月上旬,翼王石达开亲率大军两万余人,逆江西行。随征人员有护天豫胡以晃、卫天侯黄玉崑、春官又正丞相张遂谋、检点赖裕新、傅忠信等。承宣张子朋亦率水师随征。全军都是百战精锐,军容整肃,所经之处,百姓纷纷前来犒军。

1855 年 11 月 1 日,翼王大军由湖北鄂城之樊口登陆,经金牛镇,抢占咸宁,挡住罗泽南部湘军进援武昌的道路。罗泽南军从江西进入湖北崇阳,直扑咸宁,被翼王的大军挡住去路。11 月 3 日,翼王大军由咸宁进击崇阳。罗泽南命参将彭三元、知州李杏春等率军御之于壕头堡。次日,达开亲临前线督师,敌军一触即溃,全军覆没,彭三元、李杏春以下将官全部被杀,罗泽南仓皇退守崇阳城内。第二天一早,罗泽南又主动放弃崇阳,退守羊楼峒,翼王大军立即进驻崇阳。

太平军武昌守将韦俊接获翼王大军来援的消息,即率军万余人从武昌南下蒲圻,准备与援军夹击罗泽南军。11 月 5 日,韦俊部太平军进击羊楼峒敌营。罗泽南处于东西夹攻之中,只好做困兽之斗,拼命抵御,把韦俊击退。这时达开制定了南取湖南占领湘军老家的战略,即令韦俊由羊楼峒进取岳州,自己则经通城进取平江,分两路向长沙进击。然后与从广东北来的天地会队伍会师,共取湖南。他拨精兵数千帮助韦俊进攻羊楼峒,自己即向通城进攻。11 月 12 日,韦俊分兵三路力攻羊楼峒,罗泽南军拼死抵御,仍未攻下。翼王大军则于 11 月 14 日大破湖南平江勇于通城,斩知县李原濬。正在太平军节节胜利,即将进入湖南境内之时,达开忽然变更战略,另派精兵四千西援韦俊,叫他暂时固守湖北各地,主要是固守武昌,自己即将远行。这时罗泽南正在努力抵御韦俊的进攻,完全无暇他顾,几天之后,他才探得消息,军锋正锐所向无前的翼王大军突然不知去向。在他感到完全惶惑不解的时候,翼王大军正行进在山峦绵亘的幕阜山中,坚定地向着新的战斗目标迈进!

论:

一、石达开从 1853 年 9 月到安庆安民开始,至 1855 年 10 月率领大军援鄂为止,在这两年中间,他虽然开府安庆,兼管安徽、江西、湖北各地军民政务,但是主要的任务是安民。由于杨秀清认识到安民亦即治国的重要,所以在湘军水师猖狂进攻,从湖南一直打到湖北,攻陷上游重镇武昌的时候,天京方面宁肯派秦日纲前去抵御,也不叫石达开亲自督师。直到曾国藩亲领湘军水师猛进至九江、湖口,眼看就要危及安庆、天京的关键时刻,才让他督师西征,挽回危局。

二、在敌人顺流东下，难以阻遏，革命事业到了风雨飘摇的时候，石达开站出来勇担重任，沉着应战。经过湖口、九江两次大捷，局势迅速扭转。原来是敌人长驱东进，后来是太平军长驱西进。历史事实说明，石达开既是太平天国最出色的政治家，也是太平天国最出色的军事家。

三、自金田起义起，清廷派来对付太平军的统帅没有一个人有好下场。无论是满人或者汉人，也无论是文官或者武将，最后都是非死即贬。只有曾国藩是例外。他开始虽无统帅之名，最后却有统帅之实。十余年中，他始终是太平天国的死敌，虽然屡次受挫，但是蹶而复起终于扑灭了太平天国的革命烈火。可以说，他是太平天国最厉害的敌人。在太平天国诸领袖中，真正能够对付得了曾国藩的，就只有石达开一人。这从敌人方面，尤其是曾国藩本人对他的评价中就可以看得出来。曾国藩说："达开狡悍为诸贼之冠。"这就是说：达开的智与勇在太平天国诸领袖中要算第一。左宗棠也说："石逆狡悍著闻，素得群贼之心，其才智出诸贼之上。而观其所为，颇以结人心，求人才为急，不甚附会邪教俚说，是贼之宗主，而我之所畏忌也。"这就说得更加清楚，敌人畏忌的是石达开的"狡"与"悍"，比较而言，更畏忌"狡"。石达开能够"结人心，求人才"，自是"贼"中之最"狡"者。敌人最怕石达开，因为石达开能得人心，有一套治理国家的本领。曾国藩在湖口、九江两次大败中领教了石达开攻城之战的本领，也在民间对石达开的一片颂声中领教了石达开攻心之战的本领，甘拜下风。

四、石达开西援武昌，采用围魏救赵之计，去进攻湖南或江西，是完全正确的。这会把主动权牢牢掌握在自己手中，使敌人经常处于被动挨打的地位。但是比较而言，进攻湖南更能打中敌人的要害。太平军如果全力攻取湖南，挖掉了湘军的老巢，则江西郡县可以传檄而定。罗泽南在江西义宁军中上书曾国藩，主张力争上游，才能扭转局势，"株守江西，如坐瓮中"，就说明江西的地位在整个战局中并不十分重要。从当时的形势看来，攻湘的阻力较大，攻赣的阻力较小。石达开舍湘而攻赣，颇有避重就轻之嫌。也可能是当时广东天地会的队伍数万人没有进入湖南，而进入了江西，石达开要到江西和他们会师。石达开在军事行动上关于乘虚蹈隙，这是可取的。但是在确有必要的时候，也不能完全回避攻坚之战。这样才能够迅速消灭敌人有生力量，早日结束战争。如果只想乘虚蹈隙，那就变成了游击战争，难以歼灭对方的主力，不能完成从军事上彻底消灭敌人的任务。当时进攻湖南，虽然比进攻江西费力，而在胜利之后，即能打通粤桂，底定东南。第一次西征虽在湘潭失利，可是进攻湖南这一战略则是可取的。石达开是个很有眼光的军事家，应当有见于此。他起先决定与韦俊分兵两路攻入湖南，一取岳州，一取平江，这个计划完全正确。后来鉴于韦俊进展缓慢，又探得广东天地会队伍大举入赣的消息，就临时改变计划，弃湘图赣，舍上计而取下计。这样轻率地改变计划是不应该的。

第七章　经略江西

江西省三面环山，北接长江，鄱阳湖一带，一片水乡泽国，向称鱼米之乡。1855年冬，翼王石达开亲率大军从湖北南下，经略江西。军锋所指，势如破竹，不到四个月，就光复了江西全省十三府中的八府五十余县，遍立乡官，编立户口。江山千里，尽入太平天国版图。湘军头子曾国藩困守南昌一城，一筹莫展。

1855年11月24日（太平天国乙荣五年十月十八日，清咸丰五年十月十五日），石达开率领护天豫胡以晃、卫天侯黄玉崑、春官又正丞相张遂谋、夏官又副丞相曾锦谦、检点赖裕新等全军将士三万余人由鄂入赣。清方总兵刘开泰及其子以亨在义宁州（今修水）属之马坳布阵抵抗，犹如螳臂当车，接战后全军覆没。达开这次入赣，目的有三：一、用“围魏救赵”之计解武昌与九江之围。二、为太平天国开疆拓土。三、迎接从广东北上的天地会起义队伍并加以收编。克义宁州后，达开侦知天地会队伍已占万载，正向新昌（今宜丰）前进，立即挥军南下，于12月9日与天地会队伍葛耀明等部会师，合兵攻克新昌。

广东各地天地会的队伍甚多，只是过去山头林立，不相统率，不能汇成一股反清的洪流。太平天国建都天京以后，陆续派遣使者南来活动，号召他们起义响应。他们得到鼓舞，自1854年夏开始，先后举旗起义，公开抗清。因此清廷谕旨说：“江南逆匪，潜遣夥党回粤，勾结丑类，同谋滋事。各路匪徒，乘机窃发，同时并起。”[①]一时战事蔓延全省。可惜他们缺少严密的组织，不能互相支援，而被各个击破，在清军的压力下只好远走他乡。有的北走湘赣，有的西去广西。这时来到江西与翼王大军会师的，就是从广东韶州北上的葛耀明、陈寿、邓象、卢伟、周春等部。达开收编了他们，全军人员几乎增加一倍。这些队伍加入太平军，由达开统一领导，诸首领经达开授予指挥之职。但因他们人数太多，在军情紧急之时，来不及全部打乱重编，而让他们暂时保留原来的组

① 引自《东华续录·咸丰四年八月十七日上谕》。

织，使用原来的各色旗帜。这样，敌人就易于把他们和嫡系太平军区别开来。嫡系太平军一色黄旗，他们的旗帜各色都有，所以被称为“花旗”。“花旗”没有经过太平军中传统的宗教训练与军事训练，执行军纪也没有嫡系太平军那么严格。这就留下了一种隐患。他们后来出现扰民的情况，影响了太平军的声誉。在战事不顺利的时候，也有不听指挥的现象。

12 月 18 日，检点赖裕新率葛耀明、陈寿、邓象、卢伟等部分兵五路，攻克瑞州府(今高安)。次日，胡以晃、黄玉崑、张遂谋率军攻克临江府(今清江)。临江府位于赣江西岸，居全省之中，四通八达，往来便利。这里从此成为太平军在江西作战的指挥部，也可以说是太平天国的江西省城。数日之内，太平军又分别光复上高、新喻、峡江、樟树镇等地，前锋直逼南昌。这时，困守在南昌的曾国藩坐立不安，赶紧奏报清廷，说明石达开是最厉害的敌人，自己承认抵挡不住，请求从湖南、广东两方面派兵来援，并且准许从武昌前线调回罗泽南军来保南昌。罗泽南军虽然尚未动身，围攻九江的湘军副将周凤山部已被曾国藩调回自保，九江之围不战自解，石达开的围魏救赵之计获得初步成功。

此后，太平军分兵两路攻城略地。胡以晃、黄玉崑军向西发展，连续攻克万载、奉新、分宜、袁州府等地；张遂谋、曾锦谦军向南发展，连日攻克新淦(今新干)、吉水、永丰等地，进围吉安府。当时此城已被从广东来的另一支天地会队伍陈荣、王义潮、黄阳、巢润章各部围攻了十多天。于是两军联合进攻，并分兵到永新、泰和各地征集民船，顺流而下，从水路攻城。达开入赣不过一个多月，已经光复了赣西纵横几百里的地方。他这次进军，不光是从军事上打击敌人，更为开疆拓土而经略江西。因而所到之地，一律组织新政府，郡设总制，县设监军。县以下遍立各级乡官，都由人民公选。新政府成立之后，编立户口，征收钱粮；禁止人民剃发、吸烟；乡土政治，皆上轨道。当时太平军治理江西的情况，外国人“T”在一篇通讯中报道说：“太平军占领江西大部之后，人民享受太平之福，在新朝统治下，安居乐业，各务本业。”[①]清朝统治地区政治黑暗，民不聊生。两相比较，这里是一片乐土。

1856 年 1 月 10 日，湘军副将周凤山部自九江撤围南下，进攻樟树镇。湘军水师助战，以火弹焚毁太平军营垒，太平军守军撤回临江。1 月 17 日，太平军主动撤出新淦，周凤山部复占此城。自此两军相持于赣江一线，太平军布防于赣江西岸，湘军布防于

---

① 转引自简又文《太平天国全史》第十四章。

赣江东岸。2月5日,太平军四千人自临江东渡,进攻樟树镇,大破湘军守备岳炳荣军,岳炳荣败退丰城。2月8日,周凤山亲率参将阿达春、都司毕金科等迎战,湘军道员彭玉麟也率内湖水师前来助战。所谓内湖水师,就是在湖口大捷以后,被太平军封锁在鄱阳湖以内的一部分湘军水师。当时湘军水陆配合固守樟树镇,太平军力攻不克,退回临江。这次太平军由鄂来赣,走的是陆路,军中没有水师。光复赣西许多州县之后,能够征集到的也只是民船,没有战船。要想制造,非短期内所能完成。因此在沿江作战时,受到湘军水师炮船的轰击,屡次失利。湘军炮船还一直开到临江城外的江面,炮击太平军在城外的营垒。太平军暂退入城。2月22日,湖南巡抚骆秉章遣湘军即选道刘长佑率军从醴陵东进,入江西援助曾国藩。胡以晃得到消息,即日进军萍乡,挡住他们东进的道路。

张遂谋、曾锦谦等久攻吉安不下。达开决定亲率大军前来督战,打开南线长期僵持的局面。在达开来到之前,张遂谋、曾锦谦部太平军与天地会队伍陈荣、王义潮、黄阳、巢润章各部之间,还只是作为友军,联合作战。达开既到吉安前线,即对天地会队伍进行收编,各首领均授官职。达开亲临前线督师,太平军士气大振,围攻两个多月不下的吉安,在达开到达前线的三天之后即被攻克。1856年3月1日(太平天国丙辰六年正月二十五日,清咸丰六年正月二十五日),太平军以地雷轰塌吉安西门而入城,清方江西按察使周玉衡、知府陈宗元、参将柏英等文武官员全部被杀。达开以检点傅忠信守吉安,分兵略取府属各县,选立乡官,并且遣军南攻赣州,准备打开通往广东的道路。

吉安城内清方文武官员虽然决心死守,但是各路援军畏战逗留,不敢来援,终于失守。据清方史料记载,达开在攻城时为了减少伤亡,曾对清军做了争取的工作。派人致书城内守军,说是太平军明天从东门进城,你们可以从西门退走,只要你们愿意撤退,我们就不和你们为难。知府陈宗元假装答就。第二天,太平军大队来攻东门。陈宗元命令守军先发空枪,太平军以为他们践约,就大举攀城。守军伺机迎击,杀死了不少太平军。① 这一记载如果确实,也说明达开的态度是光明磊落的。清方的背约,只不过给太平军造成一些损失,不能扭转败局。

3月16日,达开自吉安前线回到临江,计划大举围攻樟树镇。樟树镇地位的重要,

---

① 李滨《中兴别记》卷二十五:"辛巳,署吉安府知府陈宗元佯应贼约,诱贼附城,大创之。先是,贼石达开遣谍致书云,明日从东门入,官兵可由西门出,尔毋我仇,我毋尔约,纵之还。明日,贼果陈东门城上,发枪不实弹,贼以为计行,直前攀城,骤击之,毙贼甚众。"

江西巡抚文俊与曾国藩会同向清廷奏报的奏章中是说得很清楚的："樟树镇者，西近瑞州、临江，东接抚州、建昌，两岸之关键，省城之咽喉。"[①]凡是在江西用兵，这里是必争之地。翼王大军自鄂入赣，迅速向这里进军；湘军周凤山部回援南昌，也尽全力夺回此地，作为南昌的屏障。当时江西全省没有多少清军，湘军的主要力量陆师周凤山部与水师彭玉麟部都驻扎在樟树镇及其附近。太平军上次攻占樟树镇是蹈隙乘虚；这一次必须打垮湘军的主力，才能把樟树镇打下来。

达开从 3 月 17 日起，连续遣军渡赣江东进，包围樟树镇。这次作战，他决定撇开水师，专攻陆营。先把敌人的陆营击溃，岸上肃清，江面上敌人的水师也就难以立足。3 月 20 日，太平军在江岸作试探性的进攻，湘军周凤山、彭玉麟部水陆配合，尽力抵抗。3 月 22 日，达开亲率主力渡过赣江东岸，分屯横梁、香溪等地，厚集兵力，专攻陆营。次日，各军分路向敌营进逼，敌军出而抵御的，无不败退。1856 年 3 月 24 日（太平天国丙辰六年二月十七日，清咸丰六年二月十八日），大战展开。达开亲自督战，分兵四路，猛攻敌营。经过半天的鏖战，敌营都被攻破，全军溃散，都司毕金科保护主将周凤山向东逃跑。太平军当天克复樟树镇，这就是太平天国历史上有名的樟树镇之战。

湘军败兵沿赣江东岸逃奔南昌，达开亲率数十名骑兵猛追五六十里，顺势占领丰城。湘军残兵逃入南昌，城内守军以为太平军追兵已到，秩序大乱。南昌过去被围数月，各城门均已改建，堵塞大门，只留一道小门出入，很不方便。这时全城人心惶惶，纷纷夺门逃跑，拥挤践踏而死的不计其数。湘军副将周凤山是个庸才，过去并没有经过大的战阵。这次和达开对垒，本已胆怯。战况紧急之时，部下要他拿主意，他却说："我茫无主见，全仗各位主持。"[②]樟树镇大败之后，都司毕金科保护他冲出重围。他不敢去见曾国藩，曾国藩通知他摘掉翎顶，戴罪图功。

樟树镇大败之后的第三天，3 月 27 日，曾国藩从南康（今星子）回到南昌，收集周凤山部的败兵归自己统辖，筹备守御。南昌城内人心惶惶，一夕数惊。曾国藩自己也是长吁短叹，六神无主。"闻春风之怒号，则寸心欲碎；见贼船之上驶，则绕屋彷徨"。[③] 樟树镇大捷之后，太平军乘胜进兵，连续攻克赣东各地，从四面八方包围南昌，南昌一城已成孤岛。清方来往文报都要通过太平军占领区，曾国藩不敢公开向外送信，只好花费重金雇用已经蓄发的探卒（未蓄发者在太平军占领区内不能通行）冒险递送文书。

---

① 引自李滨《中兴别记》卷二十五。

② 引自朱洪章《从戎纪略》。

③ 转引自王闿运《湘绮楼日记》。

还担心他们被太平军截获而走漏消息，就用隐语写成文书，装在蜡丸之中传递。南昌不仅是内无粮草，外无救兵，而且是内无可战之兵，外无可通之路。

曾国藩在万不得已的情况下，只好上奏清廷，请求把进攻武昌的罗泽南调回江西。在情急的时候，这个老奸巨猾的奴才也大胆地向主子说了几句真话，即罗泽南军进攻武昌是遥遥无期，没有多大希望的；而江西局势则已岌岌可危，面临即将覆灭的命运，不如调罗泽南军回援江西。清廷收到他的奏章之前，已有人奏请调罗泽南回援江西。清廷举棋不定，就向湖广总督官文指示说：克复武昌确有把握，罗泽南军可以暂缓起程。如果急切难以收复，虽留无益，就叫他立即回援江西。这一通两可之间的上谕，成了罗泽南的催命符。

达开入赣之后，韦俊即回武昌固守。过去石凤魁、黄再兴两人因武昌失守而被杨秀清处死的事，大家记忆犹新。韦俊当然丝毫不敢大意。新任湖北巡抚胡林翼一心想要攻下武昌，因为武昌久攻不下，他的官位就保不住。罗泽南以凶悍著名，他能领军援鄂，胡林翼如获至宝，把他奉为上宾。他也很自负，愿以攻下武昌为己任。韦俊决心固守武昌，胡林翼、罗泽南又决心要拿下武昌，双方因此拚死搏斗。到1856年3月，胡、罗认为武昌外援已绝，攻克在即，自然不肯轻易放手。清廷的上谕说，如果一时难以收复武昌，罗泽南虽留无益，才让他去回援江西。这样，他在未克武昌之前回援江西，就等于自己认输。这是胡、罗两人都不甘心的。罗泽南一心想在攻下武昌之后再去江西，所以江西战况越紧，他拿下武昌之心越切。在得到樟树镇大败、南昌危急的军报之后，他像一个输红了眼的赌徒，决心在武昌城下孤注一掷，驱迫士卒日夜攻城，不肯稍歇。有一次两军在大东门下激战的时候，罗军溃退，罗泽南亲自上阵督战，头部被击，伤重而死。他在临死时，握着胡林翼的手说："我既攻不下武昌，又不能回援江西，真是恨事！死不足惜，只可惜误了国家大事。"[①]这个凶悍的刽子手虽然战死武昌城下，也可以说是死于达开的围魏救赵之计。因为达开进军江西的第一个意图，就是用围魏救赵之计解武昌与九江之围。

曾国藩困守南昌，无计可施。他把扭转危局的希望完全寄托在罗泽南的身上。在他望眼欲穿的时候，罗泽南已经一命呜呼。消息传来，全城震动。当时不仅南昌城防空虚，清朝在江西全省也没有一支可用之兵，因此曾国藩对于外援完全绝望。南昌城内许多官绅看到湘军一败再败，溃不成军，都认为过去地方上为湘军筹集的经费，成了

---

① 《胡林翼全集》第二册第46页："今武汉未克，江西复危，不能两顾，死何足惜，事未了耳，其与迪庵（李续宜）好为之。"

竹篮打水一场空，无不冷嘲热讽。曾国藩自己也说被困江西是他一生中最大的厄运。南昌官绅不仅对他讥辱备至，而且中断了他的接济。他生活艰难，精神沮丧，灰心失望达于极点。这时达开的大军近在咫尺，如果乘战胜的余威，挥军北上，包围南昌，则指日可以破城，曾国藩非擒即死，太平天国的头号敌人也就从此消灭。可惜达开竟放过了这个绝好的机会。在樟树镇大捷之后，奉杨秀清将令回援天京，参加攻破江南大营之役。达开放下唾手可得的南昌不攻，亲率大军东去天京，使得曾国藩绝处逢生，苟延残喘。

达开接到天京命令之时，护天豫胡以晃已经病死于临江。江西全省军民政务即交翼贵丈卫天侯黄玉崑主持。当时江西全省的太平军，包括花旗队伍在内，已接近十万人。达开督同张遂谋、曾锦谦等将领带往天京约三万余人，其中也有不少花旗队伍，但大部分兵力仍然留在江西。因为江西各线战况顺利，几乎有日拓百里之势，不留下大量兵力，不足以控制此辽阔之疆土。东援天京的大军取道赣东、皖南直奔天京，一路势如破竹。他们 3 月 27 日由丰城出发，28 日克进贤，29 日克东乡，4 月 1 日占安仁(今余江)，4 月 3 日克万年。此后即分兵三路，进入皖南。一路从乐平、德兴北攻婺源；一路从浮梁东攻祁门；达开亲率主力由小路直趋建德，期于皖南会攻宁国府，然后东去天京。

达开东去以后，江西军民政务在黄玉崑的主持下，仍按达开旧规办事，并无更改。3 月 28 日，太平军余子安部会同花旗黄阳、巢润章部攻克抚州，随即设立乡官。太平军占领抚州的经过，与在抚州的一些设施，当时有个外国人做了详细的报道。现摘录如下：

府城原有三千官兵驻守，一遇险象发生，即弃城而遁，留下大炮，甚至其他军械，尽资敌人。太平军到(军略余子安等)，屯东城下，居民开城迎之。乃先遣八人骑马先入，巡行各街道，安抚百姓，大队乃继之进城。其后派队四出在各村镇募兵，持有“奉命招兵”大旗，迅即召得志愿军几至万人。新兵不特有衣有食，而且每人得钱百文。旋委任各乡官。知县称监军，其下有四人助之，分管四方城郊地方(按：此当是军、师、旅帅等)。本地绅士被邀合作，有被任重职者，而一般士人则被雇用为书手先生。有一少年曾在江西太平军服务多时，得抚州后欲回籍省视孀母，太平军长官准其荣归，赠其“老太太”以银两丝绸。此事表现他们敬老崇孝，予人至好印象，使人感服……太平军减税至半额，禁止部下屠杀耕牛。凡有暴行祸民者皆严刑惩罚，以故深得民心。而清军则反其道，肆行强暴，屠宰农民耕牛，强掳人民妻女，勒索人家财物。太平军政治严明而有力。其所颁文告，初在一八五三年时鄙俚粗俗，今则尽反之，文字优雅，语气温和，大有江南才子士人之韵味。饮酒只限一杯为止。鸦片则严禁，但私吸者亦难尽禁矣。江西太平军之领袖为姓石的，其尊衔为“五千岁”，年方三十。（按：此误，达开其时年仅廿六岁）。他身材不甚高，但健强如体育家，且容貌庄严。他待部下甚优，军略特殊精娴，在江西从未打一败仗。在数日间，连下数城，乘胜南进直抵吉安。围其城七日后，由地道破之。江西人以其才能比之东王实有过无不及，彼今已回江南去了。（在镇江天京间督战。）[①]

以上引文极其生动地描绘出太平军光复抚州的场面，并且扼要地介绍了当时的政治设施，是不可多得的宝贵史料。试看：太平军到，居民即开城迎接。太平军只派八骑进城安抚百姓，这是何等从容不迫，对于城内百姓又是何等信任！文中生动地介绍了太平军募兵的情况。太平军实行供给制，都不发饷，每人得钱百文，也许是新占领区的临时办法。本地士绅被邀合作，这时太平军长官准许战士回籍探亲，并且赠以丰厚的礼物，使人有十分亲切之感。文中说：太平军过去的文告鄙俚粗俗，这时则文字优雅，有江南才子韵味，充分说明达开经略江西时，吸收了大量知识分子参加革命阵营。这时达开本人虽已离开江西东援天京，但是江西的政绩如此优良，是不能不归功于达开的。

太平军克复抚州后，4 月 4 日又克复建昌府（南城）。至此，江西全省十三府中已有八府五十余县飘扬着太平天国的黄旗。其中九江府原为太平军所有，南康府（星子）系九江守军分兵取得，其余瑞州府、临江府、袁州府、吉安府、抚州府、建昌府都是达开经略江西时陆续克复的。太平天国改府为郡，每郡有一个守将管理军事，另委郡总制，为一郡的地方官，郡属各县各委监军为一县的地方官。县以下各级乡官全由民选。当时八郡的守将如下：

一、临江郡，守将卫天侯黄玉崑，兼管江西全省军民政务。临江事实上已成为太平军在江西的总指挥部。

二、瑞州郡，守将检点赖裕新。

三、袁州郡，守将侍卫李能通。

---

① 引文系当时在浙江传教的丁韪良博士所写的通讯摘录，转引自简又文《太平天国典制通考·乡治考》。

四、吉安郡,守将检点傅忠信。

五、抚州郡,守将军略余子安。

六、建昌郡,守将将军张三各。

七、九江郡,守将贞天侯林启容。

八、南康郡,守将姓名未详。

清方在江西全省的残余地盘,除南昌一座孤城外,在赣东尚有饶州、广信二府,在赣南尚有赣州、南安二府。这些地方虽然还没有改换旗帜,但也常有太平军出没其间。达开由鄂入赣不过四个月,已经席卷江西全省。值得称颂的不仅是军事上的胜利,而是达开经略江西时在政治上所获得的成功。1853 年夏,太平军也曾进入江西,围攻南昌,但与这一次达开的经略江西情况不同。清方曾对太平军两次进入江西的情况作了仔细的比较。① 他们说,1853 年夏,太平军进入江西只为争城夺地,没有进行攻心之战,所以"有避贼之民,而无从贼之民"。达开经略江西,则是以严明而有力的政治措施,赢得广大群众的热烈拥护,深得民心。连敌人也不得不承认广大人民"献财献赀,甘心从逆"。为了严格执行军纪,做到军民团结,达开拟定了十条章程,命令部下在行军时遵照执行。这十条章程是:

一、凡有谕令及民者,民当随即遵谕筹办,随即举着忠厚之人前来圣营大员衙门禀复。一免于违,二杜为端,否则犹恐或有假冒之弊,为害民间。尔民等必须如此,方能辨明,切不得以伪为真,以真为伪,更不得延越违限,自干问罪。至某乡里某姓氏所捐进贡粮饷、马匹、金银等项若干,务要端柬历明,或亲赴营呈收,或交众户举办贡献之首事来营呈收,以便发给贡照,领还存执。

二、凡官兵过境,另行有谕,令民捐办粮饷,供应军需。民既遵谕筹备,固须安堵如常,即未有行谕供办粮饷之处,亦毋庸妄行迁徙,道路流离,自罹危地。

三、凡圣师到境,军规严肃,故官兵众多,品行至正。其于男女之别最严,尔民间妇女恐未必尽识道理,必须潜居各慎闺闻,不得游荡前来,以致有乖天情。

四、凡官兵如有捉带良民子女者,及有敢犯奸淫者,调戏妇女,沿途掳掠良民

① 李滨《中兴别记》卷二十五:"骆秉章既遣刘长佑、萧启江援江西,因疏陈事势、贼情,与三年之役,各有不同。略云,彼时贼由江西北路而来,水陆并注省城,西路尚无梗阻,其旁掠郡邑,亦飚忽狎至,过而不留,有避贼之民,而无从乱之民,故楚军驰援,得以径抵省会。此次逆踪,由义宁而援西路,首逆石达开先陷瑞州,次陷临江、袁州,探闻吉安亦陷。西路州县,望风瓦解,士民畏贼,转而媚贼,献财输赀,甘心从逆,正士良民之势孤,奸徒痞党之焰炽。数郡千里之间,无一官一兵相为声应……逆首石达开悍而多诈,肆扰江西,不急犯省会,不直指南康,而先旁收郡县,遍置伪官,迫其士民,劫以助逆,因粮因兵,愈蔓愈广。其阴谋诡计,似思落其枝叶,以撼其本根,此贼情之不同也。"

财物者，民宜当即扭禀，论罪处斩。

五、凡尔民一切贸易无容闭歇。免致采买无向，自迫其乱。务要照常平买平卖，以应军民，不得格外高价过取，致失公平伤事，民定干究。

六、凡官兵如见子民安业买卖，胆敢恃势抢民货物，不依平买给价者，民宜当即扭拿禀送，论罪处斩。

七、凡官兵应于扎宿之处，无论乡村市邑，尔民等须将前屋让与官兵暂扎，后房仍给尔民安身。所有金银重物，各宜检收，勿庸乱行搬移，以致土匪窥伺，自取遗失。

八、凡官兵如有毒心乱行打烂民间碗锅一切器用者，及有柴而仍拆烧民房板料者，并擅烧良民房屋者，民宜当即据实扭禀，论罪处斩。

九、凡官兵如有身体不宁者，准雇民夫抬送。其余壮健官兵非有总制以上各大员印凭经准坐轿，其有贪闲妄捉乡民扛抬者，民宜当即据实扭禀，论罪处斩。

十、凡某处乡民如有受妖蛊惑，顽梗不化，不遵谕，不识天，或纠乡愚，或作暗害侵抗我军者及纵妖谋害我使者，定将该某城乡镇市尽行剿洗，鸡犬不留，民勿相怪。①

这第十条虽然说得十分严厉，也只是警告大家不要去帮助清军而已。太平天国攻吉安两个多月不下，破城之时，不但没有全城剿洗，达开并且亲临前线，下令不许妄杀一人，不许妄取民间一草一木，违令者立斩。当时不仅太平军嫡系队伍不敢违犯军纪，就连素来军纪不佳的花旗队伍也都知道达开军令如山，不敢丝毫违犯。达开在江西时的军威政绩，为千万人所称道。他们虽然也打了一些硬仗，但大多数的地方都是传檄而定。曾国藩在一封家信中透露了江西人民真心诚意地拥护太平天国的情况。信里说，许多地方的老百姓并没有受到太平军的胁迫，而是甘心情愿地蓄起头发去参加太平军的。② 左宗棠也在一封私信中谈到达开经营江西的情况。他承认达开得到广大人民的拥护，但认为士大夫之参加革命则是被胁迫的。③ 他虽然有这种看法，却无法否认“江西士民”对太平军望风归顺的事实。

---

① 引自《元勋殿左二十七检点赖裕新安民晓谕》。

② 曾国藩咸丰六年十月初二日《致沅甫书》：“江西民风柔弱，见各属并陷，遂靡然以为天倾地坼，不复作反正之想，不待其迫胁以从，而甘心蓄发从贼。”

③ 左宗棠咸丰丙辰《与王璞山书》：“石逆之来犯江西也……传檄远近，江西士民望风而靡，千余里间皆沦于贼。贼因兵因粮，附从日众，石逆抚其桀黠之民，以钤制其士大夫，迫之从逆，江西全局岌岌。”

许多士大夫真心诚意地倒向达开，倒向太平天国，引起敌人的痛恨和浩叹。太平军占领吉水之后，所委任的地方官中就有三名清朝的举人。这一事实引起清方的震惊。人心所向，大势所趋，江西全省广大人民衷心拥护太平天国，江西已经成为太平天国革命事业巩固的根据地。敌人在回顾茫茫之时，不禁发出了这样的哀鸣："江西事恐不可为，以民心全变，大势已去也！"①

在江西全省一片黄旗飘扬的时候，由翼王石达开亲自率领的回援天京的大军三万余人，正在皖南黄山地区云封雾绕的万山丛里，昼夜兼程，翻山越岭，向着天京前进。

论：

一、太平天国立国十余年，军事活动地区遍及当时的关内十八省，在对敌人的战斗中也多次获得辉煌的胜利。只可惜他们始终没有建立起几块比较巩固的根据地，就连天京附近也常有敌人盘踞，始终未能肃清。北伐军的任务是师行间道，直取燕都，虽然转战万里，都是一走而过，无建立根据地之可言。西征军的任务是攻城略地，开疆拓土，自然是希望建立根据地的。但是许多州县也是旋得旋失，一再易手，难以巩固下来。直到石达开去安庆安民，才在安徽省建立了一片比较巩固的根据地。他的经略江西，则是更上一层楼，在安民工作上做出了成绩。在不到四个月的时间里，席卷江西全省，并且治理得井井有条，使得全省人民安居乐业，出现一片升平气象。笔者认为：凭着经略江西的政绩，就能说明石达开是太平天国最有才能的政治家，远非太平天国晚期建立苏福省的李秀成所能相比。石达开在江西团结许多士绅为革命事业服务，巩固了革命政权。李秀成在苏福省却让许多两面派的士绅钻进革命阵营，带来极大的危害。得失之分，显而易见。

二、总的说来，太平天国是重视争取知识分子的。在封建社会中，有机会读书的人本来不多，而革命事业又迫切地需要一批知识分子为之服务，所以太平军全军上下都坚持争取知识分子、尊重知识分子。知识分子在军中备受优待，被尊称为先生，或做文书工作，或得参预军机，主管人员解衣推食，延纳唯恐不周。类似记载，史料中随处皆有。清廷为了扩大反动阵营的力量，镇压革命，也在延揽知识分子。曾国藩在《讨粤匪檄》中，尽量挑拨知识分子仇恨太平天国。可以说，当时敌我双方展开了一场对知识分子的激烈的争夺战。

① 王珍《王壮武公遗集》卷七："所示吉水逆目姓名，单举人且有三名之多，国家养士二百年，何负于若辈？可恨！可叹！"

在这一场争夺战中，总的说来，太平天国是失败了。有些知识分子相信了敌方的宣传，不愿参加革命。尽管太平天国高悬召贤榜，他们却裹足不前。有些知识分子，已经参加了革命队伍，但是三心二意，与周围的人虚与委蛇，伺机逃跑。真正诚心参加革命的知识分子，为数太少。太平天国虽然尽力争取知识分子，然而效果不佳。原因何在？有的同志认为：这是因为太平天国崇奉上帝、耶稣，反对孔孟之道，所以激起长期接受封建教育的知识分子的反感。有的同志认为：在封建社会中，知识分子大都出身于地主阶级，革命事业冲击了他们的阶级利益，所以他们不愿参加革命。这些看法是有根据、有理由的。但是还有一个重要的原因必须指出，即：太平军在某一个地区的政绩如何，对于这个地区的知识分子是否愿意参加革命，会有极大的影响。也就是说，政绩很好的地区，愿意参加革命的知识分子就多，反之则少。中国的知识分子向来有“贤臣择主而事，良禽择木而栖”的想法。他如果认为你能成大事，才愿意为你出力，不惜千里投奔。如果认为你是不能成事的草寇，不管如何求贤若渴，都有意回避。因此，重要的问题是他们对于革命事业的看法。这种看法，又常常决定于太平天国某一个将领在某一个地区的施政情况。在这一点上，石达开是做得最好的。也可以说，在争取知识分子这件事上，他比太平天国其他领导人要高出一筹。

在石达开直接治理的地方，政绩斐然，这是能使许多知识分子为之心服的。他本人对待知识分子又是那么宽和、耐心，能够以理服人而不以力压人。经略江西之时，许多知识分子都在评论“石达开威仪器量为不可及”，这实际上不过是说他有一个大政治家的风度而已。大家相信他能成大事，所以江西的知识分子参加革命的比任何别的地方都多。外国人的报道中说：石达开所颁文告“文字优雅”，方玉润在《星烈日记汇要》中说：石达开军中有不少“时文巨手”，王珍在叙述了许多有功名的知识分子倒向太平天国的时候，发出“可恨！可叹”的哀鸣。这都足以说明石达开争取知识分子一事的成功。太平天国与清廷之间对知识分子的争夺战，总的说来是失败了，但在石达开的治下，尤其是他经略江西的时候，则是胜利的。

三、石达开在江西全省光复，曾国藩困居南昌一城的时候，突然回援天京，是战略上的重大失策。当时的南昌内无守卒，外无援兵，曾国藩已成瓮中之鳖，可以手到擒来。作为当时第一流的军事家石达开，完全不应该放弃这个好机会，应该集中兵力，打下南昌，活捉曾国藩，一举拔除敌人在江西的这个孤立的据点。这样，敌人失掉了死灰复燃的机会，江西全省就有磐石之安，天京战场上的太平军也会受到极大的鼓舞。根据当时的军事形势，南昌已被四面包围，石达开如以全力拔除这座孤城，是势不可挡的。石达开并非谨慎胆小之辈,他奉命出师,本来就有相机行事的全权。这次失掉战机,是和他性格上的缺点分不开的。石达开虽也知道曾国藩老奸巨猾,是太平天国的死敌,总觉得是自己手下的败将,迟早都会落到自己手里,不必急在一时。这种轻敌思想,使他贸然做出立即回援天京,丢下南昌不管的决定,因此错过了拿下南昌的好机会。他应该对这一次战略上的重大失策承担责任。

第八章　一解京围

太平天国的首都天京，是一座龙盘虎踞、雄伟壮丽的历史名城。钟山巍然屹立于城东，它的山巅随着阳光的明暗而变色，或金或紫，气象万千，所以又名紫金山。烟波浩渺的长江从西北方向绕城而过，滚滚东流。天京城头，一片黄旗招展，江边岸山，到处矗立着方形的望楼，显示出一派战时景象。1853 年春天太平天国光复南京，建为都城。清方钦差大臣向荣率军尾随而至，扎营在紫金山南麓的孝陵卫①，号称江南大营，与扬州城外的江北大营遥遥相对，围困天京，前后三年之久。1856 年 4 月，太平军燕王秦日纲部经过艰苦奋战，攻破江北大营。不久，翼王石达开亲率大军由江西回援天京，与秦日纲部、天京守军会师，一举击破江南大营，天京解围。这次战役在太平天国历史上称为一解京围。

江南大营初建之时，全军不过一万余人。钦差大臣向荣是个老于行伍的将官。他深知靠这一点微薄的兵力，不可能攻下天京，在向清廷奏报军情的时候，坦率承认自己缺乏信心。② 既然没有攻下天京的打算，清廷又为什么愿意每月花费三十万两饷银来维持这个大营？③ 原来，江南大营的真正的任务是屏障苏、常。即在天京附近筑起一道防线，阻止太平军东进，以保护苏、常、沪、杭一带东南财富之区。这个地区的地主、富商希望保住自己的财产，都愿意在经济上支持江南大营。因此，不管清廷财政多么困难，江南大营的饷银总还是不难筹措的。

江南大营官兵平日坐食俸禄，无所事事。遇到商贩通过防线，他们还能乘机勒索。有时甚至明目张胆地抢劫民财。因此，在当时的清军中，供职江南大营几乎成为肥缺。

---

① 孝陵，即明太祖朱元璋的陵墓。孝陵卫，即护卫陵墓的卫所。后来沿用而成为地名。

② 向荣《累攻金陵及镇江接仗折》："惟是攻城之法，城小可以合围，城大只宜声东击西，乘其不备；至于低有地道，高有云梯，或束篱以填壕沟，或囊沙以作阶级，此其大较也。今则九十六里之城，合围既力有不逮，其余各法，自五月以来，先后屡用，虽有小获，终未能破城大创。"

③ 向荣《累攻金陵及镇江接仗折》："即以臣向荣一军而论，月费饷银已不下三十万两。"

他们和太平军作战时就保持着打打停停，停停打打的不战不和的状态，不愿真正出力为攻打天京而卖命。但是为了保住自己的性命与官职，也还认真地构筑营地工事，以防被太平军打破。由于江南大营经费充足，能够购置较新的枪炮，所以这里的清军也还具有一定的战斗力，不是轻易可以打垮的。三年来，他们既攻不下天京，天京的太平军也未能把他们打垮，长期对峙，原因在此。

清方文人马寿龄是反对太平天国的，他所写的《金陵癸甲新乐府》五十首，对于太平天国极尽诬蔑攻击之能事。但是在所附《城外新乐府》三十首中，也充分揭露了江南大营官兵的腐化与违法乱纪的情况。现在选录四首如下：

吸鸦片

小兵草草灯一盏，对眠吐纳语声謰；大帅岩岩灯两盏，左左右右免展转。吸烟未了又熬烟，烟鬼满营烟满天。翻羡贼人法令严，手乍持枪头已悬。

押宝

山上旌旗大营驻，山下芦棚莽无数；棚底蜂屯人百千，么二三四下孤注。开合相看胜者喜，负者不容拂衣起，迁延纵误点名期，写帖除名而已矣。

作买卖

民非民，兵非兵，行伍著其名，市井谋其生。买贱卖贵各垄断，纳污藏垢同蝇营。土著贸迁能跋涉，安用远人厚赀挟，纵令君子贾三倍，争似小人月三捷。

短路

黑襦黑裤红腰巾，远望若贼能惊人，衣边袜底遍摸索，万一冀得金与银。有金有银笑开口，吝而不与刀在手。君不见郜氓被劫呼青天，是我妻孥买命钱；叫号终夜人不怜，侵晨力倦水底眠。[①]

清方的江南大营已经成为土匪窝。他们抽鸦片、赌钱、做生意、拦路抢劫，可以说是无所不为。在这里，连小兵都有发财的机会，何况军官，更何况是大帅！对于这样一块好地盘，他们自然要拼命保护。

江南大营既有保护东南财富之区的任务，其防线就不能局限于天京附近，还要向南延伸。大致是：北自长江南岸的石埠桥起，中间经过栖霞、尧化门、仙鹤门、黄马群、孝陵卫、高桥门、东山、秣陵天、禄口、溧水、孔镇、漆桥等地，南到高淳县属的东坝为止，

① 以上四诗均引自马寿龄《金陵癸甲新乐府·附城外新乐府》。

全长二百余里。向荣一再奏报清廷，说明东坝地位的重要及江南大营的防线一直延伸到东坝的情况。在向荣坚守这条防线的时候，太平天国正在进行北伐与西征，一时并无东进的打算，所以双方得以长期相持，没有发生什么大战。向荣在向清廷的奏报中也承认天京城防严密，难以攻克。在一解京围之前，双方都没有进行决战的意图。

1856 年初，杨秀清受到石达开大军西征节节胜利的鼓舞，决心调集兵力，打垮江南、江北两大营，清除心腹之患。这两个大营三年来处处牵制，时时骚扰，确也给太平军带来不少损失，有加以拔除的必要。比较而言，江南大营实力较强。所以杨秀清计划先打江北大营，待取得胜利之后，再厚集兵力，会师击破江南大营。这时镇江被围。要想攻打江北大营，必须先救镇江。杨秀清两次派遣韦昌辉率军东援镇江，都被江南大营的总兵张国梁与副将秦如虎击退。以后改任燕王秦日纲为主将，率领冬官正丞相陈玉成、地官副丞相李秀成、春官正丞相涂镇兴、夏官副丞相陈仕章、夏官又正丞相周胜坤等大举东援。在敌人水师炮船拦击之下，陈玉成乘小舟舍死冲到镇江，会同镇江守军内外夹击，大败清方江苏巡抚吉尔杭阿与总兵张国梁军。公元 1856 年 4 月 3 日（太平天国丙辰六年二月二十七日，清咸丰六年二月二十八日），太平军在秦日纲的率领下，渡江至瓜洲，大破江北大营。两天之后，乘胜再克扬州。为了集中兵力回师会攻江南大营，他们于 4 月 17 日主动从扬州撤退，全军折回天京。

在秦日纲军还没有赶回天京时，翼王石达开东援天京的大军已经到达天京附近。达开的援军从江西分兵三路出发，一路势如破竹，于 1856 年 4 月 26 日会师攻克安徽太平，4 月 29 日攻克泾县，5 月 2 日攻克宁国府（宣城），5 月 11 日攻克芜湖，5 月 18 日前锋抵达天京附近的小丹阳和陶吴。达开这次来攻江南大营，完全是攻坚之战，而非乘虚蹈隙。虽然如此，他还是尽力讲求斗争策略，不去硬打硬拼。在到达天京附近时，达开仔细地查阅了军事地图，慎重地制订了作战计划。大营建立多年，沟渠环绕，易守难攻，必须声东击西，调虎离山，尽量削弱敌人守御大营的兵力，进攻才能得手。为了调虎离山，达开注视着敌人北起长江，南到东坝的全长二百余里的防线。如果佯攻这条防线上的重要环节——例如防线中部的溧水县，敌人必然拼命来救。与此同时，太平军会师猛攻敌人的大营，当能一举成功。为了麻痹敌人，达开并不急于去攻溧水，而是做出一副立即进击江南大营的姿态，开始进攻秣陵关。

向荣久闻石达开的威名，不敢等闲视之。他探听到达开的前军已到陶吴，逼近秣陵关，就命令江南大营中最剽悍的将官总兵张国梁前去抵御。张国梁原驻溧水，奉命后星夜北上防守秣陵关。5 月 20 日，两军激战于秣陵关，相持不下；次日，张国梁分兵四路，大举反攻，达开军败退，回驻陶吴。威名赫赫的达开亲率大军回援天京，首战败退，原因有二：一、最先到达天京前线的队伍，并非久随达开的百战精锐，而是在江西新近收编的花旗队伍。他们的战斗力本来就难与达开的嫡系队伍相比。二、达开正在有步骤地执行自己的作战计划，不能锋芒毕露。在开始和敌人接仗时，宁肯暂时退让，麻痹敌人以待战机。

达开的大军在天京附近等待战机之时，秦日纲军还在长江北岸上下徘徊，无法渡江。秦日纲于 4 月 17 日自扬州撤退，准备循原路回京，但是汤头营垒已被清军夺去，归路被阻。他决定沿长江北岸西上，经浦口回京，不料浦口又于 4 月 22 日失陷。经过几次往返，才于 5 月 27 日仍由金山渡江。渡江之后，即猛攻高资镇。江苏巡抚吉尔杭阿率军来援，被秦日纲军包围，冲突不出，以洋枪自杀，数十座营盘不战而溃。秦日纲军乘胜西上，途径下蜀、栖霞等地，于 6 月 13 日到达天京东北的燕子矶、观音门一带扎营。

就在秦日纲军进入战斗位置的同一天，达开的南路军已按预定计划从博望进占溧水——江南大营二百余里的防线的中心地区。敌人手忙脚乱，连忙调集各路兵马来救。向荣为了迅速夺回溧水，除从各地调集兵马外，还出动江南大营的亲军和大营所属的王牌军——总兵张国梁的队伍。达开侦知这些情况，知道紫金山麓的江南大营内部已经完全空虚，于是下令全军出动，向江南大营围攻，并且分兵切断清军溧水援军的归路。

这次会师打垮江南大营，达开胸有成竹，天京城内的杨秀清也是心中有数的，而秦日纲与所属的一些将领却缺乏信心。他们曾经要求暂缓进攻。杨秀清大怒，说是不奉令者斩。他们不得已，才于 6 月 17 日起鼓勇进攻孝陵卫清军营地。杨秀清为什么发怒？为什么不肯收回成命？为什么严令他们立即进攻？这并不是主观武断，而是有根据的。根据就是石达开的作战计划，与江南大营因驰援溧水而内部空虚的情报。江南大营人数最多的时候有两万人，平时则有一万多人，这时为了分头拦截上下游的太平军，派出了几千人；驰援溧水，又派出数千精锐；留守大营之兵，总数不及五千，从江南大营成立以来，这是人数最少，内部最为空虚的时候，正是太平军进击的好机会。

6 月 17 日晨，进击江南大营的会战揭幕。由杨秀清亲自指挥，秦日纲军从东路、北路进攻，石达开军从西路、南路进攻。城内守军则根据需要随时出城配合。参加这一战役的人数，太平军方面共约五万余人，包括达开军三万，秦日纲军万余，及城内守军数千。清军方面包括江南大营守军及其他各路清兵，总数不过万余。从兵力来比较，太平军占优势。但是江南大营深沟高垒，枪炮甚多，太平军要想一举拿下这个顽固堡垒,亦非易事。秦日纲部陈玉成、李秀成等军最先出动,分兵两路,向江南大营进逼。一路由龙脖子出,另一路由神策门出,往仙鹤门附近筑垒,截断大营清兵的后路。大营中的向荣明知情况危急,也只有尽力应付,命令副将王浚统兵两千赴仙鹤门防堵。会战的第一天,两军之间只有小接触,伤亡不多,但是双方调动频繁,预示着大战即将展开。

6月18日晨,清军副将王浚率参将长腾蛟、游击李定太、李若珠等分兵三路,猛扑仙鹤门附近的秦日纲军营垒,企图以攻为守,稳住自己的阵地,被秦日纲军击退。正在两军激战之时,达开的主力北路军①从江边绕道,源源到达前线,于尧化门、仙鹤门附近筑垒数十,并且在黄马群路口筑垒两座,切断大营通向仙鹤门的大路。达开的南路军也漫山遍野而来,从四面八方包围大营。向荣情急,只好派人送信到溧水去,要总兵张国梁星夜赶回。当天深夜,并命都司冯子材以火器袭攻黄马群之达开军营。会战的第二天,仍无大战,但是达开包围江南大营的作战计划顺利完成,向荣陷于重重包围之中,覆亡的命运已定。

6月19日天尚未明,达开军与秦日纲军分股猛扑仙鹤门清营,战况激烈。清军王浚、李定太、李若珠等相继被围。向荣从大营中一再抽拔兵勇前来增援,大营更加空虚。张国梁虽然带领广勇一千名,马队二百名从溧水赶回,但在加夜奔驰之后,筋疲力尽,不敢出而应战,只在青马群一带地方赶筑营垒,企图死守。过去清军筑营,名为雇夫,实为拉夫。这时由于两军激战,乡民迁避一空,无法拉夫,只好由兵勇自行负土运石。兵勇叫苦连天,辛苦一夜,到了次日凌晨,三座营盘尚未完工,太平军已经铺天盖地而来,发动猛攻。会战的第三天,清军李陵卫大营以外的各处营地,都被太平军分别包围,大营完全孤立。

6月20日凌晨,达开军与秦日纲军分为十余队,围攻青马群清营,张国梁等力战。太平军越来越多,总数不下两万人,把清军团团围住。天京城内守军又从南门与通济门拥出,猛扑七桥瓮清营。向荣要想派兵往救,已无将领可派,只好亲自率领一千二百人前往。自晨至午,两军混战,难解难分。这时的太平军,尤其是达开的部下,养精蓄锐已久,大家摩拳擦掌,决心一举拿下江南大营,人人奋勇争先。而江南大营的清军,自向荣、张国梁以下,全部陷入重围,也都纷纷做困兽之斗。午时已过,胜负未决。达开这时亲自出马,带领曾锦谦、张遂谋两丞相前来督战。太平军将士一片欢腾,精神百

① 石达开从江西援天京之大军共三万余人,分兵三路出发。其北路军为嫡系队伍,皆百战精锐,中路与南路为花旗队伍。郭廷以《太平天国史事日志》中说明翼王大军中之"南路及中路均潮匪,即去年自广东来投之天地会党"。

倍，与剽悍的满洲骑兵白刃相捕，专砍马脚。清军骑兵既败，回头又冲垮了步兵，于是一溃而不可收拾。太平军连续击破孝陵卫满汉营盘二十多座，然后攻入向荣的中军大营。

正当清军骑兵与达开大军鏖战之时，秦日纲军的一股数千人又从灵谷寺后翻山而来，进扑清军骑兵的营盘。这时骑兵在外作战，营盘空虚，太平军攻入营盘，纵火焚烧，紫金山下一片通红。火箭射入向荣的中军大营，营中大乱。清军兵将，豕突狼奔，纷纷逃窜。参将陈明志、游击扎拉芬、都司李发荣、佐领凌保等均被击毙，张国梁左脚受枪伤，向荣逃出中军大营，率领残部连夜退入天京东南的淳化镇，不久又一退百里，逃往丹阳。江南大营在紫金麓盘踞三年有余，这时完全肃清。1856 年 6 月 20 日（太平天国丙辰六年五月十四日，清咸丰六年五月十八日），太平军大获全胜，彻底铲除江南大营，天京郊区再无敌军踪迹。这就是太平天国历史上赫赫有名的一解京围之役。经此一战，太平天国进入了军事上的全盛时代。

杨秀清下令把大营所属总粮台与各营盘中所有军械粮银全部运入天京。单是总粮台中饷银就有五千余两，钱五百余千。天京城内大赏三军，军民热烈庆祝，人人见面互称恭喜，锣鼓鞭炮彻夜不停。就在全城欢庆胜利之时，太平军统帅部在杨秀清的主持下，举行紧急军事会议，商讨如何乘胜追击敌人。根据当时的军事形势，太平军共有三个主要战场，即西线、南线与东线。情况如下：

西线：即武昌前线。自从达开离开湖北经略江西以来，韦俊坚守武昌，已经半年以上。清方深知武昌地位的重要，正在全力围攻。武昌如果失守，敌人顺流而下，九江、安庆不保，天京粮源断绝，就是一座孤城。因此西线是最重要的一条战线。必须立即派遣大军，驰援武昌，并且相机进攻湖北、湖南各地，打击太平天国的死敌——湘军。

南线：即江西前线。达开经略江西，在不到四个月的短时间内，几乎光复江西全省。太平军在这里兵力雄厚，基础稳固。这时只需要派遣一个地位较高的将领去主持全省的军民政务，巩固已经获得的胜利成果，就可维持现状。

东线：即江南前线。在打垮江南大营以前，太平军全力西征，对东线暂取守势。江南大营既溃，太平军就有乘胜东下的可能。一是为消灭向荣、张国梁的残军，二是为顺势直取苏、常。

比较而言，在三条战线中，自然以西线最为重要。当时决定以三王——北王韦昌辉、翼王石达开、燕王秦日纲——分赴三条战线，最艰巨的重任自然落在石达开的身上，所以达开在一解京围之后不回江西而去西援武昌。秦日纲在打破江南大营以前一直活动于东线镇江、扬州一带，这时仍旧让他主持东线军事。韦昌辉则去江南主持军民政务。在天京祝捷庆功之后，秦、石分头出发。先出发的是秦日纲，6 月 22 日，他率领丞相陈玉成、李秀成、涂镇兴、陈仕章及捻军李昭寿部向东追击江南大营的残部。6 月 27 日，在追击中顺势攻下句容县城。7 月 3 日，开始进攻退驻丹阳附近的江南大营残部。向荣、张国梁接战不利，退入丹阳城内坚守。向荣年近七旬，本已疾病缠身，复受奔波之苦，忧愤交集，卧床不起，不久就一命呜呼。清廷加总兵张国梁提督衔，继又任为江南大营总统，代领全军。秦日纲军猛攻丹阳，激战二日，为张国梁所败，从丹阳城下退走，消灭江南大营残部与东取苏、常的任务未能完成。杨秀清震怒，削去他的王位，降封为顶天燕。

韦昌辉在打破江南大营之前已去皖南督师，并未参加一解京围之役。这次前往江西，军行甚速，自 7 月 3 日起，已与江西湖口守军黄文金部会合，进攻饶州(今波阳)，7 月 6 日攻克。但在半月之后又被清军夺去。韦昌辉入临江府，接替卫天侯黄玉崑的职务，主持江西军政。清军同知曾国华(曾国藩弟)部进攻瑞州，韦昌辉自率精兵数千往援，两军激战，韦昌辉战败，其所乘的黄轿和所用的黄绸伞盖都被清兵缴获，他自己逃匿乡间，深夜才得入瑞州城。此后他一直困守瑞州，直到奉洪秀全密诏回京发动内讧为止。由于达开的苦心经营，几个月前，江西是一片欣欣向荣的气象。现在换了韦昌辉来主持，形势迅速发生变化，战争的主动权已被敌人夺去。

达开在秦日纲之后出发，率领春官正丞相张遂谋、夏官又副丞相曾锦谦等全军三万余人从长江上行，西援武昌。7 月 14 日到达湖口之时，他派人送信到临江府，调卫天侯黄玉崑从陆路到湖北来会。达开的大军沿江而上，是为了从安庆、彭泽等地的船厂中接收战船，壮大自己的水师。因为武昌被围已久，湘军在湖北各地已经重建水师，重新控制了武昌以下九江以上的长江江面，太平军没有得力的水师，就难以解武昌之围。在太平军各路会师攻破江南大营之时，武昌守将韦俊一再告急求援。杨秀清深知武昌地位的重要和韦俊处境的窘迫，所以在东线大捷之后，立即命令达开以得胜之师驰援。

7 月 28 日，达开援鄂大军前锋到达武昌附近，即分兵四路前进，对围攻武昌的清军采取大包围的办法。一路由武昌出华容、葛店；一路由大冶西趋金牛；一路由兴国州西趋通山；一路由江西义宁州北攻蒲圻、咸宁。8 月 18 日，达开率丞相张遂谋、曾锦谦等大队进至武昌东南的鲁家港，清军湖北巡抚胡林翼、提督杨载福、道员李续宾等部竭力抵御，双方发生激战。达开挥军猛攻，一面作战，一面筑垒，从鲁家港沿江岸直通武昌洪山，稳扎稳打，逐步前进。

援军到达的消息鼓舞了武昌城内的守军。他们摩拳擦掌，准备内外配合，一举围歼攻城的清军。正在太平军节节胜利，清军已经招架不住的时候，达开突然自前线退兵。1856年9月5日（太平天国丙辰六年七月三十日，清咸丰六年八月七日）达开在武昌鲁家港下令移营后退，退至葛店一带。因为达开接到了来自天京的密诏，内容是说杨秀清即将篡位。达开不相信这种说法，认为这只是洪秀全对杨秀清的猜忌。① 但是既有此说，就可能祸起萧墙，发生动乱。这时正是太平天国的全盛时期，革命大业胜利在望，在这关键时刻，兄弟之间绝不可发生内争而予敌人以可乘之机。他忧心忡忡，决定亲自回天京去进行排解。② 于是移营后退，命令部下暂缓进攻，坚守阵地，自己带领丞相曾锦谦、张遂谋与少数随从赶回天京。他既担心天京发生内争，又担心各地前线失利，决定绕道江西、安徽回京，沿途视察防务，并对各地守将指示机宜。他们一共走了二十一天，于1856年9月26日（太平天国丙辰六年八月二十日，清咸丰六年八月二十八日）回到天京。③

论：

一、参加一解京围之役的太平军有三部分：石达开军、秦日纲军与天京城防军。究竟谁打主力？获得这次胜利主要是谁的功劳？一般的看法是：天京城防队伍只起配合作用，这次胜利主要是石、秦两军合作取得的。笔者认为：石、秦两军所起的作用仍有主次之分，石军为主，秦军为次。这从两个问题上就可以看得出来：（一）石军远来先到，秦军近来后到，使会战日期推迟多日。（二）石军沉着应战，胸有成竹，调虎离山，出奇制胜。秦军一度缺乏信心，是在杨秀清的“不奉令者斩”的严令之下，才鼓起勇气去作战的。高下之分，不言而喻。

二、一解京围之后，杨秀清把韦、石、秦三王都派遣出去，分赴南线（江西前线）、西线（武昌前线）、东线（江南前线）作战。这种安排，并无错误，但是后来却成了杨秀清的一条“罪状”。有人认为这是他的调虎离山之计，调走三王是为了便于篡位。例如简又

---

① 汇编本《石达开自述》：“达开自江南带人到湖北，听闻洪秀全仍在金陵彼此猜忌。”按此时韦、石两王在外，留在天京的只有洪、杨两王。所谓“彼此猜忌”，只可能发生在洪、杨之间。但从内讧之前杨秀清毫无准备的情况来看，当时只可能是洪对杨有所猜忌。

② 汇编本《石达开自述》：“达开闻信，回南京与他们排解。”按天京内讧发生于1856年9月2日，达开自湖北洪山移营后退是9月5日。相距不过三天，根据当时交通与通信的条件，达开完全不可能得到内讧已经发生的消息。他的回京，只能是希望在洪、杨之间进行排解。

③ 汪士铎《乙丙日记》九月二十七日条：“伪翼王八月二十八日进城。”按阴历八月二十八日即公元1856年9月26日，太平天国丙辰六年八月二十日。

文《太平天国全史》第十七章中说:“其实施奸谋之步骤,先用调虎离山计,尽檄异己诸王离京,如令北王到江西主持赣省军事,令燕王赴丹阳金坛督师扫荡清军残部张国梁等,复令翼王回鄂援武汉。”这是主观臆断。当时派遣三王外出指挥作战确有必要。以前韦昌辉留京不出,是因为江南大营还在威胁天京,需要他负责主持城防工作。江南大营既已铲除,他就可以外出指挥作战。秦日纲长期在镇江一带活动,对于东线许多情况比较熟悉,所以杨秀清就派秦日纲到东线去。石达开经略江西,功绩卓著。京围既解,应该让他回江西去。但是武昌吃紧,需要增援。湘军精锐汇集于武昌附近,非强兵不足以与之抗衡。杨秀清改派石达开到西线去,而把南线(江西前线)交给才具较差的韦昌辉主持,这种安排也是比较恰当的。三王齐出,实属正常,毫不足怪。

三、天京内讧之前,洪秀全曾密诏在外诸王回京勤王,受诏诸王有无石达开在内?这一问题,历来聚讼纷纭,莫衷一是。现将有关史料,摘录如下,再加探讨。

先录天京内讧当时的诸家记载:

清方两江总督怡良之奏报:“杨逆向洪逆索取伪印,意图并吞。洪逆将韦逆调回,杀死杨逆及其亲属。”

张汝南《金陵省难纪略》:“洪贼归,心畏其逼而无可如何也……急以情事潜使达北贼。”又:“时北贼寇江西……得洪贼函,即晚率三千余人遽入南门,趋围东贼宅,自携数贼入,杀死杨逆及其亲属。”

知非子《金陵杂记》:“洪随回入己穴,令群贼即于穴外所筑土城上密布枪炮,恐杨来暗算,一面遣腹贼至江西调北贼韦昌辉回金陵。”

外人裨治文(Elijah Coleman Bridgman 1801—1861)的通讯:“洪立即召其心腹盟弟韦昌辉回师勤王,一以保护其自己生命,次则以诛灭谋篡位者。”

外人麦高文(Daniel Jerome Macgowan 1814—1893)的通讯:“洪秀全于昏聩瞢闭之中忽然醒悟,立传谕诏召出征安徽之北王及方奔丹阳之顶天侯(秦日纲)。”

以上五种史料包括清朝官方文件和当时私人记载、外人通讯,都一致认为洪秀全只召韦昌辉回京“勤王”,与石达开无关。五种史料之中只有一种(麦高文通讯)指出受诏者包括韦昌辉与秦日纲二人。史实既然如此清楚,为什么后来又把石达开牵连在内?这是因为裨治文的通讯中又说了一句这样的话:“当洪秀全得知东王奸谋之后,本来是同时宣召北王及翼王二人的。”这句话只能解释为:本来有此打算,后来并未实行。因为这篇通讯已经明确说出洪秀全只召韦昌辉回兵勤王。另外,麦高文的通讯中又说了一句,除召韦昌辉与秦日纲外“或并有其他首领回京”。有个“或”字,就说明这是可能而不一定发生的事情。即或实有其事,这“其他首领”究竟是些什么人,谁也不知道。如果其中有石达开,通讯中当不会漏书其名,而以“其他”来概括。简又文《太平天国全史》第十七章中说:“或并有其他首领(可信翼王为其中之一)回京。”肯定石达开包括在“其他首领”之内,实在是过于武断。总之,以上五种史料都没有提到石达开“受诏勤王”,所以认为有石达开在内的说法,均属猜测估计。这五种史料都出现于天京内讧发生后的几个月以至两三年之内,应该说是比较可信的最初史料。

在此后陆续出现的史料中,猜测估计变成了事实,对于“受诏勤王”者,居然韦、石并提。例如:

成书于1865年的杜文澜《平定粤寇纪略》中说:“洪秀全趣召伪北王韦昌辉、伪翼王石达开归,密图之。”

成书于1874年的王韬《瓮牖余谈》,成书于1886年的李圭《金陵兵事汇略》,成书于1905年的李滨《中兴别记》,等等,都沿用《平定粤寇纪略》的说法,认为洪秀全同时召韦、石回京。

笔者认为:在运用史料判明史实的时候,应该对每一条史料加以鉴别。可信的史料,只有一条也能说明史实;得自传闻的史料,虽多也不可尽信。本此原则,洪秀全当时只召韦昌辉(可能还有秦日纲)回京,与石达开无干。

《李秀成自述》与《石达开自述》也能说明这个问题。《李秀成自述》中说:“翼王在湖北洪山,知道京城杀害许多之人,在湖北洪山营中,同曾锦谦、张遂谋狼狈回京都,计及免杀之事。”足以说明石达开并未奉诏“勤王”。如果石达开确与韦昌辉同时受诏勤王,李秀成在自述中是不会漏提的。奏稿本《石达开自述》中说:“闻有内乱之信。”汇编本《石达开自述》中说:“听闻洪秀全们在金陵彼此猜忌。”这也说明,石达开对于天京发生内争一事,只是“听闻”而来。如果是奉诏勤王,就不能说是“听闻”来的。而且,既要勤王(所谓勤王,就是拥戴洪秀全而对付手握军权的杨秀清),就必须带来大队人马。但是历史事实是:石达开从湖北洪山赶回天京,只带了少数随从,并无大队人马,也可以说是空手而来。这岂是勤王的样子?因此,韦、石同时受诏勤王之说,根据不足,难以成立。

四、如果石达开并未受诏勤王,那他为什么会从湖北洪山前线匆匆归去?《李秀成自述》中说:“翼王在湖北洪山,知道京城杀害许多之人,在湖北洪山营中,同曾锦谦、张遂谋狼狈赶回京都,计及免杀之事。”笔者认为:这一记载是错误的。天京内讧爆发于1856年9月2日,石达开离开湖北洪山是1856年9月5日。这两个日期都有不少公私记载可以作证，确凿可考。根据当时交通与通信的条件看来，9月2日在天京发生的事，身在湖北洪山的石达开是不可能于三天之后的9月5日得到消息。可以肯定地说：石达开离开洪山决定赶回天京之时，还不知道天京内讧已经爆发。那么，奏稿本《石达开自述》中说："达开领众在湖北，闻有内乱之信。"这又如何解释？笔者认为：这份自述经过清吏篡改，不可轻信。比较而言，汇编本《石达开自述》接近于原始记录，叙事较为真实。这份自述中说："达开自江南带人到湖北，听闻洪秀全们在金陵彼此猜忌……达开闻信，回南京与他们排解。"这就说得比较清楚。石达开所听说的消息只是"洪秀全们在金陵彼此猜忌"，内讧尚未爆发。石达开赶回天京的目的是想"与他们排解"，并非如李秀成所说的"计及免杀之事"。这是易于理解的。值得探讨的问题是：石达开既未受诏勤王，他从何得知"洪秀全们在金陵彼此猜忌"的消息而急于去"与他们排解"？消息的来源只可能有三个，一是来自洪秀全，二是来自杨秀清，三是来自洪、杨以外的天京高级官员。首先应该排除来自杨秀清这一设想。因为杨秀清在内讧爆发时毫无准备，完全处于被动地位。如果他在内讧之前就与石达开通了消息，说明他已有所觉察，在内讧中就不会丧失警惕而遭受暗算。其次，对于洪、杨互相猜忌，内争将起，这样的机密大事，天京高级官员未必就能知道，也不敢捕风捉影地告诉石达开。唯一可能是洪秀全以密诏通知石达开说杨秀清即将篡位。杨、石关系较好，这一点已为当时的清方与外国人所深知，洪秀全更不会不知道，因此就不会要石达开回来"勤王"。他之所以要通知石达开，不过是制造舆论，立此存照，在内讧爆发之后有话好说而已。石达开并不相信这种说法，认为这只是洪、杨之间的互相猜忌，主要是洪猜忌杨，所以才在自述中说："听闻洪秀全们在金陵彼此猜忌。"他之赶回天京，是想进行排解，可惜等他赶到天京，噩梦似的内讧已经爆发，排解的想法已经落空。石达开千里奔波，忧心如焚，是为了制止一场亲痛仇快的内争。"排解"一词，说明他对洪、杨双方不偏不倚，事事以大局为重，以革命事业为重，他对革命的一片赤胆忠心，百载之下，犹觉光彩照人。

第九章　兴师靖难

1856年9月26日(太平天国丙辰六年八月二十日,清咸丰六年八月二十八日)翼王石达开带领随从进入天京。这时天京各门都已紧闭,没有"路挥"不准通行。但当达开的随从大声呼叱,说是翼王回京的时候,守门将士虽然面带疑虑之色,还是不敢不迅速开门。天京城内许多房屋已经成为一片断瓦残垣,街头筑起不少街垒,封锁道路,眼前到处都是血迹。他一路上听到不少内讧爆发的噩耗,这时才亲眼见到一片惨象。

达开匆匆赶回翼王府,和黄氏王娘见了面,又详细询问留在天京的几个老部下,才知道这场内讧的大致经过:韦昌辉于丙辰六年七月二十六日夜间从江西前线带兵回到天京,当夜全城戒严,军民人等一律不许通行。第二天上午,纷纷传说东王杨秀清全家被杀,罪名是阴谋篡位。街上出了煌煌圣诏,公布罪状,把东王贬为"东孽",并且悬首示众。杨秀清被杀之时,住在东王府附近的卫队出来反击,他们不相信杨秀清有篡位的行为,指斥韦昌辉所读的诏旨是伪诏,双方发生激战。后来天王府的卫队和秦日纲的队伍也来帮助韦昌辉,东王府的卫队才被击败。从此,全城到处都在搜捕杨党,不论男女老幼,一被指为杨党,立刻处死。街头堆满尸骸,血流遍地,无人收尸。东府的官员与士兵不甘心束手待毙,奋起抵抗,遍筑街垒,到处巷战,关闭城门,自相残杀。全城人心惶惶,不知杀到何时才能了结。

达开听了,痛心疾首,立刻就要去见洪秀全。对于杨秀清篡位一事他是不相信的。不管事情真相如何,当务之急是要停止杀人,是非曲直以后可查清,屠杀必须马上制止。这时有人劝他:大杀东王部下既然出于天王的旨意,此去请求天王制止屠杀,想来不会成功。达开觉得除了自己,已经没有别人可以力挽狂澜。为了把太平天国从覆亡的边缘上挽救过来,自己就应该把生死置之度外,据理力争。于是毫不犹豫地直奔天王府。天王府外,虽然警卫森严,岗哨重重,但没有任何人敢于拦阻达开,他直入天王府,和洪秀全见了面。

事情紧急，他不愿意多说客套话，就直截了当地问："二兄[1]！听说四兄[2]要想篡位，是否真有其事？"

洪秀全稍加思考，回答说："此事有人告密。"

达开马上反问："不知是否查出真凭实据，如果没有证据，就随意处死，而且株连无辜，恐怕人心不服，后患无穷。"

洪秀全沉默良久，才用极其委婉的口气说，他自己并没有杀杨之意，对于告密一事，他也主张慎重对待。只是韦昌辉认为杨秀清骄横跋扈，总有篡位的一天，主张除掉，以绝后患。所以矫诏擅杀，造成京内大乱[3]。

达开不相信这种说法。如果真是韦昌辉矫诏擅杀，何以不加制止？而且贴出煌煌圣诏，公布了杨秀清的罪状。就算杨秀清真的有罪，已经全家被杀，为什么还是株连无辜？但他知道，在这时候争论是非曲直，不能解决问题。唯一应该急办的事，就是制止屠杀，只有这样才能挽救太平天国的国脉民命。于是就单刀直入地要求洪秀全立即下诏，停止搜杀，不再株连，以后再追究矫诏擅杀的责任。但是洪秀全面有难色，说是自己这时已做不了主，要石达开直接去找韦昌辉，力任排难解纷之责。达开明白这是推托之辞，非常气愤。他觉得洪秀全过去可以一再下诏，支持韦昌辉杀杨秀清和大杀杨党，现在为什么就不能下诏止杀？但是事情紧急，他没有时间和洪秀全辩论，就匆匆离开天王府，来找韦昌辉。他虽然心急如焚，但还是婉言说服韦昌辉，要求停止搜杀，不再株连。韦昌辉一口回绝。他对达开说："东孽图谋篡位，实有其事，我是奉诏杀贼，绝非擅杀。"并且拿出洪秀全批准的捕杀杨党的名单来给达开看。达开气愤地说："你们杀了东王和许多将领还不够吗？为什么还要株连那么多的老兄弟？"韦昌辉变色说："你为东孽说话，难道是他的同党？"达开也变色说："你说我是他的同党，你也是他的同党！这些年来，我们都是跟他一起打江山的。"两人人争吵起来，达开气愤地说："你们

---

① 在首义六王之中，二兄为洪秀全。

② 在首义六王之中，四兄为杨秀清。

③ 石达开在进城之后是见到了洪秀全的。张汝南《金陵省难纪略》："入即见洪贼，得其情。"因此，后来他在自述中所追述的史事，应该直接来自洪秀全。在记述这一段史事时，不同版本的《石达开自述》云："达开领众在湖北，闻有内乱之信。韦昌辉请洪秀全诛杨秀清，洪秀全不许，转加杨秀清伪号，韦昌辉不服，便将杨秀清杀死。"汇编本《石达开自述》云："听闻洪秀全们彼此疑忌，韦昌辉请洪秀全杀杨秀清，洪秀全本欲杀杨，口中不肯，且故意加杨秀清为万岁，韦昌辉忿气，把杨秀清杀了。"这就说明，杨秀清并未逼封万岁，而是洪秀全故意加封杨秀清为万岁，以激怒韦昌辉而借刀杀人。估计这只是洪秀全为了应付石达开而编造的，其目的是把杀杨的责任推到韦昌辉一人身上。石达开也看透了这一点，所以才在自述中说了"洪秀全本欲杀杨，口中不肯"这样的话。

既然闹到这种地步，你们自己去了结这件事情，我就不管了。”韦昌辉拂袖而入。① 达开见到事情已经绝望，只好怀着无限悲愤的心情回到翼王府，和家人部下一起商量对策。

翼王府家人部下都觉得达开的处境已经非常危险。阴险毒辣的韦昌辉既已翻脸，不会善罢甘休，说不定会来暗算。必须立刻离开天京。商量的结果是：为了制止屠杀，挽救国家的覆亡，只有号召在京外的各路太平军，组成靖难之师，前来讨伐韦昌辉。

就在他们商量的时候，有人来报，府外的队伍又在增加。大家心里明白，这是韦昌辉在加强监视。达开要想公开离开天京已不可能，决定由张遂谋伴随达开立即设法出城，曾锦谦暂留天京，在翼王府中照料。达开明知自己这时出城会有危险，家人留在天京也不安全，但为了国事，不能不忍痛分离。于是向黄氏王娘挥泪告别，互嘱珍重。一家人从见面到分别，不过是几个小时的事情。

在暮色苍茫中，他们怀着满腔悲愤离开翼王府，然后专走小巷，来到小南门，缒城而下。出城后，他们昼夜兼行。两天之后，进入达开部下的防地，于是换乘快马，直奔安庆。

在他们脱险的当天夜间，韦昌辉果然发兵包围翼王府，穷搜达开。搜之不得，就一不做，二不休，下令尽杀全府人员。黄氏王娘与世子同时遇难。不久，韦昌辉听说石达开逃难安庆，就派秦日纲率军一万五千人，乘船上驶，跟踪追击。洪秀全也下诏购求达开的首级，凡能生擒达开或献其首级的，赏金六百两，官丞相。洪秀全高悬重赏购求达开首级一事，不仅太平天国军民人人皆知，就连清朝方面也是传遍了的。

杨秀清既以叛逆的罪名被诛，石达开又因替杨秀清说话而获罪。太平天国广大军民还是能分清是非的。杨秀清虽有骄横跋扈的错误，但他是革命事业的大功臣，无辜被杀，群情激愤。达开敢于站出来为他说话，敢于为了制止屠杀而得罪洪秀全和韦昌辉，为了挽救国家的危亡而把个人的生死得失置之度外，这种正义的行动赢得了千千万万军民的热烈拥护。有人撕掉购求达开首级的布告，跑到安庆来投奔他。这一诏旨不仅没有影响达开的威信，反而大大地提高了他的威信。

达开到达安庆不久，就得到了全家被害的噩耗。但虽然悲痛万分，但毫不松懈，尽

① 1857年1月香港《中国之友》所载《镇江与南京》一文中云：“（翼王）到了天王府，遇到北王和燕王。他们给他看了他们的行动记录。翼王就说：‘你们杀了东王和他的主要将领还不满足吗？为什么还要杀这么多为我们打仗的弟兄？’北王回答：‘你是贼！’翼王答道：‘你也是贼！既然我们为一个事业而斗争，那么我们两个都是贼。’此后，翼王说：‘你们既然已经走到这个地步，你们自己可以了结这件事，我就不管了。’”（转引自《百科知识》）1979年第4期蔡少卿《天京事变的一个见证》一文。简又文《太平天国全史》第十七章云：“北王等闻而不怿，疑其反复偏袒东王。况以年齿及班秩论，翼王均下于北王，益拂其怒，自不免盛气相待，甚或恶语厉声相加。”

快筹组靖难之师。因为当务之急是迅速兴师靖难，制止屠杀。他调集自己所属的队伍，并且邀请友军参加靖难，不到一个月，各路大军云集，待命出发，总数有十多万人。

1856年11月下旬(太平天国丙辰六年九月下旬，清咸丰六年十月上旬)由达开所率领的靖难大军在安庆誓师出发，渡过长江，经皖南向天京进军。出发之时，达开亲自写了上奏洪秀全的本章，派人送往天京。为了顾全大局，减少牺牲，使战乱早日结束，免得让敌人坐收渔人之利，所以在本章中虽然提出要追究杀害杨秀清与株连无辜两万余人的责任，却并不涉及洪秀全，只要韦昌辉之头。同时提出声明，如果连这一点要求都办不到，靖难大军就将攻破天京。

秦日纲领着一万五千追军向西追击时，包围和消灭了达开部下驻扎西梁山的一支队伍。但是当他再向前进，却得到了一个惊人的消息：达开统率的靖难大军已经誓师东下。由于天京以外的太平军兄弟都同情达开，纷纷投奔达开，所以这支靖难大军就汇集了太平军中的精兵良将，成为一支极其强大的队伍。秦日纲知道自己的追军难以与之相比，不敢继续前进，连忙移军去进攻清军，希望讨好达开，推卸罪责。

达开的才能与威望是人所共知的。他逃出天京后，清廷上下就密切注意他的动向，梦想能够招降他。当他率领靖难大军东下时，清廷和曾国藩等人更加兴高采烈。他们认为，既然达开和洪秀全、韦昌辉已经公开破裂，行将兵戎相见，招降达开就更容易了。于是皇帝下谕旨，臣子上奏章，一厢情愿地讨论招降石达开的办法。只要石达开愿意投降，他们就决心“縻以高位，优以厚禄”。[①]

清廷上下的一切招降活动都失败了。他们只知道石达开有才能，却不知道石达开更有气节，任何高官厚禄都收买不了他。靖难大军从安庆渡江，经过池州、青阳，于八天之后进克泾县，另有水师沿江而下，直趋铜陵、芜湖。这时清方浙江提督邓绍良正在围攻安徽宁国。泾县与宁国虽然相去不远，但从清廷上下看来，石达开报仇心切，一定是直趋天京，不会过问宁国的战事。然而出乎他们的预料，达开立刻移靖难大军去救宁国。这一行动不仅使得太平天国军民深深感动，也使敌人大为震惊。事实说明达开深明大义，不管自己受了多大的委屈，也不会去倒向敌人。

达开驻军宁国时，天京内部局势也在急剧变化。达开只要洪秀全交出韦昌辉的首级，不追究洪秀全的罪责。洪秀全起初不愿答应，韦昌辉还想负隅顽抗。但是不久之

---

① 咸丰六年十一月十七日《曾国藩等奏复江西近日军情并剿抚石达开方略折》：“该逆……能于此六城中献一二城为质，则可信其真心归附。国初之施琅、黄梧，近日之张国梁，成例具在。臣等立即奏恳鸿恩，縻以高位，优以厚禄。”

后，洪秀全知道全体军心都向着达开，正在顺流而下的靖难大军又强大无比，他就逐渐改变态度，愿意接受达开的要求，下诏讨伐韦昌辉，把内讧的罪责全部推给韦昌辉，说是杀害杨秀清和株连杨党两万余人，都是韦昌辉矫诏擅杀。韦昌辉充当刽子手，疯狂屠杀革命军民，早已失尽人心。原来支持他的洪秀全在关键时刻突然改变态度，使他陷入完全孤立的处境。下诏诛韦既是时势所迫，也是人心所向，虽然韦昌辉还是顽抗，但是肯于追随他的人实在太少。诛韦之役，交战不过两天，所杀不过两百人。韦昌辉既明正典刑，天京城内的战乱也就此停下来。达开力挽狂澜，又一次挽救了太平天国，他却因此付出了自己一家人的生命。

洪秀全按照达开的要求，用木盒盛着用盐水浸泡过的韦昌辉的首级，派专使送到宁国，请达开验看。并且下了口气极为委婉的诏旨，向达开谢罪，召他回京辅政。撤销了以前悬赏购求达开首级的赏格。洪秀全的这一诏旨可以说是顺水推舟。因为当时的靖难大军正在长驱东下，直指天京；要求达开出来主政又是全体军民一致的呼声。洪秀全不请他回京辅政是不行的。

达开得旨，即下令靖难大军全军集中芜湖，乘船顺流东下。自 9 月 2 日清晨内讧爆发以来，两个多月中，天京城内不断地自相残杀，满街尸骸，无人掩埋，常常是丢到河里，顺水漂流。全城一片混乱，人心惶惶。翼王的靖难大军要来天京的消息，在几天之中传遍了全城。大家奔走相告，欣喜若狂。

1856 年 11 月下旬(太平天国丙辰六年十月中旬，清咸丰六年十月下旬)达开率领靖难大军进入天京，劫后余生的天京军民热烈欢迎。内讧所留下来的断瓦残垣，使人触目惊心。达开觉得这一次大乱造成的创伤太严重了。整个国家像是一个大病初愈的病人，只能逐渐康复，再经不起任何动乱。所以在处理内讧善后各事的时候，处处以团结为重，克制感情，避免报复。他回到翼王府，既为自己的妻儿与老部下的无辜遇难而伤心，也为千千万万失去了亲人的天京军民而难受。当许多劫后余生的老部下向他哭诉冤情的时候，他劝慰大家以国事为重，加强团结，振作精神，继续奋斗，杀尽妖魔，早日建成一统江山的人间天国。

为了平息民愤，安定人心，达开回京之后，对于参加内讧的主要人物进行了仔细调查，查出燕王秦日纲与佐天侯陈承镕都是韦昌辉的同谋，内讧的祸首，于是在 1856 年 11 月 28 日断然把他们处死。除此以外，其他参加内讧的人员都作为被迫参加，概不追究。这样快刀斩乱麻的处理，防止了继续内讧，保护了革命的力量。秦日纲与韦昌辉同时受洪秀全密诏，回京发动内讧，以后又一直追随韦昌辉大杀无辜军民，还率领一万五千追军，为追击达开而攻入安徽境内，把内讧蔓延到天京以外去，当然也是祸首，不可饶恕。陈承镕的地位仅次于胡以晃，是朝内官的领袖，太平天国政府的一切重要文书，都由他经办。他深深了解洪杨之间的矛盾，为了迎合洪秀全，他出头告密，捏造杨秀清进行篡位的活动，以后的事实证明，他的告密并无根据。洪秀全本想除掉杨秀清，陈承镕的告密正好向他提供了借口。像陈承镕这种兴风作浪的阴谋家，是制造内讧的罪魁，理当处死。至于洪秀全本人，对内讧应负很大的责任，但他在靖难大军到达天京之前已经改变态度，下诏杀韦，这就情有可原。而且他是国家元首，对他进行处理，很不利于团结。达开决定对他不再追究。陈承镕的罪名是告密不实，诬陷东王，这就更好为洪秀全开脱，说洪秀全是误信告密，责任要轻得多。从这一点也可以看到达开顾全大局的苦心。

韦昌辉是内讧的祸首，达开向洪秀全要韦昌辉的首级，是追究内讧的罪责。韦昌辉虽然杀了他的全家，但他并不要求株连韦昌辉的全家。韦昌辉的兄弟照样带兵，他对韦昌辉的老父韦元玠照样尊重，豁然大度，实在难得。所以全城军民都称赞他的义气，大家都把翼王称为义王。[①]

按照太平天国的国家体制，天王临朝而不理政，国家政事都由正军师杨秀清处理。所以天王府不设六部，管理国家政务的是东王府的六部。经过内讧，东王府六部人员全部被杀。这就是说，太平天国中央政府管理国政的整个机构都被消灭，国事完全陷于瘫痪状态，需要办理善后的事情有如一团乱麻，使人无从下手。要在这一片废墟之上重新建立起坚强的领导机构，比以前的开国工作还要困难。经过这一场骇人听闻的大屠杀之后，朝中稍有才能的人都被杀害，有谁能够力挽狂澜，收拾残局，展布新猷呢？从当时的太平天国来说，除了石达开，恐怕是找不出第二个人来。达开回京之后，大家都把希望寄托在他的身上，公推他提理政务，有如过去的东王。[②]

达开回京辅政，打破了敌人的美梦。清廷上下先是希望太平天国内讧不断扩大，他们可以坐收渔人之利，唾手而得天京。达天缒城出走，他们兴高采烈，想把达开招降过去。达开兴师靖难，他们又高兴了一阵，以为达开报仇心切，打回天京，必然大砍大杀，太平天国仍将在自相残杀中覆亡。想不到达开回京之后，能够团结所有的人，共同努力，渡过难关，继续前进。当天京城内欢欣鼓舞之时，清廷上下无不大失所望。当时，内讧的消息传到海外，也引起了全世界的重视。1857 年 5 月 9 日《华北先驱周报》

---

① 《李秀成自述别录》："义王即石达开，本系翼王，后来大家喜其义气，推为义王，石不肯受。"

② 《李秀成自述》："后翼王回京，合朝同举翼王提理政务，众人欢悦。"

所载麦高文的通讯，反映了不少外国人对石达开和太平天国前途的看法。他们认为石达开是一位奋发有为的青年领袖，是全军的中坚人物，在他的领导之下，太平天国是一个强有力而生长未艾的国家。[①]

达开受到太平天国全体军民的拥戴，威望之高，没有任何人可以和他相比。在首义六王之中，他和洪秀全是仅存的两人。在这时候，洪秀全应该相信和倚重达开，尊重国家体制，让达开担任正军师，继承杨秀清的职位，尽量发挥他的军事和政治才能来治理国家。倘能如此，太平天国仍将大有可为。可惜洪秀全不此之图，在达开回京辅政，全国军民一片欢腾之时，他却心怀忌刻，正如李秀成在事后所追述的“合朝欢悦，主有不乐之心”[②]。他以为达开的能力与威望远远超过自己，总有一天要来觊觎天王的宝座。由于疑虑重重，尽管“合朝同举翼王提理政务”[③]，他始终不肯封达开为军师。不封为军师，达开的辅政就是代理性质，不算正式的职位。在合朝拥戴达开的压力之下，他不得不加封达开为“通军主将”。所谓通军主将，就是全军统帅。达开这时掌握全军，已是事实上的统帅，封不封都是一样。至于大家共上尊号为“义王”，达开虽然谦辞不受，洪秀全觉得这是无关紧急的虚衔，就慨然加以承认。由此可见，洪秀全对于达开是处处都用了心机的。

达开回京辅政后，以极大的努力在短时间内，使已经风雨飘摇的政治局面和军事局面迅速稳定下来，很快就消除了内讧所遗留下来的危机。经过仔细研究，综观全局利害，他制定了南守北攻的战略，在江南与江西战场上采取守势，固守阵地；皖北与鄂北战场上则发动攻势。这样，太平天国出现了转败为胜、稳步前进的局面。1857 年的上半年是充满着希望的半年，内讧的创伤已经逐渐康复。

内讧剧烈之时，清军在东线进扑句容、溧水，直逼天京。在西线集中兵力，围攻九江。曾国藩更想乘机收复江西，反复进攻瑞州、临江、抚州、吉安等地。太平军处处被动挨打，如果不迅速扭转局面，形势岌岌可危。达开觉得全面反攻的力量不足，单纯防御则陷于被动，要想稳步扭局面，只有攻守兼施。为了保固天京，句容、溧水必须坚守；要想维持长江航运，九江决不能丢；江西沃野千里，与安徽同是太平军的粮源所在，也一定要保住。达开决心坚守这些地方，不论军情如何紧急，绝不抽调这些地方的队伍，

---

① 麦高文《太平天国东王北王内讧详纪》：“在生存的首领中，除翼王石达开外，状况皆不可得闻。据报告所称，这一位青年领袖(按：石达开当时二十六岁)是英雄侠义、勇敢无畏、正直耿介的，正是全军的中坚人物。他的头衔称为‘电师’，这真能表示他的军事行动。他是饱受教育，而又能行动的人。”

② 引自《李秀成自述》。

③ 引自《李秀成自述》。

必要时还向这些地方增援。曾国藩在奏折中说：石达开固守江西各城，稳扎稳打，使清军乘太平天国内讧之危收复数城的打算完全落空。从敌人的评论中，可以看出达开的胸有成竹，指挥若定。在达开辅政期间，不管敌人如何疯狂进扑，他决心坚守的句容、溧水、九江、瑞州、临江、抚州、吉安等城，都稳如磐石。至于江北战场，达开一再发动攻势以压倒敌人。他重用年方二十岁的青年将领陈玉成，任为主将，从安徽向湖北进军。在不到三个月的时间里，连续攻下安徽舒城、六安、正阳关，湖北的黄梅、广济、蕲水、蕲州等地，直逼武昌。[①] 太平军在达开统一指挥下，守必固，攻必克。他卓越的指挥才能，连敌人也是充分肯定的。清朝安徽巡抚福济在奏折中说："虐焰复炽者，皆石逆之计。"[②]这就是说：革命烈火能够重新燃烧起来，是达开的功劳。

当达开一心一意团结全国军民对付敌人的时候，住在深宫里的洪秀全却处心积虑地在对付他。前线越是打胜仗，革命形势越好，达开的威望越高，洪秀全的疑虑也就越大。到了疑虑极深之时，就不惜对达开进行牵制，进行破坏。按太平天国的体制，除首义六王之外不能随便封王。燕、豫两王虽以功臣封王，但不久即削去王号，改封天燕、天豫。当时除洪、石二人之外，别无王爵。洪秀全为了达到牵制达开的目的，竟将自己两个毫无才能的哥哥封王，洪仁发封为安王，洪仁达封为福王，并要安王、福王"主军政"。[③] 两人毫无知识，又要管事，不仅使达开办事碍手碍脚，而且闹得满朝不安。正如李秀成所说，洪秀全"专用安、福两王，……主用二人，朝中之人甚不欢悦。此人又无才情，又无算计，一味古执，认实天情，与我天王一般之意见不差，挟制翼王"。[④] 洪秀全以洪仁发、洪仁达来牵制达开。洪仁发、洪仁达又无自知之明，为了抓权，还常常召集合朝人员议事，引起合朝不满。当时敌方有记载说："据本地探卒报称：客商有自下游回者，言金陵各伪王忌石逆之能交结人心，石逆每论事则党类环绕而听，各伪王论事，无肯听者，故忌之，有阴衅戕害之意。"[⑤]当时太平天国一共只有四王，除达开之外，只有洪氏三王。所谓"金陵各伪王"猜忌石达开，指的就是洪秀全、洪仁发、洪仁达。

洪仁发、洪仁达既要"主军政"，就要夺兵权，洪秀全要帮助他的两个哥哥夺兵权，

---

① 郭廷以《太平天国史事日志》："5月12日（四月十九日）豫天侯陈玉成督大军分道入鄂东黄梅、广济、蕲州、蕲水、罗田，破鄂军于蕲州张家塝，斩同知李景湖、守备张鹏高、杨高桂、千总何得升、把总胡得礼等。"

② 咸丰七年闰五月初六日《福济等奏金陵内讧请饬鄂赣相机防剿折》："缘自韦昌辉杀死杨秀清后，石达开为之报复，突入金陵，将韦逆杀毙，遂为贼中主谋。本年围攻桐营，连陷舒、六等处，并救援溧水，虐焰复炽者，皆石逆之计。若该逆授首，或劝谕投诚，则余贼渐不足虑。"

③ 张汝南《金陵省难纪略》："以己族弟为福王，主军政。"按：安、福两王都是洪秀全亲兄弟，"族弟"之说为误传。

④ 引自《李秀成自述》。

⑤ 引自李续宾《李忠武公遗书・书牍・又复王观察》。

居然对达开的行动加以限制，“不授以兵事，留城中不使出”。[①] 达开虽然不愿意争权夺利，但是叫他交出兵权，他是不会答应的。这是为了对国事负责，对千千万万的将士负责。如果让这两个糊涂虫去指挥作战，岂不是以国事为儿戏，以将士的生命为儿戏。他不交兵权，洪秀全不放心——怕他会抢自己的宝座。因此，洪秀全对他就“阴图戕害之意”。达开心里明白：洪秀全是最善于发动突然袭击的。他先利用韦昌辉突然袭击杨秀清及其部下，杀害两万余人。在靖难大军即将到来，形势不利的时候，他又突然袭击韦昌辉。现在他对自己如此猜忌，当然会来一次突然袭击。如果自己一旦遇害，许多部下就会大举起兵复仇，打进天京，杀尽洪氏。这样一来，就会爆发一次更加激烈的内讧，国家将随之而灭亡。自己一死事小，造成国家覆亡事大，因此绝对不能让这样的悲剧发生。

时机紧迫，事不宜迟，达开立刻召集自己的老部下商量对策。达开痛心地说：“自己承受着全家被杀的痛苦回京辅政，一心为国，不记私仇。扪心自问，对太平天国是一片忠心，对洪秀全也是委曲求全，没有什么对不起人的地方，为什么会受到这样的对待，逼到无路可走的程度。别说继续提理政务已不可能，就连性命也保不住。自己不惜一死，但是唯恐因此又起内讧，何去何从，孰吉孰凶，希望和兄弟们商量一个切实可行的办法。”

张遂谋大胆地提出取而代之的办法。他劝达开立即发动宫廷政变，对洪秀全或杀或废，然后自己登上天王宝座。这样就可以名名正言顺地管理国家大事，不会受到任何人的牵制，此举一定会得到全国军民的拥护。事成之后，万众一心，对待清军，可以早日澄清天下。机不可失，时不再来，当断不断，就会后悔。[②] 达开没有同意。他觉得这样仍然会引起一场内讧，于国不利；并且发动这样的突然袭击不是光明磊落的行为，别人会把自己也看成争权夺利的小人。

商量的结果，大家认为最好的办法是由达开统军出征。只要离开天京，就不会受

---

① 引自张汝南《金陵省难纪略》。

② 罗尔纲《太平天国史稿·石达开传》(1951 年 1 月开明书店版)：“达开回京，合朝欢腾，，同举辅政，并钦其义气，共上‘义王’尊号，达开谦辞不受。然天王深加猜忌，阴使长兄仁发、次兄仁达掣其肘。达开部将张遂谋见天朝大权在达开，人心归附，因说达开曰：‘天朝不幸，杨韦构祸，我翼王兴师靖难，拨乱反正，威德震天朝，义声驰海外，虽石竹帛所载，丹青所画，未足比也。今身挟震主之威，体兼高人之隐，而势在人臣之位，何以求安乎?’达开曰：‘夙夜匪懈，心不忘忠，何故不安?’遂谋曰：‘不然，昔韩信不忍一餐之遇而弃三分之业，利剑已揣其喉，方发悔毒之叹者，机失而谋乖也。今天王猜忌无殊汉高，我翼王权重过于淮阴，虽欲效股肱之力，竭忠贞之节，其可得乎？诚能赫然奋发，因将士之归心，顺群情之倾服，废天王于深宫，诛诸洪于朝列，然后请旨上帝，示以天命，混齐六合，南面称制，实神机之至会，风发之良时也。夫天与弗取，反受其咎，时至不行，反受其殃，愿我翼王熟虑之。’”

到洪氏私党的掣肘和暗算。达开身为通军主将，离京之后，照样可以调动全军，对敌作战。这样既摆脱了人事上的纠缠，又能打击敌人，开疆拓土，可谓两全其美。追随达开来京的靖难大军，当时大都分布在安徽战场与江西战场上，留在天京的只有几千人，驻守在南门外的雨花台一带。另有几千人驻守句容和溧水，正和清军对垒，不能抽动。所以达开出发时只带了南门外的这几千人同走，和上次一样，先回安庆，然后召集旧部，大举出征。

达开这次虽然也是被迫离开天京，但与上次不同。上次缒城出走是事非得已，这次却走得光明磊落。在诸事计议已定之后，他面奏洪秀全，说明自己在天京难以久处，愿意提师外出开疆拓土。洪秀全自知理屈，不便强留，但又不愿公开下诏同意他的出征，只好默然无语。①

1857 年 5 月下旬，达开率领翼王府全体属员与随身警卫部队离开天京，在南门外雨花台提师出征。将士们都是达开的旧部，风闻达开处境困难，可能遭到暗算，人人义愤填膺，一致表示愿意追随。达开将这几千名忠勇将士重新编队，即日出发。全军拔队启行之际，达开从马上回首天京，不禁潸然泪下。

但愿离京出师，从此摆脱小人的纠缠，能够旗开得胜，杀尽妖魔，功成之日，再为觐见天京。几天之后，达开全军从苏皖边境的铜井镇渡过长江，向安徽前进。

论：

一、天京内讧的起因有认真探讨的必要，因为此事与对石达开的评价密切相关。从现在所能见到的数十种史料（主要是清方的奏章、上谕、私函、日记）看来，在杨秀清被害之后，石达开的态度一直是"不服"，"要为杨秀清申冤"，"誓杀洪、韦为杨秀清报仇"……也就是说，他是站在杨秀清一方的。如果杨秀清确属无罪被杀，石达开就是主持正义，而不是什么"杨党"。如果杨秀清有罪被诛，石达开为他鸣冤，那就是意存袒护，也就可以说是杨的私党了。杨秀清究竟有罪无罪，只有查清内讧的原因，才能做出初步的结论。

内讧的原因虽然聚讼纷纭，概括起来，可以归纳为四种说法。即：告密说，逼取金玺说，逼封万岁说，加封万岁说。

告密说的最初史料是两篇外国人的通讯，即裨治文与麦高文发表在《华北先驱周

① 简又文《太平天国全史》第十八章："提师外出开拓疆土，则事有可能，天王固不能阻止之，但断无下诏令其远征之举也。"

报》上的通讯。他们说，有个太平天国的高级人员向洪秀全告密，说杨秀清有杀天王而篡位的阴谋。洪秀全于是抢先下手，发动内讧，杀了杨秀清。至于告密是否属实，他们未下结论。太平天国官方文书也承认告密说。洪秀全在为杨秀清平反的诏旨中说杨秀清是被陷害而死的。所谓陷害，就是告密不实。由于告密人陈承镕已因诬陷而被公开处死，更可证明杨秀清的无罪。诏旨中还告诉大家，对于内讧的起因不必"妄加推测"，这就是对告密说以外的种种谬说进行辟谣。笔者认为：不论洪秀全真的相信告密，还是以有人告密为借口而袭杀杨秀清，告密说都比较可信。如果告密说属实，则杨秀清是无罪的。

逼取金玺说来自当时清方两江总督怡良的奏报。原文中说："八月十五日杨逆向洪逆索取伪印，意图并吞。"但接着又说："所闻不一，而其内乱则不为无因。"这是纯粹得自传闻的说法，奏报者自己也觉得不甚可靠。而且除这份奏报之外，别无任何其他史料作同样的记载。因此，这种说法难以成立。

逼封万岁说是流传得最广的说法，被写进许多历史著作与教科书，几乎使人信以为真。笔者认为：这种说法并不可靠，理由如下：

第一，载有此说的史料虽多，都是辗转传抄，而且各种记载又有许多自相矛盾之处，或者对于情节过分渲染，有如小说家言。最初记载此说的是张汝南《金陵省难纪略》与知非子《金陵杂记》。两人虽在天京住过，但在内讧发生之时，他们都已离开，所做的记载是从逃难者的口中听来，正是道听途说之词。两人的记载实际上来自同一谣传，谣传的内容大都与太平天国的制度、习惯不合，令人难以置信，《李秀成自述》中也说："因东王，天王实信，权托太重过度，要逼天王封其万岁。"这样，荒诞离奇的情节虽然没有了，"逼封万岁"之说却保存了下来。实际上，李秀成当时的地位不高，不能与闻国家大事，内讧之时，他也不在天京，只能是事后听到一些传闻，不可认为信史。此后，成书于1874年的王韬《瓮牖余谈》，成书于1886年的李圭《金陵兵事汇略》，出版于1910年的李滨《中兴别记》，出版于1923年的凌善清《太平天国野史》都沿用此说。值得注意的是，清朝的正式官书，以及像杜文澜《平定粤寇纪略》这样的半官书都不采取此说；太平天国官方文书不仅绝无这种说法，而且一再进行辟谣。

第二，逼封万岁说是和告密说直接冲突，不能并存。只有杨秀清秘密进行篡位活动，才有告密的可能。如他已逼洪秀全封万岁，也就是公开洪秀全让位，即已无密可告。比这一点来说，逼取金玺与逼封万岁的性质是近似的。既然已经逼取，其意图不言而喻，也就没有什么告密可言。

第三，逼封万岁之说完全不近情理。杨秀清当时手握军政大权，如果他已逼封万岁，他自己就不会放松警惕。事实上他是在毫无戒备的情况下遭受自己人的暗算，这就足以说明他胸怀坦荡，并无逼封之事。

最后一种说法是加封万岁说。来源于汇编本《石达开自述》。石达开是在内讧之后既见到了洪秀全又见到了韦昌辉的人。他是替杨秀清鸣不平的。如果确有逼封万岁一事，洪、韦一定会告诉他，使他难以为杨秀清辩护。可是洪、韦都未说到此事。他当时从洪秀全口中听到的是另一种说法，即洪秀全为了要利用韦昌辉去杀杨，故意封杨为万岁，以激怒韦昌辉，借刀杀人。此说之不近情理，姑置不论。如按此说，则杨秀清并未逼封，而是洪秀全为了达到不可告人的目的而故意加封，杨秀清仍然是无罪的。

总之，笔者赞成告密说（尽管告密不实），认为逼封万岁说绝不可信。因此杨秀清无罪，石达开为他说话是主持正义，并非袒护。

二、“诛杨密议”之说只是当时的一种政治谣言，与史实完全不符，难以成立。这种说法的唯一来源是《李秀成自述》。据说：“那时权柄皆在东王一人手上，不得不封，逼天王亲到东王府封其万岁。北、翼两王不服，君臣不别，东欲专尊。后与翼计杀东王，翼与北王密议，杀东一人，杀其兄弟三人，除此以外，俱不得多杀。”也无论此说是否合乎情理，即从时间来说，也与史实不符。传说中的杨秀清逼封万岁之时，韦在江西，石在湖北，两人之间无进行密议之可能。

简又文在《太平天国全史》第十七章中也对此事加以评论：“（李秀成自述中）以责任全诿诸北、翼二王身上。谓二人不服，先事密议，主动杀杨。但细考日期与事实，在阴历七月中旬，东王逼封万岁之时，北王正在瑞州与曾国华军酣战（自是年六月初即主持赣事），而翼王则已回武昌附近，与湘军交绥于洪山、鲁家港间，且与北王暌违已多月。在逼封之前，杀机未起；事后未尝晤面，何从密议，可见其（指李秀成）所供，以内讧一役由北、翼二王主动及负责，完全失实。或者事变发动之前，北王与燕王等密议计划而后面奏天王请旨执行则可信，而翼王无与焉。”

除时间不符之外，还可能举出两条重要的理由来说明“诛杨密议”之无稽。

第一，根据诸家记载，杨、石关系较好，石达开光明磊落，不会参与暗自别人的阴谋。据咸丰六年十一月十七日曾国藩等《奏复江西近日军情并剿抚石达开方略折》中说：“洪、韦二贼谋杀杨秀清，并诛其家族党与，于是石达开自湖北洪山归去，黄玉崑自江西临江归去，并赴金陵，谋为杨秀清申冤报仇。”曾国藩的奏报不会全无根据。试想：要为杨秀清申冤报仇的石达开怎么会参与“诛杨密议”？杨辅清是杨秀清的族弟。“诛杨密议”中说“杀东一人，杀其兄弟三人”，杨辅清就是其中之一。如果韦、石之间真有“诛杨密议”，则内讧爆之后，石达开就会把杨辅清杀掉。历史事实是：石达开是在千方百计保护杨辅清。这也是并无“诛杨密议”的有力反证。

第二，如果真有“诛杨密议”，石达开在内讧爆发之前就不会把全军带到武昌前线，而会留在天京附近静观待变。历史事实是：内讧爆发之时，石达开远在武昌前线，只带少数随从赶回天京，意欲进行调解，防止内讧发生。说明他对内讧一事毫无思想准备。如果真有“诛杨密议”，石达开的行动就不会处处被动，包括仓促回京、缒城出走、家属全部被杀等等一系列被动挨打的情况。

我们认为：说石达开参与“诛杨密议”之说，论据不足。石达开绝不是韦昌辉的同谋者，我们应该为之澄清事实。

三、石达开率领十万靖难大军进入天京，能够不动洪秀全的天王宝座，继续尊重洪秀全，顾全大局，不争名位，确属难能可贵。在两千多年的封建社会中，是少见的特殊事例。明成祖朱棣大兴靖难之师，从北京打到南京，抢了侄子建文帝的帝位。就封建道德与朱家的家规而言，是非法的。而且此人十分暴虐，对于曾经反对过他的臣僚，无不残酷报复。打进南京之后，杀人无虚日。但是史家并不说他是篡位，是叛逆，仍然承认他继承朱家的皇统。在封建社会中，最高领袖不是由选举产生，而是由争夺得来，成则为王，败则为寇，不论是同姓，是异姓，打赢了就可以做皇帝。大家见惯不惊，习以为常，并无异议。

就太平天国当时的情况而言，洪、韦作为一方，暂时控制着天京，继续屠杀无辜的杨秀清的部属。石达开和全国军民作为一方，为了制止这种罪恶的屠杀而兴师靖难。是非曲直，姑置不论，双方敌对的形势是十分清楚的。如果靖难之师力量不足，就会被洪、韦所扑灭。可是形势变化得很快，全国的许多队伍都迅速汇集到靖难大军的旗帜之下，于是洪、韦阵线瓦解了。洪秀全杀韦而向石谢罪，是属于战败者立功自赎的性质，其命运如何，只有听从战胜者的决定。历史上，在农民起义军的内部，也是强者为王。朱元璋羽毛丰满，抛开了小明王，不用龙凤年号，自己登上帝位，我们并不说他是叛逆。那么，石达开率领靖难大军进入天京之后，如果一举夺了洪秀全的宝座，那也只是按照历史上的老规矩办事，没有什么可以指摘的地方。

还有一种帝位转移的办法，叫作“黄袍加身”。若与武力抢夺帝位的办法相比，黄袍加身还多少带有一点民主的气息。一个人想当皇帝，能得老百姓的拥护当然有利，可惜见效甚慢；能得军队的拥护则见效甚速。陈桥兵变，立刻黄袍加身。石达开兴师靖难，当时确已具备黄袍加身的条件。试想：石达开缒城逃出天京之时，手中无兵无权。洪秀全对他又是派兵追击，又是悬赏缉拿，如果各地太平军都遵照洪秀全的旨意行事，石达开只好束手就擒，无处可逃。可是“天京以外太平军全体兄弟都同情于翼王石达开”，“军心皆归附翼王”(麦高文语)。大家不仅不捉拿石达开，而且衷心拥护石达开。义旗一举，大军云集，靖难大军迅速扩大到十万人以上。全体太平军都归心于石达开。有了这样的基础，完全能够“黄袍加身”。事情还不止此，石达开回到天京之后，又受到全体军民的拥护，“合朝同举翼王提理政务，众人欢悦”(李秀成语)。而且共上“义王”尊号。这时的石达开如果俯顺舆情，三辞而后受之，追究洪秀全在内讧中的责任，废之于深宫，“然后请旨上帝，示以天命，混齐六合，南面称制”(张遂谋语)，谁曰不宜！

当时石达开手握全军，又为人心所向，不管从哪一方面说来，都有条件取洪秀全而代之。但他并没有这样做。原因何在？一是以国事为重，尽量避免任何混乱。二是他很自负，长期坚持自己的道德标准，即以承担重任、建功立业的光荣，以尔虞我诈、争权夺利为可耻。这也就是大家共上尊号为“义王”的那个“义”字。有了这种道德观念，他就不屑于去争夺洪秀全的宝座。

四、有些同志认为：石达开回京辅政之后，虽然受到洪秀全的猜忌，如果他能处处委曲求全，忍辱负重，也许最后可以得到洪秀全的谅解。我们认为：这是不可能的。洪秀全为了压缩军师的实权，做一个专制帝王，才发动天京内讧而袭杀杨秀清。如果杀了一个杨秀清，又来一个石达开，照样“提理政务”，行使军师职权，一切又还了原，那岂不是白忙一场。洪秀全既已发动天京内讧袭杀杨秀清于前，也就必然会暗害或逼走石达开于后。作为石达开来说，不管怎么委屈都是难以求全的。

五、有的同志认为：如果天京内讧的规模小一些，或者竟如“诛杨密议”的设想，只杀杨秀清及其兄弟三人，则革命力量损失不大，后果就不会如此严重。笔者认为：这是不可能的。如果国家体制不变，办事机构不变，则经过宫廷政变，只换几个领导人，全国鸡犬不惊这是办得到的。但是当时洪秀全要从根本上改变国家体制，势必要完全摧毁原来的办事机构，大屠杀是难以避免的。不能把大屠杀只看作是韦昌辉凶残好杀的性格所造成，是偶然的。应该了解，洪秀全要夺实权，势必要尽杀所谓“杨党”——实际上是太平天国中央政府的全体工作人员。大屠杀的发生是必然的。

石达开靖难大军回京之时，东王府的六部人员已经被杀光。当时的石达开和全国军民都希望照东王佐政事时的老规矩办事，这就要扩大翼王府的六部来代替过去东王府的六部。洪秀全想抓实权，不愿照这样办，但又不便明说——既怕遭到全国军民的反对，又怕受到石达开的抵制——只好暗中破坏，事事掣肘。这就是石达开辅政的半年中洪、石双方都不安心的真正原因。洪秀全不安心的是，石达开的六部建立与巩固之后，自己仍然无权；石达开不安心的是，自己勤勤恳恳照着制度办事，却费力不讨好，处处受到疑忌和牵制。这样发展下去，时间越长，矛盾越尖锐。如果石达开不离京出征，重演一次突然袭击，重演一次大规模的内讧，是完全可能的。

六、有些同志认为：石达开离京出征就是闹分裂。这是不明当时的真相所发生的误会。石达开离京之时不仅没有另树一帜、另立一国的打算，连远征的打算也没有。他的出征，不失为缓和矛盾的善策。当时敌我双方的斗争主要是军事斗争。石达开离开天京，摆脱小人的纠缠，放弃有名无实、事事受人牵制的辅政工作，把自己的主要精力放在指挥作战方面，这对革命事业是有利的。他离京之后，照样可以行使通军主将的职权，指挥各路太平军对敌作战。全军统帅不留驻京城，而驻节外地指挥作战的事，古代也是常有的，不足为奇。至于石达开后来远征不返，一意入川，那是在新的情况下所产生的行动，不是他离开天京时的初衷。

第十章　进军浙江

铜井是江苏西部边境靠近长江的一个小镇，风光秀丽。由此西望，可以远眺安徽境内的群山。镇北的烈山原是长江中的一个洲，后来与南岸联结起来。这里长江江面较窄，水势平稳。1857 年 6 月 2 日(太平天国丁巳七年四月二十五日，清咸丰七年五月十一日)，翼王石达开率领部下数千人离开天京之后，从这里渡过长江，进入安徽省境。

达开当面要求提师出征，洪秀全不便阻挡，但在达开真正出师之后，他又很不放心，一再派人追赶。可是派出的人有不少是同情和拥护达开的，他们不但未把达开劝回天京，自己也跟着达开走了。不仅如此，驻守在长江南岸的达开旧部一听到达开离京出征的消息，都自愿前来追随，恋恋不舍。清廷得到达开离开天京的消息后，十分高兴，一再指示奴才们注意达开的去向，设法招降或者诱擒。[①] 奴才们接到指示，到处打听达开的消息，但是探报不一，众说纷纭。有人说已入安徽；有人说已去江西；有人说已向清方水师投降；有人说已向清方张国梁军投降；有人说得更加离奇，说是达开已经削发为僧，不知去向。一时谣言四起。其中只有安徽巡抚福济对达开的动向探听确实，即从铜井渡江之后，正向安庆前进。他遵照清廷设法招降的指示，写了一封上千字的劝降书送到达开军前。简又文《太平天国全史》第十八章附录之《福济致翼王劝降书》："径启者，鄙人数年来屡历戎行，窃见阁下往来吴楚，转战千余里，号令严肃，步伐整齐，士卒为之用命，妇孺亦且知名，未尝不心焉佩之。异乎阁下以命世之才，而用之不得其当也。大丈夫生不得其志，纵不能为一代之伟人，断不可为千载之罪人。鄙人常设身处地，代阁下熟计之。自广西起事以来，于今八载矣。旌旗所到，不下百数十州县，而所据者，不过金陵、安庆、九江而已。三、四两年，北去之师约近十万，卒无一归者。武昌、汉阳三次失陷，仍为我有。南昌省城，屡次不下。至若安徽之庐州、江苏之

① 咸丰七年闰五月初三日《谕德兴阿等侦探石达开去向并扼剿诱擒事》："或设法离间，设计诱擒，使逆渠授首，余贼闻风畏惧，不难以次扫荡。"

瓜州、镇江，虽相持数载，卒未闻逾鸿沟一步。前事如此，亦安见其战必胜，攻必取乎？去冬江宁衅起萧墙，自相屠戮，即在阁下，几有危于累卵之势。若辈乳臭未脱，如此凶残，而阁下尤甘心北面事之，鄙人窃所不取。姑无论终必覆亡，就使侥幸一时，割据一方，阁下不过一功狗耳。诚恐鸟尽弓藏，烹醢仍所不免也。夫识时务者为俊杰，在若辈虺蜴性成，原不足怪，独惜阁下学校中人，读书明理，而亦执迷若此耶？且夫难料者，数也；易知者，理也。我朝圣贤六七作，深仁厚泽，涵濡二百余年。今上承嗣大统，忧勤惕厉，治具毕张，虽值多事之秋，田不闻加赋，户不闻抽丁。以敬天恤民之主，兴声罪致讨之师，孰顺孰逆，孰曲孰直？不待智者而决矣。在昔唐有范阳之乱，肃宗卒能中兴；明有土木之变，英宗终能复辟。天心系属，危而复安，从未闻君无失德而反至于灭亡者也。阁下上观天时，下揆人事，前证往古，后顾将来，与其蹈安、史之覆辙，何若步郭、李之后尘！与其任同类之鱼肉，何若膺国家之爵赏！如能归心我朝，倒戈相向，扫荡长江，立功自赎，虽万户侯不难致。张殿臣军门（张国梁）非其明验欤？昔王彦章有云：人死留名，豹死留皮。况以阁下之才，何往不宜？岂反彦章不若耶？鄙人热心一片，苦口千言，一则伤小民之荼毒，一则惜大才之误用，是以披心沥肝，畅所欲言。如以鄙见为是，速赐回玉。鄙人愿为据实奏闻，畀以专阃。将见功成名就，垂诸青史，天下后也，皆知有石某其人者。较之徘徊终死江宁乳臭儿手，其相去何啻天渊哉！古人云：差之毫厘，谬以千里。又云：失之东隅，收之桑榆。正此时之谓也。鄙人待人以诚，素无虚言，皇天后土，实鉴我心。至于何去何从，愿阁下熟思而审处之。耑此布达，敬候德音，诸惟雾照，不庄不备。”[①]达开对于这些诱降活动自然嗤之以鼻。但是谣言太多，不免影响军心。因此他决定公开贴出告示，向太平天国广大军民说明自己离京出征的原因，也是对清方为了挑拨离间而散布的许多谣言进行辟谣。告示用了极为简洁的五言韵文：

真天命太平国圣神电通军主将翼王石为沥剖血陈，谆谕众军民：
自愧无才智，天恩愧荷深。
惟矢忠贞志，区区一片心；
上可对皇天，下可质世人。
去岁遭祸乱，狼狈赶回京；
自谓此愚衷，定蒙圣鉴明。

① 这封信是否已送达石达开手中，因史料不足，难以考明。但在石达开离京出征后，清方一再进行挑拨离间的诱降活动，是有不少史料可以作证的。

乃事有不然，诏旨降频仍；
重重生疑忌，一笔难尽陈；
疑多将图害，百喙难分清。
惟是用奋勉，出师再表真；
力酬上帝德，勉报主恩仁。
惟期成功后，予志复归林。
为此行谆谕，谆谕众军民，
依然守本分，各自立功名，
或随本主将，各邀天恩荣。①

在这份告示里，达开把自己含冤负屈被迫离京的经过，与今后永远忠于太平天国的决心坦率地告诉全体军民。他劝大家不要听信谣言，各自安守本分，力争为革命事业立功；如果确属自愿，也可以前来参加自己的队伍出征，但并不劝说别人追随自己。

告示贴出之后，一传十，十传百，不仅达开旧部纷纷来归，就连别的队伍与本地的百姓也都成群前来投奔。因此行军缓慢，6 月 2 日从铜井渡江之后，直到 6 月 9 日才到达安徽的无为州。前后八天只走了两百多里路。6 月 16 日到达安庆时，随行队伍已从数千人增加到数万人。安庆一地驻扎不下，达开把从上游来归的队伍安置在彭泽以下、安庆以上的沿江各地。

由于告示中有了“疑多将图害，百喙难分清”两句话，就引起了许多人的怀疑，又出现了天京再度发生内讧的谣言。达开觉得这将给敌人以可乘之机。为了不让亲者痛仇者快，他决定把这两句话加以改动，不公开说出洪家私党对他阴谋戕害一事，只说受到疑忌。对于其他字句，也酌情加以修改，然后分发各地。修改后的告示如下：

真天命太平天国圣神电通军主将翼王石为沥剖血诚，谆谕众军民：
自恨无才智，天国愧荷恩。
惟矢忠贞志，区区一片心；
上可对皇天，下可质古人。
去岁遭祸乱，狼狈赶回京；

① 此告示字据咸丰七年闰五月初六日《福济等奏金陵内讧请饬鄂赣相机防剿折》中所附之“石达开张贴于无为州之告示”。

自谓此愚忠，定蒙圣君明。
乃事有不然，诏旨降频仍；
重重生疑忌，一笔难尽陈。
用是自奋励，出师再表真；
力酬上帝德，勉报主恩仁。
精忠若金石，历久见真诚；
惟期妖灭尽，予志复归林。
为此行谆谕，遍告众军民；
依然守本分，照旧建功名。
或随本主将，亦足标元勋；
一统太平日，各邀天恩荣。①

在这份告示中，达开只委婉地说出自己困难的处境，与不得已而离京出征的苦衷。不仅没有指摘洪秀全，就连“疑多将图害”这样的事实也加以隐讳，前且尊称洪秀全为圣君。从这一点也能看出，他在不得已而离京出征之后，仍然处处顾全大局。

达开在天京时，虽然受到诸洪的挟制，但凭他的威望，总还能起一木支大厦的作用。他走后，天京局势急转直下。他在天京期间一直坚守着的溧水，在他走后十天就被清军攻陷。又过了六天，距离天京只有五十里的句容湖熟镇又告失守。清廷上下正在策划直扑天京。一年以前，以达开所部为主力的太平军一举打破江南大营，使从建都以来一直被围困的天京解围。而这时，在达开离开天京十多天之后，清军又卷土重来，步步进逼，重新形成围困天京的局面。

洪秀全看到事态严重，惊恐万状，再三下诏向达开谢罪，请他回京，并派专使前去劝说。诏旨内容“情词惨迫，反复不休”②。可是这些专使大都没有回来，而留在达开那

① 此为修改后的告示，引自《历史档案》1981年第一期《天京事变与石达开的出走》一文中所录《录奏石达开张贴于清阳无为等处之告示》。原注“此告示现存本馆（中国第一历史档案馆）军机处录副奏折内，未注明是何人所抄进。唯此件与《何桂清奏稿类编》内所收之件仅一字之差，似是何桂清所抄进者。”所谓“一字之差”，指此告示中之“力酬上帝德”一语，在何桂清奏稿中作“力酬上帝徒”。我们认为：就文义而言，似以“德”字为是。把“上帝”放在“主”的前面是合情合理的。若把“上帝徒”放在“主”的前面，就不伦不类，尊卑倒置了。就平仄而言，单句末字大都是仄声，双句才用平声。“力酬上帝德”用的是仄声字，自此用平声“徒”字为宜。因此“徒”字可能是“徙”字的笔误，“德”字的草书有误认为“徒”字的可能。

② 咸丰七年闰五月初六日《福济等奏金陵内讧请饬鄂赣相机防剿折》：“外抄伪诏（即洪秀全诏旨）数纸，亦以石逆遁去，金陵无人主持，令各伪官百计迎回，竟不复返，其情词惨迫，反复不休。”

里了。天京的官员和军民投奔达开的越来越多，有些人借追亡为名，一出城门，自己也跑了。还有散布谣言，扬言妖兵已到城外，不等命令，一哄而出，说是出城交战，实系借此逃跑，先后跑到安庆投奔达开的人成千上万。洪秀全无可奈何，只好下令将城门紧闭，禁人出城。

清军提督张国梁于7月16日攻陷句容，重建江南大营，二困天京。[①] 镇江也被围困，形势十分危急。洪秀全忧心忡忡，在万不得已的情况下，只好做最后的努力，争取达开回京，以天京城内各级官员的名义写了一份求救表章送往安庆，请达开回援天京，自己也下了一道诏旨，说明已将洪仁发、洪仁达的王号削去，并铸“义王”金牌一面送给达开，表示诚意。

洪秀全既已削去安、福两王王号，再召达开回京辅政，是非已明，障碍已去，达开似可应召回京。但是问题并不如此简单。当初达开被逼离京出征，除安、福两王事事掣肘甚至阴谋戕害这一原因外，达开与洪秀全在战略思想上也存在重大分歧。达开从全局着眼，主张力争上游，一方面巩固安徽、江西两省的根据地，一方面用主力进取湖北、湖南广大地区，努力开疆拓土，然后北伐中原。洪秀全从保护天京的小朝廷着眼，不想以主力去进取上游各地，只想用来巩固天京。达开在京辅政期间，一再遣军增援江西，进取皖北、湖北，洪秀全都是反对的，因此才叫安、福两王对达开事事掣肘，甚至想夺取达开的兵权。这时安、福两王虽已罢黜，洪秀全的战略思想仍然未变，今后双方难免仍有争执，说不定安、福两王又会重新起作用。因此，不管洪秀全的来文说得如何“情词惨迫”，达开还是不肯轻易回京。

驻军安庆，达开不肯回京，但他还是太平军的通军主将，洪秀全并未宣布剥夺他的兵权，他照样能在安庆统帅部中用兵符调兵遣将，对敌作战。回不回天京，他的地位与如职权并无不同。达开在安庆留驻三个月[②]，编组自己率领出征的队伍。在洪秀全一再派人求援之时，他派出部下水师两千余人乘坐木排顺流而下增援镇江，并把自己的进军计划奏洪秀全，说已派遣可以抽调的各路太平军回援天京，暂解天京之困，其中包括李秀成、张洛行、陈玉成、洪仁常、洪春元、韦俊、杨来清等人的队伍，自己将率领大军赴援江西，进军浙江，用围魏救赵之计彻底打垮围困天京的敌人。这个奏报已经送达洪秀全并经他认可。达开当时虽然没有应召回援天京，但从这个进军计划看来，他对

---

① 郭廷以《太平天国史事日志》：“7月16日（闰五月二十五日）提督张国梁、总兵傅振邦克复句容，大败袭职夏官丞相周胜富。江南大营寻自淳化镇向天京进逼，二困天京。”

② 石达开留驻安庆时间为1857年6月中旬至9月中旬，共计约三个月。

于天京的防务还是十分关心的。用进军浙江的办法来解天京之围，也是颇为高超的战略。过去有一种说法，说是达开自己闹分裂，还要拉陈玉成、李秀成同走，陈、李深明大义，不肯接受云云。这是毫无根据的说法。达开自率大军赴援江西之前，已调陈玉成、李秀成回援天京，陈玉成、李秀成确实听从调遣，遵令而行。

清方一些将帅得到达开不肯回京的消息后，就大做文章，说达开与洪秀全之间已经发生内讧，“解散金陵旧党”，又说达开已经“另树一帜”，甚至另立国号。① 凡此种种，并非探报不实，而是有意造谣攻击。因为清廷在得知达开离开天京的消息之后，就一再指示奴才们要“设法离间”，以达到招降或诱擒的目的。这些造谣攻击在当时和后世都起了混淆视听的坏影响。

1857 年 10 月 5 日（太平天国丁巳七年八月二十八日，清咸丰七年八月十八日），达开全军离开安庆，经过安徽建德抵达江西景德镇，执行已由洪秀全认可的赴援江西、进军浙江的进军计划。达开于此大会诸将，决定进军路线，分路南进。② 不久即连克乐平、万年、安仁（今余江）等县。11 月 3 日，达开击败湘军同知李元度部，李元度退入贵溪城内死守。11 月 10 日，国宗杨辅清部数万人自福建折回，来此会师。③ 达开让他们围攻贵溪，自率大军南进。因为这时临江、吉安两城都被清军围攻，达开急于赴援。围攻吉安的是曾国藩之弟、湘军同知曾国荃所率的吉字营，太平军守将是卫天侯黄玉崑。在达开援军未到之前，黄玉崑已于督军反攻敌人围师的鏖战中牺牲。④ 从此，敌人挖掘长壕，围困吉安。

达开连续击败前来拦阻的清军，于 11 月 24 日进入抚州，与原驻此地的余子安部会师。临江、吉安被围之后，抚州就成为太平军在江西的大本营。达开在这里阅读了各

---

① 咸丰七年七月十一日《福兴奏据探石达开另树一帜江右吃重请增兵协剿片》：“现据探称，该逆（指石达开）自与洪逆内讧后，据守安庆，潜于金柱关等处粘贴伪示，解散金陵旧党，愿从军者即赴安庆，不愿者给川资剃发回籍，示尾署太平安国丁巳元年字样，其为另树一帜，已无疑义。”这份奏报，是福兴从江西所探得的消息。石达开贴出告示，如今愿意参加出征的军民则有之。至于“不愿者给川资发回籍”一事，似不可靠。姑无论石达开是否如此不顾大局，即或有此想法，在当时四面都是敌人的情况下，实无“剃发回籍”之可能。“示尾署太平安国”之说，更是荒唐无稽。

② 郭廷以《太平天国史事日志》：“10 月 5 日（八月十八日）翼王石达开自安庆经建德入江西，抵景德镇，会集各部，分路南进。”

③ 郭廷以《太平天国史事日志》：“11 月 10 日（九月二十四日）国宗杨义清、杨辅清合翼王石达开部攻江西贵溪。”

④ 黄玉崑战死事，据咸丰七年十二月二十日骆秉章《援江官军大捷击退石逆大股折》：“初八日之战……焚贼垒十余座，毙贼千余，生擒伪检点罗姓，伪指挥李姓，伪将军甘姓，及悍贼数十，斩之。并夺贼马八十余匹，抬枪鸟枪刀矛不计其数。阵斩伪丞相郑姓，伪指挥邓姓，而夺其伪印一颗。贼首衣绣龙袍，载红缎绣龙凤帽，着红缎龙靴者，正乘黄呢大轿在后督战。经湘勇攒矛刺毙，并碎其轿。据朱惟堂等禀称生贼供指系伪国宗石逆之衣物，解臣衙门呈验。比谛视贼帽前沿有白缎长条纫绽甚密，拆看，中有绣字，乃太平天朝提督军务翼贵丈伪衔也。或所斩为逆目黄锡（玉）崑亦未可定。”此后，即无黄玉崑活动之记载，故死于此时之说为可信。文中所云：“初八日”为清咸丰七年十月初八，即 1857 年 11 月 23 日。

地送来的战报,仔细地了解整个江西战场上的战况。这时的形势已与一年多以前达开经略江西时大不相同,形势是在迅速恶化。清廷上下预料达开会向江西进军,也把兵力向江西集中,分军猛攻江西西部各城。受到内讧的影响,归附不久的天地会队伍中,陆续有人叛变投敌,他们所守各城先后失陷。以赣江分界,赣西各地几乎都被敌人控制,只有临江、吉安两城坚守待援。两城都在赣江之西,如要赴援,必须渡过赣江。但是湘军水师大都进入赣江助战,成为太平军赴援时最大的障碍。

达开决定从抚州挥军西进。只要能够一举渡过赣江,不仅可以保住临江、吉安两城,还可以乘胜收复已被敌人攻陷的瑞州、袁州各地。他先向丰城进发,一路军行无阻。12月13日抵达丰城,准备渡江,可是江中的船只都被敌人拉到对岸,敌人水师炮船又来往巡逻,达开没有船只,只好顺着赣江南下,另寻渡口。七天之中,他沿江走了将近两百里路,历经新干、峡江两县地界,直到吉水,仍然无法过江。敌人水师为了防江,和他竞走。陆上行军自然没有行船方便,他还没有赶到,敌人已先到了,所有民船都被敌人搜罗一空。连续的急行军和屡次抢渡不成使得达开的人马十分疲累。12月20日,前锋到达吉水县北的三曲滩时,即为预先等候在这里的湘军知府张运兰部所败。三曲滩水浅河宽,有些地方可以徒涉而过。达开认为这里正是抢渡的好地方,就屡次发动进攻。狡猾的敌人也知道这里是双方必争之地,达开一旦渡江,他们的陆军绝非敌手,战局立刻就要改变,所以水陆配合,层层设防,拼死抵御。双方大战十多天,达开仍然过不了赣江。

三曲滩之战未分胜负,却传来了临江危急的消息。临江被困已近一年,敌人在陆上层层包围,又以水师炮船从江中炮击,全城到处都是断瓦残垣。更严重的是粮食已尽,将士用草根充饥。守将程瀛失掉信心,私通城外的湘军道员刘长佑,准备献城投敌。另外几位守将聂才坚、张发纪、易自能与广大将士奋起反对,杀死叛徒,誓死坚守。当达开大军在赣江东岸作战时,临江守军遥闻炮声,知道援军已到,虽然枵腹守城,无不欢欣鼓舞。可惜达开大军无法飞渡赣江,只能且战且走,南下另找渡口。聂才坚等假借达开的名义,写了训谕,鼓励守军坚守到底。1858年1月22日,敌人攻破临江,守军全部战死。

达开久攻三曲滩不下,又听到临江危急的消息,决定北撤,谋救临江。但是临江终于失守,他只好暂回抚州,召集诸将,会商下一步的行动。大家认为这时湘军主力已经集中于赣西,赣江中又有他们的水师炮船来往巡逻,渡江不易。如果强攻,旷日持久,不妨提前进军浙江。如果浙江战事顺利,势必牵动围攻天京与集中赣西的各路清军,到那时，再回师收复赣西失地。至于赣东各地，仍然留兵固守，为东进的大军提供军粮物资。于是决定立即大举东征。当时浙、闽两省清军守军不多，易于攻破，太平军倘能迅速攻占两省，可使东南各地连成一片，清廷就会手忙脚乱，大局就会立刻改观。不仅赣西失地可以收复，天京之围也将不战自解。就在大军即将出发时，洪秀全所派的专使来到了抚州，再召达开率军回援天京。

不久以前，洪秀全为了争取达开回京，曾经下诏削去洪仁发、洪仁达两人的王号，向达开谢罪。但在达开谢绝回京之后，就又收回成命，仍封洪仁发、洪仁达为安王、福王。这两人把持朝政，胡作非为，人人怨恨。经过朝臣多次力争，洪秀全才任陈玉成为又正掌率，李秀成为副掌率，与正掌率蒙得恩同理国事。但是安、福两王对他们还是事事掣肘。李秀成大胆向洪秀全面奏，要求择才而用，申严法令，肃正朝纲，仍然重用翼王，不用安、福两王。洪秀全大怒，立刻把李秀成革职。李秀成手握重兵，许多朝臣都认为洪秀全此举过于鲁莽，唯恐激成大变，力劝洪秀全采纳李秀成的建议，复李秀成之职。洪秀全因此才派出专使再度争取达开回京，不过是应付朝臣的一种手段而已。达开对回京一事仍然谢绝，并且说明只要进军浙江战事顺利，也就等于为天京解围。

1858 年 2 月 26 日(太平天国戊午八年正月二十日，清咸丰八年正月十三日)，达开大军出发东征，进军浙江，留军略余子安守抚州。3 月 3 日，大军进至鹰潭，四个月前曾被达开击败的湘军同知李元度又来拦截。李元度知道达开这次进军江西很不如意，又起了劝降的念头，写了长达数千字的劝降书送给达开，希望他献城降清。达开不答，继续进军。[①] 李元度拦截不住，奉清廷之命前来督师的西安将军福兴也不敢迎战，节节后退。3 月 10 日，达开大军占弋阳。3 月 15 日，又占铅山。福兴退广信府以避其锋。杨辅清部已先由抚州东来铅山一带驻扎，等待达开大军。一年以前，他从江西入闽，曾经攻克光泽、邵武、崇安、建阳等县，后又折回江西。达开因他路径较熟，命他率部先行入闽，为大军开路。

3 月 19 日，达开军败清军于广信府，斩清军游击赖高翔。4 月 5 日，败清军总兵饶廷选于广丰，但是围城久攻不下，乃撤围向浙江进军。1858 年 4 月 15 日(太平天国戊午八年三月初七日，清咸丰八年三月初二日)，达开大军进入浙江，攻克江山。此时全军约有六万余人。既克江山，即分兵北进，于 4 月 22 日克常山，4 月 28 日克开化，达开

① 简又文《太平天国全史》第十八章:“十八日，进至贵溪鹰潭，李元度等拒之。于此，李曾致长函与翼王，劝其献城归降，王不答。”又有传说所谓石达开得此书后，乃以大幅纸书一“难”字复之云。如果实有此事，必为敌人所轻，石达开当不致如此，故本书不从其说。又李元度《致石达开劝降书》全文见本书附录。

自率主力于4月20日开始围攻衢州府城。衢州城大而坚，当时清方江西、浙江、福建各省队伍与达开交战不利的，自将军福兴以下将官多人都逃进此城，据险死守。达开围攻月余不下。在攻城的同时，达开族弟国宗石镇吉另领一军向东推进，连克遂昌、松阳、处州、缙云、永康、武义、云和各地，军锋直指金华。金华戒严，全浙震动。

浙江省历来是财富之区，江南清军的筹饷之地。达开大军压境，使清廷上下大为震惊。敌人唯恐达开大军打破金华，顺流而下，直指杭州，席卷整个浙西富庶之地。所以浙江地方官员和清廷奏谕交驰，商量抽调江南大营钦差大臣和春、总统张国梁、皖北战场上的湘军悍将李续宾等前来防守。最后清廷起用在湖南原籍居丧的湘军头子曾国藩，要他火速赶到浙江对付达开，一时浙江战场竟成为举世瞩目之地。

清廷调来防守金华的清军，全是一些腐败透顶不堪一击的队伍，闹了不少笑话。总兵明安泰部的队伍最先到达，军中有许多美妇人，穿艳装，骑肥马，招摇过市。老百姓见了，大吃一惊，不知道这些队伍是来干什么的。其中有一部分队伍称为仁勇的，行军时一路掳掠，老百姓恨之入骨。他们到了一个名叫铅锡场的地方，当地的乡团故意大呼“长毛来了”，他们胆落魄飞，拼命逃跑，刀枪全都抛弃。乡团拾起他们抛弃的刀枪来追杀他们，杀死十之七八，三个军官也都被杀死。这支队伍就此溃散。另一个总兵周天受的队伍驻守金华，全都占住民房，抢民间的牛去祭关圣，老百姓前来要钱，周天受下令杀人，老百姓被杀数十，于是军民互相仇视，经常发生冲突。在太平军未到之前，群众已经自动地起来对付这些强盗军队，如果达开大军一到，必然群起响应。金华城里有一个清吏记载当时的情况说：“风声鹤唳，一夕数惊，贼苟乘锐来攻，实无抵御之法。”①

达开进军浙江，打中了敌人的要害，出现了自天京内讧以来军事上最好的形势。这时，洪秀全若以国事为重，能对这位出征在外的通军主将全力支持，从各方面加以配合，浙江战役可以大获全胜，前途是大可乐观的。在围攻天京的清军被抽调援浙之后，天京方面的太平军应当大举出动，和达开的大军南北夹击，进军苏杭，则东南富庶之区尽入太平天国版图，对于清廷是个致命的打击。达开赴援江西、进军浙江的计划是经过洪秀全认可的。他离开江西向浙江前进，并非背离天京，而是一步步在向天京靠拢，越走越近而不是越走越远。可惜洪秀全对于这次进军并不支持。他对在京辅政的达开十分猜忌，对达开被逼离京出征，仍然猜忌，唯恐达开功成势大，难以驾驭。所以在

---

① 引自陈其元《庸闲斋笔记》卷一。

达开进军浙江期间，采取了一些重要行动对达开进行拆台。首先是在人事方面进行调整，封立后期的五军主将，以剥夺达开的兵权。太平天国前期由正军师兼中军主将的杨秀清为全军统帅，掌握兵权。天京内讧杨秀清死难后，达开受封为通军主将。但在达开进军浙江时，洪秀全以蒙得恩为中军主将兼正掌率，以陈玉成、李秀成、李世贤、韦俊为前后左右四军主将，分领各军。这道命令一下，达开即被架空。因为他的通军主将已被蒙得恩的中军主将所取代，而他原领的左军主将头衔又给了李世贤。洪秀全虽未明令对他撤职，而他实际上既无法行使全军统帅的职权，也无法行使左军主将的职权。就在达开围攻衢州时，本来是一派大好的形势迅速恶化。由于洪秀全采取了孤立达开的种种手段，达开对于本军以外的队伍逐渐指挥不灵。由于九江失守，在赣西作战的湘军解除了后顾之忧，得以全力向赣东进攻，抚州、建昌相继失守，最后连吉安也陷落了。江西全省复为清廷所有。以赣东作为后方的达开大军就有了后顾之忧。留守赣东的旧部纷纷来归，达开只好暂驻衢州等待他们。在得到杨辅清入闽战事顺利的消息之后，达开就决定暂时弃浙入闽，打算在闽西一带先建立一片根据地，再图进取。1858 年 7 月 14 日(太平天国戊午八年六月初五日，清咸丰八年六月初四日)达开下令撤衢州之围，全军入闽。那些一直徘徊观望从来不敢主动进攻的清军于是坐得收复城池的功劳。

达开所属各部先入闽，以石镇吉为前队，直趋浦城。他已命令杨辅清部从江西入闽之后，分兵两路，陆续攻下浦城、松溪、政和、光泽、邵武、建阳等县，然后合兵围攻建宁府(今建瓯)，久攻不克。因为孤军深入，后援不继，不敢屯兵坚城之下，所以暂时撤退，回到浦城，等候会师。达开万万没有想到，就在此时，洪秀全已经派了专使来到杨辅清的军中，用高官来争取杨辅清，要他与达开决裂，放弃入闽的进军计划，率军回援天京。当石镇吉率军万余到达浦城之时，受到杨辅清部的突然袭击，死伤数千人。[①] 为什么会产生这一自相残杀的悲剧？当时有一种谣传，说是杨辅清所部仍用东殿旗号(即表示是东王部下)，不肯换用翼殿旗号(即表示是翼王部下)，引起石军不满，所以双

---

① 光绪二十五年《浦城县志》卷四十二："石达开遣其九公子率兵万余由浙闽边界塔岭进攻杨在浦城驻地，被杨袭杀过半。"按：文中所称之九公子即石镇吉。当时闽、粤各地谣传石镇吉为石达开之假子。如曹大观《寇汀纪略》云："大国宗二十一岁，湖北人，小国宗十九岁，广东人，两兄弟均封协天燕，乃达开之外宠，不知谁氏子，其姓石者，从达开姓也。"石镇吉奉石达开军令来浦城与杨辅清会师，并非进攻杨辅清之驻地。地方志之记载者不明真相，以为杨辅清先驻浦城，石军后至，想为争夺地盘而来，所以说是石进攻杨在浦城驻地。当时石镇吉所部皆百战精锐，如果主动进攻杨军，绝不会死伤过半。正如文中所说是被"袭杀"，才会死伤惨重。

方发生冲突。这种谣传是不可靠的。[①] 实际情况是：在这次冲突之后，杨辅清率领部下扬长而去，放弃在闽所占各地，全军退入江西。一个多月之后，在他驻军婺源时，天京专使到达，对他授以中军主将的头衔，让他掌握兵符。[②]

达开本人到达浦城时，杨辅清全军已经撤走，留下来的是自相残杀的一片惨象。达开从严酷的现实中悟出了真情，万分痛心。自己只知道留在天京要遭暗算，想不到出征在外仍然要遭暗算。进军浙江以来的大好形势转瞬就成为泡影，率领的数万忠勇将士转瞬就成为一支孤军，自己也陷入了进退维谷的困境。

论：

一、石达开回京辅政是自愿，而离京出征则是被迫的。他的出征并非“奉旨”。未奉旨而出征是否有错，责任在谁？这本来是“一笔难尽陈”，非三言两语所能说清的。幸好后来洪秀全削去安、福两王王号，派专使向他谢罪，送上“义王”金牌，用天京全城官员的名义请他回援天京。这一众所周知的历史事实就使洪、石之间的是非曲直大白于天下。如果错在石达开，那就应该加以贬斥，洪秀全就不会低声下气地向他谢罪。削去安、福两王王号一事也就说明洪秀全确有用安、福两王挟制石达开的事实。

二、有人说石达开一下带走了几万人或十几万人。这与史实不符。石达开离京时只带走旧部数千人。为了顾全大局，他对在天京附近与敌人对垒的旧部一律不加抽调。到了安庆以后汇成十万大军，那是在两个多月中间逐渐汇集起来的。这些队伍大都是对洪秀全不满，或者受到排挤，才来投奔石达开的。石达开如果是用威胁、引诱、欺骗等等不正当的手段带走了一批人，自然应该受到指责。但他临走之前遍贴《五言告示》，公开坦率地说明了一切问题，原文具在，可以分析。他在告示中希望大家各守本分，安心建功立业。如果因为种种原因难以安心的，也可以随他出征。总之，听人自

---

① 简又文《太平天国全史》第十八章：“两杨始终袭用‘东殿’旗号，显见其性质独立而不肯正式归入翼王麾下，受其指挥，亦无怪翼王之大不悦而终至分裂矣。且两军徒是一时利害之结合，根本无积极共同之目的，又无精诚团结的精神，况又各大有历史背景，两不相下，今同在一隅之地，不免利益冲突。或者因石镇吉部先与其会师于浦城，未待翼王驾到，已起摩擦，辅清即负气绝裾而去，未可料也。”文中既用“或者”、“未可料也”等语，即已说明只是猜测估计之词。

② 罗尔纲《太平天国史稿》卷三十三：“辅清与石达开分裂，复折回江西。八月，自江西德兴进克安徽婺源。天王大喜，以为中军主将，命与陈玉成、李秀成等掌握兵符。”按太平天国前期以东王杨秀清为左辅正军师兼中军主将，行使全军统帅的职权。杨秀清被杀后，石达开入京辅政，受封为通军主将而行使全军统帅的职权。在进军浙江之前，石达开虽出征在外，照样调兵遣将，行使全军统帅的职权如故。1858年春，洪秀全另委蒙得恩为中军主将，隐然有罢黜石达开的通军主将之意。但是在短期之内，又把这一头衔转授给杨辅清。洪秀全把全军统帅这样重要的头衔轻易地授给并无多大功劳的杨辅清，而且时间又如此迫切，显然是有特殊用意的。

愿，并不勉强，既无威胁，亦非利诱。告示中说明出征是自己的决定，并非奉诏，自然不存在什么欺骗问题。

三、石达开不得不离京出征，至少有两个原因。一是受到安、福两王的挟制与阴谋戕害，二是与洪秀全之间在战略思想上存在重大分歧。如果只有安、福两王挟制这样一个原因的话，那么，在洪秀全削去安、福两王王号，向石达开谢罪，请他回京的时候，他就应该回去。他之不肯回京，常常被看作是闹意气，其实是与洪秀全之间的分歧难以解决。一言以蔽之，即：石达开要顾全大局，洪秀全只保天京。当天京附近战事激烈，洪秀全一再派人请求石达开率军回援，这并不是洪秀全对自己的错误行为有所悔悟，而是被形势所迫，希望石达开回来保护自己的小朝廷。如果这时石达开应召回京，他们之间可以暂时和平相处，但是，分歧仍然存在。石达开认为必须不断进取，力争上游，使革命事业取得胜利，才能长治久安。像洪秀全那样只图保住天京，苟安一时，早晚是要失败的。他留驻天京指挥作战，常常受到洪秀全的干扰，不如出征在外，可以放手指挥。这才是石达开拒绝回京的真正原因。古有明训，只要有利于国家，将在外，君命有所不受。从这个角度来考虑问题，石达开当时谢绝回京不无理由。历史事实说明：洪秀全不顾全局，只保天京的思想长期不改。他后来和李秀成的矛盾也是这样产生的。李秀成想出外作战，他不同意；李秀成主张让城别走，他也不听；最后把李秀成留在围城之中，同归于尽。如是石达开当时应召回京，一切听命于洪秀全，也会造成同归于尽的结局。

四、德兴阿于咸丰七年九月中旬向清廷奏报探听到石达开对洪秀全的报告一事是可信的。奏报中说：石达开命令李秀成会合各路太平军回援天京；石达开自己则将赴援江西，进军浙江云云。后来，李秀成确实先去援助张洛行，然后和张洛行合军开往长江下游，去救镇江的守军；其他各路太平军确实是在逐渐向天京靠拢；石达开本人确实是先赴援江西，再进军浙江。德兴阿不可能把后来发生的事情预先写进奏报中去。因此，他的奏报是可信的。石达开当时行使统帅的职权，调兵遣将，命令大部分太平军回救天京，自己只率一部分队伍赴援江西，进军浙江；而李秀成等人也都服从调遣，遵令办事。这是完全正常的现象，石达开并没有什么不顾全局的做法。

五、石达开进军浙江的战略是高明的。一可以开疆拓土，使长江下游的富庶之区尽入版图，使太平天国所占领的东南各地连成一片。二可以切断江南大营的饷源，用围魏救赵之计一举解天京之围。如果天京方面能够和他密切配合，这一战役是可以大获全胜的。当时江浙战场成为举世瞩目之区，清廷已经手忙脚乱，下旨要江南大营的清军和湘军头子曾国藩都来援浙，说明石达开这一行动确已打中敌人的要害。浙江战役的失败是由于自己人的掣肘，而非战略上的错误。由于这一战役的失败，太平天国不仅放过了席卷东南富庶之区、为天京解围的好机会，而且使石达开走向“远征”，使得两股革命力量从此开始分裂，这一损失是难以弥补的。

第十一章　远征不返

1858年8月18日(太平天国戊午八年七月初十日,清咸丰八年七月初十日)翼王石达开率领大军入驻福建浦城,随即分兵攻克崇安、建阳、松溪、政和各县。[①] 并与诸将商讨下一步的进军计划。这时福建全省清军兵力单薄,石达开如果率部大举南下,不难打开通往广东的道路。但是大家都不愿意越走越远,成为一支孤军。总想回师江西,因为江西是达开苦心经营的老根据地,军民关系有如鱼水,是全军上下十分向往的地方。但这时湘军头子曾国藩已驻军江西铅山,严密封锁两省边境各处隘口。[②] 为了避实击虚,达开决定挥军南进,伺机进入江西。大军由建阳分路南下,一路向东,攻克南平,一路向西,攻克邵武。当时这一带地方天灾严重,时疫流行,军粮既难征集,将士又多染病,势难久留。

1858年9月22日(太平天国戊午八年八月十四日,清咸丰八年八月十六日)达开大军放弃邵武,焚其学宫,分兵两路向赣南前进。一路由达开率领,南下攻占汀州;另一路由石镇吉率领,西去江西新城(今黎州)。[③] 达开大军于10月中旬攻克汀州,当地群众奋起响应。[④] 入闽以来,因为时疫流行,全军人数略有减少,这时得到补充,又增加到十万左右。为了攻其不备,他们随即向江西瑞金前进。石镇吉部进入江西之后,遇

---

① 李滨《中兴别记》卷四十:"时伪翼王石达开率浙江败党,悉窜福建。和春等以浦城、崇安、建阳、松溪、政和等处央行势益甚,不独建宁、延平危甚,且虑回窜江西、浙江。"

② 李滨《中兴别记》卷四十:"庚戌,曾国藩至铅山河口镇,时张运兰、萧启江、吴国佑、朱品隆各军陆续抵镇,因疏称窜犯福建之贼,以石达开为最悍。其诳煽莠民,张大声势,亦以石逆为最谲……西路各境,在在与江西毗连,见经抚臣耆龄调派候补道刘长佑一军,由抚州移防新城、泸溪,严扼杉关等隘口,或无回窜江西之虑。"

③ 郭廷以《太平天国史事日志》:"9月22日(八月十六日)翼王石达开军放弃福建邵武府,焚学宫,全部分趋江西闽南(汀州)。清福建军都司武明良收复府城。"

④ 曹大观《寇汀纪略》:"于是汀属土匪闻风四起……洒血抒臆,拜为兄弟,暗藏红巾于身,日望长毛来汀以图起手。"

到湘军道员刘长佑军的阻击，无法前进，只好退回福建。① 这时达开大军已经西去，石镇吉部开始单独行动。此后他虽也西攻湘桂，与达开大军互相呼应，配合作战，但是始终自成一军，未与大军重新会合。②

1858年10月18日（太平天国戊午八年九月初十日，清咸丰九年九月十二日），达开大军占领江西瑞金，在此略做休整，于12月2日向西进军，经过会昌，直趋南安府（今大余）。③ 赣南一带，地处福建、广东、湖南之间，群山环绕，交通不便，原是极为偏僻的地方。达开率领十万大军，如入无人之地，攻城略地，所到即克。征集军粮，也很方便。达开决定在这里度过新年，全军进行休整补充，再决定今后的动向。1859年1月3日（太平天国戊午八年十一月二十六日，清咸丰八年十一月三十日），达开大军占领南安府，随即分兵设防，作久居的打算。当时兵分五路，驻扎于府城附近的各村庄，连营数十里。五路的将领是：

宰制陈亨容、傅忠信和军略何名标领一路；

渠帅萧寿鐄、蔡次贤领一路；

尚书周竹岐、李遇隆领一路；

军略赖裕新、黄玉发领一路；

元宰张遂谋、承宣刘逸才领一路。

其余将领随达开驻节于府城以东五十里的池江镇，即在镇北数里的新城圩筑城、开壕、列栅，营地周围并筑望楼百余座，以便久守。④

达开在池江镇度岁之时，与诸将仔细商量今后的动向。大家认为，出师一年以来，驰驱数千里，从未在一地安居十天半月，饱尝奔波之苦，不论今后动向如何，先建立一块比较稳固的根据地是必要的。赣南虽非富庶之区，但是长期未经战事，田地尚未荒芜，军需不难征集。据有此处，进可以攻，退可以守，能有回旋之地，因此都主张固守这块地方。对于下一步的动向，大家各抒己见，颇有争论。有人主张北向经南康攻取赣

---

① 李滨《中兴别记》卷四十一："九月，癸酉，朔。道员刘长佑破贼于新城横村及甘家隘，追击二十余里，贼退走福建建宁。"

② 简又文《太平天国全史》第十八章："以后石镇吉、镇常等所部与翼王本军脱节，虽仍同向西进，惟行动独立，自辟路线，从不相合。"

③ 郭廷以《太平天国史事日志》："12月2日（十月二十七日）翼王石达开大队自江西瑞金进向会昌。"

④ 郭廷以《太平天国史事日志》："1月3日（十一月三十日）翼王石达开占领江西南安府（老城）。清知府叶球，知县黄荣庚死之。（据云所分五支，一为翼府宰制陈亨容、〔检点〕傅忠信、军略〔先锋〕何名标〔文彪〕，一为渠帅〔经略〕萧寿璜、蔡次贤，一为尚书周竹岐〔竹坡〕、李遇隆〔遇际〕，一为军略〔宰制〕赖裕新、黄玉发，一为承宣刘逸才、元宰张遂谋，共七八万人，筑城于新城圩，开壕列栅，设望楼百余座，各首要屯驻池江。"文中之望楼，即瞭望台。

州，打通去吉安、抚州一带的道路，[1]这样可望在适当的时候恢复江西失地，并与天京互通声气。有人主张西向入蜀，认为湘军头子曾国藩和湘军各部麕集赣东，失地一时不易收复，杨辅清部也还在这一带活动，同室操戈，令人痛心。而且回师久战之地，疮痍未复，军需难筹，不如西取未经战事的完善之区。[2] 在进军大计尚未最后决定时，敌人跟踪追到，激战重新开始。1959 年 2 月 7 日，湘军道员萧启江率部驰抵赣州，与本地的团练取得联络，准备对达开大军进行袭击。2 月 18 日，进抵南康，20 日拂晓即发起攻击。萧启江先用团练挑衅，太平军奋起反击，团练退走。宰制陈亨容督军追击，追到赤石塘，两旁湘军伏兵骤起，他们突然看到湘军旗帜，事出意外，惊惶败退。[3] 萧启江督率知府刘岳昭、参将胡中和乘胜追击，夺取了新城圩。22 日，萧启江又率湘军及团练进攻达开大军总部所在地的池江镇。达开早有布置，挥军反击，大败敌军，斩都司龙复胜。[4] 获胜之后，达开觉得敌人已经追到，难以休整，不如乘胜转移，但这时北去赣州的道路已经被阻断，只好当机立断，向湖南进军。

1859 年 2 月 26 日(太平天国已未九年正月十九日，清咸丰九年正月二十四日)，达开部将军略萧发胜率领先锋军进入湖南境内，大破湘军总兵刘培元军，进攻桂阳县城(即今汝城，非今之桂阳)。28 日，军略赖裕新等人率后续队伍长驱直进，占领桂阳后，复分兵攻取兴宁(今资兴)、宜章两城。此后，赖裕新部又于 3 月 25 日克郴州，3 月 17 日是克桂阳州(今桂阳)，3 月 19 日克嘉禾。一路势如破竹，大有席卷湘南之势。达开此时与部将议定了合兵攻取宝庆(今邵阳)的计划。宝庆地处湖南中部，物产丰富，形势险要，如果夺取此城作为根据地，可以从容地通过湘西，进取四川。他们计划在两个月之内把全部兵力集中到宝庆附近，然后开始围攻。为了不让敌人发现自己的意图，他们决定分路进兵，四面出击，迷惑敌人，在适当的时候，迅速向宝庆周围集中，一战成功。

当达开的大军在湘南顺利前进之时，清廷上下大为震动。湖南是湘军的老家，几年来清廷一直依赖湘军来对付太平天国，长江下游各省到处都有湘军驻扎。现在达开

---

① 杜文澜《平定粤寇纪略》卷八："贼由南康县窥赣州，在新城圩筑伪城，其贼首则踞池江。"

② 李滨《中兴别记》卷四十二："伪二旗军略萧发胜等计画由楚而鄂，进图西蜀，占上游之势，入完善之区。"

③ 杜文澜《平定粤寇纪略》卷八："补用道萧启江奉曾侍郎援赣之檄，正月十七日抵贤女埔，侦知贼有七八万众，当以计取，伏兵附近各隘，令管带田勇、知县周庆榕诱贼出巢，精兵尽起陵谷中，建楚军旗帜，贼惊以为天外飞来，弃垒而遁。"

④ 郭廷以《太平天国史事日志》："2 月 22 日(一月二十日)翼王石达开督军大败道员萧启江湘军及知县周庆榕、田勇(赣南团练，按田派出，四万余人)于江西南安池江，斩都司龙复胜。"

打进了他们的老家,在前线作战的湘军唯恐家乡不保,惶惶不安,无心恋战,对整个战局起了极大的影响。这时广东、广西两省有许多天地会的队伍活动,清廷唯恐达开和他们联合起来,引起一片燎原大火,所以一再下令调兵遣将,来援湖南。

达开大军压境,有如排山倒海,清方虽然从各处调兵来援,但是远水不救近火。湖南巡抚骆秉章如坐针毡,日夜不安,完全倚赖幕僚左宗棠为他出谋划策。左宗棠奔走张罗,在保卫家乡的口号下,邀集许多湘军将领、兵勇中退伍归家者或由前方请假归家者,迅速编组队伍,在一个月之内,拼凑成军四万余人,而以湘军悍将刘长佑担任统领。这支队伍虽然是临时拼凑而成,其中兵员大都是颇有战斗经验的老兵,能够一战。刘长佑受命之后,即赶到湘南祁阳一带布防,抗击达开的大军。清廷所调江西、湖北各省援兵也陆续到达,这样,原来全无守军的湖南,竟在短期之内聚集了数万敌军,对达开的进军造成了很大的障碍。

赖裕新部自嘉禾一带西进开始围攻永州(今零陵)之时,刘长佑已到祁阳布防。听到永州被围的消息,刘长佑自率精兵前来迎击,力战而破太平军营垒九座,解了永州之围。因浮桥被毁,达开部下极力主张西取四川的军略萧发胜溺死。达开既知永州之败,发现敌情变化很大,原来认为敌人防务空虚,可以四面出击;现在敌人援兵大集,已经到处设防,此后只可智取,不可力敌。因此重新决定向宝庆进军的办法:

一、达开自率大军进攻祁阳,吸引敌人的主力。

二、命赖裕新在攻克东安之后,大张旗鼓地进入广西,引诱敌人追击,分散敌人兵力。

三、命部将傅忠信、余忠扶等迅速通过新宁、武冈的山间小路直趋宝庆。

不久,这个新的进军计划就顺利地实现了。达开编造木筏强渡湘江,与敌人在祁阳城郊相持,于4月22日大败湘军刘坤一部,牵制住敌人大部分的兵力。赖裕新部进入广西,敌人果然前来追赶,但他们迅速甩开了敌人,绕道驰往宝庆。傅忠信、余忠扶等乘虚通过新宁,敌人发现后前来追赶,被他们设伏杀得大败。1859年5月21日,达开得知其他各路队伍均已到达宝庆,即撤祁阳之围,迅速向宝庆进军。① 1859年5月24日(太平天国己未九年四月十四日,清咸丰九年四月二十二日),达开投入全部兵力围攻宝庆府城,城中震恐。达开大营扎于城南十里的澄水桥,专攻南面;傅忠信大营扎于城东十二里之泥湾,专攻东面;赖裕新大营扎于城西五里之神滩渡,专攻西北面。大

① 李滨《中兴别记》卷四十三:"己未,黎明,贼石达开乘风雨,自祁阳西走宝庆,各军追之。"

小营垒累累相接，有如贯珠，首尾相连，全长百余里，将士总数不下十余万人。敌军的阵线是：湘军道员赵焕联、总兵周宽世驻守城东，对阵傅忠信；副将田兴恕驻守城南，对阵达开本军；水师炮艇则扼守城西资水，对阵赖裕新。6 月 3 日，大战开始，达开亲督各部猛攻府城，战事由东南逐渐延至西北，城围以合，敌军陷入重围，文报不通，外界完全得不到宝庆城内的消息。

清廷也知道达开围攻宝庆的目的是想西取四川。如果宝庆不守，达开将以之作为根据地，或北上常、澧，经宜昌而攻三峡；或西去沅、辰，经秀山而入川东。当时的四川为西南各省的首富之区，一旦有失，关系重大，所以接受湖广总督官文的建议，调曾国藩率部入川防守。曾国藩因没有得到四川总督的实缺，不愿启行，再三上疏推托。由于达开围攻的宝庆距离曾国藩的老家湘乡只有一百余里，曾国藩不能不为之担心，于是先调原在赣南的湘军萧启江入湘，再商请湖北巡抚胡林翼派湘军悍将李续宜从武昌来援宝庆。1859 年 6 月 22 日，李续宜统率精兵万人南下。

宝庆文报不通，形势危急，外省援军一时又难以到达，刘长佑只有自率江忠义、刘坤一等军来援。他们到达宝庆附近时，长围已合，无法入城，只好暂驻于城北严塘等待时机。不久，城内派了一个会游泳的人乘黑夜通过浮桥，穿过达开大军的防线，把情报和军事地图送往长沙，湖南巡抚骆秉章才知道宝庆还在坚守待援。于是把情报和军事地图送交李续宜，请他从益阳，经新化，兼程南下赴援。7 月 24 日，李续宜援军到达宝庆北郊，他本人单骑入刘长佑营议事。湖南巡抚骆秉章奏请以刘长佑为宝庆西路各军统领，李续宜为宝庆东路各军统领，共同指挥宝庆解围战事。所以李续宜一到就和刘长佑商量解围策略。李续宜认为宝庆周围都是太平军营垒，如果从四面节节进攻，很不容易，只能集中兵力，专攻一处。达开围军以东、南两面兵较强，他们就商定先由北路进兵。

达开大军围攻宝庆到这时候已有两个月了，他们一面攻城，一面迎击敌人的援军，始终不让援军与城中的守军会合，打了不少胜仗，杀伤不少敌人。① 眼看破城在即，敌人的援兵却于这时赶到，这使他们十分担心，唯恐功亏一篑。当时城内守军和在长围中的敌军共四万余人，因为宝庆城内存粮甚多，暂时还不为军粮发愁。达开围城大军总数超过十万，每天所需军粮数字甚大，不易征集。他们受到敌人的封锁，无法打开粮源。因此围城越久，困难越大。为了在这最后的关键时刻打垮敌人，拿下宝庆，达开严

① 陈湜《病榻述旧录》："大小八十余战，败者六十有四，仅未失营耳。"这是一个湘军将领在事后回忆宝庆之战的经过，说明太平军胜多败少，而湘军常吃败仗。

令部将于三天之内一定要打破城北刘长佑、李续宜营垒，力求速战。出发时，大家只带三天粮食，表示破釜沉舟的决心。①

1859年7月25日(太平天国己未九年六月十五日，清咸丰九年六月二十六日)，双方在宝庆城郊的大会战开始。清方总兵力约四万余人，拥有水师炮艇和骑兵，军粮弹药的补给也比较方便。太平军总兵力在十万人以上，但因久攻坚城不下，将士已很疲惫，粮食弹药的补给也比较困难，会战开始之时，已觉锐气不如昔日。达开为了鼓舞士气，乘白马，张黄绸伞盖，亲临前线督战。② 李续宜按照从北路进兵的计划，一面坚守营垒，抵御从正面来攻的太平军，一面指挥着大张旗鼓进击太平军东南两方营垒，其主力却从山间小路行进，突袭太平军西北的阵地，结果一举突破了太平军西北方的防线，和长围之内的清军会师。这一夜，东南两路的太平军听说西北失利，彻夜吹角，聚众反攻。次日清晨，太平军总数约四万人，分为数十队，猛扑敌人阵地。李续宜拼死抵御，激战竟日，太平军仍然不能得手。又次日，三日之限已到，太平军攻不下敌人营垒，信心动摇。李续宜以骑兵作为前队，全军进击，连破太平军营垒四十三座。于是城内外清军连成一片。太平军因弹药不继，抵御不住，只好暂时退驻东南营垒。

大战三天不利，眼看就要前功尽弃，将士们都非常气愤，要求决一死战。7月28日，达开亲自督师猛扑城北湘军营盘，人如潮涌，有进无退。李续宜知道这时一败就不可收拾，也拼死抵御。双方激战一天，太平军又因弹药不继而失利。敌军水陆配合，大举反攻，夺取太平军营垒六十余座。每一座营垒易手，双方反复争夺，死伤均重。这一战役，太平军死伤一万余人。③ 几天的激战，双方都已筋疲力尽，于是休战十余天。

休战期间，达开把队伍集中于东南两路的营垒中，严密防守，以防敌人的突袭。同时召集部将，一再商量下一步的战略。这次围攻宝庆，开始比较顺利，大家如约来到宝庆城外会师。后来敌人死守待援，拖延了时间，十多万大军聚集一处，就出现了军粮弹药补充不足的困难。敌人援军到达之时，太平军急于求胜，屡次攻坚，硬打硬拼，造成被动的局面，以致失利。对于这一次的失利，大家深为惋惜，觉得以后应该先找一块根据地，经过较长期的休整补充，再图进取。至于进军的方向，由于敌人已经扼住向北的通路，暂时只好向南发展。一些广西籍的老战士主张先回广西，达开接受了这个建议，

---

① 杜文澜《平定粤寇纪略》卷八："贼首闻援军大至，且畏续宜威，挑选精悍，并力致死，裹三日粮，誓破宝庆，兼分贼四出扑营。"郭廷以《太平天国史事日志》："7月25日(六月二十六日)达开限余子安等于三日内破湘军营垒。"

② 杜文澜《平定粤寇纪略》卷八："石达开乘良马，张黄盖，指挥迎拒。"

③ 李滨《中兴别记》卷四十四："是日，破平逆垒六十余，卡百数十，歼溺逾万，生擒千余，收获旗械枪炮无算。"

于是派人探听湘桂边境的情况，做好退入广西的准备。经过这次挫折，达开和他的部将已经深知自己的弱点，所以回师广西之后，以庆远为根据地休整补充达八个月之久。他们这种弱点，老奸巨猾的曾国藩也是心中有数的。曾国藩在一封私信中一语道破："无老巢以为粮台，粮米须掳，弹药须搬，行且自疲于山谷之间。"①

8月10日，敌人又分路进攻。达开挥军迎击，激战于宝庆城郊贺家坳一带。② 11日、12日，双方多次激战，相持不下。13日，达开亲自督军反攻贺家坳敌军大营以掩护退却，命宰制陈亨容、经略萧寿鐄率军开路，经过新宁，南入广西。17日，达开退到宝庆、永州之间的芦洪市。敌人追到之时，他亲自断后，掩护大军经过东安退入广西。③

达开大军这时仍有十万左右，9月上旬，他分兵五路，陆续越过湘桂边境上草木葱茏的越城岭，进入广西境内。他本人率领精兵断后，杀退敌人的追兵，然后沿着湘江西岸南下庙头，直趋广西全州。当他跨马趱行在山间小径之中，看到东方那蜿蜒北流的湘水，不禁感慨万端。七年前太平军由此北上之时，全军不过万余人，却人人信心百倍，敢于长征万里去建立新朝。不料功业未成，萧墙祸起，同室操戈，人心涣散。自己这时回到故乡，所统带的只是一支孤军。抚今思昔，为之怆然！

论：

一、石达开从江西南安府向湖南进军，的确是想西行入川，远征不返。无论石达开有多大的委屈，也无论洪秀全有多大的错误，但是石达开从此脱离太平天国与敌人鏖战的"近征"战场，走向不能与天京互相配合的"远征"战场，这就的确是另谋出路，应该受到指责。不管是主动的还是被动的，不管是有预谋的还是被迫的，他既已脱离了敌我斗争的主要战场，那就可以说是"分裂"。至少也可以说是分立。

所谓"分立"，就是各干各的。在历代的农民起义事业中，这样的情况并不少见，可以说这是对革命不够负责的态度。如果认为洪秀全确实无德无才，用人唯亲，会把革命事业的前途断送，石达开就应该当仁不让，"废天王于深宫，诛诸洪于朝列"（张遂谋语），自己取而代之。这样，虽然造成短期的混乱，但在局面稳定之后，主政得人，就会使革命事业顺利发展，早日取得全面的胜利。所失者少，所得者多。可惜石达开不此

① 引自曾国藩《曾文正公全集·书札·复胡宫保》。

② 杜文澜《平定粤寇纪略》卷八："石达开受创于宝庆，犹聚踞东南路。七月十二日，诸营分路进剿，大战于贺家坳。"

③ 李滨《中兴别记》卷四十四："甲申，宝庆贼石达开弃垒南奔，李续宜、刘长佑、江忠义、田兴恕等不及断贼窜路，遂由新宁、东安犯广西。"

之图，却以让而不争为讲义气，放过了机会。从此处处被动，走上了“分立”的道路。使得统一的革命力量一分为二，结果两败俱伤，同归于尽。这一惨痛教训是值得后人记取的。

二、有些同志认为：石达开既已决定远征四川，不必再保留太平天国的旗帜，可以“另树一帜”，以免束缚自己的手脚。如果他已另打旗帜，后来童容海那一班人就不能再跑回天京来了。笔者认为：石达开本人既不愿另打旗帜，也不应另打旗帜。太平天国是千千万万革命军民牺牲奋斗所创建的，绝非洪氏一家的私产。洪秀全可以把石达开逼走，但是不能改变他对太平天国的一片忠心。邓之诚先生说：“达开始终抗清，不背太平天国。”(《中华二千年史》卷五，中册)这一论断是完全正确的。从金田起义开始到大渡河覆军为止，石达开一直打着“真天命太平天国”的旗帜，而洪秀全后来竟改国号为“天父天兄天王太平天国”，“天王号为天父天兄天王之国，此是天王之计……恐人之占其国”(李秀成语)。对比之下，谁更忠于太平天国革命事业，岂非一目了然。石达开不改旗帜是正确的。至于童容海这些人跑来跑去，那是另一问题。童容海最后是跑到清朝那边去了，这就说明，不管打什么旗帜，也限制不了那些投机分子的活动。

退一步说，即使从利害关系来考虑，远征之后不改旗帜也是正确的。太平天国的旗帜在人民中间已经具有很大的号召力量，石达开屡次蹶而复起，他的队伍能够不断地得到补充兵员，这和广大人民拥护太平天国也是分不开的。

三、石达开大军初入湖南之时，采用灵活机动的战术，使得敌人防不胜防，取得了很大的胜利。但在围攻宝庆以后，却从蹈虚乘隙一变而为锐意攻坚。以致长期屯兵坚城之下，师老兵疲，召致失败。如果放弃宝庆，分路进入湘西，或北上攻鄂，或西向攻川攻黔，可以处处争取主动，使敌人在后跟追，而又追之不及，疲于奔命。入川之举，当不致推迟到两年之后。清廷既已察知石达开入川的意图，立即谕令曾国藩驰赴夔州扼守，四川防务捉襟见肘的窘状已可想见。当时曾国藩所求不遂，推托不肯动身。如果这时石达开能从湘西进入四川，必然如入无人之境。石达开贪攻宝庆，坐失时机，是失策的。

四、有的同志认为：石达开远征之后，虽也打了一些胜仗，但在决战时刻，每每失利，锐气远逊当年，很难和他过去战无不胜攻无不克的情况相比。其原因大概是由于他闹“分裂”所造成的。笔者认为：就整个太平天国的历史而言，后期的锐气的确远逊于前期，不管是天京直辖的队伍还是石达开远征军都是一样。“锐气减半”是后期太平军的通病，非石达开远征军所独有，不能以此责备石达开。至于这种通病从何而来？其谁之咎？一言以蔽之，曰：内讧所造成。石达开不是发动内讧的人，而是内讧的受害者，我们没有理由指责到他的头上。

第十二章　回师广西

宜山旧名庆远府，是广西北部一座有名的古城。从这里北上可入湖南，西去可进贵州，地势险要，自古为兵家必争之地。府城北濒龙江，南望群山，城高垣厚。1859年10月，翼王石达开率领远征军占领此城，前后共达八个月之久。1860年3月，达开和他的部将登上了城北会仙山的白龙洞，互相唱和，赋诗勒石，留下了传诵千古的《白龙洞题壁诗》，此处便成为后人长期凭吊的古迹。

1859年9月初，达开远征军分兵数路，由湘入桂。达开本军绕过全州，进据兴安，[①]等到各路队伍大致到齐，从湖南跟踪而来的湘军萧启江部也已追到。达开士卒都从山间小路行军，远来疲惫，接战不利，向西退走。[②] 就在这时，得到了国宗石镇吉部正在围攻桂林的消息。[③] 达开部将中有人主张全军南下，与石镇吉部合攻桂林。也有人认为进攻桂林并无把握，如果攻之不下，则前有坚城，后有追兵，又会重蹈宝庆失利的覆辙。不如乘敌人注目桂林之时，全军西去，迅速占领一块适当的地方，进行休整补充。达开审时度势，同意这一建议，于是下令全军西行，进取融县。

这时湘军萧启江部直趋桂林援助守军，无心追赶，桂北各地又全无守军，达开远征军如入无人之境，不久即进驻融县县城。因为县城窄小，续到的队伍只能分驻各乡各村。达开与部将亲到各处营地巡视，才发觉广西的景象已与七年前大不相同。自从太平军北上之后，清军尾追出省，天地会的队伍乘虚起事，几年来活动频繁。这些队伍漫

---

① 简又文《太平天国全史》第十八章："九年八月，翼军由湘南东安陆续入桂。中旬，经全州，到兴安。"李滨《中兴别记》卷四十四："贼之奔广西者，畏楚军追及，过全州，不遑攻城，疾走兴安、灵川。"

② 光绪《平桂纪略》卷三："贼据兴安，分党守大溶江。启江率湘军由湖北追贼及大溶江，击败之，乘胜追击。"李滨《中兴别记》卷四十四："丙辰，援广西军萧启江败贼于兴安塘埠、百子铺，破平大溶江贼垒，贼大奔。"

③ 郭廷以《太平天国史事日志》："8月27日(七月二十九日)翼王石达开部国宗石镇吉、石镇常等围攻广西桂林，巡抚曹澍钟固守。"李滨《中兴别记》卷四十四："丁酉，潘家馥率所部千人自平乐至桂林省城，明日，伪石国宗、聂酋傅城，巡抚曹澍钟、学政李载熙督兵团登城发炮，水勇登岸击之，贼少却，旋筑垒于城西南。"按当时围攻桂林的是石镇吉部，非石达开部。1859年8月27日石镇吉部开始围攻桂林时，石达开部尚未入桂。石镇吉是石达开族弟，前虽随石达开出征，但从福建分兵以后，长期自领一军，单独行动，再也没有回归石达开的大队。

无统率，此起彼伏，到处流动，逼勒供应，以致民间粮食奇缺，田地荒芜十之七八。地主大都据险结寨自保，农民到处逃荒、颠沛流离。许多村落，竟无人烟。[①] 军粮补给，极感困难。为了维持十万大军的供应，只好派出许多队伍，到处奔走征集粮秣。达开为此十分焦虑。为了摆脱困境，只有迅速进军，赶快进驻有粮的地方，于是挥军向西南进发，目标是龙江边上的庆远府。因为缺粮，大军不能驻扎一处，只有沿途驻扎，自罗城至庆远附近，连营二百余里。[②]

1859 年 10 月 13 日，达开大军的先锋赖裕新进抵大曹，未遇一兵一卒。次日进抵庆远城东五十里的洛东，清方少数兵勇一哄而散。1859 年 10 月 15 日（太平天国己未九年九月初六日，清咸丰九年九月二十日），达开远征军兵不血刃进驻庆远府城。[③] 达开入城，以庆远府署为翼王府，六部人员分驻城内各官署，大军分驻城外龙江南北各村。全军自从离开江西南安府以来，七个月中到处奔走，这时能够打下一座府城，又暂时没有什么战事，得以安然度过新年，进行休整。当时唯一的困难还是粮食不足。庆远府属各地人口不多，产粮不富，平时只能勉强自给，这时猛增十万大军，自然供不应求。自入庆远之后，达开即分兵四出，到处征粮，先后攻占德胜、迁江、马平、罗城等地，不久即自动退出。因其目的是为征粮，原无攻城略地之意。[④]

达开觉得这样到处征粮，不是长久之计。既然暂时没有战事，还是努力发展农业生产，才能解决粮食问题。他下令各地驻军号召农民回来生产，把从官僚地主那里没收来的财物与粮食分给各族贫苦农民，帮助他们渡过难关。虽然史料残缺，我们无法了解达开当时鼓励农民恢复生产的具体办法，但从当地长期流传的一些民歌看来，他在这一方面是做了不少工作的。例如庆远附近壮族人民中流传这样的民歌：

翼王派兵到我家，问声粮米差不差？
缺粮给谷并银两，牵来牛犊[⑤]又有耙。
财主佬心乱如麻，穷佬心里正开花，

① 民国《融县志》第六编："九月，太平天国军翼王石达开率兵十余万，先驻清流镇，约十余日进驻县城。其时，世乱已久，死亡过半，其存者均伏匿山岩，徙居边远村落。田地荒芜，十之七八，粮食甚艰。"

② 李滨《中兴别记》卷四十四："石逆达开亲率大股进犯庆远，自罗城至落墨渡，连营二百余里。"

③ 民国《宜山县志》卷二："九月十八日，伪翼王石达开先锋赖剥皮（赖裕新）突至大曹。十九日，贼十万余至洛东，兵勇溃。二十日，城陷。"

④ 简又文《太平天国全史》第十八章："自占庆远后，翼军即分兵四出，原非有攻城略地之宗旨，盖无非为裹粮计也。"

⑤ 牛犊，广西方言，即小牛。

自耕自耘自得吃，大家齐唱太平歌。[①]

苗族人民中流传这样的民歌：

苗家救星是翼王，枯苗得雨心欢畅。
从今耕田齐落力[②]，为保太平把兵当。[③]

达开爱护人民，鼓励生产，赢得各族人民衷心的拥护。1860 年春天，在他三十寿辰之时，[④]当地群众扶老携幼、络绎不绝地来向他祝寿。翼王府彩灯高照，红烛高烧，敲锣打鼓，一片欢腾。王府大门，高悬寿联一对：

十载佐龙兴，秉黄钺，仗白旄，遐迩宁庥，会见有严有翼。
卅年开寿域，月仲春，日中浣，冈陵晋祝，欣看来享来王。[⑤]

达开欣度生辰之后，又听到一个从江南传来的振奋人心的消息。据说，洪秀全的族弟仁玕于去年来到天京。此人虽也姓洪，但与愚昧贪婪的洪仁发、洪仁达不同。他有才有识，在受封为干王与军师之后，认真筹划国事，朝政颇有起色。达开觉得自己离京出征三年，转战七省，驰驱万里，备尝艰辛，历尽险阻，深感孤军作战之苦。现在既然天京辅政得人，朝政已有起色，于是派人回京祝贺干王主持朝纲，并在致干王的信中说，以后有事入奏，均请干王斟酌转奏。[⑥] 可惜从此以后，达开转战各地，一直未能从洪

---

① 引自太平天国历史博物馆编《太平天国歌谣》。

② 广西方言，即努力。

③ 引自太平天国历史博物馆编《太平天国歌谣》。

④ 石达开生于 1831 年，到 1860 年只有二十九岁。但是按虚岁计算，为三十寿辰。

⑤ 此联录自简又文《太平天国翼王宜山诗刻之研究》一文。原文有"附言"云："近游宜山白龙洞时，陈清如丈并为余背诵翼王曩驻是邑时举行祝寿之门联。是联辞藻丰美，气魄雄厚，涵义对仗，并皆佳妙。句末运用诗经句，分嵌'翼''王'两字，尤为工整而自然，独运匠心，的是杰作，足见幕府多才矣。天朝当日最尚对联，凡各衙署府第，联语必分嵌主官爵衔，运用成语，堆砌典故，或工或拙，光怪陆离，不一而足，风气所趋，蔚为文化奇观。而求其能如是联之精妙者，尚不多观。是联向所未闻未见，是为宜山之游之新发现，兹发表于上，殊足增富太平天国文献也。"下联中有"月仲春，日中浣"之语，说明翼王生日应为二月中旬。此指天历或阴历。如按公历计算，当为三月中旬。此联之另一传说为："从龙兴者十年，仗黄钺，秉白旄，遐迩蒙休，共仰有年有翼。纪鹤算于卅载，月仲春，日中浣，岗陵颂祝，咸欣来享来王。"1945 年 5 月 21 日香港《文汇报》萧金牛文。按：自金田起义至此时应为十年。"简史"中此联上联作"五载佐龙兴"，疑有误，故改为"十载"。

⑥ 简又文《太平天国全史》第十八章："据《华北先驱报》（第 527 号，1860 年 9 月 1 日）载：据曾往访问苏州回沪之艾约瑟牧师报告，翼王曾遣使多人回京贺干王主持朝纲，并谓以后入奏天王，皆将经由干王手转奏云。事甚离奇，但未尝无可能，姑志此备考。如系属实，则当在十年夏间驻节庆远时事，原文谓翼王此时在四川，大误。"

仁玕那里得到回音。

庆远城北二里的北山为当地有名的胜地。山多岩洞，其中最出名的为白龙洞，以洞内多化石龙骨而得名。洞深长而幽暗，必备火具，始能深入。洞口石壁陡峭，直达山巅，壁上诗文刻石，琳琅满目。达开大军初克庆远之时，其部下户部尚书李岚谷即曾来此游览，吟成古风一首。1860 年暮春，为翼王祝寿之后，李岚谷即请翼王与王府属官来此郊游。

这次郊游，是颇为风雅的盛会，堪为达开远征大军多年战斗生活中之点缀。达开偕其部属登山入洞，偶见刘云青题壁之五律，乘兴唱和，其部属十人亦步原韵奉和，事后全部刻于石壁之上。（李岚谷之古风已先刻于此处，达开等人之诗加刻于前，刘云青原诗重刻于后。）达开大军离开庆远之后，当地群众有意保存这一诗刻，在重修洞外佛寺时，在诗刻之下搭盖厨房，以作掩护，始能保存至今。现将诗刻录之如下（标点为编者所加）：

太平天国庚申拾年，师驻庆远，时于季春，予以政暇，偕诸大员巡视芳郊。山川竞秀，草木争妍。登兹古洞，诗列琳琅，韵著风雅。旋见粉墙刘云青句，寓意高超，出词英俊，颇有斥佛息邪之概。予甚嘉之。爰命将其诗句勒石，以为世迷仙佛者警。予与诸员亦就原韵立赋数章，俱刊诸石，以志游览云。

翼王题

挺身登峻岭，举目照遥空。毁佛崇天帝，移民复古风。临军称将勇，玩洞羡诗雄。剑气冲星斗，文光射日虹。岩洞高千丈，登临万象空。尊王崇正道，斥佛挽颓风。举目河山壮，横腰剑佩雄。旌旗红耀日，将士气如虹。

元宰张遂谋敬和

从龙欣遂愿，附凤又翔空。整旅同时雨，还乡咏大风。虚无嗤佛老，运会属英雄。贵制诗精妙，挥毫气吐虹。

地台右宰辅石蔡亲敬和

胜地因人著，悬崖接太空。偶留名士句，竟感大王风。长啸千山应，高唫万古雄。遥瞻挥翰处，天际亘青虹。

户部大中丞萧寿鐄敬和

春深花映谷，羽满鹄腾空。电扫龙吟雨，云飞虎啸风。看山双眼大，报国一心雄。惨此民情恶，烽烟蔽碧虹。

礼部大中丞周竹岐敬和

佛老原荒诞，无仙洞亦空。草忻沾化雨，琴快谱薰风。人杰山增色，才高笔逞雄。碑铭留万古，钩画映晴虹。

兵部大中丞李遇隆敬和

侍驾游佳胜，梯云蹑半空。岭头欣就日，洞口喜迎风。斥佛刘诗壮，从龙国士雄。乘时施化雨，万姓仰霓虹。

吏部尚书孔之昭敬和

诗与境俱古，眼同天并空。振衣心向日，提剑腋生风。德布王恩荡，威扬士气雄。漫言归路险，绝壑架长虹。

户部尚书李岚谷敬和

古洞龙飞去，凭崖一望空。名山多妙境，隐士有高风。地本因人胜，王真命世雄。从知游览处，掷剑化飞虹。

礼部尚书陈宝森敬和

己未季秋游白龙洞怀古

怪石磷磷险且徒，峭壁巉崖开洞口。宦游到此眼界空，登高不拘九月九。扳萝直上寂无人，满壁联唫叙陆叟。陆叟一去不知踪，白云深处空回首。潜身更进一层崖，岩空洞古龙飞走。白龙腾去剩空潭，常飞紫气冲牛斗。自从唐代辟荒崖，洞里乾坤夸别有。今时尚忆古人游，古人那见今时友。古今多少大英雄，显赫威风今在否？不如随遇且随缘，笑傲烟霞游冈阜。扫石围棋又赋诗，得意挥毫不住手。高谈尚论半山巅，倚石披襟聊酌酒。醉归莫觅路西东，一带苍烟迷古柳。菊花香送晚风凉，夕阳斜照新晴后。行行且止共吟哦，胸怀洒落无尘垢。者番景况乐如何，我道此乐真不朽。

江右李岚谷题

灵境何年凿，幽深万象空。余闻发豪兴，欲往凌清风。龙卧今应醒，人奇句亦雄。大呼拔长剑，天外断飞虹。

工部大中丞吕玉衡敬和

登临古峭壁，梵刹盘虚空。佛灭余花鸟，诗敲振谷风。从龙心已遂，逐鹿志尤雄。指点东关外，长桥卧玉虹。

精忠大柱国朱衣点敬和

异境从天辟，登临眼界空。万家遥带雨，一水怒号风。古佛形容怪，奇人气象雄。回看腰上剑，飞去作长虹。

附录楚南刘云青原韵[①]

达开此诗风格雄伟，确能反映出他的"英雄侠义、勇敢无畏、正直耿介"[②]的性格。部属和诗，除歌颂达开的功德之外，也都坦率地说出了自己从龙附凤的想法，例如"从龙欣遂愿，附凤又翔空"，"从龙心已遂，逐鹿志尤雄"。这就是说，跟着达开打江山，是想拥护达开做皇帝，自己也能封侯拜相。"还乡咏大风"一语，就明白地把达开的回师广西比做汉高祖的衣锦还乡。虽然如此，诗刻格式还是恪遵太平天国的制度，没有僭越的痕迹。

这些诗篇的内容大都反映了远征将士威武豪放的气概，也有些诗句反映了当时环境的恶劣与斗争的艰苦。大家虽然向往那纵横万里的锦绣江山，实际上不过局促在庆远一隅之地，而且每天都为粮食发愁，派出去征粮的队伍又常常受到地主团练的袭击，无功而还。长此以往，令人担心。达开一向爱护百姓，不管自己如何困难，也不愿意向百姓苛求。军中缺乏火药，需要拆掉老屋熬硝，百姓一来求情，事情立刻停办。[③] 征集军粮也是如此，如果百姓确有困难，他不但停止征集，还要发放救济粮食。流传在当地的各族民歌就证实了这一点。许多和他对垒过的敌人，都一片声地说他"性慈不好杀戮"[④]。在军中补给极为困难之时，达开爱护百姓，就更增加了自己的困难。

桂北山区地广人稀，大军驻扎之地，本来就没有多少百姓。达开虽然尽力招抚流亡，鼓励耕种，帮助百姓购买耕牛和农具，但是远不能解决目前的困难。唯一救急的办

① 以上诗刻据摄影之原件著录。诗刻确属真品，是太平天国遗留下来的珍贵革命文物。石达开离开庆远之后，清方官员对于太平天国文物尽力破坏销毁。当地群众特意在诗刻之下建造厨房，把诗刻薰得一片漆黑，泯然无迹，逃避清方的耳目，才使诗刻能够完整地保存下来。1963 年 2 月 26 日，国家正式公布这一诗刻为广西重点文物保护单位。可是在十年内乱之中，这一珍贵文物遭到破坏，被凿毁了其中的某些文字。

② 麦高文《太平天国东王北王内讧详纪》："在生在的首领中，除翼王石达开外，状况皆不可得闻。据报告所称，这一位青年领袖是英雄侠义、勇敢无畏、正直耿介的。"

③ 民国《罗城县志》卷四："咸同间，太平天国军至罗城，闻夏珠村多明代老屋，拟折屋煮硝充军用。时振三充乡官职，病不能行，全村惊惶失措，(杨)氏慨然代乃翁为村民请命，以大义向天国陈诉。一军感动，遂收折屋令，村得保全。"

④ 引自李元度《致石达开劝降书》。

法，就是化整为零，分散就食。什么地方找得到粮食，就向什么地方流动。任何一个有才能的指挥官，都统率不住一支饥饿的军队，这就是达开远征军在广西时出现离散情况的主要原因。

达开后来在“自述”中说：在广西时“因夥众三江两湖人多，各有思归之念，不能管束，将大队散回”。[①] 其实思归并不是队伍离散的主要原因，最根本的原因还是缺粮。达开驻节庆远，本想以此处作为根据地来进行休整补充，但因粮食缺乏，最后竟至罗掘俱穷，不得不分散求生。有的到处奔走，长途跋涉，征集到的一点粮食，只能维持眼前的生计，谈不上什么长远的打算。有的去围攻地主的寨子，和团练发生激战，只为了夺取一点粮食，就要作出很大的牺牲。这样一来，进取四川的计划就很渺茫，大家也就逐渐失掉信心，思归之念也就油然而生。

达开驻节庆远时，除小队伍离散不计之外，较大的离散行动共有三次。第一次是1859年12月下旬傅忠信、谭体元部的南行。他们先是向南路进军，经柳州、象州，入桂平，以后又北上取道湖南、江西，回到江南。第二次是同年年底，在傅忠信、谭体元部走后不久，花旗队伍即1855年冬在江西投归达开的天地会队伍，也离开庆远而东走。他们都是广东人，这时是想回军占领广东。1860年1月13日，他们通过广西富川进入广东连山，即与北江一带本地天地会队伍陈显良、侯陈带、曾超等部联合作战，进出于粤北、赣南、湘南各地，损失甚大。1861年春，余部在江西投入李秀成、李世贤军。第三次是1860年3月，后旗宰制余忠扶部下策划自由行动。余忠扶忠于达开，极力制止，以致被杀。主将余明富等即率领此部西行入黔，途中与脱离石镇吉军的宰制曾广依部相遇，两部即联合作战，这年秋天，他们连克贵州各地，前锋直逼贵阳。1861年初，两部又内讧而分化，分道扬镳。余明富部先入湖南，后回广西，其部下余诚义、张顺政杀余明富而降于清军。曾广依部于1861年秋自贵州攻入川南之江津、綦江。1862年达开远征军入川后，曾广依部复归大队。

1860年5月，达开觉得形势不利，决心放弃经营了八个月的庆远府城，另谋出路。他能下此决心，大致由于以下这些原因：

一、他的十万大军经过多次离散，所余不足半数，再不改变环境，将会分崩离析。

二、粮荒情况仍很严重。这时正值青黄不接，连剩下来的这几万人也有缺粮之苦。

三、石镇吉部虽然长期独立作战，没有接受达开的直接指挥，但是这支队伍骁勇善

① 引自奏稿本《石达开自述》。

战，牵制许多清军，能与达开的大军互相支援，密切配合。1860 年 4 月 6 日，石镇吉部久攻百色不下，队伍因缺粮而溃败，石镇吉本人战死。这样一来，庆远就很孤立。

四、达开进据庆远之后，清军用兵于桂东，一直无力西顾。经过七八个月，清军已经做好了反攻的准备，湘军统领刘长佑这时已升为广西巡抚，正在调兵遣将，并且联络地方团练，策划围攻庆远。

达开不愿以饥疲之众抗御来势甚锐的敌军，唯恐接战失利，动摇军心，所以决定即日主动撤退。1860 年 5 月 29 日，大军从庆远南门出城，向忻县前进。直至 6 月 8 日，清军才开入庆远，收复一座空城。达开于 6 月 1 日到达忻城土县，因派部属分军探路，所以暂留此地数日。不久，宰制陈亨容部克迁江县属之朔河，派人来迎，达开乃于 6 月 8 日进驻朔河。这时，精忠大柱国军略朱衣点克迁江。上林县地方起义队伍的首领李锦贵早就冒用太平天国的旗帜，石镇吉部从此地经过时，他曾前来助战，这时听说达开本人来到，非常高兴，前来欢迎。达开亲率大军和他会师攻克武缘（今武鸣）。不久，他又迎接达开大军进入宾州（今宾阳）。

达开驻节宾州之时，又发生了一件队伍离散的事件。这时军略彭大顺驻忻城，朱衣点驻迁江，观天燕童容海驻迁江县属之良塘。他们对进军四川失掉信心，想要回师江西，就联合行动，三支队伍组成一支数万人的大军，不随达开向南进军，却回头向北方退走，经过融县，进入湖南。他们都是追随达开多年的老部下，这时也与达开分离，达开为此十分难受。自从他们走后，达开的远征军总数只剩一万余人，兵力孤单，攻守两难，陷于更加困难的境地。彭大顺等人的队伍从 1860 年 7 月起已经不听调动，8 月底离开驻地，向北行军，9 月初到达桂林附近的义宁。其中的正统戎张志公等人通款于清军，带领一万余人投降广西巡抚刘长佑。这支队伍的投降，使达开远征军的内部情况尽为清方所知，造成极坏的影响。彭大顺、朱衣点、童容海等人仍率所部北上湖南，转战江西。1861 年 9 月，他们与忠王李秀成的队伍相遇，就随李秀成回到江南。

这时达开驻军在一块新的地区，根基不固，兵力不多，一旦被围，十分危险。宰制赖裕新向他建议，与其株守一地，不如主动出击，汇集余军，围攻南宁，并自告奋勇，愿当先锋。达开在许多部将离散之后，心情沉重，这时听到他的建议，精神为之一振，觉得他忠勇可嘉，决定分兵三路，即日出发。这时去南宁的大路上，敌人的团练数千人正扼守昆仑关，不易越过。他们改经武缘，出高峰隘小路，进围南宁。1860 年 8 月 10 日，大战开始。他们以为清军无备，先用马队冲突，在发现清军据险扼守之后，就停止进击，准备挖掘地道炸城。可惜遇到夏季多雨，城壕水满，地道虽然挖成，一旦壕水灌入，火药浸湿，前功尽弃。屡次挖掘，屡次失败，最后只好住手。他们又环城筑垒，竖立木栅，准备长期围困，以待城中粮尽，相持将近一月。城内守军虽然不多，地方官调集各地团练来援，内外夹攻，放火烧毁木栅，援兵冲进城内，他们围困守军的计划又告失败。达开兵力本来不足，相持日久，敌方兵勇团练愈集愈多，发动反攻，他们难于应付，只好全面退却。敌人在后穷追，他们为了保存力量，避免硬拼，分散退走，不进宾州、上林两城。赖裕新率领本部数千人向下游各地猛进，吸引追兵；达开自己则退驻昆仑关以北的思陇驿，收集部众，进行休整。

达开退驻思陇驿时，部众不过万余人。手下的精兵良将，大都风流云散，处境困窘。当时如果清军来攻，已有难于抵御之势。所幸这时广西清军正用全力与大成国军作战，无暇他顾，达开又得到了一个休整补充的机会。他在思陇驿度过新年，一直住到1861年2月16日才移驻宾州。在这几个月中，他广招兵员，重建队伍，逐渐恢复了力量。那时与清军对垒的大成国，是由陈开等人所统率的天地会队伍建立的。1854年，陈开在广东佛山起义，响应太平天国。他的队伍一律蓄发易服，头裹红巾，在短期内就聚众十余万人，分三路围攻广州。因为英、法侵略军协助清军守城，他们久攻不下，于是退入广西，攻克浔州府城(即桂平)，于1855年秋建立大成国，改浔州府城为秀京，定为国都，并分兵攻取柳江、浔江两岸各地。达开驻军庆远时，已派人和陈开联系，希望他接受太平天国的封号，两军合作。但他不愿信奉上帝教，也就不愿接受封号，谈判不成。

达开乘清军不遑西顾之时，在宾州整编队伍，训练士卒。上林的李锦贵又专程来迎接他入上林城，共商进军计划。李锦贵联络了不少天地会的队伍接受达开的指挥，达开封他为纯忠大柱国体天侯，把他看作自己的得力部将。

1861年4月，达开和李锦贵分兵进取附近的地主寨栅韦村和水台村。达开的队伍经过几个月的休整补充，再加上李锦贵所联络的外地队伍不断来投，人数逐渐增加，力量逐渐壮大。可惜这年6月，李锦贵病死，缺少了李锦贵这个媒介，许多队伍的首领纷纷离去，有的投降了清军，一时环境剧变。那些投降者一入清军，达开的虚实就被敌人所尽知，处境十分危险。达开决定迁地为良，7月上旬，仍由赖裕新担任先锋，全军开拔，东趋故乡贵县。

1861年7月16日(太平天国辛酉十一年六月初五日，清咸丰十一年六月初九日)，达开重新回到自己阔别了十一年的故乡贵县，进驻县北的龙山。[①] 他的仪仗队十分显赫，金戈映日，黄旗蔽空，人马塞途，日夜不绝。这时他的处境虽然不佳，毕竟已经建功立业，身膺王位，差可称为衣锦还乡，所以还是大摆仪仗，以慰家乡父老。不久即移驻县城，以水源街粤东会馆为翼王府，其部下分驻附近各地。北到覃塘、石龙、武宣，南到桥圩、兴业，处处设防，警卫森严。既回故乡，达开“大宴父老为欢”[②]，问民疾苦，并与亲戚故旧畅叙离情。达开所到之处，每出金帛救济贫苦。各地父老也都高宴演剧欢迎。相传长荣地方设宴演剧之时，达开即席撰一联曰：

不论地场，可家可国可天下；

寻常人物，能文能武能圣神。

联语意味深长，至今传诵。[③]

达开回到奇石圩与那帮村探望儿时的钓游之地，留恋故乡的心情油然而生。他向家乡父老和儿时的旧友说：自己这样戎马倥偬，东奔西走，实在是事非得已。只要残妖灭尽，天下升平，他一定回到家乡，重享田园之乐。大家都祝他早成大业，重归山林。[④]

达开回到故乡未及一月，战局有了很大的变化。广西巡抚刘长佑所属的湘军蒋益澧部与广东水师总兵李扬升部正以全力进攻大成国的京城浔州。清军从东西两方包抄而来，眼见战火就要烧到贵县境内。大成国军连日大败，已经抵挡不住。[⑤] 而驻守覃

---

① 光绪《平桂纪略》卷四：“达开悍党十不存二，徙倚宾州谢必魁，上林李锦贵、宣化李青靛，互相勾结。六月初九日潜遁贵县，据龙山。”关于石达开回贵县的时间，各种记载说法不一。同治《浔州府志》卷五七云：“六月，红巾贼石达开踞贵县龙山。”并云：“（石达开）八年九月，率悍目赖裕新、石镇吉、陶金汤等回窜广西。九年二月，入宾州破古辣圩，犯上林、武缘。……是月，达开窃据龙山。”这就是说：石达开回贵县是在咸丰九年六月，实际上这时石达开还在围攻宝庆。民国《贵县志》卷十七云：“（咸丰九年）十一月……翼王石达开回驻贵县。”实际上这时石达开还在庆远。他是否能够抽暇从庆远回乡一次探望父老？我们认为这是不可能的。两地相距约四百里，来回需要很长的时间，全从清方统治区域中经过，难以办到。比较而言，《平桂纪略》的记载是正确的，两志的记载皆误。

② 民国《贵县志》卷十六：“达开……归贵县，设翼王府于贵县水源街，连营百余里，北至覃塘、石龙、武宣，南及桥圩、兴业，壁垒森严，置递相望。”同书卷十七：“太平天国电通军主将翼王石达开回驻贵县，设翼王府于水源街。部众数万，分队数千，寻取道武宣峒崆回奇石圩。”按卷十七中“电通军主将”的记载是错误的，是误把“圣神电”与“通军主将”合而为一。又文中以水源街粤东会馆为翼王府的说法，系简又文在贵县采访所得，见《太平天国全史》第十八章。

③ 引自民国《贵县志》卷十六。

④ 《六十七将领缕陈军情请暂居原职共图报效本章》中说：“翼王一返故乡，便有归林之说。”《骆秉章奏稿》中之《石达开自述》也说：“想要隐居山林，因到处悬赏严拿，无处藏身。”有些同志据此认为石达开早想脱离革命，放弃斗争。其实，石达开离家之后，长征万里，驰驱十八年，一旦还乡，产生了愿意归林长享田园之乐的想法，这是情理之常。至于他是否脱离革命，放弃斗争，则要看此后的行动。此后他虽屡受困厄，蹶而复起，鞠躬尽瘁，死而后已，事实上并未逃避斗争。

⑤ 光绪《平桂纪略》卷四：“（咸丰十一年六月）统领湘军蒋益澧克复藤县，广东碣石镇总兵李扬升以水师来会，进剿浔州。湘军败贼于戎圩，复藤县，又败贼于蒙江，进攻平南之川三里。”

塘北山的大成国隆国公黄鼎凤又有暗通清军的活动。[1] 如果浔州不守,清军乘势而来,大成国军中的叛徒又倒戈内应,达开就将处于四面被围的困境之中,不能不早为之计。达开召集部将,议定了以下应变的策略:

一、横州已先由赖裕新部占领。这时敌人既从东、南、北三方来攻,最妥当的办法是全军西退横州。

二、大成国首领陈开先前虽不愿与太平军合作,但这时已经危在旦夕,或许能够改变态度,所以还是派人去说服他,希望他能投向太平军。

三、大成国所封的隆国公黄鼎凤长期据守贵县覃塘的北山,势力不小。这时虽有向清军投降的活动,但还未成事实。也应派人争取,希望他投向太平军,继续抗清。

四、如果大成国军溃败,必有不少人无家可归,愿意投奔太平军。事先应该做好收编他们的准备。

计议既定,立即行动。达开连日向家乡父老和亲友告辞,说是大军即将开拔,将来再见。他送了不少金银绸缎给嫁给周家的姐姐,说是形势紧迫,必须立刻西行,此去将到四川开疆拓土,前途困难重重,吉凶未卜。如果大事成功,姐弟才有后会之期,稍有差失,恐怕就从此永别了。[2] 家乡父老亲友纷纷送别,达开在马上频频回首,挥手致意。一直到回头看不见人影,才纵马疾驰而去。1861 年 9 月 2 日,达开大军入驻横州。

达开派到陈开那里去做说服工作的人,也收到了成效。只可惜这时大成国兵败如山倒,形势难以挽回。在清军将到之时,陈开先率部属退出浔州,跑到贵县大圩来投奔达开。不料达开已经西去,陈开进退失据,军心大乱,他本人被团练俘获,送往浔州处死。他的余部有三万余人,陆续前来横县投奔达开。达开在事先已经做好了准备,这时尽数收纳,全军人数顿时增加了一倍。

达开派到黄鼎凤那里去做说服工作的是礼部大中丞周竹岐。当大军撤退的时候,他来不及归队,以后就留在黄鼎凤那里当了军师,为之出谋划策。他的工作做得很好。在清军大军压境之时,黄鼎凤本已动摇,准备投降。周竹岐就告诫他:真正投降,绝没有好下场,不如虚与委蛇,保存实力。黄鼎凤接受了这个建议,在形势不利时,伪作受抚,蛰居不动;一旦清军远去,立即反攻。清军屡战不胜,采取了卑劣的手段,先抓住他的老母与妻子,胁迫劝降;在他亲来投降之后,背约杀降,把他和周竹岐同时处死。这

---

① 同治《浔州府志》卷二七:"时,鼎凤势蹙归诚。"光绪《贵县志》卷六:"土寇黄鼎凤亦伪听招抚。"

② 民国《贵县志》卷十六:"有姊适周某,达开将入川,遗姊银缎,与之诀曰:事成会当有日,否则从此别矣。"

已经是1864年夏天的事了。

达开屯兵横州之时，召集部将商量大计。这时清军从广东运来不少新式枪炮，两省会师扑灭了大成国，擒杀了陈开，声势正盛，在短期内不可力敌。广西境内虽然还有不少天地会的队伍，但是力量分散，不能合作，难成大事。达开初入广西时，部将陶金汤率军和天地会的队伍张高友合作攻下永安州。张高友贪图独得财物，竟袭杀陶金汤。这种卖友的行为引起太平军将士极大的愤慨。从此，大家对和天地会队伍合作一事就存有戒心。而且天地会队伍大都反复无常，清军一去，纷纷活动；清军一来，纷纷投降，和他们合作很不可靠。桂南各地虽然人口较多，不似桂北庆远等地那么荒凉。但是屡经战事，耕牛被杀，百姓逃散，几万大军，常感粮食不足之苦。大家都觉得广西势难久居，不如远走。

既然大家都想远走，达开就勉励他们，与其坐困于一隅之地，忍受饥寒之苦，不如下定决心，乘全省清军结集桂东南之时，突然北上，通过湘西，进取四川。他们驻扎庆远时，已经多次派人探明由湘西入川的道路，现在正是付诸行动的时候。1861年9月上旬，誓师出发，打出广西，向四川进军。为了避免引起敌人的注意，他们专走山间小路，昼歇夜行，取道昆仑关、思陇驿、上林、忻城、庆远、洛东、罗城、融县直趋湘桂边境，一路上都没有遇到清军拦截，只是9月18日在融县东北的浮石碰上湘军刘坤一的伏兵。这里离湖南边界已经不远，大军绝不能在此关键时刻受阻，达开挥军击退伏兵，自己受伤坠马，被部下救护而回。

1861年10月26日（太平天国辛酉十一年九月十六日，清咸丰十一年九月二十三日），达开远征军四万人在一举击退敌人的拦阻之后，通过湘桂边境上的青林界，进入湖南省境。

论：

一、石达开回师广西迁延两年之久，是重大的失策。1859年9月宝庆会战失利，为了保存力量而暂退广西则可，迁延时日而坐失战机则不可。当时湖南全省清军均集结于宝庆附近，湘西空虚，四川同样空虚。湖广总督官文曾经上疏论及军事形势，略云："石逆自窜湖南以来，蔓延千数百里，胁众十余万，今既悉聚宝庆城外，若由资、沅掳船犯常、澧，则洞庭之险必失，而湖北荆、宜两郡俱危。此为入蜀正路。若由辰、沅遽走秀山、酉阳，或由黔中假道入蜀，则必先踞岷江夔关三峡之险。见湖北水陆之师，全力注于皖省，如再分拨，仅可近防洞庭、常、澧，势不能再顾西路，倘贼窜越，则两省追兵，俱在其后，适以速其入蜀之计。闻蜀中酉阳等处，已设防兵。惟蜀中承平日久，额兵多半征调他省，猝欲御此强寇，深恐力不能支。查蜀中财赋之区，中外皆资其力。若贼得肆志入蜀，不特贻患两楚，并恐西出关中，为秦晋之大害。”（见李滨《中兴别记》卷四十三）这就是说，石达开如果“由资、沅掳船犯常、澧”，他们还能设法抵挡一下；如果“由辰、沅遽走秀山、酉阳，或由黔中假道入蜀”，他们是无力西顾的。然则当时石达开绕道湘西进军四川，正是乘虚进军的好机会。清军如果在后追赶，则“适以速其入蜀之计”，等于在后面护送他们入川。他们入川之后，凭川省一点微薄的防军是“深恐力不能支”的。那么，清廷不仅会丢掉四川，而且陕西等地都会受到威胁。

如果石达开的远征军在这时入川，与李蓝起义军会师，整个四川当能兵不血刃，传檄而定。石达开在广西庆远无所作为，坐失千载难逢的大好时机，实在令人惋惜。他在广西度过的两年，正是四川局势变化最大的两年。1860年，李蓝志义军顺利发展，清廷手足无措，连忙调老奸巨猾的骆秉章担任四川总督，并调湘军前来镇压起义队伍。经过一年的激战，李蓝起义军损失很大，四川的清军却在战争中得到了锻炼，提高了战斗力，并且收编游勇，举办团练，充实了兵力。等到两年之后，石达开通过湘西打进四川，等待着他的已经不是强大的友军而是凶恶的敌人。以后在大渡河畔扼杀石达开远征军的清总兵唐友耕，就是叛投清军的李蓝起义军中的一个小头目。所以，石达开在广西迁延时日的失策，不是局部的失策，而是能够决定整个远征军生死存亡的重大失策。

二、石达开回师广西两年，队伍离散情况严重。这是不可否认的事实。具体分析，然后才能看出原因何在，责任谁属。

笔者认为，没有根据地的十万大军在流动作战时，分兵前进是正常的情况。分兵几路可以互相配合，互相响应，攻守进退都有回旋余地。最愚蠢的指挥官也不会让几万大军作为一路前进。如果分出去的队伍遇到了意外的情况，即被敌人消灭或者被敌人隔离而无法回来，那就不能叫作离散。例如赖裕新本人战死，他所率领的中旗队伍为了坚决执行吸引敌人的任务而远走川北、陕西，这是正常情况。在石达开远征的全过程中，这种情况是不少的。正常情况的分兵，如果由于不得已的原因而造成损失，责任既不在石达开，也不在那些分出去的队伍。我们应该把这种正常分兵与那种不正常的离散情况严格地区别开来。

至于那种不正常的离散情况是如何产生的？总括各种意见，不外三个原因。即：一、由于石达开闹分裂，大家不满意；二、由于思乡；三、由于粮荒。

如果说，在石达开远征的全过程中，离散情况是在连绵不断地产生，那么，上述三个原因孰重孰轻，孰主孰从，我们就难以判定。事实却是：离散情况几乎都是在回师广西时产生的，这就值得深思。要说石达开闹分裂，可以说他老早已闹分裂，并不是到了广西才闹分裂的。要说思乡，一个人在任何外地都可以思乡，不一定要到广西才会思乡。对于广西籍的将士来说，思乡之说完全不能成立。那么，为什么离散情况几乎都发生在回师广西之时呢？真正的原因是粮荒。

战事顺利，前途有望，肚皮吃饱，心情舒畅，在这种情况下，不满是会消除的，思乡是能克服的。由于肚皮不饱，饥饿难忍，不满情绪、思乡之情，必然逐渐产生，以至于离散而去，这是容易理解的事情。即使如此，因粮荒而离散的队伍中，也要具体分析。既然发生了粮荒，大家不能守在一起饿肚子，总得想办法争取生存。分散就食，是当时唯一可行的办法。在分散就食的队伍中间，必有两类。一类是对石达开并无不满，纯粹为了解决肚皮问题才离散的，只要吃饭问题解决了就可以回来(事实上也有回来的)。这种离散并非有心脱离。另一类离散是因饥饿而对石达开产生不满，决心一去不回，广西的粮荒虽也有天灾的因素在内，主要的因素却是人祸。多年战乱，清军、团练、起义队伍打来打去，大家都不注意保护农业生产，造成农民逃亡，田地荒芜，粮荒也就随之而来。石达开远征军进入广西之时，粮荒早已存在。为了克服粮荒，石达开驻节庆远时，对于恢复农业生产作了很大的努力。例如招抚流亡，帮助农民购买耕牛农具，等等。但是短时间内解决不了多年造成的粮荒。如果石达开当时能够占领广西全省，展布新猷，经过几年的努力，他是有办法使生产恢复，经济繁荣的。

三、有些同志把队伍离散的责任完全归之于石达开，显然是受到《六十七将军缕陈军情请准暂居原职以图报效本章》的影响，在这个"本章"之中，对队伍离散的主要原因粮荒一字不提，却对石达开一连提出四条罪状。即：

第一条：假说亲奉密诏远征，欺骗部下；

第二条：更改天国官制礼文，图谋不轨；

第三条：压制部下，不许大家起义回朝；

第四条：一到故乡，就有从此归林之说。

并做结论说：石达开这些"动静行为，多滋物议"。在这四条罪状之中，除第一条是发生于离京出征之时，其余三条都发生在回师广西之后。

先看第一条罪状。"本章"中说："小臣等始则信翼王亲奉密诏，转回粤西，招纳英俊，广罗贤辅，作我陛下股肱心膂，继则观其动静行为，多滋物议。"其实，石达开从来没有说过他是“亲奉密诏”而出征。离京出征时，他到处遍贴《五言告示》，说是自己被迫离京，不得已而出征。那么，捏造密诏欺骗部下之说从何而来？事实是，六十七将领在参加远征之后又回到天京，不便说出当时是对洪秀全不满而追随石达开的话，只好捏词搪塞，把自己的责任转嫁给石达开。

再看第二条罪状。“本章”中说：“翼王乃在庆郡度岁，旋将真圣主官制礼文多更改焉。”这也与事实不符。历史事实是：石达开自始至终恪守太平天国的制度，并无任何僭越的行为，他始终打着“真天命太平天国”的旗帜，本人的爵衔也从未作过丝毫更改，一直自称“圣神电通军主将翼王石”，自称“五千岁”。这都是在离京出征之前洪秀全所加封的。就连合朝共上的尊号后来也经洪秀全同意的“义王”称呼也没有使用。“本章”中所说到了庆远才更改官制礼文，也与史实不合。像“军略”、“宰制”这些新官名，是在未入广西以前老早就使用了的。六十七将领编造这一条罪状，也不过是为自己离开石达开找一个堂皇的借口而已。

再看第三条罪状。“本章”中说：“有后旗宰辅余忠扶统下官兵先行起义出江。该余恃官尊阻挠，已被下官所杀。又有武卫军宰辅蔡次贤率统下出江，事漏被元(张遂谋)所杀。”于是，这就构成了石达开压制部下不许回朝的罪名。对此，我们应该分为两个问题来分析。第一个问题是：这些队伍在离散时，是否一开始就决定回朝，还有没有什么别的打算？第二个问题是：对于离散的队伍，石达开是否加以压制？如果压制，又是不是错误？

先谈第一个问题。历史事实是：在许多离散的队伍中，最后的结局是不一样的，大多数是被敌人消灭了。除此之外，还有三种结局：一是重新回到石达开的本军里来，如曾广依的队伍；二是回到天京管下的地区，如六十七将领的队伍；三是投降了清军，如张志公、余成义的队伍等等。即使说对于一意回朝的队伍不该压制，对于准备叛变投敌的队伍不该压制？一支队伍中间，如果有的只想暂寻生路，有的要想回到天京，有的又想叛变投敌，在无法摸清他们的去向之时，又该如何对待？“本章”中所隐讳的历史事实是不难查明的。原来，他们这支两万余人的队伍，并非一开始就决意回朝，而是三心二意，徘徊不定。有一部分人，老早就有叛变投敌的打算。因此他们于1860年8月底离开驻地，仅仅二十多天之后，其中的张志公等人就拖带了一万余人的队伍投降了清朝的广西巡抚刘长佑。当时刘长佑派员前往编遣了这支队伍，裁汰老弱八千余人，留用精壮三千余人，均经造册存案。其余的人在各地转战一年以后，才在江西遇到了李秀成，参加李秀成的队伍。当然，我们对于已经投降敌人的和回到天京管下的，应该分别对待。但是这支队伍当初离开驻地自由行动时，就不能笼统地称之为正义的行动。难道说，其中半数以上的人立即投降了敌人也算是正义的行动吗？那种认为石达开闹了分裂，一切队伍离开石达开都是正义行动的看法，不免掩盖了历史事实，混淆了功过是非。

其次再谈第二个问题，即石达开是否压制了这些离散的队伍，不让他们离开？有些队伍是奉了石达开的军令分兵作战的，当然无压制之可言。对于那些分散就食或因思乡远走的队伍，石达开也并未加以压制。奏稿本《石达开自述》中说："是年回广西，走桂林、庆远至宾州，因夥众三江两湖人多，各有思归之念，不能管束，将大队散回。"也就是说，队伍是他同意"散回"的，并未压制。让他们走，暂时还可以减轻负担。如果为了强留而发生冲突。总的说来，石达开并没有压制这些离散的队伍，因此，由于离散问题而产生的流血事件是很少的。这些离散的队伍自己在途中互相残杀而造成的流血事件却还不少，"本章"中并没有说到他们离开石达开时受到压制而造成流血事件，却一再说到这支队伍自己的内讧。如"童容海陡起贪心，即严责李、杜等，忌其回京先奏凯功，擅敢作福作威，竟将豫爵之李、杜，侯爵之杨、张等共十余员，一并杀之"，"畏则畏童之残忍贪狠，恐遭毒害"。这种对比是很能说明问题的。

至于因离散而产生的流血事件责任谁属？也应该具体分析。"本章"中所提到的流血事件只有两次。一次是："后旗宰辅余忠扶统下官兵先行起义出江，该余恃官尊阻挠，已被下官所杀。"六十七将领对此事的态度是：余忠扶部众"起义出江"是正义的，余忠扶不该阻挠，因阻挠正义行动而被杀是罪有应得。但历史事实却是余忠扶的部将余明富、余成义等人杀了余忠扶，拖走了队伍，转战各地。最后，余成义又杀了余明富，拖着队伍投降了清军。投降时，清总兵翟国产编留精壮一千五百人，遣散八千余人。原来，这支队伍并非"起义出江"，也未走向天京，而是在自谋出路不利之后投降清军。试问：对于这种行动，余忠扶又该不该阻挠？因阻挠而被杀，是因忠于职守而殉职。这一流血事件应该由终于当了叛徒的余成义等人负责。六十七将领认为这件事情也该由石达开负责，是不对的。

另一次流血事件是："又有武卫军宰辅蔡次贤，亦率统下出江，事漏被元宰（张遂谋）所杀。"这一事件因为史料缺乏，真相难明，不能轻易下结论。但是可按常理加以评论。我们知道，石达开远征军是一支军队，军队必有军纪。如果说，蔡次贤是由于不得已的原因而要求离开，张遂谋就断然杀人，是做得过分了。但这也该由张遂谋负责，不能由石达开负责。倘若是石达开下令杀的，那么"本章"就该说是石达开下令杀死，而不该只说张遂谋杀人。如果说，这一事件不是一般的离散事件，而是有什么损害全军的阴谋活动，则张遂谋为执行军纪而杀人，就无可指摘。“本章”中的“事漏”二字值得玩味。因为一般离散事件，是完全可以公开的，不会出现“事漏”的问题。石达开从不妄杀，有史料可证。如果说他为了队伍离散问题而轻易杀人，很难令人相信。

最后看第四条罪状。“本章”中说：“翼王一返故乡，便有归林之说。”姑无论有无事实，即或实有其事，也不过是说说而已，并无行动。一个人有归林的想法、说法，算不得过错。石达开回到故乡，归林之想油然而生，这是合乎情理的。他早就说过“唯期妖灭尽，予志复归林”，这也并非秘密。在妖未灭尽之前，归林是不可能的事。至于妖已灭尽之后，能够归林是大好事，“功成身退”，不应该受到指摘，而应该受到赞扬。

六十七将领对石达开的指责，并非全由私怨（他们说对石达开还是“恋恋不舍”），而主要是由于推卸自己的责任，向洪秀全讨好。他们原是对洪秀全不满而追随石达开的，四年之后又回到天京的管下，对于这种去而复回的行动如何自圆其说？照“本章”的说法，他们的走，自己全无责任，而是受了石达开的“亲奉密诏”之骗；他们的回来也完全有理，是石达开事事有错，他们才“起义出江”的。这种为了替自己辩解而不惜抹杀事实的说法，后人自不可轻信。

第十三章　一意入川

1861年的秋天，一支几万人的大军昼夜趱行在湖南西部的万山丛里。为了避人耳目，他们偃旗息鼓，只以号角来保持各支队伍中间的联络。老百姓到了他们的驻地，发现这些队伍都留着胡须与长发，看到“真天命太平天国翼殿天台左宰辅中旗大军略赖”的旗帜，才知道他们就是威名赫赫的太平军。走在最前面的是翼王石达开部下长期担任先锋的第一名大将赖裕新统下的队伍。他们对人和气，买卖公平，遇到老百姓，就一再宣讲清廷无道，贪官害民，只有同拜上帝，共打江山才能过好日子的道理。凡是愿意参军的，他们立刻解衣推食；家属有不能同去的，立刻发钱安家。许多贫苦百姓互相召唤，纷纷参军。①

他们一意入川，尽量避免在途中和清军纠缠，所以沿途专选山间偏僻小径行军。全军首尾相距数十里，严格执行翼王的军令，计时赶路，风雨无阻；遇到清军，尽量回避，绝不恋战；遇到险地，抛弃辎重，轻装前进。全军上下一条心。都想早日打进四川去。

达开远征军于1861年10月26日越过湘桂边境的青林界，进入湖南绥宁县境，随即北上袭击靖州。因为守军顽抗，他们不愿耽延时日，撤军北围会同，11月21日攻克会同。12月3日，进军黔阳。12月8日，进军沅州（今芷江。清总兵赵福元、道员席宝田部前来拦截，两军激战于沅州的榆树湾（今怀化）。12月12日，赖裕新军大胜，乘胜

① 简又文《太平产天国全史》第十八章：“翼王大军之入川也，以天台左宰辅中旗大军略赖裕新为先锋，全军约十万人，沿途附从者日众。其所取路线，系假湖南极西边境间道北上，盖其策略，仍是避免与清军作战，故辄走偏僻路线，乘虚而入，俟隙过境。”关于全军人数，简又文似失之过多。骆秉章《骆文忠公奏稿·奏为石达开窜至湖南沅州等处渐近川疆现拟飞调劲旅预为布置折》则云：“兹据署酉阳州知州王鳞飞禀报，石逆拥众四五万，由湖南靖州窜扰沅州、麻阳，逼近镇筸一带。”此说较为可靠。按石达开离开广西时全军约为四万人，到湖南沅州时已有五万人。行军二百里，增加万人，说明沿途参军者甚多。

北进，于 12 月 22 日进占泸溪。[①] 这时他们得到一个喜讯：一年多以前分兵西入贵州的曾广依部太平军有了很大的发展，攻破贵州许多府县，并且早已从贵州北部打进四川，活动于江津、綦江一带。听到达开远征军北上的消息，他们已经派出一支队伍到湘鄂交界地区来接应。这支队伍由曾广依属下的丞相傅某和在贵州参加太平军的本地起义队伍首领李洪率领，连续攻下四川黔江、湖北咸丰、来凤等城，在来凤一带迎候大军。[②] 得到这个消息，他们立即出发，昼夜兼程，疾驰北上，于 1862 年 1 月下旬赶到湖南西北边境的龙山，随即渡过湘鄂边界的北河，在前来接应的兄弟队伍热烈欢迎下，开进湖北来凤县境。[③]

1862 年 1 月 31 日（太平天国辛酉十一年十二月二十一日，清同治元年正月初二日），两支兄弟队伍在来凤城内大摆筵席，欢庆会师。不久以前，李洪的队伍在这里大破敌军，湘军道员刘岳昭的队伍北退高罗以避其锋。[④] 这时翼王石达开的大军又已来到，声势浩大，他们自然不敢正眼相看。太平军就在这里高高兴兴度过新年。达开远

---

① 王定安《湘军记》卷十四："十月，石党陷会同。十一月，攻黔阳，陷泸溪。"郭廷以《太平天国史事日志》："12 月 12 日（十一月十一日）翼王石达开与总兵赵福元、道员席宝田战于湖南沅州榆树湾，毙县丞钱敬敷，守备赖锡光。"

② 这支前来接应的队伍是从哪里来的？说法不一。郭廷以《太平天国史事日志》中说，他们本非太平军，而是所谓"黔寇"。例如："9 月 24 日（八月二十日）黔寇李洪占领四川黔江，逼近湖北施南部。""10 月 17 日（九月十四日）黔寇李洪（与石达开通）占领湖北咸丰。""10 月 18 日（九月十五日）黔寇李洪占领湖北来凤。""11 月 19 日（十月十七日）黔寇李洪自鄂西来凤南攻湖南龙山（谋接应石达开军）。"简又文《太平天国全史》第十八章从其说，云："翼军出湖南龙山而透入湖北边境之来凤县，与黔绿林魁首李洪联合共进。先是，李洪起自贵州东北，早与翼王通款，准备迎其入川。"只不过回避了"寇"字，改为"绿林魁首"而已。四川方面有关史料则直指这支队伍是太平军，是从贵州来的，但是弄不清这支太平军是谁的部下，何时进入贵州。例如赵大煊《记粤匪两陷黔江始末》："乙丑，城中团保盘获贼谍一名，缚送县衙门审讯，始共知粤匪自黔省回援金陵者。将取道黔江，以出大湖南北。贼帅为伪秋官正丞相张逆，伪冬官正丞相傅逆、董逆等三四万名，现至彭水县境之牛岩铺。"《南川县志》卷六则云这支队伍是由"伪丞相傅姓，伪检点李姓"率领的。我们认为：这两说并不抵触，只不过是不够全面。当时在贵州活动的太平军，只有从广西北上的曾广依、余明富部，并无别的队伍。曾广依部从贵州北上攻入四川綦江，也有明确的记载。因此这支接应石达开的队伍只能是曾广依的部下。至于"绿林魁首"李洪，虽然以前不是太平军，也是在贵州就已经参加了太平军的。因为从四川的各县志记载看来，这支队伍的所作所为，与正式的太平军并无不同。

③ 郭廷以《太平天国史事日志》："1 月 31 日（一月二日）翼王石达开军出湖南龙山入湖北来凤，合黔寇李洪。湘军道员刘岳昭北退高罗。"

④ 郭廷以《太平天国史事日志》："1 月 25 日（十二月二十六日）黔寇李洪大破湖北军于来凤，斩总兵惠春，游击兴禄，都司双庆等。"简又文氏认为这个李洪就是以后翼王的大将李福猷。《太平天国全史》第十八章："翼军入川后始闻有大将李福猷者，疑即李洪所改之新名，盖其以后为矢忠于翼王之第二、三名大将，授官人台左宰畏，后晋爵掀天喜，此时名位权势，仅亚于赖裕新，惟一向未见其名出现，而入川后，又只闻福猷名，而未再闻李洪之名。且李福猷兄弟及部下，后来于翼军失败，有回黔活动者，而李洪固黔人也，此又可为佐证。志此备考。"我们认为：这仅是一种推测，缺少根据。从某些地方志看来，李福猷是石达开故乡贵县的一支起义队伍的首领，在石达开重返故乡时投奔石达开的远征军。至于过去他们是否相识？那就不得而知。民国《贵州通志》第 56 页："本月十五日，准广西抚臣刘长佑来咨，以石逆勾合李复游等各股悍匪，由贵县龙山窜出石龙，恐窗口楚黔边界，咨请一律严防。"李复游似即李福猷。

征军离开广西时约四万人,沿途招收了不少新兄弟,这时总数已有六七万人。前来接应的傅、李军也有两三万人之多。为了以后向四川进军时每一支队伍中都有熟悉四川情况的兄弟作为向导,两支大军在来凤休整时全部改编,混合编组,全军人数又超过十万人。

在来凤停留了一个月,全军欢欣鼓舞地向四川进军。沿途通过咸丰、利川,于1862年2月17日(太平天国壬戌十二年正月初八日,清同治元年正月十九日)进入四川境内。达开扬鞭跃马跨过湖北、四川两省的界碑时,心里非常高兴,两年来那种抑郁的情绪已经一扫而空。回师广西艰难困苦的日子总算熬过来了,最近几个月的进军可以说是一帆风顺。从辛酉十一年九月十六日进入湖南省境,到这时一共才三个多月,一边作战,一边行军,长驱一千余里,可以说是神速。

达开的远征大军进入四川,想不到四川的局势比起两年前来,已经有了很大的变化。这变化对他们是不利的。两年前,四川的地方官多是些无能之辈,而且防务空虚。李永和、蓝朝鼎农民起义军于1859年10月攻入四川时,一呼百应,所向披靡。次年,起义的烽火就蔓延到川西川南的大片地方,成都岌岌可危。四川的重要性为清廷上下所深知。有人从经济上着眼,认为四川的财富五倍于两淮,十倍于江西,二十倍于湖北;[①]有人从军事上着眼,认为四川雄甲西陲,关系天下的安危。[②] 达开远征军进入湖南之时,清廷知道他志在四川,急调曾国藩入川防堵,曾国藩推托不来。1861年8月,曾广依部太平军突然攻入川南。清廷不知实情,以为达开大军已到,大为震动,急派一向重视四川的骆秉章来川,率湘军刘岳昭部驰援,不久就实授骆秉章为四川总督。

骆秉章老奸巨猾,任湖南巡抚十年,对于支援湘军出省作战极为卖力,得到清廷的倚重。这时来到四川,尽力讲求防务。对于李蓝起义军,他使出反革命的手段,剿抚兼施,各个击破,不久就打垮了起义军的主力。达开入川之时,李蓝起义军已成强弩之末,骆秉章已经能够腾出手来对付太平军了。

达开远征军进入四川境内,分兵三路前进。宰辅李福猷领前队,经蚕溪、大中坝等

---

① 《胡林翼全集·书牍·致官秀峰揆帅》:"西蜀之富,五倍于两淮,十倍于江西,二十倍于湖北。失蜀则急切无人能了此贼,中朝亦未必即动劲旅;是失蜀则祸大,保蜀则福大。"

② 《骆秉章奏稿》卷一:"蜀境雄甲西陲,地险民富,天下常视为安危。蜀境安,则北而关陕,南而黔滇,东而楚豫,均可借其屏蔽,赖其转输。倘稍有损失,则滇黔粤西无可盼之饷,荆湖无可抽之厘,陕豫且有防不胜防之虑。"

地径攻石砫厅；军略赖裕新领后队，经悦来场、鱼池坝等地直抵长江南岸，然后沿江而上，前往涪州（今涪陵），沿途打听渡口情况，做好渡江的准备；达开自领中军，向乌江东岸的羊角碛挺进。然后三队合攻涪州。2月20日，李福猷克石砫，四天之后，又放弃石砫，向涪州推进。[①] 1861年3月底，三队会齐，全军集中于涪州附近，沿乌江东岸连营二百余里，下至长江，上至乌江羊角碛对岸，营垒连绵不断。竖太平天国大黄旗于插旗山，对岸可以望见。全军人数号称二十万。[②] 其声势之大，军容之盛，为涪州清军平生所未见。涪州知州姚宝铭血书告急，全川震动。

达开入川的消息传到川西，李蓝起义军的余部受到极大的鼓舞。这时蓝朝鼎已经牺牲，李永和遂命蓝朝鼎之兄蓝朝柱与曹灿章、周绍勇等首领分兵向东急进，准备和达开会师。这支队伍从大竹、垫江南下，一直打到涪州对岸的鹤游坪，与太平军营地相距不及百里，隔江相望。因清军封锁长江，他们一直无法会师。但还千方百计地互通消息，以便配合作战。当时李蓝起义军在北岸活动，太平军在南岸进军，双方一边作战，一边等待会师的机会。

川督骆秉章收到告急文书，连忙调道员张某率清军千余人、船数十艘来援涪州。并下令涪州知州姚宝铭纠集兵勇团练沿乌江西岸布防，力阻太平军西渡。其时楚军参将徐邦道回籍省亲，姚宝铭就委托他主持防务。为了便于守城，徐邦道不顾城外居民的死活，下令放火，把城外的民房一起烧光，用这些民房的砖石修城筑垒，负隅顽抗。

4月1日半夜，太平军强渡乌江，随即在乌江上扎起浮桥，大队人马陆续过江。清军兵勇纷纷逃跑，沿乌江西岸的二百余里的防线，立刻土崩瓦解。次日，达开进围涪州，占领城外高山，遍地扎营。4月5日，达开亲率先锋队伍攻城时，清军焚烧城外民房的大火还未熄灭，居民流离失所，惨不忍睹。达开对此十分痛恨，立即写了训谕射入城

① 《石砫厅乡土志》第三章："同治元年正月，伪翼王石达开统贼由湖北咸丰县分三大股犯境。石逆领中队，自石梁河历厅境磨刀洞，取道羊角蹟入涪州；伪将军赖剥皮（赖裕新）领后队犯厅境悦来场、鱼池坝等处。贼势猖獗，烽火彻宵，市镇积蓄，扫荡几空，由陆路出大江，沿溪场直上涪州。伪官李宰辅领前队由冷水溪入境。厅守沈英，刚愎自用，漫不设御，警报一日数至，坚执不听。侦探傅文贵自楚境遇贼奔回告警，反认为谣言惑众系狱。贼于二十一日午刻长驱入境，焚掠蚕溪及大中坝等处。武生黄占魁等率乡勇三百人往御，全军尽没。贼疑前有伏兵，遂逗留半日不敢直进。二十二日寅刻，粤匪李逆流贼渡龙咀河。世袭通判马驾及武举马政德率团勇往御白岩寨，贼见有备，踞城七里分贼众长围绕城三面而进，蹂躏四日，二十六日巳刻拔营，举城一炬。"

② 奏稿本《石达开自述》："同治元年由利川入川，到石砫、涪州，有二十多万人。"这里所说的人数似有夸大，但从来凤会师时人数已达十万来看，此时当有十余万人。

中，痛斥地方官的残暴，号召居民奋起反抗。全篇所论都是革命大义与爱民精神，并无宣传宗教的内容。训谕全文如下：

真天命太平天国圣神电通军主将翼王石训谕涪州城内四民人等知悉：

照得爱民者宁捐身以救民，必不忍伤民而为己；知机者每先事而见机，必不致昧机以徇人。兹本主将统兵莅此，查尔涪城妖兵无几，团练为多。究其故，总是该胡官等自料兵微，逃则畏罪，守则惧死，是以生设诡计，惑以众志成城，抗我王师，徒为螳臂当车，安期不败？劳穷民苦磨筋骨，名为各保身家；耗富户捐纳金钱，实则共危性命。今者大军渡江，城亡旦夕。际此时候，伊为胡官，即当出城决一死战，胜则不独前程可保，即尔百姓身家亦得护持；如已败绩，伊为胡官者，死之应当。必先饬尔民等纳款投降，免遭惨戮，或令预为迁居，保全众命。似此方为尔等父母之官，妖朝爱民之将。目下大兵压境，退守城中，徒作楚囚对泣，竟束手无策。而乃化民屋为灰烬，恶焰薰天；委巷市于祝融，炎[①]光烛地。致苍生无托足之区，赤子有破家之叹。无心失火，为官者尚奔救恐迟；有意延烧，抚民者何凶残至此？伤心惨目，我见犹怜；饮泣吞声，人孰无恨？嗟夫！尔民受胡妖笼络，身为伊死，家被他焚。如此之仇，直觉不共戴天，虽生啖其肉不足雪其恨，尔等犹不自省悟，反在城效死勿去，何愚之甚也！

本主将立心复夏，致意安民，欲即破厥城池，为民雪愤；窃恐焚俱玉石，致众含冤。尔四民等痛无家可归，愧有仇而不报，诚能效沛子弟，杀酷令以归降，自当妥为安抚，不致一枝无栖。并严约束兵士，秋毫无犯。即伊爪牙甚众，下手殊难，尚自家室同谋，抽身独早，或徙郭以图全，妖民自别；或渡河以待抚，良莠攸分。网开三面，用命者大可逃生；仁止一心，体德者自能造福。倘其执迷不悟，如野鬼之守孤魂，终必悔后已迟，思猎犬而逐狡兔。特此训谕，切切凛遵。

---

① 太平天国文书为避上帝(名耶火华)之讳，禁用火字，凡用以烧、伙、夥、炎等字代。

太平天国壬戌十二年二月廿四日①

达开攻城的当天即获大胜。但从第二天起，连日大雨，不能进兵，就潜挖地道，准备以火药炸城。他们在黄泥坡大营附近的草屋中大打锣鼓，通宵达旦，以掩盖挖掘地道的声阐。城里的人以为他们是在演戏，只有狡猾的徐邦道识破了他们的意图，在城内挖壕灌水加以拦阻，因此炸城未能成功。

四天以后，雨住天晴，敌人的援兵已从重庆开到。援兵由候补知府唐炯与记名总兵唐友耕率领。唐炯一心追求富贵，自告奋勇来此立功；唐友耕原是李蓝起义军中的一个小头目，叛投清军之后，回过头来残杀旧日的兄弟极为卖力，已经爬到记名总兵的地位，这时来到涪州，很想大显身手。他们于 4 月 10 日到达涪州，11 日就商议出兵反击太平军的策略。当时太平军在城外的主要阵地共有三处，即黄泥坡、龙王嘴与仰天窝。两唐与徐邦道用拈阄的办法各攻一处。结果唐炯拈得黄泥坡，唐友耕拈得龙王

① 此训谕据重庆市博物馆藏原件著录。原件高 40.5 厘米，宽 65.9 厘米，墨笔书写，首行 18 字及末行 11 字为刻版墨刷，月日数字硃书。年月上盖“太平天国圣神电通军主将翼王石达开”长方硃印。原件尚有封套，附录如下：

封套正面

翼王训谕

封套背面

内谕壹　件自圣　营发行

太平天国壬戌十二年二月　日封

递至城垣交与涪州城内四民人等开折

又各书籍引用此训谕时，颇有错字。现据原件校正如下：

“逃者畏罪”应为“逃则畏罪”；

“安得不败”应为“安期不败”；

“炎光触地”应为“炎光烛地”；

“人熟无恨”应为“人孰无恨”；

“如野鬼之守孤坟”应为“如野鬼之守孤魂”。

嘴，徐邦道拈得仰天窝。4 月 12 日黎明，即分道出击，与太平军展开大战。

三人所攻之处，只有龙王嘴地势较为平缓，黄泥坡与仰天窝两地，守者在上，攻者在下，仰面进攻，寸步难行。唐炯驱兵仰攻太平军黄泥坡阵地，屡攻不动，伤亡甚重。他忽然发现坡下草屋中已经无人驻守，前几天在这里敲锣打鼓的太平军都回到黄泥坡营垒中去了，就想了一个办法，派人蛇行而上，纵火焚烧草屋。因为久雨草湿，草屋被焚后浓烟蔽天，又加上东北风大起，浓烟吹到太平军阵地上，太平军战士们的眼睛都被迷住，清军就乘机爬上山坡，攻入黄泥坡的阵地。这里太平军人数虽多，有一大半都是进军四川时沿途参加的新兵，久经战阵的老兵不多。阵地既被突破，缺少战斗经验的新兵纷纷后撤，达开见形势不利，立即下令暂退。唐友耕乘势猛攻，经过血战，又攻下了太平军龙王嘴阵地。在这一战役中，凶残好杀的唐友耕大砍大杀太平军，他自己也多处受伤，以致在回城时，浑身血污，成了一个血人。

达开此次进攻涪州，原非为争一城一地，是想进据此城作为基地，大举渡江。这时敌人死守城池，急切不能攻下。长江中有敌人的炮船来往巡逻，湘军刘岳昭部又赶到北岸防守，在此渡江暂时无望，屯兵于此即无意义，不如早日向上游进军，另觅渡江的机会。于是下令撤涪州之围，全军西上，进入南川和巴县县境。1862 年 4 月 21 日，大军逼近南川县城，唐炯自涪州率军来援，达开不愿和他在此纠缠，耽延时日，撤离南川继续西进。

达开既入巴县县境，与重庆隔江相望，本有进攻重庆的计划，但是派人侦察之后，知道湘军刘岳昭已经回援重庆，长江中的船只全部停靠北岸，无法渡江，只好暂时放弃这个计划，西去江津。达开远征军自入四川围攻涪州不克之后，就一直沿着长江南岸向上游进军，希望寻觅适当的渡口，抢渡长江。清军则沿着长江北岸向上游移动，处处进行堵截。双方有如隔江竞走。达开行军一向急如风雨，如果同在陆上行军，清军绝非敌手。可惜长江中的船只都被清军控制，太平军在陆上行军，清军可以乘船来往，这样，太平军行军的速度就常常落在敌人后面。四川的清军本来不多，他们能够阻止太平军北上，全靠长江天险。达开也知道这一点，所以总想出奇制胜，绕到敌人的前面去抢渡长江。达开远征军从进入四川开始，一直到大渡河覆军为止，一切活动都是为了渡江。而在同一时期里，清军的一切活动都是为了防江。

进围綦江之前，綦江城内的税朝南本已约定作为内应。可惜他们围攻的第一天，内应一事就被敌人破获，税朝南遇害。4 月 25 日，达开本人到达綦江城外，住万顺盐号。大军陆续到齐，在城周连营百余里，四面围攻。城内清军与团练死守，连攻数日不下。5 月 1 日，唐炯从南川带兵来援，因见达开势大，不敢轻进，距城十里扎营。

5月9日凌晨，地道挖成，达开下令炸城。南门轰然一响，火焰迷空，砖石乱飞，城楼城墙崩塌十余丈。但是敌人早已修好一道内城，又据内城顽抗。达开张黄绸伞盖，亲自骑马督战，双方短兵相接。敌人做困兽之斗，激战甚久，仍然进不了城，达开见到死伤甚重，下令暂退。当天下午，唐炯军又来夹攻，烧毁太平军营垒，达开下令撤围，全军西去。他们退走之后，敌人从他们遗弃的辎重中搜到了封条数百张，其中包括封粮仓、当铺的封条，封闭庙宇以备设立各种机构的封条，封船以备改造战船的封条，还有许多安民告示、招贤告示。从这些封条和告示可以看出：达开不仅准备拿下綦江，而且准备以綦江为基地，水陆配合进取重庆。不幸綦江一败，这些计划均落空了。

达开连攻涪州、綦江不克，深感自己队伍中的新兵缺少训练，必须选择一处适宜的地方，进行休整，加紧训练，才能提高战斗力，夺取胜利。这时围攻綦江的是他的主力队伍，为了探路，他还派了不少零星队伍西上，有些队伍已经失掉联系，不知走到什么地方。最好是能够陆续召回，补充军需，休整训练。在撤离綦江五天之后的西进途中，他给先锋赖裕新下了一个训谕，要赖裕新探听那些失掉联系的队伍，和寻访一处可以进行休整的地方。训谕全文如下：

真天命太平天国圣神电通军主将翼王石为训谕天台左宰辅赖裕新贤弟知悉：

缘昨连攻两城不克，虽未挫锐，而军威不甚丕振。若待整饬，必须会合各官兵，方可妥为铺派。为此，特仰贤弟时常侦探李宰辅、李柱国、处天燕外五队及中旗等队官兵，现今究在何行扎。一俟已查询某队确实，贤弟即要行文与彼。如该等在于必由之路者，务嘱其扎候兄临；如在兄之左右行，总要互相联络，可以接应，识方能言济。不然各行，恐一队挫锐，震动各军，非小可比也。如弟仅查知李宰辅扎处，弟更要嘱其协访李柱国等踪迹。譬弟先已查知李宰辅等下落，亦嘱其帮查李宰辅外五队等落处，方称周到。

再：兄日前颁谕与弟，会有前途查有村房稠密，即要暂探，期会各队铺派。目下尚未查实该各队着落，从遇有房多之处，则亦不宜独行久停。务要仔细访其李宰辅、李柱国等行迹，然后弟才探在某处人烟稠密，可以容扎多人，即行移文，约伊齐赴该处，相连驻扎，以便铺派各队置备军需，宣讲道路（理），训练兵士。一经军规整肃，再议进取机宜。外附来中旗五队训谕一件，俟弟后日查知该等支可也。切切，此谕。

太平天国十二年岁次壬戌四月初二日[①]

① 此文录自太平天国历史博物馆编《太平天国文书汇编》。训谕原抄件藏北京图书馆。

达开在进军途中，连续得到两个令人高兴的消息。一个消息是：李蓝起义军的余部正在叙府（今宜宾）一带活动，已经派人前来联络，希望达开早日西上，配合作战。另一个消息是：南溪地方起义队伍的首领“张四皇帝”正在江安、兴文一带活动，也派人前来联络，热烈欢迎达开远征军。达开觉得能和他们配合作战，就有希望从叙府一带打过长江，机不可失，于是决定全军南下，通过贵州仁怀厅境的山间小路直趋叙永。命令部将瑞天豫傅廷佐等人为先锋，昼夜兼程前进。5 月 14 日，傅廷佐就率领前军以迅雷不及掩耳之势攻下了叙永东城。[①] 李蓝志义军的首领李永和得到这个消息，以为达开本人已到叙永，就派人送了一封信来，表示祝贺，还说自己即将率领队伍到叙永来迎接。傅廷佐不敢擅自同意，只好先写一封回信，说明达开本人尚未到达，双方合作的军机大事，等待达开亲自到来，再做答复。后来达开屡次渡江都不成功，李永和孤立无援，不久就失败了，这两支起义队伍始终未能会师。当时傅廷佐等人给李永和的回信全文如下：

真天命太平天国钦差大臣真忠报国瑞天豫傅、祥天豫张、懋天豫杨、固天豫唐、德天豫崔诲谕李短鞑[②]、兰大顺[③]二位贤弟等知悉：

缘兄近日接得弟函，恳请同为合兵等情。素知弟台奇谋夙裕，智□勇超，兴师倡义，于兹数载。何莫非奋志图功，勤王报国，同为我主天王出力报效，洵称盖世英雄，当代之良臣也。

兄今偶停征骖于叙、永交间之区，睽隔弟处宛如咫尺。仰弟等照旧驻扎等候，毋容前来叙永等处迎接，以至加扰子民。容俟翼王驾临之后，兄自当与弟面酌一切军机，以便定妥行为。望祈暂为宽怀。决不负弟翘企之殷矣。特此诲谕，遵照毋违。

太平天国壬戌十二年四月初八日[④]

这时叙永东城已克，西城未下。为了号召西城和全厅所属人民归顺，傅廷佐等人

① 当时叙永有两城，永宁河之东为东城，或称旧城；永宁河之西为西城，或称新城。光绪《续修叙永永宁厅县合志》卷十八：“永东城向倾圮，无城隍可守，迁入河西，而河西亦无郭。”

② 李短鞑是李永和的绰号，短鞑是方言，即短辫子的意思。

③ 当傅廷佐等人复函发出之时，蓝大顺（即蓝朝柱）已率领一支起义队伍向陕西进发。活动于叙府一带的起义军首领实际上只有李永和。李永和为了和石达开合作，所以兼用蓝大顺的名义向石达开上书。

④ 此文录自《说文》月刊第 3 卷第 11 期。文末所盖官印为“太平天国真忠报国瑞天豫傅佐廷”。

又联名出了一个安民告示。告示全文如下：

真天命太平天国钦差大臣真忠报国瑞天豫傅、祥天豫张、懋天豫杨、固天豫唐、德天豫崔诲谕该城良民人等各安恒业，毋容惊恐事：

照得天命有在，逆命者难逃诛戮；王化无边，愿化者定获安康。缘因我真圣主天王志义粤西，建都江南。金陵定鼎，创亿万年有道之基；铁甲平胡，吐二百载不平之气。无非欲斯民革夷狄之面目，复中国之规模，而重兴汉室于维新者也。

本大臣恭膺简命，暨奉翼王五千岁瑞命，统率貔貅，剿抚各省。铜关铁卡，势同破竹摧枯；猛将虎臣，游遍九洲万国。抑强抚弱，法令不私于秋毫；除暴安良，爱惠直同于冬日。只为誓灭妖胡，岂肯扰害百姓？诚恐尔等抗逆团练，帮助蛮夷，俾众士卒等冲锋布散，以致玉石无分耳。

兹本大臣等下该厅，尔众士民等惊慌躲避，逃往城垣。总未曾箪食壶浆，以迎王师于道左；而尚能进贡纳款，向化天朝，洵能揆时度势，去伪投诚，颇称风淳俗美，终不为满鞑所迷蒙，殊属可钦可嘉矣。然我天朝兴师以来，念切民瘼，深悉民艰，断不借此财贿以为富国之资。但尔众士民既有此输诚之至意，倘不纳取，又恐负尔等雅意之优隆。除严饬士兵不许扰害良民外，合行颁给诲谕，仰尔等永以为据。况我天朝圣师如云，征剿四路，恐继此复有经过。有此谕凭，决不能扰害尔等。由是耕者耕而读者读，毋容迁徙而远遁；商者商而贾者贾，尽可乐业以如常。从兹永息鸿嗷，咸安郅治之庥；自此免惊鹤唳，同享太平之福。诗所云“畏天之威，于时保之”，其斯谓欤？特此诲谕，咸使闻知。遵

太平天国壬戌十二年四月初八日诲谕[①]

这篇文告也和达开给涪州四民的训谕相似，主要的内容是对广大群众晓以民族大义，宣传太平产军的爱民作风，不做什么宗教宣传。

达开到达叙永之时，“张四皇帝”又派人来迎，说是要取道兴文前来会师。达开很想借重这支熟悉地形的本地队伍，合兵抢渡长江。所以立即挥军西进，于 5 月 26 日离

① 此文录自《说文》月刊第 3 卷第 11 期。文末所盖官印为“太平天国真忠报国瑞天豫傅佐廷”及“太平天国真忠报国德天豫崔柱忠”。

开叙永，直趋兴文。[1] 5月28日，先锋赖裕新到达兴文城下，才知道此城已被“张四皇帝”攻占，于是两军胜利会师。“张四皇帝”请太平军进驻城中，自己却率部下退驻城外。次日，达开到达，“张四皇帝”整队恭迎。双方共同商定进军计划，即先合兵攻下长宁，再从长宁北进，或攻江安，或选择其他渡口抢渡长江。商定之后，就由“张四皇帝”引路，合兵前进。6月1日，四面围攻长宁，至12日，以火药炸开城垣，长宁克复。达开驻节长宁，首先派李福猷向西北方进军，一面寻觅长江边上的渡口，一面打听李永和的消息。为了保固长宁，作为渡江之战的根据地，他分兵四出略地，活动于叙永、兴文、古宋、庆符、高县、珙县一带。这样既能与长宁本军配合作战，又有利于兴办军粮。

达开入川四个多月，转战一千多里，一心想要渡江，但敌人始终在江北拦截，得不到一个渡江的机会。在这段时间里，天京方面的战局起了极为不利的变化。安庆失守后，湘军逼攻天京，天京被困，形势严重。忠王李秀成虽然打下了苏南一片地方，清廷却和外国侵略者勾结起来，合组新式军队，使用洋枪洋炮，向这一片地方疯狂反扑。天京的朝廷又被洪仁发和洪仁达所控制，干王洪仁玕受到排斥。由达开提拔起来的青年英雄英王陈玉成被叛徒出卖，被俘不屈而殉国。从全局来看，敌人在别的战场上逐渐占了上风，就能够抽调出兵力来对付达开的远征军。

骆秉章知道达开有从叙府渡江的企图，也知道达开的远征军一旦渡江，就会在川西平原上驰骋而难以抵挡。于是先发制人，调动四川境内所有的湘军和许多川军渡江南而南，合力围攻长宁。除从涪州尾追而来的湘军刘岳昭部、川军唐炯部、唐友耕部之外，又调来了湘军道员曾传理、川军总兵熊焕章等军，反复环攻，志在必得，战况激烈。川军悍将唐友耕多次负伤，仍然死战不退。这时达开军中的新附之众，例如“张四皇帝”的队伍，都没有经受过长期的战争锻炼，常常抵挡不住敌人的进攻而败退下来，影响军心。达开也不愿意在这里和敌人硬拼。为了保全力量，另谋出路，就在7月12日主动放弃长宁，退回叙永。同时又命令李福猷为先锋北攻合江。

8月7日，李福猷部在合江西南三十里的先市场大败湘军刘岳昭部，太平军士气复振。达开于是决定全军乘胜东撤，从川南进入贵州，选择一块适当的地方进行休整。他们打听到贵州兵力空虚，正是进军的好机会。为了迷惑敌人，大军分路东进，北到长江边上的江津，南到山地中的綦江，都有他们的足迹。9月底，全军集中于川黔边境，达

---

① 郭廷以《太平天国史事日志》：“5月26日（四月二十八日）翼王石达开占领川南叙永厅，走兴文。张四皇帝自江安来迎。”光绪《续修叙永永宁厅县合志》卷十八：“（太平军）初次至永也，以四月十六日，去以四月二十八日，二次到永也，以六月十六日，去以六月二十八日。”

开大营设于綦江县属的东溪。在这里，达开召集部将，商定了一个进取成都的长期作战计划。即分兵三路，由赖裕新、李福猷各领一路，从贵州绕道云南，设法渡过金沙江；达开自领一路，仍从叙府以南地区进攻。约期在金沙江以北的木川司（今沐川）会合，共取成都。从此达开远征军兵分三路，由赖裕新率领中旗队伍为先锋，李福猷率领后队，达开自领中军（也可称为本军）。

1862年10月1日，达开大军全军进入贵州，分攻仁怀、桐梓、绥阳、遵义各地。贵州清军很少，他们进军时未遇什么阻挡，连有名的天险大娄山上的娄山关都无人把守。达开自领大军来攻遵义府城，城里的团练拼命死守，城上发射的大炮居然击毁了达开的黄绸伞盖，达开不愿在这里耽延时日，转攻绥阳。不久又全军西走，向黔西、大定（今大方）进军。10月10日，围攻黔西不克，撤围趋大定府。在这里，达开与两年以前离开广西的曾广依部相会。曾广依离开广西以后，转战贵州各地与四川南部，队伍分散活动。到湖北来凤迎接达开大军入川的那支队伍，就是曾广依的部下。这时他本人也在大定附近活动，听说达开到来，非常高兴，率领全军前来归队。他是熟悉贵州各地情况的，达开部命令他和李福猷合兵围攻大定府城。[①]

黔军总兵李有恒据城固守，太平军久攻不克。达开与赖裕新、李福猷等早已商定了分兵前进的计划，这时有了曾广依这个向导，就决定付之执行。全军暂分两路：一路是达开的本军，由此西趋毕节、镇雄，重新进入叙府以南地区。另一路是赖裕新军与李福猷军，由曾广依军作为向导，南趋永城、郎岱，暂时合兵作战，到了适当的时候，仍然分开进军，抢渡金沙江，到叙府以西的木川司和达开本军汇合。[②] 这样分路进军，可以迷惑敌人，使其不知主力何在。他们如果分头拦截，必然疲于奔命，穷于应付。分兵之后，赖裕新、李福猷军于11月15日到达黔西的郎岱厅，开始攻城。因为开挖地道失败，未能攻下，[③]于是弃城不攻，准备径入云南，向金沙江边前进。进军计划是：李福猷进军

① 简又文《太平天国全史》第十八章："八月十七日，攻黔西州，不克。延至闰八月廿七，翼军撤围趋大定府。是时，前二年春间由广西庆远出发入黔之曾广依部，亦展转走至大定。九月初八日，与李福猷部联合并力攻府城。"

② 简又文《太平天国全史》第十八章："至是，翼军分两路入滇：一由翼王亲率本部西进趋毕节，一由李福猷、曾广依等率领趋西南水城、郎岱。"

③ 《钦定剿平粤匪方略》卷三百二十八："二十一日，贼窜郎岱厅属；二十四日，直扑厅城，署同知严谨等率兵团守御，击毙贼匪多名，臣等闻报，添调兵练，前往援剿。三十日，严谨侦知贼在城外寿佛寺开挖地道，已逼城根，当即掘壕灌水以破之。并令同知孙清彦率练勇攻毁寿佛寺，该匪败逃。"

宣威，赖裕新进军东川，这就是所谓郎岱分兵。[①] 分兵以后，李福猷经过宣威、昭通，到达金沙江边的副官村。达开本军在横江作战时，把他召回横江大营。赖裕新经过东川，从米粮坎（今巧家）渡过金沙江，从此与达开本军失掉联系。[②]

达开本军离开大定以后，经过毕节，于10月27日进入云南镇雄县境。[③] 这一带地方是川、滇、黔三省交界地区，清军不多，极易扫除，达开在这里从容休整、补充，到处张贴《招募兵壮告示》，号召贫苦人民和有志之士与地方起义队伍踊跃参加太平军。告示中说：

> 缘本主将匡扶真主，诛满夷之僭窃，整中夏之纲常，解士庶之倒悬，拯英雄之困顿。志士抱不平，均愿讲武；穷人原无告，其乐从戎……又有替人佣工，终衣食之莫给；抑或微本贸易，获利息之几何？然与其贫民拮据于草野，曷若报效于王朝。……现今处处均有聚义，可惜徒为乌合；人人皆欲奋兴，堪怜未遇龙飞。本主将大开军门，广罗武士，收纳不拘万千，招募无论什百，先教以止齐之节，复列于戎行之间，待之如同手足，用之以作干城。[④]

这一告示具有很大的号召力，能够吸引一切生活困难贫穷的人，怀才不遇有志难伸的人，闯荡江湖漂泊无依的人。他们相信达开"待之如同手足，用之以作干城"的诺言，纷纷参军。经过补充，达开本军的人数又扩大到十余万人。骆秉章也知道太平军在镇雄一带得到大量补充的消息，他在向清廷所上的奏折中说："（太平军）由黔西窜入云南镇雄州地方。该处既无兵团扼堵，且土匪散练，随在皆是，该逆得以裹胁，其势复张。"[⑤]

这时，滇西回族起义军领袖杜文秀也派了专使来见达开，欢迎大军西行入滇。但

---

① 《骆秉章奏稿·奏为中旗发逆自宁远绕道上窜叠经官军暨沿途团练截剿获胜并毙首逆情形折》："伏查中旗发逆，系赖裕新即赖剥皮为首，本属著名凶悍老贼，自贵州郎岱与石逆分路，约有二万余众，绕赴建昌，意图伺我不备，长驱深入。迨退踞德昌，裹胁烟帮游匪，不下三四万人，于正月二十六日，复行上窜。"这就是"郎岱分兵"一事的史料根据。由于骆文提到"自贵州郎岱与石逆分路"，就造成了一个误会，好像石达开本人曾经到过郎岱。有些著作中就是这样记载的。其实石达开本人并未到过郎岱。大定分兵以后，石达开经过毕节、镇雄，回到叙南地区。到达郎岱的，仅是赖裕新、李福猷等人。郭廷以《太平天国史事日志》的记载是不错的，即"翼王石达开部宰制李福猷、曾广依为总兵李有恒、副将胡均禄所败，自大定府西走水城、郎岱二厅"。简又文《太平天国全史》的记载也是不错的。请参阅上页注②。

② 石达开在给李福猷的训谕中，要李福猷打听"中旗官兵"的下落，说明他与赖裕新之间已经失掉联系。

③ 简又文《太平天国全史》："九月，翼王躬率本军自在定经毕节，开入滇边之镇雄州。"

④ 《石达开招募兵壮告示》。

⑤ 引自《骆秉章奏稿·奏为石逆由黔、滇回窜川境现已飞调各军会筹攻剿折》。

是达开一意渡江进取成都，一时不克西行，只好婉言推辞。[①]

1862 年 11 月 15 日（太平天国壬戌十二年十月初四日，清同治元年九月二十四日），达开本军十余万人自镇雄出发，分兵五路，大举入川，攻入四川筠连，前锋直抵叙府的横江镇。[②] 11 月 22 日，攻克高县，于是进据叙府所属金沙江南岸的横江镇、双龙场、玉皇楼等地，夹横江两岸为营，纵横数十里，旌旗相望，金鼓相闻。达开这次进军，以横江镇一带地方为目标，是有原因的。在他招募来的人当中，有人向他提出了一个抢渡金沙江的建议：在叙府附近，金沙江有一条支流，叫作横江，发源于贵州威宁境内。横江全长虽然只有五六百里，沿江支流很多，水量不小，可以行船。横江注入金沙江时，水流甚急。如果从横江驾船顺流而下，可以利用流水的冲力一直冲到对岸，比在一般的渡口过江要容易得多。达开进驻横江镇之后，亲到江口视察，认为这种设想可以办到，就决定全军在此长期驻扎，固守阵地，征集船只，做好抢渡的准备。

从 11 月 24 日到 29 日，太平军连续作了多次试探性的抢渡，都未成功。因为横江河道太陡，险滩礁石甚多，船只虽是顺流而下，为了要避让险滩和礁石，行船不能太快，也就不能充分利用水流的冲力。敌人以重兵在对岸防守，常常渡过江来骚扰，又有水师炮船在江中来往巡逻，把太平军的船只打坏打沉了许多。修理补充颇费时日，所以暂停抢渡，探讨失败的原因。达开和部将们都认为：从这里抢渡的设想是不错的，不过冬季水浅，行船难以利用水流冲力，明年春季涨水，横江和金沙江的水位升高，险滩礁石都被淹没，船只顺流直冲而下，瞬息即到，敌人的炮船就无法阻挡。因此应该坚守到明春涨水。在这段时期内，尽力征集和改装各种船只，训练人员，做好准备。一到涨水，立即抢渡，可以一战成功。

达开下令横江两岸的营地都筑土城，竖木栅，挖壕立垒，做久守的打算。并在江上

---

① 简又文《太平天国全史》第十八章："及翼王入滇，文秀亦力图联络。如同治二年复回教掌教马德新函有云：'满人夺我中华，主政二百余年，今之官吏，大都忘其根本。吾迤西回汉，一心誓绝满虏，有进而无退。况今者，太平天国已经克复十有余省。石达开奉命来滇，将与吾歃血为盟，互相援助，扫尽腥膻，以安吾民，特指顾间事耳。'由此可见，翼王与其早有联络。"

② 郭廷以《太平天国史事日志》："11 月 18 日（九月二十七日）翼王石达开经云南镇雄州五路北进入川，占领筠连，败总兵熊焕章。"《钦定剿平粤匪方略》卷三百三十："该逆在镇雄州裹胁土匪，其势复张。九月廿四、五等日，分股由焦村直扑筠连，并上窜宜宾之横江镇，意欲抢渡金沙江，进窥叙郡。"从清廷官书、清吏奏报与各有关的地方志看来，石达开这一次都是直接从云南镇雄向四川筠连进军的，在入川之间并未经过云南昭通。但是有些著作却说石达开离开四川长宁之后，是绕道贵州遵义、云南昭通然后重新攻入四川的，其根据仅是奏稿本《石达开自述》中的一句话："攻破长宁，不能深入，绕道贵州遵义、云南昭通，想从横江过河。"其实，石达开的本军并未经过昭通，经过昭通的是李福猷的队伍。后来李福猷在副官村被石达开召回，也参加了横江大战。石达开说"想从横江过河"的队伍（包括他的本军与李福猷军都在内）是从贵州遵义、云南昭通绕道而来，这话也没有错。因为这是笼统的说法，并未细分。我们如果把石达开的话简单地理解为他本军的行军路线，就会和史实发生矛盾。

建行浮桥，让两岸的人马通行无阻。为了补充弹药，战士取土熬硝，用各号铅觔熔铸炮子。在新参军的人员之中，本有不少船夫水手。达开下令征求能够参加水战的人："誓必渡此金河。凡有能水战者，即到统兵大将处，果能得渡大河，所有同过浮桥之人，准于每张封条抽取银十两，以赏水师。兵士之有功者，赏军功检点职衔；功高者，赏侯爵预爵。"[1]在这样鼓励之下，许多能够驾船善于泅水的人员，能够修船造船的工匠，踊跃前来报名。名个营地上都在修整器械，训练人员，忙得热火朝天。

在十万人中间公开征求能水战的人员，要想保守机密是很困难的。不久，成都的骆秉章就打听到他们"誓必渡此金河"的计划。达开的大军一旦渡过金沙江，就会席卷川西，拿下成都。骆秉章一面加强江防，一面调集四川境内一切能战的队伍，来和达开决战，决心拔除横江这个据点，以消灭心腹之患。他先后调来川军总兵唐友耕、熊焕章、都司徐步云，滇军参将杨发贵等扼守金沙江北岸；湘军臬司刘岳昭、提督胡中和、总兵萧庆高、何胜必等集中横江附近，四面围攻太平军的营垒。

12 月上旬，各路清军先后到达横江附近。横江上空乌云密布，山雨欲来，大战即将开始。为了集中兵力，坚守阵地，达开下令把在高县、筠连一带活动的队伍一律撤回横江大营，并把驻扎在云南副官村的李福猷军也召回横江。这一次大战，清军方面是势在必得，不夺取横江这个渡江基地，他们就不能安枕；太平军方面是势在必守，如果失掉了横江这个渡江基地，抢渡金沙江的计划就会落空。

1863 年 1 月 8 日（太平天国壬戌十二年十月二十八日，清同治元年十一月十九日），横江大战正式展开。大战不是由清军进攻而开始，是由太平军主动出击而开始。这时，太平军大队驻守横江两岸，达开本人则驻守距离江岸二十余里的双龙场。湘军提督胡中和，总兵萧庆高、何胜必均逼近太平军营垒而扎营，双方旌旗相望，剑拔弩张。这天一早，达开亲自指挥双龙场的太平军分为三路，猛扑胡中和的营盘，但受到萧庆高、何胜必的夹击，便暂退回营。双龙场的激战未停，横江两岸的激战又起。不仅白天枪炮之声连绵不绝，夜间也是火箭火弹满天乱飞。达开知道敌人已经全面进攻，就下令各军坚守营垒，暂不出击，以逸待劳。这种战术收效很大，横江镇、双龙场两处，太平军营垒林立，卡坚路险，清军士兵在他们的将官严厉督促之下，仰面进攻，不断被炮、石击中，伤亡惨重。

双方激战了十多天，太平军营垒屹然不动，敌人付出了大量伤亡的代价，却攻不下

---

① 引自《黄氏一家杂著·佚名日记》。

任何一处阵地。不料这时出现了新的情况：一是胡中和找到了可通太平军营垒的山间小道，有出奇制胜的可能。二是刘岳昭通过阴谋活动，在太平军内部找到了可以作为内应的叛徒。因此，敌人就决定在1月30日这一天"同期并举"，发动猛攻。

1月30日的黎明，敌人倾巢出动，首先进攻太平军横江镇营垒。太平军炮石俱下，敌人猛攻多次，都被击退。正相持间，敌人的火弹投入太平军东岳庙营垒，引起大火。同时胡中和带领湘军各营从山间小路抄至，两面夹击。太平军无暇救火，营垒被烧，仍然伏在断壁残垣之下死战不退。敌人三营围攻太平军的一处街垒，用了半天时间都攻不下来。太平军铅丸已尽。用锅铁碎石轰击，还杀伤了许多敌人。可是这时太平军双龙场大营中火光冲天而起，原来是叛徒纵火内应。大火烧到太平军前，大营这才被敌人攻破。这时军中有好几万新兄弟，其中虽有不少忠勇之士，坚守不退；但也有许多人缺乏战斗经验，心慌意乱，纷纷溃散。达开见大营已失，下令撤兵。次日，从燕子滩渡过横江，全军退入云南境内。

这次大战，太平军坚守二十多天，使敌人束手无策；但在最后的关键时刻，竟败于叛徒之手，使抢渡金沙江的计划落空。达开在滇、黔两省广招兵壮，来者不拒，其中虽有大量的好兄弟，也混进了一些投机分子，这就是敌人进行勾引的对象。叛徒事件的发生，绝非偶然。这次横江之败，达开本军伤亡逃散的数以万计。更重要的，是缺失了一个苦心经营的根据地，从此又要长期流动作战，这是个十分惨痛的教训。

达开本军既入云南，活动于永善、镇雄、昭通、东川、宣威一带。这时他听到赖裕新已经率领中旗队伍从米粮坝顺利渡过金沙江，深入四川宁远府(西昌)的消息，就决定立即跟踪进入四川。因为滇东一带人烟稀少，大军觅食困难。军中缺少食油，"及获桐油煎食，多病痢"。[①] 为了迷惑敌人，不让敌人知道他的去向，他命令李福猷率领三万人大张旗鼓地东入贵州，回攻川东。一时清廷上下都把李福猷军误认为是达开本军。后来虽然弄清了真相，但已无法追赶达开本军。李福猷分兵东进，起到了牵制清军、帮助达开本军摆脱追兵的作用。分兵以后，李福猷从云南昭通进入贵州，1863年8月又从贵州婺川进入四川酉阳。当时他得到了达开本军覆败的消息，就不再西进，而东入湖南，南下广西，1863年12月，在广东连州战败被擒，不屈牺牲。

达开决定从米粮坝渡过金沙江进入四川时，还以为赖裕新部仍在宁远一带活动，完全不知道赖裕新已经战死，余部通过川西北走陕西的消息。1862年12月31日，赖

① 引自《昭通志稿》卷五。

裕新率领中旗队伍从米粮坝渡过金沙江，自披砂（今宁南）、普格进至西昌西溪，旋即北上，进抵越嶲（今作越西），与越嶲同知周岐源、参将杨应刚、土司岭承恩等作战。1863年3月，队伍在通过狭窄的山路时，遭到土司岭承恩的暗算，岭承恩在两侧高山安放滚木礌石，打死了不少太平军，赖裕新也在此牺牲。[①] 余部在郑永和等人率领下，继续北上，3月28日进抵大渡河的大树堡，以布疋结船为浮桥，抢渡大渡河，从此进入川西平原。后经清军追击，北走陕西，与太平天国西北远征军扶王陈得才会师。

1863年4月15日（太平天国癸开十三年三月初三日，清同治二年二月二十八日），达开亲率本军四万余人从米粮坝渡过金沙江，沿会理侧上德昌。5月1日，攻克宁远河西镇。5月2日，驻军樟木箐，营地纵横二十余里。[②] 5月3日，宁远清军来攻，被太平军杀得片甲不回。达开知道这一带地方彝族很多，为了避免发生摩擦，他向沿途各土司散发文告，说明太平军的来意，在给昌州土司禄氏的文告中说："满清异族，荼毒中华以极，天王拔举义师，大张挞伐。天兵纪律之师，望所到之处，约束所有百姓，切勿听信谣言，滋生事端。"[③]这样，沿途多数土司都能听从劝告，双方相安无事。只有少数土司受到清军挑拨，想来劫夺辎重，向他发动袭击，但都被击退。

达开驻军樟木箐时，有当地居民赖由诚前来献策。达开接见了他，向他询问进军的道路。他说：由此地北上成都，必先渡过大渡河。去大渡河边的道路有两条，一条是大路，经过越嶲、海棠，直到大渡河边的大树堡；另一条是小路，经过冕宁、大格里、拖乌、铁宰宰，直到大渡河边的紫打地。大路略远，小路略近；大路较平，小路较险。既然上次赖裕新部的中旗队伍是走大路，沿路清军与彝兵必然有所防备。小路虽然险窄，全未设防，这次进军以走小路为宜。达开接受他的建议，把他留在军中，作为向导，下令从小路进军。

达开和他间下的许多老兄弟，身经百战，长征万里，曾经越过无数的高山大水，突破无数的险隘雄关，但是这一次在前往紫打地的山间小路上进军时，却不能不为这一带山水的奇险而惊叹，觉得是平生所未见。有时路在山腰仰视高山高不见巅，俯视深谷深不见底，稍一失足，粉身碎骨，连尸骸也无法寻觅。有时路在谷底，两旁石壁千仞，

① 光绪《越嶲厅全志》卷六："赖裕新系在白沙沟被岭承恩所设滚木礌石压死。"

② 民国《西昌县志》卷九："同治二年二月二十八日，石达开率兵二万余，由滇渡江，循会理侧上。三月十四日，至河西。十五夜，抵樟木箐驻扎，纵横二十余里。"关于石达开远征军的人数，说法不一。或曰三万人，或曰四五万人。县志说是两万余人，似乎失之过少。石达开在横江时，人数超过十万。除去横江大战失败的伤亡数字，再除去李福猷带走的三万人，剩下的当有四万人左右。

③ 引自《四川少数民族调查组调查材料》。

古木森森，遮天蔽日，虽在暮春时节，也使人彻骨生寒。尤其是在铁宰宰附近，高山峭壁之间，只有一线可通行人，人马只能鱼贯而行，全无回旋余地。数万人马，有如一条长蛇，在这自古以来荒无人烟的万山丛中蜿蜒前进。

论：

一、石达开离开太平天国辖区而远征，有些同志批评为流寇主义。我们认为还不能说他是流寇主义。不管这支队伍走了多少地方，绕了多少圈子，他们毕竟是在从事一次战略目标非常明确的远征——进取四川。以后再以四川为根据地，光复全国。达开为了这个目的而长期流动作战，类似“流寇”，但是并不等于是流寇主义。如果说，以后他的事业成功了，我们就把他的流动作战褒为战略远征；他的事业失败了，我们就把他的流动作战贬为流寇主义，那就未免有成王败寇之嫌。

二、石达开入川以后的战事，总的说来，就是太平军的抢渡与清军的反抢渡。涪州之战、长宁之战、横江之战与最后的大渡河之战，莫不如此。从表面上看来，好像是太平军主动进攻，清军被动防御。实际上太平军是为情势所逼，不得不然。而清军则完全了解太平军进军的意图，知道只要守住长江，就是胜利。这样清军就取得了战争的主动权，可以处处主动防御，以逸待劳。比较而言，处处发动进攻的太平军反而处于被动的地位。如果石达开在一两次失败之后，能够吸取教训，不急于发动把握不大的攻势，而向敌人力量薄弱的地方发展，重建一块比较稳固的根据地，积蓄力量，等待时机，也许后来的结果就要好得多。

第十四章　泧江被困

大渡河古名泧江，本地人又称铜河，发源于青海南部。上游分为大、小金川，从西北流向东南，到四川乐山与岷江会合。两岸雪山绵亘，峰峦重叠，每逢化雪季节，千里激流，倾泻而下，波涛汹涌，石走雷奔。既因水势凶险，难以架桥；复以水寒彻骨，不易泅渡。两岸之间的交通，只靠少数渡口与铁索桥维持，是西南有名的天堑。

1863 年 5 月 14 日（太平天国癸开十三年四月初一日，清同治二年三月二十七日）的清晨，翼王石达开亲率本军三万余人，到达大渡河南岸番族土司王应元所管辖的紫打地。[①] 这里北濒大渡河，西濒松林小河，东南两方都是山岗，是个只有几百人居住的小场。[②] 因为听到太平军要来的消息，土司强迫居民走避，粮食也都搬到松林河西去了。留下来的都是老弱。[③] 太平军队伍进场以后，立即抚慰居民，劝大家不要相信谣言，并出钱购买竹篾搭棚居住。[④]

不久，达开乘白马，张黄绸伞盖，亲自来到河边观察地势。横亘在达开眼前的大渡河虽然乱石嵯峨，波涛翻滚，但使他放心的是，眺望对岸，并无一个敌军。[⑤] 几个月来虽然没有接到先锋赖裕新的禀报，沿途听到的消息，知道这支队伍已经顺利渡过大渡河，

---

① 骆秉章《生擒石逆疏》："布置甫定，石逆果拥众三四万人，绕越冕宁，知越巂大路有汉夷各兵扼截，遂由小路于二十七日径奔土千户王应元所辖之紫打地。"

② 现在石棉县属的安顺场并非以前的紫打地。据《越巂厅全志》记载：紫打地在光绪二十八年秋被洪水冲没，另建新场于外面的中坝，才是现在的安顺场。

③ 光绪《越巂厅全志》卷六："王应元率土兵团练，暗将松林河桥拆毁，令乡村各寨坚壁清野。"又："三月二十七日（石达开军）掩至紫打地场，新街、老街百姓，皆逃过松林小河，或过大渡河往清溪县界居住。"

④ 佘鸿观《蜀燹述略》卷一："逆众乃构篾棚屯聚。"

⑤ 骆秉章《生擒石逆疏》说唐友耕、蔡步钟等已于三月二十五日到达大渡河北岸布防，不确。薛福成《书剧寇石达开就擒事》中说："按达开初到大渡河边，北岸尚实无官兵，而骆文忠公奏疏谓唐友耕一军已驻北岸，似为将士请奖张本，不得不声明防河得力，因稍移数日以迁就之。当时外省军报，大都如此，亦疆吏与将帅不得已之办法也。"

进入四川腹地。[1] 这就会吸引敌人跟踪追击，使得自己所率领的本军得以乘虚而入，袭取成都。当务之急是赶造船筏，迅速渡河。

达开下令征集当地仅有的几只木船，运送几百名骑兵到北岸去，侦察沿河上下几十里内有无敌人踪迹，限定当晚回营。[2] 又派出一支几百人的小队，向松林河对岸土司王应元的营寨发动试探性的进攻。王应元的土兵人数不多，却把河上铁索桥的木板撤了，据河顽抗，用劈山炮轰击太平军。[3] 达开虽然没有把他们看在眼里，但因自己的队伍尚未到齐，而且地形不熟，暂停攻击。由于沿河一带可能发生战事，他下令在紫打地东南五里的马鞍山扎下大营，存储军粮辎重。在崎岖的山间小径上行军多日，人马都很疲劳，他命令全军暂时休息，只派一部分人日夜征集竹木，赶造船筏，以备渡河。[4] 当晚，派出去侦察敌情的骑兵回来报告，对岸全无敌军。

当天夜里，天气突然变化，阴云四合，天色如墨，继之狂风卷地，大雨滂沱。直到次晨，风雨不停。达开带着赖由诚等向导多人，冒雨来到河边观察水情。只见河水在风雨中逐渐上涨，到了傍晚，居然陡涨数丈。不仅大渡河的波涛排山倒海而来，连松林小河也是白浪翻滚，有如一锅沸水。[5] 涨水的消息传遍全军，大家都很忧虑。达开安慰他

---

① 这时中旗队伍的前锋已经越过川西，进入甘肃边境的碧口，后队还在灌县、三台、邛崃一带地方活动。但赖裕新本人早在越嶲附近牺牲。光绪《越嶲厅全志》卷六："赖裕新系在白沙沟被岭承恩所设滚木礌石压死。"民国《荥经县志》卷九："赖裕新于二年正月袭击宁远，至小相岭被土夷用木石击死。"

② 据薛福成《书剧寇石达开就擒事》记载：石达开的大军在到达紫打地的当天即大举渡河。渡过万余人时，天色已晚。达开又传令全部撤回南岸，而且对部下说："我平生行军谨慎，今师渡未及半，倘官军猝至，此危道也，不如俟明日毕渡。"并在这段记事之后加按语说："达开之众，半渡撤回，系唐友耕亲告余弟季怀者，余追忆而书之。"对于这一说法，许多同志都在文章中表示怀疑，觉得不可轻信。我们于 1981 年 8 月到当地，观察了大渡河的渡口，了解渡河情况。知道这时原渡口只容得下几只小船，每船所载不过一二十人。要在短时间内渡过万人是绝不可能的事。后来接到罗尔纲先生寄来的论文《关于石达开大渡河覆败的几件事》，其中说："石达开因从冕宁小路急行军到了紫打地，需要稍做休息。松林小河西岸有土司王应元率彝、汉兵勇扼守，而大渡河北岸却没有防军。因此，他派了一支小部队过河去侦察敌情，探路径。这支小部队，为防遇到敌人要战斗，可能有数百人，也可能有千人。他们任务完了，就渡回紫打地。向唐友耕提供情报的人，却误会是既渡复撤回，并把人数作了夸大。这样经过唐友耕告薛福保，后来薛福保告其兄薛福成。再经过多年之后，薛福成根据追忆来写，就成为今天所见的薛福成这种说法吧！"我们再参考唐炯自撰《成山老人年谱》的记载："翼王到大渡河后，仅渡过游骑数百人，后又招还，期明日毕渡。是夜水涨数丈，连日不退。唐友耕军始由邛州驰至布防。"由此可见罗尔纲先生的推断是正确的。

③ 都履和《翼王石达开涐江被困死难纪实》："二十七日昧爽，率大队进据，命令邓正发猛扑桥头数次，均被应元等以劈山巨炮轰退。"

④ 都履和《翼王石达开涐江被困死难纪实》："当夜，达开妇诞一子……部属均稽首称贺，以是传令犒赏，休养三日。"我们到当地采访时，民间也有这种因庆贺生子而耽误渡河时间的传说，但不足信。久经战阵的石达开绝不致如此不知死活。休养两三天是因为长途急行军后需要休整与赶造船筏做好渡河的准备。

⑤ 骆秉章《奏报河神顺疏》："是夜大雨滂沱。次日河水陡涨十余丈，波涛汹涌，并松林小河亦成巨浸。"张剑波《石达开入川被擒史料》："当石达开初至紫打地时，原拟即日渡河北进，不意遭逢暴雨，大渡河、松林河及老鸦漩河河水暴涨，洪峰高数丈，连日不消，致不能渡。"

们说：已经问了向导，现在还未到涨水季节，山洪暴发，一两天就会消退。① 又据当地的老年人谈，大渡河真正涨水，还在一个月之后。大家这才暂时安心。

5月17日，天色晴朗，太平军把造好的船筏拉到河边，做好渡河准备，却隐约见到对岸出现清军的旗帜。这样一来，原先考虑好的渡河计划不能实现。达开马上下令做好敌前抢渡的准备，把渡河队伍重新编组。当天下午，选出精锐千人，分驾船筏，沿河抢渡。唐友耕部的清军刚刚到达，不明情况，为了给自己壮胆，拼命施放枪炮，子弹纷纷落水，很少命中。敌军原不足畏，可惜水流湍急，到了河心，船筏控制不住，难以前进。为了避免无谓损失，达开传令退兵。② 准备在水势稍退的时候，再集中兵力，大举渡河。

就在太平军积极准备渡河的同时，老奸巨猾的骆秉章也在紧急布置，对太平军加以包围。布置的情况是：

一、派重庆镇总兵唐友耕、雅州知府蔡步钟，率领兵勇八千人防守大渡河北岸自安庆坝以下的十三处渡口，阻止太平军渡河北上。

二、命土司王应元督带番、汉兵勇扼守松林河，阻断太平军向西前往泸定的道路。并以提督胡中和率领湘军三千人进驻化林坪，都司谢国泰所部进驻猛虎岗，作为王应元的后援。

三、派南字营游击王松林率领汉、彝兵勇把守筲箕湾、擦罗一带，切断太平军南退的道路。

四、派越嶲同知周岐源、参将杨应刚、都司庆吉带领土司岭承恩与汉、彝兵勇从竹马岗北上，堵住太平军东进的道路。③

骆秉章尽管布置得面面俱到，但是要想包围和击败太平军，必须守住大渡河。如果太平军抢渡成功，不仅他的包围计划成为泡影，成都也将岌岌可危。他深知石达开是个不易对付的对手，因此在调兵遣将之后，仍然昼夜担心。④

在大举渡河之前，达开一再布置疑兵迷惑敌人。他派出一些小队伍沿河上下流

---

① 薛福成《书剧寇石达开就擒事》："达开谓山水暴发，一二日可平也，当少俟之。"赖秉权《太平天国翼王石达开紫大地蒙难纪实》："王以山洪陡发，其涸也可立而待。"

② 骆秉章《生擒石逆疏》："三十日申刻，贼千余人到河边窥渡，被我兵施放枪炮，轰毙数十人，贼遂退。"张剑波《石达开入川被擒史料》："三月三十日下午，临河出战，抗阻清兵南渡企图，石部矫健善战，使唐友耕部颇感疲敝，唐军虽昼夜炮击石营，而石部仍所伤无几。"

③ 这里所述清兵布置情况，是根据骆秉章《生擒石逆疏》、《唐友耕年谱》、都履和《翼王石达开涐江被困死难纪实》、光绪《越嶲厅全志》卷六及张剑波《石达开入川被擒史料》等史料综合而来。

④ 骆秉章《生擒石逆疏》："石逆凶狡多谋，一处疏漏，即不足以致其死命。"

动，白天多张旌旗，夜里多举火把。清军从对岸眺望，只见太平军不断移动，既弄不清主力何在，也不知道这些队伍要去何方，常常自相惊扰，调整兵力，变换防地，弄得非常疲乏。[①] 达开还派队伍四处征集军粮。因为当地土司坚壁清野，几万大军全靠一路上带来的粮食维持。可是附近人烟稀少，四出打粮的队伍，大都没有收获，只有赶快渡河才能摆脱困境。[②]

5月21日，即第一次抢渡的四天之后，雨过天晴，江山如画。大渡河水滚滚东流，对岸山峦历历可见。达开选择这一天，激励将士，大举渡河。上午，除在营地担任警戒的队伍外，全军将士都拥到河边助威。经过一再挑选的四五千精悍的将士，陆续登上几十只木船和几十只竹筏。他们左手挽住挡牌，右手握着长矛，披发赤足，腰佩利刃，大家抱着过不了河决不生还的决心，在一片呼啸声中破浪而去。岸上的将士们也都摇旗呼喊，擂鼓助威，声震山谷，惊天动地。[③]

对岸的清兵看到这种声势，不禁胆寒。这些破浪而来的太平军将士，都是万里长征身经百战的精锐。只要登上河岸，就将横冲直撞，谁也挡不住他们的去路。为了给自己壮胆，清兵不断地施放枪炮。太平军虽然有一些伤亡，但毫不气馁，仍在波涛起伏的河心中奋勇前进。眼看渡河就要成功了，在南岸呐喊助威的将士们发出阵阵欢呼，就在这生死存亡的关键时刻，“不意船流及半，河水暴涨，以致随渡随没”[④]。在滚滚而来的洪峰冲击之下，木船打翻，竹筏冲散，将士们纷纷落水。没有打翻的船筏，也被急流冲走，不知去向。这次抢渡，太平军损失百战精锐四五千人。[⑤]

达开看到抢渡大渡河的计划一时难以实现，就决定转移进攻方向，抢渡松林小河，再沿大渡河南岸向泸定进军。第二天，即5月22日，达开亲自督战，挥军抢渡松林河。

松林河的河面虽宽，水量不大，满河都是乱石。在枯水季节，河水都从石缝中流注，人们可以涉浅而过。现在涨了水，水石相激，一片浪花，有如瀑布。既不能涉浅，又不能行船。不论是船是筏，一旦撞上巨石，立刻粉碎。所以两岸交通只靠一座铁索桥维持。在太平军到达紫打地之前，骆秉章已经派人收买了番族土司王应元，送他白银一千两，并且允许“破贼之后，所有资财，悉听收取”。[⑥] 王应元听说太平军金银无数，一

---

① 骆秉章《生擒石逆疏》：“连日隔河游弋，意有疲我兵力。”

② 光绪《越嶲厅全志》卷六：“遣其党至蟹罗等处打粮，苦无所得。”

③ 这里所述抢渡情况，是根据骆秉章《生擒石逆疏》、佘鸿观《蜀燹述略》、张剑波《石达开入川被擒史料》等史料综合而来。

④ 引自张剑波《石达开入川被擒史料》。

⑤ 张剑波《石达开入川被擒史料》：“是役石达开部损失精锐四五千人，多系顺流漂没。”

⑥ 引自黄彭年《代刘蓉致骆秉章禀稿》。

心要想发财，所以死心塌地充当清廷走狗，下令所管四十八寨居民坚壁清野，不留一颗粮食在外，调集土兵和地方团练，撤掉铁索桥上的木板，据河扼守。当时达开一意抢渡大渡河向北进军，不愿分散兵力和土司纠缠，所以退兵不攻。王应元自知兵单薄，也很恐慌，只能固守，不敢反攻。“除守要隘之兵外，是夕沿河防兵仅二百余人”。[①] 为了虚张声势。王应元派人遍山点起火把，作为疑兵。[②] 过了两天，汉、彝援兵到达，他才逐渐安心。5 月 22 日，达开挥军抢渡松林河时，他已聚集了各族兵勇两千余人，在河西沿岸三十里处处布防。

达开察看对方人数不多，就决定在沿河上下几里路的地方同时抢渡。这时已经涨水，满河都是急水漩涡，将士们就手拉长竹竿，使三五人或七八人联在一起，互相支持，共同涉水[③]。谁知河心被急流冲成的一道深沟很不容易跨过，只要一人跌倒，相联的几个人也都站立不稳。在急流面前，就是平时渡河也很危险，更何况是敌前抢渡。十之七八的人都冲不过那条深沟。少数越过深沟，冲到对岸，虽然拼命和敌人肉搏，但后面的援兵赶不上来，最后还是被敌人刺倒。这一天，血战从早到晚，河水都染红了，抢渡还是没有成功。[④]

5 月 23 日，达开移兵至松林河口以上十里的磨房河地方抢渡。这里的河床很深，河面很窄，可以泅渡过河。他挑选了善于游泳的将士数百人，口衔利刃，同时泅渡。这时对岸防守的敌人不多，只要泅渡过去迅速抢占一段河岸，抢渡就能成功。看着泅水的将士在河里迅速前进，大家都怀着很大的希望。可是水寒彻骨，游了一段时间，手脚麻木，就被急流冲走。即使费尽气力爬上河岸，也是手脚僵硬，行动不便，遭到敌人的毒手。这次抢渡仍然不能完成。[⑤]

达开率领大军向紫打地进军之时，本想避实击虚，立刻渡河北上，直趋成都，并无绕道泸定的打算，[⑥]这时因为抢渡大渡河不成，才产生渡过松林河向泸定进军的想法，

---

① 引自都履和《翼王石达开溃江被困死难纪实》。

② 都履和《翼王石达开溃江被困死难纪实》：“会天将晦，夜色如墨，应元令燎火遍山以警之。”

③ 这种涉水过河的方法，是 1981 年 8 月我们到松林河附近采访时，当地群众见告。

④ 张剑波《石达开入川被擒史料》：“达开又以精锐进攻松林小河，血战至晚，仍不得渡。”

⑤ 赖秉权《太平天国翼王石达开此打地蒙难纪实》：“初六日改图松林河，由雅寨下趋磨房沟，又不能如愿。”

⑥ 薛福成在《书剧寇石达开就擒事》一文中，说石达开在进军紫打地之前，已贿赂土司王应元，请求让路。骆秉章侦知这一消息，就软硬兼施，一方面用更多的贿赂收买王应元，一方面派驻军队，施加压力，这才把王应元拉过去。所以“达开以土司之纳其赇也，夷然信之，长驱入险”。文章的最后并对此事加以评论：“达开不自入绝地，则不得灭，即入绝地，而无彝兵四面扼剿，亦不得灭。然使诸土司中始无得贿纵贼之人，以达开之审于行军，亦绝不肯竟入绝地也。”按：此说全无根据。因为：第一，石达开军行急如风雨，原拟即日渡过大渡河北上，径袭成都，并无取道泸定的打算，无向王应元纳贿买路之必要。第二，如达开已向王应元行贿，则到达紫打地之当天就不会向王应元发起攻击。第三，如达开已向王应元行贿，则在以后给王应元的“训谕”中，就会责备对方背信，不会说“贤台不知师来之意，竟尔抗拒，姑无足怪”的话。

可是王应元又拼命抗拒，抢渡困难，于是召集部属，商量对策。宰辅曾仕和认为水势不退，大渡河难以抢渡，全军存粮不多，必须赶快离开此地，才不至于被困。他主张出重金向王应元买路，因为王应元兵力单薄，只是依靠松林河水势险恶，才敢于和太平军抗拒，一旦退水，他是抵挡不住的。达开同意这个办法，决定让曾仕和暗地进行。

5月25日，曾仕和派人和王应元联系，愿意出两千金请求让路。[①] 交涉在暗中进行，王应元是早就料到的。当骆秉章派人来收买他，汉人士绅来商量如何进行防御的时候，他曾经慷慨激昂地表示永远忠于清廷。当时就有人告诫他，如果太平军以钱财前来引诱，千万不能上当。[②] 他也曾指天誓日地表示绝不动摇。但是到了太平军倾全力来抢渡松林河的时候，就犹豫起来，觉得万一抵挡不住，玉石俱焚，不如卖个人情，受贿让路。正在暗中交涉时，清军队伍陆续到达，名为援兵，实是监视。在这种巨大的压力之下，王应元只好拒绝太平军让路的要求。[③]

达开留在马鞍山大营保护辎重的队伍不多。就在他全力抢渡大小两河的时候，清军都司庆吉和彝族土司岭承恩却从东南两方来偷袭他的后路，向新场一带进兵。[④] 在太平军未到之前，骆秉章也以“破贼之后，所有资财，悉听收取”的诺言，争取岭承恩为清廷效力。赖裕新率领太平军中旗队伍北上的时候，岭承恩曾经在白沙沟设下埋伏，用滚檑石打死了许多太平军战士，获得不少财物。岭承恩既和太平军结下了难解的冤仇，也就死心塌地充当清廷走狗。当达开远征通过险要的隘口铁宰宰北上之后，他就带领彝兵，用巨木大石堵塞山间小径，以阻断太平军的归路。[⑤]

达开远征军初到之时，“其锋锐不可当”[⑥]，岭承恩是不敢来捋虎须的。这时，太平军在大小两河抢渡失败，锐气受挫，他才敢大胆带领彝兵来抄后路。为了发财，他始终注视着太平军在马鞍山上的大营，因为其中有不少的军粮辎重。5月24日，彝兵来到新场驻扎。5月25日起，就在太平军马鞍山大营附近骚扰。他们或者三五成群，狙击太平军将士，或者居高临下，用飞石投击太平军营寨。此来彼去，轮番袭击，闹得太平

---

① 光绪《越嶲厅全志》卷六：“四月初八日，贼有曾姓者，以二千金向王千户买路。千总陈太平已允，而王千户不允。”

② 都履和《翼王石达开涐江被困死难纪实》：“我军宜联垒守桥以待之，任百计引诱，总不宜堕其术中。”

③ 光绪《越嶲厅全志》卷六：“自楹于同治二年，力劝王应元拒伪翼王石达开贿，卒以成擒。”

④ 骆秉章《生擒石逆疏》：“宁越营都司庆吉、委员王樽等及土司岭承恩复带夷兵于初七日由后路抄至新场一带，节节攻逼。”

⑤ 薛福成《书剧寇石达开就擒事》：“遣党其回视隘口，则土司已断千年古木六大幹偃于地以塞路，且有夷兵把守。”张剑波《石达开入川被擒史料》：“山上彝兵伐取大木，堆塞去路，兼以滚石弓矢相夹击，故退又不能退。”

⑥ 《新宁远月刊》第十、十一期合刊岭光电《石达开在宁属之失败》一文中云：“据参加战役之老夷称，伊等在起初与太平军接触时，其锋锐不可当，夷众在白天躲在林中隐匿，望着蔓延数十里的炊烟，人马嘶鸣，夜间始行袭击。”

军日夜不安。[①] 太平军与王应元谈判让路不成，连日在松林河沿岸发生激战，没有及时回援马鞍山。5月29日夜间，岭承恩倾巢出动，偷袭马鞍山大营。彝兵从四面八方进行袭击，放火烧营。太平军将士为了保护军粮辎重，陷于被动，牺牲甚重。彝兵攻破抢劫一空。[②] 从此，太平军不仅粮道断绝，而且存粮告罄，陷入困境。

达开得报，大为震惊，连忙派来援兵，夺回大营。但是存粮都被彝兵抢走，要想追回，无奈山路多被彝兵阻断，难以通过。清军参将杨应刚部兵勇和彝兵还想再占大营，屡攻不下，战斗激烈，死伤甚重。双方相持五六天之久。就在这几天中，太平军存粮吃完，只好忍痛杀战马充饥，战马吃完，又煮食草根树叶，甚至鞍辔也煮食一空。[③]

既然难以夺回粮食，达开就不愿在马鞍山阵地徒耗兵力。6月3日，他把队伍撤出马鞍山，回到紫打地，然后大会将士，引咎自责。说是由于自己指挥不当，以陷入困境。他激励将士说：我起兵以来，十四年了。过去跋山涉水，经历了多少艰难险阻，就是受到挫折，也能迅速转败为胜，蹶起复起。今日不幸，粮尽援绝，如果不赶快血战出险，就会败于妖兵之手，被天下人耻笑！恳请各位兄弟奋起一战，死里求生。如能脱离险境，重振军威，我深深感谢各位兄弟的厚赐！说完就拜倒在地。将士们义愤填膺，热泪盈眶，纷纷回拜，表示愿意决一死战。[④] 这时，有人怒斥向导不该把大军带入绝地，连声喊杀。达开下令把向导赖由诚等人斩首祭旗，然后全军出战。分兵三路，两路抢渡大渡河，一路抢渡松林河。这时是6月3日的深夜，船筏皆出，火把齐明，人声鼎沸，山鸣谷应。[⑤]

抢渡大渡河的将士一一登上船筏，口衔利刃，手挺长矛，准备死战。在一片怒吼声中，船筏直奔对岸。当夜水势未退，河心波涛汹涌，船筏十之三四都被激流卷走。将士们抱着血战过河有进无退的决心，与河心的激流勇敢搏斗，未被卷走的船筏继续前进。

---

① 薛福成《书剧寇石达开就擒事》："夷兵或三、五为辈，伏险阻击，或自山巅陨木石杀贼。"光绪《越嶲厅全志》卷六："夷兵惯用飞石，名曰长把锤，不时飞击贼寨。"

② 骆秉章《生擒石逆疏》："十二日，乘夜劫取马鞍山贼营，逆匪猝不及防，夷兵从上压下，杀毙贼匪数百名，遂将马鞍山占据，绝贼粮道。"

③ 张剑波《石达开入川被擒史料》："清兵屡攻石营，亦复死伤如积，而终不得进。以致相持达五六日之久，弹尽粮绝。士兵初杀马食，马尽又煮食桑叶，甚至鞍辔皮绳均煮食一空。"

④ 薛福成《书剧寇石达开就擒事》："达开徇于众曰：'吾起兵以来，十四年矣，跋险阻济江湖如履平地，虽遭艰难，亦常常蹙而复奋，转败为功，若有天祐。今不幸受土司诳，陷入绝地。重烦诸君血战出险，毋徒束手受缚，为天下笑，则诸君之赐厚矣！'因泣稽颡，众皆泣稽颡。"

⑤ 薛福成《书剧寇石达开就擒事》："四月十七日癸巳夜，达开尽斩乡导二百余人祭旗，悉众分扑大渡河松林河。每数十人乘一筏，人以挡牌蔽身，皆披发衔刃，挺矛直立。"张剑波《石达开入川被擒史料》："四月十七日夜，达开怒杀乡导二百余人(即赖尤诚等)，乃分兵两路攻大渡河，一路攻松林河。"赖秉权《太平天国翼王石达开紫大地蒙难纪实》："十八日亲率部伍，分途横攻，复被唐友耕、蔡步钟、王应元凭河截阻，仍难践越。"以上史料或指为四月十七日，或指为四月十八日的原因是：这一战役是在深夜进行的。因此或认为是十七日之深夜，或认为是十八日之凌晨。

北岸的清兵看到南岸一片火光，听到吼声如雷，知道太平军又要抢渡，严加戒备。既是黑夜，又在急流如箭的洪水中，太平军无法选择靠岸的地点。船筏近岸的时候，往往撞上岩石。就在平时渡河，也得几经周折上，才能靠岸，何况是在敌前抢渡。太平军的船筏靠近哪里，清兵就聚集到哪里拼命抗拒。少数上了岸的将士，尽管奋力冲杀，最后还是寡不敌众，倒在血泊里，壮烈牺牲。从深夜血战到天明，浮尸蔽江而下。太平军牺牲了几千人，抢渡仍未成功。①

抢渡松林河的斗士伞在一片火光中踏着乱石、跃过急流前进，但往往滑倒在乱石中被急流冲走。松林河口以上几里路的地方，河窄水深。达开用几只木船放下河去，各船首尾都用铁环扣搭，准备作为浮桥使用。就在6月3日的深夜，全军抢渡的同时，达开挑选五百名能够驾船的将士，奋力荡桨，把船弄到对岸。可惜水流太急，在前船快到对岸时，铁环折断，几只木船互相撞击，顷刻之间，撞得粉碎，将士们也都随水漂没。王应元的士兵们看到太平军就要过河，恐慌万状，不久，见到人船俱覆，这才安心。②

6月4日清晨，达开得到消息，知道各路抢渡均已失败，悲痛万分。战士们自从以树叶草根充饥后，疾病流行，或患疟疾，或患痢疾，几天之中，死亡枕藉。③ 为了让将士们死里求生，曾仕和主张再和王应元交涉，请求让路。达开见到将士们又饿又病而全无抱怨，心情沉痛，决定自己出面，正式和王应元谈判。第二天，即1863年6月5日（太平天国癸开十三年四月二十三日，清同治二年四月十九日），他把写给王应元的“训谕”拴在箭上，射入王应元的营中。④ 训谕全文如下：

真天命太平天国圣神电通军主将翼王石，为训谕松林地总领王千户贤台知悉：

---

① 薛福成《书剧寇石达开就擒事》：“众筏同时齐奋，为官兵土兵枪炮所击，悉随惊涛漂没，浮尸如群鹜蔽流而下。”

② 都履和《翼王石达开涐江被困死难纪实》：“达开即乘月色惨暗，令移船河滨，扣之数丈有奇，饬先锋贾维扬率健卒五百名，衔枚荡桨。船将达彼岸，忽中部环折。竭力撑持，首尾竟回旋难续。俄而水舟相搏，浪花拥入仓中，衣履俱湿，船几触岩倾覆。咸相呼救，应元闻之，乃督兵悉力捍御。有顷，船尽被摧裂漂没，贾维扬亦被淹。应元军见人船俱覆，心始稍安。”

③ 赖秉权《太平天国翼王石达开紫大地蒙难纪实》：“至是战守俱穷，进退失据，粮尽食及草根，草尽食及战马，兼之疟痢流行，死亡枕藉。阅时一日，而军屹然不动，其得士心如此。”

④ 根据太平天国前期的文书制度，翼王石达开发布的文告称为训谕。石达开远征之后，太平天国的文书制度虽有改变，但石达开仍恪守前期的制度不变，故称致王应元的信为训谕。又据骆秉章《生擒石逆疏》，则致书王应元在前，杀向导二百余人一事在后。据都履和《翼王石达开涐江被困死难纪实》，则杀向导二百余人一事在前，致书王应元在后。本书从《纪实》说。理由有二：第一，杀向导二百余人一事，诸家记载（包括骆秉章《生擒石逆疏》在内）一致，都说是四月十七日（公历6月3日）。而致王应元的训谕所署日期为天历四月二十三日（公历6月5日），孰先孰后，一目了然。第二，骆秉章的奏疏只能是根据下级的军报取舍综合而来，日期小有差误，不足为奇。而“纪实”的原作者许亮儒为土司王应元之记室，来往文书均经其手，所记日期较为可靠。

缘予恭奉天命，亲统雄师，辅佐圣主，恢复大夏，路径由兹，非取斯土。贤台不知师来之意，竟尔抗拒，姑无足怪。幸尔两边兵未损折，情有可原。统望贤台罢兵让路，敦义讲和，免致战斗互杀，俾我师之早行，亦尔民之早定也。如允让道罢兵，不独我师所来尔境，不犯秋毫，而且许赠良马二匹，白金千两，与贤台为让军之资，他年天国一统之后，定有加封贤台也。倘贤台竟称兵抗拒，予则加选三千虎贲，不得已誓渡小河，将尔一方痛剿，鸡犬不留，房屋烧尽，那时悔之晚矣。本主将上体天心，下恤民命，与其相杀，莫如相好。为此谕到之时，限午刻即回文，以决攻取，不得迟延，致误机宜。特此训谕。

太平天国癸开十三年四月二十三日[①]

当天晚上，王应元也把回信拴在箭上射来，对于达开的请求，一口回绝。[②] 情况十分严重，将士们大都病倒，未病的也都饥饿难忍，如果再无接济，不堪设想。部将们探听到松林地一带颇有存粮，王应元虽然不肯罢兵让路，如果愿意在粮食上做一笔交换，也能求一时之急。因此怂恿达开卑辞修函，请求王应元准许交易。达开在6月6日又写了一封信，拴在箭上射到王应元的营里，大意是：你既不肯让路，我军也不相强。我军驻此，军需浩繁，日前东攻西伐，不过为揽粮食而已。如你愿意通商，可谓军民两便。我军不攻小河，不仅兵勇安宁，而且百姓受益，望你斟酌，切盼回音。[③] 6月7日，达开收到回信，王应元仍然是严词拒绝。不仅如此，王应元还在修复铁索桥，准备乘人之危，过河反击。

对王应元的交涉完全失败，在万不得已的情况下，达开又射书给从马鞍山来攻的彝族土司岭承恩，许以重利，请求缓攻。岭承恩知道太平军已绝粮多日，疲惫不堪，认为自己打败太平军劫取全部财物的打算就要实现，志得意满，不给回信，却以加紧进攻来作为回答。[④]

大渡河水势渐退，北岸清军已在聚集船只，准备渡河来攻。达开就想引诱清军来

---

① 训谕全文据《广东文物》卷十著录。

② 张剑波《石达开入川被擒史料》："达开以箭缚书，射入王应元营，诱以重利，令其让路。因都司谢国泰、千总陈太平已进驻松林地与王应元会合，故王应元不允，反而攻益急。"

③ 都履和《翼王石达开涐江被困死难纪实》一文中曾载此函大略："真天命太平天国圣神电通军主将翼王石，致书松林地王千户贤台雅览：昨接足下回书，备悉松林小道原非大军可行，予已不图由其道。唯是太平驻此，军需浩繁，不免东攻西击，图揽粮食耳。然而松林已属小道，足下亦可不让，予军必图。但望足下令饬四民通商，俾得军民两便，庶民需易得购买，我军免进攻小河，则不独松林兵勇安宁，而松林百姓通皆受益，必沾足下之惠也。"

④ 骆秉章《生擒石逆疏》："该逆复以利诱岭承恩，欲使缓攻，而岭承恩攻之益急。"张剑波《石达开入川被擒史料》："再诱岭承恩让路，而岭承恩慑于杨应刚、周岐源之威亦不让。遂至腹背受敌，进既不能，退亦不可。"

攻，以便乘机夺取他们的船只。6月9日一早，太平军二百余人跑到岸边，丢掉武器，挥手致意，表示愿意投降。清兵怀疑，并不渡河来攻，只是猛放枪炮。[①] 达开用计不成，用船筏二十多只，挑选一千余人，拼命抢渡。抢渡中途船筏被水冲走五只，其余的虽然到达北岸，却都被清兵击沉，太平军未能登岸。[②]

船筏俱尽，抢渡绝望，太平军陷入了四面包围之中，正如民间传说的几句话：

朝前走有小河王铁桩[③]扎断，
朝左走悬崖壁滚木礌石在高山，
朝右走铜河水暴涨滔天，
朝后退手巴崖高山铁寨！[④]

达开知道长此困守紫打地不是办法，就和部将商议，带领未病与轻病的将士向东突围。因为北面是大渡河，西面是松林河，南面都是高山，又有岭承恩的彝兵时时狙击，只有向东突围还有一线希望。太平军初来紫打地时原有三万余人，除战死、病死一万余人外，还剩一万余人，要想全部突围，难以办到。只好将黔滇各省与宁远一带参军的新兄弟与老弱病残共数千人，给资遣散，嘱咐他们各自夺路求生。[⑤] 这些人后来也有逃回原籍去的，也有被土司掳去当娃子（奴隶）的，直到现在，四川石棉、甘洛、越西（原作越嶲）等地还有太平军战士后裔数千人之多。[⑥]

6月9日中午，达开率领六千余人向东突围，朝着小水前进。看到太平军放弃大营，突围东去，敌人才敢发动追击。清军都司谢国泰、千总陈太平和土司王应元所部作为一路，从松林地通过铁索桥，向东尾追。清军参将杨应刚、都司庆吉和土司岭承恩所部作为一路，从马鞍山上用滚木礌石袭击。等到太平军走完，他们就两路会合，攻入空

---

① 骆秉章《生擒石逆疏》："二十三日晨刻，瞥见贼二百余人径至河岸自弃器械，口称投诚，唐友耕、蔡步钟察其形迹可疑，督令开放枪炮。"

② 张剑波《石达开入川被擒史料》："四月二十三日达开又亲率众以船筏二十余只抢渡，漂没数只，余被击沉，仍不得渡。"骆秉章《生擒石逆疏》："石逆亲拥大众，由水陆分扑，船筏二十余只，被水漂没五只，其余悉被击沉。"

③ 土司王应元的绰号。

④ 这几句话是1981年8月我们到当地采访时，群众告诉我们的。第一句指土司王应元切断太平军去泸定的道路。第二句指土司岭承恩从高山上推下滚木礌石袭击太平军。第三句指大渡河水暴涨。第四句指紫打地以东都是崇山峻岭，且有敌人营寨。概括了当时四面被围的情况。

⑤ 张剑波《石达开入川被擒史料》："至是达开以为坚守非善策，乃遣散在黔滇及宁远（今西昌地区）新附参加老弱死亡者数千人，嘱令夺路求生，各人自去。"

⑥ 中国科学院民族研究所四川少数民族社会历史调查组1963年12月所编印的《四川彝族近现代史调查资料选集》："彝族奴隶主、土司……拘留了逃亡的太平军，使之沦为奴隶。这些奴隶也被称为'长毛'。新中国成立后，民主改革以前，他们的后裔还分布在上述县内（指石棉、甘洛、越西等县）约千余户，数千人。"

营，掠夺财物之后，把营寨付之一炬。[①]

达开率领突围队伍走了将近二十里的山间小径，当晚到达小水河口的村庄宿营。[②]从紫打地到小水之间，右方是连绵不断的崇山峻岭，左方是波涛滚滚的大渡河。清兵不断地从对岸打来冷枪冷炮，彝兵又常常从高山上推下巨石。太平军都是身经百战的精锐，虽然一路遭到袭击，死伤不过数百人，到达老鸦漩时，全军还有六千人左右。清方的奏报说："汉夷兵两面夹击，枪炮如雨，夷兵复登山巅用木石滚击，贼众坠崖落水浮尸蔽流而下者以万余计。"[③]尽是夸大战功之词的谎言。

太平军宿营后，当夜敌军尾追而至。达开为了早日出险，避免和敌军纠缠，次日天还未亮就拔营而去，沿大渡河岸东走。[④]

6 月 10 日晚间，达开率领突围队伍到达利济堡附近，王应元的追兵又跟踪而来。达开进驻利济堡，王应元虽是追军，却不敢前来争夺，只退驻附近的民房，在旁监视。[⑤]从此地再向东行，即到达大渡河的另一支流老鸦漩。听到老鸦漩也在涨水的消息，达开心急如焚。他带领部将到达老鸦漩旁，看到这里的河面比松林河更宽，水势比松林河更险，不禁失色。这条河既叫南桠河，也叫勒丫河，河口水流湍急，遍布乱石，到处都是漩涡，所以又称老鸦漩。[⑥] 他面对着滚滚激流，长叹一声，对将士们说："先前，我总觉得对不起你们，是我指挥不当，带累你们吃苦。现在看来，实在是天要亡我。各位兄弟亲眼所见，妖兵绝不是我们的对手！我们这次失败是败于大渡河水、松林河水。现在突围东来，有了一线生机，这老鸦漩又在涨水，拦住我们的去路，这叫我又有什么办法？"话未说完，已经热泪长流。左右的将士也都悲愤万分，失声痛哭。[⑦]

---

① 都履和《翼王石达开涐江被困死难纪实》："是日午刻，达开果率众东走，取道岩墙。应元见其辙乱旗靡，即分兵上下两路迈越铁桥追击。应元及许亮儒则督兵从山顶上下木石，黄君荣、汪复中等率兵尾追，同时大河北岸周千总复派兵对岩墙用枪射击之，达开部面面受敌，坠岩陨水者无数。"骆秉章《生擒石逆疏》："维时都司谢国泰已至松林地，遂与千总陈太平、土千户王应元督率土兵渡过松林小河；越嶲营参将杨应刚、都司庆吉、委员王樽、颜汝霖、姜由范、把总史国桢、练目雷显发等亦同土司岭承恩从马鞍山压下，两路齐进，直扑紫打地，将贼巢一律焚毁，毙贼数千名。"

② 都履和《翼王石达开涐江被困死难纪实》："西南北三面，皆难通过，惟岩墙一径可以东走，道极险狭。仰视则峭壁参天，俯视则河水急涌，以是曲行二十里，乃渡小河村庄。"

③ 引自骆秉章《生擒石逆疏》。

④ 都履和《翼王石达开涐江被困死难纪实》："是夜宿此（指小水河口之村庄），应元复整队围之。未及旦，达开统残部溃围而去。"

⑤ 都履和《翼王石达开涐江被困死难纪实》："至利济堡，应元复集队驻营山民舍堵截。达开见老鸦漩口水势险恶，料不能涉，亦收队盘踞其地。"

⑥ 1981 年 8 月我们到当地采访时，群众说这条河有几个不同的名字：老鸦、南桠、勒丫，用字不同，读音相近，可能是彝语译名。

⑦ 都履和《翼王石达开涐江被困死难纪实》："达开……闻残部聚泣，乃顾而叹曰：'孤畴昔攻城略地，战无不利。今误蹈险地，一蹶不振，此天绝孤，非孤不能为诸卿解危之过也。'言讫泣下数行，左右皆泣，莫能仰视。"

当夜天昏地黑，四野无声，惟闻水石相激，哗哗作响，有时也听到伤病者的呻吟。达开心如刀绞，他召集部将商量何去何从。大家议论纷纷，认为前无去路，后有追兵，王应元的土兵虽说不多，但眼看北岸的妖兵就要过河，东南两面的妖兵也要来到，四面被围，凶多吉少。事已至此，只有背水一战，幸而获胜，才能作下一步的打算，如果不胜，大家就葬身河水，免受斧钺之辱。① 曾仕和却提出一个诈降的办法。他说大家虽不怕死，徒死无益，还是设法死里求生，实在不成，再死不迟。听说由此南行十里就是凉桥，过桥就是洗马姑，那里存粮颇多。我们可以拔队南行，派人请降，乘妖兵不备，冲过凉桥。一旦抢占洗马姑，就能转危为安。② 达开沉思良久，觉得可以一试。他命令部将各自回去准备，明日决一死战，如果诈降能成，再听号令，诈降不成，全军战死。

部将分散之后，达开与曾仕和连夜商量诈降的办法。他们认为只有诈降于驻扎洗马姑的杨应刚等人，才能得到越过凉桥袭取洗马姑的机会。对于后面的追兵王应元等人，必须抵抗到底，绝不能让王应元与杨应刚会师。

计议已定，达开怀着满腔悲愤来和家人诀别。他抱着必死的决心进行诈降，也准备在诈降不成时奋战至死。马氏王娘在紫打地突围之前，已服毒自尽。③ 还有几位王娘，为了消除达开后顾之忧，怀抱幼子，都在当夜投老鸦漩而死。将士们患病受伤难以力战的，唯恐被俘受辱，也相继投水自尽。④

第二天，即6月11日，达开下令全军南行，直向凉桥进发。王应元等人在后猛追。达开从容布阵，坚决反击，敌人死伤甚重。⑤ 击退追兵之后，忽传凉桥方向清营有使者来到。来者只有将官一人，随从数人，达开传令放进。来者是刚刚到防的管带南字营都司王松林，说是特地来见达开谈判议和。⑥ 达开正有通过诈降夺路出险的想法，就和曾仕和等人做好布置，和他见面。

在太平军这一方，是到了前一天的晚上，粮尽路绝，曾仕和才提出了诈降以争取出

---

① 都履和《翼王石达开涐江被困死难纪实》："明旦请收合余众，妖来背水一战，幸而胜则图前进，不胜则主臣赴彼清流，断不受斧钺辱。"

② 都履和《翼王石达开涐江被困死难纪实》："曾仕和又进言曰：'王请勿虑，适牒报南去湖谷流而上十里即梁桥，逾桥则为洗马姑场，越嶲营参将杨应刚、土司岭承恩各率数百人阻去路。明日我军诣梁桥，宜表诈降，俟济河劫粮，斩木猝攻，声威则无不复盛者，何待毙为？'"

③ 都履和《翼王石达开涐江被困死难纪实》："即日夜，达开妇马氏服毒自尽。"

④ 张剑波《石达开入川被擒史料》："妻妾五人，幼子二人，均抱持投河自尽。部将残废不能力战，投河而死以示不降者亦十人。"至于都履和《翼王石达开涐江被困死难纪实》一文中所述刘氏王娘母子潜逃出险后又被王应元搜获一事，因有疑问，且与史实关系不大，故本书不录。

⑤ 张剑波《石达开入川被擒史料》："达开既挥泪诀别其家人、部将后，又从容布阵，以扼清兵。清兵犯之，死者亦数百人。"

⑥ 黄彭年《代刘蓉致骆秉章禀稿》："适管南字营都司王松林到防，情愿亲赴贼巢，诱降石逆。"

险的策略。但在清军那一方，自从达开的大军在紫打地被困，他们就不断地商量诱降的办法。不过高级官员和下级将官之间对于诱降问题又有不同的想法。高级官员如四川总督骆秉章、布政使刘蓉等人知道达开不会投降，即使不得已而投降，也只能是诈降，一有机会就要东山再起，因此只能用诱降作为手段，达到擒获的目的。在屡次对部下指示军机的时候，他们都提出要将达开“设法生擒”①。下级官员中间如杨应刚、王松林等人，都很佩服达开，很想争取达开投降过去，既立了大功，又交上这样一位有本领的朋友，岂非两全其美。因此，在进行招降活动时，他们非常卖力。

王松林很年轻。② 他对达开很尊重，开口闭口只说议和，不说招降。③ 至于议和条件，则需要把越嶲营参将杨应刚请来决定。不久，杨应刚率领数十人来到。④ 他劝达开保全部下的生命。达开慨然表示，只要能够保全部下，自己粉身碎骨，在所不惜。⑤ 在谈判中双方发生争执，曾仕和与达开另一部将李宰辅拔剑而起，要杀杨应刚。杨应刚惊慌失措，连忙指天誓日，表示自己是一片诚意。双方这才订立盟约。⑥

订立盟约后，全军向洗马姑前进，达开与杨应刚并马而行。⑦ 到达乔白马时，听到背后大炮轰鸣，原来是北岸清军所发射。将士们都很气愤，认为杨应刚言而无信，既已议和，怎么还会发炮轰击，于是刀矛并举，向杨应刚质问。杨应刚再三解释，答应立即派人通知北岸清军停火，队伍才继续前进。⑧ 当晚到达洗马姑，杨应刚陪同达开会见越嶲同知周岐源，达开长揖而坐，丝毫不失身份。⑨ 经过反复谈判，最后商定遣散达开部下四千人，只留两千余人不缴军器，移驻大树堡。在遣散的士卒之中，王松林还要收编

---

① 骆秉章《生擒石逆疏》：“臣前以石达开或传其死，倘能设法生擒，辨认真确，俾就显戮，庶可以释群疑。”

② 黄彭年《代刘蓉致骆秉章禀稿》中有“查王松林少年喜事”一语，足以证明当时王松林年龄不大。

③ 各种有关史料在记载这一事件时，都用“盟约”、“订盟”等语，足以证明当时双方是以平等的地位进行谈判的。

④ 光绪《越嶲厅全志》卷六：“应刚锐然自任，率丁数十至贼营。先贻书约誓，待以不死。”

⑤ 赖秉权《太平天国翼王石达开紫大地蒙难纪实》：“越嶲营参将杨应刚亲谒王垒，劝王牺牲一切，保全部下生命，王英雄气概，视死如归，毅然许之。”

⑥ 光绪《越嶲厅全志》卷六：“贼之伪李宰辅、伪曾宰辅等俱欲伤应刚，应刚大呼叱之……与王松林同指天誓日，石达开信之，与之订盟。”张剑波《石达开入川被擒史料》：“杨、王曾指天誓日，以订盟约。其时达开部将李宰辅、曾宰辅欲即席斩杨应刚等数人，达开阻之，约遂成。”

⑦ 张剑波《石达开入川被擒史料》：“达开携幼子石空忠(年五岁或称三岁)及宰辅曾仕和、中丞黄再忠、恩丞相韦普成等五人与杨应刚、王松林、岭承恩并马出紫打地。”

⑧ 光绪《越嶲厅全志》卷六：“至乔白马，贼之卫队刀枪围绕者万众，应刚不为动，但同王松林力劝使引。而河北岸胡提督(胡中和)唐总镇(唐友耕)营盘，尚未得报，用大炮迭击，火标火弹交发。贼众惊惶欲变，聚千刃相向。应刚、松林又力为陈说。”

⑨ 光绪《越嶲厅全志》卷六：“已而达开至洗马姑。应刚指曰‘此越嶲同知周公’，达开长揖而坐。”

一些人，编入他所管带的南字营。[①] 当晚，达开宿马颈子王通把家。[②] 杨应刚等在洗马姑场招待达开部下的士卒，劝大家安心。[③]

6月12日，达开部下四千人遣散完毕。[④] 留下的两千余人仍由达开部下周宰辅统带，于6月13日一早作为前队向大树堡方向前进，土司岭承恩之弟岭承高押队。这两千余人未缴军器。[⑤] 达开携带长子石定忠，部将曾仕和、黄再忠、韦普成三人与杨应刚等人随后并马而行。左右都是清兵，名为护卫，实是监视。这时大家的心情都很紧张。达开等人正在等待时机，发动袭击；杨应刚等人也在时时警惕，以防变化。[⑥] 达开与部下出发之后，洗马姑的清营门口竖起"投诚免死"的大旗，以收集连日来走散了的太平

① 关于王松林收编降人一事，只有黄彭年《代刘蓉致骆秉章禀稿》中有所记载。其他史料均无记载。黄彭年所写的这份禀稿是个尚未完案的草稿，其中可能透露出一些真实的消息。但是《骆秉章奏稿》与一切官方文件中，对此均讳莫如深，足以证明骆秉章后来不愿意让人知道这些真情。《禀稿》中有关此事的记载有如下两段：

"至投降之众，皆系迫于无奈，亦非真有投诚反正之心，自应遵照檄饬，悉予骈诛。都司王松林擅留三千人，编立六营，诚属荒唐喜事。"

又："查王松林少年喜事，所称留三千人，亦非确数。但此次兜擒渠魁，非唐镇、蔡守布置合宜，调度有方，则该逆抢过河岸，即虞蔓延；非土司等奋勇出力，则该逆必至旁窜；非王松林身入贼巢，则石逆毙于乱军之中，亦断不能生得，是王松林功罪两不相掩。"

这种记载说明当时杨应刚、王松林与石达开之间是达成了不少协议的。两千余人移驻大树堡，对石达开实引诈降计划自然极为有利。王松林收编石达开遣散人员，对太平军也有好处。因为诈降成功之后，这些人可以在清营中闻风而动，反正归来。如果此后没有别人插手，石达开只和杨应刚、王松林打交道，则诈降计划颇有顺利实现的可能。所以事后骆秉章、刘蓉等人都认为王松林虽然有功，却也有过。这个"过"就是轻信了石达开。至于王松林所收编的降人究竟是哪些人？是在遣散的四千人中收编？还是在暂不缴械的那两千余人中收编？我们认为：是在遣散的四千人中收编。因为暂不缴械的那两千余人已经携械东去大树堡，与王松林管带的南字营没有关系。王松林的南字营当时未去大树堡，后来大树堡杀降事也绝不提及南字营，可以说明二者之间并无牵连。至于南字营中这些降人下落如何？《禀稿》中说："现在，所招余党，经唐大有等扫除，永绝后患。"这里只说"扫除"，是否尽杀，不得而知。官方文报既然隐讳其事，对于这些人的下落也就不会深追。

② 任乃强《记石达开被擒就死事》："当日宿马颈子王通把家。"

③ 都履和《翼王石达开涐江被困死难纪实》："四月二十五日，杨应刚等乃招待达开部属士兵于洗马(姑)场，共相劝勉，以安其心。"

④ 骆秉章《生擒石逆疏》："讯明新被裹胁及老弱者，发给路票，遣散四千余人。"

⑤ 石达开部下在洗马姑遣散之四千人，必然缴械而后遣散，不能携械而去。至于被王松林收编的，应在收编之后再发军器，那是另一回事。未被遣散的那两千余人是否缴械，各种史料说法不一。清朝官方正式文书对此避而不谈。例如骆秉章《生擒石逆疏》中说："尚有二千余名，半系该逆五标悍贼，临阵用以冲锋。遂派文武弁兵及土司岭承恩之弟岭承高押至大树堡。复经唐友耕派都司唐大有等带队过河，约会副将张福胜，都司庆吉等四面驻扎弹压。"这里虽未明言，我们不禁要问：石达开的士卒已经十分疲惫。如果是徒手驻此，清军何必如临大敌，四面驻扎弹压。任乃强《纪石达开被擒就死事》："……立发路票，遣散石军愿归农者。尚有官二百余名，兵二千余名，不愿去，俱缴械，送大树堡庙看守，待后命。"这是说两千余人已经缴械。黄彭年《代刘蓉致骆秉章禀稿》中则说："约有二千余人，徒手而来。"这是又一种说法，即这两千余人投降时已无军器，自无缴械之可言。但是同一个黄彭年，在他私人所记不对外公开的笔记中，却说出了完全不同的情况。黄彭年《黎雅纪行》："询知大树堡尚有二千余人未缴军器，其伪周宰辅领之。"这就是明确说出这两千余人是未缴军器的。而且他们由自己的将官周宰辅率领，完全不像放下军器投降敌人的样子。

⑥ 都履和《翼王石达开涐江被困死难纪实》："二十六日，应刚复令应元等戒备，以防诈降。"

军将士。[①]

人马正行进中，忽然听到人喊马嘶，周围一片混乱。原来是另外一队清兵把杨应刚部下的清兵包围起来，气势汹汹，要想缴械，双方发生冲突，互有死伤。[②] 在嘈杂的人声中，听说这一队清兵是唐友耕的队伍。唐友耕本是李永和、蓝朝鼎农民起义军中的一个小头目，后来叛变投敌，当了清廷的鹰犬，立了战功，做到重庆镇总兵。[③] 达开大军驻扎紫打地时，他在大渡河北岸按兵不动，隔岸观火，让王应元、岭承恩等人和太平军交锋。等到杨应刚诱降成功，他就迫不及待地跳出来抢功。他也认为达开会投降，如果投降，就是诈降。听说杨应刚等人对达开非常优待，他唯恐杨应刚中达开之计，途中生变，所以半路上跳出来发动突然袭击，把达开等五人抢到自己军中。[④] 这次袭击，不仅打破了杨应刚亲到成都去报头功的美梦，也使达开及其部下等待时机发动袭击的诈降计划完全落空。

经过周岐源竭力排解，这场冲突才算结束。唐友耕的官职比杨应刚高，实力也比杨应刚强，杨应刚只好忍气吞声，让步了事。他拼着性命立下的一场大功，转眼就被别人夺去，实在不甘心；达开及其部属以后如何安置，他也有些放心不下。想来想去，后悔自己多事，垂头丧气地带领部下回越嶲去。这时，处理太平军的大权就落到唐友耕的手中。唐友耕下令把达开等人立即从纳耳坝送过河去，安置在自己的营中。[⑤] 他与达开见面时，态度非常客气，说是事情并无变化，只不过把达开等人和部卒两千余人运往大渡河北岸安置而已，以后如何安排，要等骆秉章的回文才能决定。

1863 年 6 月 16 日(太平天国癸开十三年五月初四日，清同治二年五月初一日)，唐

① 骆秉章《生擒石逆疏》："当经杨应刚等以该逆无路逃生，于洗马姑竖立投诚免死大旗。石逆果携其一子及伪宰辅曾仕和、伪中丞黄再忠、恩丞相韦普成等，并余党到洗马姑乞降。杨应刚、岭承恩等于二十七日将石达开等五人羁留在营。"这是骆秉章为了向清廷报功，故意夸大清军的威力，而把经过许多曲折的诱降诱擒的阴谋活动一律掩盖起来的说法。根据各种公私记载，石达开及其部下早在两天之前已经到达洗马姑。因为不是战败被俘，而是谈判议和，所以很受杨应刚等人的优待。不仅对石达开本人招待周到，而且对其部属士兵也都招待。并不是不客气的"羁留"。所谓竖立"投诚免死"大旗一事，即或有之，也不过是为了收集余部，与达开本人无关。

② 任乃强《纪石达开被擒就死事》："北岸诸军闻石王在应刚营，纷纷渡河杀俘，互相争夺杀伤。结果为唐友耕军索去，应刚不能争。"又从地方志中某些记载，也可看到这次争功而发生冲突的情况。光绪《越嶲厅全志》卷六："明日杨参府带石逆由纳耳坝至富林，竟欲径至省城报首功也。而唐军门、蔡知府邀之于路，不得前，遂将石逆交二公而回越嶲。"又："胡提督、唐总兵驰至，争夺贼俘。岐源力为陈说，应刚始予之，并交各伪宰辅等。"尽管各种史料对于冲突的程度所记有所不同，但是都能说明确有唐友耕拦路袭击，抢夺石达开等人这一事实。

③ 关于唐友耕叛投清军一事，见民国《邛崃县志》卷四。

④ 都履和《翼王石达开泧江被困死难纪实》："应刚即协释达开父子及部属至大树堡，但友耕疑达开中变，竟传令将达开父子及官佐护送过河，部属二千余，仍留堡地安置。"

⑤ 赖秉权《太平天国翼王石达开此打地蒙难纪实》："杨应刚来晤，偕至纳耳坝。唐军放渡船来迎，相偕至河长坝，转入唐军。"

友耕又来和达开见面，仍说事情并无变化，一切都请放心。但是达开发觉清军把他们五人劫持过河之后，并未把那两千余人渡过河来，知道已经坏事，部下隔在南岸，诈降计划落空，于是悔恨不已。①

唐友耕第二次与达开见面之后，随即准备轿马，亲自押解达开等五人北去成都。临行之际，达开回顾大渡河，那山光水色和初来时并无不同之处，谁能料到，就在这短短的一个多月中，事情居然变化至此。十四年来，自己跨过千山万水，却在这悬崖绝壁的大渡河畔，葬送了远征万里的几万大军和自己的一世英名。如今落入敌手，纵然不屈而死，不知天下后世能否明白自己的心迹。所幸同甘共苦的几千兄弟还能死里逃生，但愿南岸那两千多兄弟也能脱险。今日一经蹉跌，成为千秋遗恨，壮志难酬，廓清无望，回首往事，悲愤难言。这时，大渡河畔天色阴沉，乌云四起，青山无语，水自东流！

论：

一、石达开在横江败后，能够决心绕道远征，迅速抢渡金沙江，蹈虚乘隙奇袭成都，不失为机动灵活的断然行动。他分兵三路的部署也是正确的。虽然后来他与赖裕新所率领的中旗队伍失掉联系，但是中旗队伍在川西平原上到处驰突，确已起到吸引敌人掩护主力的作用。因此，石达开到达紫打地时，大渡河河防空虚，北岸全无清军踪迹。如果不为洪水所阻，在唐友耕的队伍赶到之前，石达开的队伍已经从容渡河北上。他让李福猷统兵三万回攻川东，也已收到实效。在很长一段时间里，敌人都把李福猷的队伍误以为石达开的本军，因而放松了对石达开本军的追击。所以石达开在进军时，前无阻碍，后无追兵。

二、石达开为了迅速袭取成都，专走小路，取道紫打地渡河北上的决定并非失策，不是用兵不慎误入绝地。

薛福成在《书剧寇石达开就擒事》一文中评论石达开覆军的原因说："是役也，达开不自入绝地，则不得灭；即入绝地，而无彝岳四面扼剿，亦不得灭。然使诸土司中始无得贿纵贼之人，以达开之审于行军，亦绝不肯竟入绝地也。"这一论断是错误的，因与史实不符。

所谓"绝地"做何解释？当时的紫打地并非闭塞不通的"绝地"。由此渡河北上能经清溪去成都，南下可通宁远大道，沿河西上可达泸定，沿河东下可趋富林。虽然山路

① 都履和《翼王石达开涐江被困死难纪实》："五月一日，友耕复面达开，亦诳抚之。惟达开见所部阻渡，诈降计绌，阴甚悔恨。"

崎岖，却也四通八达，不能称为“绝地”。大渡河虽然水势湍急，也并非不可逾越的天险。据都履和《翼王石达开泧江被困死难纪实》记载，中旗队伍渡河情况就很顺利：“十一日昧爽，赖三前锋三万直压大树堡。驻三日，济大渡河去。十三日中队二万余续至堡，更锐，驻一日，渡河。”如果不遇洪水突然袭击，石达开的大军几天就可以渡完，大渡河畔的覆军是可以避免的。

有足够的史料可以证明，石达开并无事先通款土司请求让路之事。历史事实是：石达开在到达紫打地之前，未与番族土司王应元有任何联系。他原可以迅速渡河北上，并无向土司纳贿买路的必要。石达开的大军一到紫打地就对王应元的防地作试探性的攻击(目的是征集粮食与军用物资，而非打开前进的道路)，后来在给王应元的训谕中又说：“贤台不知师来之意，竟尔抗拒，姑无足怪。”就是他们之间从未联系的铁证。所谓“受土司之诳误入绝地”之说，不能成立。

三、石达开覆军于大渡河畔的主要原因是什么？我们认为：是大渡河的提前涨水。虽然太平天国革命失败的原因非止一端，石达开失败的原因也非止一端，但是这些原因都不能决定石达开一定要在大渡河边覆军。就事论事，大渡河畔覆军的原因是洪水袭击，是偶然的而不是必然的。

骆秉章《奏报河神助顺疏》中说：“乃石逆于三月二十七日甫抵河干，是夜大雨滂沱，次日河水陡涨十余丈，波涛汹涌，并松林小河亦成巨浸。询之土人，向来三四月间，从未见此盛涨。石逆每欲扎筏抢渡，被我军枪炮轰击，筏入水辄覆，限于巨流不得狂逞。大兵四面逼攻，该逆遂困于紫打地，食尽路绝，渠魁就缚，余逆歼除。该逆就擒之后，水势仍复消落。众目共睹，无不传以为异。窃维此役成功之速，虽属将士用命，而仰仗天威，神灵助顺，河水陡涨，确有明证。”清朝官吏冒功邀赏的丑闻甚多，绝不会把自己的功劳让给“河神”。骆秉章坦率承认“此役成功之速”主要是因为“河神助顺”。

研究历史，应该尽力探讨历史的必然规律。但是某些偶然条件在历史的进程上居然起了很大的作用，这也难以否认。大渡河在完全不该涨水的季节突然涨水，这一偶然事件造成了石达开覆军的悲剧，已是无可怀疑的事实。我们不能把偶然视为必然。

四、说石达开的“设诚”只是为了“免死”，这是骆秉章为了邀功而捏造的谎言，绝不可信。持这种说法的根据是《生擒石逆疏》与所附的《石达开自述》，二者都是反面史料，都是清吏为了虚报战功而存心作伪的产物。

《生擒石逆疏》中说石达开等“至洗马姑乞降”。奏稿本《石达开自述》中说：“因想真心投诚，或可侥幸免死。”用这两份史料互相印证，似乎石达开真有“投诚免死”的想法与做法。实际上此说既与史实不符,也与情理不合。

与史实不符的第一点是时间不符。《生擒石逆疏》与《骆文忠公自订年谱》都说石达开主动前来“投诚”的日期是同治二年四月二十七日,奏稿本《石达开自述》中并未写明日期,但地方志与当时一切公私记载与骆秉章的说法都不相同,都说诱降和诈降的活动早在四月二十五日之前。骆秉章篡改日期的目的是想把一切诱降与诈降的活动统统掩盖起来。

与史实不符的第二点是地点不合。石达开当时向东突围,就是想渡过老鸦漩河。他们如能到达河东,突围就已成功,也就无招降与投降之可言。奏疏中说“于洗马姑竖立投诚免死大旗”一语就露了马脚。原来洗马姑正在河东。石达开等人就是因为冲不过凉桥,到不了河东,才准备用诈降的办法来过河的。如果他们能够成群结队地来到洗马姑的大旗下投降,不就已经脱险了吗!历史事实是:四月二十五日和谈成功,石达开与杨应刚才并马通过凉桥。到了二十七日,石达开余部才从洗马姑整队开拔前往大树堡。这时洗马姑再竖立投诚免死大旗,已经是马后炮,全无作用,至多是收集个别走散的士兵而已。说石达开及其部下“至洗马姑乞降”是不可能的,因为当时他们过不了河,到不了洗马姑。他们能到洗马姑,是和谈成功以后的事。

既然时间、地点都不符合,则所叙之事必非史实。

如果说,“投诚”的目的仅仅是为了“免死”,而且是“或可侥幸免死”,这就不合情理。投降之后保证不死,尚有可说。既然投降之后只是或可免死,谁又愿意投降?与其冒险“投诚”,何不冒险逃跑!把这种想法加到石达开的头上,就更加不合情理。石达开如果真的投降,其待遇就绝不会只是免死。且不说他当时还有部众数千,就是孤身一人,清廷也很希望他来投降。他能投降,将会产生极大的影响。当时天京尚未陷落,长江下游还有数十万太平军,这个局面一时还很难收拾。在太平天国首义诸王中,洪秀全、石达开是仅存的两人。如果他投降了,清廷完全可以利用他的威望来瓦解长江下游的太平军。叛徒韦俊等人尚且受到清廷的重视和重用,何况是威名赫赫的石达开。石达开之所以被杀,是骆秉章知道他不会投降,清廷也不相信他会投降。骆秉章在奏疏中说石某已经投降了,则自己有功,清廷也有面子,这是上下相欺。黄彭年《代刘蓉致骆秉章禀稿》中说:“至投降之众,皆系迫于无奈,亦非防患未然投诚反正之心。”试想:对方已经看出当时太平军将士都不会真有投降之心,难道唯有石达开一人却会“真心投诚”?骆秉章篡改“自述”,说石达开“真心投诚”以求“免死”,是自欺欺人。

五、对于石达开的“投降”问题,历来众说纷纭。笔者认为:必须根据史实,认真分析，然后才能一步步地得出结论，不可轻信那些自敌人之手存心欺人的史料，也不可轻信那些好心人或好事者有意伪造的史料。

就石达开投降的性质而言，一向有两种看法，一是真降，一是伪降或称诈降。就石达开投降的目的而言，一向有三种说法，一是“投诚免死”说（真降）。一是“舍命全军”说（石达开本人不降而队伍则降）。一是“诈降以图东山再起”说（伪降）。

“投诚免死”说来自骆秉章的奏疏。此说之不符史实，不近情理，上面已说过，这里不再重复。

“舍命全军”说来自《石达开致骆秉章书》。自从此书发现以来，此说最为盛行。不少研究者相信此说有一定的根据。因为：一、石达开确有英雄侠义、舍己为人的品德。二、当时石达开全军处境恶劣，如果不赶快设法脱险，就会全军俱死。在这种情况下，石达开作出“舍命全军”的决定是可能的。“舍命全军”的做法，从石达开个人来说，不能算是投降，他始终忠于太平天国，宁死不降，岂可谓之投降！但从全军来说，可以叫作投降。因为谈完之后，将士们就得放下武器，回家务农。即可不为清廷充当鹰犬，至少也是放弃了武装斗争。如果“舍命全军”说可以成立，我们就难以为石达开辩护，应该承认这种行动确属投降。

“诈降以图东山再起”说，认为石达开并非真降，当时的所谓“投降”只是一种斗争策略。史料中有关此说的记载本来不少，但是过去一直不为人所注意，这大概是受到“舍命全军”说先入为主的影响所致。现在不妨略举这一方面的史料，试加探讨。

都履和《翼王石达开涐江被困死难纪实》中说：“曾仕和又进言曰：‘王请勿虑，适谍报南去溯谷流而上十里即梁桥，逾桥则为洗马姑场。越嶲营参将杨应刚、土司岭承恩各率数万人阻去路。明日我军诣梁桥，宜表诈降，俟济河劫粮，斩木猝攻，声威则无不复盛者，何待毙为？’达开壮其言。”又：“五月一日，友耕复面达开，亦诳抚之。惟达开见所部阻渡，诈降计绌，阴甚悔恨。”

这一份史料来源于许亮儒的《擒石野史》。《石达开致骆秉章书》则是《擒石野史》的附录。也可以说：“诈降”说与“舍命全军”说的最初来源都是许亮儒的《擒石野史》。比较而言，许亮儒对“诈降”一说在文中言之凿凿，并未明确提出“舍命全军”一说。所谓“舍命全军”之说是后人根据《石达开致骆秉章书》分析而来的。我们如果只相信后人分析而来的“舍命全军”说，却不相信许亮儒言之凿凿的“诈降”说，似乎不近情理。

石达开的诈降不仅为当时当地的人许亮儒所深知，清方官员也都心中有数。自从天京内讧以来，清廷上下多次商量招降石达开的策略，结果都失败了。清方许多老奸巨猾的封疆大吏都知道石达开是个铮铮铁汉，不会投降。如果投降，就可能是诈降。黄彭年《黎雅纪行》中的一段话，就说明了骆秉章对于此事真正的看法："既而闻贼势益蹙，将缚石达开来降。骆公虑其伪降以缓我师，乘懈而逸。又虑诸将之不能善其后也，于是檄刘公（蓉）往。"就连黄彭年本人也有这种看法："暮得雅州书，谓贼穷乞降，将过河审其虚实。因检新津图经，南诏阻新穿水不得渡，乃伪请和，桥成而遁。今日贼势正与咸通往事相类。"如果说，骆秉章等人的看法仅仅是"想当然耳"，没有事实根据。那么，直接与石达开对垒的唐友耕与杨应刚的看法，就不是全凭空想。《翼王石达开濊江被困死难纪实》中说："应刚复令应元等戒备，以防诈降。"又说："但友耕疑达开中变，竟传令将达开父子及官佐护送过河。"凡此均可说明，"诈降"说是有史料根据的。

在对以上三说作了扼要说明之后，笔者认为：石达开当时是诈降。他们的行动计划是：如果能够抓住机会，发动袭击，诈降成功，即可东山再起。如果实在没有机会，那就按照条件行事，让部众遣散出险，自己慷慨牺牲。也就是说，"诈降"与"舍命全军"兼而有之，但是以"诈降"为主，"舍命全军"只是退而求其次的办法。

如果不是唐友耕中途袭击，则他们在前往大树堡的途中或者到达之后，是可以找到适当的机会动手的。唐友耕发动突然袭击，不仅出石达开的意料之外，也出杨应刚的意料之外。这就使得东山再起的计划完全落空。东山再起的目的没有达到，舍命全军的目的达到了没有呢？对于这个问题，研究者的看法是有分歧的，大致可分为以下两种：

第一种看法是：石达开虽有舍命全军的打算，结果事与愿违，并未达到目的。因为据骆秉章的奏疏说，石达开的部众已被杀光。持这种看法的同志是很多的。

第二种看法是：石达开舍命全军的目的虽未完全达到，也算达到了一部分。因为他的部众已先遣散了四千人。这些人如能脱险，正是石达开慷慨牺牲所换来的。持这种看法的同志不多。

笔者是持第二种看法的。因为考察史实，石达开的部众并未全部被杀。他们与杨应刚谈判时，全军有六千余人。谈判成功，在洗马姑遣散四千人，留下两千余人。各种史料上所指的杀降，都是指的围杀这两千余人，不是指那被遣散的四千人。就算这两千余人全部被杀，那四千人总可以脱险，或者说，其中大部分可以脱险。如果一共能有三千人脱险，舍命全军的目的也可以说是达到了一半。是否会有三千人脱险呢？笔者认为是可能的。请参阅《太平军经过彝族地区资料》。这份翔实的调查资料说明：在四川石棉、甘洛、越西三县县境以内，现有太平军后裔数千人。这就说明当时脱险的太平军为数不少。除了留在这一带的，有些太平军还跑回广西或江南去了。

六、石达开向大渡河进军之时，全国革命形势确已处于低潮。但是形势可以发展变化，低潮也能重新转入高潮。不能认为在革命低潮时期就该放弃斗争，不能认为在革命低潮时期一切努力都是白费。石达开的大军不为洪水所阻，能像中旗队伍迅速渡过大渡河，奇袭成都成功，四川的形势可以立刻改观。石达开一旦占领了沃野千里的天府之国，就再也不会继续流动，而能以此作为根据地，联络太平军西北远征军与西南各地少数民族起义军，到处开疆辟土，打击敌人，有力地支援天京的保卫战。全国的形势也可能迅速改观。我们不能因为石达开已在大渡河畔覆军，就低估他过河之后所起的作用。石达开占领四川，坚持斗争，革命形势必将由低潮重新转入高潮，清廷的覆亡也许不会再推迟四十多年。

太平天国革命只是一次没有先进阶级领导的农民起义，石达开只是一位很有才能的农民起义领导人物，要靠他们来建立人人饱暖人人幸福的人间天国，也就是建立起理想的新社会，那是办不到的。但是改朝换代的可能性还是存在。在当时，太平天国的领袖们推翻清朝，建立一个新的封建王朝，至少要比已经沦为帝国主义走狗的清王朝好得多。他们中间虽有一些满头脑封建毒素荒淫腐朽不可救药的人物，但也有一些像石达开这样善于用兵、善于安民，洪仁玕这样具有先进思想、比较开明的人物。让这些人来治理国家，虽然也会受到时代的局限与阶级的局限，不可能出现什么人间奇迹，但与历史上的一些保守腐败的封建王朝相比，自然略胜一筹。人们对于太平天国的失败，对于石达开的失败觉得无限惋惜，原因在此。

第十五章　就义蓉城

四川西部的大相岭，本地人又称泥巴山，是青衣江和大渡河的分水岭。这里东接峨眉山，西连二郎山，山峦绵亘数百里，一片莽莽苍苍。1863 年 6 月 19 日，日光黯淡，雾气腾腾，在这人迹罕至的山间小路上，有一支奇怪的队伍在蜿蜒行进。[①]

这支队伍是重庆镇总兵唐友耕所率领的押送要犯的清军。他们人人弓上弦，刀出鞘，押解着一乘大轿和三个骑马的人，匆匆赶路。大轿里坐的是不幸落入敌手的太平天国翼王石达开及其五岁幼子石定忠。[②] 轿杆上缠绕着粗重的铁链，以表示轿子里坐的是犯了“王法”的要犯。[③] 三个骑马的人是达开的部下宰辅曾仕和、中丞黄再忠、恩丞相韦普成。[④]

6 月 16 日，唐友耕第二次见到达开，还欺骗达开说，谈定的事情绝无变化，一切如约而行。第二天就把达开等五人送往富林(今汉源)的清军大营，准备解送。1863 年 6 月 18 日(太平天国癸开十三年五月初六日，清同治二年五月初三日)，唐友耕率领清军数百人，从富林出发，押解达开一行五人前往成都。达开乘轿，曾仕和等人乘马，仍然天国衣冠。这一天黎明出发，傍晚到达清溪县城，县官办了上等酒席，如款贵宾。[⑤]

次日，即 1863 年 6 月 19 日(太平天国癸开十三年五月初七日，清同治二年五月初四日)，清雅州知府蔡步钟奉骆秉章的密令，在大树堡发动了一次极其卑劣的杀降事

---

① 押解石达开赴成都的队伍，于 1863 年 6 月 18 日从富林(今汉源)出发，当晚宿清溪。6 月 20 日到达荥经。则他们经过大相岭时，应是 6 月 19 日。

② 任乃强《记石达开被擒就死事》：“初三日，用八人肩舆解赴成都，其子定忠同坐舆内，与曾仕和等三人，皆乃天国衣冠。”

③ 陈耀伦《太平天国翼王石达开被俘后经过荥经的一段事实》：“不多时果然来了一哨人马，头里是一乘敞着轿顶的杏黄色八抬大轿，轿竿上用粗重的铁链锁着的。据说敞轿顶、锁轿竿就是犯了王法的皇家要犯的标志。”

④ 陈耀伦《太平天国翼王石达开被俘后经过荥经的一段事实》：“隔一天，我又知道乘马的是他的宰辅曾仕和、中丞黄再忠、恩丞相韦普成等。”

⑤ 任乃强《记石达开被擒就死事》：“是日，宿清溪。县吏奉膳，如款贵宾。”

件，围杀达开余部两千余人。完全暴露出他们言而无信的刽子手的真面目。[①]

留在大树堡的这两千余人，是达开为了诈降而把他们留下来，准备东山再起的；他们自己也不愿被遣散回家，宁肯同生共死也要追随达开。[②] 6月12日，杨应刚等人根据和达开谈判所做的决定，遣散达开部众四千人，并让这留下的两千余人移驻到大村堡，等待骆秉章的回文再做安排。6月13日，这两千余人仍然手持军器，由达开部将周宰辅率领，作为前队先向大树堡开拔。[③] 土司岭承恩之弟岭承高率领彝兵与之同行，在旁监视。[④] 达开等五人则和杨应刚以及部下的清军作为后队，尾随前队而行。唐友耕的队伍埋伏在路边，放过前队，突然袭击，把达开等五人劫持到纳耳坝渡过北岸，没有经过大树堡，所以前队的那两千余人并不知情。他们到达大树堡后，才听说翼王已经渡河北去，不来大树堡了，心情不定，议论纷纷。岭承高等人把他们安排在禹王宫内，集中住在一处，并通知各部清军四面驻扎弹压。[⑤]

6月19日，达开等人行进在大相岭的山间小路上，时时惦记着未过河的这两千多兄弟，不知他们的命运如何。而住在禹王宫里的这两千多兄弟，也时时惦记着生死相从的翼王，不知他现在何处。就在这时，雅州知府蔡步钟奉令杀降，已经开始行动。他增派清军数营到大树堡，与原驻该处的都司唐大有、参将张福胜、都司庆吉等会合，四面包围禹王宫。[⑥] 他们不敢贸然发动进攻，而是等到半夜，在禹王宫外四面放火，企图把太平军烧死。[⑦]

火起之后，各部清军之间以火箭为号，向禹王宫包围袭击。太平军将士从梦中惊醒，登上屋顶，以砖瓦飞掷敌人。可是在火光中容易暴露目标，他们大都被敌人的火枪

① 陈耀伦《太平天国翼王石达开被俘后经过荥经的一段事实》："初四日，雅州知府蔡步钟奉骆秉章密札，率军渡河，包围大树堡降军。"后来骆秉章在给清廷的奏疏和公开张贴的布告中也都承认这一杀降事件是由他主使的。

② 光绪《越嶲厅全志》卷六："其随贼者尚数千，争欲随贼去。"张剑波《石达开入川被擒史料》："又有老部将二百余人，精锐士卒二千余人，争欲随达开去。"

③ 黄彭年《黎雅纪行》："询知大树堡尚有二千余人未缴军器，其伪周宰辅领之。"

④ 骆秉章《生擒石逆疏》："尚有二千余名，半系该逆五标悍贼，临阵用以冲锋。遂派文武弁兵及土司岭承恩之弟岭承高押至大树堡。"

⑤ 张剑波《石达开入川被擒史料》说这两千余人"扎禹王宫庙内"。骆秉章《生擒石逆疏》："复经唐友耕派都司唐大有等带队过河，约会副将张福胜、都司庆吉等四面驻扎弹压。"

⑥ 张剑波《石达开入川被擒史料》："五月初四日午后，蔡步钟又派清兵数营至大树堡。"

⑦ 任乃强《记石达开被擒就死事》："初五日，拂晓，焚所住寺庙，杀降二千二百余人。"

击中,能够夺路冲杀出去的为数很少。① 蔡步钟干了这桩卑劣的事情,当天就写了报告向上级报功,②并且在埋葬太平军遗体的地方立了一块碑,上面刻着“鲸鲵封处”四个大字。③ 少数脱险的太平军将士逃到民间,群众把他们掩护下来,这次卑劣的杀降事件也就在民间长期流传,成为口碑。④

6月19日晚,达开等人越过大相岭,宿于荥经县属之四平。⑤ 6月20日,正是端午节,他们于中午到达荥经县城。这时荥经城里到处打扫街道,老百姓纷纷传说四川布政使刘蓉要到县里来办事,又传说翼王石达开也要在这一天解到县里。人们奔走相告,都想看看威名赫赫的翼王石达开的风采。⑥ 但是队伍经过之时,兵勇两边簇拥,无法看清,只看到一乘杏黄色的大轿,一闪即过。翼王虽然全留须发,看上去还很年轻,轿中似乎还坐着一个小孩。⑦ 当天荥经县官把达开安排在书院的山长房间居住。⑧

刘蓉这次路过荥经,是前往大渡河边的富林去办一有关太平军的善后事宜。骆秉章在成都听说达开的队伍发生内讧,要缚达开前来投降。他对这种传说不敢轻信,又

---

① 任乃强《记石达开被擒就死事》:“降军睡梦中,有跃升屋脊图逸者,悉被铳击坠,无一幸免。”张剑波《石达开入川被擒史料》:“当夜以火箭为号,各路清兵彝兵,齐向禹王宫进击,喊杀震天,号火明如白昼。达开部犹誓死不屈,跃登屋顶力战。除夺路冲杀,气尽力竭,投河死者数十人外,余皆战死,无一生者。”都履和《翼王石达开洮江被困死难纪实》:“部卒二千余,则于五月五日杀于大树堡。”骆秉章在杀害石达开后所公开和贴的布告中说:“尚有伪官与悍贼二千余名,皆在大树堡派兵悉数诛戮。”《唐友耕年谱》:“五月初四日,督兵渡河,会合夷兵,将伪官二百余名,五标悍贼二千余名,于大树堡围杀净尽。”黄彭年《代刘蓉致骆秉章禀稿》:“尚有一千余人,住对河街上。内中除老弱带病的三百余人,其余均属凶狡。都司唐大有会同参将张福胜,土千户岭承高等督带汉、夷兵勇,会合乡团,于初五夜四更,分头兜捕,除老弱外,均皆歼除净尽。扑河淹毙者甚多。”赖秉权《太平天国翼王石达开紫大地蒙难纪实》:“不图王发富林甫一日,而其部众之留大树堡者悉被歼夷。”对于这次杀降时间,史料中有两说,或曰五月初四(公历6月19日),或曰五月初五(公历6月20日)。这两说都不错。这次袭击,是从6月19日深夜开始,到6月20日拂晓结束,因此说前一天或后一天都不算错。但是黄彭年《代刘蓉致骆秉章禀稿》中所说“于初五夜四更”开始行动,则是错误的。同一个黄彭年在《黎雅纪行》中又说:“至初五日,得蔡太守牍,石逆余党悉诛矣!”这正说明事情是发生在初四日夜间至初五日清晨。如果是发生在初五日的夜间,蔡步钟就不可能在初五日的白天把情况向上级报告了。

② 黄彭年《黎雅纪行》:“至初五日,得蔡太守牍,石逆余党悉诛矣!”这时黄彭年是随四川布政使刘蓉前来富林办理善后,蔡步钟所写的报告是给刘蓉的。

③ 任乃强《记石达开被擒就死事》:“今其地有碑,曰‘鲸鲵封处’。”按:所谓“鲸鲵”,比喻凶恶之徒。《左传·宣公十二年》:“古者明王伐不敬,取其鲸鲵而封之,以为大戮。”

④ 1981年8月我们到当地访问时,群众告诉我们,当时杀降情况是由少数脱险的太平军说出来的,以后就在民间长期流传。

⑤ 石达开等人于6月19日晚宿清溪,6月21日抵荥经,则6月20日晚必宿于荥经县属之四平。因为清溪以北,四平以南,别无任何宿处。

⑥ 陈耀伦《太平天国翼王石达开被俘后经过荥经的一段事实》:“……第二天是端午节,人人在说,个个在讲,都说太平天国的翼王石达开今天要到,刘藩台就是来办理收降太平军的善后事宜。”

⑦ 陈耀伦《太平天国翼王石达开被俘后经过荥经的一段事实》:“翼王坐在轿内,温文尔雅,正气凛然。身旁一个小孩,眉清目秀,据说是翼王的小儿子石定忠。”

⑧ 陈耀伦《太平天国翼王石达开被俘后经过荥经的一段事实》:“他们到了县城就住在代匡书院,翼王住在山长房间。”

怕达开会以诈降争取出险，而当地的清军将领都不是达开的对手，所以特地派刘蓉前去就地处理问题。[①] 刘蓉于6月15日离开成都，宿新津；6月16日宿邛州；6月18日宿雅州；这时他已得到唐友耕押解达开到成都的消息，就于6月20日赶到荥经，准备在这里和达开见面，因为他在一路上听到一些谣言，说是石达开已经逃跑，唐友耕押解来的只是一个替身。[②]

荥经地方官在两天之前接到火牌，知道布政使刘蓉要来，连忙在县里的考棚布置行辕，中堂一色红毡铺地，四壁挂上红布壁衣，桌围、椅披一律换新，大街小巷张灯结彩。[③] 刘蓉到达的时候，耀武扬威，前呼后拥，坐的是一乘绿呢大轿，八个戈什哈分扶在轿杆的前后左右，周围都是护卫的亲兵。他一到县里，就迫不及待地要和达开见面，传令把轿子一直抬到达开所住的山长房间去。[④]

通过谈话，刘蓉肯定这个石达开绝非假冒。因为达开侃侃而谈，词气不亢不卑，完全合乎身份，叙述太平天国从金田起义以来的史事历历如绘。他对清吏的违约背信，既很痛恨，也很鄙视。大渡河一役并非兵败，是为洪水所困，既然天要亡我，我复何惜一死[⑤]。谈话之后，刘蓉命令唐友耕另外派人押解达开等人到成都去，要唐友耕随同自

① 黄彭年《黎雅纪行》："既而闻贼势益蹙，将缚石达开来降。骆公虑其伪降以缓我师，乘懈而逸，又虑诸将之不能善其后也，于是檄刘公往。"

② 黄彭年《代刘蓉致骆秉章禀稿》："因于荥经途次，遇唐镇亲解石逆上省时，即将该逆提讯，据供自金田起事之后，与洪逆分合及共事伪党、扰窜各省情形，历历如绘，其枭杰坚强之气，见于词色，决非他贼所能假冒。"刘蓉既有"决非假冒"的说法，足以证明当时已有"假冒"的谣言。

③ 陈耀伦《太平天国翼王石达开被俘后经过荥经的一段事实》："一进中堂，红毡铺地，四壁都挂上了水红布的壁衣，所有的炕床、椅子、靠几都摆上了红呢的炕枕、炕垫、桌围、椅被。连房间内小屋子里的马桶，都罩上了棉花套子。好阔气呀！硬是迎接大官员的样子。我才问那些正在布置忙得满头大汗的人们，知道是布政使司刘蓉要到县里来，前两天火牌就来了。正在赶快为他布置行辕，明天就要到。"

④ 陈耀伦《太平天国翼王石达开被俘后经过荥经的一段事实》："次早传呼刘藩台大人到，一群神气十足的兵勇，一色的军装袜子鷂子鞋，朱红镶青边的号褂战裙，腰系战刀，背挂弓笼箭袋，头戴云南斗笠。号衣的前后心，圆形绣的'四川布政使司亲兵'字样的号片。一匹顶马是兰顶花翎的官员，八个戈什都是五品兰翎，分扶在轿竿的前后左右，一乘崭新的鹦哥绿呢大四轿，一直抬过走廊，直到山长房间门口。下轿来一位二品顶戴双眼花翎，身穿朝金大衮红色的开岔缺襟行装袍子，腰系忠孝带，两边扇插摆包挂了一连串，足穿薄底皂朝靴，胖敦敦面团团一位藩台刘蓉大人。"这里所说的山长房间，即是石达开的住处。所以传中说刘蓉并未传讯石达开，而是先去看望。至于刘蓉以后对上级的报告，自然会说成"传讯"，以符合自己的身份。

⑤ 黄彭年《黎雅纪行》："刘公传讯，枭杰之气，见于词色。其于天下将帅独服曾公，亦但称其忠勤为国而已。"黄彭年《代刘蓉致骆秉章禀稿》："但是否确系石逆，去年曾奉廷旨垂询，本司亦虑稍有含糊，转使正贼漏网。因于荥经途次，遇唐镇亲解石逆上省时，即将该逆提讯，据供自金田起事之后，与洪逆分合及共事伪党、扰窜各省情形，历历如绘。其枭杰坚强之气，见于词色，决非他贼所能假冒。"刘蓉《养晦堂文集》卷六《复曾沅甫中丞书》："比担石逆研讯，据供自金田发难之后，一切悖逆情状历历如绘，其枭杰坚强之气溢于颜面，而词气不亢不卑，不作摇尾乞怜之语，自言南面称王十余年，所屠戮官民以千万计，今天亡我，我复何惜一死。"

已回富林去办理善后。[①]

达开等人于 6 月 21 日到达雅州，6 月 23 日到达邛崃。[②] 邛州知州许培身迎接达开的大轿入试棚，送海珍席，见达开时口称王爷，而以臣僚自居。[③] 第二天早上，达开大轿出发，他又到路边来送行。

邛崃距离成都只有一百多里。骆秉章这时已经知道达开即将解到。他慑于达开的威名，唯恐路上会出问题，所以又派几营清军前来参加押解，并且交代要给达开带上手铐。达开大轿刚出邛崃城门，成都派来的清军就上来拦住轿子，给达开戴手铐。这时周围清军罗列。五岁的石定忠拉着达开的衣角说："这许多蛮子，为什么不杀掉？"[④]

1863 年 6 月 25 日（太平天国癸开十三年五月十三日，清同治二年五月初十日），翼王石达开一行五人解到成都，分监关押，互相不能见面。[⑤] 骆秉章派一个府尹和达开谈话，达开口若悬河，应答不穷。在叙述太平天国史事时，对清朝那些昏庸无能的将帅痛加贬斥，只认为曾国藩做事还比较仔细，但也绝非将才。谈话之时，有人在旁记录。当日晚间尚未谈完，次日续谈。以后骆秉章在《生擒石逆疏》中附录的所谓"供状"，就是这份记录。不过，其中有许多地方已被大删大改。[⑥]

府尹与达开谈完之后，骆秉章决定在四川总督署的大堂进行会审。会审时，署内署外，刀枪林立；堂上堂下，警卫森严。堂上坐的是四川总督骆秉章、成都将军崇实与省城里司道一级的官员。两旁排列着许多差役。堂下的兵丁则是弓上弦，刀出鞘，一片杀气腾腾。当达开等四人带到之时，许多差役大声吆喝，想吓唬达开等人。达开缓步登堂，曾仕和等三人随侍左右，他们一色天国衣冠，身穿黄缎袍，脚着黄缎靴，头戴黄缎风帽，达开的风帽上绣有五条金龙。达开站定之后，扫视一周，全场鸦雀无声。堂前摆着四个拜垫，那些差役是想要他们下跪受审。达开看着拜垫，冷笑一声，就在垫上盘

① 黄彭年《代刘蓉致骆秉章禀稿》："本司当经属令唐镇另派妥员，押解石逆及伪宰辅等入省。该镇即便折回，随同办理善后。"

② 任乃强《纪石达开被擒就死事》："初六日，石王舆过雅州。初八日，过邛崃。"

③ 任乃强《纪石达开被擒就死事》："邛州知州许培身，字伯南，浙江人。（旋转建昌道）迎王舆驻试棚内，送海珍席，参谒如臣礼，仍称王爷。"

④ 任乃强《纪石达开被擒就死事》："翌日，王舆出城，清军森列，止王舆，请上刑具。王子定忠甫六岁，骤见清军甚众，牵衣语王曰：'这许多蛮子，何不杀却？'"这里所说的"蛮子"，是对清军的一种贬称。

⑤ 骆秉章《生擒石逆疏》："石达开父子及曾仕和、黄再忠、韦普成等五犯于初十日押解到省。"张剑波《石达开入川被擒史料》："石达开等被押于五月初十抵成都。即被分监管押，互相不能见面。"

⑥ 薛福成《书剧寇石达开就擒事》："达开到成都对簿，有司讯其前后抗官军事甚悉，口如悬河，应答不穷。自称年三十三。于当世诸将负盛名者，皆加贬辞；惟谓曾文正公虽不以善战名，而能识拔贤将，规画精严，无间可寻。"任乃强《记石达开被擒就死事》："初十日，至成都。骆督命一府尹与王晤谈，询其起义以来经历，有人记录之，凡二日乃竟。骆奏疏所称之供状，盖即指此。"

膝而坐，曾仕和等三人也随之坐下。那些官员差役面面相觑，没有一个人敢喊要他们跪下来。①

按照清朝的制度，满族的成都将军位在总督之上，所以骆秉章请崇实先问。崇实嗫嗫嚅嚅，半天说不出话来。后来虽然挣出了几句话，声音低得听不清。而达开昂首怒目，使崇实气沮语塞，狼狈不堪。② 骆秉章只好接口问话，为之解围。达开在答话时，痛斥清廷无道，大讲革命道理，简述十余年起义建国的经过，理直气壮，义正词严。不仅那些差役兵丁听得发呆，连堂上的官员也有人为之动容。③ 骆秉章看到这种形势，觉得难以下台，就解嘲说："石达开！我替你想今朝正法，也算值得。你从作乱以来，蹂躏数省，我们封疆大吏死在你手里的就有三人，军民更是不计其数，你以一死了事，还有什么想不通的！"达开笑着说："这就是俗话所说的成则为王，败则为寇。今生你杀我，说不定来生我会杀你，这有什么了不起！"④

押赴刑场之时，达开从容缓步，保持他往日的威严。曾仕和等在旁侍立，恭请达开先行，达开这才放步前行。⑤ 这一天天色阴沉，密云不雨。成都百姓到刑场上来围观的达数十万人，大家都想瞻仰翼王的风采。⑥ 敌人把他们凌迟处死，而且公开行刑，是想杀一儆百，对老百姓起到慑服的作用。达开在刑场上却泰然自若，连那些监刑的官员也都叹服。⑦ 凌迟酷刑开始，达开与曾仕和对缚于十字桩上，刽子手手持利刃，进行碎割。曾仕和失声一呼，达开从容劝阻，叫他忍耐。曾仕和即咬紧牙关，再不作声。⑧ 围观者看到他们这样视死如归，无不深深感动，就连清朝官员中间也有人称赞他们为奇

---

① 周询《蜀海丛谈》："三人者皆跏趺坐垫上。其头巾及靴褂皆黄缎为之，惟石之头巾上加绣五色花。"牛雪樵《省斋全集》卷二："石逆轿帷、风帽皆用黄，上绣五龙。"

② 周询《蜀海丛谈》："清制，将军位在总督之右，骆故让崇先问。崇语音低，不辨作何语。只见石昂首怒目视，崇顿气沮语塞。"

③ 罗尔纲《太平天国史稿·石达开传》(1951 年版)："达开对簿时英姿动人，雍容儒雅，自称年三十三，痛斥清廷无道，數陈革命宗旨，及十余年起义建国经过，侃侃而谈，曲折如绘，听者皆感叹。"

④ 周询《蜀海丛谈》："骆始言曰：'石某今日就戮，为汝想，亦殊值得。计自起事以来，蹂躏数省，我方封疆大吏，死汝手者三人。今以一死完结，抑何所恨！'石笑曰：'是俗所谓成则为王，败则为寇也。今生你杀我，安知来生我不杀汝耶！'遂就绑。"

⑤ 周询《蜀海丛谈》："石下阶，步略缓，两王仍左右侍立，且曰：'仍主帅请前。'石始放步先行。是时先太守甫来川，充成都保甲总局提调，所目睹也。"

⑥ 罗尔纲《太平天国史稿·石达开传》(1951 年版)："石达开至成都，民间空巷争仰翼王风采。"任乃强《记石达开被擒就死事》："行刑于北较场，市人聚观者数十万，环垒成人山。"

⑦ 刘蓉《养晦堂文集》卷六《复曾沅甫中丞书》："石逆……临刑之际，神色怡然。"

⑧ 任乃强《记石达开被擒就死事》："邛人李某(有子与乐凤鸣同学)，时方壮盛，先趋入刑场，得薄观之。石王与曾仕和对缚于十字桩上，行刑人分持利刃，先剜额头皮，下掩双目，次剜双腕。曾文弱，不胜其楚，惨呼，石徐止之曰：'何遂不能忍此须臾？当念我辈得彼，亦正如此可耳！'曾遂切唇无声。"

男子。[①] 1863年6月27日(太平天国癸开十三年五月十五日,清同治二年五月十二日),石达开慷慨就义于蓉城,[②]年方三十三岁。

达开就义后,骆秉章下令把他的首级用木盒装盛,中放石灰,传示各地。传到重庆后,首级腐烂,就地埋葬。[③] 曾仕和等人的首级则枭示四门。对于石达开幼子定忠的下落,虽有一些传说,但并无确凿的根据,比较可靠的说法,则是不久之后就被缢死在狱中。[④]

奇怪的是:石达开虽然牺牲了,但是从此以后,上至清廷,下至民间,到处都能听到石达开未死的各种传说。传说产生的原因各不相同。清廷上下传说石达开未死,是他们太畏惧石达开,唯恐被处死的是假冒的,说不定什么时候真的石达开又会出头露面。

---

① 周询《蜀海丛谈》:"且系以凌迟极刑处死,至死亦均默然无声,真奇男子也。"

② 关于石达开就义蓉城的日期,一般都以为是1863年6月25日,即天历五月十三日,阴历五月初十日。其根据是薛福成《书剧寇石达开就擒事》中的一句话:"乙卯,磔达开于成都市。"乙卯即五月初十日。这个日期很值得怀疑。因为所有的公私记载都说石达开是于阴历五月初十日到达成都的。例如:

骆秉章《生擒石逆疏》:"石达开父子及曾仕和、黄再忠、韦普成等五犯于五月初十日押解到省。"

任乃强《记石达开被擒就死事》:"初十日,至成都。"

张剑波《石达开入川被擒史料》:"石达开等被押于五月初十抵成都。"

他们到达成都不会很早,可能还是午后。既然如此,要在当天进行个别谈话、公开审讯、公开行刑这一连串的活动是办不到的,而且许多史料都说他们曾在成都关监。如果是当天到达,当天行刑,那就没有关监的可能。

现据《巴县档案》中所保存的石达开牺牲后骆秉章所出的布告与抄贴此布告有关的文书二件(原件存四川省档案馆),可以看出,石达开牺牲的日期最早也应是阴历五月十二日。试看第一件文书中的一段话:"重庆府正堂阮为行知事。同治二年五月十六日奉按察使司牛扎,开:同治二年五月十一日,奉总督部堂骆扎,开:照得发逆伪翼王石达开、伪宰辅曾仕和、伪中丞黄再忠、伪恩丞相韦普成,现经本督部堂会同成都将军督同在省司道亲提研讯明确,应即恭请王命,即行正法,以彰天讨而快人心。合行扎委,为此扎仰该司会同标下中军副将,即将发逆石达开、曾仕和、黄再忠、韦普成验明正身,绑赴市曹凌迟处死。将石逆首级用石灰腌署,木笼装盛,以备解献京师,传示各省。余贼首级,即枭示四门,以昭炯戒。其石逆幼子石定忠,着牢固监禁,归入缘坐案内,照例办理。仰将监刑文武职名报查毋违。等因,奉此,除详报督宪,并移督标中协,及行成都府,将发逆石达开等处决外,合就扎行,扎到该府,即便转饬所属一体遵照毋违。等因,奉此,合就扎行,为此扎仰该县即便一体遵照毋违,此扎。右扎巴县准此。同治二年五月二十三日。"

这份正式公文已经说明骆秉章命令按察使牛雪樵处决石达开的日期是阴历五月十一日,则初十日即处决石达开的说法自然不能成立。根据石达开到达成都的日期与府尹与之谈话的情况看来,石达开就义的日期应为阴历五月十二日。又任乃强《记石达开被擒就死事》一文中说:"六月二十二日奉清廷谕,凌迟。"疑不确,因为骆秉章所贴出的布告上写明是五月而不是六月,他们不可能在石达开尚未处决前先把布告贴出去。

③ 据伍仕谦《关于巴县档案》一文。

④ 任乃强《记石达开被擒就死事》文中说:"石王子定忠,以齿稚免刑,见骆督奏稿。于法,待成龄时,仍当处决。不知何故,其人竟未死,改姓名曰时雨化,入绵州州学。光绪丁酉,与邛州龚秉衡玉泉同拔,又同分发贵州作知县,甚相得。尝密告龚,实翼王子也。其人能诗画,书学赵孟頫,吐属风雅,潇洒出尘,虽在仕途,有林泉风韵。龚与乐氏相善,尝以时所赠一诗与纨扇画一幅相示。于时,其人尚在黔。使今尚存,亦已八十六岁也。"又加按语说:"大树堡之鲸鲵封处,北较场之利刃惨割,一时罪业,千古憾事。痛哉!骆督能保全其子者,殆亦有所悔耶?"我们认为,文中说"不知何故,其人竟未死",不可作为信史,只能算作传说。正如简又文《太平天国全史》第十八章所说:"至云翼王子得幸存人间,洵是奇闻。事实真否,难于考证,亦始妄听之,作轶闻观可耳。果使有后,则一般崇敬翼王者,当得比较愉快矣。"这种传说的产生与流传也和石达开本人未死的传说一样,是由于广大人民同情与敬爱石达开。另一比较可靠的说法是张剑波《石达开入川被擒史料》:"达开幼子石定忠又后年余始被缢死狱中。"

民间传说石达开未死，是大家敬佩石达开，不忍心说他已死，很希望被处死者是假冒的，总想有那么一天，能够出现石达开复活的奇迹。

先说清廷上下对于石达开未死的传说。早在 1852 年，由于清军将帅谎报军情，就闹过石达开死而复生的笑话。当太平军撤长沙之围，全军渡湘江北上，清将福兴就谎报打死"翼王石大剀"的消息，钦差大臣徐广缙据此上奏清廷。① 后来徐广缙获罪撤职，向荣继任，在奏报中又提到石达开的名字。清帝觉得奇怪，就在奏章上加硃批质问："何又有石达开？是否即系石大剀？"②天京内讧发生，清廷上下多次谋划招降石达开；石达开远征之后，这种活动更为频繁。招降不成，又唯愿其早死。宝庆会战之后，石达开战死的消息又在清廷上下流传开来。清廷一再下旨查问：石达开是否还在人间？一些封疆大吏也不敢做出肯定的回答。③ 石达开在大渡河覆军，落入敌手，清廷得到消息，不禁喜出望外，但又将信将疑，骆秉章在处死石达开之后，就做了不少澄清的说明。与石达开谈过话的，亲眼见到石达开就义时的情况的，也都纷纷帮他证明，就义者确实是石达开，绝非假冒。

骆秉章等人虽然费尽唇舌，仍然难解群疑。清廷上下的怀疑是有理由的：一、凭骆秉章的才略，绝不是石达开的对手。二、从紫打地和老鸦漩脱险的大有人在，既然别人可以脱险，石达开当然更能脱险。以后天京陷落，大刽子手湘军头子曾国藩在审问李秀成的时候，曾经郑重返问："石达开死否？"但是李秀成不答。这就更引起怀疑，石达开是否尚在人间。

至于民间对石达开未死的传说，不论内容如何，都属善意。

有关石达开的民间传说虽多，大致可以归纳成为三类。即：一、有关四姑娘韩宝英的故事。二、有关赶船留伞的故事。三、有关得道成仙的故事。达开过去已有三女，均在天京被杀，韩宝英作为第四女，军中呼为四姑娘。四姑娘能文，代石达开掌管军中文书，有马生来投军，四姑娘见其貌似石达开，即愿嫁之。大渡河被困之时，四姑娘以大义说马生，叫他代石达开去清营，自己则抱幼子沉河，石达开因此才得脱险。故事情节感人，但是与史实相去太远，令人难以置信。此事源出王韬的笔记，后来有关太平天国

① 夏燮《粤氛纪事》卷一："据奏称，官兵四路围截，歼其坐轿之逆首伪翼王石大剀，及夺获太平印，皆张虚捷也。"

② 向荣《进攻武昌贼营并筹办各情形折》："逆匪洪秀全尚在汉阳，杨秀清即住武昌省城。其罗大纲、石达开(硃批：何又有石达开？是否即系石大剀？)往来行走，尚无定处。"

③ 骆秉章《生擒石逆疏》："臣前以石逆或传其死，倘能设法生擒，辨认真确，俾就显戮，庶可以释群疑。"又："臣以石达开自宝庆败窜粤西后，传闻异词。前曾奉旨饬查，臣亦不敢确指该逆是否尚在贼中。而察其行兵诡计，实与前次窜扰江西、湖南、湖北无异。仰赖天威，现既俘获到省，自应审辨确凿。"

的野史轶闻等书竞相载，竟至家喻户晓。直到现在，川中各县还在大演川剧《四姑娘》。

一代民族英雄石达开虽然一百多年前就在蓉城就义了，但他永远活在广大人民的心里。

1981 年 8 月，四川省纪念太平天国起义 130 周年学术讨论会在石棉县大渡河畔举行，会上，着重讨论了石达开的一生和他最后失败的原因，适遇翼王纪念亭竣工，登岭纵目，俯仰河山，顷怀先烈，心潮澎湃。乃为歌吊之，以刊亭石。录之作为本书的结束。

翼王亭上吊翼王

此亭高筑临江浒，水色山光能尽睹，我来非为片刻游，愿歌史事垂千古。当年天国有英雄，闾里皆称石相公，金田首义年二十，羽翼天朝作股肱。扬鞭跃马好身手，两湖三江诛群丑，群丑惊呼石敢当，望见旌旗皆反走。挥军指日下金陵，金陵从此号天京，鏖战浔阳寒敌胆，安抚皖赣得民心。忽闻萧墙奇变起，骨肉相残争未已，兴师靖难见精忠，为挽狂澜非为己。军民拥戴众心同，洪家私党不相容，挥泪远征西南去，再为天国立新功。雄师数万趋何处？西南关山万里路。但求天下早廓清，他年兄弟重相聚。分兵三路入东山，驻军涪州望州关。敌军蚁聚将坐毙，大雨滂沱战不利。为惜全城玉石焚，移师另觅渡江地。蹈虚走险入荒垓，紫打地前战船排，半渡忽见洪波至，溅江水涨浪涛来。浪击船头与筏尾，船沉筏破无不毁，三军至死恨难平，不败于人败于水。一渡再渡不成功，大军久驻粮草空，忍饥扶病突围去，趱行群山鸟道中。前行又见惊涛岸，退路复遭木石断，四壁俱闻垓下歌，残兵背水拼一战。翌晨情事有蹊跷，人妖并马过凉桥，缘何三军皆息鼓？一百年来费推敲。或曰乞降求免死，旷代英雄宁有此？无如真相已难明，遂令身后蒙奇耻。或曰舍命保三军，主帅单骑叩胡营，三军难保身已殉，人间永和不平鸣。密商奇策成和议，生死毁誉非所计，诈降计绌血泪流，后世谁人知吾意？探赜索隐见真情，尽瘁天国一片心，欲起翼王与共语，使知百载有知音。竖子成名英雄死，世事不平胡至此？父老饮泣向我言，言皆翼王爱民事。折戟沉沙急水头，千秋遗恨几时休？登亭怒问山与水，青山无语水东流。

桐城园诗后学执中史式敬撰于大渡河畔

论：

一、我们评价一个人，应该“听其言而观其行”。但是对于石达开的最后一段历史，却无法听其言。因为他从大渡河覆军到蓉城就义，已经落入敌手，没有留下任何一件确凿可信的正面史料。一切有关此事的史料，都是从敌人那里得到的，也就经过敌人的任意篡改。就连那份昔称“供词”今称“自述”的材料，也都是经过清吏再三删改。试想，他“侃侃而谈”，“凡二日乃竟”，难道就只有那么一千多字么！一篇记录，本来就非亲笔，而是他人笔记，以后又删去十之七八，保留十之二三，再加屡次篡改，试问其真实性还有多少！骆秉章迫不及待地杀害了石达开，既不要他亲书供词，也不要他在审讯笔录上签字，因此他就没有留下亲笔字的任何机会。有关他留下亲笔供词与日记数册的说法都是谣传，因为截至现在，谁也拿不出一份石达开的亲笔供词或亲笔日记来。

对于那篇《石达开致骆秉章书》，怀疑其真实性的同志已经越来越多。我们认为，这是伪作，是一位好心人希望能为石达开表明心迹的伪作。因为其中叙事既与史实不符，又与情理不合。在没有得到结论之前，研究者对于此信的真伪势必要继续争论。这种史料，既已令人生疑，我们就不能径指其中的话是石达开自己说的。

从大渡河覆军到蓉城就义这一段时间，没有留下任何记载石达开之言的可靠史料，在煌煌的奏章与布告中，敌人不免说假话，但在私人的笔记、函件中，却常常能够透露几句真话。如本书第 202 页注⑤所引黄彭年《黎雅纪行》、第 205 页注①所引周询《蜀海丛谈》等材料，这些记载出于清朝官吏之手，他们绝不会捏造事实来歌颂石达开。刘蓉骂石达开为“丑类之最悍者”，正好说明石达开是最坚强的革命英雄。石达开就义蓉城，为数十万人所目睹，他确是铮铮铁骨的硬汉子，不是软骨头的叛徒。

附录 石达开年谱

（表中日期无括弧为公历，方括弧为天历，圆括弧为阴历）

时　　间	记　　事
1831 年 3 月下旬 （道光十一年二月中旬）	石达开出生于广西贵县奇石圩那帮村。父昌辉，客家人；母周氏，壮族人。家中薄有田产，兼营商业，是一个富裕的农家。
1831—1847 年 （道光十一年到二十七年）	达开有一姊、两妹，无兄弟。在他十岁以前，父亲即已去世，因此他自幼当家，除从事农业外，并贩牛贩盐，撑持门户。他闯荡江湖，交游广阔，愤清廷无道，虽读书而不应考。平时轻财好义，排难解纷，乡里尊称之为“石相公”。
1847 年秋 （道光二十七年秋）	洪秀全、冯云山慕达开之名，前来密访，共谋革命。达开欣然允诺，开始从事革命活动，在奇石圩一带建立拜上帝会。
1850 年 7 月 （道光三十年六月）	洪秀全于广西桂平金田村发布团营令，召集拜上帝会各地会众前来编立营伍，准备起义。达开立即响应，将奇石圩一带会众千余人编组成军。
1850 年 8 月 20 日 （道光三十年七月十三日）	达开在奇石圩附近的蚂蝗冲祭纛誓师，宣布讨伐清廷。
1850 年 9 月 （道光三十年八月）	达开进据桂平之白沙圩，竖木为东西辕门，开炉铸炮，驻扎月余始去。
1850 年 10 月 （道光三十年九月）	达开沿途召人入伍，因械斗失败而无家可归的客家人纷纷参加。抵达金田时，全军不下四千人。
1851 年 1 月 11 日 （道光三十年十二月初十日）	会众齐集金田，庆祝洪秀全生日，正式宣布起义，正号太平天国元年。
1851 年 3 月 23 日 （咸丰元年二月二十一日）	洪秀全于武宣东乡称天王，封立五军主将。以杨秀清为中军主将，萧朝贵为前军主将，冯云山为后军主将，石达开为左军主将，韦昌辉为右军主将。
1851 年 6 月 9 日 （咸丰元年五月初十日）	象州马鞍山之战。达开部下七勇士攀山越岭突袭清军营盘，清军千余人溃败，坠崖落水而死者甚多。
1851 年 8 月 15 日 （咸丰元年七月十九日）	紫荆山老根据地要隘双髻山失守，太平军决定突围。洪秀全本日在茶地下诏移营，分兵三路前进，由萧朝贵、石达开共同开通前路，担任先锋。
1851 年 9 月 11 日 （咸丰元年八月十六日）	太平军全军自新圩突围，向永安州进发，仍由萧朝贵、石达开两主将率领前军，担任先锋。
1851 年 9 月 20 日 （咸丰元年八月二十五日）	萧朝贵、石达开率军进入藤县大黎地区，屯扎五日，等待后队。
1851 年 9 月 25 日 （咸丰元年闰八月初一日）	太平军攻克永安州，这是起义以来第一次占领城池。

续表

时　间	记　事
1851年10月19日 （咸丰元年闰八月二十五日）	石达开率领的东路守军反击前来进攻的清军，获得占领永安州以来的第一次大胜。
1851年12月17日 （咸丰元年十月二十五日）	太平天国在永安封王建制。洪秀全下诏：“今特褒封左辅正军师为东王，管治东方各国；褒封右弼又正军师为西王，管治西方各国；褒封前导副军师为南王，管治南方各国；褒封后护又副军师为北王，管治北方各国。又褒封达胞为翼王，羽翼天朝。”
1852年2月3日 ［壬子二年正月初一日］ （咸丰元年十二月十四日）	太平天国颁行天历。达开在永安与黄玉崑（实姓王，避讳改姓）之女结婚。
1852年4月5日 ［壬子二年三月初二日］ （咸丰二年二月十六日）	太平军自永安州突围北上，仍由萧朝贵、石达开督军开通前路。
1852年6月10日 ［壬子二年五月初七日］ （咸丰二年四月二十三日）	太平军北上途中受到江忠源部湘勇的袭击，爆发蓑衣渡之战，南王冯云山伤重殉国。
1852年9月11日 ［壬子二年八月初八日］ （咸丰二年七月二十八日）	西王萧朝贵率军进攻长沙，中炮受伤，旋因伤重殉国。从此达开就经常承担开通前路指挥攻坚的任务。
1852年10月17日 ［壬子二年九月十三日］ （咸丰二年九月初五日）	太平军围攻长沙，月余不下。达开率领精兵两千余人渡过湘江，屯扎西岸，以为犄角。
1852年10月31日 ［壬子二年九月二十八日］ （咸丰二年九月十九日）	清提督向荣率清兵三千来袭达开据守的水陆洲。达开设伏抗击，全歼敌军。向荣骑马跳入湘江凫水而逃。
1852年11月20日 ［壬子二年十月二十七日］ （咸丰二年十月十九日）	太平军久攻长沙不下，于本日撤围，渡过湘江，会合石达开所部，沿洞庭湖北上。
1852年12月13日 ［壬子二年十一月初十日］ （咸丰二年十一月初三日）	太平军克岳州，清军弃城逃去。太平军获吴三桂旧藏的军械炮位甚多，不久即向武汉三镇进军。
1853年1月12日 ［壬子二年十二月初九日］ （咸丰二年十二月初四日）	石达开督黄玉崑、李开芳、林凤祥、罗大纲等部太平军于本日攻克武昌。

续表

时　间	记　事
1853年2月9日 [癸好三年正月初七日] (咸丰三年正月初二日)	太平军放弃武昌，全军顺流东下，进取南京。由石达开率领秦日纲、胡以晃、李开芳、林凤祥、罗大纲等人为先锋。艨艟万艘，蔽江而下，陆军夹两岸而行。
1853年2月11日 [癸好三年正月初九日] (咸丰三年正月初四日)	达开督先锋水军克湖北黄州。
1853年2月13日 [癸好三年正月十一日] (咸丰三年正月初六日)	达开督先锋陆军克湖北蕲水。
1853年2月15日 [癸好三年正月十三日] (咸丰三年正月初日)	达开督先锋水军大破清军于湖北广济之老鼠峡。清总兵恩长投江而死。
1853年2月18日 [癸好三年正月十六日] (咸丰三年正月十一日)	九江清军听说达开大军到达，立即溃散。太平军战士五人于本日进占九江，大军继进。
1853年2月24日 [癸好三年正月二十二日] (咸丰三年正月十七日)	达开督先锋水军攻克安庆，得银三十万两，炮一百余尊，杀安徽巡抚蒋文庆。
1853年2月26日 [癸好三年正月二十四日] (咸丰三年正月十九日)	达开督先锋水军克安徽池洲。
1853年2月28日 [癸好三年正月二十六日] (咸丰三年正月二十一日)	达开督先锋水军克安徽铜陵。
1853年3月4日 [癸好三年正月三十日] (咸丰三年正月二十五日)	达开督先锋水军克安徽芜湖。
1853年3月8日 [癸好三年二月初三日] (咸丰三年正月十九日)	达开率领陆路军李开芳、林凤祥、吉文元等部进抵南京城西的西善桥，扎营二十四座。从2月9日离开武昌算起，首尾一共二十八天，长征一千二百里。
1853年3月9日 [癸好三年二月初四日] (咸丰三年正月三十日)	达开督陆路军逼攻南京南门，自雨花台架炮轰击南京守军。

续表

时　间	记　事
1853 年 3 月 19 日 [癸好三年二月十四日] (咸丰三年二月初十日)	达开督陆路军攻破南京外城，斩清两江总督陆建瀛。
1853 年 3 月 20 日 [癸好三年二月十五日] (咸丰三年二月十一日)	达开督陆路军攻破南京内城，斩清江宁将军祥厚。太平军自永安至南京与清军大小数百战，独达开所部未尝挫，清军称之为“石敢当”，所到争避之。
1853 年 3 月 29 日 [癸好三年二月二十四日] (咸丰三年二月二十四日)	太平天国既克南京，乃于此建都，改称天京。两天之后，清军向荣部尾随而至，扎营于城东孝陵卫一带，称为江南大营。
1853 年 3 月至 9 月 [癸好三年二月至八月] (咸丰三年二月至八月)	达开留在天京，协助杨秀清处理军国要务。
1853 年 9 月 25 日 [癸好三年八月二十一日] (咸丰三年八月二十三日)	达开奉命到安庆安民，是为安庆易制之始。
1854 年 1 月 14 日 [癸好三年十二月初十日] (咸丰三年十二月初十日)	胡以晃攻破安徽临时省城庐州。太平军进城后，执行安庆易制以后的新政策：“士农工商各执其业。”不再推行天京那种拆散家庭，分编男馆女馆，以及没收一切工商业者私产的政策。
1854 年 4 月 [甲寅四年三月] (咸丰四年三月)	杨秀清召达开回天京述职，而以秦日纲代主安庆军民各政。
1854 年 [甲寅四年] (咸丰四年)	由于安庆易制后的新政策行之有效，杨秀清、韦昌辉、石达开联名上奏洪秀全，请在新光复的安徽、江西各地“照旧交粮纳税”以充军储而裕国课，得到洪秀全的同意。从此，天京解除了粮荒的威胁。
1854 年 5 月 [甲寅四年四月] (咸丰四年四月)	达开仍回安庆主持军民各政，秦日纲则由他指挥，出外统军。
1855 年 1 月 2 日 [甲寅四年十一月二十八日] (咸丰四年十一月十四日)	曾国藩所编练的湘军势甚猖獗，太平军西征军所克复的武昌、岳州等地相继被其攻陷，湘军水师到达九江江面。达开奉命督师西征，本日由安庆出发。
1855 年 1 月 29 日 [甲寅四年十二月二十四日] (咸丰四年十二月十二日)	达开在湖口抗击湘军水师，诱敌深入。敌人果然中计，轻捷战船百余只均冲入内湖，达开随即堵塞湖口水卡，使湘军水师战船外江内湖完全隔绝，然后对外江的笨重敌船发动奇袭，烧毁数十只，是为湖口之战。残敌退回九江。

续表

时　　间	记　　事
1855年2月11日 [乙荣五年正月初七日] （咸丰四年十二月二十五日）	达开在九江江面发动夜袭，以轻舟围攻湘军水师，焚烧敌船十余只，获曾国藩座船，杀其管驾官、监印官，尽得文卷册牍。曾国藩躲入小舟狼狈逃命，羞愤投水，经部下救护，逃往南昌，所部水师溃散。
1855年4月3日 [乙荣五年二月二十七日] （咸丰五年二月十七日）	达开督师乘胜西追，克武昌，完全控制了武昌以下的长江江面，然后回驻安庆。
1855年10月上旬 [乙荣五年八月下旬] （咸丰五年八月下旬）	武昌吃紧，达开率胡以晃、黄玉崑等自安庆西援武昌。
1855年11月4日 [乙荣五年九月二十九] （咸丰五年九月二十五日）	达开亲率大军两万余人围攻湘军罗泽南部于崇阳壕头堡，覆其全军。罗泽南遁入崇阳。
1855年11月14日 [乙荣五年十月初八日] （咸丰五年十月初五日）	达开复大破湘军中之平江勇于湖北通城。
1855年11月24日 [乙荣五年十月十八日] （咸丰五年十月十五日）	达开原拟以西援之师乘胜进攻湖南，扫平湘军的老巢。后来得到广东天地会队伍已经攻入江西的消息，遂改变计划，于本日督师进入江西。
1855年12月9日 [乙荣五年十一月初三日] （咸丰五年十一月初一日）	达开大军与前来会师的广东天地会队伍共同攻克江西新昌。随即对他们加以收编，这就是所谓“花旗”队伍。
1855年12月18日 [乙荣五年十一月十二日] （咸丰五年十一月初十日）	达开所部赖裕新军克江西瑞州府。
1855年12月19日 [乙荣五年十一月十三日] （咸丰五年十一月十一日）	达开所部张遂谋军克江西临江府。
1855年12月23日 [乙荣五年十一月十七日] （咸丰五年十一月十五日）	曾国藩以达开大军威胁南昌，急调围攻九江之湘军来援，九江之围不战自解。
1856年3月1日 [丙辰六年正月二十五日] （咸丰六年正月二十五日）	达开所部太平军围攻吉安府，两月不下。达开亲临督战，以地雷轰塌城墙而破城。

续表

时　　间	记　　事
1856 年 3 月 16 日 [丙辰六年二月初九日] (咸丰六年二月初十日)	达开自吉安前线回到临江府,调集队伍,准备进攻樟树镇的湘军主力周凤山部。
1856 年 3 月 24 日 [丙辰六年二月十七日] (咸丰六年二月十八日)	达开军分四路猛攻江西樟树镇,克之,全歼敌军。这时南昌的清朝官吏纷纷走避,曾国藩"梦魂屡惊"、"呼救无从",多次派人前往武昌前线向罗泽南求救。罗泽南正向武昌进攻,欲罢不能,愤极思逞,后来在攻城时中弹毙命。武昌解围。
1856 年 3 月 28 日 [丙辰六年二月二十一日] (咸丰六年二月二十二日)	达开所部太平军克江西抚州。
1856 年 4 月 3 日 [丙辰六年二月二十七日] (咸丰六年二月二十八日)	天京解围之战即将开始,达开奉命回援天京,留黄玉崑主持江西军务,本日自万年出发东征。
1856 年 4 月 4 日 [丙辰六年二月二十八日] (咸丰六年二月二十九日)	黄玉崑部克江西建昌府。达开大军自湖北入江西,不过四个多月,江西八个府城,五十多个州县,都望风归附,尽入太平天国版图。只因达开奉命回援天京,困居南昌围城中的曾国藩始得绝处逢生,苟延残喘。
1856 年 4 月 8 日日 [丙辰六年三月初二日] (咸丰六年三月初四日)	达开率军三万自赣入皖,分兵三路,一自德兴北攻婺源,一自浮梁东攻祁门,自督大队进攻建德,期于皖南会齐,共取宁国府,以援天京。
1856 年 4 月 26 日 [丙辰六年三月二十日] (咸丰六年三月二十二日)	达开军三路会合,克安徽太平。
1856 年 5 月 2 日 [丙辰六年三月二十六日] (咸丰六年三月二十八日)	达开复分兵三路东进。本日达开中路军克宁国府。
1856 年 5 月 11 日 [丙辰六年四月初四日] (咸丰六年四月初八日)	达开中路军克芜湖。
1856 年 5 月 18 日 [丙辰六年四月十一日] (咸丰六年四月十五日)	达开中路军进抵陶吴,距离天京仅一日行程。
1856 年 6 月 5 日 [丙辰六年四月二十九日] (咸丰六年五月初三日)	达开北路军自安徽太平府进至江宁大胜关。

续表

时间	记事
1856年6月13日 ［丙辰六年五月初七日］ （咸丰六年五月十一日）	达开南路军自安徽当涂博望镇进占溧水，突破清军江南大营防线。
1856年6月14日 ［丙辰六年五月初八日］ （咸丰六年五月十二日）	清钦差大臣向荣在天京城东建立江南大营，围困天京，已三年有余。本日知溧水失守，急遣大将张国梁精兵数千名前往争夺，大营空虚。太平军秦日纲、李秀成、陈玉成等部从镇江回援天京，本日扎营燕子矶一带，扼江南大营之背。
1856年6月20日 ［丙辰六年五月十四日］ （咸丰六年五月十八日）	自6月17日起，秦日纲、李秀成、陈玉成等部力攻江南大营之背。6月19日，达开大军分三路从正面进击江南大营，连陷敌军营垒。天京守军亦开门助攻至6月20日晚，清军全线溃败，向荣败走淳化镇，天京解围。
1856年7月14日 ［丙辰六年六月初七日］ （咸丰六年六月十三日）	武昌前线战斗激烈。天京解围之后，达开即奉命率军西援武昌，于本日到达湖口。杨秀清另派韦昌辉主持江西军政事务。
1856年7月28日 ［丙辰六年六月二十一日］ （咸丰六年六月二十七日）	达开军前队自湖北大冶出发，经金牛镇西趋咸宁。
1856年8月18日 ［丙辰六年七月十二日］ （咸丰六年七月十八日）	达开率张遂谋、曾锦谦等大队进抵武昌东南之鲁家港，与攻城之湘军激战。
1856年9月5日 ［丙辰六年七月三十日］ （咸丰六年八月初七日）	达开本日自鲁家港移营后退，旋即率领张遂谋、曾锦谦等少数人赶回天京，准备在洪、杨之间进行调解，制止内讧。
1856年9月26日 ［丙辰六年八月二十日］ （咸丰六年八月二十八日）	达开回到天京，才知道内讧已经爆发，株连无辜的大屠杀正在进行。
1856年10月上旬 ［丙辰六年八月下旬］ （咸丰六年九月上旬）	达开于回京的当天会见洪秀全、韦昌辉，仍无法制止大屠杀。洪、韦且有加害达开之意。达开连夜缒城逃出天京，于10月上旬到达安庆。洪秀全颁发诏旨，以“官丞相、金六百两”之重赏购求达开首级，韦昌辉则杀害达开全家。
1856年11月上旬 ［丙辰六年九月下旬］ （咸丰六年十月上旬）	太平天国军民激于义愤，均同情与拥护达开。达开调集各地队伍组成靖难双军兴师靖难，这时由安庆誓师出发，渡过长江，经皖南回天京前进。并致书洪秀全，要求立即停止屠杀，诛韦昌辉以谢天下，否则即进攻天京。

续表

时间	记事
1856 年 11 月中旬 ［丙辰六年十月上旬］ （咸丰六年十月中旬）	这时皖南宁国府受到清军围攻，守将陈玉成接战不利，达开顾全大局，即移靖难之师先救宁国。这时，洪秀全派人把韦昌辉的首级送到达开的军前。
1856 年 11 月下旬 ［丙辰六年十月中旬］ （咸丰六年十月下旬）	达开回到天京，受到劫后余生的天京军民热烈欢迎。合朝文武同举他“提理政务”一如东王故事。并担任太平天国的全军统帅“通军主将”。大家向他上“义王”尊号，但他谦辞不受。
1856 年 11 月 28 日 ［丙辰六年十月二十二日］ （咸丰六年十一月初一日）	达开为了平息民愤，安定人心，追查天京大屠杀的责任。除韦昌辉已伏诛外，又于本日处死他的同谋秦日纲与陈承镕。其他概不过问。就连韦昌辉的老父也受到保护，不被株连。
1857 年 5 月下旬 ［丁巳七年四月下旬］ （咸丰七年五月上旬）	由于达开回京辅政，因内讧而造成的严重局势已经逐渐好转，军事上亦大有起色。皖、鄂各地的反攻，节节胜利。但是洪秀全猜忌达开，处处掣肘，封己兄仁发、仁达为安王、福王，主国政，以分达开之权。并且阴图加以杀害，事变迫在眉睫，达开被迫离京出征。1857 年 5 月下旬，他率领翼王府全体属员与随身警卫部队离开天京，在南门外雨花台讲道理三天，然后出发西行。
1857 年 6 月 2 日 ［丁巳七年四月二十五日］ （咸丰七年五月十一日）	达开于本日由苏皖边境的铜井渡江，入安徽省境。
1857 年 6 月 9 日 ［丁巳七年五月初二日］ （咸丰七年五月十八日）	达开抵安徽无为州。沿途张贴五言韵文告示，说明自己不得已而出行。
1857 年 6 月 16 日 ［丁巳七年五月初九日］ （咸丰七年五月二十五日）	达开到达安庆，随行队伍已从数千人扩大到数万人，许多愿意追随达开的队伍，还在纷纷向安庆集结。
1857 年 8 月 ［丁巳七年七月］ （咸丰七年六、七月）	洪秀全因天京附近战事失利，将洪仁发、洪仁达的王号削去。镌“义王”金牌一面，并以合朝官员名义所写的求救表章一起送往安庆，请达开率军回援天京。
1857 年 9 月下旬 ［丁巳七年八月中旬］ （咸丰七年八月上旬）	达开不愿回京，但向洪秀全提出一个围魏救赵以解天京之围的办法。即调李秀成、陈玉成等各路人马回救天京，他自己先赴援江西，再进军浙江，进攻东南富庶之区，这样就能牵动围攻天京的清军，取得军事上的主动地位。在得到洪秀全的批答后，达开即率领大军，于九月下旬离开安庆，向江西进军。
1857 年 10 月 5 日 ［丁巳七年八月二十八日］ （咸丰七年八月十八日）	达开大军离开安徽，进入江西，于本日到达景德镇。

续表

时　　间	记　　事
1857年11月24日 ［丁巳七年十月十七日］ （咸丰七年十月初九日）	达开大军经江西东乡，到达抚州。达开在此仔细了解整个江西战场上的情况，决定西援被清军围攻之临江府与吉安府。
1857年12月13日 ［丁巳七年十一月初六日］ （咸丰七年十月二十八日）	达开大军到江西丰城，谋援临江，但为清军水师所阻，无法渡过赣江。
1857年12月20日 ［丁巳七年十一月十三日］ （咸丰七年十一月初五日）	达开大军在吉水三曲滩与清军激战，谋援吉安，仍不能渡过赣江。
1858年2月26日 ［戊午八年正月二十日］ （咸丰八年正月十三日）	达开大军因无水师，西援不利，于是留下一部分兵力固守江西各地，达开自率大军东征，提前进取浙江。
1858年3月3日 ［戊午八年正月二十五日］ （咸丰八年正月十八日）	达开大军到达江西贵溪的鹰潭，湘军同知李元度部前来拦截。李元度写了数千字的劝降书送给达开，希望他献城投降清廷，达开不答。
1858年3月10日 ［戊午八年二月初一日］ （咸丰八年正月二十五日）	达开大军经江西贵溪入弋阳。清西安将军福兴不敢应战，节节后退。
1858年3月15日 ［戊午八年二月初六日］ （咸丰八年二月初一日）	达开大军克江西铅山。福兴又退广信府以避其锋。
1858年3月19日 ［戊午八年二月十日］ （咸丰八年二月初五日）	达开大军败清军于广信府，斩清军游击赖高翔，进围广丰，前队已越江西玉山入浙江境。
1858年4月15日 ［戊午八年三月初七日］ （咸丰八年三月初二日）	达开大军撤江西广丰围，东入浙江，攻克江山。
1858年4月20日 ［戊午八年三月十二日］ （咸丰八年三月初七日）	达开大军围攻浙江衢州，并分兵攻占常山、开化、遂昌、松阳、处州、缙云、永康、武义、云和等地。
1858年7月14日 ［戊午八年六月初五日］ （咸丰八年六月初四日）	达开大军久攻衢州不下，洪秀全已另封蒙得恩为中军主将，取代达开。形势不利，进军浙江的计划难以完成，达开遂改变计划，解围南下，向福建进军。

续表

时　　间	记　　事
1858 年 8 月 18 日 ［戊午八年七月初十日］ （咸丰八年七月初十日）	达开大军到达福建的浦城。
1858 年 9 月 22 日 ［戊午八年八月十四日］ （咸丰八年八月十六日）	达开大军进入福建，但因这里天灾严重，疫痢流行，军粮缺乏，势难久居，于是决定西去赣南。于本日放弃邵武，向西进军。
1858 年 10 月 18 日 ［戊午八年九月初十日］ （咸丰八年九月十二日）	达开大军于攻克福建汀州后，不愿久留，随即西入江西，于本日攻克瑞金。
1859 年 1 月 3 日 ［戊午八年十一月二十六日］ （咸丰八年十一月三十日）	达开大军攻克江西南安府，准备在此进行休整补充，筑城、开壕、列栅，以利久守。
1859 年 2 月 26 日 ［己未九年正月十九日］ （咸丰九年正月二十四日）	达开在南安府与部将商定经过湖南西入四川的计划，于是全军西行。前队于本日进入湖南省境。
1859 年 2 月 28 日 ［己未九年正月二十一日］ （咸丰九年正月二十六日）	达开部将赖裕新继进，于本日攻克湖南桂阳（今汝城），并分兵攻取兴宁（今资兴）、宜章。
1859 年 3 月 19 日 ［己未九年二月初九日］ （咸丰九年二月十五日）	赖裕新部连克郴州、桂阳州，于本日攻克嘉禾，向永州（今覃陵）前进。
1859 年 4 月 22 日 ［己未九年三月十三日］ （咸丰九年三月二十日）	达开向湖南进军之时，已与部将商定分进合击、攻取宝庆府（今邵阳）的计划。这时即令赖裕新、傅忠信等部由山间小路直趋宝庆，自率大军围攻祁阳，吸住敌军主力，于本日大败湘军刘坤一部于湖南祁阳城郊，进围祁阳。
1859 年 5 月 21 日 ［己未九年四月十一日］ （咸丰九年四月十九日）	达开获悉其他各路队伍均已到达宝庆周围，即撤祁阳之围，迅速向宝庆进军。
1859 年 5 月 24 日 ［己未九年四月十四日］ （咸丰九年四月二十二日）	达开投入全部兵力围攻宝庆。
1859 年 7 月 25 日 ［己未九年六月十五日］ （咸丰九年六月二十六日）	达开大军围攻宝庆两月不下，清方各路援军到达，自本日起，双方在宝庆城郊激战三天。

续表

时　间	记　事
1859 年 8 月 13 日 [己未九年七月初五日] (咸丰九年七月十六日)	宝庆大战战况激烈,双方死伤均重。达开大军因军粮不继,弹药缺乏,退据东南营垒。广西籍将士劝达开暂回广西,徐图再起。达开同意,于本日亲自督军反攻贺家坳敌军大营以掩护退却。
1859 年 9 月上旬 [己未九年七月下旬] (咸丰九年八月上旬)	达开大军分兵数路,由湖南退入广西。
1859 年 10 月 15 日 [己未九年九月初六日] (咸丰九年九月二十日)	达开大军经过融县等地,攻克广西庆远府(今宜山),决定在此暂作休整,再定行止。驻扎此城长达八个月之久。
1859 年 12 月 [己未九年大十一月] (咸丰九年十一、十二月)	达开大军驻扎庆远一带,粮食困难,先是分兵外出征粮,移军就食;后则发生队伍离散的情况。达开在江西收编的广东天地会队伍,于本月底脱离达开大军,东去广东。
1860 年 3 月下旬 [庚申十年正月下旬] (咸丰十年二月中旬)	达开在庆远度过三十岁(实足年龄二十九岁)生日。
1860 年 4 月 [庚申十年二月、三月] (咸丰十年三月、闰三月)	达开与部属在庆远北山白龙洞郊游,赋诗唱和,全部勒石。这就是一直保存到现在的白龙洞诗刻。
1860 年 5 月 29 日 [庚申十年四月十九日] (咸丰十年四月初九日)	达开因庆远一带严重缺粮,无法久居,大军本日离开庆远,前往忻城。
1860 年 6 月 8 日 [庚申十年四月二十九日] (咸丰十年四月十九日)	达开离开忻城,本日到达迁江朔河。
1860 年 8 月 10 日 [庚申十年七月初一日] (咸丰十年六月二十四日)	达开大军分驻自迁江至武缘(今武鸣)一带。前队赖裕新部开始进攻南宁。
1860 年 8 月下旬 [庚申十年七月中旬] (咸丰十年七月上旬)	达开统下彭大顺、朱衣点、童容海等部此时脱离达开。二十多天以后,这支队伍中就有张志公等人率军万余投降清广西巡抚刘长佑。其余各部北上,次年九月在江西铅山并入李秀成军。
1860 年 9 月中旬日 [庚申十年八月上旬] (咸丰十年八月上旬)	赖裕新部进攻南宁不利,清军与团练狼狈反击,达开命令各军暂退。他自己则退驻思陇驿。因为部队屡次离散,此时全军仅剩万余人。

续表

时　　间	记　　事
1861 年 2 月 16 日 ［辛酉十一年正月初八日］ （咸丰十一年正月初七日）	本地起义队伍首领李锦贵迎接达开入宾州，达开封李锦贵为纯忠大柱国体天侯，与之密切合作，逐渐补充、恢复自己的力量。
1861 年 7 月 16 日 ［辛酉十一年六月初五日］ （咸丰十一年六月初九日）	六月李锦贵病死，达开在宾州一带失去依傍，于本日率军回到故乡贵县的尤山，不久即进驻贵县县城，大宴父老，会见亲故。
1861 年 9 月上旬 ［辛酉十一年七月上旬］ （咸丰十一年七月中旬）	就在达开回到故乡贵县时，天地会队伍所建立的大成国首都秀京（即桂平）被清军攻破，大成国首领陈开死难，余部数万人投奔达开。达开自入广西，部下前后离散者甚多，军力单薄。这时既得陈开余众，声势复振。决心乘此机会迅速入川。九月上旬全军离开贵县北上。
1861 年 9 月 18 日 ［辛酉十一年八月初八日］ （咸丰十一年八月十四日）	达开全军由贵县北趋融县，湘军刘坤一部于本日拦截于浮石。达开亲自迎击，受伤坠马，由部下救护而回。
1861 年 10 月 26 日 ［辛酉十一年九月十六日］ （咸丰十一年九月二十三日）	达开率全军由广西入湖南，本日越过湘桂边境上的青林界。
1861 年 11 月 21 日 ［辛酉十一年十月十一日］ （咸丰十一年十月十九日）	达开全军进入湖南，越过靖州，攻克会同。
1861 年 12 月 12 日 ［辛酉十一年十一月初二日］ （咸丰十一年十一月十一日）	达开于 12 月 3 日进军黔阳，12 月 8 日进军沅州，本日击败清军赵福元、席宝田部于沅州榆树湾。
1861 年 12 月 22 日 ［辛酉十一年十一月十二日］ （咸丰十一年十一月二十一日）	达开全军北上，于本日攻克泸溪。
1862 年 1 月 31 日 ［辛酉十一年十二月二十一日］ （同治元年正月初二日）	达开全军经过湖南乾州、永绥、尤山，本日到达湖北来凤，与前来迎接的一支太平军会师。这支太平军原是达开的部下，两年前在广西时因为缺乏军粮而离散，转战贵州各地。他们听到达开北上的消息，专程前来迎候。
1862 年 2 月 17 日 ［壬戌十二年正月初八日］ （同治元年正月十九日）	来凤会师之后，达开对全军加以整编。由于沿途参军的群众很多，全军人数又增加到十余万人。大军经过湖北利川，于本日进入四川石砫厅境内。

续表

时　间	记　事
1862 年 2 月 20 日 [壬戌十二年正月十一日] (同治元年正月二十六日)	达开大军全部进入四川，先锋李福猷部本日攻克石砫厅。
1862 年 2 月 24 日 [壬戌十二年正月十五日] (同治元年正月十六日)	达开大军放弃石砫厅，向涪州进军。准备由涪州渡过长江，进入四川腹地。
1862 年 3 月底 [壬戌十二年二月中旬] (同治元年三月初)	达开分兵三路，分进合击，于三月底到达涪州附近，扎营于乌江之东。连营二百里，声势浩大。
1862 年 4 月 5 日 [壬戌十二年二月二十四日] (同治元年三月初七日)	达开大军突破敌人乌江防线，扎浮桥渡过乌江，占领涪州城外诸山，于本日起围攻涪州。
1862 年 4 月 12 日 [壬戌十二年三月初一日] (同治元年三月十四日)	达开大军猛攻涪州不下，清军水陆援军云集。达开认为在此抢渡长江不易，于本日撤围西去。
1862 年 4 月 25 日 [壬戌十二年三月十四日] (同治元年三月二十七日)	达开大军经过南川、巴县等地，于本日起开始围攻綦江。
1862 年 5 月 9 日 [壬戌十二年三月二十八日] (同治元年四月十一日)	达开大军围攻綦江不克，于本日甩开敌军，经贵州仁怀厅境，由山间小路奇袭叙永。
1862 年 5 月 14 日 [壬戌十二年四月初二日] (同治元年四月十六日)	达开大军的前队攻克叙永厅之东城。
1862 年 5 月 28 日 [壬戌十二年四月十六日] (同治元年五月初一日)	达开大军离开叙永，于本日入兴文县，与本地农民起义队伍首领“张四皇帝”会师，合兵进取长宁。
1862 年 6 月 12 日 [壬戌十二年五月初一日] (同治元年五月十六日)	达开大军以“张四皇帝”为向导，五月初一日进围长宁，本日破城。
1862 年 7 月 12 日 [壬戌十二年五月三十一日] (同治元年六月十六日)	清四川总督骆秉章侦知达开将以长宁为基地，策划抢渡长江，于是调集四川境内所有的湘军与许多川军包围长宁，日夜攻扑。达开鉴于在此渡江已不可能，决定放弃长宁，另选抢渡地点，于本日自长宁撤军南下，重入叙永。

续表

时　间	记　事
1862 年 8 月 7 日 ［壬戌十二年六月二十六日］ （同治元年七月十二日）	达开大军自叙永向合江、江津、綦江等地移动。李福猷部于本日败湘军刘岳昭部于合江之先市场。
1862 年 10 月 1 日 ［壬戌十二年八月二十日］ （同治元年八月初八日）	为了绕道进兵，发动奇袭，以便抢渡长江，达开决定全军暂退贵州境内，伺机出击，于本日进入贵州省境。
1862 年 11 月 15 日 ［壬戌十二年十月初四日］ （同治元年九月二十四日）	达开大军围攻遵义不克，西趋黔西、大定。达开与赖裕新、李福猷分军，约定分三路抢渡金沙江，到江北沐川会齐。他自率本军，本日从云南镇雄出发，向川南前进。
1862 年 11 月 29 日 ［壬戌十二年十月十八日］ （同治元年十月初八日）	达开本军驻横江镇，连日抢渡金沙江，均因冬季水枯滩险，未能成功。
1863 年 1 月 8 日 ［壬戌十二年十一月二十八日］ （同治元年十一月十九日）	达开在横江一带挖壕筑垒，准备久守。拟于明春涨水时驾船筏顺流而下，一举抢渡。骆秉章获此消息，即飞调湘军胡中和、川军唐友耕各部，从本日起围攻横江大营。
1863 年 1 月 31 日 ［壬戌十二年十二月二十日］ （同治元年十二月十三日）	双方激战二十余日，清军不断增援，四面环攻。横江大营内发生叛徒纵火内应事件，以致被敌人攻破。达开于本日率部退入云南境内。
1863 年 4 月 15 日 ［癸开十三年三月初三日］ （同治二年二月二十八日）	达开获悉赖裕新部已从米粮坝（今巧家）渡过金沙江，深入宁远府（今西昌）的消息，即命令李福猷部从云南回攻川东，牵制敌人兵力，然后自率本军，于本日由米粮坝渡过金沙江，再入四川境内。
1863 年 5 月 1 日 ［癸开十三年三月十九日］ （同治二年三月十四日）	达开本军于本日攻克宁远府河西镇。于此得到消息，知道赖裕新部已渡过大渡河北上，深入四川腹地。却不知赖裕新已在越嶲境内牺牲，余部已经远走陕西。达开为了避实击虚，迅速北上，袭取成都，决定不走越嶲大路，而走冕宁小路。
1863 年 5 月 14 日 ［癸开十三年四月初一日］ （同治二年三月二十七日）	达开本军三万余人，绕越冕宁，由小路进军至大渡河畔番族土司王应元所辖之紫打地。其时大渡河北岸尚无清军。
1863 年 5 月 17 日 ［癸开十三年四月初四日］ （同治二年三月三十日）	连日大雨，河水暴涨，达开军无法渡河。本日发现对岸已有清军旗帜，是清军唐友耕部赶到布防。
1863 年 5 月 29 日 ［癸开十三年四月十六日］ （同治二年四月十二日）	达开军连日抢渡大渡河与松林小河，均因滩险水急，船筏冲毁漂没，抢渡无功。本日被彝族土司兵截断粮道，全军绝粮。

续表

时　间	记　事
1863年6月9日 ［癸开十三年四月二十七日］ （同治二年四月二十三日）	达开军绝粮后杀马而食，继以桑叶充饥，兼之疟痢流行，死亡枕藉，达开乃率余部离紫打地向东突围。
1863年6月11日 ［癸开十三年四月二十九日］ （同治二年四月二十五日）	达开军向东突围后，又被老鸦漩水势所阻，出险无望。全军上下本拟决一死战，共同殉国。但清军王松林、杨应刚等人前来诱降，劝达开牺牲一己，保全部众。达开部下曾仕和也建议采取诈降办法，力争出险。双方进行谈判，达开入洗马姑清营。
1863年6月12日 ［癸开十三年四月三十日］ （同治二年四月二十六日）	达开本日在清营中，根据谈判结果，当时遣散老弱四千人，保留精锐两千余人，不缴军器，移驻大树堡，等待成都骆秉章的回文，再决定处理办法。
1863年6月13日 ［癸开十三年五月初一日］ （同治二年四月二十七日）	达开余部在杨应刚部清军监视下，向大树堡开拔。达开本拟伺机袭击，不料唐友耕部清军过河夺俘，突然包围杨应刚部清军，强夺达开等人而去，当时双方互有杀伤。原来唐友耕十分狡猾，估计达开必是诈降，所以袭击夺俘，争取首功，以致诈降失败。达开携子石定忠，部下曾仕和、黄再忠、韦普成入唐友耕营。
1863年6月27日 ［癸开十三年五月十五日］ （同治二年五月十二日）	达开慷慨就义于成都。
1864年7月19日 ［甲子十四年六月初六日］ （同治三年六月十六日）	达开殉国一年以后，天京被湘军攻陷，太平天国覆亡。太平军余部继续斗争。

第二编

太平天国革命与四川

目 录(第二编)
太平天国革命与四川

太平天国革命

太平军在四川

太平天国革命时期的四川

太平天国革命

一 空前的社会危机

太平天国运动，是在中国开始进入半殖民地半封建社会的历史条件下发生的。1853年6月14日，马克思在《纽约每日论坛报》上发表《中国革命和欧洲革命》一文，指出："中国的连绵不断的起义已延续了十年之久，现在已经汇合成一个强大的革命，不管引起这些起义的社会原因是什么，也不管这些原因是通过宗教的、王朝的还是民族的形式表现出来，推动了这次大爆炸的毫无疑问是英国的大炮，英国用大炮强迫中国输入名叫鸦片的麻醉剂。"这是对太平天国革命爆发原因的深刻剖析。

鸦片战争导致中国社会发生了历史上从未有过的一系列的变化。

由于外国商品，特别是棉纺织品在中国市场上的推销，中国手工产品经不住外国机器制品的竞争而纷纷破产，这在东南沿海地区尤为显著，造成了大批农民和手工业者失业。

战后的一段时间里，"鸦片贸易实际上完全不受法律制裁"（马克思《鸦片贸易史》）。鸦片输入量激增，使白银大量外流，银贵钱贱现象更趋严重。1838年，白银一两换铜钱一千六百文，1849年涨到一两换铜钱两千三百五十余文。农民"昔日卖米三斗，输一亩之课而有余；今日卖米六斗，输一亩之课而不足"（曾国藩《备陈民间疾苦疏》）。民间通常使用的是铜钱，而缴纳赋税则要折换为银两。这样，实际负担就加重了。

战争中的军费开支和战败后向英国的大宗赔款，清政府通过各种形式压在农民和其他劳动者头上，致使在旧捐税已很难负担的情况下，又加上了新捐税。

土地兼并日趋严重。太平天国革命前夕，全国土地有百分之八十集中在占人口总数百分之十的地主手里，而占人口总数百分之九十的农民却只占有百分之二十的土地。广西桂平县金田村，地主占田高达百分之八十八点三，广大贫苦农民仅占田百分之十一点七。地主兼并土地后，通过地租对农民进行残酷剥削。

清政府更加黑暗腐朽，人祸与天灾并行。从 1841 年起连续三年黄河三次决口，河南、山东、安徽很多地方被淹没，死亡的人以百万计。1846 年至 1850 年黄河流域和长江流域各省连续遭到严重的水灾或旱灾，尤以 1849 年湖北、安徽、江苏、浙江等省的水灾为百年所未有。1848 年，广东、广西又大旱。

总之，经过第一次鸦片战争，中国社会的基本矛盾更加尖锐了。中国人民和国内封建统治阶级的矛盾进一步激化，又增加了和外国资本主义侵略者的新矛盾。被压迫的劳动人民不能照旧生活下去，封建地主阶级也不能照旧统治下去。清政府根本无法解决这个空前未有的社会危机，农民大众就不得不行动起来，展开英勇的斗争。全国许多地区农民暴动此伏彼起，特别是广东、广西、湖南三省尤为突出。以广西为例，农民的武装反抗力量多达二三十股。当时的清朝大吏惊呼："广西地方辽阔，群'盗'如毛，散则为民，聚则为'寇'，形迹既无可辨，党类几不胜穷。"（见《李星沅奏议》卷二十一）

在这样的历史条件下，伟大的太平天国革命运动爆发了。

二　被改造了的"上帝"

太平天国革命最早的组织者是洪秀全和冯云山。他们都是广东花县人，都出身于中农家庭，也都当过乡村塾师。洪秀全出生在一个名叫官禄㘵的小村，冯云山则出生在邻近的村子禾落地，这两个村子距离广州不过百里。鸦片战争中，广州一带是经受震动最剧烈的地方，虎门销烟与三元里抗击英军都发生在广州附近。生活在广州郊区的洪秀全和冯云山成为太平天国革命运动的创始人绝非偶然。清廷的腐败，外国侵略者的横行，鸦片的毒害，人民生活的痛苦，都激起这两个年轻人强烈的不满，促使他们产生改造社会的愿望。

洪秀全起初也热衷于求取功名，多次到广州应考，但都名落孙山。1836 年他到广州应考时，偶然得到一本传教士散发的宣传基督教的小册子——《劝世良言》。当时粗读一遍，带回家中保存。第二年又去应考，仍然落榜，他情绪沮丧，回家后大病了一场。病中发高烧时产生幻觉，好像自己被天使接到天堂，有位老人给他一把宝剑，叫他大胆杀妖。1843 年，他最后一次应考失败，愤而放弃从科举中求出路的想法，打算根据《劝世良言》中所宣传的基督教教义创立一种新的宗教，用来改造这个腐朽黑暗的社会。于是就附会六年前所生的那场大病，说是病中灵魂曾经升天，见到了上帝，知道自己是上帝的次子，接受了斩邪留正改造中国的神圣使命，当为人间的教主。从此他就开始宣传一种形式上是基督教内容却糅合不少儒家思想的新宗教——后来被称为上帝教。他采用了基督教教义中人类生而平等的观念，作为反对那个官贪吏暴的不公正社会的思想武器。

冯云山是他坚决的支持者，和他一起传教。为了遵照《劝世良言》中只有上帝是独一真神，一切木石偶像都不可崇拜的教诲，他们打毁了学塾中的孔子牌位。这一大胆行动受到许多人的反对，因而使他们失掉了塾师的工作。1844 年春，他们离开家乡到处传教，辗转来到广西贵县赐谷村洪秀全的表亲王家。经过几个月的努力，他们发展了一百多个农民为教徒。但是王家家境贫寒，不能长期供养他们。他们只好先后离开王家，回广东去。

洪秀全于当年 10 月回到家乡，仍操旧业。陆续写出了《原道救世歌》《原道醒世训》《百正歌》等作品，宣传上帝教。当时，这些作品的主旨，还是劝人行善，反对邪恶，希望通过传教改造社会。1847 年初，他曾到广州礼拜堂从美国教士罗孝全学道，得读新旧约圣经。他本想当一名传布福音的牧师，后因受到同事们的排挤，愤而离开教堂，再回家乡。他和冯云山分别已经两年有余，不通音信，一直不知冯云山在什么地方，这时由于谋事失意，决心再去广西探访冯云山的下落。经过辗转探问，他才在 1847 年 8 月与阔别两年多的冯云山重逢。重逢的地方是广西桂平县北郊峰峦重叠的紫荆山。

这次重逢，使洪秀全又惊又喜。原来，两年多以前，他们分途回广东时，冯云山因事业无成，不愿回乡，听说紫荆山谷深林密，人迹罕至，就想潜入其地传教，发动反压迫剥削的斗争。于是背个小包袱，只身入山，先靠拾牛粪、打短工为生，后则当塾师教书馆。经过两年多的努力，冯云山在紫荆山区各地已经发展教徒两千余人，组成拜上帝会。并且从中物色了骨干分子杨秀清、萧朝贵等人，他们后来都成为太平天国的重要领袖。紫荆山区成为革命的摇篮。

在冯云山开创的紫荆山根据地里，洪秀全是上帝教的创始人，所以大家尊洪秀全为教主，称他为洪先生。根据上帝教教义，只有上帝才是独一真神，人类都是上帝的儿女、耶稣的弟妹，大家都是兄弟姊妹。一切维护封建统治的神佛，如玉皇大帝、阎罗天子、东海龙王等都是妖魔鬼怪。这种说法给广大贫苦农民带来极大的安慰。既然那些神佛都是有钱有势的人的保护者，广大农民当然应该站到上帝的旗帜下面来和他们做斗争。把那些神圣不可侵犯的神佛贬为妖魔鬼怪，真是替广大农民打开了祖祖辈辈背负的精神枷锁。在新形势的鼓舞下，洪秀全写出了具有战斗精神、反压迫剥削的《原道觉世训》，号召兄弟姊妹奋起击灭阎罗妖及其妖徒鬼卒——实际上就是人间的封建朝廷及其帮凶走狗。教徒们平时公开讲道，秘密练武，做好武装起义的准备。

教徒们在集会礼拜或做祷告时，都称上帝为“天父上主皇上帝老亲爷爷”，称耶稣为“天兄基督”或者只称“大哥”。西方的“上帝”到了中国农民手里，已经被改造成为中国农民的“上帝”了。

三　金田起义

鸦片战争前后，鸦片大量输入，白银大量外流，银贵钱贱，民不聊生。广西地瘠民贫，加上连年遭受水旱灾荒，农民流离失所，社会动荡不安，天地会的队伍纷纷活动。当时广西地方官吏把注意力都集中于天地会，拜上帝会的势力得以迅速发展。到了1850年，教徒总数已经超过万人，分布在广西的桂平、平南、武宣、象州、贵县、博白、陆川等县。这年秋天，起义准备大体完成，拜上帝会的领导集团发布团营令，号召各地上帝教徒集中于紫荆山区以南的金田村，编立营伍；金田村的小地主韦昌辉带领全族千人参加，团营的指挥部就设在他的家中。在各地教徒前来团营的队伍中，以年方十九岁的贵县教徒领袖石达开的队伍人数最多——四千余人，实力最强。教徒们大都是全家同来，到达金田之后，男入男营，女入女营，不得混杂。一切私人财产全部交公，归入圣库；衣食所需，全由圣库按规定供给。为了对抗清朝剃发留辫的规定，他们根据汉族古代的习惯，下令全军蓄发，不许剪发修面，所以后来被称为“长毛”。

1851年1月11日，他们在金田村正式宣布起义，建号太平天国，在村外犀牛岭的营地前竖起太平天国的大黄旗，旗杆石至今尚存。当时，全军包括男女老幼不过万余人，所能控制的地区纵横不过二三十里，居然敢于宣布建立新政权，以讨伐清廷为己任，其决心和勇气是令人钦佩的。这就是历史上有名的金田起义。起义之前，他们已推选出领导集团，由洪秀全、冯云山、杨秀清、萧朝贵、韦昌辉、石达开六人组成。领导集团中则推洪秀全为领袖。起义时，洪秀全称天王，其余五人均称主将，杨秀清为中军主将，萧朝贵为前军主将，冯云山为后军主将，石达开为左军主将，韦昌辉为右军主将。

太平天国革命运动是通过宣传上帝教的形式发展起来的，革命领袖也就是教主与传教师，所以起义之后，就成为政教合一的政权，一切革命活动都带有浓厚的宗教色彩，许多政令都说是根据天父天兄的意旨而颁行的。领导集团之中互相以兄弟称呼，都自认为是天父之子，天兄之弟。大家尊耶稣为长兄，洪秀全排行第二，冯云山排行第三，杨秀清排行第四，萧朝贵排行第五，韦昌辉排行第六，石达开排行第七。起义前，冯云山曾一度被捕，洪秀全回广东去想找教堂出面营救，紫荆山区群龙无首，人心动摇。杨秀清当机立断，利用广西山区流行的鬼神附体的巫术形式，自称天父下凡附身说话，作了许多很中肯的指示，稳定了局面。后来萧朝贵也自称天兄下凡附身说话。冯云山、洪秀全相继回到紫荆山后，承认既成事实。从此杨秀清与萧朝贵就取得了代天父、天兄传言的大权。

这时，清廷以钦差大臣李星沅主持广西军务，久经战阵的广西提督向荣亲临前线指挥，集中兵勇万余人，企图一举扑灭太平军。太平军于金田起义后先是东进占领大湟江口，企图向浔江下游发展，但因缺少战船而受阻。后又向西北突入武宣、象州地区，也因受到清军处处阻击而被迫折回。在清军四面围攻的情况下，太平军只好固守紫荆山区及金田村一带地方，战斗极为艰苦。就在这样艰苦的环境中，杨秀清表现出突出的组织才能与领导才能。为了统一指挥，对付敌人，洪秀全在茶地下诏，明令把全军的指挥权交给杨秀清。

为了摆脱困境，争取战争中的主动权，杨秀清在紫荆山要隘相继失守的情况下，决心突围。他们声东击西，骗过了敌人，通过人迹罕至的山间小径，一举攻克了蒙江上游的永安州。

四　永安州封王建制

永安州，现名蒙山县，是广西腹地的一座小城，万山环抱，中间只有一块小平原。1851 年 9 月 25 日，太平军出奇制胜，全不费力就袭取了这座州城，在这里屯驻半年之久，进行休整，补充军实，扩大队伍。他们初到永安州时，能够作战的人员不及一万，到离开永安州突围北上时，已经超过两万人。

金田起义时虽已建号太平天国，实际上并无政权机构，并未设官分职，有的只是军事组织，只设置了从军帅到两司马的各级统兵人员，诸领袖也只称为主将。永安州封王和建立国家体制之后，这一政权才初具规模。

同年 12 月 17 日，洪秀全下诏封立五王：杨秀清为东王，萧朝贵为西王，冯云山为南王，韦昌辉为北王，石达开为翼王。所封诸王，均受东王节制。在国家体制上，太平天国与历代封建王朝虽有相同之处，也有不同之处。首先是国家元首称王而不称帝，天王只是宗教领袖和名义上的元首，并不处理军政大事。东西南北四王均加军师的头衔，杨秀清以正军师的名义总揽大权，直接处理国政。这就形成一种虚君制，也可以叫作军师责任制，因为国家政事不由君主负责而由军师负责。封建王朝视国家为君主个人所有，因此臣民要避君主的讳，只有君主的亲戚才称为皇亲国戚。太平天国则视国家为首义六王所共有，因此，六王的名字都要避讳，六王的兄弟均称国宗，六王均得世袭王位。国家大事要由六王合议才能决定。这种合议制度比君主一人独断自然要好得多。

值得提出的是，冯云山为了顾全大局，在六人领导集团中加强团结，自愿退让而居于第四位。他和洪秀全同是上帝教的创始人，又是紫荆山根据地的建立者，论功劳并不低于洪秀全，在领导集团中居第二位完全是合情合理的。但是他看到杨秀清确实有很强的领导能力，杨秀清与萧朝贵在紫荆山基本队伍中又享有很高的威信，为了集中力量，对付强敌，他自愿以仅次于洪秀全的天父第三子的地位退居杨、萧之下，受封为南王。

太平军占领永安州之后，清军尾追而至，四面围攻。太平军除严守州城外，更在四郊筑垒据守。清军方面屡次派出间谍，混入州城进行破坏，都未成功。后来收买了太平军中的叛徒周锡能，要他行刺太平天国的诸领袖，发动内应。杨秀清侦察到了这个阴谋，并不直接揭破，却用天父下凡附身说话的办法当众指出，周锡能惶恐认罪，被处死刑。通过处理这个叛徒，大大地提高了天父下凡一事在群众中的威信。

1852 年 2 月 3 日，太平天国颁行天历，农民革命政权颁行自己的历法，这是史无前例的。天历为冯云山所创制，以 366 日为一年，单月 31 日，双月 30 日，年年不变，二十四个节气，也各有固定的日期。这个历法虽比较粗疏，但是革命政权能够不用封建王朝的正朔，推行自己的正朔，很能振奋人心。1852 年 2 月 3 日，正是太平天国壬子年正月初一日，天历即从这一天起开始推行。

太平军在永安州被围日久，虽然粮食储备较多，但是因为受到清军封锁，油盐火药都很缺乏。长期株守，陷于被动，太平天国领导集团决心突围北上，进取中原。1852 年 4 月 3 日，洪秀全下《永安破围诏》，号召全军男女老幼拿起武器，同心放胆同杀妖魔。两天之后，太平军乘雨突围，清军随后尾追。太平军在山高路险的途中设伏，围歼追兵，击毙清军的四个总兵，使得敌人丧胆。

太平军乘胜北上，围攻桂林。因为城内清军尽力抵抗，月余不下，于是撤围向湖南进军。路过全州的时候，冯云山被敌人的炮火击中，受了重伤。到达全州城北湘江上的蓑衣渡时，太平军又遇到清军伏兵的袭击，船只辎重全部损失，被迫改道从陆路进军，在湖南道州一带休整了两三个月。蓑衣渡一战中所不可弥补的损失，则是冯云山因受伤后得不到治疗而殉国。洪秀全创立上帝教虽然在前，但是农民革命运动的根据地则是冯云山所创建的。洪秀全在紫荆山根据地已经建立之后探访前来，冯云山毫不犹豫地尊他为教主。后来为了加强团结，冯云山又一再谦让，在位次上退居杨、萧之后。太平天国许多开国的工作都是他做的，天历也是他创制的。他创业吃苦在前，在名位问题上却一再退后，这种谦让的美德使他成为太平天国的一代完人。参加革命较晚的太平天国军民并没有见过他的面，但是辗转相传，大家都知道："前做事者，皆南王也！"对他表现出深深的敬爱和怀念。

太平军在道州休整的时候，有些战士怀念故乡，要求由永明经灌阳打回广西。农民队伍出现这种怀念乡土的情绪是毫不足怪的事情，但是这种情绪可能导致革命的失败。杨秀清坚持执行正确的战略：继续向北进军，打到中原去。他努力说服存在这种消极退守的怀乡情绪的人，用他和萧朝贵的名义发布振奋人心的《奉天讨胡檄》，指责清廷无道，申明民族大义，号召全国人民参加革命，推翻清廷，建立天国。在这种义正词严的号召之下，湘南广大贫苦农民和早已流离失所的劳动者，纷纷参加革命。天地会的队伍本以反清为宗旨，这时成群结队地前来参加。他们初到道州，兵力不及一万，不久就扩大到五万人以上。既然这些贫苦人民在清廷封建统治之下饱尝暴政的痛苦，当然愿意参加到这支以推翻清廷、建立人间天国为宗旨的革命队伍中来。这次扩充队伍，就是太平天国历史上有名的湘南扩军。

同年9月，休整后的太平军分批出发，北攻长沙。长沙城防空虚，人心惶恐，本有一鼓攻下的可能。可惜进攻的主帅西王萧朝贵亲临城下督战之时，被敌人的炮火击中，第二天便牺牲了。全军锐气被挫，敌人的援兵又不断到达，以致久攻不克。萧朝贵是太平军中有名的勇将，屡次担任先锋，为革命立下汗马功劳。他的牺牲，是继冯云山殉国之后革命事业的又一重大损失。长沙不能攻克，长期屯兵坚城之下是很危险的。杨秀清决定撤长沙之围，西渡湘江。同年12月3日占领洞庭湖边的益阳。益阳一带的船户纷纷参军。太平军得到大量船只，就决定改由水路向北进军。全军十余万人分乘几千条船，在碧波万顷的洞庭湖上扬帆急驶。12月13日，一举攻下洞庭湖口的咽喉要地——岳州。清军提督博勒恭武弃城逃跑，后来被清廷处了死刑。

当时清军各路追兵还在长沙附近徘徊，弄不清太平军的去向。而太平军已经放弃岳州，扬帆顺流而下，直扑汉阳和武昌了。

五　长驱东下建都天京

1852年12月22日，太平军水师船只数千，抵达汉阳城外的鹦鹉洲，次日登陆攻克汉阳。当时太平军陆路精骑也已到达，迅速抢占武昌城外的要隘，准备攻城。水陆两军既已会师，便立即在长江上搭建浮桥。军中水营和木营的战士一齐动手，在烟波浩瀚的长江上迅速建成两座浮桥。用铁索连船，上铺木板，人马往来，有如坦途。整个建桥的时间只有一天一夜。

武昌城内的清军人数不多，力量单薄，他们看到浮桥建成，惊惶失措，都龟缩在城里，不敢出城一步。太平军得以在城外从容布置，做好大举攻城的准备。12月29日，太平军又攻下汉口，武昌完全孤立。这时太平军攻城队伍由翼王石达开统一指挥。他一面督军四面围攻，一面在文昌门外挖掘地道，塞满火药，准备炸城。1853年1月12日黎明，一声巨响，文昌门附近城墙被炸塌二十余丈。太平军八人扬旗先登，石达开亲率大军继进，攻破武昌。这是太平军起义以来第一次攻破省城，这一天又正好是金田起义两周年纪念日。全军欢欣鼓舞，庆祝胜利。

在祝捷大会之后，领导集团认真地讨论了下一步的进军计划。当时洪秀全主张北上“以河南为业”，杨秀清主张东下“专意金陵”。推翻清廷光复全国的大目标当然是不会改变的，攻取河南或者金陵只不过是实现这个大目标的一个步骤而已。比较而言，太平军有强大的水师，缺少有训练的骑兵，顺江东下比弃舟北上自然方便得多。江南是财富之区，容易征集补给，天地会的义军到处活动，清廷统治的力量也比北方薄弱，这都是进军的有利条件。因此，大家决定顺江东下。

大计已定，太平军就不愿久留。因为行动越快，敌人越是猝不及防，也就越容易取得胜利。他们在武昌只停留了二十八天，积极从事顺流东下的准备工作；扩充队伍，搜罗船只，征集各种军用物资。在准备就绪之后，于1853年2月9日，全军离开武昌。

太平军以翼王石达开为前线总指挥，由秦日纲、罗大纲等统率先锋水军，胡以晃、李开芳、林凤祥等统率先锋陆军，水陆并进，长驱东下。陆路军分两岸夹江而行，水路军则战船万艘，帆樯如云，蔽江而下。全军人数号称五十万，沿途扫荡清军，布告安民。军容之盛，连敌人也为之赞叹：“其由武汉下江南也，帆幔蔽江，衔尾数十里。”“行则帆如叠雪，住则樯若丛芦，炮声遥震，沿江州邑无兵无船，莫不望风披靡。”

太平军于2月9日离开武昌，2月11日占领黄州。2月13日占领蕲水。2月15

日大破清军于广济之老鼠峡，清军总兵恩长投江自杀。2月18日占领九江。2月24日占领安徽省城安庆。2月26日占领池州。2月28日占领铜陵。3月4日占领芜湖。3月7日占领太平府。3月8日，石达开率领李开芳、林凤祥、吉文元等军进抵南京西郊的西善桥，扎大营二十四座。从2月9日离开武昌算起，到3月8日抵达南京城下为止，首尾共计二十八天，石达开挥军东下，长驱一千二百里，战无不胜，攻无不克，行军之神速，战果之辉煌，在古今战史中是罕见的。

太平军水陆队伍陆续到达南京附近，开始攻城。3月19日，仪凤门附近地道火药爆发，太平军入城，清军各门守军相继溃散。次日，经过激战，攻破南京内城。3月29日，洪秀全入南京，改南京为天京，定为太平天国的首都。3月31日，太平军乘战胜的余威，攻克镇江。4月1日，更渡长江北上，一举攻克扬州。

清方的广西提督向荣是太平军的老对手，从金田起义开始，就一直和太平军作战。他老于行伍，手段高明，善于应付。既不硬打硬拼，也不畏战逃跑，总是跟随太平军，遥遥尾追。别的将帅一败涂地，他却能保存实力，长期与太平军周旋。清廷在无人可用之时，虽然明知他很狡猾，也只好加以重用，封为钦差大臣。太平军在南京立足已稳，他才率清军万余人尾追而至，扎营于南京东郊，称为江南大营。不久，钦差大臣琦善扎营于扬州城外，称为江北大营。清军这两座大营遥遥相对，围困天京。他们虽然没有攻下天京的力量，却也起到牵制的作用，成为太平天国的心腹之患。直到三年之后，太平军才集中力量，相继打垮了这两座大营。

六　建都天京后的政策措施

建都天京之后，太平天国的领袖们试图从这里开始，实行他们建立人间天国的种种办法，于是大胆地推行了一系列的新制度。他们把在军中行之有效的军事共产制度施之于全城的居民。暂时取消家庭生活，把全城居民分编男馆女馆，分别从事不同的革命工作和生产劳动，一切生活所需全由国家供给，按定制配给衣食。这样，既没有人失业，也没有人挨饿，从太平天国的领袖们看来，似乎人间天国的理想已经实现。

实行这种制度的初期，物资丰富，供应不缺，制度严格，人人遵守，各司其事，工作有序，天京成为一座生气勃勃的城市。来此观光的外国人都留下很好的印象。但是行之不久，就出现了危机。政府对全城居民实行大包干的办法以后，存粮消耗得很快，难以为继；工商业全部收归国有，不善经营，生产效率降低，物资缺乏；长期取消家庭生活，不仅天京居民觉得很不习惯，连一些老战士也有怨言，怠工甚至罢工的事件相继产生。在这种情况下，太平天国的领袖们做了改变：解散男馆女馆，恢复家庭生活；开放某些市场，准许民间自行交易；努力开辟粮源，把战时征集粮食的办法改为平时交粮纳税的办法。他们接受教训，不断改进。

太平天国颁布了《天朝田亩制度》。这个文件反映了广大贫苦农民要求得到土地的迫切愿望。文件中说："凡天下田，丰荒相通，此处荒，则移彼丰处以赈此荒处，彼处荒，则移此丰处以赈彼荒处。务使天下共享天父上主皇上帝大福，有田同耕，有饭同食，有衣同穿，有钱同使，无处不均匀，无人不饱暖也。"画出了一幅贫苦农民心目中理想社会的蓝图。在这个理想社会中，每二十五家农民组成一个基层单位，由两司马管理。每年一切收成都交国库，大家的生活所需则向国库支取。这样就可以保证丰歉相通，不致挨冻受饿。设立礼拜堂，由两司马主持教读圣书；民间诉讼也由两司马处理。每家出一人担任民兵，有事杀敌捕贼，无事仍然务农。每家除吃饱穿暖之外，还可以喂养五只母鸡，两头母猪。

这幅蓝图既反映了革命农民大胆的想象，又暴露出小生产者狭隘的思想。蓝图中，没有城市的地位，也没有手工业和商业，违背经济发展规律。《天朝田亩制度》的价值在于反对封建地主的剥削，主张耕者有其田，但是其中所描绘的那种理想社会，则是不可能实现的。

七　为争取全国胜利的三大军事行动

定都天京后，太平天国运动进入了为争取革命事业在全国范围内胜利而斗争的时期。

旧式农民战争的特点之一是流寇主义。由于阶级和时代的局限性，农民起义不可能在保持灵活机动的战略战术的同时，又不断扩展自己的根据地以至取得最后胜利。太平天国在打下南京以前，没有固定的根据地，攻占的地方都弃而不守。这样做，优点在于随时都能以战利品和财物来丰富自己，沿途吸收群众不断扩大自己的队伍，而不致分遣驻军削弱自己的机动性。但也造成严重的弊端，他们在进军中沉重打击了封建统治势力，当其一走，反动统治又死灰复燃。因此在进驻天京以后，就面临敌人倾力进攻，处于被包围的状态。就太平天国的战争全局来看，此时已经转为与流寇主义相反的一面，必须巩固天京，夺取重要城镇。

为了巩固革命政权，打击清朝反动统治，夺取全国胜利，太平天国主要开展了三大军事行动。

（一）北伐。定都天京一个多月，即派天官副丞相林凤祥、地官正丞相李开芳、春官副丞相吉文元等带领两万人北伐，目的是攻打北京，捣毁清政府老巢。这支队伍于1853年5月8日从扬州出发，遵循洪秀全给他们规定的师行间道，直捣北京，不贪攻城浪费时间的方针，用了不到六个月的时间就经过江苏、安徽、河南、山西、直隶等省，10月29日占领了离天津三十二公里的静海县和十九公里的独流镇。北京近在咫尺，咸丰皇帝及官僚地主一片恐慌。眼看胜利在望之际，北伐军孤军深入的致命弱点却充分暴露出来了。清政府急派科尔沁郡王僧格林沁和钦差大臣胜保统率援军赶赴天津，结集在杨村与北伐军对峙三个多月。时值隆冬，天寒地冻，太平军多系南方人，不耐严寒，粮食衣物的供给又非常困难，加之孤立无援，与天京不通信息，坚持下去非常困难。1854年2月5日，北伐军乃放弃静海、独流镇南退，至山东境内等待援军，希望与援军会师后再回军北向，直捣北京。此时天京方面也因兵力不敷，只能抽调七千多人的军队增援北伐。当其进至山东临清，尚未与北伐军会合就被清军截击而失败了。于是，北伐军处境更加困难，相继在直隶省的连镇和山东省的高唐与茌平县冯官屯等地与敌苦战一年多时间。1855年5月31日最后全军覆没，结束了北伐军的悲壮历程。北伐的失败，在于孤军深入，长驱万里，粮尽援绝，吉文元战死，林凤祥、李开芳先后被俘牺牲，使清军得以纠集力量，进行反攻。但是，这场转战数千里的军事行动却震撼了清王朝统治，直接推动了北方人民的反清斗争。

（二）西征。与北伐同时，太平军还派春官正丞相胡以晃、夏官副丞相赖汉英统领战船一千多艘，进行了溯长江而上的西征。目的是夺取武汉、九江、安庆等军事重镇，控制长江中下游和中国南部各省，以扩大太平天国统治区域。1853年5月，西征军出发，6月攻克安庆。9月分兵两路：一路以安庆为基地，经略皖北，次年1月攻克庐州（今合肥），安徽巡抚江忠源投水自杀，安徽二十多个州县被太平军占领，成为太平天国主要给养地和屏障天京的重要战略要地。另一路溯江西上，挺进湖北，1854年上半年先后攻克汉口、汉阳、武昌，并一度占领荆门、宜昌，这是太平军沿长江达到的最西的地区。同年，太平军进入湖南，在这里遇到了凶恶的敌人——曾国藩的湘军，它比清朝的绿营军战斗力强得多。

曾国藩是清朝的在籍侍郎，一心追求富贵荣华，他代表当时汉族反动官僚与地主的利益，极端仇视太平军。在清廷与本地士绅的支持下，他从故乡湘乡招兵一万余人，训练出一支凶残嗜杀的地主武装。他看出太平军在长江中下游常打胜仗，是依靠船只甚多，行动方便。而这些船只都是民船，并非战船。他就在湖南衡阳建造战船，培训水师，准备顺江东下进攻太平军。正好这时西征军打到长沙附近，他就出而应战。湘军水师的洋炮压倒了西征军的土炮。西征军船只被焚在两千艘以上，只好退兵。

从 1854 年 7 月底开始，曾国藩的湘军相继从太平军手中夺回了湖南的岳州和湖北的武昌、汉阳，进犯九江、湖口，企图夺取长江入江西的要隘。这时太平军在西战场上处于十分不利的地位。面对此种严重局面，1855 年 1 月洪秀全派翼王石达开和殿左一指挥罗大纲率军西上增援。石达开等率领援军至鄱阳湖口，采用机动灵活的战术，先是坚壁高垒不与决战，每夜派部队沿长江两岸擂动战鼓，并向清军船只发射火箭，抛掷火球，使其夜夜受到惊扰，不得安宁。1855 年 1 月底，太平军故意撤开湖口守军，引诱敌军进入鄱阳湖，骄横的湘军乘一百多艘舢舨进入鄱阳湖，太平军立即把湖口水卡堵塞，使敌军分成了外江和内湖两段。太平军各个歼灭敌军，焚毁敌大战船及各色座船四十余艘。湘军大败，溃逃回九江城外大营。罗大纲率太平军水师逆流而上，追上了曾国藩的座船，曾国藩在一片混乱中逃上一只小船，欲投水寻死，被喽啰拉住，逃至南昌。太平军乘胜再度占领汉阳、武昌。湖口大捷挫败了湘军的攻势，挽救了西战场的危局。1855 年秋，曾国藩又命令湘军陆军向湖北进犯。石达开乘江西敌军空虚，乃率部进攻江西，连战皆捷。从 1855 年冬至 1856 年春，江西八府五十多个州县，全部入于太平军手中，曾国藩困守南昌"呼救无从"，"魂梦屡惊"。至此，西征军经过三年苦战基本上实现了预定的战略计划，控制了天京上游武昌、九江、安庆三大军事重镇，占领了安徽、江西、湖北东部的广大地区。西征的胜利对于确保天京安全，扩大太平天国的统治范围，发动全国人民的反清斗争都起了极大的作用。

(三)第一次打破江北大营和江南大营。太平天国奠都天京之初，在天京外围，它只占领了镇江、扬州。清王朝的钦差大臣向荣统率大军一直尾追太平军从广西到南京外围，屯驻孝陵卫、紫金山一带，叫作"江南大营"。稍后，另一钦差大臣琦善又率领直隶、陕西、黑龙江三地马步军进驻扬州城外，叫作"江北大营"。1853 年 12 月 26 日，太平军从扬州撤退，琦善入扬州。这两座大营虽都是清王朝精锐之师，但却无可奈何太平天国的京城，只能长期纠缠，牵制太平军的行动。当时，太平军正进行北伐、西征，也没有足够的力量打破他们。直到 1856 年西征胜利，太平军为了解除天京的肘腋之患，便立即进行了旨在打破敌方这两座大营的战争。同年 2 月燕王秦日纲率冬官丞相陈玉成，地官副丞相李秀成等从天京出发，4 月初与镇江的太平军守城部队联合一致，猛击镇江城外清军，大败江苏巡抚吉尔杭阿与总兵张国梁。然后乘胜东下，由金山渡江到达北岸的瓜州，向扬州疾进，大败钦差大臣、江宁将军托明阿（1855 年琦善病死，由他接替），连破虹桥、朴树湾、三汊河清营，所有江北大营大小一百二十余座均望风而溃。太平军再次占领扬州，旋又挥军南渡再败吉尔杭阿和张国梁清军，吉尔杭阿在溃败中自杀。秦日纲等在完成打破江北大营的任务后，乘胜西上，于 6 月 14 日回到天京。继后，这支部队又与石达开所部太平军配合，迅即在天京城外展开了对江南大营的歼灭战。7 月 20 日清晨，各路太平军全面出动，直扑清军营垒，天京城内的太平军也纷纷由各门出击，鏖战终日，清军被打得狼奔豕突。入夜，清军各营又被火箭射中，纷纷燃烧。钦差大臣向荣连夜率残军溃逃。同年 8 月，向荣在丹阳忧惧而死。第一次打破江北大营和江南大营的胜利，解除了三年来清兵压城的威胁，还得到了大量军火物资补充天京，天京军民大为欢庆。

八 “天京变乱”——太平天国由盛而衰的转折点

1856 年上半年，太平军在湖北、江西和安徽取得了西征的重大胜利，又在扬州攻破了江北大营，在镇江和天京外围攻破了江南大营。正当革命形势蓬勃发展之际，领导集团的内部矛盾愈演愈烈，于同年 9 月至 11 月竟然公开分裂，互相火并，发生了天京城内的大变乱。

小生产者的农民，不能认识社会的发展规律，缺乏远大的理想，也不能建立适合社会发展的新制度。当革命处于艰苦奋战阶段，尚能和衷共济，维系内部团结。待到环境好转，尤其是进入大城市以后，既不可能有效地抵制封建主义思想意识和生活作风的侵蚀，更难以解决好革命队伍内部的种种矛盾。特别在领导集团中，个人权威思想发展到争权夺利的时候，势必形成对抗。

太平天国运动仍是单纯的农民战争，当然无法摆脱这种阶级的、历史的局限性。前期的领导核心，都是由发动金田起义的领袖人物组成的，他们“起自草莽结盟，寝食必俱，情同骨肉；且有事聚商于一室，得计便行，机警迅速”（张德坚《贼情汇纂》，见《太平天国》三）。但是建都天京以后就大不相同了。他们失去了和群众同甘共苦的作风，严重地脱离了群众，把自己当作天国的主人，等级森严，争权夺利，矛盾越来越尖锐。

洪秀全自入天王府后，足不出户，他拥有几十个后妃，过着养尊处优、骄奢淫逸的生活。临朝之时，除杨秀清、韦昌辉、石达开三王之外，其他任何官员都不得进见，只能排列在殿外跪呼万岁。这样，他就把自己和广大军民完全隔离开来，成了真正的孤家寡人。杨秀清则是大权在握，骄横跋扈，在假托天父下凡附身说话时，连洪秀全也要下跪听令。他每次出府，要用一条三十六节的龙灯开路，整个仪仗队一千几百人，旌旗蔽日，锣鼓喧天，像是迎神赛会。在原先互称兄弟姊妹的革命队伍中，开始出现森严的等级。从人与人的称呼、礼仪到服装的式样、颜色，都有严格的规定，如果违犯，轻则受罚，重则有杀身之祸。高级官员一律有世袭的特权，可以子子孙孙"世食天禄"。封建特权的膨胀，必然导致争权夺利。当时矛盾集中表现在洪秀全、杨秀清、韦昌辉之间。

自从定都天京后，似乎"天国"已在眼前，洪秀全位极至尊，而杨秀清握军政实权，居功自傲，热衷个人权威，上逼天王，下压首义有功将领，随意惩处无辜将士，致使许多人对他敢怒不敢言。1853 年 12 月，洪秀全杖责女官，杨秀清假托天父下凡，呼洪秀全跪在地上，要杖责他四十大板，在场的韦昌辉、秦日纲等都"愿代天王受杖"而未遂。可见洪、杨矛盾十分激化。韦昌辉出身于金田村的地主兼典当商，他为人"阴柔奸险，狡诈残刻"，参加革命后，对洪秀全表面上竭力逢迎，百般谄媚，动辄就说："二兄（指洪秀全）无差，总是我们为弟之错。"他对杨秀清，更阴一套，阳一套，表面上恭敬驯服，只要杨秀清的轿子一到，就三步并两步地跑出来迎接。同杨秀清谈不上几句，就跪在地上连声说："非四兄（指杨秀清，因其称上帝第四子）教导，小弟肚肠嫩（广西浔州土语，才识短浅的意思——笔者），几不知此。"有一次，韦昌辉的哥哥与杨秀清的妾兄争房屋，杨秀清叫韦昌辉处理，韦昌辉为讨好杨秀清，竟将他的哥哥五马分尸，并说："非如此，不足以警众。"而暗地里却包藏祸心，等待时机，夺取权位。

1856 年 9 月 1 日深夜，韦昌辉奉洪秀全密诏，从江西前线率领亲信队伍三千人回到天京，连夜包围东王府，9 月 2 日清晨，袭杀了杨秀清和他的全家老小。杨秀清为什么被杀？当时有种种传闻，其说不一。有说 1856 年 8 月中旬，杨秀清假称天父上帝下凡，逼洪秀全封他为"万岁"。据张汝南《金陵省难纪略》（见《太平天国》四）记载："一曰，诡为天父下凡，召洪贼至，谓曰：'尔与东王均为我子，东王有咁大功劳，何止称九千岁？'洪贼曰：'东王打江山，亦当是万岁。'又曰：'东世子岂止是千岁？'洪贼曰：'东王既万岁，世子亦便是万岁，且世代皆万岁。'东贼伪为天父喜而曰：'我回天矣。'洪贼归，心畏其逼而无如何也。"说洪秀全佯允其请，声称等到 9 月 23 日庆祝东王寿辰时，即正式颁予封典，但在另一方面又暗中指使韦昌辉速从江西端州回京诛奸。于是，洪、杨之间的矛盾就被韦昌辉所利用，并且扩大了。有说：是杨秀清向洪秀全逼取金玺。有说：是杨秀清要想杀害洪秀全，被人告发，所以洪秀全先下手杀害了他。

天京变乱从表现形式上看起来是：洪秀全对虚君制，也就是军师责任制不满，要想从杨秀清手中夺回实权；而韦昌辉又长期觊觎杨秀清的权位，想利用洪、杨之间的矛盾得渔人之利。于是他们就联合起来袭杀了杨秀清，新封为燕王的秦日纲也追随韦昌辉参加了这一次内讧，从永安建制以来，杨秀清一直掌握着军政大权，国家政务都由东王府的六部负责处理，东王府已经成为事实上的太平天国政府。只杀杨秀清一人，实权是夺不过来的。洪、韦要想夺权，只有大杀杨秀清的部下。在洪秀全的支持之下，韦昌辉、秦日纲在天京实行恐怖统治，前后杀死杨秀清的部下官、兵、家属共达两万多人。许多身经百战的老兄弟，没有死在和敌人鏖战的战场上，却死在自己人的屠刀之下，真是千古奇冤！

天京变乱的实质，还是由于农民起义领袖摆脱不了封建思想和传统习惯势力的侵蚀，内部原来兄弟般的平等关系，为封建等级关系所取代，等级森严，矛盾尖锐，从前首义的“苦力王”们已蜕变为新权贵，为权势而互相猜忌，钩心斗角，变乱由此而生。

九　石达开被迫出走

这时石达开正在武昌前线，听到天京发生变乱这个惊人的噩耗，立即带了少数随从，连夜赶回天京。他找到了洪秀全，洪秀全把事情都推到韦昌辉的头上，他又去找韦昌辉，韦昌辉骄横跋扈，还要大杀下去，不肯住手。双方意见不合，发生冲突。韦昌辉又想杀害石达开，石达开连夜缒城逃出天京，决定兴师靖难，用武力来制止屠杀。石达开走后，韦昌辉又把他的全家老小全杀了。洪秀全被迫附和韦昌辉，还发出“圣诏”通缉石达开。

石达开回到安庆，召集部下约四万人，于 11 月 8 日渡江东进，声讨韦昌辉。并且致书洪秀全说，如果不杀韦昌辉，不能制止大屠杀，将兴师攻入天京。由于石达开的要求是正义的，天京内外太平军很多官兵都同情石达开，附和韦昌辉、秦日纲的只有极少数人。这时候，洪秀全也看清韦昌辉的野心，接受石达开的要求，暗中下令计杀韦昌辉。韦昌辉的所作所为，已经失尽人心，所以诛韦之役，前后只有两天，所杀韦党二百余人，并没有引起多大的动乱。当时太平军陈玉成部与清军在宁国作战不利，石达开即移靖难之师先救宁国。他的这一正义行动受到太平天国全体军民的敬佩。在这里，石达开收到了洪秀全自天京解来的韦昌辉的首级和向他致歉的书信。于是，在 11 月底，他率军回到天京，受到天京军民的热烈欢迎。

在首义六王之中，仅存洪、石二人。经过这次杀杨诛韦的变乱，洪秀全在天京军民的心目中的威信已大大下降了。大家都把希望寄托在石达开的身上。合朝官员共同推举石达开“提理政务”，大家推重他的义气，尊称他为“义王”，他谦辞不肯接受。在天京军民热烈拥戴石达开的情况下，洪秀全又加封他为“电师通军主将义王”。所谓通军主将，就是全军统帅的意思。当时由石达开来辅政是很适合的，他是开国元勋，又是极有才能的人物。1857 年上海刊行的英文《华北先驱周报》上发表的麦高文的评论，对石达开的评价是恰如其分的。评论说：“在生存的首领中，除翼王石达开外，状况皆不可得闻。据报告所称，这一位青年领袖是英雄侠义，勇敢无畏，正直耿介的，正是全军的中坚人物。他的头衔称为电师，这真能表示他的军事行动。他是饱受教育，而又能行动的人。”

当天京城内忙于自相残杀的时候，敌人满心欢喜，认为太平天国必将自毁，他们打进天京是指日可待的事情。石达开的兴师靖难与回京辅政，打破了他们的美梦。这位年方二十五的青年领袖以自己正义的行动挽救了太平天国革命事业。在他辅政的 1857 年上半年，太平天国仍然是一个强有力的政权。在政治上，石达开加强团结，重用人才。连杀害他全家的韦昌辉的父亲都得到保护，这可以看出他是多么宽宏大量。在江北战场上，他任用年方十九岁的青年将领陈玉成为主帅，这可以看出他的用人是多么有魄力。在军事上，他为了挽回危局，改被动为主动，决定了南守北攻的战略。在天京附近与江西战场上坚守不战，而在长江以北的安徽、湖北前线，不断发动进攻。眼看着就可以恢复在内讧期间丢掉的上游重镇武昌，革命形势正在好转。

可惜在天京城内，又酝酿着另一次内讧。石达开的辅政是大家公推的，但洪秀全对他并不信任，未能把军师的头衔给他。因为太平天国的国家体制用今天的话来说是军师责任制，天王只是虚君，一切军政大事多由军师负责处理。洪秀全正是对这种体制有所不满，才被人利用而酿成天京变乱。所以尽管石达开对他忠心耿耿，他总是不能放心，于是就加封自己的哥哥洪仁发和洪仁达为王，主持国政，以此对石达开掣肘，并欲夺石达开的兵权。在不得已的情况下，石达开于 1857 年 5 月底离开天京，率领自己的部下数万人，从此远征不返。

石达开离开天京，沿途张贴布告，说明自己不得不离京远征的苦衷。许多将领激于义愤，纷纷带着队伍来追随他。太平天国的精兵良将跟着石达开走后，天京外围许多地方陆续失守，洪秀全大为恐慌，多次派人前往请求石达开回京，而石达开又一再拒绝。石达开远征的队伍已经成为一支没有后方的孤军，战斗力大不如前。在安徽、江西、湖南、广西等省转战失利后，石达开又想到四川去建立新的根据地，于是轻易放弃了自己经营多年的皖赣地区，1859 年围攻湖南宝庆不克，遂于 8 月底退入广西。

当时的广西由于清军与天地会的队伍长期作战，地方残破，大闹粮荒。石达开的远征军在广西各地徘徊两年，军粮难于供应，产生队伍一再离散的严重情况。1861 年 9 月，远征军从广西贵县北上突入湖南，通过湘西进入湖北，1862 年 2 月，又从湖北利川攻入四川，欲北渡长江占领四川腹地，可是缺少船只，屡次抢渡不成。只好沿长江南岸西上，直到 1863 年 5 月，才在云南巧家渡过金沙江进入四川宁远地区。当时石达开兵分三路：令前锋赖裕新的队伍不攻城镇，长驱北上，吸引清军。后队李福猷的队伍在后阻拦追军。自己率领主力部队三万余人乘虚急进，准备渡过大渡河后，奇袭成都。可惜在他的队伍到达大渡河边的次日，河水猛涨，水势急湍，声如雷鸣，无法渡河。清兵和土司兵又四面围困，石达开的队伍粮尽援绝，陷入绝境，全军覆没。他自己打算舍命以救全军，进行诈降。结果诈降失败，受骗被俘，就义于成都。

十　陈玉成、李秀成力支危局

石达开离京远征以后，缺乏才能的安王洪仁发与福王洪仁达公开掌握了军政大权，朝政不振，群臣反对。天京附近重镇句容失守，清军围困天京。在这种内外压力之下，洪秀全被迫削去他的两个哥哥的王号，改封天安、天福，任用金田起义时的有功之臣蒙得恩为正掌率，陈玉成、李秀成为副，共同掌握朝政。可是陈、李一直在外统兵，事实上难以参与政事。洪秀全又提拔大将李春发协助蒙得恩管事，但是蒙、李二人仍不得不受洪仁发、洪仁达的压制，朝政仍无起色。

朝政日非，自然直接影响军事。由于调度无方，各城重镇相继沦陷。镇江是天京以东的重要据点，已经坚守了四年多，这时被围攻，向天京求救。天京派洪仁发领兵来援，他还未到镇江城下，就败退回京。镇江终于在 1857 年底失守。九江是太平天国上游重镇，扼安徽、湖北、江西三省的咽喉，是兵家必争之地。守将林启容是太平军中名将，坚韧不拔，屡挫敌锋。他守九江五年，敌人百计围攻，都不得逞。1858 年 5 月 19 日，湘军李续宾以地雷攻陷九江，林启容率全军一万七千人巷战，为革命事业流尽最后一滴血。他们的英勇作战使敌人为之丧胆。

在这革命事业危急的时刻，太平军将领中的后起之秀陈玉成、李秀成力支危局，在天京江北的浦口与安徽中部的三河镇连续打了两次大胜仗，稳定了局面。1858 年 8

月，各路太平军将领集会于安徽枞阳。这次军事会议由二十一岁的统帅陈玉成主持，大家商定了合兵共解天京之围的战略。会后立即行动，诸军分途出发，均以浦口的清军江北大营为目标。9 月 25 日，李秀成军在安徽乌衣与陈玉成军会师，合击前来抵御的清军，获得大胜。次日乘胜追击，进占浦口，力攻江北大营。由陈玉成率主力部队担任主攻，李秀成军则抄大营的后路，九洑洲上的太平军也浮江来助，四面合围。清军大败，被歼一万余人。清廷从此撤去江北大营，残军由江南大营统一指挥，这一次胜利，解除了敌人切断天京粮运的威胁，恢复了对外的交通，使天京转危为安。

浦口战后不久，紧接着又爆发了三河之战。三河镇在安徽庐州附近，地处水陆冲要，太平军据守此地，才得以屯聚粮食，源源接济庐州与天京。所以筑有砖城一座，砖垒九座，凭河设险，准备长期固守。浦口战后，攻陷九江的那个湘军悍将李续宾率领精锐六千余人来攻三河，三河九座砖垒均被攻破，形势危急。陈玉成接到军报，立即率军来救，并调李秀成军助战。1858 年 11 月 14 日，大战开始。陈玉成军先向清营猛攻。次日清晨，李续宾率军反攻，陈军暂退。当时大雾弥漫，咫尺不能见人，李军向前猛追之时，陈军反而转出李军之后，力攻其背。李军大乱，纷纷溃退。这时李秀成军包抄而来，李续宾军六千余人全被包围歼灭，无一人脱逃，李续宾本人逃生无路，自缢而死（一说战死）。这一次歼灭战使得湘军受到最大的惩罚。湘军头子曾国藩在给友人的信上说：三河战后湖南湘乡“处处招魂”，“自三河败后，元气大伤，虽多方抚慰，而较之昔日之锋锐，究为减色”。

十一　洪仁玕和他的《资政新篇》

浦口之战与三河之战以后，太平天国在军事上摆脱了被动的困境，形成两军对峙的局面。1859 年 4 月，洪秀全的族弟洪仁玕经过长途跋涉，来到天京。此人在香港受过新式教育，是抱着帮助洪秀全改革国政的志愿而来到天京的。他的到来，使当时的太平天国政府得到一个能够总揽全局的人，办事效率有了起色。陈玉成、李秀成在军事上的胜利，洪仁玕在政治上的改革，两相结合，使得革命事业从低潮又重新转入高潮。

以前，虽然太平天国全体军民都拥戴石达开“提理政务”，但是洪秀全不放心，唯恐石达开深得人心，威重于己，所以终始不肯对石达开加封军师的头衔。石达开走后，蒙得恩、李春发办事都不得力。洪秀全自己面对头绪纷繁的国家大事，虽然每日亲自处理，但左右缺人，深以为苦。洪仁玕的到来，使他大为高兴。这是自己的族弟，又知书明理，通晓外事，自然可以放心重用。洪仁玕于4月22日到京，立刻封为干天福；5月8日晋封义爵加主将；5月11日更晋封为“开朝精忠军师顶天扶朝纲干王”。洪秀全在合朝一片反对声中削去安、福两王王爵以后，曾经赌气说今后永不封王，这时却忘记了自己说过的话，不单对洪仁玕封王，而且明令要他总理朝政，文武百官统统受其节制。当时洪仁玕才来天京不久，可以说是无功受禄，破格重用。为此，也引起许多功臣的不满。洪秀全不得已，只好续封陈玉成为英王，李秀成为忠王。以后功臣封王，将领封王，本家故旧也都封王，越封越多，越封越滥，最后竟封了两千多王。

洪仁玕得到重用，在短期内推行了一系列新政。大体上包括以下三个方面：

一、加强中央的领导权，立法用人，必自中央，不许臣下结盟联党，假公济私；

二、调整天历，实行“每四十年一斡旋”的办法，使天历符合天象，便民耕种；

三、推行新的考试制度与进步的文化政策。增加考试内容，健全考试制度，提倡文以纪实的文风，反对不务实事，专事浮文的不良现象。

最能代表洪仁玕政治主张的著作是《资政新篇》一书，在这本书中，他简略地介绍了西方资本主义国家富国强兵的情况，主张太平天国不要再走传统的老路。在发展生产方面，要向西方学习，发展工商业，发展交通，开采矿藏，立邮局，办报纸，设医院等等。这里面含有发展资本主义的倾向。在当时，根深蒂固的封建制度束缚了中国经济的发展，洪仁玕的主张无疑是进步的，只可惜在战争激烈的情况下，这些办法都得不到付诸实施的机会。太平天国革命失败以后，清廷为了巩固自己的统治，也断断续续地进行了一个“中学为体，西学为用”的洋务运动，造了一点铁路，办了几个工厂。邮政是在1896年才开始兴办的，距离洪仁玕提出立邮局的主张，已经迟了四十年。

像洪仁玕这样有才能有远见的人如果真能得到重用，对于革命事业的前途自然是有利的。可惜的是，越来越专制的洪秀全与略具西方民主思想的洪仁玕之间，逐渐产生了矛盾。由于对处理国事的意见有分歧，洪仁玕受到斥责，遭到革爵，最后，连总理朝政的大权也被取消。原先，一切官员的奏章必须洪仁玕盖印才能呈阅；后来，改为只要未成年的幼西王萧有和盖印就可以呈阅了。洪秀全又对洪仁玕不放心，收回了军师的大权，说明“主是朕做，军师也是朕做”。太平天国晚期，洪仁玕虽被外国人称为首相，实际上手中已经无权，也就很难施展自己的抱负了。

十二　东战场上的辉煌胜利

洪仁玕虽然是一介书生，由于他有才能有远见，在他执政的时候，不仅对政治有所革新，对军事也有不小的贡献。1860年，太平军奇袭杭州，分散江南大营的兵力，然后迅速回军，采用围魏救赵的策略击破江南大营。这一正确的作战计划就是由洪仁玕提出来的。以后乘胜东取苏、杭，也是洪仁玕的主张。李秀成在既得苏、杭之后，自以为高枕无忧，不愿回师西征，洪仁玕就对他提出严厉的批评。凡此等等，都说明他的远见卓识。

太平军曾在1856年6月打破了清军的江南大营。内讧之后，敌人乘虚而入，又在天京城外重立江南大营。太平军不拔掉这个眼中钉，在军事行动上就常常被动，受到牵制。1860年初，洪仁玕与李秀成详细制订了击破江南大营的策略。3月，李秀成亲率先锋军一千二百五十人，冒用清军旗帜号衣，沿着莫干山麓悄悄行进，奇袭杭州。3月19日袭破杭州，清军大溃。事情不出洪仁玕所料，江南大营派总兵张玉良率军援浙。敌人既已中计，李秀成迅速回军。之后在安徽建平召开军事会议，决定由李秀成、陈玉成、杨辅清、李世贤、刘官芳等分兵五路，合击江南大营。5月2日大战开始，适逢大雨三日，日夜不停。5日陈玉成军首先突破敌人的长壕，太平军五路并进，敌人营垒五十余座全被攻破，死者数万人。5月6日，天京城外敌营被扫荡一空，天京解围之战胜利结束。江南大营主帅和春后来自缢而死，悍将张国梁被李秀成追击时失足落水而亡。

1860年5月11日，即攻破江南大营后的第五天，天京举行军事会议，由洪仁玕主持。会上决定，乘胜东取苏、常。待胜利后，再购买轮船二十只，水陆并进，西取武汉。

东征六军于5月15日出发，一个多月时间，连续攻克名城重镇，除了上海以外，几乎占领了江苏省长江以南的全部地区。这一带是鱼米之乡，财富之区。过去每年要向北方运米二百万石，太平军占领以后，粒米不得北上，清廷大为恐慌。占领这一地区，大大地削弱了敌人的经济力量，加强了自己的经济力量。李秀成很重视这一地区，把它划为一个新省，名叫苏福省，省会设在苏州。

当太平军前锋接近上海的时候，李秀成就想乘势攻占上海。洪仁玕当时对外国侵略者缺少应有的警惕，以为他们与太平天国的宗教信仰相同，不至于帮助敌人来打太平军，同意了李秀成的作战计划。当时李秀成知道上海的清军甚少，城内又有天地会的组织可做内应，所以使用的兵力不多，估计不超过三千人。太平军进军的时候，曾出布告安民，说明兵到之日秋毫无犯，鸡犬不惊。但是这时上海的外国侵略者已和清廷勾结起来，磨刀霍霍，准备以大炮和洋枪来对付同拜上帝的太平军了。

上海当时已有租界，租界不单是外国侵略者在中国进行侵略活动的据点，也是仇视太平天国的官僚、地主、买办避难的地方。听到太平军向上海进军的消息，这些官僚、地主、买办为了保护自己的财产，自愿出钱组织一支洋枪队，由美国流氓华尔率领，高悬重赏，要他们去夺回被太平军占领的地方。当松江城里的太平军整队出城去进攻上海的时候，华尔的洋枪队乘虚袭取了松江，得到了三万两银子的酬劳。他们利欲熏心，又去进攻青浦。李秀成闻讯，即以进攻上海之兵先救青浦。两军接战，洋枪队大败，太平军歼敌六七百人，缴获大炮十余尊，洋枪两千余支。李秀成乘胜进攻上海，8月18日，太平军进抵徐家汇，逼近上海西、南两门。上海的英、法军看到洋枪队抵御不了太平军的进攻，就亲自出马，使用山炮、榴弹炮、来复枪等新式武器对太平军猛烈轰击，使太平军蒙受重大损失，不得不暂时撤兵。

这一次上海之战使清廷尝到了甜头，在第二次鸦片战争结束以后，清廷就决心长期勾结外国侵略者，利用他们的洋枪洋炮来镇压太平军，实现所谓“中外同心灭贼”的计划。

十三　中外反动派公开勾结

为了执行天京军事会议中所决定的西取武汉的计划，李秀成在撤离上海之后，奉命西征。这次西征，约定陈玉成由江北进兵；李秀成、杨辅清、李世贤由江南进兵；决定在1861年4月会师武昌。陈玉成统率的北路军八万人进军神速，1861年3月18日攻克黄州府，逼近武昌。这时武昌城防空虚，如果太平军按照预定计划会师进攻，随时可以攻克。可惜陈玉成久等南路军不至，又接到安庆被围形势紧急的军报，是进是退，犹豫不决。在这关键时刻，英国侵略者参赞巴夏礼求见陈玉成，说了不少谎话，劝他勿攻武汉，最好回救安徽。陈玉成被他说动了，留赖文光守黄州，自率大军回救安庆。外国侵略者这时已自愿充当说客，大帮清廷的忙。

李秀成率领的南路军直到6月中旬才到达武昌附近。驻汉口的英国领事金执尔前来见他，也劝阻他不要进攻武昌。当他知道陈玉成已经退兵，也就同意不攻武昌，带领一路上发展的大批人马，回师江、浙。可以看出，英国领事的这些活动，也是为清廷服务的。

如果说，在 1860 年 10 月《北京条约》签订以前，中外反动派还是秘密或半公开勾结的话，那么，在《北京条约》签订以后，他们的勾结就已经完全公开。因为通过《北京条约》，外国侵略者从清廷手中取得了许多利益，许多特权，为了保护这些利益和特权，他们就不惜撕下“同情”或“中立”的假面具，公开地与同拜上帝的太平军为敌了。

1861 年 2 月，英国侵略者何伯率领一支舰队深入长江，以视察长江两岸开埠事宜为名，实际上是窥探太平军的虚实，并且借办理交涉的机会向太平天国进行要挟和示威。3 月 1 日，他们照会太平天国，提出八项条件，要求太平天国对英舰与商船通过长江给予种种方便。同月 28 日，他们更进一步提出无理要求，要太平天国不进攻上海、吴淞附近百里以内地区，否则英国将以武力制止。他们对太平军进攻清军尽量设法阻挠，但对清军进攻太平军则给予种种方便，尽力帮忙。当时围攻安庆的湘军从外国侵略者那里得到大量新式枪炮，这是造成安庆失守的重要原因。

洪仁玕深刻地认识到安庆是天京的锁钥，“安庆一日无恙，则天京一日无险”。陈玉成也一再主张先解安庆之围。因为安庆一失，天京就会成为一座孤城，粮源断绝，无法固守。前次会师西征，由于李秀成失期，陈玉成急于回师抢救安庆，也正是这个原因。当时湘军头子曾国藩集中兵力围攻安庆，太平军各部却东征西讨，不能集中力量来为安庆解围。尤其是李秀成等人，热衷于经营江、浙，不以为安庆解围为急事。1861 年 6 月，连日大雨，太平军在安庆城北集贤关一带的营垒水深数尺，处境十分困难。湘军乘此机会，反复猛攻，垒壁皆倾，营垒尽失。从此，安庆合围，城中绝粮。叶芸来等守军在内坚守，陈玉成等援军在外猛攻，眼看着湘军围军已经支持不住，内外的太平军即可会师，可惜城内守军因绝粮而饿倒，被湘军乘机轰塌北门城垣。守军叶芸来以下共两万人奋战牺牲。

安庆失守的原因是很多的。洪秀全在处理这个问题时，不责备那些不来援救安庆的将领，却把一再积极援救安庆的洪仁玕、陈玉成革职，朝政复归洪仁发、洪仁达掌握。对百战功高的陈玉成，竟剥夺他的兵权；对有才能有见识的洪仁玕，竟不让他管理朝政；又把自己那两个哥哥抬出来主持军国大政，其恶果是不言而喻的。陈玉成被革职后，不能有所作为，只好困守庐州，后来被叛徒苗沛霖出卖，诱到寿州擒献清廷，慷慨不屈英勇就义。洪仁发、洪仁达重新执政之后，朝政日非，人心失尽。

安庆失守之后，胜负的大局已定。外国侵略者就更加迫不及待地帮助清廷，希望迅速扑灭太平天国。他们直接派兵参战，大量供应军火，派出间谍刺探太平军的情报，对太平天国官员进行威胁利诱,提出许多无理要求。反动官僚李鸿章在安徽招募了七千名乡勇,模仿湘军的编制编组了淮军,英国轮船就帮忙把他们运到上海。华尔的洋枪队在苏南各地大烧大杀,大抢大掠,清廷却无耻地把他们改称为“常胜军”。以后,李鸿章的淮军与“常胜军”就长期公开联合作战,共同扼杀太平天国革命。外国侵略者既然公开以敌人的面貌出现,太平军也就不客气地加以还击。1862 年 6 月 9 日的江苏青浦之战,太平军生擒了“常胜军”的副领队法尔思德;1862 年 9 月 22 日的浙江慈溪之战,太平军击毙了“常胜军”的领队华尔。尽管在太平天国晚期,太平军在军事上已处于被动不利的地位,但是他们对外国侵略者的抗击,一直是英勇顽强的。

十四　艰苦的天京保卫战

在太平军第二次打破江南大营之后,清廷自知八旗兵与绿营兵都已腐朽,只有依靠曾国藩的湘军才能把太平天国革命镇压下去,所以就放手对曾国藩加官晋爵,任为两江总督,规定清廷驻守江苏、浙江、安徽、江西四省的一切军队完全归他节制。这个老奸巨猾的汉奸刽子手受宠若惊,感激涕零,从此更加卖力,一心要把太平天国镇压下去。他有一套固定的作战方略,即力争长江上游,顺流而下,先取安庆,再打天京,在任何情况之下,绝不打乱计划。江、浙两省危急,清廷屡次调他的队伍赴援,他都置之不理,一心围攻安庆。安庆陷落以后,他又集中兵力围攻天京。1862 年 5 月,天京第三次被围。湘军陆军由曾国藩的九弟曾国荃统率,水军由彭玉麟统率,从南北两方包围天京。

当湘军合围天京的时候,李秀成军正在上海作战。太平军以惊人的勇敢用刀矛抗击中外反动军队的洋枪洋炮,他们分兵几路包围上海,前锋到达法华镇、徐家汇、九里桥等处,围困了上海县城和外国租界,上海指日可下。洪秀全却一日三次差官捧诏命令他退兵回救天京,诏旨词句严厉,不容置辩,他不得已,只好从上海城下退兵。

李秀成退兵之后,于 1862 年 6 月 22 日在苏州召开军事会议,商定了为天京解围的长期战略。这一战略是比较稳重的,虽费时较久,却切实可行。但不为洪秀全所批准,反下诏催令立刻进兵。李秀成只好遵诏仓促回援天京。李秀成自己率领的队伍回京了,但他却调不动别人的军队,因为这时洪秀全封王太多,诸王地位相等,不相统率,造成了指挥不灵的恶果。李秀成费尽心力,才调集了十三个王所统率的军队,号称六十万,前来参加天京的解围之战。这次战役已投下了太平军总兵力的绝大部分。从 1862

年10月13日起，数十万太平军轮番进攻三万湘军，大战四十六天。湘军拼死抵御，虽然阵地一再被突破，却能坚守不溃，然后逐步修复。在这几十天中，太平军昼夜不息地冲击敌营，枪弹如雨，吼声震天。湘军只能伏在地垒和战壕中抵抗，不敢露面还击。曾国藩说他自己这时“心已用烂，胆已惊破”。既然这一次解围之战双方兵力悬殊，太平军处于绝对的优势，为什么不能取得胜利，为什么达不到解围的目的？主要原因有二：一是诸王不相统率，指挥不灵，屡失战机；二是后勤工作没有做好，朝政在洪仁发、洪仁达的把持之下，一片混乱，缺少军粮军衣，无人过问。身穿单衣的太平军战士在天气突变大雪纷飞的情况下，手足冻僵，只好退兵。这在太平军方面是功亏一篑，在敌人方面则是死里逃生。

解围之战失败，洪秀全下诏严责李秀成，削去他的爵位，并且命令他立即进兵北伐，去恢复苏北、皖北一带地方。李秀成明知江北缺粮，对于这一战略表示怀疑，但在洪秀全的严令之下，不得不去，只好冒雪进兵。李秀成虽然连打胜仗，但是所克之地，征集不到军粮，在漫天风雪之中，战士们又冻又饿，纷纷倒毙。李秀成率领十余万精兵出发，最后被迫撤回天京时不足一万五千人。这一次李秀成兵败回京，洪秀全知道局势危急，不敢再责罚他了，反而封他为真忠军师，要他留守天京，保护自己。

这时东战场的局势迅速恶化，李秀成想去援救，经过多次力争，才得到洪秀全的允许。在李秀成离开东战场的半年中，由李鸿章所率领的中外反动派军队到处发动进攻，攻陷了不少城镇，一直打到苏州城下。苏州守将谭绍光虽然英勇地击退了来犯的敌人，内部的叛徒汪安钧等人却刺杀了谭绍光，开城迎敌。叛徒们并没有得到好下场。当汪安钧等人自认有功，向李鸿章要官要爵的时候，李鸿章却对他们发动突然袭击，杀了他们的头。苏州既失，敌人于1863年底兵临常州城下。这里是天京外围最后一个据点，守将为陈坤书。在兵力占优势的敌人围攻之下，坚守了四个多月，城破之时，自陈坤书以下全军战死。至此，天京已经成为一座没有外援的孤城。

李秀成东援无功，回到天京。他发现城内即将绝粮，认为困守天京，等于坐以待毙。就向洪秀全建议“让城别走”，即放弃天京，到内地去重建根据地。在当时，这本是唯一正确的战略，可是洪秀全坚决拒绝，自认为有上帝保佑，绝对不会亡国。他还痛骂李秀成胆小，说是自己即将上天，到上帝那里去领天兵来救天京。本来是革命领袖的洪秀全，这时已是昏庸腐朽，顽固不化，不可救药。

天京被围，粮源断绝，军民只能出城去零星采购。到了1864年3月，天京已经完全绝粮。洪秀全下诏要全城军民均食“甜露”，说是上帝赐来的粮食。所谓甜露，就是野草，这是附会《圣经》上的一段故事所取的别名。从这时起到天京陷落为止，前后有四个多月，天京守军吃草度日，极端困难，仍然英勇顽强地抗击着敌人。由于确已绝粮，洪秀全自己也只好吃“甜露”。1864 年 6 月 1 日，他因久食“甜露”而得病，又因不愿服药而病死。群臣拥立他的长子洪天贵福，称为幼天王。

7 月 19 日，湘军曾国荃部用火药炸毁城垣，攻陷天京。当时攻城的湘军约五万人，而守城的太平军不过三四千人。因为长期缺粮，以草充饥，疾病流行，太平军大量死亡，最后只剩下这几千人。当敌人进城的时候，这些饥疲到极点的太平军战士仍然奋起巷战，至死不屈。湘军进城，大抢之后，继以火烧，历史名城南京在几天之内就化为一片焦土。天京城破之时，李秀成把战马让给幼天王乘坐，保护幼天王冲出重围，但他自己却因落后而被俘。曾国藩、曾国荃把他关进囚笼，在他写完数万字的自述以后，就把他杀害。幼天王逃到湖州，洪仁玕保护他前往江西，打算绕道湖北，去投奔太平军的西北远征军。他们不幸在途中被追兵冲散，先后被捕。幼天王先被杀害，洪仁玕在写完自述之后，慷慨殉国。

天京陷落之后，江南太平军余部一直奋斗到 1866 年 2 月；由赖文光所领导的西北远征军与北方的捻军合流，组成一支太平天国新军，一直奋斗到 1868 年 8 月；另一支由启王梁成富所率的太平军，与由四川入陕的李永和、蓝朝鼎农民起义军的蔡倡龄部会合，转战陕南，进入甘肃，占领阶州，与清军奋战，至 1865 年 6 月壮烈牺牲；石达开远征军的余部李文彩部则一直奋斗到 1872 年 4 月。也就是说，太平天国的正朔一共沿用了二十二年，轰轰烈烈的太平天国革命虽然失败了，革命英雄们的英勇斗争却动摇了清廷反动统治的基础，为四十年后的辛亥革命铺垫了前进的道路，他们的历史功绩是永垂不朽的。但是革命事业因为天京变乱而招致失败的惨痛教训，也将永远为后人所记取。

太平军在四川

轰轰烈烈的太平天国革命，是我国历史上规模最大的一次农民革命。这次革命，对内沉重地打击了清王朝残暴的封建统治，对外英勇地抵御了帝国主义疯狂的武装侵略，丰功伟绩，永载史册。革命最后虽然失败了，但是在十多年的斗争中，太平军的足迹踏遍了当时的十八个省，对于后世的影响极为深远。

太平天国前期，太平军主要活动地区是长江中下游。清王朝为了镇压革命，把号称天府之国的富庶的四川定为协济省，尽量利用四川的人力物力财力接济战区各省，使四川成为清军最重要的后勤基地。太平天国后期，由翼王石达开所率领的一支身经百战的太平军终于远征到了四川。当时，太平军万里长征，志在必得；清王朝为了保住这块最重要的后勤基地，势在必守。于是双方就在四川境内沿江各地展开了惊心动魄的生死搏斗。

一　长驱入川

从1861年秋天到1863年夏天，先后进入四川省境活动的各支太平军，全都是石达开的部下。

石达开，广西贵县人，1831年出生于一个富裕的农家。因为父亲早故，幼年就撑持门户，勤奋自学，文武全才。金田起义之时，他还不满二十岁，就毁家纾难，组织了三四千人前往参加，是太平天国前期六大领袖中最年轻的一位。此后他长期承担重任，率领太平军沿江东下，屡建奇勋，威震敌军。在兼管地方行政的时候，又表现了杰出的政治才能，因此被中外人士誉为太平天国最有才能的军事家与政治家之一。天京内讧期间，他的立场严正，以革命大业为重，不偏向任何一方。为了制止自相残杀，他毅然兴师靖难，从覆亡的边缘上挽救了太平天国。内讧平息以后，担任通军主将[①]，并提理政务[②]，成为太平天国实际上的军事领袖与政治领袖。由于太平天国名义上的领袖天王洪秀全对他十分猜忌，阴谋加害。他被迫离京远征，转战于安徽、江西、浙江、福建、湖南、广西等省，始终坚持抗清。

石达开久有进取四川的打算。远在太平军全军离开广西进入湖南之时，他就向天王洪秀全与统率全军的东王杨秀清提出过先取四川的建议。当时杨秀清一意先下江南，他也就服从上级的决定，在进军江南时连战皆捷。武昌、安庆与南京这三座省城都是在他的指挥之下攻克的。离京远征以后，他先在安徽、江西、浙江、福建等省转战两年，然后才做出通过湖南进取四川的决定。因为围攻湖南宝庆府（今邵阳）不克，全军退入广西，进行休整。1859 年底，他驻军广西庆远府（今宜山）之时，遇到天灾，军粮供应不上，部队分散就食，造成离散现象。其中有一支队伍由宰制[③]曾广依率领，进入贵州省境活动。当时贵州的清军兵力空虚，他们得以顺利进军，在一年多的时间里，从贵州南部一直发展到西北部。1861 年 8 月，曾广依命令他的部下傅丞相与李检点[④]率领一支队伍从贵州进入四川綦江县境。这就是最先进入四川的一支太平军。

当时川南没有什么正规的清军，许多县、镇都由地方团练防守。太平军沿途未遇强敌，所以进展迅速。他们进入綦江县境，击败当地团练之后，立即东进，经过万盛场，进围南川县城。由于团练死守，他们不愿耽延时日，随即撤围，经过羊角镇、武隆司（今武隆县）、火炉铺，一举攻占彭水县属的重镇郁山镇。几天之后，更乘胜攻克黔江县城。他们所到之处，没收地主官绅的财物，救济贫民，深得群众的拥护，队伍迅速扩大。在刚入四川省境之时，这支队伍不过数千人，经过一个多月的战斗，攻克黔江之后，已经发展到三万余人，在黔江城外连营五六里，日则黄旗蔽野，人马喧腾，夜则火光照耀，梆声不绝。

这时传来了一个惊人的好消息：翼王石达开已经率领本军从广西进军湖南，准备奇袭四川，军行急如风雨。傅丞相与李检点决定前往迎接，就于 1861 年 10 月 16 日即进入四川的两个多月之后，下令全军撤离黔江，分兵两路，进入湖北省境，连克咸丰、来凤等县，一面进行休整，一面等待石达开的大军到来。

---

① “通军”就是全军，“主将”就是总司令，“通军主将”就是全军统帅。这是石达开在天京内讧以后所担任的职务，此后他就终身使用这一头衔。

② “提理政务”就是总理政事的意思，不过属于代理性质，并非正式任命。

③ “宰制”是石达开远征后新设的官名，是一种高级军职。

④ “丞相”“检点”，都是太平天国前期已有的官阶。“丞相”是第六等官阶，“检点”是第七等官阶。

这个消息是不错的。翼王石达开亲率本军四万余人离开广西进入湖南之后，就严格执行军令，计时赶路，风雨无阻；遇到清军，尽量回避，绝不恋战；遇到险地，抛弃辎重，轻装前进。队伍首尾相距数十里，但是全军上下一条心，都想早日打到天府之国的四川去。经过两个多月的急行军，他们于 1862 年 1 月下旬赶到湖南省西北边境的龙山，随即渡过湘鄂边界的北河，在前来迎接的兄弟队伍热烈欢迎之下，进驻湖北来凤县城。

1862 年 1 月 31 日，两支兄弟队伍在来凤城内大摆筵席，欢庆会师。附近虽有清军驻防，但都畏惧太平军势大，不敢正眼相看。太平军就在这里高高兴兴度过天历[①]新年。两支队伍中的老兄弟久别重逢，畅叙离情。新兄弟则是在湖南各地，或是在贵州、四川各地新参加的，互不相识，这时也通过介绍，成为亲如手足的一家人。石达开本军离开广西时有四万余人，沿途招收了不少新兄弟，这时总数已有六七万人。前来迎接的兄弟队伍也有三万多人。为了以后进入四川时每一支队伍里都有熟悉四川情况的兄弟作为向导，两支大军在来凤休整的时候全部改编，混合编组，全军人数超过十万。

在来凤休整了一个月之后，全军欢欣鼓舞地向四川进军。沿途通过咸丰、利川，于 1862 年 2 月 17 日胜利进入四川省境。石达开扬鞭跃马登上了两省分界的分水岭时，身后绣着“真天命太平天国圣神电通军主将翼王石”十七个大字的杏黄旗被东风吹得呼呼作响[②]。他向西俯瞰四川境内的锦绣河山，不禁心潮澎湃。几年来，自己带着这些身经百战的好兄弟跋山涉水，万里长征，历尽人间的辛苦，也熬过了在广西那一段缺粮的艰难日子，现在总算熬出了头，富饶的四川已在眼前。自古皆称蜀道难，看来入川之路还没有传说中的那么困难。这时既已进入了四川的大门，可以不再偃旗息鼓，而是大张旗鼓地进军，让清妖[③]知道自己的军威。于是，他下令竖旗行军。在川鄂边境的山间小路上，人马如龙，黄旗似海，蹄声得得，角声呜呜，全军向着川边的第一座城——石砫厅城(今石柱县)前进。

就在十万太平军豪情满怀地进入四川之时，四川的局势已经有了很大的变化。简言之，这种变化对他们是不利的。两年前，四川的地方官都是些无能之辈，而且兵力空虚，不堪一击。1859 年冬，李永和、蓝朝鼎所率领的农民起义军从云南进入四川之时，

① 太平天国新创制的一种历法。每年十二个月，单月三十一日，双月三十日，不设闰年。

② 这十七个字的解释是：“真天命太平天国”是国名，“圣神电”是石达开的宗教性封号，“通军主将”是石达开的职务，“翼王”是石达开受封的王号，“石”即石达开。

③ 太平军称敌人为“妖”。“清妖”即指清朝军队。

一呼百应，所向披靡。起义军的队伍从几千人迅速扩大到二三十万人，起义的烽火从川南一隅蔓延到川南川西大片地方，成都岌岌可危。太平军如果这时入川，不难席卷全省。可惜他们错过了这个好机会。1861年8月，曾广依部下的一支太平军队伍首先入川。清廷不知实情，误以为石达开的本军到来，大为震动，急调在湖南镇压太平军有功的老奸巨猾的骆秉章入川布防，不久就提升他为四川总督。骆秉章得到清廷倚重，极为卖力。他先镇压李蓝起义军，使出反革命的两手，又剿又抚，各个击破，不久就击败了起义军的主力，腾出手来沿着长江北岸布防，以等待太平军。因此，当十万太平军进入四川之时，等待他们的已经不是遍地的起义烽火，而是严阵以待的敌人。

二　围攻涪州

石达开率领的十万大军进入四川境内，即分兵三路前进。由人台左宰辅[①]李福猷领前军，经蚕溪、大中坝等地径攻石砫厅。石达开自领中军继进。由天台左宰辅赖裕新领后军，经悦来场、鱼池坝等地直抵长江南岸，然后沿江而上，打听渡口情况，相机渡江。如果得不到渡江的机会，就前往涪州（今涪陵）会师，共同围攻涪州。

李福猷军锋甚锐，2月19日在大中坝全歼敌方团练三百余人，次日乘胜攻克石砫厅城，驻军四日，城乡贫苦人民参军者数千人。24日，他们放弃石砫，向涪州前进。赖裕新率领后军进至丰都的高家镇，击溃当地的团练，屯营于高家镇、王家渡一带，准备抢渡长江。因为骆秉章早已下令把江中的船只全部集中北岸，所以无法抢渡，只好到涪州来会师。

1862年3月下旬，三路太平军在涪州附近会师，沿乌江东岸连营二百余里，旌旗相望，金鼓相闻。竖太平天国大黄旗于插旗山，涪州城中抬头可见。全军人数十余万，号称二十万，声势之大，军容之盛，是涪州城里敌人一辈子也没有见过的。涪州知州姚宝铭写血书向成都告急，全川震动。当时李蓝起义军余部周绍涌等人在川东大竹、垫江一带活动。他们听到太平军大举入川的消息，欢欣鼓舞，要想前来会师，就一直打到涪州对江的鹤游坪，与太平军营地相距不过百里，隔江相望。可惜清军严密封锁长江，双方始终未能会师。

骆秉章收到涪州的告急文书，急派道员章源率清军千余人，炮船数十艘，赶来布

---

① “宰辅”是石达开远征后新设的官名，是一种高级军职。

防。另调副将唐友耕、已革知府唐炯、臬司刘岳昭等人增援。这时太平军已在眼前，清军援兵不知何时才能到达，远水不救近火，姚宝铭急得手足无措。恰巧当时清军参将徐邦道回籍探亲，姚宝铭就央求他出来主持防务。徐邦道为了保住自己的身家财产，愿意效力。为了便于守城，他不顾城外居民的死活，下令放火，把城外的民房一起烧光，用这些民房的砖石修墙筑垒，负隅顽抗。

4月1日夜半，太平军先锋队伍抢渡乌江，随即在江上扎起浮桥，大队人马陆续过江，清军兵勇闻风外逃，沿乌江西岸二百余里的防线顷刻瓦解。次日，太平军占领涪州城南的高山，遍地扎营。4月5日，石达开把一切布置就绪之后，亲临城下，指挥攻城。这时清军焚烧城外民房的大火还未熄灭，居民呼天抢地，惨不忍睹。石达开对此十分痛恨，立刻写了训谕[①]射入城中，痛斥地方官的残暴，号召涪州城内四民起来反抗清朝官兵，投向太平军。训谕中说："无心失火，为官者尚奔救恐迟；有意延烧，抚民者何凶残至此！伤心惨目，我见犹怜；饮泣吞声，人孰无恨！""尔四民等痛无家之可归，愧有仇而不报，诚能效沛子弟，杀酷令以归降，自当妥为安抚，不致一枝无栖。"[②]

太平军攻城的当天即获大胜。但从第二天起，连日大雨，不能进兵。就潜挖地道，准备用火药炸城。他们在黄泥坡大营附近的草屋中大打锣鼓，通宵达旦，以掩盖挖掘地道的响声。城里的人都以为他们是在演戏，只有狡猾的徐邦道识破了他们的计策，在城内挖壕灌水加以阻拦，以致潜挖地道一直未能成功。

四天以后，雨住天晴，由唐友耕、唐炯昕率领的敌人援兵已经到达。唐友耕原是李蓝起义军中的一个小头目，叛投清军之后，残杀旧日的兄弟极为卖力，所以不断升官。这时来到涪州，一心想要立功。唐炯原是知府，在与李蓝起义军作战时，因战败而革职。这时自告奋勇来援涪州，是想立功恢复原官。他们于4月10日到达涪州，12日就商量出城反攻太平军的策略。当时太平军在城外的主要阵地共有三处，即黄泥坡、龙王咀与仰天窝。唐友耕、唐炯与徐邦道用拈阄的办法决定各攻一处。结果唐友耕拈得龙王咀，唐炯拈得黄泥坡，徐邦道拈得仰天窝。

4月12日黎明，涪州清军分为三路出击。黄泥坡地势甚高，唐炯驱兵仰攻，伤亡颇多，屡攻不动。他突然发现坡下一些草屋已经无人驻守，前几天在这里敲锣打鼓的太平军都已回到大营中去，就想出一条毒计，派人蛇行而上，纵火焚烧草屋。久雨草湿，草屋被焚后烟焰蔽天，加上当时正刮东北风，浓烟都吹到太平军阵地上，大家睁不开

① 按照太平天国制度，翼王石达开的下行文书与告示称为训谕。

② 引自《太平天国文书汇编》中的《翼王石达开告涪州城内四民训谕》，中华书局，1979年8月第1版。

眼，清军就乘机爬上山坡，攻入大营。由于这里地势险要，守军大都是新兄弟，久经战阵的老兄弟不多，清军攻入，军心已乱，唐友耕乘势猛攻，就夺取了太平军好几处阵地。在这一次战役中，凶残好杀的唐友耕大砍大杀太平军，自身也多处受伤，回城之时，浑身血污，几乎成了一个血人。

石达开这次围攻涪州，并非为了争城夺地，是想占领此城作为基地，大举渡江。这时见到敌人死守城池，急切难以攻下；长江中又有敌人的炮船来往巡逻，暂时无法渡江。如果贪攻这个弹丸之地，反而耽搁了另觅渡口抢渡长江的时间，于是下令撤围，全军西进。

太平军进入巴县县境时，因为清军都已撤走，去防守长江北岸，所以并未发生战事。老百姓知道太平军军纪良好，并不逃跑。队伍进入巴县一品场时，老百姓赶场做生意的照样做生意，演戏的照样演戏，真是秋毫无犯，鸡犬不惊。太平军将士们看了都很高兴，就把一品场改称为仁义场。这件事情一直流传至今。

太平军既入巴县县境，与重庆隔江相望，本有进取重庆的想法。但是派人侦察之后，知道湘军[①]刘岳昭部已到重庆，长江中的船只均已停靠北岸，只好放弃这个想法，西去江津。石达开自入四川围攻涪州不克之后，就一直沿着长江南岸向上游进军，随时准备寻觅适当的渡口，抢渡长江。清军则沿着长江北岸向上游移动，时时进行堵截。双方好像是在隔着长江竞走。石达开行军一向急如风雨，如果是在陆上行军，清军绝不是他的对手。可惜当时长江中的船只都在清军的控制之下，太平军在陆上行军，清军却能乘船来往，因此太平军行军的速度就常常落在敌人的后面。四川的清军本来不多，他们能够阻拦太平军渡江，全靠长江天险。石达开也知道这一点，所以总想出奇制胜，能够绕到敌人的前面去抢渡长江。石达开从进入四川开始，一直到大渡河覆军为止，一切活动都是为了渡江，在同一时期里，清军的一切活动都是为了防江。可以说，两军在四川境内一年多的激烈斗争，就是抢渡与反抢渡的斗争。

三　进军长宁

石达开知道清军处处防江，无隙可乘，在向江津进军的途中，就和部将们商定了一个新的进军计划，即虚攻江津，实攻綦江。江津在长江边上，为清军所注目。即使攻下

---

① “湘军”是成立于湖南的汉族地主武装，长期帮助清军镇压太平军。

此城,缺少船只,还是过不了江。不如先攻綦河上游的綦江县城。这里是内地,清军不很注意。如果攻下此城,可以征用綦河中的船只,改造成为炮船,顺流而下,进攻重庆。计划决定之后,分兵前进,以一支队伍虚攻江津,大军则长驱南下,进围綦江县城。分攻江津的队伍不久也回师合攻綦江。

綦江城内的税朝南已经约定作为内应。可惜在太平军围攻綦江的第一天,内应一事就被敌人破获,税朝南遇害。敌人大致知道了太平军的进军计划,围攻綦江就增加了困难。围攻多日,未能得手。石达开决定开挖地道,埋药炸城。5 月 9 日凌晨,点燃火药,綦江南门轰然一响,火焰迷空,砖石乱飞,城楼城墙崩塌十余丈。但是敌人早已修好一道内城,又据内城顽抗。石达开在黄绸伞盖下,亲自骑马督战。双方短兵相接,死伤均重。太平军中有不少新兄弟,缺少实战经验,攻城很不得力,以致大量伤亡。石达开为了保存力量,下令暂时退兵。

在激烈的战斗中,双方都缴获了对方的一些辎重。敌人从太平军的辎重中搜到了一批告示封条。其中包括太平军的安民告示、招贤告示、封粮仓的封条、封当铺的封条,封闭官府庙宇以备设立各种机构的封条,以及征用綦河中大小船只的封条。这样一来,太平军企图以綦江作为基地,水陆配合进攻重庆的计划就完全暴露。敌人可以采取种种办法来破坏与阻拦,这个计划也就落了空。

石达开连攻涪州、綦江,都不顺利,深感部下新兵太多,不能得力,必须选择一块适宜的地方,进行休整,加紧训练,才能提高战斗力。因此下令给先锋赖裕新,要他选择一块人烟稠密可以驻扎队伍的地方,“以便辅派各队置备军需,宣讲道理,训练兵士。一经军规整肃,再议进取机宜。”①在休整的地方还未选定的时候,却连续传来了两个令人高兴的好消息。一个消息是:李蓝起义军余部这时正在叙府(今宜宾)八角寨活动,已经派人前来联络,希望配合作战。另一个消息是:南溪地方起义队伍首领张四皇帝②正在江安、兴文一带活动,也派人来欢迎太平军。石达开觉得能和他们配合作战,就有希望从叙府一带打过长江,机不可失,于是决定全军南下,通过贵州的仁怀厅(今亦水)的山间小路,先向永宁(今叙永)进军。命部下瑞天豫③傅佐廷等人为先锋,昼夜兼程前进。

---

① 引自《太平天国文书汇编》中的《翼王石达开给天台左宰辅赖裕新训谕》,中华书局,1979 年 8 月第 1 版。

② 是绰号。

③ “瑞天豫”是太平天国一种爵位。封建王朝的爵位是公、侯、伯、子、男五等。太平天国的爵位是义、安、福、燕、豫、侯六等,前面各加一天字,如天义、天安等。封某一个人的时候,再在天字之上加一个美好的字眼,如傅佐廷就封为瑞天豫。

当时叙永有两座城，永宁河以东为东城，或称旧城；永宁河以西为西城，或称新城。傅佐廷等人率领前军以迅雷不及掩耳之势攻下了东城。李蓝起义军部队首领李永和得到消息，以为石达开本人已到叙永，就派人送信来表示祝贺，还说自己即将率领队伍前来迎接。傅佐廷不敢擅自同意，只好先写一封回信，说明翼王还未到达，双方合作的军机大事，要等翼王石达开亲自到来，再做答复。这封回信，一直流传至今[①]。可惜后来因受清军阻隔，两军未能会师。

太平军已入叙永东城，但是西城未下。为了号召西城和附近各乡镇的人民归向天朝，傅佐廷等人又联名出了一个安民告示。告示中说："我真圣主天王起义粤西，建都江南。金陵定鼎，创亿万年有道之基；铁甲平胡，吐二百载不平之气。无非欲斯民革夷狄之面目，复中国之规模……耕者耕而读者读，毋容迁徙而远遁；商者商而贾者贾，尽可乐业以如常。"[②]这篇文告也和石达开给涪州四民的训谕相似，主要内容是对广大群众宣传革命宗旨，民族大义，与太平军的爱民作风，对于太平天国所崇奉的上帝教教义一字不提。从这一点就可以看出远征四川的太平军不做宗教宣传，和长江下游各地太平军经常大搞宗教宣传的情况截然不同。

石达开到达叙永之时，张四皇帝又派人来迎，说要取道兴文前来会师。石达开很想依靠这支熟悉地形的本地起义队伍，合兵抢渡长江，所以立即挥军西进。1862 年 5 月 26 日全军离开叙永，直趋兴文。两天以后，先锋赖裕新到达兴文城外，才知道此城已被张四皇帝攻占。张四皇帝见太平军到来，立即开城，请太平军进驻城中，自己却率部下退驻城外。石达开到达之后，就由张四皇帝引路，合兵进取长宁。6 月 1 日开始围攻，至 12 日以火药炸开城垣，进驻长宁。这里离长江只有五十里路，完全可以作为渡江之战的根据地。为了保固这块地方，石达开分兵四出略地。一时，兴文、古宋、叙永、庆符、高县、珙县一带，到处都有太平军活动。

石达开入川四个多月，转战一千余里，一直在想抢渡长江，进取成都。但因敌人严密封锁长江，未能如愿。在这一段时间里，两军战局起了很大的变化。清军攻下安庆之后，逼近天京。天京被困，形势严重。天京以下，清军与外国侵略者勾结起来，合组新式军队，使用洋枪洋炮，向苏南一片富庶之区疯狂反扑；天京以上，由于青年英雄英王陈玉成被叛徒出卖，被俘后不屈殉国，形势迅速恶化。总之，太平军在长江中下游各

---

① 这封回信就是《太平天国文书汇编》中的《瑞天豫傅佐廷等给李短鞑蓝大顺诲谕》，中华书局，1979 年 8 月第 1 版。

② 引自《太平天国文书汇编》中的《瑞天豫傅佐廷等告叙永厅人民诲谕》，中华书局，1979 年 8 月第 1 版。

地战场上处处失利。清军就得以腾出手来,抽调出不少兵力来对付四川境内的太平军。

老奸巨猾的四川总督骆秉章知道石达开一心保固长宁,是想以此作为渡江的根据地。也知道太平军一旦渡江,成都就岌岌可危。为了先发制人,他调集了四川境内所有的湘军和许多川军合力围攻长宁。除从涪州尾追而来的湘军刘岳昭部、川军唐友耕部、唐炯部之外,又调来了湘军道员曾传理部、川军总兵熊焕章部,反复环攻,志在必得。一时战况激烈,双方死伤均重。

这时太平军中新附之众甚多,他们缺少作战经验,大量伤亡,影响军心。石达开见到清军云集,长江江面封锁甚严,觉得在这一带地方渡江无望,不如暂时撤离长宁,保存有生力量,就在7月12日主动放弃长宁,退回叙永,进行休整,并且伺机出击,另觅抢渡的渡口。

8月7日,太平军李福猷部在合江西南三十里的先市场大败湘军刘岳昭部,全军士气大振。但是石达开派人侦察的结果是合江以下,重庆以上,清军处处防江,无隙可乘。为了迷惑敌人,他们决定绕道黔滇,向叙府以上的金沙江,也就是长江上游寻觅渡口。因为那一带地方山高水深,人烟稀少,清军难于处处设防,奇袭成功的希望要大得多。

9月底,太平军全部集中于川黔边境,做好入黔的准备工作。石达开设大营于綦江县属的东溪镇。在这里,他召集部将,商定了一个绕道进军奇袭成都的长期作战计划。即分兵三路,由赖裕新、李福猷各领一路,从贵州绕道云南,设法抢渡金沙江;石达开自领一路,仍从叙府以南地区进军,约期在金沙江以北的木川司(今沐川)会合,共取成都。以后,远征四川的这支太平军长期分兵作战,由赖裕新率领中旗队伍为先锋,李福猷率领后队,石达开自领中军也可以称为本军,就是在这时候决定的。

1862年10月1日,石达开率领全军进入贵州,分攻桐梓、仁怀、绥阳、遵义各地。贵州境内清军甚少,他们进军时没有遇到什么阻挡,连著名的天险大娄山的娄山关都无人把守。全军到达大定府(今大方)时,与两年前离开广西的曾广依部太平军会合。曾广依离开广西以后,转战贵州各地与川南一带,队伍分散活动。到湖北来凤迎接石达开大军入川的那支队伍,就是曾广依的部下。这时他本人正在大定府附近活动,听说翼王亲自到来,他十分高兴,率领部下前来归队。石达开与赖裕新、李福猷等人早已商定了分兵作战的计划,这时有了熟悉贵州情况的曾广依作为向导,就决定立即执行。全军暂分两路前进:一路是石达开的本军,由此西趋毕节、镇雄,重入叙府以南地区活动。另一路是赖裕新部与李福猷部，由曾广依作向导，南趋水城、郎岱，暂时合兵作战，到了适当的时候，再行分兵前进，抢渡金沙江，然后前往叙府以西的木川司，三路会合。这样分路进兵，可以迷惑敌人，使其不知太平军的主力究竟在什么地方。

赖裕新部与李福猷部围攻郎岱不克，分兵西进。李福猷进军宣威，赖裕新进军东川，这就是所谓郎岱分兵。此时，李福猷经过宣威、昭通，到达金沙江边的副官村。石达开本军到达横江镇时，把他召回，重归本军。赖裕新部经过东川，从米粮坝(今巧家)渡过金沙江，进入四川的宁远府(今凉山州)地区，从此与石达开本军失掉联系。

石达开本军离开大定，经过毕节，于10月27日进入云南镇雄县境。这里是川、黔、滇三省交界地区，没有什么清军驻防。太平军在这里从容休整、补充，到处张贴募兵告示，号召贫苦人民、反清志士与地方起义队伍踊跃参加。告示中说："本主将匡扶真主，诛满夷之僭窃，整中夏之纲常，解士庶之倒悬，拯英雄之困顿。志士抱不平，均愿讲武；穷人原无告，其乐从戎……本主将大开军门，广罗武士，收纳不拘万千，招募无论什百，先教以止齐之节，复列于戎行之间，待之如同手足，用之以作干城。"[①]这一告示具有极大的吸引力，吸引了无数衣食艰难贫苦无告的人，怀才不遇有志难酬的人，闯荡江湖漂泊无依的人。他们深信石达开"待之如同手足，用之以作干城"的诺言，纷纷参军。经过补充，仅石达开本军就扩大到十余万人。

四　横江大战

1862年11月15日，石达开率领本军由镇雄出发，大举入川，随即攻入筠连，前锋直指叙府所属的横江镇。不久就占领横江镇以及附近的双龙场、玉皇楼等地，夹横江两岸为营，纵横数十里，旌旗相望，金鼓相闻。

石达开这次进军以横江镇为目标，是有原因的。他在镇雄招募来的人才之中，有人向他提出一个抢渡金沙江的计划，经过了解，切实可行。在叙府以上，金沙江南岸有一支流，叫作横江，发源于贵州威宁境内。横江全长虽然只有五六百里，沿途支流颇多，水量不小，可以行船。横江注入金沙江时，水流甚急。如果从横江中驾船顺流而下，可以利用流水的冲力一直冲到北岸，比在一般渡口过江要容易得多。石达开进驻横江镇后，亲到江口视察，认为这个计划可以实现，就决定长期驻扎，固守阵地，征集船

① 引自《募兵训谕》，载《学术月刊》1963年第4期。

只，做好抢渡的准备。

从11月24日至29日，太平军多次进行试探性的抢渡，都未成功。因为横江河道不宽，险滩甚多。船只虽是顺流而下，为了避让险滩，行船不能太快，也就不能充分利用水流的冲力。石达开和部将们都认为：从这里抢渡的设想是不错的。不过冬季水浅，行船难以充分利用水流的冲力。明年春季涨水，横江和金沙江的水位升高，险滩都被淹没，船只顺流直冲而下，瞬息即到，一定能够成功。所以决定在这里坚守到明春涨水。在这段时间里，尽力征集改造各种船只，训练水战人员，做好准备工作，力争一战成功。

石达开下令全军挖壕筑垒，作久守的打算。并在横江上建造浮桥，让两岸人马通行无阻。在新附之众中间，必有不少船夫水手。石达开下令层层传达，公开征求能够从事水战的人员。命令中说："誓必渡此金河[①]，凡有能水战者，即到统兵大将处报名。果能得渡大河，所有同过浮桥之人，准于每张封条抽取银十两，以赏水师。兵士之有功者，赏军功检点职衔[②]，功高者，赏侯爵预爵。"[③]在这样的鼓励之下，许多能够驾船泅水的人员，修船造船的人员，都踊跃前来报名。各个营地上都在打造船只，修整器械，训练人员，忙得热火朝天。

不久，成都的骆秉章就打听到太平军"誓必渡此金河"的决定与计划。他知道石达开的大军一旦渡过金沙江，就会席卷川西，拿下成都。为了在这一场生死搏斗中能够获胜，骆秉章不惜孤注一掷，调集四川境内一切能够调动的队伍来和太平军决战，一定要拔除横江镇这个据点，以消灭心腹之患。他先后调来川军唐友耕部、熊焕章部和滇军杨发贵部扼守金沙江北岸；湘军刘岳昭部、胡中和部、萧庆高部、何胜必部集中于横江附近，四面围攻太平军的大营。

1862年12月上旬，各路清军先后到达横江附近。横江上空，乌云密布，山雨欲来，大战即将开始。为了集中兵力坚守阵地，石达开下令把在高县、筠连一带活动的队伍一律撤回大营，并把驻扎在云南副官村的李福猷部也召回横江。这一次大战，清军方面是势在必攻，不夺取横江这一块渡江基地，他们就不能安枕；太平军方面是势在必守，如果失掉了横江这一块渡江基地，抢渡金沙江的计划就会落空。

1863年1月8日，横江大战正式展开。大战不是由清军进攻而开始，是由太平军

① 指金沙江。

② "军功检点"是一种赏功虚衔，不能与正职检点相比。

③ 引自《太平天国资料》中的《佚名日记》，科学出版社，1959年3月第1版。

主动出击而开始的。当时，太平军大队驻守横江两岸，石达开本人则驻守距离江岸二十余里的双龙场。湘军提督胡中和、总兵萧庆高、何胜必等人都逼近太平军的营垒而扎营。双方剑拔弩张，冲突一触即发。当天一早，石达开亲自指挥双龙场的太平军猛扑胡中和的营盘，其他各路太平军也纷纷出动。清军处处应战，大战全面展开。

石达开知道敌人已经全面进攻，就下令各部坚守营垒，以逸待劳，大量杀伤敌人。横江镇、双龙场两处，太平军营垒林立，卡坚路险。清军仰面进攻，不断被炮、石击中，伤亡惨重。这样激战了十多天，清军大量伤亡，太平军营垒岿然不动。这时如果不是发生了意外的情况，清军就将无功而还。这意外的情况是：一、胡中和打听到了可通太平军大营的山间小道。二、刘岳昭使用阴谋诡计，在太平军内部收买了可以作为内应的叛徒。敌人有了这种机会，就在 1 月 30 日这天向太平军发动猛攻。

这天一早，敌人倾巢出动，从正面猛攻太平军横江镇营垒。正激战间，胡中和部湘军从山间小路抄至，两面夹击。并以火弹投入太平军营中，引起冲天大火。太平军战士在烈火中坚守不退。湘军的三个营围攻横江镇上太平军的一处街垒，整整围攻半天都攻不下来。就在两军激战胜负难分之时，太平军双龙场大营中又突然起火，原来是叛徒纵火内应。这里是太平军的总指挥部，一旦出事，军心动摇，遂被湘军刘岳昭部攻破。石达开见到大营已失，下令撤兵。次日，从燕子滩渡过横江，全军退入云南境内。

这次横江大战，太平军坚守阵地二十二天，敌人伤亡惨重，束手无策。但是在关键时刻，竟然败于叛徒之手，使得抢渡金沙江的计划落空，令人惋惜。石达开在镇雄一带招兵的时候，来者不拒，以致泥沙俱下，鱼龙混杂。即招来了成千上万的好兄弟，也混进了一些投机分子。叛变事件的发生，并非偶然。石达开接受了这个惨痛的教训，以后在进军途中，不再像先前那样大招新兵。对于接受新兄弟，采取比较慎重的态度。因此，这样的事情以后就不再发生。

石达开进入云南后，活动于永善、镇雄、昭通、东川一带。这时他找到了一些赖裕新部下的伤病员，从这些人口中，知道了赖裕新所率领的中旗队伍的消息。这支队伍于 1862 年 12 月中旬到达东川府（今会泽），年底从米粮坝顺利渡过金沙江，深入四川宁远府所属地区。石达开入川一年来，梦寐以求的就是渡江。现在自己的先锋队伍既然已经顺利渡江，自然不可放过机会，于是决定立即跟踪入川。

为了不让敌人知道自己的去向，他命令李福猷率领三万人大张旗鼓地东入贵州，回攻川东。一时清廷上下都把李福猷部误认为是石达开的本军，各部清军纷纷追赶。等到弄清真相，石达开的本军已经顺利地渡过金沙江，向着成都进军了。

五　被困洑江

1863年4月15日，石达开亲率本军四万余人从米粮坝渡过金沙江。因为这一带的清军都被李福猷部太平军所吸引，无人前来阻拦，渡江十分顺利。过江之后，沿会理侧上德昌。一路上也没有见到清军，只有地方团练略做抵抗，一击即溃。5月1日，他们攻克宁远府（今西昌）所属的重镇河西镇，驻军于樟木箐，营地纵横二十余里。5月3日，宁远清军数千人来攻，被太平军杀得片甲不回。

石达开驻军樟木箐时，有当地居民赖由诚前来献策。石达开接见了他，向他询问进军的道路。他说：北上成都，必先渡过大渡河。去大渡河边的道路有二。一是大路，经越巂、海棠，直到大渡河边的大树堡；二是小路，经冕宁、大桥、拖乌、铁宰宰，直到大渡河边的紫打地。大路略远，小路略近，大路较平，小路较险。上次赖裕新所率领的中旗队伍走的是大路，沿途清军与彝兵必然有所防备。小路虽然险窄，全未设防。这次进军，以走小路为宜。石达开接受了他的安见，把他留在军中作为向导，下令从小路进军。

石达开和他部下的一些老兄弟，长征万里，身经百战，曾经越过无数的高山大水，突破无数的险隘雄关。但是这一次在宁远府属的山间小路上进军时，却不能不为这一带山水的奇险而惊叹，觉得是平生所未见。有时路在山腰，仰视高山不见山巅，俯视深谷不见谷底，一失足就会粉身碎骨，连尸骸也无处寻觅。有时路在谷底，两旁石壁千仞，古木森森，遮天蔽日，虽在暮春时节，也使人彻骨生寒。尤其是在铁宰宰附近，高山峭壁之间，只有一线可通行人。人马负贯而行，全无回旋余地。十多天中，数万人马有如一条长蛇，在这从古以来荒无人烟的万山丛中蜿蜒前进。

石达开在向紫打地进军之前，打听到这一带地方彝族很多。这些彝族居于高山，生活艰苦，性格强悍，只受土司管辖，与汉人很少来往。为了避免发生摩擦，石达开在进军之前，向沿途各土司散发文告，说明太平军的来意。文告中说："满清异族，荼毒中华已极。天王拔举义师，大张挞伐。天兵纪律之师，望所到之处，约束所属百姓。切勿听信谣言，滋生事端。"[①]这样，沿途多数土司都能听从他的劝告，双方相安无事。只有少数土司受到清军利用，想来劫夺太平军的辎重，发动袭击，但是都被击退。

---

① 引自《四川省少数民族调查组调查材料》（藏川省民族事务委员会）。

5月14日清晨,太平军的前锋到波波涛汹涌的大渡河畔。大渡河古名涐江,本地人又称为铜河,发源于青海,上游分为大、小金川,从西北流向东南,到四川的乐山与岷江会合。两岸雪山绵亘,峰峦重叠,到了化雪季节,千里激流,倾泻而下,汹涌澎湃,石走雷奔。既因水势凶险,难以架桥;复以水寒彻骨,不能泅渡。两岸之间的交通只靠少数渡口与铁索桥维持,自古称为天堑。

太平军当时所到之处,是大渡河南岸番族土司王应元所管辖的紫打地[①]。这里北濒大渡河,西濒松林小河,东南两方都是崇山峻岭,是个只有几百人居住的小场。得到太平军即将到来的消息以后,土司强迫居民走避,粮食也都运走。太平军到达之时,全场只有几个老弱居民。

石达开亲自来到大渡河边,观察地势。横亘在他面前的大渡河虽然乱石嵯峨,波涛翻滚,但他还很放心,因为眺望对岸,完全不见清军的影子。几个月来虽然没有接到赖裕新的报告,途中也还能够听到一些消息。知道中旗队伍已经从大树堡顺利渡过大渡河,进入四川腹地。这就会吸引敌人跟踪追击,使得自己所率领的本军得以乘虚而入,奇袭成都。

他下令征集当地仅有的几只木船,立即运送几百名骑兵到北岸去,侦察沿河上下数十里内有无清军踪迹,限定当晚回营。这些骑兵回来报告说,对岸全无清军。大家这才完全放心。

番族土司王应元已受清军收买,所以对太平军抱着敌对态度。他把松林小河索桥上的木板撤了,据河扼守。在太平军到达之时,他命令士兵用劈山炮轰击太平军。石达开当然不会把他看在眼里,只因自己的队伍尚未到齐,而且地形不熟,所以不和他一般见识,隔着松林小河打了一阵枪炮就算了,并不主动出击。

当天夜里,天气突然变化,阴云四合,天色如墨,继之狂风怒吼,大雨滂沱。直到第二天早晨,大雨仍然不停。石达开带着赖由诚等向导多人,冒雨来到河边观察水情。只见河水在风雨声中逐渐上涨,到了傍晚,居然上涨数丈。不仅大渡河中的波涛排山倒海,白浪滔天,连松林小河也都翻翻滚滚,有如一锅沸水,涨水的消息迅速传遍全军,大家都很忧虑。但据当地的老年人说:现在还未到涨水季节,只是山洪暴发,一两天就会退的,大渡河真正涨水,还在一个月之后。大家这才暂时安心。

因为在山路上长途行军,人马都很疲乏,到达紫打地后,石达开下令休息三天。只

① 相传紫打地就是现在石棉县属的安顺场,实际上不是这样。紫打地已在1902年秋被大水冲没。其后在北面中坝另建的新场才是安顺场。

派少数人征集船只，编造竹筏，做好渡河的准备。5月17日，天气放晴，水势稍稳，太平军陆续把造好的船筏拉到河边，准备出发。但却隐约见到对岸出现清军的旗帜。这样一来，原先考虑的渡河计划已经落空。石达开立刻下令把渡河的队伍重新编组，做好敌前抢渡的准备。

当天下午，石达开派出精锐千人，分驾船筏，沿河抢渡。清军唐友耕部刚刚到达，不明情况，为了给自己壮胆，拼命施放枪炮。大渡河河面很宽，子弹射程不远，纷纷落水，很少命中。敌人的子弹本不足畏，可惜水流过急，船筏到了河心，控制不住，难以前进。为了避免无谓的损失，石达开下令收兵，准备在水势平稳的时候，集中兵力，大举渡河。

石达开率领本军轻装急进，从金沙江打到大渡河还不到一个月，这是完全出乎骆秉章意料的。太平军到达紫打地的当天夜间如果没有涨水，第二天他们就将大举渡河，直捣成都。骆秉章也许就会成为他们的阶下囚。可惜当晚涨了水，阻碍了太平军的进军，这就给骆秉章造成了一个布置反攻的好机会。

大刽子手骆秉章和他的帮凶四川布政使刘蓉共同商定了一个反攻与包围太平军的计划：

一、派川军重庆镇总兵唐友耕、雅州知府蔡步钟率领兵勇八千人防守大渡河北岸，阻止太平军渡河北上。

二、命番族土司王应元督带番、汉兵勇扼守松林小河，阻断太平军向西前往泸定的道路。并以提督胡中和率领湘军三千人进驻化林坪，都司谢国泰率部进驻猛虎岗，作为王应元的后援。

三、派南字营都司王松林率领汉、彝兵勇把守筲箕湾、擦罗一带，切断太平军向南退往宁远的道路。

四、派越嶲同知周岐源、参将杨应刚、都司庆吉带领土司岭承恩与汉、彝兵勇从竹马岗北上，堵住太平军东进的道路。

骆秉章尽管布置得面面俱到，但是要想击败太平军，必须守住大渡河。如果太平军抢渡成功，不仅包围计划成为泡影，成都也将岌岌可危。他深知石达开是个极有谋略的军事家，是个不易对付的敌手，因此在调兵遣将之后，仍然昼夜担心。

在大举渡河之前，石达开一再布置疑兵，迷惑敌人。他派出一些小队伍沿河上下到处流动，白天多张旌旗，夜里多打火把。清军从对岸眺望，只见太平军不断移动，既不知主力在什么地方，也不知道这些队伍要到何处去，常常自相惊扰，调整兵力，变换防地，闹得人困马乏。

5月21日，即第一次抢渡的四天之后，雨过天晴，江山如画。大渡河水位已经下落，一河碧水滚滚东流，对岸山峦历历可见。石达开选定了这一天，激励将士，大举渡河。上午，除在营地担任警戒的队伍之外，全军将士都开到河边助威。经过再三挑选的五千精锐，陆续登上几十只木船与几十只竹筏。他们右手握矛，左手挽盾，披发赤足，腰佩利刃，抱着过不了河绝不生还的决心，在一片呼啸声中破浪而去。岸上的将士们也都摇旗呼喊，擂鼓助威，声震山谷，惊天动地。

对岸的清军见到这种声势，不禁胆寒。这些破浪而来的太平军将士，都是经过万里长征身经百战的勇士。只要登上河岸，谁也挡不住他们的去路。为了给自己壮胆，清军不断施放枪炮。太平军虽有伤亡，但毫不气馁，仍在波涛起伏的河心中奋勇前进。渡河眼见就要成功了，在岸边呐喊助威的太平军将士忍不住发出一阵又一阵的欢呼。想不到就在这生死存亡的关键时刻，河水突然暴涨。在滚滚而来的洪峰冲击之下，木船打翻，竹筏冲散，将士纷纷落水。没有打翻的船筏，也被急流冲走，不知去向。这次抢渡，太平军百战精锐五千人，无一生还。

大渡河水暴涨。石达开看到抢渡大渡河的计划一时难以实现，为怕旷日持久，陷于被动，决定转移进攻方向，抢渡松林小河，准备沿大渡河南岸向泸定进军。次日即亲自督战，挥军抢渡松林小河。

松林小河河面虽宽，但水量不大，满河都是乱石。枯水季节，水从石缝中流过，行人可以涉浅过河。这时涨水，水石相激，一片浪花。既不能涉浅，又不能行船，两岸交通，只靠一座铁索桥维持。河对面的松林地就是番族土司王应元的驻所。王应元听说太平军金银无数，一心想要击败太平军来发财，所以死心塌地充当清军走狗，下令所管四十八寨居民坚壁清野，不留一粒粮食在外，并强集士兵和地方团练据河扼守，以与太平军为难。5月22日，太平军抢渡松林小河那一天，王应元已经调集各族兵勇两千余人，在河西沿岸三十里处处设防。

石达开看到对方人数不多，就决定在河口上下几里路内处处抢渡，使敌人防不胜防。这时满河都是急水漩涡，要想涉水而过，简直无法下脚。将士们就手握长竹竿，使三五人、七八人联在一起，互相支持，共同涉水。一时沿河上下，吼声如雷，大家蜂拥前进。但是河心有一道深沟，水急如箭，难以跨过。一人跌倒，相连的几个人也都站立不稳。跌下深沟，撞上乱石，立刻粉身碎骨。在急流之前，就是平时渡河也危险万状，更何况是敌前抢渡。因此十之七八的人都冲不过那条深沟。少数过了沟的，冲到敌人面前已经筋疲力尽，多被敌人刺倒。这一天，从早血战到晚，仍然过不了河。

5月23日，石达开移兵至河口以上十里的磨房沟地方抢渡。这里河床较深，河面较窄，没有乱石险滩拦路，可以泅渡过河。他挑选了善于泅水的将士数百人，口衔利刃，同时泅渡。对岸防守的敌人不多，只要泅渡过去的人能够抢占一段河岸，抢渡就能成功。看着泅水的将士在河中迅速前进，大家都抱着极大的希望。可是水寒彻骨，游了一段时间，手脚麻木不灵，转眼之间，就被急流冲走。即使费尽气力，爬上对岸，也因手脚僵硬，行动不便，立即遭到敌人的毒手。抢渡仍然失败。

石达开率领大军向紫打地进军之时，知道这一带地方人烟稀少，粮草难筹，所以对全军需要的粮草是带够了的。他们到达紫打地的时候，见到王应元的土兵据险抵抗，估计抢渡大渡河时要发生战斗，就不把粮草带到紫打地，而保存在位于紫打地东南五里的马鞍山大营里。当太平军全力抢渡大小两河的时候，彝族土司岭承恩却带领彝兵偷偷地来袭击马鞍山的大营。

这个岭承恩从来就是太平军的敌人。当赖裕新率领中旗队伍北上的时候，岭承恩为了发财，拦路抢劫，在白沙沟设下埋伏，用滚木礌石打死了不少太平军，夺得了不少辎重。他既和太平军结下了难解的冤仇，也就只好一心为清王朝效劳。当石达开全军通过险要的隘口铁宰宰北上之后，他就带领彝兵用巨木大石堵塞山间小径，阻断太平军的退路。

太平军初到紫打地之时，军锋锐不可当，岭承恩不敢来惹是生非。这时太平军在大小两河抢渡失败，锐气受挫，他才大胆来抄后路。为了发财，他始终注视着太平军的马鞍山大营，因为其中存有大量军粮辎重。从5月24日起，他就开始在马鞍山大营附近骚扰。他们或者三五成群，狙击太平军将士；或者居高临下，用飞石投击太平军营寨。此来彼去，轮番扰乱，闹得太平军日夜不安。

5月29日夜间，岭承恩倾巢出动，偷袭马鞍山大营。他们四处放火，趁火打劫。太平军将士为了保护粮草，拼命救火，无暇进行反击，陷于被动，伤亡甚重。彝兵攻破大营，抢劫军粮辎重，抢不走的，反复放火烧毁，大营中粮草为之一空。石达开得到消息，大为震动，连忙派来援兵。大营虽然夺回，粮草已经损失，太平军从此因缺粮而陷入困境。五六天后，存粮吃完，只好煮食树皮草根，甚至忍痛宰杀战马，最后连鞍辔也煮食一空。

6月3日，石达开大会将士，引咎自责。说是由于自己指挥不当，以致全军陷入困境。他激励大家说：我们与其在这里束手待毙，不如背水一战，血战出险，死里求生，重振军威。将士们明明看到进军不利，是被洪水所阻。这时石达开说是自己的责任，大家都很感动，人人热泪盈眶，纷纷表示愿意决一死战。当天深夜，分兵三路，全军出动。两路抢渡大渡河，一路抢渡松林小河。一时船筏皆出，火把齐明，人声鼎沸，山鸣谷应。

抢渡大渡河的将士们口衔利刃，手挺长矛，准备死战。在一片怒吼声中，船筏齐飞。当夜水势未退，河心浪涛汹涌，船筏十之三四，都被激流卷走。将士们抱着血战过河有进无退的决心，与河心的激流勇敢搏斗，未被卷走的船筏飞速前进。北岸的清军看到南岸一片火光，听到吼声如雷，知道太平军又要抢渡，沿岸严加戒备。太平军的船筏靠近哪里，他们就聚集到哪里拼命抵抗。既是黑夜，又在急流如箭的洪水中，哪能选择靠岸的地点。船筏到了岸边，往往撞上岩石，立时破碎。少数上了岸的将士，尽管奋力冲杀，杀伤十倍八倍的敌人，但是因为吃了几天树皮草根，体力不济，最后还是倒在血泊里，壮烈牺牲。从深夜血战到天明，抢渡仍未成功。

抢渡松林小河的情况大致相似。6月4日清晨，石达开得到消息，知道各路抢渡均已失败，悲痛万分。将士们自从以树皮草根充饥之后，疾病流行。或患疟疾，或患痢疾，几天之中，死亡枕藉。为了让将士们死里求生，宰辅曾仕和向石达开建议，写一封信给王应元，许以重酬，请求让路。石达开本不愿向王应元低头，这时见到将士们又饿又病，心情沉痛，决定一试。第二天，即1862年6月5日，石达开写了给王应元的训谕，拴在箭上，射入王应元的营中。训谕中说："缘予恭奉天命，亲统雄师，辅佐圣主，恢复大夏，路经由兹，非取斯土，贤台不知师来之意，竟尔抗拒，姑无足怪……如允让道罢兵，不独我师所来尔境，不犯秋毫，而且许赠良马二匹，白金千两，与贤台为让军之资，他年天国一统之后，定有加封贤台也。"①

当天晚上，王应元也把回信拴在箭上射来，这时太平军粮尽援绝，抢渡无功的情况已为他所深知，他想得到的是太平军全部金银财物，而不仅仅是"良马二匹，白金千两"，所以不愿让路，一口回绝。石达开不得已，又写了一封信给王应元，愿意出高价购买粮食，仍然被严词谢绝。在对王应元绝望之后，石达开又写信给岭承恩，表示愿意以重金买路。岭承恩不给回信，却以加紧进攻来做回答。

船筏俱尽，抢渡无望。石达开知道长期困守紫打地不是办法，决定设法突围。紫打地北濒大渡河，西濒松林小河，难以抢渡；南面都是高山，又有岭承恩所带的彝兵时时狙击，不易通过；只有向东突围还有一线希望。突围中如果没有清军拦阻，或者得以

① 引自《太平天国文书汇编》中的《翼王石达开给松林地总领王千户训谕》，中华书局，1979年8月第1版。

冲过，东进到上海棠的大道，就能脱离险境。太平军初到紫打地时约有四万人，除战死病死两万余人外，还有一万余人。要想全部突围，难以办到。只好对黔滇各省与宁远一带新参加的新兄弟与老弱病残数千人给资遣散，嘱咐他们各自夺路求生。这些人后来也有被清军杀害的，也有被土司掳为娃子[①]的，也有逃回原籍去的。

6月9日中午，石达开率领六千余人向东突围，朝着小水前进。看到太平军放弃营地，突围东去，清军都司谢国泰、土司王应元等人才敢发动追击。他们共同攻入空营，掠夺财物，然后付之一炬。太平军于6月9日离开紫打地，10日晚间到达利济堡。在这两天之中，清军与土司兵对他们只敢遥遥尾追，不敢逼近。将士们觉得无限悲愤。他们心里都很明白：敌人是不足畏的。这次进军失败，主要是败于洪水，败于饥饿，而不是败于敌人。

10日晚间太平军到达利济堡之时，发现拦在面前的老鸦漩河[②]也在涨水，一片汪洋。他们对着满河怒水，不禁失色。几天来鼓足勇气，舍命突围，是由于还有出险的希望。这时发现前无去路，后有追兵，树皮草根，罗掘俱尽，已经到了绝境。人人悲愤填膺，热泪长流。大家不愿束手就擒，决定次晨与追兵决一死战，虽全军战死也在所不惜。计议已定，石达开就怀着满腔悲愤来与家人诀别。他的王娘[③]五人抱着幼子二人携手投河。将士们患病受伤难以力战的，不愿受辱，也相继投河自尽。

大家既已下了必死的决心，曾仕和就向石达开提出一个诈降的建议。他说：由利济堡南行十里可到凉桥，过桥就是洗马姑场。听说那里颇有存粮。我们可以拔队南行，派人向那里的妖兵请降，伺机抢占洗马姑场。如果成功，就能转危为安，重振军威。如果失败，也不过一死而已。石达开接受了这一建议。6月11日一早，即下令全军南行。

在太平军这一方，是到了6月10日晚上，粮尽路绝，曾仕和才提出了诈降以争取出险的策略。但在清军那一方，自从太平军在紫打地被困，他们就不断地商量进行诱降的办法。不过他们的高级官员和下级军官之间对于诱降又有不同的想法。高级官员如四川总督骆秉章、布政使刘蓉等人老奸巨猾，非常世故。他们知道石达开是不可能投降的，即使投降，也是诈降，一有机会就会东山再起，卷土重来，因此只能以诱降为手段，达到诱擒而加以杀害的目的。在屡次对部下指示军机的时候，都提出要对石达开

① 彝族称奴隶为娃子。

② 老鸦漩河又名南桠河、勒丫河。

③ 太平天国不称王妃，而称王娘。

设法生擒。至于生擒以后如何处理，自然不必对部下明言。下级军官如参将杨应刚、都司王松林等人都很佩服石达开的文才武略，很想争取他真正投降过去，既立了大功，又能交上这样一位了不起的朋友。因此，在进行招降活动中，他们是很卖力的。

6月11日这一天，是太平军诈降与清军招降的关键时刻，太平军是为了诈降而向南开拔的。他们还没有派人出去与清军联系之前，杨应刚、王松林已经带领少数随从亲自前来进行招降活动了。当时双方以平等的身份进行停战谈判。杨应刚、王松林早知石达开是个硬汉子，以荣华富贵来打动他是不行的。也知道他一向爱护部下，所以劝他为了保存部下的生命而牺牲一切，石达开慨然答应。双方谈判的结果是：休战以后，清廷不再对太平军将士追究罪责，一律遣散归田。石达开愿意由自己承担一切责任，只要部下能够保全生命，自己粉身碎骨在所不辞。一切具体办法，由石达开自己到洗马姑场去和清越嶲同知周岐源当面商定。谈定以后，太平军全军进驻洗马姑场。在行进的途中，杨应刚与石达开并马而行。

在这次谈判中，双方各有各的想法。杨应刚、王松林认为：只要谈判成功，自己就算立了大功。至于对石达开本人如何处理，那是上级的事情。他们相信只要石达开愿意做官，清廷是会加以重用的。石达开、曾仕和认为：只要太平军将士能够暂时脱离险境，就有伺机袭击、东山再起的希望。诈降成功，可以重振军威，诈降即或失败，只要部下能够保全生命，石达开也甘心粉身碎骨。不管成功或者失败，他自己都是随时准备牺牲的。

全军当晚到达洗马姑场，杨应刚陪同石达开会见越嶲同知周岐源。经过反复谈判，最后商定对石达开部下六千人先遣散四千人，暂留精锐两千人，不缴军器，移驻大树堡，等待骆秉章的回文再作处理。杨应刚等人则在洗马姑场上设宴招待太平军将士，劝大家安心。

石达开答应这样的条件是容易理解的。当晚如果发动袭击，将士们多日以来用树皮草根充饥，体力太差，一旦冲突，未必能操胜算。既然可以保留两千精锐，携带军器移驻大树堡，不妨把行动略微推后。大树堡是南来北往的通途，粮食充裕，到了那里，更易成功。

6月12日，预定遣散的四千人遣散完毕。6月13日一早，留下的两千人重新编队，仍由石达开部下的周宰辅指挥，作为前队先行，向大树堡方面进发。石达开携带五岁的长子石定忠，部将曾仕和、黄再忠、韦普成与杨应刚等人随后并马而行。

人马正行进中，突然听到人喊马嘶，周围一片混乱。原来是唐友耕部清军对杨应刚部清军发动突然袭击，加以包围。双方发生冲突，互有死伤。原来，太平军驻扎紫打地时，唐友耕在大渡河北岸按兵不动，隔岸观火。等到杨应刚等人招降成功，他就迫不及待地跳出来抢功，发动突然袭击，把石达开等五人抢到自己手中。这次袭击，不仅打破了杨应刚亲到成都去报头功的美梦，也使石达开及其部下进行诈降待机发动袭击的计划完全落空。

经过周岐源的竭力排解，这场冲突才算结束。唐友耕的官职比杨应刚高，实力也比杨应刚强，杨应刚只好忍气吞声，让步了事。他拼着性命立下的一场大功，转眼就被唐友耕夺去，实在不能甘心。可是当时唐友耕受到骆秉章的重用，处处横行霸道，杨应刚知道斗不过他，只有垂头丧气地带领部下回越嶲去。

唐友耕用拦路打劫的手段把石达开等五人抢到自己手中，就决定由自己带兵立即押送到成都去。这时，石达开发现唐友耕已把自己和部下两千人隔绝，知道诈降计划已经落空，悔恨不已。石达开诈降一事，清方的一切记载都是加以掩盖的。骆秉章为了夸大自己的功劳，硬说石达开是无路可逃，乞降求活。于是这一段史实就成了千秋疑案。其实，地方志上对这件事是做了详细记载的。有的史料直接说到石达开"诈降计绌，阴甚悔恨"，[①]就是最有力的证据。至于《石达开致骆秉章书》，一向被认为是石达开乞降的物证，实际上是后人伪造的文书，不足为凭[②]。

唐友耕把石达开等五人抢到手中，立即送往富林（今汉源）的清军大营，准备解送。1862 年 6 月 18 日，唐友耕率领清军数百人，从富林出发，押解石达开、石定忠、曾仕和、黄再忠、韦普成等五人前往成都。石达开携带石定忠乘轿、曾仕和等三人乘马，仍然一色天国衣冠。一路上的清朝地方官都办了上等酒席招待他们，如迎贵宾。这些地方官都慑于石达开的威名，佩服石达开的才能，唯恐在自己的管区之内出事，承担不了责任，因此态度十分恭敬，丝毫不敢侮慢。一路之上，莫不如此。

刽子手唐友耕在临走之前，布置了一场极其卑劣的杀降事件，围杀移驻大树堡的石达开部下两千人。这件事情后来得到骆秉章的认可，完全暴露了他们这一伙言而无信、毫无人性的屠夫真面目。

移驻大树堡的这两千太平军，是石达开为了诈降而把他们留下来，准备东山再起的。他们自己也不愿遣散回家，死活都要追随石达开。那天在洗马姑场开拔，他们作为前队先行，人人手持军器，由石达开的部将周宰辅率领。到了大树堡，始终未见石达

---

① 引自《石达开泼江被困记》，《新中华》复刊号，1949 年 9 月。

② 对于《石达开致骆秉章书》，不仅有人撰文对它的真实性表示怀疑，而且新发现的史料中指明它是后人伪作。

开到来，大家心存疑虑。当地驻防的清军军官欺骗他们说：石达开已经先到成都去了，等到和总督骆秉章谈妥，再来安排他们。要他们集中住在禹王宫内，安心等待好消息。

6月19日，雅州知府蔡步钟按照唐友耕的布置，开始行动，增派清军数营到大树堡，与原驻该处的都司唐大有、参将张福胜、都司庆吉等会合，四面包围禹王宫。尽管当时这两千太平军局促于一隅之地，他们还是不敢贸然发动进攻。而要等到半夜，在禹王宫外四面放火，希望把太平军全部烧死。

四面起火，烈焰冲天之后，各部清军才以火箭为号，对禹王宫包围进击。太平军将士从梦中惊醒，人人痛恨敌人的阴险卑劣，纷纷跃登屋顶，以砖瓦飞掷敌人。但在火光中容易暴露目标，大都被敌人的火枪击中，能够夺路冲杀出去的人为数很少。从深夜血战到天明，只有少数人脱险，大都战死。

蔡步钟做完这件卑劣的事，当天就写报告向骆秉章报功，并且在埋葬太平军遗体的地方立了一块大石碑，上写“鲸鲵封处”[①]四个大字。少数脱险的太平军逃入民间。群众同情他们，把他们掩护下来。这件卑劣的杀降事件也就长期在民间流传。

石达开一行人于6月18日离开富林，20日到达荥经，21日到达雅州（今雅安），23日到达邛州（今邛崃），25日到达成都。石达开一到成都，骆秉章就派人与他谈话。他在叙述太平天国史事与个人经历时，口若悬河，应答不穷。石达开并没有留下任何亲笔自述。后来骆秉章在对清廷的奏章中所附的所谓供状，就是这次谈话的摘要，而且篡改了很多。

谈话完毕，骆秉章决定在四川总督署的大堂上进行会审。当时署内署外，刀枪林立；堂上堂下，警卫森严。堂上坐的是四川总督骆秉章、成都将军崇实与省城里的司道一级的官员，堂下兵丁人人弓上弦，刀出鞘，一片杀气腾腾。大家都知道当天要审讯的犯人是威名赫赫的石达开。当犯人带到之时，许多差役大声吆喝，想给自己壮胆。石达开缓步登堂，曾仕和、黄再忠、韦普成三人随侍左右。他们穿的仍然是天国衣冠，身穿黄缎袍，脚着黄缎靴，头戴黄缎风帽。石达开的风帽上更绣有五条金龙。他立定之后，向全堂扫视一周，全堂鸦雀无声。堂前放着四个拜垫。那些差役是想要他们下跪受审。石达开看着拜垫，冷笑一声，就在垫上盘膝而坐。那些差役面面相觑，没有一个人敢喊他们跪下来。

根据清朝的制度，由满人担任的成都将军位在总督之上，所以骆秉章请崇实先问。

---

① 鲸鲵，古书上比喻凶恶的人。所谓“鲸鲵封处”，就是说埋葬恶人的地方。这是清吏诬蔑太平军的说法。

崇实结结巴巴，半天说不出话来。后来挣出了几句话，声音低得听不清。只见石达开昂首怒目，加以反驳。崇实理屈词穷，无言可答。骆秉章只好接口替他解围。石达开在答话中痛斥清廷无道，大讲革命道路，理直气壮，义正词严。不仅两旁的差役兵丁听得发呆，连堂上的一些官员也为之动容。骆秉章觉得难以下台，就解嘲说："石达开！我替你想，今日正法，也算值得。你从作乱以来，蹂躏数省，我们封疆大吏死在你手里的就有三人，军民更是不计其数。你以一死了事，真是便宜了你。"石达开冷笑说："今天就是俗话所说的成则为王，败则为寇。如果不是为洪水所阻，恐怕你早已死在我手里了。这有什么了不起！"

押赴刑场之时，石达开从容缓步，保持他应有的尊严。曾仕和等在旁侍立，请他先行，他才放步前行。当时天色昏暗，密云不雨，成都百姓到刑场上来围观的达数万人。大家都想看看翼王的风采。敌人对他们公开行刑，是想杀一儆百，对老百姓起到慑服的作用。想不到他们泰然自若，侃侃而谈，不仅许多老百姓深深感动，连监刑的官员也都叹服。凌迟酷刑开始，石达开与曾仕和对缚于十字桩上。刽子手持刀碎割，曾仕和失声一呼，石达开从容劝阻，叫他忍耐，不要失笑于人。曾仕和就咬紧牙关，不再出声。围观者看到他们这样从容就义，视死如归，无不敬佩。连清朝官员也在私人著述中称赞他们："真奇男子也！"[①]石达开在成都慷慨就义的时候，还不满三十三岁。这位文才武略雄视一代的青年英雄的牺牲，使人无限惋惜。

太平天国杰出的军事家石达开为什么会在四川大渡河畔覆军？直接的原因是为洪水所困。这一点，连骆秉章也是完全承认的。石达开牺牲之后，骆秉章在公开贴出的布告上与上奏清廷的奏章上都提到了这件事。他说，石达开刚到紫打地的那一天，"是夜大雨滂沱，次日河水陡涨十余丈"，"询之土人，向来三四月间，从未见此盛涨"。"该逆就擒之后，水势乃复消落"，"此役成功之速，虽属将士用命，而仰仗天威。神灵助顺，河水陡涨，确有明证"。[②] 还祭祀大渡河的"河神"，表示感恩。这就足以说明：如果不是大渡河提前涨水，骆秉章是难以击败这支身经百战的太平军的。

不过，大渡河提前涨水只是造成石达开失败的直接原因，此外还有许多原因。概括起来，大致有以下三点：一、自从天京内讧以后，太平天国的国势已在走下坡路，革命已经转入低潮。天京内外各路太平军的军心士气，都远不能和内讧之前相比。二、石达开率军远征，虽然有其不得已的苦衷，但是这样一来，使得革命力量分散，天京方面

① 引自周询《蜀海丛谈》。

② 引自骆秉章《奏报河神助顺疏》。

苦于兵力不足，石达开所统率的队伍也成为一支缺少外援的孤军。孤军奋战自然是容易招致失败的。三、石达开从离京出征到大渡河畔覆军，前后历时六年，转战万里，始终未能建立起一块巩固的根据地。这样长期流动作战，疲于奔命，不免会削弱战斗力。石达开的失败虽然令人惋惜。但是从当时的形势看来，并非意外，是可以估计得到的事情。

六 余部活动

当时在四川境内，前前后后有不少太平军的零散队伍在活动，他们都是石达开的部下。除石达开亲自率领的本军以外，还有两支比较重要的队伍：一是赖裕新的队伍，二是李福猷的队伍。

赖裕新率领中旗队伍于 1862 年 11 月在贵州境内与石达开分兵，充当先锋，通过云南东川府，向金沙江边挺进。同年年底，在没有清军拦阻的情况下，从米粮坝顺利渡过金沙江，进入四川宁远府的辖境。过江后，即经披砂（今宁南）、普格，于 1863 年 1 月底到达宁远府城附近的西溪。沿途也没有遇到清军，只有少数地方团练进行抵抗，一击即溃。贫苦人民纷纷参军，在驻军西溪时，全军人数不下三四万人。

宁远府城的清军不敢迎敌，死守城池。赖裕新不愿耽延时日，绕城而过，迅速北上，经过礼州、泸沽、冕宁，进逼越嶲厅城。在这里，却遇到清朝的越嶲同知周岐源、参将杨应刚与彝族土司岭承恩的激烈抵抗，连日大战。与清军、地主豪绅拼命抵抗的同时，越嶲所属各地的贫苦人民却热烈欢迎太平军。青龙嘴的群众摆了十桌酒席招待太平军，太平军在每张桌子上放了一锭大银，表示酬谢。中所坝的群众在太平军到达时张灯结彩，热烈庆祝，在桌子上摆了一面镜子，一盆水，比喻太平军如水之清，如镜之明。

太平军得到群众的帮助、带路，连续击败了清军与岭承恩带领的彝兵，大队长驱北上。赖裕新本人押队，带着辎重，作为后队。彝族土司岭承恩垂涎太平军的金银财富，一直注视着太平军装运辎重的车子。为了劫夺辎重，他想出了一条毒计，在白沙沟设下埋伏。白沙沟两旁高山耸立，人马只能在深谷中的小道上行进。彝兵在两侧高山上打洞立桩，用粗绳捆住许多滚木礌石。当太平军大队过完，后队的辎重车进入谷中时，彝兵以大刀砍断绳索，滚木礌石从高山上倾泻而下，太平军措手不及，人马都被打成肉酱。赖裕新本人也壮烈牺牲。

赖裕新牺牲后，中旗队伍由旗帅郑永和率领，继续北上。他们于1863年3月28日到达大渡河边的大树堡，击溃当地团练，歼敌一百余人。然后以许多布匹联结船只作为浮桥，全军顺利渡过大渡河，4月3日到达汉源，5日占领荥经，由山间小路向天全前进。4月13日，在当地淘金工人的引导下，攻克天全。此后即分兵在川西的芦山、邛州、大邑、崇庆、温江、灌县一带活动。不久，因为受到清军的围追堵截，转战于彭县、新繁、什邡、灌县、江油、平武等县，入甘肃省境。到了5月中旬，再入陕西省境，与在汉中作战的太平天国扶王陈得才的队伍会师。

当中旗队伍已经进入陕西省境的时候，石达开率领的本军才从米粮坝渡过金沙江进入四川宁远府的辖区。正因为中旗队伍转战千里，吸引了大量清军，石达开率领的本军才得以乘虚而入，直抵大渡河南岸，还没有被敌人发觉。如果不是大渡河突然涨水，石达开就可以在没有敌人阻拦的情况下顺利渡河，进取成都。因此，中旗队伍长期力战的功劳是不可埋没的。

1863年4月，石达开决定跟踪中旗队伍，抢渡金沙江西进时，命令李福猷率领三万人进军贵州，回攻川东，作为疑兵。李福猷忠实地执行任务，大张旗鼓地向东进军，把清军都吸引到自己身边来，使石达开率领的本军得以顺利渡江。李福猷部经云南镇雄入贵州毕节，于5月3日由仁怀东进直趋遵义府。5月29日与清军提督田兴恕部激战于绥阳大关。7月初到达务川。这时他尚未听闻石达开已经牺牲的消息，仍按预定计划回攻川东，经过酉阳、彭水县境，于8月20日攻克黔江。

李福猷既克黔江，得见官府文报，知道石达开率领的本军已经覆没、石达开本人已经牺牲的噩耗，就改变计划，不再深入川境，而向湖南进军。经过永绥(今花垣)、乾州、麻阳、会同、绥宁(今寨市镇)，于10月初进入广西省境，以后又转战湖南、广西、广东各地。至1863年12月初，李福猷战败受伤被俘，英勇不屈，就义于广州。

七　深远影响

太平军在四川的活动为时不长，前后不过两年，活动的地区不算很广，只有四十多个州县，但是对于后世的影响极为深远。

首先是太平军的入川，传播了反清思想，撒下了革命种子。当时在南北各地作战的太平军，全都宣传上帝教的教义，坚持举行拜上帝的宗教仪式，这些迷信活动大大地冲淡了反清的宣传。进入四川的太平军不大宣传上帝教的教义与灵魂升天的幻想，而是大事宣传民族大义，鼓励人民奋起反清。他们所提出的“誓灭胡奴、复兴中国”的口号能够深入人心，激发民气。所以在太平军经过的地方与其邻近地区，人民抗清斗争此伏彼起，连绵不绝。

其次，太平军在他们所经过的地方，到处打击地主豪绅，消灭反动团练，把财物粮食分给穷人。这就沉重打击了封建势力，动摇了清王朝封建统治的基础。

还有，太平军在力所能及的范围之内，经常帮助贫苦农民解决困难，恢复与发展农业生产。他们在川东一带、叙南地区与贵州西北各县都做过这种工作。川南黔北各地农民歌颂石达开帮助他们购买种子、农具的民谣一直流传至今。

太平军在四川的影响深远，辛亥革命时期四川与湖北两省同时成为反清的首义地区，绝非偶然。石达开在成都就义的四十八年之后，四川人民终于和全国人民一起推翻了清王朝的反动统治，完成了太平天国革命英雄为之英勇奋斗慷慨牺牲的反清大业。

太平天国革命时期的四川

太平天国革命时期的四川，在经济上和军事上都处于关系全国的重要战略地位。

最初，清政府把四川作为镇压太平天国革命的“协济省”，企图依靠四川的财力和人力迅速消灭革命。接着四川各地人民纷纷起义，最后爆发了李永和、蓝朝鼎长达数年、震撼全国的大规模起义和石达开部太平军的顽强战斗，予清政府的反动统治以沉重打击。

经过太平天国革命时期的战斗洗礼，四川的各种社会矛盾都进一步激化。太平天国革命虽被镇压了下去，却又出现了新的反侵略反压迫的斗争。

一　清政府搜刮四川财力、人力镇压太平天国革命

(一)定四川为“协济省”，预征田赋，加派捐税、军粮

镇压太平天军的刽子手胡林翼说：“西蜀之富，五倍于两淮，十倍于江西，二十倍于湖北。失蜀则急切无人能了此贼(按指太平军)，中朝亦未必即动劲旅。是失蜀则祸大，保蜀则福大。”[①]他的说法不免有夸张之处，但却反映当时清政府上下对四川的重视。另一个镇压太平军的刽子手骆秉章也说：“蜀境雄甲西陲，地险民富，天下常视为安危。蜀境安，则北而关、陕，南而滇、黔，东而楚、豫，均可借其屏蔽，赖其转输。倘稍有损失，则滇、黔、粤西无可盼之饷，荆湖无可抽之厘，陕、豫且有防不胜防之虑。”[②]清政府一直把四川看作经济上和军事上的战略要地。

1851 年，即太平天国革命爆发之年，清政府便定四川为“协济省”，协即协助，济即

① 《胡文忠公全集》书牍卷一六《致官秀揆峰帅》。

② 《骆文忠公奏稿》卷一，第 23 页。

接济，要四川向战区各省源源不断地接济银、粮与各种军用物资和人力，每年要摊协银180余万两。[①] 至1854年为止，四川向各省调拨的饷银已达300余万两，库藏为之一空。[②] 以后仍然继续筹集调拨。有史料记载：咸丰七年(1857)，“前因四川省有协济广西经费银十万两未经报解，当谕令迅即如数拨往应用。”[③]一次调拨即达十万两。清政府也不得不承认：“近年川省筹解各省军饷，为数已多。”[④]

这样庞大的开支，造成四川省库入不敷出。于是“军兴之后，四川等省，办理借征，以充兵饷[⑤]”。也就是寅吃卯粮，向老百姓预征田赋。1853年，四川宣布预征田赋两年。1854年初，四川总督裕瑞觉得镇压太平天国的战事一时不能结束，靠预征田赋来筹款，不是长久之计。因为预征等于借债，借了总是要归还的。不如另立名目，可以借而不还。于是就奏请改预征为“津贴”，大致是每地丁银(也就是田赋)一两，加派津贴一两，随粮并征。关于改借征为津贴的经过，有这样的记载：“兹因预筹军饷，部议请令四川等省办理借征。兹据裕瑞奏称，体察川省民情，惟有仿照成案，劝谕绅民按粮津贴，请免借征等语。川省连年办理防堵，一切度支多系借资津贴。该督所请循案办理，俾民间不致惊扰，自系实在情形。惟征收一切，责在地方。若令不肖州县从中勒派，易启弊端。着裕瑞即严饬地方官选派公正绅耆，设立公局，妥为经收。不得假手书役，另有丝毫苛派。该督仍随时访察，倘有前项弊端，即行严参惩办。”[⑥]

从上面的记载看来，裕瑞建议从预征田赋改为加派津贴一事，清廷是赞成的，因为这样就可以立刻增加一倍的收入，以后并不需要还账。不过此事“若令不肖州县，从中勒派，易启弊端”，清廷也是估计到了的。于是规定“不得假手书役，另有丝毫苛派”，只能“选派公正绅耆，设立公局，妥为经收”。但是这种规定是行不通的。因为，这样有油水可捞的事情，州县官与书役怎么会不插手，而绅耆又有多少是公正的？即使有，又由谁来选派？规定不过是一纸公文，此事推行起来，自然会到处苛派，骚扰民间。加派津贴一事，开始时只说加派四年，实际上已经成为常赋，长期推行下去。

长江中下游各省大都食用淮盐。太平军占领南京之后，淮盐不得上行，湖南、湖北食盐奇缺。清廷不得已，于咸丰三年(1853)下令“敕湖北行盐暂用川盐二千引”[⑦]。后

---

① 周询：《蜀海丛谈》卷一。
② 《清档·川督乐斌折》。
③ 《清实录，文宗实录》卷二三九。
④ 《清实录·文宗实录》卷三〇四。
⑤ 《清史稿》卷二一《食货志》二。
⑥ 《清实录·文宗实录》卷一一八。
⑦ 《清史稿》卷二〇《文宗本纪》。

来战事不能结束，暂时的办法也只好长期实行下去。湖北、湖南两省，多食川盐。咸丰五年十二月(1856)，川督黄宗汉开始在富荣、犍为等地抽收盐厘。川盐外销区域扩大，产量增加。

1862年开办“捐输”，每地丁银一两，摊银九钱至二三两不等，人民的负担又猛增一两倍。

捐输是清代前期一种遇有特殊需要聚敛民财的临时措施，内容包括捐官、捐监、筹措军饷、报效赈款等，即所谓“在下抒急公之谊，在上施奖励之恩”。报效银两、粮食的官绅士庶和地方，都得到清廷的褒奖或优叙。这种榨取民脂民膏的办法，还未形成一种正式的赋税制度，但在施行之中，流弊丛生，乾隆时曾下令“永停捐例”。后因军事行动的需要，又屡开捐输。嘉庆初，为镇压鄂陕白莲教起义军，四川就曾按粮加征捐输，江津一县就征摊一万四千两。[①]

鸦片战争时，既有“夷务津贴”，而捐输经常举办，随办随停，以捐官，捐监等形式为主。

1852年5月2日，清廷因军需、河工需款，谕“山西、四川等省，令各督抚劝谕官绅士民，量力捐输以济军需”。[②] 1853年4月30日，清廷为笼络地主官绅，又规定“凡绅士商民捐资准饷，一省至十万两者，准广该省文武乡试学额各一名，一厅州县捐至二千两者，准广该处文武乡试学额各一名”。[③] 1854年，清廷派湖北藩司夏廷樾到四川督办劝捐。[④] 此后，川督裕瑞、藩司祥奎把“官绅士民量力捐输”改为“按粮津贴”[⑤]。继任川督骆秉章在参祥奎的奏章中说：“川省近年每地丁银一两加津贴一两，祥奎因军饷支出，又于津贴之外，每两加派银五两，名为按田捐输。”[⑥]藩司刘蓉在1863年的奏报中称：“查川省自咸丰二年(1852)起，陆续举办按粮津贴、各项捐输，至今时逾十载。”[⑦]此外，邻省有急，仍可派人到蜀劝捐。1863年，刘蓉到陕西镇压太平军等部起义军，曾奏请清廷劝川省按察使牛树梅设局劝办陕捐。[⑧] 1865、1867、1868年，滇、陕、甘、黔等省都曾在

① 民国《江津县志》第五卷，第6页。
② 《文宗显皇帝圣训》卷一〇六“筹饷项”下。
③ 《东华续录》咸丰卷二一。
④ 《东华续录》咸丰卷三九。
⑤ 《咸丰三年户部等部奏案》“签注筹饷事例”。
⑥ 《骆文忠公奏稿》卷三，第2页。
⑦ 《清代抄档》劝输题本，264，四川。
⑧ 见《刘中丞奏议》卷六、九、一二、一四、一五都有记载。

四川设局劝捐。[①] 对于四川大吏按亩捐输之令，各府州县无不遵命施行，如名山县“(咸丰)十一年……是岁续派按亩捐输”[②]。综上所载，四川开办捐输始自 1852 年，至骆秉章督蜀时，一直没有停止。

1861 年，石达开部威胁川东川南，除湘军外，四川营兵、乡团激增，军饷亦“岁增二三百万之多”，造成“库藏益竭”。昔日参奏祥奎“任意苛派”捐输的骆秉章，于 1862 年夏也奏请举办捐输，以维护反动统治。事实上在他于 1861 年 7 月进至四川顺庆府时，就为筹办军饷命令继续办理捐输，与前任不同的仅是其《劝捐章程》宣称：“专劝富家大户……更不准按亩按粮摊派，致使累及下户。”[③]骆秉章这种“停亩捐而办绅捐”的办法，名为不累及下户，实际是让富家大户将负担转嫁给贫家小户，较之前任仍是换汤不换药。何况，他听任委员及州县官吏按粮摊派，八分起征，每粮一两，捐输至二三两不等，使人民的负担猛增二三倍。

在太平天国革命时期，清廷不仅要四川向战区各省接济大量军饷，而且还要接济大量军粮。例如在太平天国金田起义那一年，清廷就下令说：“四川沿江州县旧存仓谷，着徐泽醇分饬各属迅即碾动，凑足五千石，由水路运至湖南地方，交该省转运广西。一切费用准其作正开销。如一时碾动不及，着即动项如数采买运往。仍将碾动仓谷凑足米五千石，预备随后拨运，毋得设词借口，有误军需。”[④]后来太平军与清军之间的主要战场移到湖北、安徽、江西各省。四川接济这些地方清军的军粮，也就源源下运。在清军与太平军作战的十多年中，四川省对于战区各省确实起了“协济省”的作用。

(二)铸造大钱，征收厘金

清廷在军费开支庞大难于应付之时，除了增加赋税外，又想出了一个只顾眼前不顾后果的救急办法，那就是实行通货膨胀政策，发纸币，铸大钱。在发行纸币时，既不考虑市场上的需要量，也没有什么储备金，只是滥制滥发，用废纸去掠夺人民手里的财富。至于铸大钱，也是一种巧取豪夺的办法。长期以来，民间以铜钱做交易，物价稳定。清廷先后鼓铸当五、当十、当五十、当一百、当五百、当一千的大钱，甚至还铸铁钱、铅钱，转手之间就获利数倍以至数十倍。以当千大钱为例：一千个铜钱含铜六十两，以

---

① 《东华续录》卷五四、六三、七〇。
② 胡寿昌：《蒙寇志略》，第 26 页。
③ 《清代抄档》劝输题本，264，四川。
④ 《东华续录》咸丰卷九。

之改铸当千大钱，每个二两，可铸三十个，面值共为三万个铜钱，获利三十倍。发纸币与铸大钱的结果，必然引起物价上涨，造成人民生活困难。

1853年6月，清廷开始发行不兑换的以银两为单位的官票；同年8月，开始鼓铸当五、当十、当五十的大钱；同年12月，发行不兑换的以铜钱为单位的宝钞；次年3月又鼓铸当百、当五百、当千的大钱。官票、宝钞均以皮纸制成。宝钞额题“大清宝钞”，中间标明准足制钱若干文，旁有“天下通宝，平准出入”八字，下有“此钞即代制钱使用，并准按成交纳地丁钱粮一切税课捐项，京、外各库一概收解”。[①] 铸造大钱的情况是：“大钱当千至当十凡五等，重自二两递减至四钱四分。当千、当五百净铜铸造，色紫；当百、当五十、当十，铜铅配铸，色黄。”[②]不久“以乏铜，兼铸当五铁钱及制钱，已而更铸铅制钱。”[③]

铸造大钱既然有利可图，不久就掀起了一股私铸之风。各地土豪恶霸纷纷开炉铸造。“奸民聚众私铸，竟敢于白昼闹市之中，公然设炉铸造，地方官畏其人众，不敢查问。”[④]有些地方官不怕事，认真查办，依法杀头。但是这种能发大财的事情，严刑峻法也制止不了。“盗铸丛起，死罪日报而不为止。”[⑤]更糟糕的是，当时官钱局所铸的钱，质量越来越差，官铸私铸，已经难以分清。“局钱亦渐恶，杂私铸中不复辨。奸商因之折价挑剔，任意低昂。”[⑥]

清廷滥发纸币，改铸大钱，本已造成通货膨胀，再加之民间大量私铸，通货膨胀更加严重。物价不断上涨，货币不断贬值。不久，当千、当五百、当百、当五十等大钱和以银两为单位的官票都由不断贬值发展到被人拒收，以致销声匿迹。只有当五、当十大钱和以制钱为单位的宝钞勉强流通，也还是在逐渐贬值。有史料记载当时大钱贬值的情况说：“前曾出示行使大钱二成，今春复推广行使三成。小民谨奉公令，原属行使。其实市中买卖，价值百文之物，因行使大钱二成，即索价百二十文；今行使大钱三成，即索价加三成。”[⑦]这样看来，大钱的价值已经下降到等于零的程度。清廷了解到不仅面值高的大钱难以流通，连当十铜钱也受到歧视。“户工两局，鼓铸当十铜钱，与铁钱局所铸铁制钱分成搭放。民间辗转流通，并无窒碍。乃近日商贾挑斥大钱，竟敢私造名

---

① 《清史稿》卷一二四《食货志》五。
② 《清史稿》卷一二四《食货志》五。
③ 《清史稿》卷一二四《食货志》五。
④ 《东华续录》咸丰卷二八。
⑤ 《清史稿》卷一二四《食货志》五。
⑥ 《清史稿》卷一二四《食货志》五。
⑦ 《皇朝经世文续编》卷五九，吴廷《陛见恭记》。

目，任意刁难，以致贫民持钱入市，行使艰难。”[①]宝钞的贬值也很严重，到 1861 年，“票钱（宝钞）一吊仅得铜制钱五十二文”。[②] 这就是说，它已经贬值到只值面值的百分之五。

清廷不能容忍这种货币贬值的情况，一再下令对阻挠钱法者必须严办：“嗣后商民行使当百以下大钱，倘敢不遵钱面数目字样，妄行折价使用，甚至造谣煽诱，抗不收使，以致愚民相率猜疑，即行拿交刑部从重治罪。此等奸商阻挠钱法，必应从严加等惩治。着刑部迅速定拟罪名具奏。至私铸大钱人犯，业经刑部奏定加重罪名。此后私铸当百以下大钱者，并着刑部再行严拟罪名具奏。”[③]但是通货膨胀必然造成货币贬值这一经济规律，绝非严刑峻法所能改变。

四川开铸大钱的时间较晚。咸丰六年（1856），成都宝川局才开始鼓铸当十等大钱。但在省内开铸之前，北京和其他各省所铸的大钱与各种纸币早已流到四川，引起物价上涨。省内开铸之后，强迫人民使用，不许折价行使，造成物价飞腾。在太平天国革命时期，四川究竟铸了多少大钱，因为史料不多，难以进行统计。但从太平天国革命以前四川铸钱的情况看来，为数必然不少。道光十一年（1831），户部制定各省铸钱总额如下表：

北京	899,856 串		广东	34,560 串	
直隶	60,666 串		广西	24,000 串	
江苏	111,804 串		云南	94,860 串	附加 84,924 串
江西	41,928 串		贵州	94,860 串	
浙江	129,600 串		山西	17,472 串	
湖北	84,000 串		湖南	47,880 串	
陕西	87,360 串	附加 43,204 串	伊犁	1,122 串	
四川	179,259 串	附加 14,868 串			

以上总计为 2,052,223 串。[④] 除北京外，数量最多的就是四川。这是由于四川比较富庶，铜钱流通量大，而又邻近产铜省份云南的缘故。

四川省于咸丰六年（1856）开始征收百货厘金。所谓厘金，是一种新开征的货物

① 《清实录·文宗实录》卷二三二。

② 李慈铭：《越缦堂日记》辛集上。

③ 《清实录·文宗实录》卷一三五。

④ 萧一山：《清代通史》卷中，中华书局，1985 年，第 506—507 页。原文合计 2,052,219 串，有误，应为 2,052,223串。

税，是向日用必需品抽收百分之一税款，这是在商品经济逐渐发展的基础上产生的。太平军占领南京之后，清廷税收减少而军饷开支庞大，不能按时调拨。帮办江北大营军务的雷以诚采纳幕客钱江的建议，向扬州附近的仙女庙，邵伯等乡镇劝谕粮食商人捐厘助饷，半年中收款达两万贯。次年即奏请清廷准许在江苏、河南等地广泛推行。雷以诚在奏章中说："捐厘助饷，每米一石捐钱五十文，计一升仅捐半文……细水长流，源远不竭，于军需实有裨益。"[①]这时还是劝捐性质，并非税收，只不过是一种定额捐款而已。清廷认为可行，下令说："兹据雷以诚所奏捐厘章程，系于劝谕捐输之中设法变通，以冀众擎易举。据称里下河一带，办有成效。其余各州县情形，想复不甚相远。着怡良、许乃钊、杨以增各就江南北地方情形，妥速商酌。若事属可行，即督饬所属，劝谕绅董筹办。"[②]

这种"捐厘"，从性质来说，本是临时筹款助饷，希望"绅董"自愿捐输。后来逐渐发展为必须缴纳的税款。从范围来说："厘金抽捐，创于扬州一隅，后遂推行全国。"[③]从征收办法上来说，先是对米一石抽厘五十文，即按货价值百抽一，后来推广到一切货物，仍然是值百抽一。但因百货种类繁多，折价非常麻烦，对部分货物改为从量征收。先是只抽行厘，也称活厘，即货物过境的行商税，抽之于行商；后又增抽坐厘，也称板厘，即货物买卖的交易税，抽之于坐商。因为是值百抽一，所以也称"厘金"。

清廷在全国推行征收百货厘金，收入逐年增加。在财政困难之时，好像捞到了一根救命稻草。厘金的征收，对于帮助清廷筹饷的确起了很大的作用。例如太平天国最凶恶的敌人湘军就是依靠厘金养活的："湘军起贫苦，同饥饿，转战五千里，饷皆自厘金给之。虽复频奏征饷四川、广东，率为其督抚所持，所望十不偿一二。"[④]

四川省的厘金分盐厘与百货厘两部分，以盐厘收入为大宗。如前所述，盐厘创办于 1856 年，川督黄宗汉在富荣、犍为等地就地设局抽收盐厘。同年，又创办货厘，设局抽收，旋设旋停。1861 年，骆秉章督川后，制订通省捐厘章程，设"捐输厘金总局"(后改称厘金总局)于成都，在夔州、重庆、叙府、泸州等处，设卡抽收百货厘金。仅夔州一局，岁入即达银六七十万两。[⑤]

---

① 《皇朝道咸同光奏议》卷三七，雷以诚《请推广厘捐助饷疏》。
② 《清实录·文宗实录》卷一二五。
③ 《清史稿》卷一二五《食货志》六。
④ 王闿运：《湘军志·筹饷篇》。
⑤ 罗玉东：《中国厘金史》下册，第十一章。

四川征收百货厘金虽然为时较晚，但是因为人口较多，物产丰富，所以征收数字后来居上，在各省中常常是最高的。在征收过程中，商民受尽苛索，每每倾家荡产，物价因之腾贵。征收厘金之弊，尽人皆知，清廷上下也都难以掩饰。有人奏请停止抽厘："抽厘之弊，尤不忍言。一石之粮，一担之薪，入市则卖户抽几文，买户抽几文。其船装而车运者，五里一卡，十里一局，层层剥削，亏折已多，商民焉得不裹足，百物焉得不涌贵乎？"[①]有人奏请严禁抽厘中的苛索行为："既树捐厘助饷之旗，得行假公济私之计。巧立名目，暗逞侵欺。商船初到，挨次停泊，索挂号钱；兵役上船，测视货物，索查舱钱；稽查已毕，盖戳放行，索灰印钱；稍不遂意，即以不服盘查，借辞穷究。委员任意威吓，则视商贩之肥瘠而鱼肉之。"[②]清廷对于这些弊端也是一清二楚的。因为舍不得放弃这个财源，不肯停止抽厘，只不过下令整顿一下而已："近闻各省厘局，但有抽厘之名，实则抽分抽钱（十倍百倍），有加无已。凡水陆通衢，以及乡村小径，皆设立奉宪抽厘旗号。所有行商坐贾，于发货之地抽之，卖货之地又抽之，以货易钱之时，以钱换银之时又抽之。资本微末之店铺，肩挑步担之生涯，或行人之携带盘川，女眷之随身包裹，无不留难搜刮，其弊不可胜言。"[③]这里已经说明，抽厘一事，不仅苛索商民，而且侵及行旅。但是这些"不可胜言"之弊，绝不是一纸公文所能整顿得了的。

（三）调川军出川，办理团练

四川是人口较多的省份。为了镇压太平天国革命，清廷在金田起义的这一年，就开始利用四川人力，调动川军出川参战。

咸丰元年（1851），"（三月）丁酉，调川兵一千名赴广西、湖南交界处防堵"，"（三月）甲辰，调川兵二千名赴广西、湖南交界处防堵"，[④]"向荣籍隶四川。现调四川兵有四千余名，或即酌拨数千交向荣管带"[⑤]。

咸丰二年（1852），"（四月）丙戌，调四川云贵兵各二千名赴广西剿贼"[⑥]，"八月初四日，鲍起豹先饬川兵川勇，下城攻击，毙贼多名，夺获枪炮黄旗多件，生擒长发二贼。善

① 尹耕云：《心白日斋集》卷二《清查捐输积弊停止抽厘疏》。
② 《皇朝经世文续编》卷五六《邀严禁捐厘苛索疏》。
③ 《皇朝经世文续编》卷五六《户部遵议整顿厘捐章程疏》。
④ 《东华续录》咸丰卷八。
⑤ 《东华续录》咸丰卷九。
⑥ 《东华续录》咸丰卷一四、一六。

化县王葆生所募四川兵勇，协同营兵出城，杀贼无数，夺获器械甚多”[①]。

咸丰三年(1853)，“(二月)丁酉，兼署四川总督成都将军裕瑞奏请捐助铜炮，并饬巫山等县选募团勇。得旨：办理甚好”[②]。

咸丰四年(1854)，“四川相距较近，可以藉资援应。裕瑞所奏驻扎巴东、利川之兵，于四月中旬尚未据报启程赴援。本日复降旨严催裕瑞迅饬此项官兵兼程前赴宜昌”[③]，“贼窜祁门，将抵徽郡，浙省危急，乞师救援。当经调拨四川兵一千名前往”[④]。

咸丰五年(1855)，“(二月)丁巳，调四川兵勇各一千名赴湖北剿贼”[⑤]，“(九月)辛未……前有旨令黄宗汉饬署松潘镇德恩管带夔巫防兵二千名赴荆协剿……川楚唇齿相依，能保荆州即以固川省门户。黄宗汉统辖全蜀，自未便出境，着察看情形，于将军乐赋、提督万福二员中酌量一员，派拨兵勇数千名，仅由夔巫一带驰往荆州，会合攻剿，以资援应”[⑥]，“(九月)壬午，寄谕贵州巡抚蒋蔚远：贵州上下游苗匪蔓延滋扰，该抚请调川兵四千赴黔协剿。本日已谕黄宗汉酌量抽拨”[⑦]。

咸丰六年(1856)，“(九月)辛酉……镇远府城被围，副将蒋玉龙孤军无援，惟有迅拨川兵，裹粮助剿”[⑧]。

咸丰七年(1857)，“以募勇赴江西剿贼出力，擢四川廪生张于铭为知县，并赏花翎”[⑨]。

咸丰十年(1860)秋，英法联军进攻北京，清廷下令调四川兵勇赴援。“逆夷专以火器见长。若我军能奋身扑进，兵刃相接，贼之枪炮，近无所施，必能大捷。蒙古京营兵丁，不能奋身击贼。惟川楚健勇，能俯身猱进，与贼相搏，逆夷定可大受惩创……现在军营川楚各勇，均甚得力。着曾国藩、袁甲三各选川楚精勇各二三千名，即令鲍超、张得胜管带。并着庆廉于新募彝勇及各起川楚勇中，挑选得力者数千名，即派副将黄得魁，游击赵喜义等管带……均着兼程前进，克日赴京”。[⑩] 不久清廷向英法联军乞和，这

---

① 《东华续录》咸丰卷一四、一六。
② 《东华续录》咸丰卷二〇、二七、二九。
③ 《东华续录》咸丰卷二〇、二七、二九。
④ 《东华续录》咸丰卷二〇、二七、二九。
⑤ 《东华续录》咸丰卷三一、三五、四一、四四。
⑥ 《东华续录》咸丰卷三一、三五、四一、四四。
⑦ 《东华续录》咸丰卷三一、三五、四一、四四。
⑧ 《东华续录》咸丰卷三一、三五、四一、四四。
⑨ 《东华续录》咸丰卷三一、三五、四一、四四。
⑩ 《东华续录》咸丰卷六四。

些“得力”的“川勇”，又转用于镇压太平军。

清廷先后从四川抽调川军万余名，分赴广西、湖南、湖北、安徽、浙江等省对太平军作战。公私所募“川勇”还不在内。所用军饷白银数十万两均由四川省库开支，这更加重了全省人民的负担。

清初为了摊丁入地事，需要编查户籍，举乡里绅耆，协助胥吏征收地税钱粮，故普遍举办保甲。嘉庆初，白莲教大起义以后，川鄂陕等省旗兵、绿营屡战屡败，地方统治秩序被义军破坏，村镇乡场地主绅衿失去庇护，纷纷建立堡寨碉楼，纠集武装，以抗义军。于是，乡勇团练皆应运兴起。

团练是两个概念，即由各州县乡镇组成“守望相助”的民团，其成员称“团丁”；再由各民团按一定比例抽派丁壮入县，组成团练分局，由州县官亲自统率，司缉捕、弹压、城守之职，其成员称“练丁”。在一般情况下，团练是受当地官员指挥和约束的。在其上，有道府团练总局，省有团练督办大臣衙署，专司统率全省团练事宜。团丁的摊派，照《团练章程》规定，大户派出壮丁三四名，中户二三名，小户两户一名。地各绅子弟无有充团丁的，他们觅雇穷人充数，咸丰时每一丁捐钱三千文。同光时期有所提高，即所谓“富者出钱，贫者出力”。团练的任务，平时“缉盗防奸”“查禁邪教”，即镇压有违抗政府律令者。战时，或分途巡缉以扼义军于襁褓，或坚壁清野以断义军供给，或值戍守城以防义军攻击，在镇压人民的反抗中起了十分恶劣的作用，给事中赵树吉奏称：“溯查嘉庆年间教匪煽乱，川中办理团练，因举行坚壁清野之法，无事归农，有事守堡，贼至即击，无往来征调之劳，粮因子民，无饷食转输之费，试之数年，具（著）有成效，三省寇患卒以荡平。”[①]

1802 年（嘉庆七年），大宁（今巫溪）“团勇围杀并生擒贼目谭光良，十一月，游击罗思举等擒杀贼首唐明万于石柱坪，教匪至是始平”。[②] 但乡团久建，流弊丛生，[③]故清吏有废乡团、毁堡寨之议。川督勒保为之转圜，他在奏章中称：“于寨内设立寨首，仿保甲之法，约束民户，禁习邪教……守望相助。”[④]此后，四川各地堡寨未全毁，但团练却因军事行动的结束而暂时销声，“大都团而不练，有事则鸣锣集众，名曰会团”。团练经费在道光年间也暂时停止征派。此后，保甲之法风行各地。1814 年，清廷又令“编查保甲”，

---

① 《郝郘山房书草》卷一，第 19 页。

② 《大宁县志》卷五“武事”。

③ 包世臣：《安吴四种·乡兵篇》。

④ 引自《中国保甲制度》，第 214 页。

把人民置于“连坐”酷刑之下。

太平军起义以后，清军在义军打击之下，溃不成军，江南半壁河山尽失，清廷为挽救败局，于 1853 年 2 月，“令各直省仿照嘉庆年间坚壁清野之法，办理团练”，[①]以镇压各地起义军。于是倡用龚景瀚“坚壁清野”之议，有举办团练“示谕条款”等规定。其主要内容是：“督同在籍帮办团练之绅士……各就地方情形妥为布置。但期守卫乡间，不必拘执成法，团练壮丁亦不得远行征调……一切经费均由绅民量力筹办。”[②]此后，还发布多次“谕旨”，督促各直省赶快遵旨办团，协助清军与人民起义力量抗衡。综合清廷历次“谕旨”内容及各地团练章程，其中心内容为：团练必须掌握在地主阶级手中，由当地致仕官吏统率，受当地官员约束并指挥；经费由当地“绅民”筹措，实际是分摊到大小粮户身上；练丁由各户摊派，绅衿“许其选派雇工家丁，或雇请本村年壮良民代替”，[③]实际都由贫苦农民充当；其任务是清查“匪人”、堵截“粤匪”，严厉实行“坚壁清野”，即所谓“保境安民”，其出力的团首及伤亡团丁，“分别奖励议恤”。[④]

清政府关于举办团练的命令下达以后，东南各省都纷纷遵旨组建，各州县甚至各场镇都成立了团练组织。省有帮办团练大臣衙门，道府有团防总局，州县有团练局，层层设局管理。四川在此之前，以整顿保甲为首务，1851 年 8 月 16 日，川督徐泽醇拟订全省保甲章程三十二条上奏，其中有“变通堡练”“守要隘”“协捕通衢盗贼”诸条。[⑤] 同时，徐泽醇还建立奖励抚恤制度，鼓励团勇练丁镇压人民的反抗。根据丁宝桢札文载：“至所需赏号，系前督臣徐泽醇以川省匪党过多，捕务吃紧，非重赏不足以资鼓励……乃设立预筹经费，令通省各官量力摊捐，每年通省约捐九七市平银二万两……专作兵勇团练差役缉捕赏费优叙。”[⑥]故团练拼命充当告密者、刽子手，镇压各地会党活动，以及稍有不满的分子，甚至挟嫌扳诬，指良为盗，成为封建势力在城镇和农村统治帮凶。当李兰义军突起石达开部逼近川东南时，团练的组建与加强就成为四川官吏当务之急，不少州县乡镇，未经上司批示，早已把团练纠合起来，与起义军对阵厮杀。1860 年 8 月 13 日，清廷正式任命“在籍前任詹事府右春坊右赞善李惺为四川督办团练大臣，并着前任宜昌镇总兵虎嵩林、成都府知府杨重雅帮办团练事宜”。[⑦] 时署川督崇实以“川

① 《东华续录》咸丰卷二一。
② 《东华续录》咸丰卷二一。
③ 刘衡：《庸吏微言》“团练章程”。
④ 《郁耶山房书草》卷一，第 21 页。
⑤ 见《清实录·文宗实录》卷三八，第 11—12 页。
⑥ 《渠县档案》(三)，光绪五年三月。
⑦ 《东华续录》咸丰卷九四。

省团练无能胜提督之绅”为由，请将筹办团练大权收归全省最高官员掌握。清廷乃于11月14日，免去李惺督办大臣职，“责成该省总督，藩臬督饬各州县及所属绅认真办理。”[①]四川大吏把管理团练大权直接抓到手中，在四川才没有形成类似“湘军”“淮军”那样独立的地方武装。此后不久，川省团练普遍得到加强，特别是在起义军兴起后和经过的各州县场镇，地主豪绅迫不及待地胁迫农民入寨据守，陈兵要塞，在协助清军镇压各地起义军时，起了十分反动的作用。现仅举几件大事，历数团练在镇压人民反抗斗争中的罪行。

1.1854年9月杨隆喜在贵州桐梓起义，数次威胁川东南綦江、合江、江津、秀山等县，川督裕瑞除派大队清军前往镇压外，又令川东团练总局派出数千练丁随军征战。巴县县令派团练“赴桐南接连之南桐关等处堵截，‘贼’不敢犯”。[②] 秀山“知县李渐鸿率团丁拒战”。[③] 綦江富户吴泽棠“力陈坚壁清野之法，更团练以卫桑梓”。[④] 川东团练总局准巴县咨请，“拨精壮义勇一百名，前赴巴县之界牌地方，协同该处团勇，认真防堵”。[⑤] 江津知县“亲身带领团勇驻扎东溪场，随时调度策应各处”。[⑥] 由于川省清军的直接镇压和团练的阻击，杨隆喜起义军北上的计划没有实现，只转战于贵州境内，最后导致失败。

2.1857年2月，由刘义顺领导并指挥的涪州鹤游坪起义，也是由于团首汤大鹏向起义首领马四、刘文礼诈降，打入寨中，骗取信任。伺清军仰攻，赓即伙同内奸在大营放火，很快镇压了这次起义。为此，川督王庆云“特保汤大鹏以蓝翎守备归标差委”。[⑦] 刘义顺被迫转入贵州后，又领导了长达十二年之久的号军大起义，而贵州省内务州县不少支团练武装都站在清政府方面，成为清军最得力的帮凶，使号军被击败。

3.1859年李兰起义军由云南昭通向四川进军，所向披靡，一连攻占十余州县，朝野上下一片惊慌，各地团练都纷纷加强力量协助清军作战。雅安县“自去岁叙府被李短搭搭围困，已招勇，操演防备，凡守城之具，预备齐整”。[⑧] 温江县“城内外民团部署略定，城中日‘万春团’，推校官左廷为管带，邑绅胡渊、彭信古为左右翼长。东城外曰‘太

① 《东华续录》咸丰卷九七。
② 民国《巴县志》卷二一下，第46页。
③ 光绪《秀山县志》卷一〇，第28页。
④ 光绪《秀山县志》卷一〇，第28页。
⑤ 《巴县档案》卷号一一。
⑥ 《巴县档案》卷号一三。
⑦ 《王文勤公年谱》，第55页。
⑧ 《名雅遭贼记》，见《近代史资料》1982年第4期，第1页。

平团’，邑绅郭安邦为管带。西城外曰‘五福团’，黄建钟为管带”。[①] 其他州县团练大致先后得到加强招练防守城镇堡寨。当义军攻占犍乐盐场后，荣县、富顺等县团练与清军拼死保卫自贡。1860年夏，兰朝鼎部向雅州府进军时，名山、雅安、荥经等县团练纷纷开赴城头或关隘拒守，与义军为敌。当义军向川西平原推进，逼近成都时，川督曾望颜如坐针毡，急令附省各州县，“勿论大小村庄市镇”执行坚壁清野法，加强对团练的领导与约束。当义军进至崇庆州时，署川督崇实令“连封团”团总卫柏龄率众与义军战于元通场。当“连封团”副团总朱二九据彭县海窝子，欲与义军联合攻打成都时，川督又令彭县地主豪绅在永定场组成“同忾团”，在丽春场组成“正义团”，在海窝子背后组成“通山团”，对朱二九部队三面包围，并调安县、绵竹、什邡、郫县数县团练，随清军攻破海窝子，镇压了朱二九领导的起义。

当时各省都在筹办团练，而四川由于土地高度集中，地主豪绅甚多，所办的团练也最多。这些地主豪绅办团的目的，不仅是防止当地人民的反抗与散兵游勇的骚扰以保护身家财产，还借此横行乡里，鱼肉人民，以扩大自己的财产。有些人更想通过立军功而升官。例如前面说到的四川廪生张于铭，就因为练乡兵出省镇压太平军而得补知县，赏戴花翎。既然有利可图，地主豪绅趋之若鹜。因此在清廷的号召之下，四川遍地办团。办团的一切费用，全由当地人民负担。更为严重的是，团练办成之后，每每为害乡里。在广大贫苦人民身上再加一套枷锁。当时有不少人上疏陈述团练之害.如曾国藩说：“乡团本是良法。然奉行不善，县官徒借以敛费，局绅亦从而分肥。贼至则先行溃逃，贼退则重加苛派，转为地方之弊。”[②]侍郎沈兆霖说：“自咸丰三年以后，迭奉朝旨，举办乡团，已至再至三。各省官绅士民，未尝不遵旨办理，而贼势披猖，卒无成效。良由苟且涂饰，未经实力讲求。或募勇以充数，徒取外观；或借端以营私，转成欲壑。无事则恃为威胁，扰害乡间；有警则首先逃遁，流为盗贼。议者几谓乡团之无益而有损矣。”[③]

四川办理团练，一方面虽然为清廷出了力，在某些地方协助清军镇压人民的反抗，但是另一方面却大大地激化了阶级矛盾，使得人民反清的烽火遍地燃烧。

---

① 民国《温江县志》卷六，第4页。

② 《清史稿》卷一三三《兵志》四。

③ 《清史稿》卷一三三《兵志》四。

二 四川各族人民纷纷起义反清

(一)杨隆喜起义于川黔边境

四川境内各族人民起义的烽火,首先是在川黔边境燃起的。1854年秋,贵州桐梓人杨隆喜举旗起义,队伍“号曰黄兵”[①],活动于川黔边境各地,响应太平天国。他们自称与“洪秀全同党”[②],说明这次起义是受太平天国的影响。起义时间虽然不长,但是影响甚为深远。一是震撼了川东川南的十多个州县。两年多以后,白莲教首领刘义顺起义于川东的涪州。二是揭开了贵州人民起义的序幕。从此以后,贵州各族人民的反清斗争此伏彼起,十余年中绵延不绝。

这次起义是由地方官的横征暴敛直接引起的。《清实录》载:“据称贵州州县征收钱粮,每于正项外加增平数,名曰躧戥费,民甚苦之。前桐梓县革役杨隆喜等倡乱,皆借口除躧戥之害,纠众滋事。铜仁府知府葛景莱亦以循旧加征,致匪徒戕官踞城。桐梓县知县刘毅办理善后,诛求未已,以致匪党复行滋事。又该贵州省每勒令苗民捐输,罄其家产。该匪之不靖实由官吏逼迫等语。州县征收钱粮均有定额,似此额外加增,无怪民不聊生,激成事变。”[③]清廷也知道地方官敲诈勒索,能使人民倾家荡产;也知道人民的反抗是由官吏逼迫而起,所以竟说出“无怪民不聊生,激成事变”的话。这就充分说明了各族人民纷纷起义的正义性。

(二)张老八起义于蒲江

1855年初,四川白莲教首领张老八起义于蒲江。他们模仿贵州起义军的装束,“裹红布,号红号”。[④] 说明他们既是白莲教徒,又受杨隆喜起义军的影响。张老八原名张万青,大邑人,与蒲江人廖怀银同在川西平原传教多年,教徒遍布双流、新津、崇庆、大邑、邛崃、蒲江、彭山一带。他们常常打富济贫,得罪官府,大邑县官把张老八之父收押。张、廖两人乃约集教徒,积极筹集粮饷,准备起事。1855年初,他们探得犍为县盐课银两申解在途,就约集教徒三百余人埋伏在彭山与新津之间的青龙场,杀散护送清

① 《播变纪略》,第3页。

② 《咸同贵州军事史》第四册,莫友芝《遵难纪事二十六首》。

③ 《清实录·文宗实录》卷二〇七。

④ 光绪《崇庆州志》卷五。

军，劫走白银数千两。随即转移到蒲江县寿安镇八角庙，沿途约集教徒举事。蒲江县官韩一松率团练进击，一经接仗即被起义军所杀。起义军转战于邛崃、大邑等县，正式竖旗起义，大家剪去辫子，自称是太平天国的队伍。川督黄宗汉在奏章中说："编造伪示，书写旗帜，捏称伊等俱系广西贼匪遣来之人，竖立旗帜，惑乱人心。张老八与廖毛狗(即廖怀银)、杨辉堂自称统领兵马大元帅，侯老八称伪先行官。纠约附近匪人入伙，诱胁穷民借壮声势。将先后逼胁人等发辫尽行割去，以为记号。又效匪装束，各用红帕缠头，首从共有千余之众。"①

各地贫苦人民纷纷参加，起义军的队伍日益壮大。川督黄宗汉为保成都，特命成都知府鄂惠率领八旗兵前往新津布防，并且调兵遣将向大邑一带前进，企图包围起义军。起义军逼近大邑县城，县官慌了手脚，连忙释放了张老八的父亲。

不久，各路清军到齐，把起义军的主力包围在中和场。起义军的武器远逊于清军，经过几天激战，死伤甚重。张、廖率众突围时，廖怀银为了给队伍断后，不幸被俘。张老八虽已冲出重围，却在崇庆州三江口被叛徒出卖。张、廖同时牺牲于崇庆西河。这次起义为时短暂，一共不过十多天，但他们在蒲江、大邑、崇庆等县焚毁地主豪绅的庄园一千三百余处，重创了几十支团练武装，沉重地打击了当地的封建势力，充当了五年以后向川西进军的李永和、蓝朝鼎起义军的前驱。

(三)刘义顺起义于涪州

1857年初在川东涪州一带发动白莲教徒起义的刘义顺，是一位很了不起的反清志士。他原名郭建文，湖南宝庆人。三十七岁时迁居四川宜宾，参加白莲教，法号依元子。嘉靖年间川楚白莲教军起义失败后，他继续努力，组织教徒，宣传反清复明，酝酿再度起义。1845年，他在川东举事失败后改名刘义顺，避居漳州城，以开设商行为掩护，从事反清活动。经过长期努力，"徒党遍川、黔、秦、陇、两湖"。② 太平天国革命的节节胜利，使他受到极大的鼓舞。1857年初，他准备于端午节在鄂西川东一带同时并举。当时他的义子刘汉忠在湖北荆襄一带活动，教徒刘文礼在四川涪州鹤游坪活动，教徒马四在四川石砫厅活动，教徒周奉仪在长寿县活动。他自称依元祖师，以白莲教总首领的身份统一指挥。各路人马都设元帅，先锋等职，储备旗帜刀枪，听候调遣。

不久，因教徒中有人被捕，秘密泄露，刘义顺只好暂时隐蔽，各地联络中断。石砫

① 《黄宗汉奏稿》，藏北京第一历史档案馆。

② 《咸同贵州军事史》第四册，第1页。

厅教徒首领马四因为形势紧急，决定联络鹤游坪教徒首领刘文礼提前举事。他们在起义前把队伍分编为四股："一股系范德信为首，以黄帕包头为号；一股系徐世仕为首，以红帕包头为号；一股系冉至宝为首，以白帕包头为号，均驻石砫地面；一股系鹤游坪居住之刘文礼为首，以青帕包头为号。马四自称天德大元帅，统管四股。"[①]起事后，因清军封锁长江，他们被分隔于江南江北两地。马四、刘文礼率主力两千余人据守长江北岸的鹤游坪。

当时重庆知府李庄亲率清军与涪州、石砫、丰都、长寿各县团练向鹤游坪进攻。同时暗派团首汤大鹏向马四诈降，打入起义军内部潜伏，等待时机。不久，双方激战开始。据守保和寨的起义军在马四率领下居高临下，沉着应战，用土炮连续轰击，杀伤不少敌人。清军仰攻，处于不利地位，久战无功。但是潜伏的敌人火烧鹤游坪大营，抓住了刘文礼。起义军措手不及，全军大乱。马四于撤退中被捕。清军乘势猛攻，先后残杀起义军教徒一千余人。几天之后，在石砫厅、长寿活动的起义教徒也被包围。这次起义，前后不到一个月就被清军镇压下去。

刘汉忠奉命在湖北宜昌、襄樊一带从事起义的准备工作。他听到川东已经举事的消息，就起而响应，四出进攻清军。这时正是太平天国发生天京内讧以后，革命处于低潮的时期。湖北清军得以腾出手来对付这些白莲教起义军。所以起义不久就失败了，诸首领先后被捕牺牲。

鹤游坪的大营被清军打破后，清军缴获了四川、湖北各地白莲教首领的名单与来往函件。于是就顺藤摸瓜，到处搜捕。刘义顺在四川不能立足，只好逃往贵州。咸丰七年年底(1858 年初)，已七十九岁的刘义顺又在贵州思南竖旗起义。他参加了当地的号军，亲自领导白号作战，被所有的号军共同拥戴为总首领，称之为老教主、老祖师。

同治三年(1864)，贵州遵义人张保山改名朱明月，自称是明朝崇祯皇帝的十二世孙，被各路号军推为领袖，建立反清复明的政权。刘义顺则被推为大丞相。

他们在贵州各地奋战四年。1868 年，太平天国革命失败。靠镇压太平军起家的湘军将领席宝田、李元度等人到贵州进攻号军。唐炯率川军一万两千人助战。经过几个月的战斗，号军的根据地皆被攻破。刘义顺于撤退途中被俘，他在成都就义时已是九十岁高龄。一生经历清代的嘉庆、道光、咸丰、同治四朝，长期组织白莲教徒进行反清活动，打击清王朝的封建统治，其功绩是不可埋没的。

---

① 《吴振棫奏稿》。

(四)川东北八县人民的围城斗争

广安练勇围城斗争 从1860年11月开始,达两月之久。究其原因,仍是清政府苛捐杂税所引起的。

广安县每征地丁银一两,加征耗羡银一钱,[①]大小粮户都要多负担一成。至津贴开办后,征额如丁粮,耗欠数,有粮人户又要多负担110%。达两万两千四百余两。并且“花户纳粮另领津贴印票,如粮券之数,解司费银百两费五两六钱”,[②]即地丁正供,每两又加五分六厘.此外,又妄加各项杂捐,盘剥花户,如:“地方修祠庙,建奎阁派之,兴学田亦派之,斗石升合,巨细不遗,随粮征收,集款甚巨。”[③]这种摊派的手段十分卑劣,据载:“四乡绅庶不与闻,数人秘议于署,辄胪列措绅举贡之名,以公议上禀,官即批诺行之。有议其后者,官诿曰:绅议也;绅诿曰:官准也。”以致“智民吞声,愚民饮泣”。[④] 而征收的办法更是恶毒至极,据载:“小民完纳时,先杂派后正赋,非杂派完清,不准完正赋,亦不给粮串票,以民欠正粮可按例惩之,民欠杂派不能以繁刑逞也。”[⑤]以上是官府对粮户的盘剥,但农民受害远不止如此,恶棍、胥役的“揽户包粮”及“差役垫粮”是广安二弊,严重地危害了农民的生计。

一批乡里恶棍串通收粮胥吏,领取粮户串票,专包粮户上粮,而不管纳粮户是否情愿。“掣串在手”,“富民斗石之粮多取薪费钱数千……零星升合贫民……求票则倍取其息,有粮只百钱完至五六百者。不遂其欲,动嗾粮差锁押勒取”[⑥]。

一批滥差贪役,买通官府粮员,“乐于垫粮,视为利薮”。他们缩短收粮时间,七月出催粮“滚签”,八月遽停收“撤柜”,“凡小户延欠,概由差役垫完……差一下乡,捕欠户如贼,每粮户正银无多,非倍蓰十百不止。锁押有费,口食鞋脚又有费,动必取盈,受者不敢怨,路人不敢言”。[⑦] 这些成文的和不成文的政治压迫和经济剥削,把广安州人民驱向困苦的深渊。

就其近因来看:一是广安知州王兆僖为了防御李兰义军的攻打,[⑧]强迫人民出钱出力,重修县城,以保护官吏及地主阶级的利益,而大大增加了人民的负担;一是广安州

---

① 民国《广安县志》卷一六载:“无闰之年地丁应征正,耗羡银一万一千二百八十两零八钱六分四厘。”

② 民国《广安县志》卷一六,第13—14页。

③ 民国《广安县志》卷一六,第13—14页。

④ 《广安县志》卷一六,第14页。

⑤ 《广安县志》卷一六,第14页。

⑥ 民国《广安县志》卷三四,第16页。

⑦ 民国《广安县志》卷三四,第17页。

⑧ 民国《广安县志》卷四〇,第13页。

于1860年春，“奉檄办团练，按粮一石派勇费银五两”，即按亩捐输，“怨者以加银五两，不知实藩檄也”。[①] 四川藩司祥奎的开征捐输的命令，各州县无不奉行。州官又檄绅董在四十八场设局督办团练，各给以书吏一名，差役四名，“设公案判事，日夜枪炮不绝”。[②] 按户派捐输练费，“稍迟延抗缴者”，州官派出的书差就“逮系刑杖”，“道路以目”。官府书差与乡里团首练房产生了矛盾。11月，团首苏卓立等及练勇数千人哗变，进围州城。

事件发生后，顺庆知府杨重雅驰至广安，玩弄欺骗手法，首先将知州王兆僖撤职，稍平众怒。其次撤销了州团练局，缓和了各属团练与局委、书差的矛盾，[③]交还了团首领导本地团练的权力。同时，对围城的练勇“宣谕利害”，软硬兼施，威胁利诱，瓦解了练勇的斗志。1861年春，团首练勇由于受到知府的武力威胁，及他们权势和利益也得了一些满足而撤围。

达县人民围城斗争 达县丁粮共征银九千一十九两零，津贴“其征收一准正供之数，遇闰加征亦如之”。[④] 加上“按亩捐输”每两加派五两，人民负担已加重了六倍。更有甚者，西班总役王闻开（达县王家场人）及其门徒张得荣、李文仲、王文亮等人，在达县衙门形成了一股恶势力，前后“住班者以千计，大半皆其党羽”。[⑤] 他们迎合绅衿，挟制官府，左右全县政事，致有“开日押，官不敢不押，开日禁，官不敢不禁”，历任知县无不仰其鼻息。他们在现任知县李兰舟的纵容默许下，每发出一传票，“索金数百，仍不饱其欲壑，比结案而中人之产罄矣”。这班恶役包揽赋税征收征解，从中多收加平、火耗、绳索、鞘匣等费，大小粮户无不深受其害。他们巧立名目征收的杂税，更是多得惊人。诸如：擅受民讼从中贪利；高抬考试卷工本费；强索考生赏钱；办理命案“妄取滥放无辜”；办理盗案“私行吊拷，买盗扳诬、开花”等，以致全县“怨声载道，人人发指”，“欲扑杀此獠”。

1861年5月，达县人李占元、伍庆义、刘尔钖等“倡议纠合乡民围城，要求惩办”恶役王闻开，“负粮景从不期而会者数万人，环城包围，危在旦夕。知县李兰舟意存左袒”，后来“绥定知府顾开第见势不佳”，[⑥]决定牺牲王闻开，以挽危局。调东乡县知县钟

---

① 民国《广安县志》卷四〇，第13页。
② 民国《广安县志》卷三六，第16页。
③ 民国《广安县志》卷一三，第6页。
④ 民国《广安县志》卷一一，第15页。
⑤ 民国《广安县志》卷二〇，第7页。
⑥ 《达县盘石乡志》卷四，第58页。

某“兼摄县篆”，“设法将王闻开下狱，枭首出示”。但是，苛捐杂税仍未减少毫厘，人民的愤怒仍未平息，顾开第不得不答应减轻杂税苛扰，并铸竖“铁碑”，以昭信示，围城的人民群众始行解散。这个“铁碑”所载各款，①虽仍然保护了封建正赋、杂税对百姓的苛索，但较之往年有所减轻；并规定：“两厅各有专司，不得擅受民词”；对文武监生正案，“不准差役挟捏勾控、未票先拘、填签唤约等弊”；对“已革之役，不得更名复充”；对于“命案”，“不准差役妄取滥放无辜”；对于“盗案”，“不得隐匿推诿、私行吊拷、买盗扳诬、开花等弊”等，这无疑是达县人民反封建剥削斗争胜利果实的记录。

营山人民反对亩捐的围城斗争 营山县丁粮及其附加、津贴等苛捐杂税一如广安州、达县。此外，差役经手征粮，仍倡“垫粮”之术。恶棍亦从中包揽上粮，“承粮之人私肆苛取，或数十倍不释，而官亦以其承垫矣，虽有告诉，碍不深究，若辈遂效尤之，民常叫苦”。② 1861 年 6 月 20 日，李、蓝义军在定远击毙楚军领兵大员黄淳熙，起义军势力大张，对绥定府所辖州县威胁日益严重。后骆秉章移师顺庆（今南充），催署川督崇实速速供应粮饷，川省捐输自是开办。营山县知县濮文升奉檄开办按亩捐输，每丁粮银一两加征五两。其催缴手段之刻毒，期限的急迫，使营山人民突遭祸殃。胥吏日夜追索，差役比户勒敲，把营山人民逼得无路可寻。7 月，营山五万人民在王礼谟的领导下进围县城。

营山人民围城事件发生后，骆秉章“以东南北三面贼踪殆遍，仅恃小北路一线为湘军饷道，若再有梗阻，军势必殆，拟派大军剿灭”。顺庆知府杨重雅进言：“愚民无知，可以开导解散，若大军一临，势必激成事变，请只身往谕。”③杨重雅率少数随从，由蓬安渡嘉陵江，入营山境，采取威胁利诱，分化瓦解等卑劣手法，沿途宣谕利害，“只拿王礼谟一人，余悉不问”。至营山城，又“传谕乡民，安分度日，弗听谣言”。④ 至此，营山五万人民围困县城，反对“按亩捐输”的斗争被瓦解了。是年年底，李兰义军攻打营山城，未破。

渠县、巴中、东乡、南江、通江等州县人民的围城斗争 这些斗争无不是清王朝的苛捐杂税所引起的。这一广大地区人民对清王朝的抗议，使新任川省军务督办大臣骆秉章处境非常尴尬，欲剿不能，欲抚不得，大致都采取达县、广安、营山的处理办法，平

① 详见民国《达县志》卷六，第 59—60 页。

② 光绪《营山县志》，第 20、30 页。

③ 《杨大中丞传》，第 8 页。

④ 《杨大中丞传》，第 9 页。

息了这些州县人民的围城斗争，而把责任推给前几任官吏了事。藩司祥奎“因亩捐参撤，人心颇快”，不过只是替罪羊而已。

(五)藏、羌人民起义占领松潘厅城

太平天国革命后期，川西北的藏羌两族人民掀起了一次轰轰烈烈的反清大起义。起义军攻下了九关六堡，占领松潘厅城，多次击败清军的围攻，击毙清方文武官员数十人与清军数千人。自1860至1865年，坚持斗争长达六年之久。有力地支援了太平天国与李永和、蓝朝鼎起义军的反清斗争。

这次起义是在川西北松潘厅所辖的地区爆发的。现在的四川省阿坝藏族自治州松潘县，清初为松潘卫，以总兵一员镇守。雍正年间改卫为厅。乾隆年间改置松潘直隶厅，直属四川布政使司。其所辖地区东与平武连界，北至川甘边界，西至川青边界，南与茂州连界，大致包括现在的四川松潘、南坪、若尔盖、红原、阿坝一带地方。民政事务由同知管理。维持封建统治秩序则由松潘镇总兵负责。这一带地方，人口总共未超过十万人，而总兵所辖兵额却有马步战守兵五千余人。足证清廷重视这里的防务。太平天国革命爆发以后，清廷从松潘镇属各营调兵两千余名前往镇压。咸丰九年(1859)李永和、蓝朝鼎起义军入川，清廷又从松潘镇属各营调兵一千余名前往叙府一带布防。

这一带山区严寒，地瘠民贫。每年只种一季青稞，亩产仅数十斤，不及二斗。藏、羌人民生活困苦，但是清廷对他们的压迫剥削并不稍轻。更为糟糕的是对这里藏、羌人民征粮课税的大权却握在武官手中。据嘉庆《松潘直隶厅志》记载：松潘镇总兵除统辖属下官兵之外，并且“兼理边防，提调汉土官兵，节制口内外各土司”。据民国《松潘县志》记载：当地的七十二部落(即藏、羌人民)“归松潘镇标各营分别管辖。口外游牧各寨令纳银马，口内种植各寨令纳稞麦”。对于这些少数民族，执行武力震慑与经济剥削的双重职能。各营的带兵官取得了直接向各土司征收银、粮与军用物资的大权以后，巧立名目，压榨敲剥，贪得无厌，其中尤以“尖斗”剥削最为突出。

什么叫作“尖斗剥削”？据《蜀海丛谈》记载：“往岁营中收纳此项番粮，皆不容以平斗量入。必于斗面聚稞如山至斗不能容始作为一斗，名曰尖斗。番民深以为苦。然供给兵者仍是平斗，其盈余即归游击等官之中饱。咸丰己未(1859)中营游击某不惟照尖斗量收，并稞之撤落于地者亦不准番民拾回另量，群番愤极，遂啸聚要胁豁免尖斗。”①

① 周询：《蜀海丛谈》下册。

争取豁免尖斗的斗争由来已久。藏、羌人民要求废除尖斗是完全合理的。但松潘各营带兵官倚仗手中的武力，多次对藏、羌人民的合理要求断然拒绝，动辄捐之为抗粮，加以镇压。1859年秋，李永和、蓝朝鼎起义军围攻叙府，清廷从松潘镇抽调兵力前往镇压。松潘一带兵力空虚。由尖斗问题所激发的藏、羌人民起义的斗争就迅速地展开了。

当时，藏、羌人民聚集在松潘小西门外窑头坡地方，开始还是要求废除尖斗，并无激烈行动。松潘镇总兵不仅拒不接受，而且悍然动武，加以镇压。藏、羌人民忍无可忍，在首领额能作（女，小姓沟大尔边寨藏妇）、折乃他（南坪塔藏盘信寨寨长）、欧利哇（南坪羊峒五十八寨头人）等人的率领下奋起反抗。他们遍传木刻，通知七十二土司所辖各寨藏、羌人民共同进击清军。藏、羌人民都是虔诚的佛教徒，为了振奋人心，鼓舞士气，额能作倡言活佛黑伦来（额能作之子）降世，生而能言，数月能行，周岁即解读佛经。并且说，活佛许以起事抗清必能成功。各寨藏羌人民深信不疑，纷纷抗粮不纳，聚众起事，进攻清军营地。

战事爆发之后，清廷将处理不当的松潘镇总兵文升撤职，于1860年5月16日（咸丰十年闰三月二十六日）任命联昌为总兵。联昌到任，仍然一味镇压，批准安顺堡地方的乔农官屠杀传递木刻的藏人。藏羌人民在首领额能作等人指挥下，勇敢回击，并且围攻松潘厅城。联昌连战连败，只好龟缩于城内，等待救兵。同年10月31日（九月十八日），藏、羌人民攻下安顺堡，杀死乔农官全家，击毙清军与团练一百余名。两天之后，又攻占镇江关，击毙清军与团练数十人，完全切断了松潘厅城与省城成都之间的联系。在切断联系之前，松潘城内文武官员曾向成都飞章告急三十余次。但是这时李永和、蓝朝鼎起义军正驰骋于川南川西各地，声势浩大，军锋直指成都。四川总督曾望颜、成都将军崇实不敢出击，在成都闭城自守，对于松潘的告急文书只好置之不理。

岷江由北向南，穿松潘城而过。松潘文武官员在与成都联系中断之后，就想派善于泅水者从岷江泅水南行，去成都告急；并且用木牌书写告急文书，丢进岷江，希望漂到成都，以通消息。“城围既急，公文亦不得出，仍复将危惨情况，书木牌数百具，从城内投入江中，冀汶、灌等处有拾得者，必可转达大府。仍悉为叛番捞获毁弃。众番并于南门下游用巨绳横拦江中。绳上系响铃无数，防城中募善泅者出往请兵也。”[①]聪明的藏、羌人民堵死了松潘城内文武官员一切向外求救的道路。

---

① 周询：《蜀海丛谈》下册。

1860年底，署理四川总督崇实派兵救援。援兵到达叠溪营，慑于藏羌人民气势，不敢前进，派人议和。额能作假装允许，暗地设伏以待，使援兵陷入重围，全军覆没。藏、羌人民即于1861年1月24日（咸丰十年十二月十四日）乘势攻克平番营，杀清军与团练二百余人。与此同时，东路、西路各地藏、羌人民纷纷响应，拔堡夺寨，将九关六堡全部占领，使松潘成为一座孤城。

松潘长期被围，存粮已尽。据民国《松潘县志》记载，当时"城中粮匮，委平武县官徐万有代购米麦，延期未至。绅商各出存粮以给兵食，月余复罄。搜索农民牛羊、武营官马杀之，以济兵食。五月，兵民食尽。皮革及草根树皮皆被括食，兵（丁）团（练）饿死大半"。在松潘城内的清军粮尽援绝之后，藏羌人民于1861年8月12日（咸丰十一年七月七日）攻破东北两门入城，击毙同知张中寅等文武官员与清军团练四百余人，占领了这座孤城。

松潘重镇失守，清廷大为震动，急命新上任的四川总督骆秉章迅速进兵克复松潘厅城。骆秉章老奸巨猾，深知要一举收复松潘，绝非易事，不论清廷如何催促，他还是稳扎稳打，先固守茂州，阻止藏、羌人民南进。然后调集兵马，探听敌情，慎重地作好进攻的准备。同治二年（1863）春，蓝朝鼎、李永和先后牺牲，余部转战陕西；进入四川的太平军石达开部也已失败，骆秉章这才集中兵力，进图松潘。

骆秉章一面进军，一面秘密地对藏族的上层分子进行瓦解的工作。林波寺喇嘛在藏、羌人民攻破松潘厅城之时，曾掩护过清军总兵联昌脱逃，为自己留了后路。这时见到骆秉章统率的清军势大，就通过联昌向骆秉章表示愿意投城。在两三个月的秘密活动中，不少藏族上层分子，为了保住自己的利益与地位和骆秉章谈妥了投降条件，并转而对那些不愿投降的藏、羌首领施加压力。甚至准备在清军攻城时作为内应。额能作、析乃他等首领察觉了这个阴谋，决定暂时撤出松潘厅城，退据小姓沟大尔边寨以保存实力。1863年7月17日（同治三年六月二日）清军得以不发一矢，进入松潘。

额能作、析乃他退守小姓沟后，发兵截断清军退路，猛攻茂州，打得清军疲于奔命。但是他们却被林波寺喇嘛出卖。"林波喇嘛复率已降之番随同官军将小姓沟假说活佛惑众倡乱之番妇额能作及盘信寨逆首析乃他一并擒获正法。"[①]这实际上是藏族上层人士被清军收买，进行告密，突然袭击，才把他们抓住了的。他们牺牲之后，南坪羊峒五十八寨头人欧利哇继续抵抗。骆秉章说："南坪逆番欧利哇实为祸首，恃其路险巢深，

① 《骆秉章自订年谱》卷下。

负固不服。”[①]他不敢发兵进攻，因为当时太平军余部梁成富与李、蓝起义军令部蔡昌龄合军进占甘肃阶州（今武都），威胁川北。他认为：“若穷兵深入，既虑松潘以上甫定之番倘复勾结，则我军腹背受敌。且值川北防剿吃紧，所有得力之军均越境围攻阶州，无兵可拨。”[②]所以只好暂取守势，停止进攻。

1865年6月6日（同治四年五月十三日）清军攻陷阶州，梁、蔡牺牲。骆秉章这才集中兵力，进攻欧利哇据守的南坪。当时藏、羌人民顽强抵御，战争激烈。“逆番拼死抵御，枪石雨下”，“逆番将桥拆毁并将山径挖断”。[③] 1865年10月14日（同治四年八月十五日），清军攻陷南坪。南坪虽然陷落，附近各寨仍然继续战斗。清军施展诱降阴谋，派人与欧利哇谈判停战条件。在欧利哇上当受骗之后，清军随即收缴了各寨藏、羌人民的武器，残杀了不少不肯放下武器的藏人。清军总兵周达武等人“各率所部同赴松潘厅城。会同联昌、吕绍衣传集各路喇嘛土官番目牌头，谕以顺逆之理，恩威之用。皆欢呼而退”。[④] 藏族上层分子出卖了自己的兄弟，得到了升官发财的利益。林波寺喇嘛被清廷封为二品堪布，由茶票（对茶叶征收的货物税）项下每包抽钱二文，作为喇嘛常年食俸。各寨土官，每年也由茶票项下拨银两千余两作为奖赏，皆大欢喜。

刽子手们总是不讲信用的。清军在站稳脚跟之后，马上推翻了与欧利哇之间达成的协议，将他残杀。理由是：“欧利哇首先倡乱，破城戕官，与已诛之番妇额能作同为罪魁。虽势蹙乞降，未便使逃显戮，当即正法，以昭炯戒。”[⑤]于是，一场历时六年的藏、羌人民起义，就被清廷一面大肆屠杀一面分化收买的软硬兼施的两面手法镇压下去了。

三　震撼全国的李永和、蓝朝鼎起义

（一）官逼民反，李、蓝义军由滇入川

由李永和、蓝朝鼎所领导的农民起义军转战六省，历时六年，震撼了全国。就其影响的深远来说，仅次于太平军与捻军。这次起义虽然开始于云南，结束于甘肃，但其主要的活动地区则在四川。

---

① 《骆秉章自订年谱》卷下。
② 《骆秉章自订年谱》卷下。
③ 《骆秉章自订年谱》卷下。
④ 《骆秉章自订年谱》卷下。
⑤ 《骆秉章自订年谱》卷下。

这次起义是从云南省昭通府大关县牛皮寨开始的。昭通地区为川、云、贵三省毗连地区，古称乌蒙。明代在此设置马蒙军民府。清代雍正时期改称昭通府，知府驻思安，即后来的昭通县城。这一地区是汉、回、彝、苗等多民族杂居区。各族劳动人民多以务农为生。太平天国革命时期，清廷为了筹集军饷镇压革命，增加赋税，强派苛索。许多农民贫困破产，沦为运盐运货的脚夫。后来清廷下令各省征收厘金。川滇道上关卡林立，官绅串通，对于往来商贩处处敲诈，时时勒索。致使商贩裹足，行旅萧条。依靠下力为生的脚夫大都失业，生活无着。

1859年(咸丰九年)秋，与四川接壤的大关县下十六乡一带贫苦农民，因交不起钱粮被官府逼得无路可走，共推青年农民李永和为首，奋起反抗。与此同时，川滇道上失业的脚夫也推青年脚夫蓝朝鼎为首，决心造反，死里求生。1859年10月3日(咸丰九年九月八日)，这两支队伍聚集在大关县的牛皮寨，宣布起义抗清。举"顺天"旗，自称"顺天军"，共推李永和为"顺天王"。① 以不交租，不纳粮，打富济贫为口号，当时他们全军不过七百人，起义以后，立刻勇敢地向四川进军。沿途贫苦人民，闻风响应。他们进军神速，六天之中，连克筠连、高县、庆符三县。三县的地方官非死即逃。

在他们进军四川之时，四川的情况如何？有一个名叫徐昌绪的编修写了一封信给四川总督曾望颜，痛论当时四川力量空虚、情势危急的情况。曾望颜把这封信抄录奏报清廷。说明他也认为这封信所论各事属实。信中说："闻滇匪窜入叙州府属之筠连，庆符、高县相继失陷……蜀中有事则滇黔路绝，各省接济亦绝，大局全坏，尚忍言哉！军兴以来，平靖惟蜀耳。然而不测之患伏于未形，智愚皆知。就全省情形而论，约计大患有八：平日州县官吏以百姓为草芥，人人思乱，患一也。川省向系五方杂处，除州郡县野市而外，并无村庄。或隔十里五里一家，人心散涣。平日官吏既不以团练保甲为之联络稽查，守助难成，奸细易入，患二也。咽匪、教匪无地无之，官兵差役向来通匪。平时官吏苟安粉饰，毫不觉察，一处有变，四处应之，患三也。川省平靖已久，民不知兵。猝闻此乱，富者张皇，贫者掳掠，州县官吏又先迁眷口出城，则百姓不击自乱，必无守御之策，患四也。川省各县仓储向来空虚，一旦被围，城守必难持久，患五也。年来川兵经各处征调，兵力甚单。即仓促募勇，未经训练，望贼即溃，患六也。现在川省大吏及带兵大员向无调度，万一挫败，贼胆益张，响应益众，患七也。川省各处皆有险可守，贼若据之，皆负蜗之势，患八也。"②

① 《大关县志稿》。

② 《曾望颜奏稿》。

这封信中指出“官吏以百姓为草芥，人人思乱”，如果“一处有变，四处应之”。这种看法是很大胆的。他估计起义军一入四川，就会出现燎原之势。这种估计也是正确的。正如他所预料的“由泸州横窜富顺，即盐厂大帮所出，全省精华所萃，皆可以资贼粮。其地杂人甚多，民俗横悍，最易从贼”，[①]后来李、蓝义军攻占犍乐、自贡盐场，盐工纷纷参加，全军人数猛增至十余万人。由此可见，他信中所论的八种“大患”，确有根据。

1859 年 10 月 11 日（咸丰九年九月十六日），义军强渡金沙江，攻占叙府（今宜宾市）的大门安边镇。四天以后，义军由安边经柏树溪直逼府城。知府英汇、知县汪观光紧闭城门，不敢应战，求神拜佛，专盼援兵。次日，义军攻占府城以北的重镇吊黄楼，切断了清军由成都方向来援的水道。清成都将军兼四川总督有凤急令提督万福与按察使蒋征蒲率军兼程来援。因为义军猛烈攻城，万、蒋二人不敢逼近，在府城以西五十里的高家场扎营，逗留不前。有凤大怒，奏请清廷撤了万福的职，调升重庆镇总兵皂升为提督，去前线统兵。又调升自己的亲信副将马天贵为重庆镇总兵，前去增援。

义军围攻叙府，一因叛徒唐友耕投敌，泄露了攻城计划；二因未能截断清军从金沙江来援的水道，故而久攻不克。为了争取主动，扩大战果，义军决定从叙府周围撤军，北上攻取犍乐、自贡盐场，夺取清廷赖以生存的重要财源地区。为了实现这一计划，他们必须打垮驻扎在叙府以西高家场的清廷援军。1859 年 12 月 7 日（咸丰九年十一月十四日），义军对清军两路包围，猛烈进攻，打死马天贵。皂升、蒋征蒲率领残兵逃进嘉定府城（今乐山）。义军乘胜尾追，攻占了犍乐盐场。据清方的军报，清军这次惨败的情况是：“此次滇匪围攻叙郡，已将城外真武山、翠屏山、吊黄楼要地先行占踞，地利已失。连日分股用云梯并开地洞攻扑府城，情形甚为危急。官兵只知抵御，虽稍有斩获，迭次击退，究未能合力会剿。委署提督马天贵尚未接印，督兵鏖战，因约会之兵畏缩不前，署守备余振海、把总安定国探有见贼先逃之事，以致众兵溃散，马天贵力竭阵亡。”[②]

清廷接到败报，即将四川总督有凤撤职，命令陕西巡抚曾望颜继任。责令他对犍乐、自贡盐场数十万盐工妥为安置，严防他们投向义军。但曾望颜措手不及，犍乐盐场已落入义军手中。

① 《曾望颜奏稿》。
② 《曾望颜奏稿》。

(二)夺取盐场,进军成都

犍乐盐场位于嘉定府(今乐山)与犍为交界处五通桥、牛华溪与马踏井的三角地区,和自贡盐场同为川盐主要产地。自从太平军占据了长江下游地区,淮盐不能上运,川盐除供给云南、贵州之外,还要供应湖南、湖北食用。四川的盐课收入,也是清廷的重要财源。义军占领盐场,击中了敌人的要害。清廷大为震惊,严令四川总督曾望颜调兵遣将扼守从犍乐盐场通往自贡盐场的道路,唯恐义军再占自贡盐场。这些清军是甘肃提督郭相忠所统率的陕甘标兵,四川提督皂升所率领的督府标兵和重庆镇营兵,还有川北镇总兵占泰、湖北宜昌镇总兵虎嵩林等人所率领的营兵,以及地方团勇共数万人,枪炮齐备,武器精良。可是这两省提督、三镇总兵都只远远扎营,虚张声势,不敢与义军一战。

义军占领犍乐场后,盐工纷纷参加,全军人数猛增至两万余人。他们下一步进军的目标正是清廷严令固守的自贡盐场。当时从犍乐到自贡之间的大道,如长山镇,荣县、乐德镇、双石铺等地都有敌人重兵驻守。他们出奇制胜,趁数九寒天雨雪交加,绕山间小径,在 1860 年 1 月 23 日(咸丰十年正月初一)的夜里,进行奇袭。经过两天多的战斗,于 1 月 26 日(正月初四)把方圆数十里的自贡盐场完全占领。几十万受苦受难的盐工与当地贫苦农民张灯结彩,敲锣打鼓,迎接义军。不到一个月,义军队伍扩大到十余万人。

占领自贡盐场之后,义军得到足够的给养和进行休整的时间,声势更加壮大。成都将军有凤与四川总督曾望颜互相倾轧,都想推卸战败的责任。文武不和,兵将不和,全省一片混乱。四川提督皂升调度无方,被清廷撤职,另派川北镇总兵占泰继任[①],统率各路兵马对义军作战,保护成都。

经过一个多月的休整,李永和、蓝朝鼎决定大举出击。他们分兵作战,由蓝朝鼎率领义军主力十万人向青神、眉山进军,打算攻取成都;李永和则分兵据守犍乐盐场一带,建立一块比较稳固的根据地。1860 年 3 月 7 日(咸丰十年二月十五日)深夜,全军撤离自贡,开始转移。

四川总督曾望颜连接败报,坐立不安。唯恐义军来攻成都,一再命令成都附近各州县,进行坚壁清野:“自古戡乱御敌者,未有不以险为足恃者也。川省唯近省数百里平阳,余皆万山环绕,形势颇胜。若令各处百姓将小路一概节节挖断,重重塞垒,使贼

① 《清实录·文宗实录》卷三。

万不能旁溢飞越。是人且不能过，何有于马。昼且不能行，何有于夜。再将各大路，于各要隘口层迭筑起高原土关，其门只可容一人一马一轿出入。筑关之时，即于关外挖成深壕，壕上用木板搭成活桥。贼来撤去木板，严闭关门，兵民上关防守。”[①]他这种劳民伤财的防堵办法，在川南川西许多州县都是照办了的，可是并不能阻止义军的前进。

当蓝朝鼎部义军从青神、眉山一线向成都进军之时，成都附近各州县贫苦人民纷起响应。邛州（今邛崃）有人聚众焚香，准备起事。崇宁有人与团练冲突，打伤团丁。甚至近在咫尺的新都唐家寺，“亦有咽匪，白日横行”[②]。有不少人声言要迎接蓝朝鼎部义军共同攻打成都。曾望颜手足无措，急令占泰率领所部由井研、仁寿一线兼程赶回，保护成都。

蓝朝鼎侦知消息，沿途设伏。占泰所率数万清军遇伏溃散。他本人仅带了少数官兵狼狈逃回成都。清帝闻报大怒，下令给曾望颜说：“朕闻川省剿办滇匪，甚不得手。贼从自流井窜出后，提督占泰带兵猝遇贼伏，并未接战，遽行溃散，折回省城。军装器械，尽为贼有，以致人心震恐，城门昼闭。又闻自川至陕，沿途有携带军械之兵丁，纷纷逃散。占泰系统兵大员，如果剿贼失利，遽退回省，因而省垣戒严，何以曾望颜并未据实查参？着该署督明白回奏，毋得稍有隐饰。至川省正在用兵，而逃兵满路，更属不成事体，着曾望颜查拿，严行惩办，以申军律。”[③]

占泰尚未到达成都之时，蓝朝鼎部义军已经连克青神、彭山，前锋距离成都不过百里。成都城内出现义军的密探，风声鹤唳，草木皆兵。占泰败军回到成都，人心更为慌乱。有凤与曾望颜相竞上奏，互相攻击，清廷命令驻藏大臣崇实前来查办。就在清方文武官员乱作一团的时候，蓝朝鼎部义军所向披靡，势如破竹。他们攻克彭山后，向西猛进，占蒲江、入邛州，并于1860年4月10日（咸丰十年三月二十日）一举攻克名山。全军连营数十里，切断了成都到雅州（今雅安）的大道。4月22日（闰三月初二日）攻下金鸡关，4月25日（闰三月初五日）围攻雅州。

崇实到达成都的前四天，蓝朝鼎部义军攻克名山。崇实既到成都，即督促占泰统兵援雅。占泰屯兵邛州，不敢踏入名山县境一步。义军围攻雅州二十多天未能攻下，则分兵攻取雅州附近各县，一方面取得给养，一方面孤立雅州。在两三个月中间，他们先后进出于雅州附近的洪雅、峨眉、荥经、天全，以及成都附近的大邑、崇庆、灌县、新

---

① 《巴县档案》咸丰十年正月二十日扎。

② 《曾望颜奏稿》。

③ 《清实录·文宗实录》卷三一二。

都、郫县、双流等地。1860 年 8 月 11 日(咸丰十年六月二十五日),蓝朝鼎攻下崇庆州的元通场,设大营于此地,距离成都仅七十里。

义军驰骋于川西平原,一再威胁成都。崇实不断地向清廷告急,指出军事上的失利是由曾望颜造成的:"署四川总督曾望颜不谙军旅,年衰偏听,声望迥非昔比。现在各股逆匪,势已穷蹙,可以指日肃清,乃该署督措置乖方,以致人心解体。"[①]清廷即另派曹澍钟到四川专办军务,下令说:"曹澍钟现由粤西驰赴四川办理军务,所有四川在事文武以及各路兵勇自应归其统率节制。着即于行抵川境之日,即行知各路军营,以一事权。曹澍钟在川历任有年,情形熟悉,经朕特派专办四川军务,尤当整顿军旅,妥筹布置,迅除丑类,以保完善之区。"[②]但不久就改变主意,革了四川总督曾望颜的职,"令东纯兼程前往置理四川总督,并令暂时接办军务。曹澍钟已令回籍终制矣"[③]。东纯从湖北奉命来川,在途中病故。清廷又令崇实署理四川总督:"崇实现在川省审办案件,该处情形,谅应熟悉。所有防剿事宜,责无旁贷,亟应整饬戎行,妥筹布置,毋许贻误因循,再蹈曾望颜覆辙。"[④]瞬间,清廷又觉得崇实没有这种能力,决定派长期对付太平军的老奸巨猾的湖南巡抚骆秉章到四川办理军务。在两个多月的时间内,清廷对于办理四川军务的大吏竟然连换四次,说明李、蓝义军的迅速发展,已使清廷上下陷入了手足无措的窘境。

(三)铁山基地的建设和义军政策措施

当蓝朝鼎部义军转战川西各地之时,李永和部义军则分兵活动于富顺、威远、犍为、井研、仁寿、资州(今资阳)一带。他们入川一年,全军人数已经扩大到三十余万。活动地区已经扩大到四十余州县。所克的州县,大都弃而未守,没有建立一块巩固的根据地。几十万大军的补给常常发生困难。他们逐渐认识到控制一块富庶之区来建立根据地的必要。1860 年 11 月,以蓝朝鼎、李永和为首的各路义军首领在富顺县北沱江左岸牛佛渡大会师,商量建立根据地的大计,决定把根据地建立在青神以南,犍为以北,岷江以东,威远以西纵横一百余里的铁山地区。这有以下几个好处:

第一,这里的广大人民拥护和支持义军。"要想吃得好,穿得好,跟着李短辫子

① 《清实录·文宗实录》卷三一八。
② 《清实录·文宗实录》卷三一六、三一九、三二五。
③ 《清实录·文宗实录》卷三一六、三一九、三二五。
④ 《清实录·文宗实录》卷三一六、三一九、三二五。

跑”[1]，这样的民谣到处流传。而且义军队伍里绝大多数的战士都是这一带地方盐场的盐工，采煤的煤工，开矿的矿工，以及贫苦农民。大家土生土长，情况熟悉。这对作战极为有利。

第二，这里的地势险要，山峦起伏绵亘数十里，易守难攻。从这里向四方出击，则是居高临下，处于有利的地位。

第三，这里属于四川的财富之区，粮、盐与许多军用物资都很充裕。这块地方得到巩固，就可以作为全军的补给基地。

他们还商定了分兵三路的作战计划：由蓝朝鼎、蓝朝柱（蓝朝鼎之兄，又名蓝大顺）、訾洪发、谢华瑶等率领的主力军向川北发展，目标是夺取绵州（今绵阳）；周绍涌、曹灿章、蔡昌龄等首领分兵向川东发展，攻城略地，扩大影响，牵制敌军；李永和、卯德兴则率部固守铁山地区，建设根据地，并相机北上，与夺取绵州的主力军配合，夹攻成都。

牛佛渡会师，是李、蓝义军整个战斗历程中的一个重要的转折点。这次会师所决定的建立根据地与分兵作战两件事都是为了争取胜利而采取的正确办法。建设铁山地区的根据地还是比较成功的。只可惜在分兵作战中，各路义军不能很好地配合。行军作战，流动分散，形成各自为战的局面，给敌人以可乘之机。这是义军终于失败的一个重要原因。

会师以后，向东发展的一路最先出发，因为沿途没有清军拦截，进军迅速。不过二十一天时间，就克荣昌，入大足，于1860年12月23日（咸丰十年十一月十二日）一举攻克永川县城，军锋直指重庆。由蓝朝鼎率领的主力军随后出发，通过安岳、遂宁、军锋直指绵州。

李永和、卯德兴所率领的队伍最后离开牛佛渡，进入铁山地区活动，开始建立政权。这就是所谓“铁山政权”。他们据守铁山的时期，采取了一系列能够反映贫苦人民意愿的政策措施。清代罗城镇西村人张务西在所写《罗城场乡土历史》中说：“有卯德兴即永和将。其人身干高伟而勇健，俗呼卯统领，或呼卯先锋，来扎铁山。命人民上粮，给予门牌，他的队伍即不到你家骚扰。人有腰牌即不拉去当兵。初时人犹疑惧，后见不欺，去者渐多。人亦各归家耕种，逢场期照常赶场营业。他亦来赶场玩赏。”另有

① 犍为县编修县志委员会调查资料。

史料记载："义军驻铁山后，周围几十里农民获得解放，从此不再受苛捐杂税的掠夺和地主的剥削，过着比较安适的生活。附近农民都踊跃把粮食交给义军支援作战。义军则发门牌以为标记。罗城的家家户户差不多都挂上了义军发给的这项标记。铁山地势雄伟，义军在铁山安营扎寨，开荒种地。"[①]还有史料说："交纳的粮食，不论多少，三升或五升均可，并且还要办席款待交粮者。"[②]从这些史料看来，当时的义军还没有正式制定向群众征粮的办法。所谓交纳粮食，带有人民自愿捐献的性质。从交粮不论多少，并且办席招待的情况看来，义军与群众的关系是十分融洽的。

当时李永和驻铁山观音阁的大营与卯德兴驻卞家祠的大营，都贴有这样一副对联：

旧主本仁慈，恨尔贪官污吏，败坏二百余年基业；

新君多智勇，凭我雄兵猛将，扫清一十七省河山。

这副对联并非铁山建政时新提出的口号，而是围攻叙府时就已经出现了。[③] 其中下联虽自称"新君"，要"扫清一十七省河山"，毫不含糊地说明起义的宗旨，但是上联却说"旧主本仁慈"，把一切责任都加给"贪官污吏"，这就颇有《水浒传》中"只反贪官，不反皇帝"的意味。反映了农民起义领导人物思想上的局限性。以后，另一副对联，就比上一副前进了一大步：

杀贪官以救民，原为黎民造福；

分豪富而济众，但愿大众归心。[④]

这样的口号不仅是反清的，也是反封建的。已经能够扼要地说出了当时义军制定政策的原则。为了团结知识分子，共同推翻清朝，李永和公开发布《求贤诏》。其中说："清夷无道，海内沸腾，粤人既据江南，洋鬼复煽燕北"，要有志之士"轸念时艰，关心民瘼"，和义军一起"群策群力"，用战斗来"易无道为有理"，要凭雄兵猛将，扫平山河。

---

① 犍为县编修县志委员会调查资料。

② 原四川省志犍为调查资料。

③ 据何鸿亮《兴文县志》记，此联在义军入川围攻叙府时即已出现。犍为、富顺地方志和原四川省志调查材料也都记载了此联，说是在牛佛渡会师时已有。因此，可以说明此联不是在铁山建政时才提出的。

④ 清人无名氏手稿《名雅遭贼记》。

“用夏变夷”,“拨乱反正”。[①] 能够有这样一篇四六骈文的《求贤诏》出现,就足以说明义军中已经有了一些能文之士。此外,义军中还传诵一首赞扬铁山地区的五言诗,看来也是能文之士所写:

八灯照犀牛,此地实难求;

若有人占此,胜过万户侯。[②]

铁山建政初具规模之后,李永和、卯德兴率领义军北上,准备进图成都。1861 年 4 月 30 日(咸丰十一年三月二十一日),他们攻克青神,改称“安乐县”,随即进军眉州。5 月 6 日(三月二十七日),更经井研攻占仁寿,改称“长乐县”。同时分兵进入彭山、蒲江、崇庆、大邑县境。

就在李永和、卯德兴部义军攻克青神的前一天,远征川北的蓝朝鼎部义军进驻距离绵州三十五里的丰谷镇。1861 年 5 月 3 日(咸丰十一年三月二十四日),开始围攻绵州。围攻的义军有十余万人,把绵州围得水泄不通。城里的文武官员只能依靠蜡丸传书同成都通消息。

就在李、蓝义军从南北两方面发动攻势准备包围成都之时,奉旨督理四川军务的湖南巡抚骆秉章带领湘军数千人从湖北乘船入川。他“沿途接见府县官绅谘探军情。佥称蓝、李、张、何各逆裹胁啸聚蚁集蜂屯,多至数十万人,蹂躏至四十余州县……贼踪逼近省垣,遍地皆贼,道路梗阻……蓝逆围攻绵州,李逆陷踞青神,各统兵十余万。其余零匪,所在啸聚”[③]。老奸巨猾的骆秉章仔细分析了义军的情况,他认为李永和部义军接近铁山地区的根据地,不易对付;围攻绵州的蓝朝鼎部义军虽然人数较多,势力较大,却是一支远离根据地的孤军,补给困难。他决定集中力量,先救绵州。于是在万县弃舟登陆,向着绵州前进。

(四)绵州会战,蓝朝鼎奋战牺牲于丹棱

在蓝朝鼎部义军围攻绵州之时,全国的形势对义军方面是很有利的。这时太平军在长江下游连打胜仗,牵制了不少清军。陈玉成已攻克湖北黄州(今黄岗),逼近武汉。

---

① 据《罗城场乡土历史》与《犍为新县志》所录《求贤诏》。

② 《巴县档案》中有关李、蓝义军资料。

③ 《骆秉章自订年谱》卷下。

李秀成则攻克江西樟树镇，逼近南昌。四川各族人民也纷纷起来响应义军。凉山彝族的武装斗争此伏彼起，连绵不绝。松潘藏、羌人民已经起事，占领了松潘厅城。连成都附近由二十多个州县的团练所组成的联封团团首朱二九，也自称明王朝的十八代孙，联络各地团练中有反清思想的人策划起义，并与蓝部义军通消息，准备会师攻克成都。这时蓝部义军如果一举攻下绵州，再与李部义军配合，齐向成都猛进，则囊括四川全省并非难事。可惜他们对战局作了过于乐观的估计，没有集中兵力迅速打下绵州，却分兵四出攻城略地，分散了自己的力量。

他们分兵北进之时，"自梓潼至广元一带，全无兵练防守"[①]，陕西震动。清廷急令陕西清军"克日前往朝天关，会合川省兵勇，实力防剿。其川陕毗连各要隘，亦即严饬该地方文武督率兵练，实力防守，毋令匪踪阑入"[②]。蓝部义军虽然打得清廷上下手足无措，可惜没有在骆秉章到来之前一举攻下绵州，包围成都。等到骆秉章所带久经战阵的湘军一到，自己反而陷入被动地位。

骆秉章在清廷的严旨催促下，命湖北南道员湘军头子黄淳熙率所部三千五百人先行出发，自率后队随后跟进。1861 年 6 月 18 日(咸丰十一年五月十一日)，黄淳熙部湘军到达定远(今武胜)，与李、蓝义军东征的队伍开始接触。义军武器不如湘军，最初打了败仗，首领何国梁被杀。但是他们随即设伏围歼了这支湘军，生擒并处死了黄淳熙。此役战况，据清方记载："黄淳熙率前队先行十余里，遇贼，剿之，贼败退。追过二郎场而贼伏四起，层阿斜谷之间旁见侧出，错杂散布，官军分途剿之，不能相顾。黄淳熙知已中伏，督兵奋战，手刃十数贼而身已受伤扑地。为贼拥至场，遂遇害。"[③]

骆秉章接到败报，不敢前进，暂驻顺庆(今南充)，收拾残局。让湘军休整，并增募川勇，加以训练，凑足一万余人后，才继续向绵州进发。骆秉章在湖南巡抚任内支持曾国藩训练湘军，长期与太平军为敌，积累了不少镇压人民的经验。这时又详细研究了李、蓝义军作战的情况，总结出义军战术的特点是：一、散而不聚，即分散作战，机动灵活。二、伏而不击，即利用乡间碉堡，可以长期据守。三、飘而不流，即行动飘忽，但并不流散。[④] 他针对义军善于打运动战不善于打阵地战的情况，决定引诱义军集于一地，面对面地打阵地战。同时辅以诱降收买分化瓦解的阴谋手段来打击义军。这时蓝部

① 《清实录·文宗实录》卷三四九。

② 《清实录·文宗实录》卷三四九。

③ 《骆秉章自订年谱》卷下。

④ 据《骆秉章自订年谱》卷下。

义军围攻绵州,连营数十里,集于一地。其中新兵很多,缺少战斗经验,一旦战败,就会动摇。这正是清军进攻的好机会。骆秉章于是采取"合围会剿"的策略,集中兵力分数路专打蓝部义军,同时调兵牵制李永和部。

骆章秉发动进攻时,蓝部义军围攻绵州已经四个月,队伍人数很多,补给不足,已经到了师老兵疲的时候。他们与其他各部义军又缺少联络,几乎成为孤军。最坏事的是,蓝朝鼎大营中参与军机的文书黄鼎接受了骆秉章的诱降,叛变投敌,把他所知道的义军内部一切秘密都告诉了骆秉章。

1861 年 9 月 5 日(咸丰十一年八月初一日),骆秉章准备就绪,开始发动进攻。义军人数虽多,大都是不善于打阵地战的新兵,面对武器精良又有战斗经验的湘军,很难取胜。经过几天恶战,虽然杀伤了不少敌人,自己的营垒也被焚不少。蓝朝鼎下令移营,绵州解围。骆秉章对这次解围之战大加渲染,说是:"是役焚贼营三十余座,杀贼万余,而焚毙及逼入河干者不下数万,救出难民不计其数,绵州城围立解。"①9 月 18 日(八月十四日),蓝朝鼎下令烧营南撤,经绵竹、什邡、彭县,退往丹棱,并派人与李永和部联系,配合作战。

清廷得知绵州解围,喜出望外,认为:"此次贼势数倍官军,竟能以少击众,获此大捷,川北所属,已无贼踪。骆秉章调度有方,深堪嘉尚。"②下令补授骆秉章为四川总督,仍然督办军务。"着崇实即将四川总督印信派员赍送骆秉章行营。"③骆秉章到成都上任后,即倾全力进攻丹棱。1861 年 12 月 3 日(咸丰十一年十一月初二日),清军到达丹棱城下。他们知道义军人数众多,又聚于一地,粮食严重缺乏,采取了断绝粮源的办法来困死义军。清方记载当时的情况是:"盖蓝逆惩于绵州之败,遂坚壁固垒,并力抗拒。必须步步为营,长壕深堑,次第设围。先于要道分军扼扎,而时出游骑绝其掳粮之路,使之坐困,可图进歼。初八九十等日,各军移营进逼,均不过距贼营四五里。务拒长壕,设木城以围之。"④

蓝朝鼎原想南下与李部义军会师,但都被清军拦截追击,未能如愿,只好暂时据守丹棱。这时四面被围,粮源断绝,要想不被困死,必须立即突围。于是,由蓝朝柱率军先行,訾洪发、谢华瑶领中军继进,蓝朝鼎亲自断后,抗击追军。12 月 12 日(十一月十

① 《骆秉章自订年谱》卷下。
② 《清实录·穆宗实录》卷四。
③ 《清实录·穆宗实录》卷四。
④ 《骆秉章自订年谱》卷下。

一日)深夜,义军开始突围。清军方面,由湘军跟踪追击,四川提督蒋玉龙率川军包抄。一时,从丹棱县城到盘陀山、蒙子埂、插旗山、麻柳沟一带尽为战场。蓝朝鼎沿途阻击,吸住追军,让前军中军顺利突围。这支突围出去的队伍在蓝朝柱的率领下,以后转战川东,挺进陕南,坚持斗争达四年之久。但是蓝朝鼎本人却在这次突围中壮烈牺牲。清方记载当时的战况是:"各营见城内火光,知贼潜遁。飞函约令派队急追,辰刻追及于麻柳沟。我军陆续赶到,四面包截。贼即上山扼险死拒。各军奋力猛攻,贼势不支。蓝朝鼎在山顶摇旗指挥。胡中和率兵绕上山梁,蓝逆惊顾,为诸勇丛矛刺毙。余贼大溃,各军分路追剿,是役杀贼及万,解散甚多。十二日克复丹棱县城,各贼分窜蒲江、崇庆。"[①]其中所谓"克复丹棱",是义军自己放弃。所谓"各贼分窜",是义军已经突围。蓝朝鼎亲自上山扼险死拒,以至战死,则是为了掩护突围。

(五)龙究被围,李永和被俘就义于成都

绵州会战失利,蓝朝鼎部义军退往丹棱之时,李永和部义军正在眉州与清军激战。他们得到蓝部义军南撤的消息,知暂时没有北上的可能,遂撤离眉州,退守青神,抽出部分兵力前往丹棱助战。蓝部义军被迫突围,蓝朝鼎牺牲后,骆秉章得以集中兵力,强攻青神。这时清廷一面对骆秉章嘉奖,一面严令他彻底消灭义军,以绝后患;"官军克复丹棱,蓝逆授首……剿办殊快人意。具见该督调度有方,将士用命,故能如此得手……此时李逆尚踞青神,内乏粮而外无援,自应移得胜之师,前往进剿,不值因残败余匪牵制。第恐深山密菁,该府县官员及绅练,或惮于搜捕,实非除恶务尽之道。着骆秉章严饬各府县官员,并剀切晓谕绅练,务当实力搜捕净尽,不可畏难苟安。"[②]

在清廷的鼓励与驱迫之下,骆秉章调动了所能调动的湘军、川军、团练,严密封锁一切通向铁山地区的道路和隘口,以切断义军的粮食来源。1862 年春,由于天灾,这一带农村中本已缺粮,再加上清军的封锁,无法征购,义军面临绝粮的危险,被迫转移。1862 年 4 月 11 日(同治元年三月十三日),李永和、卯德兴率领义军从铁山地区向东南方向突围。李部转移到富顺、隆昌、泸州交界处的天洋坪,卯部则进入宜宾所属的八角寨。一个多月以后,李部又从天洋坪赶到八角寨来与卯部会合。

① 《骆秉章自订年谱》卷下。

② 《清实录·穆宗实录》卷一五。

八角寨地方"林深菁密，山径陡险"①，本来可以久守，但又因粮食缺乏，李、卯义军在坚守三个多月后不得不再次突围，回到铁山地区的龙窝场去。龙窝场四面为环龙山所围绕，山外有环龙河，流经龙窝场西面的龙洞口下，再往西流。李、卯义军当时只想到时属秋收，场上必有不少存粮，四山险要，可以坚守；完全未想到如果四面被围，敌人筑坝拦水，能使环龙河水淹灌全场，使他们陷入绝境。

骆秉章调集四川省内所有的湘军包围龙窝场，命令新升官的布政使刘蓉驻犍为县城督战。刘蓉定下水淹龙窝场的毒计。他们用带刺的树枝和树干扎成所谓"木城"九道，严密地封锁了龙窝场对外的一切通道。然后在环龙河的下游修筑堤坝，提高水位，使河水倒灌入龙窝场。这样必然会淹没大量农田和村庄，人为地造成一场水灾，使当地的老百姓受到极大的损害。刘蓉是骆秉章的幕客，从湖南随骆入川。因为能出坏主意，被骆秉章一再提拔，从知县提为知府，再从知府提为四川布政使。他一心只想镇压义军，立功受奖，升官发财，老百姓的死活他是不管的。

龙窝场中水位不断上升，粮食、衣物被淹，道路阻塞，情况十分危急。1862 年 10 月 18 日（同治元年闰八月二十五日），李永和、卯德兴率领还能战斗的义军五千余人，乘着月黑风紧，奋勇突围。义军在深水中行动，清军在旱地上据守，义军处于极为不利的地位。突围战斗，从深夜到天明，义军战死过半，受伤被俘的不少，冲出重围的，不过十之一二。清军疯狂杀人，以致环龙"河水被血染红，因被称为血河"。② 李永和、卯德兴率领少数义军冲出重围之后，在途中又被清军层层拦截，受伤被俘，不久就义于成都。

（六）余部转战川东，远征陕南

1860 年 12 月李、蓝义军在牛佛渡会师后，分兵三路作战。蓝朝鼎、蓝朝柱、訾洪发、谢华瑶等率主力军北上，夺取绵州。周绍涌、曹灿章、蔡昌龄等率军东下，攻城略地，牵制敌军。李永和、卯德兴等则西上进入铁山地区，建立根据地，并相机北上，与北路义军共取成都。

北上、西上两支义军的作战经过已如上述。东下的一支义军，于 1860 年 12 月初离开牛佛渡后，即进入大足、荣昌，并于 12 月 23 日（咸丰十年十一月十二日）一举攻克永川县城，军锋直指璧山、重庆。后来，他们又越过嘉陵江向川东发展。先后活动于定远

① 《骆秉章自订年谱》卷下。

② 犍为县编修县志委员会调查资料。

（今武胜）、顺庆（今南充）、达州（今达县）、东乡（今宣汉）、岳池、广安、大竹、邻水、梁山（今梁平）、垫江一带。还在涪州（今涪陵）所属长江以上的鹤游坪（今属垫江）建立了一块根据地。

蓝朝鼎在丹棱掩护部下突围而牺牲，队伍由蓝朝柱、訾洪发、谢华瑶率领向北撤退。他们经过蒲江、崇庆、双流、郫县等地，在彭县蒙阳镇与清军发生激战后，因为形势不利，决定分兵转移。訾洪发一军经过什邡、安县、中江、遂宁、安岳、内江、富顺等地与李永和、卯德兴部会合，后来在龙究场被困牺牲。蓝朝柱、谢华瑶则率军经过德阳、江油，越太华山，进入平武，到了川甘边境。北去就是甘肃文县。他们不敢孤军深入，决定到川东去与周绍涌部会合。于是专择山间小路，通过剑州（今剑阁）、南部等县县境，到达达州、东乡一带。驻守鹤游坪根据地的周绍涌也派遣曹灿章、郭富贵率军到梁山、大竹一带相迎。

1862 年 3 月（同治元年二月），各部义军在鹤游坪会师。这一次会师的规模虽然比不上牛佛渡的大会师，但是各路义军在遭受严重挫折之后，能够越过千山万水，再度聚会到一起，确也振奋人心。这时又传来一个好消息，太平天国圣神电通军主将翼王石达开率领的远征军正由湖北进入川东，向着涪州前进。涪州与鹤游坪相距不过百里，可以说是隔江相望。如果两军能够会师，则久经战阵的太平军在熟悉四川情况的李、蓝义军配合之下，有可能迅速扫清四川省内的敌人，取得胜利。因此，他们多次派人去与石达开进行联系。当时，骆秉章正集中兵力进攻铁山地区李部义军，不能兼顾川东。所以一再奏报清廷“石逆由利川僻径，窜越石硂厅，现已至丰都县下游之羊肚溪地方，抢船渡河，势将联合涪州一带滇匪，进窥重庆”[①]，请求速调湘军刘岳昭部兼程来援。不久刘岳昭军到达，用水师封锁长江。石达开围攻涪州不下，又见到江防严密，一时难以抢渡，解围而去，挥军西上，另觅抢渡的地点，放过了这个难得的两军会师的好机会。

李、兰义军长期聚居鹤游坪一地，粮食供应不足。1862 年 5 月，他们开始分兵。蓝朝柱、郭富贵等率领部分义军东走丰都、忠县、万县进入云阳云安盐场。周绍涌、曹灿章、蔡昌龄等仍然据守鹤游坪。这时，虽然四川几十个州县都有义军流动作战，但是他们的根据地只有两个，一是川南的八角寨，一是川东的鹤游坪。清廷把这两块地方视为眼中钉，一再下令要骆秉章加以拔除：“八角寨地处险要，李、卯二逆，既合为一处，恐

① 《清实录·穆宗实录》卷三〇。

其负嵎固守，势成持久，着该督严饬兵团，并鹤游坪周、曹二逆，一并勒限剿除，毋再迁延。”①

清军既已严密注视义军的这两块根据地，为了避实击虚，川东各路义军决定分路向清廷兵力比较薄弱的川、陕、鄂三省边境移动。蓝朝柱、郭富贵等率军离开云阳，经过宣汉、太平（今万源）。1862 年 6 月 2 日（同治元年五月六日）离开太平，准备进入陕西省境。这时，他们再度分兵，郭富贵率军向湖北竹溪、竹山等地进军，蓝朝柱则北上攻克陕西省的宁远厅（今镇巴）。这是第一批进入陕西的李、蓝义军。

据守鹤游坪的周绍涌、曹灿章、蔡昌龄等得到李永和、卯德兴被困于龙宂场的消息，决定由曹灿章、蔡昌龄率军往救。这支救兵在途中被清军拦截，无法西上，迫不得已，北走开县入太平固军坝。后于 1862 年 10 月 28 日（同治元年九月初六日）从太平入陕南，与蓝朝柱军会合。这是第二批进入陕西的李、蓝义军。

李永和、卯德兴在龙宂场突围牺牲的消息传到鹤游坪，周绍涌觉得继续在四川作战，形势不利，决定放弃鹤游坪根据地，率军向陕南转移。这时川西战事基本结束，骆秉章得以腾出手来集中兵力对付鹤游坪的义军，在义军转移时处处阻拦，前后夹击，以致义军节节失利。1862 年 11 月 17 日（同治元年九月二十六日）周绍涌被浮。不久，被解至成都遇害。

1862 年秋在鄂西一带活动的义军郭富贵离开鄂西，经陕西白河、汉阴、石泉等地行军两千余里，于 1862 年 10 月 28 日（同治元年九月初六日）到达周至，与清军副将王佐臣部作战后继续西行，穿过宝鸡、凤县，到达甘肃的两当、徽县。然后南下经陕西的略阳、宁羌州（宁强），复入四川省境。他们不知道鹤游坪已被清军占领，周绍涌等人已经牺牲，郭富贵率军昼夜疾驰，想继续南下回到鹤游坪去。他们在极度疲乏的情况下，作战失利。1863 年 1 月 3 日（同治元年十一月十四日），郭富贵在激战中受伤被俘，不久在成都遇害。到这时为止，在四川血战三年有余的李、蓝义军已经先后离开了四川，转入陕南活动，在陕南重新建立了根据地。

陕南的根据地是由蓝朝柱建立的。他于 1862 年 6 月初由川入陕之后，最先下定远厅（镇巴）。继克西乡县，击毙知县巴彦善。然后北渡汉水，进攻洋县。洋县百姓大开城门迎接义军，于 1862 年 7 月 5 日（同治元年六月初九日）入城。所以清方记载中说：

---

① 《清实录·穆宗实录》卷三〇。

“洋县失守情形，殊出情理之外。”[①]蓝朝柱部义军在洋县修理城垣，准备久守。三个多月后，第二批进入陕南的曹灿章、蔡昌龄部义军来到洋县。这是李、蓝义军离开四川进入陕南以后的会师。他们决定在洋县建立根据地，重建政权，以便统一指挥战斗，公推蓝朝柱为“大汉显王”，刻制“受命于天，既寿永昌”的玉玺。义军前期的领袖是称“顺天王”的李永和与蓝朝鼎，后期的领袖则是称为“大汉显王”的蓝朝柱。两蓝是亲兄弟。蓝朝鼎为弟，小名二顺，军中称大帅。蓝朝柱为兄，小名大顺。“大帅”与“大顺”之称容易混淆，这就是某些记载中把蓝朝鼎误认为是蓝大顺的原因。

重新建立政权之后，他们分兵活动。蓝朝柱驻守洋县，居中指挥；曹灿章向西往佛坪、留坝一带活动；蔡昌龄向东往陕、鄂、豫三省边境活动。这时，太平天国西北远征军扶王陈得才、遵王赖文光、祜王蓝成春、启王梁成富等已率领大军由河南西上，远征陕南。义军在川东鹤游坪会师时，本拟与太平天国圣神电通军主将翼王石达开取得联系，共同战斗，可惜因为清军水师封锁长江，未能如愿。这一次机会他们自然不能放过，及时派人前去联络。

清廷得知太平军入陕，大为震动，连忙命令四川、陕西、湖北三省合兵阻击：“陈逆（指陈得才）一股，自窜陷房县后，经官军追剿，旋复窜入陕西之平利。而其后队梁逆（指梁成富）等，尚在竹溪。此股发逆，本陈玉成余党，现在窜扰川陕楚三省毗连之地，山径丛杂，逼近老林。从前川楚教匪，即于此处肆扰有年。此时若不迅即铲除，一经蔓延，剿办必更棘手。骆秉章既已派兵由太平、城口一路进剿，仍着该督添派劲旅，迅速越境追击……务期就地歼除，毋令贼得入山据险，及与洋县之贼（指蓝朝柱部义军）勾结。或乘间入川，串合石逆（指石达开）匪党，是为至要。”[②]尽管清廷再三命令清军阻止李、蓝义军余部与太平军西北远征军会合，但毕竟阻止不住。两军终于联合起来，取得辉煌的战果。

1863 年初，太平军陈得才部攻克陕南兴安府（今安康），进行休整，等待后军。不久即放弃兴安，全军西进，军锋直指陕南重镇汉中府。清方的记载说：“发逆合股西窜，距汉中府城仅三十里。城固被围甚急。川匪蓝大顺（蓝朝柱）与该逆沟通一气。”[③]足证这时两军已经开始配合。后来，扶王陈得才、遵王敕文光、祜王蓝成春攻汉中府之西，启

① 《清实录·穆宗实录》卷三四。

② 《清实录·穆宗实录》卷五三、六〇。

③ 《清实录·穆宗实录》卷五三、六〇。

王梁成富攻城南，蓝朝柱与曹灿章则攻城东、城北。经过长期围困，汉中城内绝粮。1863年10月2日（同治二年八月二十日），两军联合攻克汉中府。三天之后又攻克城固县。

汉中、城固既克，蓝朝柱觉得洋县根据地已无后顾之忧，于1863年11月19日（同治二年十月九日）率军北上，攻克周至，威胁西安。

周至距离西安不过一百多里。义军雄踞周至，西安一夕数惊。陕南地区的重要州县与交通大道，大都控制在太平军与李、蓝义军手中。翼王石达开部太平军在大渡河畔覆败后，余部远走川北，这时已经进入陕南。清军四面受敌，穷于应付，形势对起义军有利。可惜1864年初天京被围，情况危急，太平军奉命回援天京，全军分两路东归。

太平军撤离之后，陕南的义军势孤力单。清军西安将军多隆阿乘机猛攻周至。蓝朝柱顽强抵抗，发炮轰击敌人。多隆阿脸上被子弹击伤，抬回西安，不久伤发毙命。1864年3月，蓝朝柱率军突围南撤，途中遭受团练袭击，不幸牺牲。陕南的各路义军从此失去统一领导，各自为战，先后为清军所击破。但是，又有一支异军突起，把斗争坚持下去。这就是由太平军与李、蓝义军余部联合组成的梁、蔡联军。

（七）壮烈的阶州保卫战

梁、蔡联军中的梁，指的是太平天国启王梁成富；蔡，指的是李、蓝义军余部首领蔡昌龄。梁成富，广西玉林州人，曾参加金田起义，长期隶英王陈玉成部下。后随扶王陈得才远征西北，两次入陕。1864年春，奉命东归回救天京，行军到河南边境为清军所阻，一时无法东下，乃于1864年5月从湖北郧西经漫川关复入陕西。

蔡昌龄与曹灿章同于1862年秋率李、蓝义军余部由川入陕，与蓝朝柱部在洋县会师。此后即率军向东发展，活动于陕、鄂、豫三省边境与商洛山的崇山峻岭中，并曾占领商南重镇龙驹寨（今丹凤），切断清廷豫、陕粮道。梁成富复入陕西境内时，与蔡昌龄在龙驹寨以南漫川关以北的土门镇会师。

这时，太平天国岌岌可危，奋战五年震撼全国的李、蓝义军也被敌人各个击败，不久之前义军首领曹灿章又被清军截获杀害，只剩下蔡昌龄一支孤军。梁、蔡两军在处境极为困难的情况下，决心风雨同舟，密切合作，他们不止于配合作战，而是组成一支联军，重整旗鼓，与清军做殊死斗争。

他们合军之后，立即北上，想以迅雷不及掩耳的速度，奇袭西安。经过镇安、孝义厅(今柞水),昼夜疾驰,于1864年6月6日(同治三年五月初三)到达西安城郊。这时距离他们在陕鄂边境会师不过二十天。这次奇袭,虽然未能打下西安,却使清廷大为震惊。史载:“德阿奏,大股发逆,逼近省垣,请截留赴楚兵勇剿办,并拟调拨马步骑兵出城迎击各片。览奏实堪诧异。陕南发逆,前据刘蓉奏报肃清。并据穆图善奏,曹背时(曹灿章)一股,歼灭殆尽,遵饬兵勇赴鄂,是省垣附近一带,已无贼踪。其蔡逆(蔡昌龄)一股,游弋于镇安等处,迭经责成李云麟,克日殄灭……乃于本月初三日,忽有大股发逆,窜出大峪口,焚掠尹家卫一带,逼近省垣。刘蓉身任陕抚,何以毫无布置,亦不据实驰奏,殊不可解。”[①]十多天以后,清廷才打听清楚:“伪启王梁成富等,由荆紫关窜郧西,经官军扼截,回遁土门,与蔡逆勾结,经由镇安、孝义一路,出大峪口,逼近西安……此次发逆大股,突逼省垣,刘蓉毫无准备,任令贼匪来往自如,如入无人之境。该抚平日所派各路防军,不识所司何事?”[②]

西安城大而坚,联军虽有两万余人,还是难以四面包围攻打。几天之后,联军缺粮,只好退驻西安西南的秦渡镇,并攻户县,入周至,筹集军粮。清军赢得了时间,集中兵力进行反攻,夺回周至。联军南走洋县、城固,清军紧紧尾追。1864年9月1日(同治三年八月初一日),联军攻克陕甘边境的略阳。为了摆脱清军的纠缠,选择一块根据地,进行休整,再图发展,他们继续西进,于9月18日(八月十八日)攻克甘肃阶州(今武都)。

联军攻克阶州不久,在清廷的催逼之下,川陕甘各省清军即合兵攻城。“据称周达武、江忠淑各率所部进逼阶城。该逆分股于城外筑垒抗拒。蔡逆亲带黄衣悍贼,出城死斗。周达武督饬各营分兵迭击,奋力冲入贼阵,贼众大乱。蔡逆坠马,被黄衣贼抢护入城。”[③]从这些记载看来,当时联军抗拒清军的战斗十分激烈。由于各省清军不能配合作战,久攻无功,清廷于1865年3月3日(同治四年二月初六日)命令四川提督胡中和统率川陕各省一切清军“以一事权。如有何路官军不遵调度,致误军机,并着该提督随时查明,从严参办”[④]。又命胡中和稳慎围攻,不必硬拼,而要“绝其援应,断其米粮”[⑤],要使联军困死。

---

① 《清实录·穆宗实录》卷一〇三。
② 《清实录·穆宗实录》卷一〇三。
③ 《清实录·穆宗实录》卷一二五、一二九、一三一。
④ 《清实录·穆宗实录》卷一二五、一二九、一三一。
⑤ 《清实录·穆宗实录》卷一二五、一二九、一三一。

1865年6月6日(同治四年五月十三日),联军严重缺粮,罗掘俱穷。清军乘势猛攻。"用地雷轰开城墙,周达武率勇冒险冲入,各营继进,将发逆悉数殄擒。伪启王梁成富及蔡逆妻女经武字营生擒押解川省讯明正法。其伪昭王蔡昌龄被湘果右军殄毙,割首传示陕省被害地方。启、蔡两首逆,一擒一斩,悍党无一幸脱,全股殄除净尽,克复阶州城。"[①]根据这种记载,在清军攻陷阶州时,蔡昌龄奋战牺牲,梁成富被俘殉国。

震撼全国的李永和、蓝朝鼎农民起义从牛皮寨起事到阶州陷落,一共历时六年,先后转战云南、四川、陕西、湖北、河南、甘肃六省。在其极盛时期,全军超过三十万人,曾占领四川六十余州县。是当时仅次于太平天国与捻军的一支强大的农民起义军。他们虽然失败了,此后爆发于陕甘的回民起义,云南的回民起义,贵州的苗民起义,四川汉、彝、藏、羌各族人民起义等,都在不同的程度上受到他们的影响。他们英勇斗争的事迹,将永远彪炳于史册。

四　太平军石达开部在四川的战斗

(一)长驱入川,围攻涪州

轰轰烈烈的太平天国革命以天京内讧一事为界,可以分为前后两期。在此以前称为前期,革命事业蓬勃发展,日拓百里,有一举推翻清廷之势:在此以后称为后期,由于许多有才能的人死于内讧,洪秀全又用人唯亲,嫉贤妒能,逼走了广大军民衷心爱戴的治国用兵最有才能的通军主将翼王石达开,国势江河日下,一蹶不振,直至覆亡。

翼王石达开虽然被逼离京,远征万里,但他不变初衷,坚决抗清。从1857年离开天京到1863年在成都就义为止,前后历时六年,驰驱万里,他一直打着太平天国前期的旗帜,执行太平天国前期的政策,与清军作殊死斗争。在六年战斗经历中,最后两年是在四川度过的。

石达开,广西贵县人,出生于一个富裕农家。幼年虽然读过诗书,但因家道中落而辍学。后来坚持自学,成为文武全才。金田起义时,他年方十九岁,是太平天国首义六王中最年轻的一位。太平军北上与东征时,他屡建奇功,被中外公认为太平天国第一位的军事家与政治家。天京内讧时,他兴师靖难,力挽狂澜,受到军民的热烈拥护,上

① 《骆秉章自订年谱》卷下。

尊号为义王，但他谦辞不受。远征以后，他恪遵太平天国的制度，一直使用“真天命太平天国圣神电[①]通军主将[②]翼王石”的头衔。1862 年初从湖北大举入川之时，他还未满三十一岁。

在石达开本人率军入川的前一年，已有太平军在四川活动。1860 年春，石达开全军驻在广西庆远府（今宜山）时，因为严重缺粮，部下分兵活动。宰制曾广依率部进入贵州，转战于贵州的二十多个州县。1861 年夏，曾广依的部下又有一支队伍从黔西进入川南，活动于綦江、南川、彭水、黔江一带地方。清廷当时不明究竟，误以为石达开本人已经入川，唯恐石达开与正在四川境内作战的李永和、蓝朝鼎起义军联合，忙调湖南巡抚骆秉章入川布防。后来石达开本军入川未能出其不意，攻其不备，可以说是曾广依这支队伍起了打草惊蛇的作用。

1861 年秋，石达开本军从湖南北上，一意入川时，曾广依部下傅丞相、李检点率部[③]攻克了川东的黔江县城[④]。他们得到这个消息，欣喜若狂，撤出黔江，进入湖北县境，一举攻占咸丰、来凤，恭迎石达开本军入川。1862 年 1 月 31 日（同治元年正月初二日），两支队伍在来凤城中会师。石达开离开广西之时，全军约四万人，加上沿途招收的新兄弟，总数已达六七万人。傅、李这支队伍也有二三万人之多。为了便于指挥作战，两支队伍混合改编，全军人数超过十万。在来凤休整了一个月，全军欢欣鼓舞地向四川前进。通过咸丰、利川，于 1862 年 2 月 17 日（同治元年一月十九日）胜利进入四川境内。

远征四川是石达开多年来的夙愿。但是他们进入四川时，局势已经有了很大的变化。一年多以前，四川地方官无能，兵力空虚，李、蓝义军所向披靡，如入无人之境。如果太平军当时入川，可以迅速席卷全省。这时，骆秉章已经调兵遣将，严加防范；李、蓝义军已成强弩之末，难以进行配合。在他们的进军途中，也就出现了重重困难。

石达开全军入川后，分兵三路前进。宰辅李福猷领前队，径攻石硅厅。石达开自领中军继进。另派宰辅赖裕新领军直趋长江两岸，沿江而上，做好渡江的准备。如无适当渡口，则径趋涪州（今涪陵），三队合兵攻城。石达开从进入四川的第一天起，就一意渡江。以后太平军与清军的斗争，实际上就是太平军抢渡长江与清军反抢渡的

① 太平天国一种宗教性的封号。

② 通军即全军，通军主将即全军总司令。

③ 民国《续修涪州志》卷二五：“伪丞相傅姓，伪检点李姓。”

④ 据赵大煊《纪粤匪两陷黔江始末》。

斗争。

1862 年 3 月底，石达开全军集中于涪州附近，连营二百里。竖太平天国大黄旗于插旗山上。知州姚宝铭血书告急，全川震动。骆秉章先命清军水师把涪州以下长江中所有的船只一律调集北岸，防止太平军渡江。又调记名总兵唐友耕率军来援。在援兵到来之前，城里的清军参将徐邦道为了便于守城，竟不顾城外百姓的死活，“限三日，城外居民悉迁入城，违即论以军法，届期近城庐舍肆廛悉焚之，撤其墙垣砖石筑水城”。[1]

当石达开亲率先锋队伍于 4 月 5 日（三月初七日）攻城之时，清军焚烧城外民房的大火尚未熄灭。百姓流离失所，惨不忍睹。石达开对此十分痛恨，立即写了训谕[2]射入城中，痛斥清朝地方官的残暴，号召四民起来反抗。文中说：“无心失火，为官者尚奔救恐迟；有意延烧，扰民者何凶残至此？伤心惨目，我见犹怜；饮吞泣声，人孰无恨！”他号召说：“尔四民等痛无家之可归，愧有仇而不报，诚能效沛子弟，杀酷令以归降，自当妥为安抚，不致一枝无栖。”[3]在攻城的当天，太平军即获大胜。但从第二天起，连日大雨，不能进兵，即潜挖地道，准备以火药炸城。他们在大营附近的草屋中大打锣鼓，通宵达旦，以掩盖挖掘地道的声音。城里人都以为他们演戏。只有狡猾的徐邦道猜到他们的意图，“掘巨渠积水，又作深壕，置大瓮，令人守听，如闻震响，即决渠水灌壕”，[4]以致炸城未能成功。

四天以后，雨住天晴，敌人援兵已到。援兵由记名总兵唐友耕率领。此人是李、蓝义军中的叛徒，靠残杀自己的弟兄立了大功，得到清廷重用。既到涪州，次日即率清军出城反攻，派兵焚烧太平军阵地前被雨淋湿的草屋。时遇东北风大起，浓烟吹入太平军阵地，士兵们睁不开眼，清军乘势猛攻，太平军失利后退。唐友耕乘势大砍大杀，“率队回城，人马皆赤，盖杀人与自身伤衄模糊不分，故人马皆如浴血而出也”。[5]

石达开此次围攻涪州，原非争城夺地，是想据此作为基地，大举渡江。清军死守城池，急切难下，长江中又有清军水师游弋，暂难渡江，久驻无益，于是下令撤围，全军西上。

---

① 民国《续修涪州志》卷二五。

② 太平天国制度，翼王石达开的下行文书称为训谕。

③ 《翼王石达开告涪州城民谕》。

④ 民国《续修涪州志》卷二五。

⑤ 周询：《蜀海丛谈》卷下。

(二)绕道进军,横江会战

石达开自涪州撤围后,分兵西上,进入巴县、南川、江津、綦江县境。在进入巴县县境时,清军都已撤走,退守长江北岸,所以并未发生战事。沿途百姓久闻太平军军纪甚佳,也不逃避。太平军进入巴县一品场时,“乡人尚演剧,市集如故,石兵呼之为仁义场”①。他们到了这一带地方,已与重庆府隔江相望,本有进攻重庆的打算,但是清军已将长江中的船只全部集中北岸,太平军无法渡江,只好继续西上。石达开部太平军自从入川之后,一直沿着长江南岸向上游前进,寻觅渡口,抢渡长江。清军则沿着长江北岸向上游移动,处处设防。双方有如隔江竞走。石达开用兵一向急如风雨,如果都在陆地行军,清军绝非对手。可惜由于长江被清军控制,清军可以乘舟往来,太平军只能在陆地上奔走,这样,就常常落在敌人的后面。

在长江中的船只都被清军控制的情况下,石达开想出了一个新的进军计划。他看中了綦河上游的綦江县城。这里是内地,不为清军所注目。如果攻下此城,可以征集綦河的船只,顺流而下,袭取重庆。他在綦江城内安置了内应。不幸在攻城的第一天,内应被敌人破获,进军计划也被敌人知道。再加上在激烈的攻城战中,太平军中的大批新兵未经训练,不很得力,死伤甚重,他决定撤围而去。

这时,李、蓝义军中的李永和、卯德兴部正在长江以北的宜宾八角寨活动,派人前来联络,希望与太平军配合作战,迎接太平军渡江。南溪地方起义队伍首领张四皇帝也在江安、兴文一带活动,派人前来迎接。机不可失,石达开决定通过仁怀厅(今赤水)的山间小路,迅速西上。1862 年 5 月中旬(同治元年四月中旬),先锋傅佐廷率领前军以迅雷不及掩耳之势攻下叙永厅的东城。② 李永和得到消息,以为石达开本人已到叙永,连忙派人送信前来请示行止。这封原信虽未流传下来,但是傅佐廷给他的复信却一直流传至今。信上说:“近日接得弟③函,恳请同为合兵等情。素知弟台……兴师倡义,于兹数载……洵称盖世英雄……仰弟等照旧驻扎等候,毋容前来叙永等处迎接……容俟翼王驾临之后,兄自当与弟面酌一切军机,以便定妥行为,望祈暂为宽怀。”④傅佐廷要他们暂勿移动,等候石达开到达后再定行止。可惜此后战况激烈,清军严密封锁长江,双方无法再进行联系,失掉了一次合兵作战抢渡长江的大好机会。

---

① 民国《巴县志》卷二一。

② 当时的叙永厅有两城,永宁河之东为东城,或称旧城;河西为西城,或称新城。

③ 太平天国制度,上级称下级为弟。

④ 《瑞天豫傅佐廷等给李短鞑大顺诲谕》。

石达开本军到达叙永，张四皇帝派人来迎。1862 年 5 月 28 日(同治元年五月初一日)，太平军宰辅赖裕新率前军到达兴文城下，才知此城已被张四皇帝攻占，于是两军进城会师。次日，石达开本军到达，合兵前进。6 月 12 日(五月十六日)攻克长宁，并分兵活动于叙永、兴文、古宋、庆符、高县、珙县一带，采办军粮，征集军用物资，积极准备渡江。

石达开入川已经四个月。这时，太平天国的国势江河日下。天京的朝政被贪婪愚蠢的洪仁发、洪仁达把持，很有才能的干王洪仁玕受到排挤。各条战线上也都遭到挫折。骆秉章调动了一切可以调动的队伍，包括湘军、川军、地方团练围困长宁，志在必得。石达开为了保全力量，避免硬拼，于 7 月 12 日(六月十六日)主动放弃长宁，退回叙永，计划绕道进军，徐图渡江。

1862 年 9 月底，全军集中于川黔边境，石达开的大营设在綦江县属的东溪镇。在这里，大家商定了一个进取成都的作战计划，即分兵三路，由宰辅赖裕新、李福猷各领一路，从贵州绕道云南，设法渡过金沙江；石达开自领本军，仍从叙府以南地区进攻。约期在金沙江以北的沐川司(今沐川)会合，共取成都。[①] 1862 年 10 月 1 日(同治元年闰八月初八日)，石达开全军进入贵州。贵州清军不多，他们得以迅速前进。不过二十天，经桐梓、遵义、金沙、黔西，围攻大定府(今大方)。在这里，与两年前离开广西的曾广依部太平军会师。

石达开原有分兵三路进取成都的计划，这时有了熟悉贵州情况的曾广依作为向导，就把计划付诸实行。石达开自领本军西趋毕节、镇雄迅速插入川南；赖裕新、李福猷各领一军，由曾广依领路，南趋水城、郎岱，绕道云南，抢渡金沙江。这样分路进军，可以迷惑敌人，使其不知主力所在，穷于应付。后来李福猷一军经过宣威、昭通，到达金沙江边的副官村，与到达川南横江镇的石达开本军取得联络，重归本军。赖裕新一军经过东川(今会泽)，从米粮坝(今巧家)抢渡金沙江后，与石达开本军完全失掉联系。

石达开本军离开大定，经过毕节到达云南镇雄。这里是三省交界地区，驻防清军不多，易于扫除。石达开在这里暂事休整，并到处张贴告示，招募兵壮。告示中说："缘本主将匡扶真主，诛满夷之僭窃，整中夏之纲常，解士庶之倒悬，拯英雄之困顿。志士抱不平，均愿讲武；穷人原无告，其乐从戎……本主将大开军门，广罗武士，收纳不拘万

① 《李福猷禀石达开》："前于东溪之时，荷蒙殿下劳心，铺派各路官兵，进取平夷蛮夷，造桥渡河，直至沐川司会集。"

千，招募无论什百……待之如同手足，用之以作干城。”[①]在他的号召之下，许多贫苦人民，有志抗清之士与流落江湖无以为生的人们纷纷参军，石达开本军的人数又扩大到十余万人。所以骆秉章向清廷奏报说：“（太平军）由黔西窜入云南镇雄州地方。该处既无兵团扼堵，且土匪散练，随在皆是。该逆得以裹胁，其势复张。”[②]

1862年11月15日（同治元年九月二十四日），石达开本军十余万人自镇雄州出发，分兵五路，大举入川，攻入筠连。七天之后，攻克叙府所属的横江镇，夹横江（水名）两岸为营，纵横数十里，旌旗相望，金鼓相闻，军容甚壮。石达开这次进军，以横江镇为目标是有原因的。在他招募来的人才之中，有人向他提出一个抢渡金沙江的好办法。在叙府以西，金沙江有一条支流，叫作横江，发源于贵州境内，全长五百余里，水量不小，可以行船。横江注入金沙江时，水流甚急。如从横江驾舟顺流而下，可以利用流水冲力直达对岸，比在一般渡口过江要容易得多。石达开列达横江镇之后，亲临视察，认为可行，就进行了几次试探性的抢渡。但未成功。原因是横江河道太陡，险滩礁石甚多，枯水时节，行船困难，难以利用水流冲力。到了涨水季节，水位甚高，险滩礁石都被淹没，船只顺流而下，直冲对岸，即无阻碍。因此石达开决定在此长期据守，征集船只，做好抢渡准备，以待涨水。并通告全军：“誓必渡此金河（金沙江）。凡有能水战者，即到统兵大将处报名。”[③]

骆秉章得此消息，大为震动。成都得以保全，只靠一条大江作为天堑。石达开一旦渡江，就能迅速席卷全川。因此他决心拔除横江这个心腹之患，不让石达开等待涨水季节一举抢渡的计划实现。他抱着孤注一掷的决心，把四川境内所能调动的兵力都集中于横江附近，围攻太平军。1862年12月上旬，横江上空乌云密布，山雨欲来，大战即将爆发。石达开为了集中力量固守阵地，下令分头活动的队伍一律撤回横江大营，并把驻扎在副官村的李福猷部也召回横江。

这一次大战，在清军是势所必争，不夺取横江这个渡江基地，他们就不能安枕；在太平军是势所必守，如果失掉了横江这个渡江基地，渡江的计划就会落空。在双方誓不相让的情况下，1863年1月8日（同治元年十一月十九日），横江会战爆发了。大战不是由清军进攻而开始，是由太平军主动出击而开始。这天一早，石达开亲自指挥太

① 《石达开招募兵壮告示》。

② 《骆文忠公奏稿》卷五，第42页。

③ 《黄氏一家杂著·佚名日记》。

平军分为三路，猛扑清军提督胡中和的大营。随之各路都发生激战。清军在他们的将官催逼之下，一再仰攻太平军的营垒，死伤惨重。骆秉章奏报这一天的战况说：“石逆知我军渐逼，乃于双龙场增贼营三十余座，势将久踞以老我师，而横江双龙场两处贼垒林立，卡坚路险，我军迫欲急攻，贼中炮石雨下，不免多有损伤。”①

双方激战十多天，太平军营垒屹然不动。清军大量伤亡，却攻不下任何一处阵地。这时如果不是发生了新情况，敌人就将无功而还。新的情况是：

1.清军提督胡中和探听到了可通太平军大营的山间小道。

2.湘军将领刘岳昭通过阴谋活动，在太平军内部买通了可以作为内应的叛徒。

1月30日（十二月十二日）黎明，清军倾巢出动，首先进攻太平军横江营垒。正相持间，胡中和率军从山间小路抄袭太平军的大营。大营中火光冲天而起，原来是叛徒郭集益、冯百年纵火内应，全营大乱。石达开见到大营已失，人心慌乱，为了保存力量，下令撤兵。次日，从燕子滩渡过横江，全军退入云南境内。在横江会战中，太平军坚守二十天以上，可惜在关键时刻，败于叛徒之手，使抢渡的计划落空，令人无限惋惜。

（三）从金沙江到大渡河

石达开本军退入云南，活动于永善、昭通、东川一带。这时他听到了宰辅赖裕新已经率领中旗队伍从米粮坝（今巧家）顺利渡过金沙江、深入四川宁远府（今西昌）的消息，决定立即跟踪入川。同时命李福猷率领三万人大张旗鼓地去贵州，回攻川东，以迷惑敌人。清军果然把李福猷部认为是石达开的本军，尽力追赶。后来虽然弄清了真相，已经无法再追上石达开的本军。李福猷确实起到了帮助主力摆脱追兵的作用。

石达开决定跟踪中旗队伍入川之时，还以为他们仍在四川宁远府一带活动，完全不知道赖裕新本人已经战死，余部通过川西远走陕西的消息。1862年12月31日（同治元年十一月十一日），赖裕新率中旗队伍由米粮坝渡过金沙江，自披沙（今宁南）、普格而上，直趋宁远府。沿途“旌旗蔽日，杀气腾腾”。② 这支队伍的人数，据清方史料说：“裹胁烟帮游匪，不下三四万人。”③他们绕过宁远府城，经礼州，克泸沽，越小相岭进逼越嶲厅城，与清越嶲同知周岐源、参将杨应刚、彝族土司岭承恩等连日激战。1863年3

---

① 《骆文忠公奏稿》卷五，第84页。

② 宁南《万氏年庚》。

③ 《骆文忠公奏稿》卷四。

月，赖裕新率部击败了土司岭承恩，队伍在两旁高山壁立的白沙沟谷地中前进。不料岭承恩部彝兵在高山上布置了不少滚木礌石。中旗后队进入谷中时，滚木礌石纷如雨下。太平军死伤惨重，赖裕新本人也被击死。余部在旗帅郑永和等率领下，继续北上，3 月底到达大树堡，扎浮桥渡过大渡河，转战于川西各地。后由四川北上，通过甘肃省境，进入陕南。

1863 年 4 月 15 日(同治二年二月二十八日)，石达开率领本军四万人由米粮坝渡过金沙江。行军急如风雨，准备奇袭成都。

5 月 1 日(三月十四日)太平军攻克宁远府河西镇，次日“抵樟木箐驻扎，纵横二十余里”。[①] 宁远府清军来攻，被太平军杀得片甲不回。“官兵渡安宁河与战，失利……”[②]石达开知道这一带彝族很多，为了避免发生冲突，他向沿途各土司散发文告，说明太平军的来意。在给昌州土司禄氏的文告中说：“满清异族，荼毒中华已极，天王拔举义师，大张挞伐。天兵纪律之师，望所到之处，约束所属百姓，切勿听信谣言，滋生事端。”[③]沿途多数土司都能听从他的劝告，双方相安无事。只有少数土司受到清方挑拨，想来劫夺他的辎重，向他发动袭击，但都被他击退。

石达开驻军樟木簪之时，曾向当地居民探询进军成都的道路，知道由樟木箐到大渡河边有一条大路，一条小路。大路是经越嶲、海棠镇直抵大渡河边的大树堡。小路是经冕宁、大桥、铁宰宰直到大渡河边的紫打地。大路较远但较平，小路较近但较险。上次赖裕新率领中旗队伍走的是大路，沿途清军必有防备。小路虽然险窄，并未设防。石达开抱着不入虎穴焉得虎子的想法，决定从小路进军，奇袭成都。

(四)陷入绝地，受骗被俘

1863 年 5 月 14 日(同治二年三月二十七日)，石达开本军三万余人，由冕宁小路经大桥至铁宰宰，通过水扒岩、烂泥坪、新场，直抵大渡河边的紫打地。[④] 大渡河是西南有名的天堑。它发源于青海，由于两岸雪山绵亘，每逢化雪季节，千里激流，倾泻而下，波涛汹涌，石走雷奔。既无法架桥，也难以泅渡，只靠少数渡口维持两岸交通。

紫打地是个只有几百人居住的小场。北濒大渡河，西濒松林小河，东南两方都是

---

① 民国《西昌县志》卷九。

② 民国《西昌县志》卷九。

③ 《四川少数民族调查组调查资料》。

④ 紫打地已于 1902 年(光绪二十八年)秋被大水淹没，另于其地建新场，即今石棉县属之安顺场。

崇山峻岭。在松林小河的对岸,有当地番族土司王应元率领一些士兵据河防守。太平军到达紫打地的当天夜间,阴云四合,天色如墨,继之狂风卷地,大雨滂沱,直到次晨仍然不停。大渡河水逐渐上涨。清军则赢得了时间到北岸防堵。

5 月 17 日(三月三十日),石达开选出精锐千人,分驾船筏,沿河抢渡。唐友耕部清军拼命施放枪炮。大渡河水流湍急,船筏一到河心便无法前进。石达开只好下令暂时退兵,等到水势稍退,再行渡河。

在太平军积极准备渡河的同时,骆秉章也在紧急布置,对他们进行包围:

1.派重庆镇总兵唐友耕、雅州知府蔡步钟率兵勇八千防守大渡河北岸,阻止太平军渡河北上。

2.派人收买番族、彝族土司,要他们出兵助攻太平军。允许"破贼之后,所有资财,悉听收取"[①]。命番族土司王应元扼守松林河,阻断太平军向西前往泸定的道路。并以提督胡中和、都司谢国泰率军作为后援。

3.派越嶲同知周歧源、参将杨应刚、都司庆吉带领彝族土司岭承恩从竹马岗北上,堵住太平军东进的道路。

4.派南字营游击王松林把守筲箕湾一带,切断太平军南退的道路。

1863 年 5 月 21 日(同治二年四月初四日),石达开选择了五千精壮之士,分乘木船、竹筏,人人手握长矛,腰佩利刃,在一片呼啸声中破浪而去。岸上的将士们也都摇旗呐喊,擂鼓助威,声震山谷,惊天动地。清军隔岸施放枪炮,太平军虽有一些伤亡,但毫不气馁,仍在波涛起伏的河心中奋勇前进。就在这生死存亡的关键时刻,"不意船渡及半,河水暴涨,以致随渡随没"[②]。在汹涌而至的洪峰冲突之下,木船打翻,竹筏冲散,没有打翻的船筏也被急流冲走。"抢渡之贼,无一生还"[③]。大渡河百年难遇的提前涨水造成了太平军的挫败。

石达开见到大渡河再度涨水,难以抢渡,次日即挥军西上,进扑松林小河,准备沿大渡河南岸西上。但是松林小河也在涨水,满河都是急水漩涡,铁索桥已被土司王应元斩断。太平军既不能行船,又难以涉水而过。因为水寒彻骨,如果泅渡,手脚麻木,会被急流冲走。太平军血战两天,对松林小河的抢渡仍然不能如愿。

---

① 黄彭年:《代刘蓉致骆秉章禀稿》。

② 张剑波:《石达开入川被擒史料》。

③ 《骆文忠公奏稿》卷六《生擒石逆疏》。

正当太平军血战抢渡大小两河时，被骆秉章收买的土司岭承恩却在背后进行偷袭，攻破了马鞍山上太平军的大营，抢走了存粮。石达开虽然回军收复了大营，但是存粮被抢被烧，荡然无存。全军因为缺粮而陷入困境。

1863年6月3日（同治二年四月十七日），石达开决心奋起一战，死里求生。骆秉章称："石逆自知陷入绝境，愤极思逞，于十七日尽斩向导二百余人祭旗，倾巢而出。分股一扑大河，一扑小河，皆被官军隔岸轰击，毙贼无数，兼以水势湍急，登筏者悉皆沉没。"[①]这次抢渡失败，又是不败于清军，而败于洪水。由于船筏皆尽，抢渡无望，石达开只好从陆地突围。6月5日（四月十九日），他以箭缚书，射入王应元的营中，许以重利，请求让路。书中说："统望贤台罢兵让路，敦义讲和，免致战斗互杀。俾我师之早行，亦尔民之早定也。"[②]但是王应元既贪图劫取太平军的财富，又畏惧清军的监视，不敢答应。对王应元的交涉失败，石达开又射书给彝族土司岭承恩，希望缓攻，以便商谈条件，"而岭承恩攻之益急"。[③] 当时太平军陷于四面包围之中。正如民间传说的几句话：

朝前走有小河王铁桩[④]扎断，
朝左走悬崖绝壁滚木礌石在高山，
朝右走铜河[⑤]水暴涨滔天，
朝后退手巴崖高山铁寨！[⑥]

太平军初到紫打地时有三万余人，二十多天中战死病死一万余人，还剩一万余人。"至是战守俱穷，进退失据。粮尽食及草根，草尽食及战马。兼之疟痢流行，死亡枕藉。阅时一月，而军屹然不动，其得士心如此"[⑦]。尽管全军将士愿意和石达开同生死，石达开觉得困守紫打地不是办法，决定向东突围。当时伤病员很多，全军突围难以办到，于是对伤病难行的与参军不久的新兄弟数千人给资遣散，嘱咐他们各自夺路求生。这些人后来也有逃回原籍的，也有被土司掳去当娃子[⑧]的。直到现在，四川石棉、甘洛、越西

① 《骆秉章自订年谱》卷下。
② 《石达开训谕王千户》。
③ 《骆文忠公奏稿》卷六《生擒石逆疏》。
④ 即番族土司王应元的绰号。
⑤ 大渡河的别名。
⑥ 这几句话是向石棉县属安顺场的群众采访得来的。
⑦ 赖秉权：《太平天国翼王石达开紫大地蒙难纪实》。
⑧ "娃子"即奴隶。

等县还有太平军战士后裔数千人之多。[①]

石达开率领六千余人向东突围，冲破敌人的拦阻，于两天之后到达利济堡，发现前面老鸦漩也在涨水，无法飞渡。这时敌人对他们坚壁清野，严密封锁。全军断粮，危在旦夕。大家都做了全军战死决不屈服的准备。石达开妻妾抱幼子携手投河，伤病员体力不支难以迎敌的也相继投河，以免被俘受辱。这时宰辅曾仕和想出了一条诈降的计策。即诈降于驻扎洗马姑的清军参将杨应刚，乘机越过凉桥袭取洗马姑。洗马姑颇有存粮，只要占领这个地方就有出险的希望。石达开同意了这个计策，下令全军南下，直趋凉桥。

当时清廷上下都想生擒石达开。骆秉章说："臣前以石达开或传其死。倘能设法生擒，辨认真确，俾就显戮，庶可以释群疑。"[②]清军参将杨应刚、都司王松林知道石达开被困的情况，就主动前来诱降。石达开既有诈降成功东山再起的打算，也有诈降不成舍己全军的打算，因此就接待了杨、王二人，谈判条件。"越嶲营参将杨应刚亲谒王垒，劝王牺牲一切，保全部下生命。王英雄气概，视死如归，毅然许之。"[③]

石达开等人的诈降与杨应刚等人的诱降正在进行之中，那个李、蓝义军的叛徒，凶残的刽子手唐友耕以突然袭击的手法，劫持了石达开与部下三人、幼子一人作为俘虏，抢夺了杨应刚的功劳。这样一来，石达开诈降的计划也就落了空。"五月一日（公历 6 月 16 日），友耕复面达开，亦诳抚之。惟达开见所部阻渡，诈降计绌，阴甚悔恨。"[④]石达开原有诈降不成就牺牲自己保全部下生命的想法。可是阴险毒辣的唐友耕不肯放过太平军，随即对已经停止抵抗等待遣散的太平军数千人袭杀几尽。石达开牺牲自己，却保全不了部下的生命，成为千秋遗恨。

1863 年 6 月 18 日（同治二年五月初三日），唐友耕押解石达开等五人上路。6 月 25 日（五月初十日），到达成都。成都将军崇实、四川总督骆秉章在督署大堂审讯石达开。石达开痛陈民族大义，侃侃而谈，听者为之动容。清吏记载审讯时的情况是："清制，将军位在总督之右。骆故让崇先问。崇语音低，不辨作何语。只见石昂首怒目视，崇顿气沮语塞。"[⑤]石达开"自就绑至刑场，均神气湛然，无一毫畏缩态。且系以凌迟极

---

① 1962 年编印《四川彝族近现代史调查资料选集》。

② 《骆文忠公奏稿》卷六《生擒石逆疏》。

③ 赖秉权：《太平天国翼王石达开紫大地蒙难纪实》。

④ 都履和：《翼王石达开泼江被困死难纪实》。

⑤ 周询：《蜀海丛谈》卷下。

刑处死，至死亦均默然无声，真奇男子也”[①]。表现了至死不屈的英雄气概。

(五)余部在四川的活动

石达开本军在大渡河边覆没，石达开在成都就义之后，他的余部仍在四川境内活动了一段时期。余部共有两支，一支是由赖裕新率领，后由郑永和率领的中旗队伍；另一支是李福猷率领的队伍。

自从赖裕新在越嶲附近的白沙沟牺牲后，余部在旗帅郑永和的率领下，继续前进，去完成掩护石达开本军的任务。骆秉章说："此次中旗败匪，足不停趾，昼夜狂奔，预料石逆在后，必谓我军皆已跟追中旗一股，不暇回顾，乘势急进，使我骤不及防。"[②]这种推测是不错的。1862 年 3 月 28 日(同治二年二月二十八日)，中旗队伍攻占大渡河边的大树堡，用布匹联结船只，作为浮桥，全部渡过大渡河北上。4 月 5 日(三月初七日)占领荥经。复由山间小路前进，直扑天全。为了吸引清军，他们从天全进军邛州，军锋直指成都。一部分队伍通过大邑、崇庆、温江到达成都西郊。骆秉章连忙调兵遣将向他们围攻。他们虽然屡次冲出重围，但因孤军深入，无力攻下成都，只好向北发展，保存有生力量，向彭县、什邡、德阳、罗江、绵竹、江油一带移动。后来通过川北的平武，陆续进入甘肃文县境内。这支队伍进入甘肃之时，正是石达开本军在紫打地受困之日。他们以后从甘肃进入陕西，并入了太平天国西北远征军扶王陈得才的队伍。

1863 年初，石达开在横江会战败挫全军入滇之后，决定再度分兵。石达开亲率本军作为西路，沿赖裕新进军路线直趋成都。李福猷率三万人作为东路，再从镇雄入黔，绕道北上，入川会师。为了掩护石达开本军，李福猷故意大张旗鼓地东进，吸引清军前来追赶。所以清方史料中说："以伪宰辅李福猷一股，仍由黔境下趋，以图牵缀大兵。"[③]这支队伍经毕节、黔西东趋遵义府。在绥阳附近败于清云贵总督劳崇光所率领的清军。于是北上正安州，于 1863 年夏复入川南，经西阳、彭水，再入黔江。这时，李福猷可能已经得到石达开本军覆没、石达开牺牲的噩耗，所以不再北上，而东趋湖南龙山，南下广西，直至同年冬，在广东连州战败牺牲。

太平天国翼王石达开远征四川的计划虽然失败了，但是他们进军所造成的影响是

---

① 周询：《蜀海丛谈》卷下。

② 《骆文忠公奏稿》卷六《生擒石逆疏》。

③ 《骆文忠公奏稿》卷六《生擒石逆疏》。

深远的。他们的英雄事迹,长期在四川民间流传。他们的奋斗精神,长期鼓舞着四川广大人民对腐败的清廷进行坚决斗争。辛亥革命时期,许多爱国志士都非常推崇石达开,把他奉为老革命党、民族英雄。

第三编

太平天国史实考

目 录(第三编)

太平天国史实考

自　序

我最初对太平天国的知识,不是来自历史课本,而是来自民间口碑、故老遗闻。

我自幼生长在南京。我就读过的南京市邓府巷小学,距离洪秀全蛰居的"天王府"不过一箭之地。我当小学生时,上距太平天国覆亡只有六十年,一些亲身参加过太平军的老战士都还健在,他们又都是引车卖浆者流,我很容易接近他们,爱听他们讲太平军的故事。正是出于好奇,促成了我从小就和太平天国结下了不解之缘。三十年代末,我作为一个铁路测量工人,被调往广西腹地。这一带地方正是太平天国的首义地区,我不仅有机会听到更多的民间传说,轶事遗闻,而且能够经常探访古迹,凭吊两军鏖战的古战场,得以亲身体会太平军当年所过的生活,逐渐熟悉其民情风俗、方言土语。到了四十年代之初,我当上了新闻记者,拜识了罗尔纲先生等一些历史学家之后,才正式开始研习太平天国史。

以后入川,听到有关石达开的传闻极多。可惜这些传闻大都失实,荒诞不经。为了探赜索隐,访求史实,十余年来,我曾两进凉山,三访大渡河畔,四下涪陵,考察石达开远征军的行军路线与有关史迹。所以近年来我的研究成果之中,有关石达开史事所占的比重略大一些。我宁肯多做一点探讨史实的工作,而轻发议论,就容易造成失误,我对此是有过教训的。例如我在1963年8月21日的《光明日报》上发表了一篇名为《太平天国的文字改革》的论文,说明太平天国在一百多年前已经有计划地开展"文字改革"工作,包括:简化字形、精简字数、使用易识的字体、使用标点符号、改进文风等等。如果孤立地只看这篇文章,似乎言之成理,持之有故,但是以后再深入研究太平天国的专用词语、造字改字,就发现自己的结论下错了。在1987年7月出版的《太平天国学刊》第四辑中,我发表了一篇名为《太平天国的造字与改字》的论文,承认:"长期以来,我们对这个问题是有误解的……过分美化了太平天国的造字与改字工作,认为这是他们的'文字改革'。""我们若对七十八个造字与改字进行实事求是的分析,不难看出,太平天国造字与改字的真正目的是为了避讳,为了巩固天父天兄的神权,为了提高首义诸王的威望。""对太平天国造字与改字工作加以美化的是今人，太平天国本身从不隐讳他们造字与改字的目的……当时因错写一字而革职受罚，甚至获罪服刑的事时有所闻，真是使人'触目惊心'。"可见，我当时根据个别、少数事例，就断言太平天国也在进行"文字改革"，实际上是一种穿凿附会。

当然，对于伪书或明知是后人伪造的假史料，也不宜一概拒之门外，也要敢于使用伪书，从中获取我们所需要的东西；反之，真书不一定全真，皆可全盘接受。例如《李秀成自述》是信得过的真实史料，但是其中说了不少假话，对于想了解其真相者添了很多麻烦。伪书的作伪，也难免透露一点真情。例如《燐血丛钞》一书，就有许多作伪的部分已被揭穿，证据确凿，无法推脱；但是其中也有可取的部分，即有不少记载能够反映出苏州陷落之前，李秀成部太平军内部严重腐化的情况。就这一点而言，还没有一部别的书能够比得上它。

传说，虽然不能直接但是常常能够曲折地反映历史。举例说，石达开牺牲之后，从清廷上下到四川民间都有他未死的传说。曾国藩抓到了李秀成，曾经问过："石达开死否？"他们关心此事，是畏惧石达开，唯恐其不死。四川民间长期流传赶船留伞的故事，由义女四姑娘之夫马生替死的故事，这些故事说明民间怀念石达开，唯愿其不死。不死的传说相同，而民间与官方对石达开爱、憎的心态却截然相反，这也反映了历史的一个侧面。

我们识破了一本伪书，工作并未结束，还要追究下去：作伪者谁？为何作伪？是否已达目的？客观效果如何？这里的每一个答案，都能反映出一部分真实的历史。例如高天梅等伪造石达开遗诗是为了鼓吹革命，激发民气；许指严伪造石达开日记则是为了还酒债。虽然同是作伪，目的迥然不同。高天梅伪造石达开遗诗，苏曼殊画"翼王夜啸图"，其真正目的并非为石达开翻案，不过是借石达开之名抒发自己的抱负，反映了当时革命知识阶层的爱国情思。这也反映了历史，但所反映的不是太平天国时期的历史，而是辛亥革命时期的历史。

凡此种种，虽然不免浅见，却也是我半个多世纪以来探讨太平天国史实的切身体会，因此，我在本书中所探讨之一词、一字、一时、一地、一人、一事，不求其大，力求其真，倘能对太平天国史的研究有所裨益，那就是作者的幸运了。

史式

1990年3月于渝州

李永和绰号“短鞑”考释

太平天国历史博物馆编《太平天国文书汇编》中收有“瑞天豫傅佐廷等给李短鞑蓝大顺诲谕”一件，发文日期为太平天国壬戌十二年四月初八日。其中的傅佐廷为翼王石达开远征军的大将，李短鞑、蓝大顺则为李蓝起义军的领袖。这件文书是说明两支起义军曾经进行联系准备配合作战的重要史料。

由于这件文书未加注释，有些同志对于“李短鞑”这个名字产生了疑问。我国历史上汉人常对北方少数民族称为“鞑子”，含有轻视之意。太平天国则径称满人为“鞑子”，斥为妖魔。如《奉天讨胡檄布四方谕》中说：“予细查满鞑子之始末，其祖宗乃一白狐一赤狗交媾成精，遂产妖人。”既然如此，起义军的领袖竟以自己的死敌“鞑子”之“鞑”命名，不免令人费解。

“李短鞑”的真姓名为李永和，“短鞑”只不过是绰号而已。这个绰号也可以写作“短大”、“短答”、“短搭”。例如：犍为县编修县志委员会调查的口碑资料中周成林记：“传说几十年前有个农民就是当时所说的李短大造反。”

同一资料中杨伯钦记：“我听到我站工人周志中同志说过关于李短答革命的故事。”

民国三十二年《兴文县志》卷三十六：“贼头姓李，人称李短搭搭。”

原来四川方言称辫子为dada(前一音节读阳平，后一音节读轻声)。因是土语，有音无字，写作“鞑”、“大”、“答”、“搭”皆无不可。对于这种同音假借的字，自不可望文生义。

李永和为何有这个绰号？民国二十六年《犍为县志》卷八中说：“滇贼李永和即短辫子，由叙府掠五宝镇至犍为……捉人割辫，全县震动。”由于他自己先把长辫子剪短，然后要求参加起义的人都要剪掉长辫子，因而得到这样一个绰号。

清代规定男人头部前面要剃光，后面留发蓄辫，样子极其难看。官差抓人常把长辫子拴在一起，辫子几乎成为奴隶的象征。各地农民起义军奋起抗清，就常常以蓄发不结辫或剪掉长辫子的做法，使自己和敌人在外貌上有所区别。太平军蓄发不剃，不结辫子，所以被群众称为“长毛”（长头发），李蓝起义军则剪掉长辫子，只留短辫，所以被群众称为“短鞑”（短辫子）。二者一长一短，做法虽然不同，而表示抗清的决心则是一致的。直到辛亥革命时期，许多倾心革命的人士还以断然剪掉辫子来表示反清的决心。

李永和这个“短鞑”的绰号是群众给他取的，不仅没有贬义，而且颇有亲切之感。当时全川流传的一首民谣：“要想吃得好，穿得好，跟着李短搭搭跑。”就能说明这一点。

“紫打地”与“老鸦漩”考释

“紫打地”是地名，是石达开远征军最后的驻军之处；“老鸦漩”也是地名，是石达开远征军最后的覆军之处，两地相距十余公里。

“紫打地”这一地名有些令人费解，望文难以生义，故常被误写为“柴打地”。但它又可写作“紫大地”，这就给我们一种启发——这个地名可能来自少数民族语言的译音。经过探讨，得知它来自番语的“子得呷”，含义为适宜种菜的地方。

在不少论文与著作中，都有这样的说法：“紫打地，今名安顺场。”这是一个误会，因为昔日的紫打地不等于今天的安顺场。紫打地原为清代松林地番族土司所辖河道七场四十八堡的首场，是土司的驻地。公元 1902 年 8 月 5 日（清光绪二十八年七月初二日），山洪暴发，紫打地街市全被冲毁，难以复建。清廷拨库银 2000 两，在紫打地以东约二公里处重新建场，并乘机改汉名为“安顺场”，取“山地久安，河流顺轨”之意。此时上距石达开覆军已四十年，新场名与石达开已无关系。那种认为清廷镇压了石达开之后随即将紫打地改名为安顺场，说明此地已经安定、顺从的说法，也与史实不符。

“老鸦漩”这个地名的来源，说法不一。一说是大渡河在这里突然转弯，洪波冲击两岸石壁，形成许多巨大的漩涡，不仅船筏不通，善泅者难以横越，连鱼老鸹也只能在这里盘旋，不敢下水猎取食物。此说虽然夸大了一点，但足以说明水势之险。另一说是“老鸦”由译音而来。因为这里是南桠河与大渡河会合之处，南桠河在冕宁县境内称为勒丫河，在石棉县境内才称为南桠河。“南桠”、“勒丫”、“老鸦”读音相近，“老鸦”即“南桠”、“勒丫”的另一译名。但番语称“老鸦漩”为“呷奴罢沙”，含义为像老鸹的地方。因此，这一地名是从番语译意而来，与语音并无关系。

老鸦漩所在地即现在的四川省石棉县城。县名石棉，是由于这一带地方盛产石棉。在 20 世纪 30 年代的地图上，这里叫作“农场”。那是因为擦罗人李德吾（字光明）

在这一带荒滩上招佃开垦，办起“光明农场”之故。但邮政地图上则称为“光明场”。在50年代初的邮件上，还可以看到“光明场”的邮戳。1951年6月设石棉县后，“老鸦漩”与“农场”已成为古地名。

“别树一帜”、“另立一国”考

据说，在太平天国历史上，有人“别树一帜”、“另立一国”，进行分裂活动。这个人是谁？用不着提名，大家都会想到，这个人就是石达开。

虽然事出有因，但是查无实据。1857 年 6 月，石达开初离天京，路过安徽无为州时所贴《五言告示》上面的署名为“真天命太平天国圣神电通军主将翼王石”。五年之后，他远征到四川涪州，在《告涪州城内四民训谕》上的署名依然是“真天命太平天国圣神电通军主将翼王石”。可谓一字不易，既未“别树一帜”，也未“另立一国”。我们如果拿不出任何证据，就不应该厚诬古人。

虽然查无实据，却是事出有因。传说的来源，也可以说是谣言的来源，来自敌对方面即清方的文书。现按时间顺序，把清方有关这一说法的文书摘录如下：

咸丰六年十月二十日《谕曾国藩等速克江西失郡并预筹招抚石达开事》中说：“石逆现在安庆、桐城一带，其为纠合党与自图占踞，已可概见。”(仅仅是“概见”，尚未成为事实。)

咸丰七年闰五月初三日《谕德兴阿等侦探石达开去向并扼剿诱擒事》中说：“惟石逆素称骁悍，兼多诡诈，此时逃往江北，必系不附洪逆，意欲自成一队。”(所谓“意欲”，不过是揣测之辞。)

咸丰七年闰五月初六日《福济等奏金陵内讧请饬鄂赣相机防剿折》中说：“至石逆凶忍之徒，现已挟嫌出走，未必遽肯释憾而归。若探明窜往之方，或并力截擒，或设计诱降，军务必大有起色。相应请旨迅饬官文、胡林翼、曾国藩等，于湖北、江西一带侦探石逆踪迹，如自立一军，即须加意防剿，否则示谕招降。”(“如”自立一军，乃假设的说法，并非事实也。)

咸丰七年闰五月十三日《谕福兴等探明石逆踪迹并力截剿事》中说：“石逆系

著名剧贼，且闻其善于要结人心，此次逃出金陵必欲自成一队，非上窜湖北，即蔓延江西。”（“必欲”云云，也只能是推测的说法。）

咸丰七年闰五月十五日《福济等奏石达开出走已往安徽尚无北上形迹折》中说：“查石逆负气出奔，虽经洪逆百计挽留，悍然不顾，即其党与亦各自逃亡，众叛亲离已可概见，若非分途四散，必至自立一军。”（“若非分途四散，必至自立一军”，说明“自立一军”仅仅是一种可能，而非事实。）

咸丰七年闰五月二十二日：“德兴阿等奏石达开尚在安庆，似欲另立旗帜，并无投诚之意。”（所谓“另立旗帜”仅仅是“似欲”而已。）

咸丰七年七月十一日《福兴奏据探石达开另树一帜江右吃重请增兵协剿片》中说：“前闻石逆有在江南营内投诚之说，奴才殊不之信。现据探称，该逆自与洪逆内讧后，据守安庆，潜于金柱关等处粘贴伪示，解散金陵旧党，愿从军者即赴安庆，不愿者给川资剃发回籍，示尾署太平安国丁巳元年字样，其为另树一帜，已无疑义。”

在以上七件清方文书中，除了最后一件对石达开告示另署太平安国字样说得比较具体，其他各件对石达开的“自图占据”、“自成一队”、“自立一军”、“另立旗帜”、“另树一帜”等说法，一件也不能落实，全都是想当然耳的揣测之辞。

石达开另用“太平安国”国号一事，也只是得自传闻，并未见福兴将该“伪示”抄录“恭呈御览”。试想：石达开离京入皖后所贴的《五言告示》不是已有福济、何桂清等人先后抄录“恭呈御览”了么！这份另用“太平安国”国号的“伪示”重要性更高于《五言告示》，为何不加抄录？可见，这只是一种不可轻信的传说而已。

在判断史实时，对立面的文书只能作为参考，不可轻易信以为真，更何况连对立面也说得模棱两可。因此，对石达开“别树一帜”、“另立一国”的一切说法，皆证据不足，不能成立。

涪陵市太平军史迹、文物考

公元1862年春，太平天国石达开远征军曾经围攻涪州（今四川省涪陵市），留下了一些史迹与文物。其中最重要的一件文物，为《翼王石达开告涪州城内四民训谕》，50年代即已发现，具有很高的史料价值。国内介绍这一《训谕》的文章已经不少，故此处从略。

1987年春，为筹备召开“纪念石达开进军涪州125周年学术讨论会”事，承涪陵市领导同志邀请，共同考查涪陵市郊与太平军有关的史迹与新发现的文物——一块残碑。现将考查所得，作一简略介绍。

望州关——石达开曾经驻兵于此，指挥进攻涪州的战斗。此关位于涪陵南郊四公里之望州山（古称许雄山），海拔688米，因可远眺涪州古城而得名。由此俯瞰海拔仅200米的州城，如观盆景。关内面积约2500平方米，四周依山筑造1—4米高的石墙，或依天然石梁为屏障，地势险峻，易守难攻，是涪州城南五关中最险要的一关。

涪陵市区濒临长江之南，东为乌江，地势平坦，而南方西方均为山地，自东至西共筑有五座雄关：黔江、靖远、望州、鹅颈、龟龙，五关石墙相接，绵亘若长城，成为州城屏障。其中以望州关地势最高、最险，有如鸟身，其他四关，左右张开，有如两翼。

望州关主寨门分内外两道，为涪陵市通往南川、綦江的必经之路。外寨门洞长5米，宽2米，中高2米，因久经风化，剥蚀严重，门额字迹已模糊难辨。内寨门洞长4米，宽1.8米，中高2.7米，门额有隶书“壁垒一新”四字，字迹清楚，为1859年涪州书法家石彦恬所题。

《续修涪州志》卷二中说：“望州山突起高数里，设关其上，距城十里，可以远眺州城、通南、綦。明曾英御张献忠于此。”可见此关修筑于明代。而内寨门的重修则在1860年，即石达开远征军来此的两年之前。

此关四面路险难行，而关内则有多块平地，适于驻扎军队。我们路过时，发现深林中的一些小平地均有垒石烧火的痕迹，据说是郊游者野餐所遗留。当时石达开主力驻扎于此，居高临下，易守难攻，可以从容不迫地调动队伍，进攻州城。

翼王台——这里的地势略低于望州关，距城亦较近，为当年翼王石达开指挥作战所在的大梁子山冈。近年来，涪陵市城建部门在此修建了一座雄伟壮丽的翼王台，把附近一带辟为望州公园，供人游览。这里有好几处史迹，一是石达开立马指挥作战之处已建成翼王台，二是石达开当年饮马之处已建成翼王饮马池，三是当年太平军汲水而饮的翼王井已加修葺，并建起了石达开的大理石像。在翼王台对面竖立三块大碑，分刻《翼王石达开告涪州城内四民训谕》《石达开招兵告示》与笔者所撰的《翼王石达开进军涪州史事简介》。

插旗山——位于涪陵市正东，乌江对岸，登山俯瞰涪城，如在釜底。口碑相传，石达开初到涪州时，曾插太平天国大黄旗于此，以壮声势。《续修涪州志》亦有记载："午刻，贼大至，竖大纛于插旗山。"此地现已辟为果林公园。

残碑——与太平军进军涪州史事有关的残碑一块，于 1987 年 4 月下旬在望州关附近靖黔乡杨柳村六组农民钟在余家中发现，现保存于望州公园。碑高 90 厘米，宽 60 厘米，厚 15 厘米。残碑全文照录如下：

闻治乱传于古今荣辱关乎君国大丈夫当此亦必以
为是焉余因
同治元年壬戌春三月内石逆入境发匪猖狂凶暴无异……
不啻三槐睹其人何止亿兆观其营略有万千……
来以广东广西之肇叛由湖南湖北之合围自下江……
悉皆奸杀烧掠为快哉予时协办团练备尝艰辛入……
有人奔山上船者有人记其事祥其情扎寨必须粮足不……
之诈诳入洞务要平进水路先宜谨防入白岩……
以河边可处焉如朝阳洞远方之烧烬……
峰岭之土寨□仰盘之私□壬方百……
勒石垂铭免致后遭涂炭兴衰……
言以……

此碑记“同治元年壬戌春三月内石逆入境发匪猖狂”，与1862年4月石达开远征军围攻涪州的史事完全吻合。当时石达开全军约十万人，碑文说“睹其人何止亿兆，观其营略有万千”不免夸大，但可证明碑文作者确为记载亲身经历之事。碑文说“予时协办团练，备尝艰辛”，说明作者为协办团练之当地豪绅，既已“备尝艰辛”，说明抵抗石达开的进攻绝非易事。碑文全无石达开败退之记载，说明当时清方军报之虚报战功。最后说“勒石垂铭免致后遭涂炭”只不过是告诉后人躲避战乱的一些办法而已。

当年石达开主力曾驻扎在望州关上，此残碑既发现于望州关附近之农家，记事符合历史事实，足以证明这一文物的真实性。

洪、冯访石时间考

石达开之参加金田起义，是洪秀全与冯云山慕他的名，共同前去拜访，邀请他出山共图大事的。此事在太平军中传为美谈，被比为刘、关、张三顾茅庐亲请诸葛亮。在史料与近人著作中，也多提及此事。例如张汝南《金陵省难纪略》中说：

> 卢（贤拔），广西人，有知之者，谓在集镇时称通品，能写名帖书券约。洪贼以自起事前诡谋，及现在乱迹，令检录之。内有访石相公（石达开）一段，叙事如闲书。

罗尔纲《太平天国史稿》修订本“石达开传”中说：

> 天王入贵县传教，闻他的名，与冯云山去访他，约同谋革命，达开倾家帮助。

简又文《太平天国全史》第三章中说：

> 其（石达开）初入拜上帝会，似是先因洪氏在贵县久闻其大名，且才财两富，特亲往说服之。

但是以上各书对洪、冯访石的具体时间则语焉不详。

根据现有史料记载洪、冯的行踪，他们共同访石的时间只可能是：

1844 年从春至秋（道光二十四年四月至十月）。

1847 年从夏至秋（道光二十七年七月至十一月）。

1849 年夏天以后（道光二十九年五月以后）。

1844 年春，洪、冯第一次入广西传教，住贵县赐谷村。其地距石达开家乡甚近，故有前往拜访的可能，但是可能性不大。因为：

一、此时洪、冯尚未找到紫荆山根据地，并未决定进行武装斗争之大计，未必就会找人“共图大事”；

二、此时石达开只有十三四岁，不论他如何聪明能干，不论他如何早熟，这样的年龄是很难与之“共图大事”的。

1847 年夏，洪秀全从广东来到紫荆山与冯云山重逢，才知道冯云山已有武装起义的打算。这年年底，冯云山即被逮捕。洪、冯同访石达开的时间，只能是当年从夏至秋这段时间。此时石达开已有十六七岁，“凛然如成人”，行侠仗义，济困扶危，交游广阔，声名远播，“共图大事”，已有可能。

1849 年夏，洪、冯同返紫荆山，积极从事武装起义的准备工作。当时各个根据地都在操练会众，准备行动，他们似无远离根据地去访石达开的可能。其次，如果这时洪、冯才去访石，第二年石达开就能率领经过操练的 4000 会众前往金田团营，事情进行得过于迅速，似乎不近情理。

因此，笔者认为：洪、冯访石的时间定为 1844 年，则失之过早；定为 1849 年，则失之过迟；比较合理的推断，应是 1847 年。

王戎笙、龙盛运、贾熟村、何龄修四同志著《太平天国运动史》一书认为洪、冯访石的时间最大的可能是 1849 年，但也不排除 1847 年即已访石的可能。该书第 280 页中说：

> 可见，访问的时间有两种可能：一是道光二十七年七至十一月间，一是道光二十九年五月以后。考虑到石达开的年龄，访石最大可能是在道光二十九年五月以后，即石达开参加拜上帝会最多一年半的时间，金田起义就爆发了。但是，也不应完全排徐道光二十七年七至十一月这一可能。

史学界，尤其是广西本地的史学界还有一种说法，即冯云山已先结识石达开，然后才陪同洪秀全专程去访问他。笔者认为：在这个问题上，没有书面史料可考，石达开故乡的口碑应该受到重视。梅竹公先生在《太平天国时期有关贵县资料考》一文中说：

> 光绪《贵县志·群盗》说：“道光间，会匪冯云山诱其（达开）入伙，弃家从贼。”没有具体年份。太平军早期有“访石相公”的美谈。但《太平天日》里所记，洪秀全二次到赐谷村，均无访石的内容。第一次来传教，未立志反清，达开十三四岁，还没有蜚声山外达到令人倾慕的知名度。1845 年后，冯在紫荆山区创立拜上帝会，

逐步扩展到邻近各县山村；十六七岁“凛然如成人”的石相公，当是被访的对象了。光绪《贵县志》说冯云山联络达开，这点很对。回广东两年多之后再来的洪秀全，1847 年 7 月 15 日，与表侄王为正由赐谷到（武宣）勒马，过东乡，17 日到紫荆山。赐谷在奇石那帮村之南，那帮往东北为勒马，是贵县通紫荆山的捷径。洪秀全当是在此行途中，始认识北山里内拜上帝教会首石达开。

如果是这样，即冯先结识石达开，以后再陪洪去拜访，与“访石相公”的记载并无冲突。而洪、冯访石的时间，还是在 1847 年，与笔者的意见是一致的。

石达开“才财两富”说考误

何谓“才财两富”？此说始见于简又文氏的著作：

其(指石达开)初入拜上帝会，似是先因洪氏在贵县久闻其大名，且才财两富，特亲往说服之。(简又文《太平天国全史》上册，第139页)

简氏于1943年著《太平军广西首义史》时已持此说，至1959年著《太平天国全史》时，说法仍旧。这就是说，石达开之参加革命，是洪秀全、冯云山去邀请的；为何要邀请他？是因为他一有才能，二有家产。

洪、冯访石原因，归纳起来不外三说：一为家财说，二为才财两富说，三为人才说。

家财说始于张德坚之《贼情汇纂》。该书“石达开传”中说：“家本富饶，献贼十数万金，入伙封为翼王。”这就是说，石达开本无本领，他之被封为翼王，是用钱买来的。该书还说石达开是“铜臭小儿，毫无知识”。把旷代英雄既有文才又有武略的石达开说成一个纨绔子弟，这自然是敌方的有意诬蔑，不值一驳。许平叔《兰苕馆外史·纪粤寇》沿用其说，称石达开“以财雄一方”。稗官野史，以讹传讹，不足为奇。遗憾的是：范文澜同志在《中国近代史》上册中也受此说影响，认为“石家是当地土豪大姓，人口多，富有财产”。

才财两富说始于简又文。他之提出此说，自然是认为石达开既是人才，又有家财。洪、冯重视石达开，乃是“才”、“财”并重。到目前为止，还未见有文章公开赞同此说，但受到此说影响的却很不少。有些著作与文章常把石达开与胡以晃、韦昌辉并提，说是他们都以自己的家财支持了革命。但是此说缺少可靠的历史依据。

60年代以来，尤其是近年来，有关石达开家世的文物史料相继发现，说明石家绝非巨富，最多不过是富裕的中农而已。而且从未有过石达开在金田团营之前捐献家资赞助革命的记载。因此，人才说才得以确立。我们到石达开家乡访问时，群众口碑不一。

有说石家有三百多斤种的田，有说有八百多斤种的田，有说有一千多斤种的田，但总的说法是“田不多”。这与谢介鹤《金陵癸甲纪事略》中的“家稍裕”，民国《贵县志》中的“家中资”的说法是一致的。《李秀成自述》中说石达开“家富读书”一语，只不过是与无衣无食的“家贫”相对而言，无法说明富到何种程度。从石达开曾祖母墓碑看来，上列石家四辈数十人之名，连一个秀才也没有，说明他家是白衣门第。从石家故居遗址看来，一厅三室，格局甚小，且以土墙筑成，说明只是一个普通的农民家庭。《太平天国革命在广西调查资料汇编》中说：“石达开一向在家种田，也兼做些小生意。”这样的家庭不可能是富厚之家。

可以说，洪、冯访石的主要原因是仰慕石达开的威望和才干，希望和他共图大事，并非羡慕他的家产。才财两富说既与史实不符，又歪曲了洪、冯访石的动机，损害了石达开的人物形象。这种于史无据的说法，应予纠正。

安庆易制时间考

安庆易制是太平天国历史上的一件大事。本文想就安庆易制的时间问题，进行一次比较详细的考证。

关于安庆易制的时间，人们一向使用的史料是：

一、张德坚《贼情汇纂》卷一："石达开……癸丑八月奉伪令赴安庆一带安民，十一月回江宁，以伪燕王秦曰（日）纲代之。甲寅八月，官军自岳州水陆下剿，杨贼遣达开援湖北，行至芜湖，官军已克武汉，达开又奉伪旨踞守安庆。"

二、谢介鹤《金陵癸甲纪事略》："癸丑五月，安庆再陷。秋，东贼命翼贼往守。翼贼稍易东贼苛制，皖民少受害。东贼惧其得皖人心，趣之归，调燕贼秦日纲往替。诡言北贼劳心甚，使翼贼代北贼事，籍分北贼权，使翼贼亦不得专制于皖。"又"十二月，因翼贼得皖人心，加日纲伪号真忠报国顶天侯，使往代翼贼守安庆"。

三、咸丰六年十一月十七日《曾国藩等奏复江西近日军情并剿抚石达开方略折》："石达开……甲寅八月踞守安庆。十一月臣国藩师次九江，石逆与罗大纲同赴湖口救援，官军被挫。乙卯春武汉复陷，该逆往来蕲黄一带提调贼军。"

根据以上史料，石达开到安庆"安民"，始于 1853 年 9 月（咸丰三年八月），到了 1855 年 10 月上旬，他即离开安庆，亲率大军两万余人西征，转战湖北，经略江西。因此，他在安庆的时间，约为两年。但这两年并不等于就是安庆易制的时间，因为根据以上史料，他驻守安庆，有前后两次。

第一次：咸丰三年八月至十一月（或十二月），约三个月。

第二次：咸丰四年八月至五年八月，约一年。

史料中说：石达开在安庆"安民"，不过三个月，就取得了很大的成绩，因而引起了杨秀清的疑忌，被召回京。他第二次又去踞守安庆，似乎并不是去"易制'，而是前去督师的。

我们知道，石达开的安庆易制，并非易安庆一地之制，而是开府安庆。统管天京以上太平天国辖区包括安徽、江西、湖北各地的军民大政，而且要推行一系列的新政策，在短短的三个月之内是难以奏效的。“达开既至安庆，以诚意相要结，择乡里之有声望者为乡官。缉盗贼，严军旅，使各安其业。更督民造粮册，按亩输钱米。于乡里之豪暴者抑制之，无告者赈恤之。立榷关于星桥，以铁锁巨筏横截江面，阻行舟，征租税，军用裕而百姓安之，颂声大起。”(凌善清《太平天国野史》卷十二)在短短的两三个月时间里取得这样巨大的成绩，令人难以置信。不说别的，只就“督民造粮册，按亩输钱米”一事而言，要在横跨三省的广大地区中做到这一点，也不是短时期内所能完成。

我们只要举出太平天国本身的一份史料，就能充分说明问题。这份史料是《殿右捌指挥杨告荻港镇人民札谕》。其中说：“殿右捌指挥杨札谕荻港镇人民知悉：照得我主天王奉天明命，斩妖留正，始终以诛妖安民为念。兹本大臣随同翼王五千岁率师安民，查得尔荻港镇民人尚未齐来投册。为此札谕该镇，限十一月初九日举齐旅帅，两司马等官，填名造册，赴安徽省呈报本指挥衙门，以便发给门牌。”此文发文日期为太平天国癸好三年十月二十七日，即咸丰三年十一月初一。按石达开于八月底九月初到达安庆，需要经过一段时间，才能了解情况与制定新政策。所以到十月份才发出限期“填名造册”的公文，限于十一月初九日填齐呈报。荻港距离安庆不过一二百里，要到十一月中才能把名册造好，安徽境内较远的地方与江西、湖北各地，造册的时间自然更要推迟。在名册粮册尚未造好之前，是无法“按亩输钱米”的，然则“军用裕而百姓安之，颂声大起”的成绩又从何而来？因此，笔者认为：石达开第一次到安庆只有三个月，于十一月(或十二月)即被召回天京之说，绝不可信。《贼情汇纂》与《金陵癸甲纪事略》的记载是有问题的，值得仔细探讨。下面，我们依次探讨石达开第一次到达安庆的时间。从安庆回到天京的时间，第二次到达安庆的时间。至于他第二次离开安庆率师西征的时间，诸家记载大体相同，并无争论，亦合情理，所以不在探讨范围之内。

石达开第一次到达安庆“安民”，各种史料的记载虽不一致，但是出入不大。这些记载是：

张德坚《贼情汇纂》卷一：“癸丑八月奉伪令赴安庆一带安民。”

郭廷以《太平天国史事日志》：“9月25日(八月二十三日)，翼王石达开率太平军大队(五六千人)到安庆省城，即筑楼设防。”

谢介鹤《金陵癸甲纪事略》：“癸丑五月，安庆再陷。秋，东贼命翼贼往守。”

同治《太湖县志》卷十四：“九月，伪翼王石达开自江宁回驻安庆。”

胡潜甫《凤鹤实录》:“九月……贼首伪翼王石达开踞安庆攻集关。”

《李秀成自述》:“十月之间,即同翼王上安省安民。”

各种史料在时间上的小出入是容易理解的。其中说咸丰三年八月的,是指石达开离开天京的时间;说九月的,是指他到达安庆的时间;说秋天的,与八月九月两说都不矛盾,反正这两个月都可以说是秋天。只有李秀成说是十月。他说的当然是天历,不过当年的天历与清历的出入不大,天历十月初一只是清历十月初五,似乎比别的记载稍迟。这也许是他的回忆有误,也许是他当时并未与石达开同行,而是稍迟才调去跟随石达开的。总之,石达开第一次去“安民”、“易制”,是在咸丰三年之秋。

石达开从安庆回到天京的时间,据《贼情汇纂》说是咸丰三年十一月,据《金陵癸甲纪事略》说是十二月,笔者认为:这两说都是错误的,理由如下:

一、《天父下凡诏书二》中说:“十一月二十日是礼拜之辰,北王与顶天侯及丞相等官到东府请安。”按秦日纲直至次年四月始封燕王,当时的封爵还是顶天侯。既然他在十一月二十日还住在天京,则《贼情汇纂》说他在十一月已去安庆替回石达开之说不确。

二、向荣于咸丰三年十二月初八日自江南大营所发《请饬琦善派队渡江攻剿折》中说:“并有伪顶天侯督阵,被我兵矛刺左臂,负伤遁回。”既然这时秦日纲在天京附近作战负伤,当然就没有去安庆替回石达开。然则不仅《贼情汇纂》之说不确,《金陵癸甲纪事略》说他于十二月去安庆之说也不确。

三、咸丰三年十一月初三日清廷上谕中云:“兹据孙铭恩奏,十月十九日,有贼营女船七十余只自金陵上窜安庆,声称伪翼王家属。”此事说明石达开先是单身率军到达安庆,一个多月之后,才把家属接来。如果这时他已得知召回天京的消息,就不会接家属到安庆。

四、夏燮《粤氛纪事》卷九与光绪《黄梅县志》卷十九都记载着:咸丰四年二月底三月初石达开仍在安庆主持军政事务。因此他奉召回天京的时间,最早当在咸丰四年三月的中下旬。

五、《贼情汇纂》中说:“石达开……十一月回江宁,以伪燕王秦曰(日)纲代之。”又说:“秦日纲……甲寅四月调回江宁封燕王。”两相对照,自相矛盾。既然说“以伪燕王秦日纲代之”,那就应该是咸丰四年四月,而非三年十一月的事。

综上所述,笔者认为:石达开回到天京的时间应为咸丰四年的三四月间。

石达开第二次到达安庆继续进行“易制”的时间,据《贼情汇纂》说是“甲寅八月,官军自岳州水陆下剿，杨贼遣达开援湖北”，只是因为“官军已克武汉”，石达开才又“奉伪旨踞守安庆”。《曾国藩等奏复江西近日军情并剿抚石达开方略折》中只说“石达开……甲寅八月据守安庆”，没有说出原因。按《贼情汇纂》的说法是没有理由的。杨秀清既然要石达开去增援湖北，不问武汉是否失守，都应该去增援。武汉既已失守，太平军在鄂东一带苦战，这就更应该去增援，岂有让石达开退保安庆之理！以后的历史事实说明，哪里战事激烈，石达开就到哪里增援，与曾国藩水师激战的湖口之役，九江之役，以及后来增援鄂东，都是如此。其实，石达开第二次去安庆，还是去“易制”而非“增援”，《贼情汇纂》的揣测之辞是错误的。

《贼情汇纂》与曾国藩的奏折都言之凿凿，认为石达开第二次去安庆是咸丰四年八月。我们只要举出太平天国本身的一份史料，就可以推翻他们的说法。这份史料是《翼王石达开复秋官又正丞相曾添养岳州战守事宜训谕》。其中说：“翼王石为训谕秋官又正丞相曾添养弟知悉：缘于六月二十四日接阅弟等具回禀报，兄已备悉。惟禀称妖魔作怪，难以取胜，恐岳州城池难守等情。兄已将此情由禀奏东王殿下，俟奉到诰谕，再行谕知。”据此文可知石达开在四年六月已在安庆。当日他若在天京，曾添养的禀报就会写明请他转呈杨秀清。这时军情紧急，他也会立刻去向杨秀清请示，不会再搞公文旅行，说什么“已将此情由禀奏东王殿下，俟奉到诰谕，再行谕知”的话。郭廷以的《太平天国史事日志》中说：“电师左军主将翼王石在安庆接得曾添养禀报。”这一记载是正确的。这份史料说明，石达开第二次到安庆继续“易制”的时间不在四年八月，而在四年六月之前。

通过以上的探讨，我们就可以大致勾画出石达开在安庆易制时间的轮廓。即：

第一次到安庆“安民”、“易制”，是咸丰三年八月。被召回天京的时间，是咸丰四年三四月间。

第二次到安庆继续“易制”，是咸丰四年四五月间。后来亲率大军西征，则是咸丰五年九月。

这样，安庆易制的时间就是从咸丰三年八月到五年八月，前后共约两年，而不是《贼情汇纂》所说的约三个月。在这两年中间，他曾被召回天京一次，时间只有一两个月。这样短的时间，不可能是调职，只可能是述职。

可以设想：石达开在三年八月离开天京到达安庆之后，经过一两个月的调查了解，问民疾苦，制定了新政策，开始“督民造粮册，按亩输钱米”。到了年底，准备工作大体完成。次年初，新政策开始试行，收到实效。与此同时，天京粮荒严重，洪秀全下令全城食粥。天京方面于是召石达开回京述职，了解新政策推行的情况。因为易制一事，内容复杂，不是在一纸公文上所能说得清的。杨秀清听了石达开的详细汇报，认为新政策已收实效，可以挽救缺粮的经济危机，同意全面推行。乃联名上奏洪秀全，请求正式批准。这份奏章中说："小弟杨秀清立在陛下暨小弟韦昌辉石达开跪在陛下，奏为征办米粮以裕国课事：缘蒙天父天兄大开天恩，差我主二兄建都天京，兵士日众。宜广积米粮，以充军储而裕国课。弟等细思安徽、江西，米粮广有，宜令镇守佐将在批晓谕良民，照旧交粮纳税。如蒙恩准，弟等即颁行诰谕，令该等遵办。"从此，太平天国的英雄们就不再坚持那种充满幻想难以实现的《天朝田亩制度》，实行"照旧交粮纳税"的新政策，回到脚踏实地切实可行的道路上来。

石达开制定的新政策既已得到太平天国中央政府的肯定与批准，就回到安庆，全面推行，并向农民颁发地契。安徽省望江县新发现的两张太平天国地契，也有助于说明安庆易制中的一些史实。两张地契的立契时间，一为太平天国甲寅四年六月二十六日，即石达开述职回任之后；一为太平天国丁巳七年二月二十日，即石达开率军远征之前。地契中说："自卖之后，永无异说。今欲有凭，立此为照。"从第一张地契立契的时间看来，也可以推知"照旧交粮纳税"这一新政策被正式批准是甲寅四年四五月间的事。石达开只有在得到洪秀全的批示之后，才能正式承认土地私有和发给凭证。

在天京与全军缺粮之时，不论军情如何紧急，石达开只能把他的主要精力放在推行"照旧交粮纳税"的新政策上。到了咸丰五年九月，新政策的推行大见成效，而且已经巩固，他才放心让张朝爵留守安庆，萧规曹随，自己亲率大军西征。安庆易制成功，前后花了两年时间，绝不是《贼情汇纂》中所说的约三个月。

至此，本文澄清了以下几个问题：

一、石达开在安庆易制的两年中间被召回天京一次，实际上是应召述职，而非调职。

二、石达开回京述职，安庆易制一事即得到杨秀清的肯定与支持。杨石之间并无隔阂，杨秀清疑忌石达开一事只是揣测之辞，不可轻信。"照旧交粮纳税"的新政策已经得到太平天国中央政府的批准，并非石达开自作主张。

三、石达开再到安庆，是去继续易制，而非去"援湖北"。

这才是历史的真相。

石达开离京时从征人数考

1857年5月底，石达开为洪家私党所逼，率领部下离开天京，前往安庆。他离京时从征人数有多少？对于这个问题，长期以来存在一种误会。由于历史课本、教学参考书、不少史学著作都把石达开带走的人数夸大了，或说十余万人，或说二十万人，或者不说具体数字，只说是大队人马，这就给我们造成一种印象，认为石达开所带走的确实是一支大军。其实历史事实并非如此，石达开所带走的只是人数很少的随身卫队而已。

为何产生误会，首先是由于《李秀成自述》中说了假话。《自述》说："那时朝中无将，国内无人，翼王将天朝之兵尽行带去。"又说："误因翼王与主不和，君臣疑忌，翼起猜心，将合朝好文武将兵带去。"这样过于夸大的说法本来是信不得的。试想：石达开是"私自出京"，并未得到洪秀全的批准，他怎能发号施令，将天朝之兵"尽行带去"？但是有不少同志过分相信李秀成亲笔所写的《自述》，抱一种虽不可全信也不可不信的折中态度，未经调查研究，就在李秀成过于夸大的基础上打个折扣——虽非全军，总有十余万或二十万人——作为定论。这样以讹传讹，传了几十年，几乎弄假成真。例如范文澜在《中国近代史》中就说：

> 达开受洪氏排斥，疑虑不安，又感到大势已去，南京难保，1857年6月（咸丰七年五月）约集将士十余万人到安庆，与太平军分裂，自成一军。

像范文澜先生这样著名的史学家尚且如此误听误信，这个误会长期得不到澄清也就不足为怪。

《自述》确实是李秀成亲笔所写，但是真人所写不一定就是真事。《自述》所述，有不少事情并非史实。有些事情是无意错记，在囚笼中写自述并不是一件轻松的事，而且写出来后立刻就被取走，连核对的机会也没有，产生笔误，是不奇怪的。有些事情是故意说假话。或者是为了军事上的保密——如幼主的去向，或者是为尊者讳，为亲者讳，或者是为了表己之功而诿过于人。他说石达开把“天朝之兵尽行带去”，很大的可能是为了解释当时自己屡战不利的原因，是为了开脱自己的责任。

石达开离京时究竟带走了多少人？我们虽然缺少正面史料，但从清方有关文书中可以推知一些消息。例如咸丰七年五月二十五日《何桂清奏通筹江南近日剿办情形片》中说：

传闻本月十一日（指咸丰七年五月十一日即公元1857年6月2日），伪翼王石达开已由铜井渡江逃往江北，洪逆令蒙贼禾贼追之，禾贼亦乘势逃去。

此文记载石达开渡江的时间、地点都不错，但未说明他的队伍有多少人。从石达开只在一个小镇铜井渡江，而且一天之内就渡完了的情况看来，人数显然不会很多。

七天之后，即1857年6月9日，石达开率领部下到达安徽无为州，在这一带遍贴《五言告示》，说明自己被逼离京的苦衷。咸丰七年闰五月初六日《福济等奏金陵内讧请饬鄂赣相机防剿折》中说：

兹据无为州在籍教谕郗焕等禀称：五月十八日（即1857年6月9日）石逆由金陵带其党与数千，道经该州前往上游，到处张贴伪示，传谕各贼。察其词意，因洪逆疑忌过甚，惧害脱逃。

此折原件保存在中国第一历史档案馆。其中所说的“伪示”即石达开《五言告示》也在多处发现，有案可查，绝非虚构。因此，我们就可以说，石达开离京时带走的人数不多，最多不过数千人。清方官员对于太平军人数一般只会加以夸大，作为胜则邀功败则诿过的根据，而不会加以缩小。既然石达开到达无为州时全军不过数千人，他在离京时人数一定更少。因为到达无为州的人数应该是他离京时的人数加上七天来投奔他的人数的总和。

其实，石达开离京时带走了多少人，是不难计算的。1856年秋天京内讧，自相残杀，共杀两万余人，城里的守军已经为数不多。石达开带了四万靖难之师回到天京，稳定了局势。为了争取军事上的主动地位，他陆续派出了不少队伍进驻天京附近的各个据点，光是句容一地就派去了几千人，留在身边的队伍是很有限的。后来他为摆脱洪家私党的牵制，决意离京出征，也只是想移驻安庆，继续指挥队伍与清军作战，并无远征不返的想法——他的远征不返，是 1859 年初在江西南安府时做出的决策——因此绝不会对太平天国有拆台的行为。正是说“翼王将天朝之兵尽行带去”的李秀成在《自述》中又说：“翼王出京之后，将打宁国之兵交与成天豫陈玉成管带。”“打宁国之兵”是何人的队伍？是石达开带回天京的“靖难之师”也。石达开离京时不仅没有拉走别人的队伍，连自己带来的“靖难之师”也交给没有随他出征的陈玉成管带，说明石达开是顾大局的。

1857 年 6 月 9 日石达开到达安徽无为州时，全军不过数千人。如果除去沿途投奔他的人数，他在离开天京时从征人数不过是千余人，最多两三千人而已。这只能是随身的警卫队伍，而绝不是一支大军。至于他日后在远征中逐渐扩大队伍，发展到数万人或十余万人，那是另一个问题，不属本文探讨的范围。

石达开“蓄意远征不返”说考误

长期以来，在对石达开史事的研究中，有一件事几乎已为大家所公认。这就是：石达开在1857年5月底离开天京之时，即已蓄意远征不返，要到四川去别树一帜，另立一国。其实，这只是由许多片段的史料所造成的一种误会，而与史实不符。

一、疑问已经产生

近年来，已有一些研究太平天国史的同志，从不同的角度对这一看法提出了种种疑问，归纳起来大致有以下三点：

第一，石达开出征以后前两年的实际行动说明他并非蓄意远征不返。仔细回顾一下石达开远征的全过程，显然可以分为两个时期。从1857年5月至1859年2月，将近两年，他只在皖、赣、浙、闽等省活动，没有脱离太平天国的辖区。这一时期可以称为近征。从1859年2月至1863年6月，四年有余，他已在湘、桂、川、黔、滇等省活动，远离了太平天国的辖区，这一时期可以称为远征。在前一时期，他一直徘徊在太平天国的辖区之内，配合其他各部太平军作战，并未远走高飞。如果说他一离开天京就决心远征四川，缺少事实根据。四川在天京的正西，而石达开在这两年中，先是赴援江西，进攻浙江以配合天京解围，以后又经过福建到达赣南的南安府，接着又准备北攻赣州（没有实现）。其军锋所指，或向东，或向南，或向北，就是没有向西。这不能不说是一大疑点。

第二，石达开在离开天京进驻安庆之后，已经成为举世瞩目的人物。清廷上下对他的动向作了各式各样的猜测估计，有皖北说、湖北说与江西说，甚至说他将往福建、广东。但是没有任何一件史料中提到他将远征四川。这些说法如下：

皖北说——咸丰七年闰五月初三日清廷《谕德兴阿等侦探石达开去向并扼剿诱擒

事》:“惟石逆素称骁悍,兼多诡诈,此时不据金陵,逃往江北,必系不附洪逆,意欲自成一队。现在江浦未复,霍、六、桐城、安庆、太平一带遍地贼踪,倘该逆裹胁贼党,乘间北窜,不可不防。”

湖北说——咸丰七年闰五月十三日清廷《谕福兴等探明石达开踪迹并力截剿事》:“石达开系著名剧贼,且闻其善于要结人心,此次逃出金陵,必欲自成一队,非上窜湖北,即蔓延江西。广济、黄梅等处官文等已厚集官兵堵剿,又有李孟群在英霍交界地方驻扎,屡获胜仗,楚境当可无虞。”

江西说——咸丰七年闰五月十五日《福济等奏石达开出走已往安徽尚无北上形迹折》:“江西乃石逆窜扰之方,党与甚多,一呼百应,且米粮充足,就近裹胁楚广悍匪,足以横行。故揣度贼情,必先窜回江右。”又云:“近日安庆来人传言,该逆到彼一过而去,或云将图回粤,或云欲入福建。”

敌方估计石达开的进军方向虽有五个,但是最大的可能是重入江西。这种估计是不错的。石达开大军离开安庆之后,的确是先援江西,再攻浙江。这并不是敌人有先见之明,而是石达开在进军之前,必然要做一番准备工作,敌方的暗探必然也能探得一些蛛丝马迹。相反,石达开既然无远征四川的想法,自不会有任何相应的准备工作,敌方的暗探也就得不到与此有关的任何情报。

第三,根据史实,直到石达开驻军江西南安府之时,才有人向他提出进图四川的建议。此时离开天京已近两年。如果他在离开天京之时已经决定远征四川,这一决策虽然不一定会让全军战士知道,他的高级干部必然知情,何以在两年之后才有人向他提出这个建议来?

1859 年 2 月,石达开在江西南安府池江镇度岁之际,大会诸将,商讨今后的进军方向。军略萧发胜建议通过湘、鄂进取四川,认为四川是未经兵燹的完善之区,地广民富,据之作为根据地,可以居高临下,俯视中原。石达开采纳了这个建议,这才全军西进,进入湘南。李滨《中兴别记》卷四十二:“伪二旗军略萧发胜等计画由楚而鄂,进图西蜀,占上游之势,入完善之区。”

无可怀疑的史实是:石达开从离开天京到攻克江西南安府的这一段时期,一直是在从事近征,配合其他各部太平军与敌人作战。他不仅没有远征四川的行动,连这种想法也没有。远征不返,西取四川,是在南安府时才决定的。

二、一份奏片的启示

有一件过去不大为人所注意的史料，可以为石达开作证。证明什么呢？证明石达开在1857年5月离开天京之时，并非负气出走，蓄意远征不返，而是有计划地在天京附近的战场上进行近征，继续指挥各部太平军打击敌人。正如他自己在《五言告示》中所说，他虽然不得已而离开天京，却并没有消极的想法，而是“用是自奋励，出师再表真，力酬上帝德，勉报主恩仁”。

这件史料是咸丰七年九月德兴阿向清廷的奏片。咸丰帝朱批该片的日期为九月二十二日。片中说：

> ……又抄得石逆由安庆寄与洪逆伪章一纸，内有今贼党李寿成（李秀成）会合张洛行领数十万贼分扰下游，又调贼党陈玉成、洪仁常、洪春元、韦志俊、杨来清等各率贼数万及五六千不等概回金陵，并欲赴援江西，窜扰浙江等语。而书中之意，似与洪逆各树党援，不相附丽。洪逆伪批，亦似外示羁縻，内怀猜忌。惟贼踪分合无常，总不容稍疏防范。

通过这一史料，我们至少可以看出以下几个问题：

（一）我们从印象出发，一向认为石达开离开天京之后蓄意远征不返，自然就和洪秀全断绝了一切关系，他既不向洪秀全请示报告，洪秀全也无法对他作出任何指示。但是从这件史料中，却看出石达开在离开天京四个月之后，遇事仍然写本章向洪秀全报告，洪秀全也有批复，尽管德兴阿有“书中之意，似与洪逆各树党援，不相附丽。洪逆伪批，亦似外示羁縻，内怀猜忌”的看法，但事实上，历代王朝中君臣之间钩心斗角、貌合神离的情况是太多了，真正能够真诚相处的反而是少数，只要洪、石之间在形式上还能保持请示与批复的关系，就应该认为君臣的关系并未断绝，石达开并未别树一帜，另立一国。

（二）我们从印象出发，一向认为石达开离开天京之后，就自动脱离了太平天国中央政府。从此，他既不管天京的防务，各部太平军也不再听他的指挥。但是从这一史料中，却看出石达开仍然关心天京的防务，并且能够继续行使他全军统帅（通军主将）的职权，调动李秀成等人率部回援天京。罗惇曧撰《太平天国战纪》造谣说：“（石达开）至安庆，得陈玉成、李秀成以所部偕行。玉成军已发，往告秀成。秀成曰：‘吾侪弃乡井，捐生命，以图功业。中道易心，后世其谓我何？吾决不行，君自裁可也。’玉成曰：‘非君言，吾几为所误。’兵止不行。达开初谓二人必乐从，及皆谢绝，益失意。不能复还金陵，乃去皖，随行兵数十万，秀全闻而悔之。”这就给人们造成了一个印象，认为石达开不仅自己闹分裂，而且要把陈玉成、李秀成也都拉走。现在我们既已知道石达开在自率大军赴援江西的同时，已命令李秀成等人率部回援天京，说他拉陈、李同走的谣言，当然不攻自破。

（三）我们从印象出发，一向认为石达开离开天京以后，就完全是自由行动。他的赴援江西，也许是在计划之中，而转攻浙江，似乎是临时起意的无计划的做法。但是从这一史料中，却看出他本人的赴援江西，进军浙江，都是事先计划，而且得到洪秀全批准的行动。因此，他的进军浙江，就不是盲目的流窜，而是经过周密考虑，以进攻东南财富之区的办法来解天京之围。两年之后，洪仁玕、李秀成共议奇袭杭州，以解京围，正是师法石达开的故智。

这一史料为我们提供了一些前所未知的史实，也为石达开澄清了一些“百啄难分清”的误会。可是它的内容是否可靠？笔者认为是可靠的。因为：

（一）这一史料本身来自清廷档案，不可能是伪造。（二）德兴阿奏片中说抄得石达开的“伪章”与洪秀全的“伪批”，都不是原文，只是大意。他是否真正看到了“伪章”与“伪批”，我们还不能轻信。但从奏片的内容与史实对照的情况看来，二者是符合的。

德兴阿虽然可以在奏片中信口胡吹，但却没有未卜先知的本领。奏片在咸丰七年九月就已经送到了北京。石达开却在半年之后才向浙江进攻。清廷上下当时猜测石达开的进军方向，提到了皖北、湖北、江西、福建、广东，而进军浙江却在他们意料之外，德兴阿如果不是真正见到了石达开的本章，不会异想天开地说到“窜扰浙江”的话。李秀成会合张洛行的队伍开往长江下游一事，奏片中事先说到，日后也成了事实。可见这一史料的内容真实可信。

通过这一史料，我们就不难澄清许多误会，让历史恢复本来面目。原来，石达开当时离开天京，并非蓄意远征不返，而是想在摆脱洪氏集团的牵制与暗害之后，能够更好地发挥自己的力量为太平天国立功。作为全军统帅不一定要住在京城之中。如果移驻战略要地（例如安庆），或者亲临前线，可以更有效地指挥队伍作战。石达开未走之时，洪秀全对他心怀疑忌，指使洪仁发、洪仁达对他掣肘，甚至想暗害他。既走之后，又觉得朝中主政无人，一片混乱；清兵四面围攻，天京形势紧张，因而惶惶不可终日。再三派人请求他仍然回京辅政。为了表示诚意，削去洪仁发、洪仁达的王号，并铸义王金牌送往安庆，向他谢罪。

如果石达开仅仅是和洪仁发、洪仁达有矛盾，在洪秀全公开谢罪之后，本可重新回京辅政。他和洪秀全在一段时期之内也可能相安无事。但是矛盾并不止此，他和洪秀全之间在战略思想上也存在很大的矛盾。洪秀全自入天京，迷恋帝王生活，只图保住京城，更无远略。石达开则主张争取上游，取得全面胜利。如果只保京城，就会陷于被动，最后必然失败。这一估计是不错的。后来李秀成屈从于洪秀全，不顾全局，只保京城，以致同归于尽，就是明证。石达开离京出征，除了摆脱洪仁发、洪仁达的牵制，必然还有一个想法，就是打算“将在外，君命有所不受”，可以按自己的战略思想指挥作战。所以在洪秀全公开谢罪之时，他仍然不肯回京。

尽管如此，他们之间在形式上还是维持君臣关系，遇事还得互相商量，并没有出现人们想象中的双方已经决裂那么严重的情况。石达开的出征，事前虽未得到洪秀全的准许，事后却得到追认。石达开在安庆仍然能够行使全军统帅的职权，洪秀全仍然承认他是通军主将。洪秀全因为天京军情紧急，对石达开“百计迎回”。石达开当时虽然不肯回京，但却提出了一个为双方都能接受的兼顾上下游的进军办法，就是德兴阿奏片中所透露的这个军事计划。即在赴援江西，巩固上游根据地之后，再进军浙江，以进攻浙江腹地的行动配合天京解围之战。这样，洪秀全虽然心怀猜忌，却勉强同意。可以说，在进军浙江之前，石达开的军事行动已经得到洪秀金的批准(包括事先同意或事后追认)，至少在形式上是合法的。

石达开进军浙江之后，如果天京方面能够很好地和他配合，取得重大胜利，双方仍有合作的可能。可惜由于洪秀全另委他人为中军主将，事实上免掉了他通军主将的职务，并且拉拢杨辅清拆他的台，因而迫使他改变了进军计划。在离开江西南安府之后，他确已远征不返，不过那是后话，至少在进军浙江之前，他绝无远征不返的想法。

三、问题应该澄清

与史实不符的印象正如一部剪辑错了的影片。只要我们对造成错误印象的片段史料仔细进行比较，深入探讨，就不难让真相重现出来。

《发逆初记》中说，石达开未出广西之前，已经主张进军四川，但是杨秀清不同意。《粤匪起手根由》却说，杨秀清、韦昌辉、石达开三人都主张进军四川。且不说这些史料都是道听途说而来，内容自相矛盾，本来不甚可靠。就算全都可靠，我们也不能说，一个人曾经想过的事，以后就一定会做。想做，只说明有这种可能，而可能并不等于事实。我们与其去推论有无这种可能，倒不如去考查有无这种事实。石达开离京出征之时是否准备到四川去，我们应该认真考查史实，不能从印象出发，把可能与事实混为一谈。

敌方探得石达开离京的消息之后，奏谕交驰，都在猜测他的动向。从继续斗争到投降敌人、削发为僧，各种说法无奇不有，连敌人自己也承认“传说不一”，“此等道途传说，原难尽信为真”，“尚须探实，方敢上闻”。说法虽多，不能落实。至于说石达开已“别树一帜”，却说不出所树何帜。福兴的奏报中居然说石达开已经“另立一国”。说是金柱关发现“伪示”，“示尾署太平安国丁巳元年字样”。试想：石达开所贴的《五言告示》，福济、何桂清等人在奏报中均已抄录附呈。如有“太平安国”的告示，自比《五言告示》更为重要，为何未见抄录附呈？在使用清方这些史料之时，我们只要记得咸丰七年闰五月初三日清廷《谕德兴阿等侦探石达开去向并扼剿诱擒事》中所说的“设法离间”一语，就知道谣言之来并非偶然。

被清方缴获的《六安州总制掌书陈凤曹上六安州总制陈敬禀》中有“翼王私自出京，誓不回去”一语，常常被人引来作为石达开蓄意远征不返的证据。其实，根据当时情况，这句话是很好理解的。所谓“私自出京”，就是并未奉诏出征。这一点，石达开在《五言告示》中已经坦率承认，至于“誓不回去”，是指不愿再回京辅政，以避免和洪氏集团纠缠不清，并不等于要脱离或者背叛太平天国。石达开不回天京，在外指挥作战，仍然是太平天国的通军主将。

石达开最后确实是到了四川。我们不能因为有此事实，就含含糊糊地说他从来就想进取四川，把他决定进取四川的时间随意上推。既可以推到1857年5月离开天京之时，也可以推到1852年未出广西之日。如果这样，就不是实事求是的态度。根据确凿可考的史实，石达开决定进取四川是1859年2月驻军江西南安府时的事。奏稿本《石达开自述》中的“达开久想占踞四川省”一语常常引起误会，就因为其中的“久”字并无明确的上限。所谓“想占踞四川省”，应该说是有了这种行动计划而非空想。这样，就是1859年2月以后的事。从这时起到大渡河覆军为止，已经四年有余，是够得上说“久”字的。《洪仁玕自述》中说“翼王见大局如此不满意，乃决意远征，一去不回”，也常常引起误会。有的同志认为：太平天国自己人已经承认石达开离京之时就决定远征不返，我们又有什么办法为之辩护。其实，洪仁玕是1859年4月才到达天京的，这时石达开确已远征，此后也确实未返，洪仁玕与石达开从未谋面，对于往事不甚了了，他在事后说这种话,也并没有说错,不过不能以他的话来推断石达开过去的想法。

看来,以上这些片段史料都不足以作为石达开一离天京就蓄意远征不返的证据。我们如果认真探讨史实,就会了解,石达开离京之时还不可能产生远征四川一去不返的想法,原因有二:

(一)他于1857年5月离开天京,随行队伍不过数千人。以后究竟有多少人来追随他,未可逆料。就凭这几千人,岂能远征万里进取四川?他若真想远征不返,就会不择手段地拉人跟他出走以壮声势。可是他并未如此。当时驻守句容一带的队伍是他的部下,为了顾全天京防务,他并未带走这些队伍。在遍告广大军民的《五言告示》中,他首先劝大家"依然守本分,照旧建功名",其次才是"或随本主将,亦足标元勋"。主次分明,人所共见。既然同样是为太平天国出力,这些队伍随便放在哪个战斗岗位都是一样。

(二)从情理上说,石达开对于自己流血流汗亲手创建的太平天国与神圣的天京自有难以割舍的感情,不可能一下就弃之若遗。他虽与洪氏集团有矛盾,不等于就能忘情于太平天国。一年以后,他在围攻浙江衢州之时,还在出力配合天京作战,就很能说明问题。

治史有如办案,必须事事落实,不可"想当然耳"。如果张三扬言要杀李四,不久李四果然被杀,不可认定杀人者就是张三,因为最大的可能也不等于事实。也许还有个王五想杀李四,在张三扬言之后,他杀了李四正好嫁祸于张三,这就造成了冤案。糊涂官办糊涂案,糊里糊涂说了算是不行的,一定要拿出证据来。石达开后来确实远征不返了,但那是1859年2月以后的事,是由客观、主观各种因素在将近两年中逐渐促成的。石达开在初离天京之时并非蓄意不返,这才是真实的历史。问题应该澄清,误会应该消除。

石达开自天京至安庆进军路线考误

天京内讧之后，石达开兴师靖难，从覆亡的边缘上挽救了太平天国，受到全体军民的拥护。但是天王洪秀全出于私心，对他猜忌，直至把他逼走。

公元1857年5月底，石达开决定离京出征。他率领部下数千人由天京南门外雨花台出发，于6月16日到达安庆。这段进军路线不足300公里，为时不过半月，现在仍保存许多与此事有关的史料原文，考明这一段进军路线本非难事。遗憾的是：自1905年李滨撰成《中兴别记》一书以来，70多年中，凡是附有历史地图的许多历史著作对于这一段路线的记载几乎都是错误的。实有加以订正的必要。

现在根据时间顺序，说明一些历史著作与历史地图记载错误的情况。

一、李滨《中兴别记》一书记载的错误

《中兴别记》六十一卷，清人李滨于1905年撰成。据作者自序，此书采录官私材料约二百种，“日夕披览、参稽标志。又访诸曾与戎行者，咨询札记，相与考证，以得其真”。可是其中记载错误之处仍然不少，对石达开进军路线的错记就是一个明显的例子。该书对此事的记载如下：

> 戊辰，贼伪翼王石达开率数千人，经芜湖上窜，沿途揭伪榜。略谓：洪秀全疑忌太甚，惧害出走，别为一军。

作者对于这段记载虽未注明出处。但与史料对勘，我们就能判定它的来源是福济、郑魁士的奏折。奏折中有关此事的记载是：

> 五月十八日（戊辰），石逆由金陵带其党羽数千，道经该州（笔者按：即安徽无

为州)前往上游,到处张贴伪示,传谕各贼,察其词意,因洪逆疑忌过甚,惧害脱逃。

两相对照,日期、事件都是吻合的。因此,我们可以推知:《中兴别记》是把"无为"错记为"芜湖"。出版于1937年的郭廷以《太平天国史事日志》已经指出:"翼王石达开经安徽无为州往安庆,《中兴别记》误作芜湖。"

二、郭廷以《太平天国史事日志》的错误

郭廷以在《太平天国史事日志》中虽然指出了《中兴别记》的错误,他自己却错得更远,书中一再出现自相矛盾之处。

第一个矛盾是:书中的文字记载与附图所绘的路线不符。文字记载是:

翼王石达开因天王猜忌及安王洪仁发、福王洪仁达排斥,私离天京,走东梁山。本日自皖南铜陵渡江。

也就是说:进军路线是:天京—东梁山—铜陵—安庆。但是书中所附《翼王扶王之远征图》中所绘的路线却是:天京—宁国府—铜陵—无为—安庆。

进军路线如此迂回曲折,实在过于离奇,令人难以置信。简又文《太平天国全史》对于这种说法就提出了疑问:

查铜陵在芜湖西南,相距甚远,而无为则在芜湖正西,铜陵东北过江即是,三地成一三角形。信如其(指郭廷以)言——若由铜陵渡江,先折回东北无为,然后向西南赴安庆,迂回过远,路程不顺,亦不合理。

且不说这条进军路线曲折得过于离奇,就算是我们勉强相信了这种说法,郭廷以的书中又出现了一个推翻己说的更大的矛盾。请看下文:

浙江提督邓绍良、道员胡元博克复安徽宁国府,毙伪丞相朱凤魁。

这就是说:在石达开离开天京以前,宁国府已经落入清军之手。石达开既非投降清军,试问怎能从敌人的占领区通过?郭廷以在书中先做了宁国府被清军攻占的记载,以后又做了石达开前往宁国府的记载,无法自圆其说。

三、范文澜《中国近代史》附图中的错误

1952年出版的范文澜著《中国近代史》上册附有一张《太平天国进军路线图》。图中石达开的进军路线是这样的：天京—广德—安庆。这一说法的错误是不言而喻的，当时石达开已经不能通过清军占领下的宁国府，哪能深入到清军后方的广德去！因为广德在宁国府之东一百余里，那一带地方都是清军占领区。

四、简又文《太平天国全史》记载的错误

1962年香港出版的简又文著《太平天国全史》对于石达开率军远征一事既有文字说明，又有附图《翼王远征军事图》。可是附图中只以安庆为远征的起点，对于自天京至安庆这一段进军路线采取回避的办法，没有标出，无从评论。其文字记载是：

> 翼王离去天京，当挈全体属员与基本队伍与俱。先至东梁山，遂过芜湖，于十一日躬率皖南沿江队伍渡江。十八，经皖北无为州径赴安庆。

这就是说，进军路线是：天京—东梁山—芜湖—无为—安庆。

简又文虽然作了如上的文字记载，但对自己的说法并无信心，声明只是一种猜测估计。他说：

> 《郭志》页533注谓《中兴别记》误作芜湖，而从《方略》经无为之说。余以为此二说正可互相印证，连贯为一——先由芜湖过江至无为，后赴安庆；上页由铜陵渡江之说想是误传也。然此皆按地势忖度而得之假定，实证待考。

简子文不肯定自己的说法，声明只是猜测，这种态度是很好的。他认为途经铜陵之说只是误传，实无其事，这一推断也是正确的。只可惜他对考证史实不愿多花工夫，只能停留在猜测上。《郭志》早已否定了途径芜湖之说，他又捡了起来，把真(无为)假(芜湖)糅合在一起，做了“想当然耳”的文字记载，这是不够慎重的。在这条进军路线中，“无为”与“芜湖”二者只居其一，不可得兼。如果说经过“无为”是正确的，那么，说经过“芜湖”就是错误的。反之亦然。简又文把二者兼收并蓄，这就决定了他的记载必

然是错误的。

还有些历史著作或历史地图沿用了上述的各种说法，以讹传讹，自不待言。限于篇幅，不再列举。

笔者认为：这次进军的实际路线是这样的：1857 年 5 月底，石达开率军自天京南门往雨花台。然后由此地出发，前往安徽。

其根据是清廷档案中的德兴阿等奏折：

> 臣等查石逆逃走之信，五月二十日前后即迭据浦口、江浦、六合等营县纷纷禀报，或云十二日由南门走出，或云二十一日在雨花台讲道三天，遂不回城，径往安徽。并未确指皖省何地。

笔者认为：这份奏报是综合各地的地方官禀报而写成的，对于时间地点不致有太大的出入。而且所述之事较合情理，基本可信。例如说石达开出南门往雨花台讲道，与地理情况是符合的。天京南门当时称聚宝门，现在称中华门，是前往雨花台必经之地。所谓“讲道”三天，实际上是“讲道理”三天，宣布出征。

1857 年 6 月 2 日，石达开率军由铜井渡江，进入安徽和县县境。铜井为一小镇，属江苏，接近安徽省境，其南方即安徽之马鞍山。铜井离长江江边一公里许，渡江之渡口为长江边上的烈山。后来湘军进围天京，也从此地渡江而南。直到现在，铜井与烈山的太平天国炮台遗迹仍然存在。说石达开由此渡江北上的根据是清廷档案中的何桂清等奏折：

> 传闻本月十一日（作者按：清咸丰七年五月十一日即公元 1857 年 6 月 2 日）伪翼王石达开已由铜井渡江逃往江北。洪逆令蒙贼、禾贼追之，禾贼亦乘势逃去。足见该逆自相残害。

七天之后，也就是 1857 年 6 月 9 日，石达开率军到达安徽无为州，在这一带遍贴《五言告示》，说明自己不得已而离京出征的苦衷。其根据是清廷档案中的福济、郑魁士等奏折：

> 兹据无为州在籍教谕郑焕等禀称，五月十八日（作者按：清咸丰七年五月十八日即公元 1857 年 6 月 9 日）石逆由金陵带其党羽数千，道经该州前往上游，到处张

贴伪示，传谕各贼，察其词意，因洪逆疑忌过甚，惧害脱逃。又据六安州练总萧成德禀缴所获贼信，内有翼王私自出京，誓不回去，并将来天京必定空虚等语。

这一情报的来源，是清方下级向上级的禀报。禀报中并附有石达开所贴的《五言告示》，叙事的时间、地点均甚吻合，自属可信。石达开经过无为之后，即前往安庆。这是好几份清方奏报都提到了的。最早说到此事的是德兴阿的奏折：

洪逆甚为惊慌，因将城门紧闭。又以石逆尚在安庆，多方邀留，以图固结其心。

发出这一奏折的日期是咸丰七年闰五月十一日，即公元1857年7月2日。奏折中既说"石逆尚在安庆"，说明石达开到达安庆已有一段时日。他究竟是何时到达安庆的？各地方志与私家著述所记时间不一。郭廷以《太平天国史事日志》对此做了一条综合记述，即：

6月16日（五月二十五日）翼王石达开屯军安庆彭泽一带。

笔者认为：郭志所记的这个时间（6月16日）还是比较恰当的。从路程上计算，自天京至无为州与自无为州至安庆大略相等。但自天京至无为州中间需要渡江，自然时间要长一点。如果前一段路程花了九天，则后一段路程只花了七天，这种估计合乎情理。

对于如此简单的史实，竟然以讹传讹，一错再错，实在令人遗憾。分析致误的原因：一是阅读史料不仔细。把一个不为人所知的小镇铜井误为比较出名的铜陵，把一个不出名的小县无为误为名声较大的芜湖。二是记载史实不认真。在发生了疑问之后，不去考查史实，解决疑点，而是猜测估计，以自己的主观臆断来代替客观事实。这种治学的态度是不可取的。

石达开远征军主力进军路线考误

在太平天国历史上，石达开远征军及其余部活动过的地区为江苏、安徽、江西、浙江、福建、广东、湖南、广西、湖北、四川、贵州、云南、陕西、甘肃共14省。活动时间自1857年6月离开天京开始，至1863年6月在大渡河畔覆军为止，整整历时六年。可以说是一次行程最长，历时最久的远征。在远征过程中，有时候全军集中行动；有时候分兵两路、三路甚至分兵多支成扇面状向目标前进；进入广西以后，队伍有离散情况，在进军时就出现了或分或合，分合无常的现象；进入川、黔、滇地区以后，常常分兵三路，除石达开自领一路可以称为本军外，由赖裕新、李福猷各领一路，独立行动，分兵之后，直至覆败，并未复合。

对于石达开远征军的主力，也可以说是由石达开亲自统率的本军的进军路线，不少太平天国史著作都有记载，有些还附有地图。不过各家说法不一，记载颇有分歧。笔者试加探讨，发现出入甚大，其中有不少记载是错误的。现就管见所及，略举以下各书附图之误，就教于各位专家与广大读者。

本文所探讨之各图为：

一、1937年商务版郭廷以著《太平天国史事日志》所附第十图"翼王扶王之远征"（以下简称郭图）。

二、1952年神州国光社版中国近代史资料丛刊《太平天国》第一册所附"太平天国革命形势图"（其中有"翼王石达开入川路线"，以下简称丛刊图）。后来的太平天国史著作，如范文澜《中国近代史》上册等，大都沿用此图。

三、1962年香港简氏猛进书屋版简又文著《太平天国全史》中册所附"翼王远征军事图"（以下简称简图）。

一、自天京至安庆进军路线考误

石达开远征军自何地开始远征，一向有两种说法。通常的说法是：自天京开始。另一种说法是，自安庆开始。从不同的角度来看，两种说法都有理由。就石达开本人而言，他率领少数卫队离开天京之后，就再也没有回去，说是从天京开始，未尝不可。但就石达开远征军这支强大的队伍而言，则是在安庆组成，从安庆开始远征的。石达开离开天京之时，部下不过数千人，到达安庆之时，也不过万余人；在安庆停留三月之后，才组建了一支能够独立作战的远征大军。其人数或称二十万人，或称十万人，最保守的估计，也当有五六万人。因此，说石达开远征军的远征从安庆开始，也有理由。

石达开自天京至安庆的进军路线，郭图、丛刊图、简图所绘皆误。

郭图的进军路线是：天京—宁国府—铜陵—无为—安庆。

丛刊图的进军路线是：天京—广德—安庆。

且不说这种进军路线过于曲折，令人难以置信，只要指出一点，就足以说明这种记载的错误：当时皖南的宁国府与广德一带并不在太平军手中，而在清方浙江提督邓绍良之手，石达开不可能向这里进军。如果进军，清方必有记载。当时的石达开是举世瞩目的人物，清廷一再命令各地文武官员注意他的行踪。如有消息，绝对不会漏报，可是清方记载中完全没有石达开经过宁国府或广德的消息。

简图只以安庆为远征起点，缺天京至安庆的进军路线，但在文字记载中认为石达开的进军路线是：天京—东梁山—芜湖—无为—安庆。但又说明“此皆按地势忖度而得之假定，实证待考。”他的这一“假定”也是错误的。石达开的真正进军路线是：天京—苏皖边境的铜井镇—无为—安庆。其考证见本书内另一篇文章《石达开自天京至安庆进军路线考误》，此处从略。

二、赴援江西时是否渡过了赣江？

1857 年 11 月，石达开远征军进入江西抚州——当时太平军在江西的总指挥部，计划先赴援被清军围困的临江与吉安两城，然后逐步恢复赣西失地。两城均在赣江之西，要想赴援，必须强渡赣江。当时石达开缺少水师，湘军水师炮船却在赣江中来往巡逻，并把一切船只拉到对岸，使太平军无法渡江。石达开于 12 月 13 日抵达丰城，抢渡不成，就挥军沿赣江南下，另觅渡口。七天之中，行军二百里，历经新干、峡江两县地界，直到吉水，仍难如愿。这时又传来临江危急的消息，他才决定撤军北上，但是临江终于失守。石达开这次在江西作战不利，主要的原因是受湘军水师所阻，无法渡过赣江。这一史实，已为治太平天国史者所公认，并无争论。

这一段进军路线，郭图不误。从刊图在回师北上之时越过赣江，简图则在进军南下之时越过赣江。皆误。

三、进军赣南时是否经过赣州？

1858年10月，石达开远征军离开福建，进入江西，于18日占领瑞金。略做休整后，经过会昌，进取南安府。当时曾分兵进入安远、定南、信丰等县。但是从未到过赣州。他们虽有北取赣州以回到江西中部老根据地的打算，但是并未实现。以下史料可以作证：

杜文澜《平定粤寇纪略》卷八："贼由南康县窥赣州，在新城圩筑伪城，其贼首则踞池江。补用道萧启江……削平伪城，进攻池江、小溪、凤凰城，毁其老巢，贼窜南安。"

李滨《中兴别记》卷四十二："萧启江一军，自石城拔营南赴于都，据禀南赣各属贼踪蔓延，力难兼顾，臣批令专救赣州，以保要郡，不必旁顾他处。"

这一段进军路线，郭图与丛刊图基本上是正确的。简图则大误，而且图、文不一致。在图中，石达开的进军路线是：瑞金—会昌—于都—赣州—南康—池江—南安。但是《太平天国全史》第十八章中却说："翼军自八年九月十二日克江西瑞金之后，即分两路透入赣南。一路由瑞金南进直趋会昌。十月二十日，进兵围攻安远，直至定南。另一路大队（按：指主力）则于二十八日离瑞金。十一月初三，赣军都司清平复其地。此一路经于都、信丰而直趋南安。"又未经过赣州，与图中路线自相矛盾。

四、进军广西时是否围攻过桂林？

石达开远征军回师广西时是否围攻过桂林？各种史料说法不一。有些史料统指围攻桂林的是石达开的队伍。例如：

《清文宗显皇帝实录》卷二九四："逆贼石达开经湖南官军痛剿后，败窜广西，沿途裹胁勾结，不下十余万人，围扑省城。虽经内外文武绅团严密堵御，迭次截剿，歼毙甚多,惟贼众兵单,不敷分布。"

光绪二十六年《修仁县志》卷二:"因发匪石达开攻桂林,蒋臬宪等星夜撤兵往援。"

有些史料则指围攻桂林的是石达开的部下石镇吉的队伍,而非石达开本军。例如:

光绪十五年《平桂纪略》卷三:"(石)镇吉由兴安犯桂林,巡抚曹澍钟督兵练登陴守,急征蒋益澧、萧荣方各率所部入援。荣方远在柳州,中途为贼所阻。益澧于八月初二至桂林,勇多疲病,人心惶然。"

光绪三十一年《临桂县志》卷十八:"九年秋七月二十九日,贼石镇吉犯省城。"

这究竟是怎么回事?民国三年《灌阳县志》卷十二做了说明:"达开遂率其众走江西,旋掠浙江、福建、湖南沿边州县。至是,由湖南宝庆南窥广西,遣其党石镇吉掠全州,寻陷兴安,据灵川,遂犯桂林。……时,石达开据义宁以逼省西,巡抚曹澍钟急征萧荣方、蒋益澧各率所部入援。"其中不仅说明围攻桂林的是石镇吉,而且说明了当时"石达开据义宁以逼省西",这是符合史实的。

原来,石达开远征军自入福建以后,即已开始分军,此后就有本军与各分支队伍的区别。史料记载得细密一些,应把本军与分支队伍分别记述;如果记载得粗疏一些,笼统称为石达开的队伍,那也不能算错。上述各种史料的分歧就是这样产生的。不过绘制地图,标明石达开远征军主力进军路线,则不应把分支队伍误为本军。

对于这一记载,郭图、简图不误,丛刊图则把围攻桂林者误记为石达开的本军。

五、由贵县北上进军路线考误

1861年7月,石达开率领远征军回到自己阔别十一年的故乡贵县。因为军情紧急,未能久留。9月初即移驻横州。以后取道昆仑关、思陇驿、上林、忻城、庆远、洛东、罗城、融县直趋湘桂边境的青林界。然后通过湘、鄂边境,进入四川。

自贵县至青林界这一段进军路线,史料记载颇多。例如:

光绪十五年《平桂纪略》卷四:"达开悍党十不存二……六月初九日潜遁贵县,据龙山。"

民国二十三年《贵县志》卷十六:"达开……归贵县,设翼王府于贵县水源街,连营百余里,北至覃塘、石龙、武宣,南及桥圩、兴业,壁垒森严,置递相望。"

据光绪十五年《股匪总录》记载:石达开远征军由横州北上时,急趋东北方向,经昆仑关、思陇驿，北上庆远。

民国七年《宜山县志》卷二："九月，石逆分股由南路回扰洛东一带，寻窜东北去。"

光绪十五年《平桂纪略》卷四："官军克浔州，陈开伏诛，达开率残贼并陈开余党约三四万人，九月初四日窜至庆远，走罗城、融县。楚军屯浮石扼之，败窜怀远，由青林界入湖南靖州，直趋浦市，扰黔、滇、蜀三省。"

但是，郭图与丛刊图却把这一段进军路线简化到令人难以置信的程度。

郭图的记载是：贵县—融县—怀远—湖南绥宁。

丛刊图的记载是：贵县附近（并未经过贵县）—金田村—湘桂边境。

丛刊图通过金田村之说，无任何史料可作根据。

简图虽有小错（例如从横州至思陇驿途经南宁，怀远在青林界以北之类），大体正确。

六、由合江至叙永进军路线考误

1862 年 5 月，石达开远征军通过四川合江县境，进取叙永厅。这次进军，途经贵州的仁怀，这是不错的。但是当时的贵州有两个仁怀，一是仁怀厅城，即现在的赤水县。另一个是仁怀县城，在现在的仁怀县附近。石达开所经过的，究竟是哪一个仁怀呢？按从合江经仁怀厅南趋叙永，是循赤水河及其支流的河谷而行的一条大道，全程不到二百里。如果从合江向东南行到仁怀县，再由仁怀县向西北行到叙永厅，不仅道路难行，而且迂回过远，全程在五百里以上，如无特殊原因，谁也不会舍近求远，舍易求难。考查当时的史实，他们进军之时，并无强敌阻拦，全无绕路的必要。而且从进军的日期计算，也不可能走得这么远。因此，他们当时所经过的，应是仁怀厅而非仁怀县。

后来，仁怀厅改为赤水县，仁怀县名未改，人们如不考查地名沿革，就很容易产生误会，以为石达开远征军所经过的仁怀就是现在的仁怀县。在这个问题上，郭图、丛刊图、简图均误，原因在此。

七、绕道黔，滇进军路线考误

1862 年 6 月 12 日，石达开远征军攻克四川长宁，想从江安抢渡长江。因为清军四面围攻，抢渡长江无望。为了保全实力，另寻渡江机会，石达开于7月12日主动放弃长宁，回师叙永。

与此有关的史料是：

《骆秉章奏稿·奏为官军立解綦江城围现拟三路进攻长宁折》："该逆屡经挫衄，诡谋迄今未能一逞。现在麕聚长宁，以为负嵎……臣现已飞饬臬司刘岳昭率所部由铜罗井、龙头铺以攻其北；道员曾传理，总兵熊焕章各率所部由洞底，参将吴嘉春率所部由珙县以攻其西；总兵唐友耕，吴安康各率所部由石笋以攻其东。三面逼围。迅图克复长宁县城，计将该逆全股蹙之南面穷山之中，以期聚歼而除巨患。"

光绪《续修叙永永宁厅县合志》卷十八："至六月之役，石逆亲至(叙永)，兵逾十万，贼气锐甚。"

石达开离开叙永之后，绕道至川黔边境的东溪，在此大会诸将，决定了分兵三路绕道黔、滇，到叙州以西的木川司会齐进取成都的战略。

与此有关的史料是：

《人台左宰辅掀天燕李福猷上翼王石达开禀报》："缘小官前于东溪之时，荷蒙殿下劳心，铺派各路官兵，进取平夷蛮夷，造桥渡河，直抵木川司会集。"

会后，石达开挥军入黔，围攻桐梓、遵义，进军黔西、大定。到大定后，赖裕新与李福猷按预定计划，分军西进。石达开则率本军向川南急进，经过毕节、镇雄，于1862年11月18日攻占筠连，重入川境，不久到达横江镇。

与此有关的史料是：

《剿平粤匪方略》卷三百二十八："石逆拥众入黔，分扑遵义、桐梓。经官军击败，遂分窜仁怀(按：此为仁怀县)、绥阳，并由黔西奔窜大定。"

《剿平粤匪方略》卷三百三十："该逆在镇雄州裹胁土匪，其势复张。九月二十四、五等日，分股由焦村直扑筠连，并上窜宜宾之横江镇，意欲抢渡金沙江，进窥叙郡。"

《骆秉章奏稿·奏为石逆由黔滇回窜川境现已飞调各军会筹攻剿折》："该逆分股直扑高县，署知县丁良俊甫经到任，带团驰赴凉风坳堵御。贼匪已由玉皇楼抄至。城小团单，于十月初一日遂被攻陷，并分股上窜宜宾之横江镇。"

横江败后，石达开率本军退入云南省境，经昭通，在巧家厅渡过金沙江，再入川境。

与此有关的史料是：

奏稿本《石达开自述》："达开因横江败后，率众绕至米粮坝(按：即巧家厅)。"

郭图、丛刊图、简图对于这一段进军路线的记载皆误。

郭图的进军路线是：四川长宁—云南镇雄—四川筠连—高县—横江—云南大关—昭通—（不知由何处渡过金沙江）—四川宁远府。该图对石达开远征军绕道贵州一事完全漏记。而且图、文（郭廷以《太平天国史事日志》）记载不一，自相矛盾。

丛刊图的进军路线是：长宁—叙州—昭通—（不知由何处渡过金沙江）—宁远府。该图较之郭图。尤为粗疏。其记石达开远征军已到叙州，更是大误。按石达开入川作战一年半，时时刻刻想的是渡江；清军起而应战，时时刻刻想的是防江。如果石达开已到叙州，何必还要退入云南昭通？一定已向成都进军，不会再有后来的大渡河覆军之事。

简图的进军路线是：长宁—珙县—高县—叙永—合江—仁怀（县）—遵义—黔西—大定—毕节—镇雄—昭通—横江—昭通—米粮坝（巧家厅）——西昌（宁远府）。该图漏记了从叙永绕道东溪到遵义的一段路线，于是李福猷禀报中的东溪会议一事即无着落。

八、史料去伪存真的重要性

笔者在探讨了石达开远征军主力的进军路线之后，深感运用史料之难。记载石达开远征军活动的史料是很不少的。但却纷纭错杂，矛盾百出，常常使人晕头转向，无所适从。我们稍不留神，就会上当，被误记的史料引入歧途。

比较而言，在我国历史上记载封建王朝活动的史料分歧较少，探讨史实的困难也比较少，记载农民起义活动的史料分歧较多，探讨史实的困难相应的也要大得多。记载农民起义活动的史料大致来自三个方面：

（一）正面史料，即农民起义军方面的文书、实物与民间口碑。

（二）反面史料，即封建王朝方面的文书与私家记载。

（三）侧面史料，即地方志的记载。地方志的编纂者虽然也站在封建王朝的立场说话。但与纯粹的官方文书究竟有一定的差别，记载常常比较接近史实。

我们运用这三方面的史料都得十分审慎，注意鉴别。

农民起义军方面的史料一般不会故意作伪，但是由于他们的将领和士兵大都文化不高，记事常常文理欠通，或者别字连篇，容易造成误会。例如《人台左宰辅掀天燕李福猷上翼王石达开禀报》中说："查探中旂官兵，并无音耗。而小官度谅其情，所往程途，多行左手之路，必由昭通、渭林，遵奉殿下从先之贵谕，直抵蛮夷回溪司，造桥渡河，亦未知其军机，有何达变而已。”其中颇有难解之处，又“渭林”这个地名难以查考，原来是贵州威宁之误。

将士们大都缺少地理方面的知识，只知道跟着大队前进，回环往复多绕几个圈子，当时已经晕头转向，事后回忆行军路线，当然更加说不清楚。因此，虽是亲身参加进军的人，把进军路线说错了也是不足为奇的事。

封建王朝方面的史料，主要是奏报，常常有心作伪。作伪的原因不外是两个：曰虚报战功，曰掩盖挫败。薛福成《书剧寇石达开就擒事》中说：“按达开初到大渡河边，北岸实尚无官兵，而骆文忠公奏疏谓唐友耕一军已驻北岸，似为将士请奖张本，不得不声明防河得力，因稍移数日以迁就之。当时外省军报，大都如此，亦疆吏与将帅不得已之办法也。”薛福成不仅公开指摘骆秉章欺君说谎，而且认为“外省军报，大都如此”。当时各地奏报中作伪的严重，也就可想而知。

除有心作伪之外，奏报中叙事失实的情况也是很多的。1852 年太平军撤长沙之围全军北上之时，清方奏报中就有“石大剀（达开）”已经“歼毙”的说法，闹了个石达开死而复生的笑话。

比较而言，许多地方志的记载还要可靠些。姑无论这些记载者站在什么立场说话，他们记载某一历史事件发生的时间与地点，总比官方奏报真实得多。起义军从某一个地方路过，哪怕是穷乡僻壤，总会惊动一些居民，父老相传，地方志上就很少漏记。但是我们对于这些记载，也不可轻易相信。因为记载者囿于见闻，即使很认真地记下了亲身经历之事，有时也难免有错误。如果得自传闻，出入自然就更大了。

举例说，石达开远征军入川之后，西南各地各族农民起义队伍受到极大的鼓舞，纷纷起来响应，他们大都打起石达开的旗号，以壮声势。这样，就出现了一种奇怪的现象。在同一天中，石达开居然能在相距数百里甚至千余里的两个地方或三个地方同时活动。地方志的记载者既不认识石达开本人，也弄不清太平天国的官制礼文，无法分辨真伪，只要看到了石达开的大旗，就认为石达开确已到过这个地方。类似这种误记，我们就很难加以指摘。对于这些错杂纷纭的史料，必须进行综合排比，找出疑问，然后分析鉴别，探求史实，才能去伪存真，看出历史的真相。

石达开远征后所受贬黜史实考

简又文氏在《太平天国全史》第十八章中说：石达开远征后，全军“沿用天朝国号，翊戴天朝元首，奉行天朝正朔，恪守天朝礼制，及信奉天朝宗教，一一如故。”又说：“其在天朝方面，亦从不视为叛逆或非法行动。以后数年，凡天王诏旨必兼书‘达胞’之名而置诸最亲最贵一等王之列。”“即满朝文武同僚，亦皆以率军‘远征’相视，敬礼如故。”

石达开远征一事的是非曲直，那是另一问题，姑置不论。本文所探讨的，是远征后石达开与天京双方如何对待对方的态度问题。石达开自从离开天京，直至在大渡河畔全军覆没，首尾六年，行程万里，一直是竖太平之旌旗，扬天国之威德，始终如一，不变初衷。他自己的名衔，也一直用的是“真天命太平天国圣神电通军主将翼王石”，从未变更一字，这是众所周知的。至于天京方面——说得具体一点，就是洪秀全——对他是否“置诸最亲最贵一等王之列”？是否“敬礼如故”？笔者以为不然。

天京方面对石达开“敬礼如故”者确实不少。如《蒙时雍家书》中说：“翼王石出师远征。”《洪仁玕自述》中说：“丁巳，翼王远征。”但这都是私人的态度，不能代表官方。至于以洪秀全为代表的太平天国官方对于远征后的石达开则是一再贬黜——包括取消封号，撤职，降官。

要考查石达开一再遭到贬黜的情况，首先就要查清石达开刚离天京时已有的官爵职衔，即查清在这一方面的起点。

石达开是太平天国的开国元勋，首义六王之一。金田起义之时，他在领导集团中的位次是第六位，仅次于洪、杨、萧、冯、韦五人。天京内讧之后，首义六王仅剩洪、石二人，石达开在领导集团中的位次就应该是第二位。

天京内讧之前，石达开的宗教性封号是电师，低于杨秀清的“圣神风”，而与萧的雨师，冯的云师，韦的雷师相当。兴师靖难回京辅政以后，石达开的宗教性封号上升为“圣神电”，表示其地位与杨秀清的“圣神风”相当。

天京内讧之前，石达开的职务是左军主将，仅为太平军几个方面军的指挥官之一，而杨秀清则以中军主将的名义统率全军。兴师靖难回京辅政以后，石达开受封为通军主将，代替杨秀清的中军主将行使全军总司令的职权。“通军”即“全军”，因避洪秀全之讳而改称“通”军。

“圣神电”、“通军主将”都是洪秀全所封，石达开回京辅政之后，天京军民对他十分崇敬，共上尊号为“义王”，以取代他以前的王号“翼王”。这一王号后来受到洪秀全的认可，数次见于官书。

综上所述，石达开在刚离天京之时，他的官爵职衔是“圣神电通军主将义王”，这是太平天国官方所认可的。对于“义王”这个王号，虽经洪秀全同意，石达开自己却谦辞不受，仍用原来的“翼王”。因此，在他远征的六年之中，他所用的旗号一直是“真天命太平天国圣神电通军主将翼王石”，始终如一。

下面再探讨他一再受到贬黜的情况。

石达开离开天京，驻军安庆之时，洪秀全因为天京附近军情紧急，一度遣使邀请石达开仍然回京辅政，并铸“义王”金牌相送，为石达开所拒绝。从此，洪秀全对石达开即一再加以贬黜。

太平天国丁巳七年十日，即石达开离京五个月之后，天京编印戊午八年新历。历书卷首所列石达开的衔名为“电师通军主将义王”。首先撤销了“圣神电”的封号，降为“电师”。

太平天国丁巳七年冬，天京重印《天情道理书》戊午遵改本。其中对石达开的称呼不是“义王”，仍是“翼王”，说明这时已取消了天京军民共上的“义王”尊号。

石达开的“通军主将”之职何时被撤，没有明文记载。但据《洪仁玕自述》中所说：“戊午年，乃封陈玉成为前军主将，李秀成为后军主将，李世贤为左军主将，韦志俊为右军主将，蒙得恩为中军主将兼正掌率，掌理朝政，稍可自立。”最多到戊午八年的上半年，洪秀全已经封了后期的五军主将，并以蒙得恩的中军主将取代了石达开通军主将的职权。

太平天国己未九年四月初一日洪秀全《封干王诏》中说：“朕意玕胞、达胞、玉胞……知之。”这时，石达开的位次列在洪仁玕之下，成为第三位。

太平天国己未九年十月初七日洪秀全发布《天历每四十年一斡旋诏》，其中说：“朕诏和甥、福甥、玕胞、达胞、玉胞……知之。”这时，石达开的位次更降为第五位。

太平天国庚申十年秋，天京编印辛酉十一年新历。历书卷首所列石达开的衔名是

"开朝公忠军师殿左军翼王",与以前相比,有加有减。加的是两个虚衔:一曰开朝公忠军师,二曰殿左军。"军师"之名位甚高,实行军师负责制的太平天国本以"左辅正军师"杨秀清掌理国政。但是这时石达开远征在外,掌理国政的军师名义对他并无实际意义,更何况洪秀全亲政之后,早就说过"主是朕做,军师亦是朕做",太平天国后期的军师只是一个虚名,并无任何实权。至于"殿左军",同样是虚衔,并没有什么军队,最多不过指天王宫中的少数卫队而已。在授予虚衔的同时,洪秀全却实际上收回了神权与兵权。因为石达开"电师"的宗教性封号也被取消。值得注意的是,洪秀全把石达开原有的"圣神电"的封号加给了已死的萧朝贵,同一历书卷首所列萧朝贵的宗教性封号成为"圣神雨电"。与此同时,也把韦昌辉过去拥有的"雷师"宗教性封号加给了已死的杨秀清,同一历书卷首所列杨秀清的宗教性封号成为"圣神风雷"。在这一点上,洪秀全几乎把石达开与获罪被诛的韦昌辉同等看待。"电师"的取消,说明洪秀全对石达开的神权完全收回。"通军主将"的取消,则说明洪秀全对石达开的兵权完全收回。

太平天国辛酉十一年二月二十一日《天王诏旨》中对诸王刻印时的衔名重新做了规定。石达开的印衔被规定为"公忠军师顶天扶朝纲翼王石达开"。几个月前所授予的"殿左军"虚衔又被取消,新加上的"顶天扶朝纲"的虚衔则是太平天国大小官员都能得到的普遍性加衔。

辛酉十一年四月二十七日《天王诏旨》中说:"朕诏天祐子侄、和甥、福甥、和元侄、利元侄、科元侄、瑞元侄、锦元侄、栋梁婿、文胜婿、万兴亲、玕胞、葵元侄、达胞……知之。"这样,石达开在诏旨中的地位已经降到第十四位,列在洪秀全的子侄、外甥、女婿之下。如果连洪秀全本人计算,石达开在太平天国的位次已经降到了第十五位。

辛酉十一年五月十六日《天王诏旨》中说:"朕诏天祐子侄、和甥、福甥、和元侄、利元侄、科元侄、瑞元侄、现元侄、瑭元侄、锦元侄、钰元侄、釪元侄、栋梁婿、文胜婿、万兴亲、玕胞、葵元侄、达胞……知之。"也就是说,距离前诏不到二十天,石达开在太平天国的位次又从第十五位下降到第十九位。

为求醒目,特将石达开远征后受到贬黜的情况列表于下:

时　间	位次	宗教封号	职　务	王位	备　注
丁巳七年五月离京时	2	圣通电	通军主将	义王	石达开谦辞义王王号。
丁巳七年十月		降为电师	通军主将	义王	
丁巳七年冬		电师	通军主将	翼王	取消义王王号。

续表

时　间	位次	宗教封号	职　务	王位	备　注
戊午八年上半年		电师	通军主将实际上已被取代。	翼王	已被蒙得恩的中军主将所取代。
己未九年四月	3	电师		翼王	
己未九年十月	5	电师		翼王	
庚申十年秋			通军主将被公开取消。	翼王	加“开朝公忠军师”与“殿左军”虚衔，取消电师封号。
辛酉十一年二月				翼王	“殿左军”虚衔被取消。
辛酉十一年四月	15			翼王	
辛酉十一年五月	19			翼王	

确凿可靠的历史事实说明：远征后的石达开对洪秀全的态度确实是“始终如一”，“敬礼如故”，但是洪秀全对石达开则是一再贬黜，每况愈下。这一鲜明对比，使人一目了然。

直到石达开在大渡河畔覆军，慷慨就义，洪秀全都没有把他宣布为叛逆，这也可以说是洪秀全手下留情。为什么？因为：

一、石达开确实没有背叛太平天国。

二、这样一宣布，是自损羽翼，对自己不利。

三、天京方面的广大军民，敬佩与同情石达开的大有人在——例如洪仁玕就是。洪秀全如果宣布石达开为叛逆，对已死的石达开无损，却使自己人寒心，实无必要。

总之，把这一段史实查清，对于评价洪、石双方的是非功过，具有一定的参考价值。

《六十七将领上天王奏》考谬

史料有真有伪。在真实的史料中，由于记述者无心误记或者有意歪曲，也会出现一些谬误的记载，在伪造的史料中，由于作伪者希望取信于人，也会做出不少正确的记载。也就是说，真史料并非全文皆真，假史料也并非全文皆假。常常会出现一些“真中有假”、“假中有真”的情况。我们平时对于那些明知是伪造的，或者其真实性值得怀疑，不大可靠的史料，由于存有戒心，一般不易上当，但是对于一些确凿可靠的真实史料，反而会出现疏于考察，误听误信其中谬误记载的情况。《六十七将领上天王奏》，也就是《吉庆元朱衣点等六十七将领缕陈军情请准暂居原职共图报效本章》正是一个有代表性的例子。其中谬误的记载使得不少同志上当受骗，在对太平天国史的研究工作中走了不少弯路。

这一史料是1953年2月在杭州吴煦后人家中发现的，《太平天国革命文物图录》补编予以影印。由于来龙去脉非常清楚，大家对它的真实性并无怀疑。对于研究太平天国晚期历史，它具有很高的史料价值，这是不成问题的。它的谬误部分，主要是对石达开的历史记述不够实事求是，造成很大的误解。

旷代英雄石达开是太平天国第一流的军事家与政治家，一世奇勋，彪炳史册。他只是在一个问题上被人揪住了辫子，那就是：闹分裂。有的同志说：他是被天王猜忌，安福二王排挤陷害才不得已而出走的，对于分裂，洪秀全要负主要责任，不能以洪划线，把责任加在石达开的头上；有的同志说：不管由于什么原因，石达开的出走，削弱了太平天国的力量，客观效果不好，就要负分裂的责任。正在双方争持不下之时，《六十七将领上天王奏》被发现了。这一发现，几乎从几个方面都坐实了石达开有意分裂的罪名。

《六十七将领上天王奏》中说：“小臣等始则信翼王亲奉密诏，转回粤西，招纳英俊，广罗贤辅，作我陛下股肱心膂。”这就是说，石达开说了假话，欺骗部下，拉走队伍，有意走分裂的道路。

《六十七将领上天王奏》中又说："翼王乃在庆郡度岁，旋将真圣主官制礼文多更改焉。"这就是说：石达开的闹分裂并非一时意气，而是长期打算，更改官制礼文，准备另打旗号。也就是别树一帜，另立一国。

《六十七将领上天王奏》中还说："岂料翼王专听元宰张遂谋筹画……有后旗宰辅余忠扶统下官兵先行起义出江，该余恃官尊阻挠，已被下官所杀。又有武卫军宰辅蔡次贤亦率统下出江，事漏被元宰所杀……劝翼王返旆回京，共匡王室，而翼王一返故乡，便有归林之说。"这就是说：石达开决心分裂到底，死不回头。他不仅不听人劝，自己不肯回京，还压制、杀害那些希望起义回京的将士。

《六十七将领上天王奏》出现不久，就听到了对石达开的一片谴责之声。直至今日，在有关石达开的著作与论文中，还保留了不少引《六十七将领上天王奏》中的文字而对石达开加以谴责的话。

古人虽然沉默不语，但是我们要查清历史真相，让历史恢复本来面目，就不能偏听偏信，厚诬古人。我们不禁要问：《六十七将领上天王奏》的三点指责是否真实？如果不真实，为什么要说假话？

第一点，指责石达开假传圣旨（亲奉密诏），欺骗部下，显然不实。"六十七将领"说："始则信翼王亲奉密诏，转回粤西，招纳英俊。""始"指何时？语焉不详，难下断语。但从"亲奉密诏"一语看来，似乎是指 1857 年 5 月底初离天京之时。因为此后洪、石之间再也没有见过面，"亲"奉诏旨已不可能。如果说石达开初离天京就向部下假传圣旨，说是要回粤西招兵，这种说法过于离奇，任何人也不会相信。因为当时石达开到处张贴的《五言告示》就很能说明问题。在此告示中，他坦率承认是被逼出走，而非奉旨出征。正如简又文氏在《太平天国全史》第十八章中所论："沿途张贴五言韵文告示，传谕军民，将其含冤受屈，被逼出走之经过情形，恺切缕述，一以引起同情而随其远征，二则翼王在皖主持军政多年，甚得人心，亦所以安民告别也。"

张贴《五言告示》一事，不仅太平天国军民众口流传，尽人皆知；就连清方文书也一再提及。敌我双方，上上下下，都知道石达开是被逼出走，而非奉旨出征，则假传圣旨之说，自不可信。

如果"六十七将领"所说的"始"字不是指初离天京，而是指他们大队从湖南进入广西之前，亦不可信。因为石达开驻军江西南安府时，曾经大会诸将，商定由湘入川之大计，从未说过要回广西招兵。全军退入广西，是在宝庆会战失利之后临时决定的。当时兵分数路，仓促退入广西，并无通盘计划。石达开绝不可能在这种情况下捏造奉旨招兵的假话。假传圣旨之说，纯属无稽之谈。

第二点，指责石达开擅改官制礼文也缺少依据。如果说石达开在远征之后更改官制礼文，天京的洪秀全也在更改官制礼文，而且改得更多。如果更改官制礼文就要受到指责，那么，首先应该受到指责的是洪秀全而非石达开。对于这一问题，口说无凭，请看以下的"数据"：

一、洪秀全在天京不仅大改官制礼文，而且改出了格，把千千万万军民为之牺牲奋斗的旗帜——国名也改了，始则改为"上帝天国"，因为受到激烈反对，未能推行，继而又改为"天父天兄天王太平天国"。正如《李秀成自述》中所说："号为天父天兄天王之国，此是天王之计……恐人霸占其国。"石达开从离开天京起，到大渡河畔覆军为止，所用的国名始终未改，仍然是金田起义时所用的"真天命太平天国"。

二、据《黄文英自述》说，洪秀全在天京滥封王爵，共封两千七百多王。我们现在从史料中查得出的，就有二百多王。至于六爵，更是多如牛毛，无法统计。石达开远征军人数最多时在二十万左右。在这支庞大的队伍中，除石达开本人外，没有任何人称王。石达开对自己部属授予爵位，也并不放手。例如他部下独当一面的大将李福猷，也只被授予燕爵——六爵中的第四等爵。如果是在天京，这样的人早已封王。

三、石达开本人在远征六年的全过程中，始终恪守定制，从无僭越。一直自称为"圣神电通军主将翼王"，这是石达开兴师靖难后洪秀全所封他的职衔，他自己没有擅改一个字。他远征以后，太平天国正式文书长期照列他的衔名，说他"远征在外"。对他并无半点批评。

既然制订"官制礼文"的太平天国中央政府从未批评石达开擅改"官制礼文"，从未批评石达开有何僭越之处——事实上石达开也并无僭越之处，则《六十七将领上天王奏》对石达开改变官制礼文的指责就缺少依据，没有可以说服人的理由。

第三点，指责石达开压制、杀害希望起义回京的将士，这个罪名不小。是否有此事实，事实真相如何，需要仔细探讨，不宜轻下断语。现按《六十七将领上天王奏》中所列举的事件，一一进行考查。

一、余忠扶事件　《六十七将领上天王奏》中说："庚申二月，有后旗宰辅余忠扶统下官兵先行起义出江，该余恃官尊阻挠，已被下官所杀。"这就是说，余忠扶的部下都想返回天京，余忠扶进行压制，但是压制不了，反而被部下所杀。从文意看来，他部下的行动是正确的，余忠扶进行压制，是错误的，最后被杀，是罪有应得。至于他的部下，自应顺利地“起义出江”，东去天京。

但是考查史实，情况颇有出入。太平天国庚申十年二月，余忠扶部下的主将余明富、丞相余诚义等杀害余忠扶，率部自由行动。他们从广西庆远府（今宜山）出发后，并未向东返回天京，却背道而驰，一直西去，攻占南丹、泗州（今凌云）与西隆州，在此与石镇吉部分化出来的宰制曾广依汇合，进入贵州省境。

在贵州活动了半年之后，这支队伍发生内讧。辛酉十一年正月，余明富、余诚义与曾广依分裂，率部重回广西，就在广西、贵州、湖南三省边境活动。同年五月攻占灌阳，后即再起内讧，余诚义刺杀余明富，率部投降清军。余诚义的投降，并非势穷力竭不得已而为之，却是早有预谋。光绪十五年《平桂纪略》卷四中说：“诚义等献贼酋余明富首级求抚，总兵翟国彦使薙发屯灌阳城外。点验降众，得精壮愿留者千五百人，交鄢世堂统之，隶江西、湖南者三千余人，隶广西、贵州者四千余人，俱遣散回籍。”查清史实之后，我们不禁要问，究竟谁是谁非？余明富、余诚义杀害余忠扶之后，并非“起义出江’，而是自由行动，一再内讧，终于降敌，这种行动，有何正确可言？看来，余忠扶是被叛徒杀害的烈士，我们应该为他恢复名誉，对他的指责是没有理由的。

二、蔡次贤事件　　《六十七将领上天王奏》中又说：“又有武卫军宰辅蔡次贤亦率统下出江，事漏被元宰（张遂谋）所杀。”这一事件真相不明，史料上缺少记载，大约发生在庚申十年春夏之间。即在余忠扶事件发生之后，“六十七将领”大队脱离石达开之前。

蔡次贤事件虽然不明真相，而他统下的这支“武卫军”的活动，史料中却有记载。蔡次贤死后不久，这支队伍就加入了“六十七将领”所统率的大队，脱离石达开，自由行动。大队后来一分为二，一部分由彭大顺、朱衣点率领，辗转到达江西，与李秀成合军，达到了“万里回朝，出江扶主”的目的。另一部分由“武卫军”正统戎张志公率领，不久就投降了清军。

光绪十五年《平桂纪略》卷三中说：“达开据庆远……所掳粮米不足以供食（敌方倒是实事求是地说出了石达开部众离散的真正原因）……其贼目朱姓者（朱衣点）以达开势败，率众东窜，欲回江西，各散贼附之，众数万……又分为二……一由灵川……逃回江西（即六十七将领率领之队伍），一由畹田走永宁，使人通款降于巡抚刘长佑。遂汰其老弱及不愿充勇目者八千余人，给资遣送回籍，留精壮三千余人，分五营，以其酋张志公（武卫军正统戎）、郑忠林、鲁子宏、黄周亲、姚盛甫领之。”

当然，我们不能因为张志公当了叛徒，就推测蔡次贤如果不死，也会成为叛徒。这样推测是没有道理的。但是至少可以说明事情并不简单，不能轻易地作出结论，认为蔡次贤就是正确的，张遂谋就是镇压正义行动的刽子手。对于这一事件，在尚未获得足以说明问题的新史料之前，我们不能轻易作出结论。

三、“六班”离散事件　《六十七将领上天王奏》中还说：“由是翼王之六部暨参护、承宣、仆射等官以及统下兵士，纷纷皆欲出江：有出到湖南被妖打散者有三班；仍在广西象州、宾州及下广东嘉应州者有两班；又有由云南到贵州黎平府一班。”这里所指的“六班”人马，由于语焉不详，既不知道将领是谁，又不了解活动经过，对于是非功过，难于作出结论。但是就事论事，却可以提出一些疑问来。既然这“六班”人马“纷纷皆欲出江”（东去天京），最后“出江”了没有？好像是一班也没有。出到湖南的三班“被妖打散”，语意含糊，既可能是被消灭了，也可能是投降了。据有关史料，恐怕有不少人是叛变投敌，成了叛徒。还有三班是留在广西，或去广东，或去贵州，这就与“皆欲出江”之说产生矛盾。事实是石达开的队伍乃因严重缺粮而离散，自谋生路是真，皆欲出江是假。《六十七将领上天王奏》中所说的人人皆欲“万里回朝，出江扶主”，不过是阿谀之辞而已。

四、“归林”事件　《六十七将领上天王奏》说到石达开“一返故乡，便有归林之说”。认为这种说法影响了群众的情绪，才造成队伍的离散，这与事实不符。如果说“故乡”是指广西，则石达开初克广西庆远府时豪情满怀，并无归林之说。如果说“故乡”是指石达开原籍贵县，则“六十七将领”脱离石达开在前，石达开返回贵县在后，“六十七将领”何以能预知石达开“一返故乡，便有归林之说”。这是难以解释的，如果说石达开平时谈话不慎涉及了“归林”思想，那还要看是在什么情况下谈的。如果是说“惟期妖灭尽，予志复归林”，即在天下太平之后归隐林泉，就一点也不错。革命成功之后归隐林泉而不贪图富贵，正说明一个人的品质高尚，无可指责。如果对革命半途而废却想归隐林泉，那是幻想。头脑清醒的石达开恐怕不会做此幻想。总之，即使说话不慎，造成误会，影响情绪，也不可能成为促使队伍离散的主要原因。

《石达开自述》中说，军中三江两湖之人“各有思归之念，不能管束，将大队散回”。就是指的他在广西时队伍离散之事。总的看来，石达开统带部众颇有一些民主意味，愿意跟随他的，表示欢迎，想脱离他的，也不强留；在广西时，他的部众一再离散，并未发生哗变、内讧。余忠扶与蔡次贤之被杀，是非曲直，尚待探讨，自不能认为是出自石达开的“镇压”。那些离散了的队伍在离开石达开的时候，并未发生流血事件，常常是在依依惜别的情况下离开的。连《六十七将领上天王奏》中也说：“惟时小臣等犹同翼王恋恋不舍。"而这些队伍离石达开之后，一发生内讧，就是大规模的互相残杀。这种内讧，在石达开身边是不会产生的。就是到了大渡河畔，全军绝粮，连树皮草根都吃尽了的时候，他的队伍也未哗变，他也没有用强制手段限制队伍的离散。说他在广西时就用血腥镇压的办法留住部众，自是违心之谈，难以令人相信。

总之，《六十七将领上天王奏》中对石达开的指责，都是捕风捉影，似是而非，经不起考查的。他们为什么要这样做？是出于误会还是有意为之？笔者认为：是有意为之。这些人大都是被《五言告示》所感动而决意追随石达开的。后来却说石达开假传圣旨，这能说是误会？当然是有意为之。既然是有意为之，这些人是否对石达开有私怨？笔者认为：并无私怨。不仅没有私怨，而且还很怀念。他们所说对石达开"恋恋不舍"确是真情，而非假话。

既无私怨，他们为什么要厚诬石达开？笔者认为：这是不得已而为之。也就是俗语所说的"昧良心出于无奈"。天京内讧，神话破产之后，这些人对洪秀全是不满的。他们同情石达开，在《五言告示》的感召之下毅然追随石达开远征，当时认为前程万里，不会再走回头路。可是四年之后，由于种种原因（包括广西严重缺粮，对远征入川失掉信心，以及思乡等等），又离开石达开回到天京来了，自己也觉得难以为情。对于当时的拂袖而去总得找个客观原因解释一下。这种解释信不信由你，总得自圆其说。亏他们想得出"小臣等始则信翼王亲奉密诏，转回粤西，招纳英俊"这样的谎话，这样一说，就不会得罪洪秀全了。当时我们追随石达开而去，并不在反对你洪秀全，因为我们相信他是奉你的密诏去招兵的。如果并无"密诏"，那是石达开说谎，我们没有责任。

如果洪秀全要问：你们既然跟随石达开走了，为什么又要回来？因此，还得编造一些指责石达开的话，才能自圆其说。例如说石达开更改官制礼文，石达开压制希望回京的将士等等。这些话说得太轻，不足以为自己解释，说得太重，又怕被人揭穿，而且过于贬抑石达开，又觉得于心不忍。只好说得不轻不重不明不白，像"观其（石达开）动静行为，多滋物议"这样事出有因查无实据的话，真可谓用心良苦！

"六十七将领"在返回天京的历程中，曲折甚多。例如在途中一再发生内讧，有人叛变投敌，有人自由行动。就在他们写"上天王奏"之时，他们的带头人童容海已被洪秀全封为保王，"赐安千岁，统辖扶朝天军（就是六十七将领这支队伍）军务"。他们不愿受"残忍贪狠"的童容海管辖，得到消息之后"毛发悚然"，因此才上书洪秀全，提出"愿听陛下驱策，无不竭尽心力"。要求不受"多行不义，动辄忘恩"的童容海统率。说明这支队伍一直在搞"内耗"。当然，童容海也不是什么好人，后来降清当了叛徒。在尝到了童容海的厉害之后，他们自然更加怀念待人宽厚的石达开。因此，在“上天王奏”中对童容海的指责是直截了当，痛快淋漓的，对石达开的指责则是遮遮掩掩，欲言又止的。为了摆脱眼前的困境，迅速解决隶属的问题，他们对洪秀全又竭尽歌功颂德之能事。例如“伏惟我真圣主陛下聪明天亶，智勇天锡，肇造区夏，奠安九有。数年以来，天戈所指，妖匪剪灭，胡虏自亡。诚我天父权能，天与人归，古今罕匹之盛世也”。在我们现在所能见到的太平天国文书中，这样的阿腴之辞是绝无仅有的。

“六十七将领”当时处境困难，为了解决自己的问题，不能不对洪秀全阿谀奉承。为了讨好洪秀全，又不得不说几句违心话，把自己所敬爱的石达开指责一番。这是容易理解的，不必深责。我们把这个问题探讨清楚，既不是为了替石达开个人澄清，也不是为了追究“六十七将领”的责任。只是为了揭穿一些别有用心的不实之词，让历史恢复本来面目而已。

赖裕新在融县发布文书一事考误

太平天国历史博物馆编的《太平天国文书汇编》一书收录了翼王石达开部远征军大将赖裕新在融县所发布的文书二件，系据龙泰任等编纂的《融县志》卷二著录的。原文不长，照录如下：

赖裕新部在融县发布的命令

将军有令，各官军周知：此地有妖兵一千余名，凡我官兵在此经过，务要派定整队官兵在此把卡，以防作怪，不得疏忽有误。切切此令。

九月十二日

赖裕新部一军军帅汪在融县发的告示

晓谕示民，及早投诚，倾心向化，可保身家。今本大臣，统率三军，逆我者亡，顺我者存。经过府邑，伐暴施仁，沿途百姓，箪食跪迎，纳粮进贡，鸡犬无惊。各处山寨，胆抗天兵，立时剿灭，一鼓荡平。惟尔古鼎，利害莫闻，反敢率众，相拒我兵。被我活捉，小丑一名，十指尽除，递谕尔闻。若不进贡，祸生灭门，作速归顺，保全生灵。倘再违背，玉石俱焚。特谕尔等，急宜凛遵。

一军军帅汪

太平天国庚申十年九月十七日谕

笔者对此事发生怀疑，原因有二：

一、考查史实，太平天国庚申十年的下半年，赖裕新一直在桂南南宁一带活动。不论是他本人还是他的部属都未到过融县。

二、告示内容，颇有与太平天国官制礼文不合之处。

现在先探讨赖裕新的行踪问题。

有不少地方志都记载了赖裕新在这一时期的活动。例如，民国四年《武鸣县志》卷十："（咸丰十年）六月中旬，赖（裕新）乃率党出邕州，略经伊岭之汉岩，以火攻之，死者二百余人。以至邕，攻城经旬不下……冬十月，赖裕新复率党万余，由宾（州）入武（鸣）。"宣统三年《武缘县图经》卷七："（咸丰十年）冬十月，发匪伪中旗赖裕新自宾州入寇，知府徐引督团壮击走之。"

当时清方广西巡抚刘长佑也在《督军追剿石逆余匪折》中说："咸丰十年十月十五日奏……旋据左江道吴德徵禀报，石逆及赖裕新先分三股，拥众二万余人，围攻南宁府城……督饬各路团练，分股围击，歼擒贼匪多名。匪党屯扎不住，由宾州、上林县等处四散分窜。赖裕新复率数千人，翻山阑入宣化县之四塘、五塘，勾结土匪李青靛、黄文华等，攻陷八、九塘村落，欲行再犯南郡。"

按咸丰十年即太平天国庚申十年。这一年从六月到年底，赖裕新及其部属的行动历历可考，都在南宁附近活动，没有去过融县。

然则太平天国庚申十年九月前后，是否有太平军在融县一带活动？有的。刘长佑在同一奏折《督军追剿石逆余匪折》中又说："贼目彭大甚（顺）朱衣点等约众数万，亦与石逆背离，旋由柳州府属之来宾、马平，庆远府属之忻城、宜山、天河沿边剽掠，窜至融县。"

郭廷以《太平天国史事日志》中的记载是"（公元 1860 年）11 月 3 日（即咸丰十年十月初一日），翼王石达开旧部军略朱衣点、彭大顺、观天燕童容海自广西融县占领湖南绥宁，知县吴熊死之。"

简又文《太平天国全史》第十八章也直指发布这个告示的汪军帅为朱衣点的部下。并且说："当时朱部因粮食缺乏，到处苛征，强迫人民进贡，百姓莫敢违命。唯融县古鼎一村，抗不应命。缘是村团练最为强悍，凭险固守，保卫地方，素为得力，人民迁往避乱者数千，即融县令亦移至村内办公。团勇又辄出助官军剿匪，称'鼎勇'。平昔各股土匪皆不敢正视。故融县地方稍得安静。即柳州李文茂所部横行附近郡邑，亦莫奈其何。此次朱部大军压迫，古鼎团练倔强如故，不肯'进贡'，力拒之于县西南之大将坡。其先锋路继茹被俘，朱部汪军帅断其十指释还，使传谕古鼎村遵令纳粮。"

郭志、简史所述史实，皆有史料根据；简史所述"断指"一事，亦与告示内容相符，所以可信。因此，我们可以肯定：在融县发布文书二件的太平军不是赖裕新及其部属，而是由彭大顺、朱衣点、童容海所率领的脱离了石达开的那支队伍，后来被洪秀全封为"扶朝天军"。

以下我们再探讨两件文书的内容。

“命令”中所说的“妖兵”、“把卡”、“作怪”等语，均为太平军中常用词语，似非赝品。但“告示”用军帅署名，却自称“大臣”，则与太平天国礼制不合。按太平天国官制，朝内官外出统军始能自称钦差大臣或简称大臣。文中既云“今本大臣，统率三军”，自应把军中主将职衔写明。只用小小的军帅署名，不合定制，使人生疑。但是考虑到这是一支刚刚脱离石达开本军而离散了的队伍，又处在粮食缺乏亟须到处征粮的特殊情况之下，出现一些行文不遵定制的现象，就不是什么奇怪的事情。

当地的口碑把彭、朱、童所率领的这支离散了的队伍误为常常替石达开当先锋的赖裕新的队伍，其原因也是易于理解的。因为一年以后，即太平天国辛酉十一年九月，赖裕新确实与石达开一起率军经过融县北入湖南。由于多年以后，记忆模糊，发生张冠李戴的事一点也不奇怪。但是我们在鉴别与整理史料之时，对于这样哪怕是很小的误会，也应该加以订正。

石达开远征军大将李福猷出处考

石达开远征军中独当一面的大将李福猷，在太平天国史中是一位神龙“见尾不见首”的人物。公元1862年初石达开远征军从湖北向四川进军之时，全军分兵三路。除石达开自领一路外，由赖裕新、李福猷各领一路。此后，在石达开部下的将领中，李福猷就成为仅次于赖裕新的第二号人物，摧坚破敌，屡建奇功，深得石达开的信任。奏稿本《石达开自述》中说：“李福猷深知调度，曾交三万人给他管带。”三略汇编本《石达开自述》中说：“达开因李福猷能调度以下头目，是以管带后队。”足见石达开对他十分器重。1863年初，石达开率本军渡过金沙江向川西进军之时，李福猷奉命分兵入黔吸引追军，圆满地完成了掩护石达开本军进军的任务。同年6月石达开在大渡河畔因受洪水阻拦而覆军，李福猷仍率孤军坚持斗争，转战于川、黔、湘、桂、粤五省，最后在广东连州负伤被俘，英勇不屈，慷慨就义，成为太平天国的烈士。可是，这样一位重要的人物，在石达开远征军由桂入川之前，我们在许多公私记载中都找不到他的名字，不知道他是何许人也。

简又文在《太平天国全史》第十八章中说：“同治元年（天历壬戌十二年）正月初二日，翼军出湖南龙山而透入湖北边境之来凤县，与黔绿林魁首李洪联合共进。先是，李洪起自贵州东北，早与翼王通款，准备迎其入川。于十一年八月二十日，入川占黔江，九月十四日，出鄂边之咸丰。翌日，占来凤。十月十七日，南攻湘北之龙山，谋迓翼军。候至十二月二十六日，李洪军大破鄂军于来凤，斩总兵惠春、游击兴禄，都司双庆等，于是肃清障碍大门之阻力，无怪翼王是时得长驱直入巴蜀矣。此当是其两三年来之最快意事。”并加按语曰：“翼军入川后始闻有大将李福献者，疑即李洪所改之新名，盖其以后为矢忠于翼王之第二、三名大将，授官人台左宰辅，后晋爵掀天喜，此时名位权势，仅亚于赖裕新，惟一向未见其名出现，而入川后，又只闻福猷名，而未再闻李洪之名，且李福猷兄弟及部下，后来于翼军失败后，有回黔活动者，而李洪固黔人也，此又可为佐证。

志此备考。”笔者认为，简氏的假设虽很大胆，考证则未免粗疏。他认为李福猷即李洪的理由有二：一、两人均姓李。二、石达开失败后，李福猷率部回黔活动，“而李洪固黔人也”。其实，这两个理由都难以成立。一、李为常见姓氏，认为李洪改名李福猷，纯属猜想，并无根据。二、石达开失败后，李福猷并非仅率部回黔活动，而且率部到湘、桂、粤活动。既然简氏之说不足为据，则李福猷究竟从何而来，仍然是一个谜。

笔者在刘显世等编纂的《贵州通志》上，偶然发现一个有关李福猷出处的线索。现录之如下：“本月十五日，准广西抚臣刘长佑来咨，以石逆勾合李福游等各股悍匪，由贵县龙山窜出石龙，恐窜楚、黔边界，咨请一律严防。又据护古州镇总兵成应洪等禀称：探得石逆大股，现由广西窜过湖南绥宁县属之青林界、延长、安堡、麻龙一带，距该县及靖州通道等处，均不甚远，并与黔省黎平县接壤。该护镇一军原在古州剿办教、苗各匪，将欲竣事，因恐黎平空虚，闻信即分队回部防御等情。奴才已批饬该镇，应即自督大队于楚、黔边界，择要堵截。”

笔者认为：此文中的“李福游”即石达开部下的大将李福猷。清方公文中对起义军中的人名误写同音字的事司空见惯，而石达开部下的大将不会有读音完全相同的两人——如果真有这种情况，早已引起大家的注意，他们自己也会改名以免发生混淆。至于清方有意篡改起义者的名字，把含有褒义的字改为含有贬义的字，更是随时都有的事，不足为奇。例如改“萧朝贵”为“萧潮溃”，改“李秀成”为“李受惩”，改“张洛行”为“张乐刑”等，比比皆是。

据此线索，我们可以推知：

一、根据石达开回师广西发展队伍的情况，这里所说的“各股悍匪”当是天地会的队伍。

二、既然清方对“各股悍匪”只点“李福游”之名，足证这一股是势力较大的一股。

三、既然“勾合”之处是在广西贵县的龙山，说明这个“李福游”是在石达开故乡贵县活动的天地会队伍的领袖，可能就是石达开的同乡，或是新知，或是旧识。总之，是共同抗清的同志。他后来受到石达开的重用，也就毫不足怪。

石达开远征军逐渐放弃宗教迷信原因考析

在我国历史上，农民起义利用宗教作为发动与组织群众的工具，历代有之。其所利用的宗教既有土生土长的，也有外来的。例如黄巾起义利用了土生土长的道教，方腊起义利用了外来的摩尼教。可以说，太平天国就是一个政教合一的政权。从金田起义开始，上帝教就被定为国教。在太平天国辖区之中，上至军政领袖，下至全体军民，必须朝夕祷告，赞美天父天兄。重要领袖都有双重身份，一是军政职务，二是宗教徽号（如杨秀清，军政职务是左辅正军师，宗教徽号是圣神风），国家最高决策来自天父传言，国家玺印镌有天父天兄字样，教规十款天条是军纪也是国家法律。到了晚期，甚至连国名也改为天父天兄天王太平天国。“天父天兄大开天恩”、“天父主张天兄担当”一类宗教语言，成为公文中的套语与人们平时说话的口头禅。对天父天兄，只能虔诚信奉，不可稍有怀疑，谁敢怀疑，就会遭到五马分尸。运用国家权力强迫人民信仰宗教，太平天国可以说是到了登峰造极的地步。物极必反，太平天国在经受了长期的宗教之害以后，终于有一支重要的嫡系队伍在长期的独立活动中逐渐清除宗教的影响，最后放弃了宗教迷信。这一支嫡系队伍就是石达开远征军。

一、从十件文书谈起

石达开远征军从 1857 年 6 月离开天京，到 1863 年 6 月在大渡河畔全军覆没，前后历时六年。六年中的最后两年是在川、黔、滇三省度过的。在这一段时期里，石达开及其部将给我们留下了十件文书，我们遍查这十件文书都找不到天父天兄的字样。这和其他各支太平军的文书满纸天父天兄的情况截然不同。

第一件文书是《翼王石达开告涪州城内四民训谕》。石达开在训谕中严厉谴责涪州清朝地方官为了守城肆意烧毁城外民居的罪行之后，就直率地说出自己用兵的宗旨:“本主将立心复夏;致意安民,欲即破厥城池,为民泄愤,窃恐焚俱玉石,致众含冤。尔四民等痛无家之可归,愧有仇而不报,诚能效沛子弟,杀酷令以归降,自当妥为安抚,不致一枝无栖,并严约束兵士、秋毫无犯。”文中揭示光复华夏的民族大义,号召涪州人民“效沛子弟”“杀酷令以归降”,自比为诛暴秦兴汉业的义军,没有任何涉及宗教的文字。简又文氏看出了这件文书与太平军其他文书的不同,在《太平天国全史》第十八章中下评语说:“全篇革命大义与爱民精神充分表露,不作宗教宣传之语,真是蔼然仁者之言,是可传也。”

第二件文书是《翼王石达开给天台左宰辅赖裕新训谕》。这是一份指挥队伍行动的军令,其中不乏鼓励部下和衷共济之言,而绝不提及天父天兄保佑的套语。

第三件文书是《瑞天豫傅佐廷等告叙永厅人民诲谕》。通篇宣扬民族大义,只提到天王与翼王,绝不提及天父天兄。

第四件文书是《瑞天豫傅佐廷等给李短鞑蓝大顺诲谕》。这是石达开的部将傅佐廷等给李蓝起义军首领李永和等人的信件。文中只说是希望对方“奋志图功,勤王报国,同为我主天王出力报效”,绝不提及皈依真道、信奉上帝的话。

第五件文书是《翼王石达开招募兵壮告示》。这是石达开于 1862 年转战川、黔、滇各地公开贴出的招兵布告,是一份宣言式的重要文书。如果他们还在信奉天父天兄,则在这样的文书中是一定要提到的。可是全篇只提“真主”(洪秀全)、“王朝”、“朝廷”,全无天父天兄以及任何宗教语言。文中指出人民生活痛苦的主要原因是民族压迫、阶级压迫,并号召广大群众踊跃参军。这样一篇对于立国用兵的宗旨说得面面俱到的洋洋大文中竟无一字提到宗教,似可说明石达开远征到西南时已经放弃宗教迷信。

第六件文书是《固天豫唐等给板桥四民诲谕》。这是石达开部将进军云南宣威板桥时对当地群众所出的布告。文中只说奉翼王贵谕作为开路先锋,劝告当地群众开门迎接,不要抗拒,也无任何宗教用语。

第七件文书是《固天豫唐日荣上翼殿天台左宰辅赖裕新禀》,第八件文书是《人台左宰辅掀天燕李福猷上翼王石达开禀报》,都是军情报告,内容比较单纯,没有必要提及宗教用语。

第九件文书是《翼王石达开给松林地总领王千户训谕》。这是石达开在全军覆没之前写给紫打地番族土司王应元请求让路的信件,其中谈到用兵宗旨说:“缘予恭奉天命,亲统雄师、辅佐真主、恢复大夏、路经由兹、非取斯土。”这里所说的“天命”自应理解为“上应天命,下顺人心”的传统的说法,而不是什么宗教语言。

第十件文书是《翼王石达开致清朝四川总督骆秉章书》。此书是真是伪，现在还有争论。根据太平天国的宗教信仰，世间万事皆由天父排定，个人在任何情况下都不能怨天，否则就是违犯天条。但是在此书中，石达开一再公开怨天。例如"无如骑虎难下，事不如心，岂知逐鹿空劳，天弗从愿"，"天命如此、人将奈何"。有的同志认为这显然违反了太平天国的宗教信仰，以此作为此书是伪造的证据。此书是真是伪，那是另一问题，此处暂不探讨。不过只以石达开敢于怨天这一点作为伪造的证据，显然不够。因为石达开远征军既然已经放弃宗教迷信，则石达开在全军覆没之前说几句怨天的话也就不足为怪。

通过对这十件文书的分析，我们可以看出：石达开远征入川之后，在书面上已经完全放弃了宗教迷信。

二、与过去的文书作一对比

在太平天国各位重要领袖之中，石达开对于宗教迷信是不大感兴趣的。这一点连敌人也有所了解。例如左宗棠在给友人的私函中就曾经说过："石逆狡悍著闻，素得群贼之心，其才智出诸贼之上，而观其所为，颇以结人心，求人才为急，不甚附会邪教俚说，是贼之宗主，而我之所畏惧也。"那么是不是石达开过去所签发的文书也不涉及，或者很少涉及宗教迷信？事实并不如此。

1853 年，石达开颁布的《告安徽良民各安生业勿受妖惑训谕》中说："为训谕谕县良民各安生业，勿受妖惑，惊惶迁徙事，照得天父天兄大开天恩。亲命真主天王宰治天下，又命东王及北王辅佐朝纲，业已建都天京。"其中宗教套语与太平天国其他文书并无不同。

1854 年，石达开在《复秋官又正丞相曾添养岳州战守事宜训谕》中说："如岳州城池十分难守，弟等可即退赴下游，坚筑营盘，静候东王诰谕遵行，毋得旷误。统俟天父大开天恩，大显权能，任那妖魔一面飞，总难逃我天父天兄手段过也。"文中照样搬用一些可笑的宗教语言。

天京内讧爆发，宗教神话破产，"天父杀天兄，江山打不通"的民谣到处传播，但是太平天国军民对于宗教迷信积重难返，积习难除，绝非一朝一夕所能改变。彻底放弃宗教迷信，还得经历一个漫长的过程。

1857 年 6 月，石达开率领随身警卫队伍离开天京，西奔安庆，途中发布表明心迹的有名的《五言告示》，明显地表露出对洪秀全的不满，但是仍然要说“惟是用奋勉，出师再表真。力酬上帝德，勉报主恩仁”，把上帝放在国君之上。这是囿于积习、不得不然。

1858年秋，石达开远征军到达福建汀州，在安民与招兵的告示上，他们仍然宣传宗教迷信。如曹大观《寇汀纪略》中记载：“是日，颁示各乡，张贴通衢，狂悖之词，辄假天国天王天父天兄天师等字煽诱愚民崇奉。”尽管他们自己对于天父天兄的信仰已经动摇，但仍有借助宗教宣传发动与组织群众的意图。

石达开远征军进军湖南，围攻宝庆失利，不得已全军退入广西。这时广西遍地灾荒，为了分兵就食，队伍离散，军心不固，自然就会相应地产生信仰危机。如果真有天父天兄，为什么对于历尽灾难的子弟不加看顾？尽管信仰已经动摇，但是由于习惯，石达开在某些公开场合仍然要承认上帝的存在。1860年春，他在广西宜山白龙洞的题壁诗就是一个证据。石壁所刻石达开的诗句“挺身登峻岭，举目照遥空，毁佛崇天帝，移民复古风”中，“天帝”抬高三字，而同一石壁上的“太平天国”只抬高两字，“翼王”只抬高一字，足见仍把上帝放在比国家更崇高的位置。

通过以上的对比，我们可以看出：在太平天国前期，石达开所签发的文书与其他领袖的文书并无不同，全都充满宗教色彩。在太平天国后期，石达开率军远征，其军中对宗教的热情逐渐淡薄。直到入川以后，他们在文书上才绝口不提天父天兄，放弃宗教迷信。

三、有没有礼拜天父的行动

石达开远征军入川后。在书面上已不再提及天父天兄，不再宣扬宗教迷信。他们在行动上是否不再礼拜天父，还需要进一步研究。

笔者认为：至少在太平天国后期，礼拜天父已经不会是群众自觉自愿的行动，而是太平天国政府以军令政令强迫推行。书面上有所规定，群众还不一定愿意遵守，书面上不做规定，群众自然不会去自动推行。石达开远征军入川以后在书面上不再提起天父天兄，至少可以说明他们对于礼拜天父已经不再宣传提倡。当他们长驱入川之时，四川人民根本不知天父天兄为何物。他们自己既不宣传提倡，群众自然无从效法这种行动。

现存的大量史料也能说明，除太平天国的旁系队伍，如捻军和天地会队伍之外，太平天国后期在长江中下游各地活动的嫡系太平军无不坚持礼拜天父的活动，这在史料中触目皆是，不胜枚举。而对石达开远征军，有关这一方面的记载寥寥。入川以后，类似的记载几乎绝迹。

也许有的同志会说，记载石达开远征军入川以后军中生活情况的史料本来就少，即使他们仍有礼拜天父的活动，由于缺少记载，我们也不会知道。笔者愿举一份未刊的私家记述为例来说明问题。这份未刊稿是西昌李桂秋所著的《石达开入宁纪实》，全文不及万字，而记载石达开远征军驻军西昌附近樟木箐的史实颇详。

文中说："发军石达开在黄缴大纛下，踞西岸磨旗山顶指挥，此役清军死伤近千人，被俘二百余人。""石探知夷人梗塞大路，意惟寻探别径入川腹地，不敢涉河直取西昌，因而留驻樟木箐旬余。""前队肩荷黑旗，年仅二十以内称为小把戏，精锐无敌，奋不顾身……石利用其冲锋陷阵，未尝约以军法，虽有烧杀淫掠，不之禁也，其他队兵，必严守军法。""库下见卧二枭首人，人侧置放一牛头，旁贴有罪状，知是擅宰耕牛者，其令之严如此。""发军执黑旗为前敌先锋，常与马队并行，马常喜吮人血。""军中号令不用铜制军号，纯用角吹，凡遇骑马者穷追，必致得马方回。"既说到太平军散发财物给穷人，又说到太平军如何杀向导及掳人为兵种种情况。

从此文内容看来，作者叙事比较客观，对于所见所闻，基本做到如实记载，虽稍有失实之处，似为传闻所误，而非有意为之。

文中还详记太平军的称呼与军中生活情况。如"发军呼清军为妖魔，呼妇人为堂客，女子为满心白，小儿为崽崽，扎营为扎馆，敌来应战为发妖风"。"所有庙宇民房，发军填住无一虚室，夜不闭门，以便往来探报敌情、挖掘房主地窖。若偶尔失火，即便救熄"。"每日入山搜人，不深入，仅十数里，便于回馆"。既然作者记载如此详细，则太平军若有天父天兄的称呼，及有礼拜天父之仪式，就会有所记载，不致遗漏。但是全篇皆无天父天兄字样，亦无礼拜、赞美天父之记述。

由此可见，石达开远征军转战于西南腹地之时，不仅文书上不再提及天父天兄，而且从思想上到行动上都放弃了宗教迷信。

四、放弃宗教迷信的原因

石达开远征军入川以后，从思想上到行动上都放弃了宗教迷信，已如上述，随之而来的问题是：他们放弃宗教迷信的原因是什么？笔者认为，至少有以下五个原因：

第一个原因来自石达开本人。在太平天国诸领袖中，石达开的头脑比较清醒，本来就“不甚傅会邪教俚说”。他在金田起义之初接受天父天兄之说，知道是为了发动起义的需要。安庆易制之时，他已经看出强迫群众礼拜天父的做法引起反感，因此在执行这种命令的时候态度比较缓和。天京内讧的原因非止一端，但是天父附身传言的把戏是促成内讧爆发的重要原因，石达开自是心中有数。他的全家老幼死于内讧，创巨痛深，不言而喻，他对宗教迷信十分反感。只要条件成熟，他当然会毫不犹豫地放弃宗教迷信。

第二个原因来自石达开部下的随征将士，天京内讧之后前来追随石达开的将士，绝大多数都是内讧的受害者。他们目睹因为大搞宗教迷信而造成的内讧大悲剧，自然非常反感。经过长期苦战与队伍的一再离散，在石达开远征军进入四川时，自天京一带随征的将士在全军人数中已占少数，但是他们已升为将领，在全军中能起举足轻重的作用。石达开要放弃宗教迷信，是会得到他们的支持的。

第三个原因是石达开远征军离开太平天国与清军作战的主战场，进入祖国的大西南以后，长期独立行动，不受上下左右的牵制，所以能够推行一套新的策略，包括放弃宗教迷信在内。

第四个原因是石达开远征军的全军成员在几年中不断更换，由于作战伤亡，队伍离散，原有的已经接受宗教迷信的成员不断减少，新参加的尚未接受宗教迷信的成员不断增加，因而全军对宗教的热情也就逐渐淡薄，为完全放弃宗教迷信创造了条件。举例说：石达开围攻湖南宝庆不利，全军退入广西，有十余万之众。在广西两年多，由于灾荒和队伍一再离散，最后只剩下万余人。后来接纳了大成国陈开的余部三万人，才迅速组成了一支四万余人的队伍北上入川，这就是说，他们离开广西时，全军有四分之三的人是不信天父天兄的大成国的余部。至于在川、黔、滇各省新招的兵壮，更是只知有满汉之分，不知有上帝之教。

第五个原因是石达开远征军最后活动的地区是西南腹地。这里交通不便，地方闭塞，当时东南沿海各地已有外国传教士活动，天主教、基督教已经开始传布，而西南腹地的群众对于所谓洋教还是一无所知。石达开动员他们参军，只是鼓励他们“攀龙附凤”，争取“吐气扬眉”，要用上帝之教去说服他们，必然事倍功半。并且在金田起义之前，冯云山、洪秀全在紫金山一带宣传上帝教用了几年的时间，而石达开远征军在西南各地进行的是运动战，一走而过，根本没有时间和条件从事传教工作。

通过以上的分析，我们不难看出石达开远征军不作宗教宣传，绝非偶然。并且在客观条件不利于宗教活动的时候，他们毅然放弃宗教迷信，是明智的。

五、由此所得到的教训

冷酷的历史事实是:在西南放弃宗教迷信的石达开与在天京大搞宗教迷信的洪秀全最后都失败了。但是他们二者之间的情况不同,客观条件既不一样,主观努力的程度也大有差别,我们决不能在二者之间简单地画个等号。

洪秀全手掌兵符,以太平天国中央政府首脑的身份指挥数十万大军,在江南鱼米之乡沃野千里的自己的根据地上作战。由于迷信"朕之天兵多过于水"的神话,信天不信人,一味瞎指挥,结果土崩瓦解,一败涂地。

石达开率领数万孤军,以孤臣孽子的心情奋斗在地瘠民贫的西南腹地,在四面受敌的情况下,连年苦战,朝夕奔波。由于放弃宗教迷信,信人不信天,常常蹈虚走险,死里求生,最后阻于洪水,全军覆没。

整个太平天国革命事业终于失败的原因非止一端,洪秀全、石达开各自失败的原因也很复杂,如果仅就对待宗教的态度而言,石达开显然远胜于洪秀全。当宗教还是兴奋剂的时候,可以用于一时,当宗教已经成为麻醉剂或腐蚀剂的时候,必须决心抛弃。对于革命事业,任何宗教迷信与偶像崇拜都是害多利少,纵然一时有利,终究后患无穷,古今中外,莫不如此。

人是有惰性的,要想改变自己长期接受的宗教迷信与偶像崇拜谈何容易!石达开远征军终于放弃宗教迷信是明智的,可取的,应该加以肯定。我们如果不以成败论英雄,就不应该因为石达开最终失败而忽略了这一点。

石达开自涪州、綦江撤军原因考

一、围攻涪州的经过

1862年2月17日，石达开远征军离开湖北，进入四川省境。他们入川后准备围攻的第一个大目标，就是位居长江、乌江汇合口的涪州(今四川省涪陵市)。他们先是分兵三路前进，宰辅李福猷领前队，径攻石柱厅，攻克后四天即放弃，向涪州推进；军略赖裕新领后队，沿长江南岸前进，沿途打听渡口情况，直趋涪州；石达开自领中军，向乌江东岸的羊角碛挺进。3月底，三路会齐，全军集中于涪州附近，沿乌江东岸连营二百里，上自乌江羊角碛，下至长江，营垒连绵不断，竖太平天国大黄旗于插旗山上，对岸可以望见。全军约十万人，号称二十万。其声势之大，军容之盛，为涪州清军平生未见。涪州知州姚宝铭血书告急，全川震动。

涪州濒临长江，位于长江南岸，北靠长江，东靠乌江，西南都是山地。从山地俯瞰城中，有如盆景，城内面积只有0.27平方公里，真可谓弹丸之地。当时城中清方兵勇一共不过千余人，还有一些民团团丁。以这一点微弱的兵力要想对抗太平军，真如螳臂当车。

4月1日半夜，太平军强渡乌江，向西挺进。次日，开始围攻涪州，占领城南城西山地，遍地扎营。4月5日，石达开亲领先锋队伍攻城，见到清军尽焚城外民居，大火未熄，居民流离失所，惨不忍睹。他非常气愤，随即写了著名的《告涪州城内四民训谕》，射入城中，号召人民反清，配合太平军攻城。但是事有凑巧，正在他们大举攻城之际，天降倾盆大雨，而且一连四天不止。因为大雨影响火器的使用，所以他们暂缓攻城。

四天之后，雨住天晴，清方的援兵已从重庆开到。援兵由候补知府唐炯、记名总兵唐友耕率领。他们一到，即准备出城接战。当时太平军在城外的主要阵地有三，曰黄泥坡、龙王嘴、仰天窝。两唐与涪州守将徐邦道用拈阄的办法决定各攻一处：唐炯拈得黄泥坡，唐友耕拈得龙王嘴，徐邦道拈得仰天窝。4 月 12 日，两军在城南、城西各地激战一天。清军付出伤亡千余人的代价，攻下了黄泥坡等阵地后，发现太平军已开始后撤。不久，涪州解围。

解围后，姚宝铭、唐炯、唐友耕、徐邦道等人皆受奖升官。骆秉章在给清廷的奏章中说："是役共计杀死烧毙并生擒之贼八九千名，夺获牛马器械旗帜无算，城围立解。"好像太平军是被他们击退的。事实上，地方志上已有记载，是役也，太平军因占地利，伤亡较清军为少。当时围城的太平军在十万以上，清方则包括涪州城内兵勇、民团以及长江上的水师，一共也不及万人，双方兵力是十与一之比。4 月 12 日一次战斗，伤亡不过千人，不论是胜是负，并不影响大局，太平军为什么会突然撤退？而且据《南川县志》记载："达开自率后队于三月十一日攻城，连营郭外。"阴历三月十一日为公历 4 月 9 日，可以说明在涪州城外那次战斗之前，石达开本人早已离开。太平军的撤军并非旗靡辙乱，而是有计划地甩掉追兵，整师而退。石达开从涪州城下撤军的原因是什么？一直是一个谜。

二、自涪州撤军的原因

1987 年春，笔者为了筹备召开"纪念石达开进军涪州 125 周年学术讨论会"，多次去涪，有机会寻访当时的古战场及查阅有关史料，逐渐找出了石达开自涪州撤军的真正原因，现提供给同志们作为参考。

这首先要从石达开进军四川的战略说起。石达开是太平军中的名将，1853 年春自武昌东攻南京，28 天行军 600 公里，一路势如破竹，取得了一举攻下六朝首都南京的光辉战绩。胜利的取得，当时除了大气候对他有利，还离不开以下两个条件：

一是水师在自己手中，渡江容易。

二是顺流而下，大军可以上岸步行，也可以乘船休息，能够以逸待劳。

与上述的情况相比较，就可以看出石达开进军四川的困难。石达开进军四川，已是太平天国走下坡路的时候，他自己又是孤军深入，孤立无援，大气候是不利于太平军的。加之在作战中存在以下两个不利条件：

一是水师在对方手中，处处受到封锁，渡江困难。

二是逆流而上，山地行军，极为疲劳，而对方则可以乘船来往，以逸待劳。

石达开明知道形势于己不利，但是为了实现自己的远大计划，夺取成都，在四川天府之国建立一个巩固的根据地，再争取在全国的胜利，不得不冒险犯难，向四川进军。从湖北进入川东之后，最重要的任务是渡江北上，进取成都，而不是攻城略地。渡江的时间越快越好，迟则夜长梦多。他第一次进攻涪州，是为了取得涪州为基地北渡长江，第二次进攻长宁，是为了在江安渡江，第三次攻占横江，是为了以横江为基地抢渡金沙江，这三次都受到清军的阻拦而失败，只有第四次从米粮坝渡过金沙江，才是甩开了清军顺利渡江，只可惜又在大渡河受阻而全军覆没。

他大张旗鼓地进军涪州，是想先声夺人，把清军吓退，然后以涪州为基地渡江北上。目的是渡江而不是攻城。攻城只是为了渡江。如果渡江不成，攻城也就失掉了意义。他在进军涪州之时，已知四川省内的农民起义军李、蓝起义军已有一部分队伍赶到涪州对岸不远的鹤游坪来迎接。如果两支友军分别从南北两岸向长江靠近，会师作战，渡江自然会很顺利。可惜事与愿违，李、蓝起义军的队伍当时冲不破清军与地方团练的阻隔，无法前来会师，因为大雨而耽搁进攻，让对方的援兵从容到达，清方水师已严密封锁长江。即使打下涪州，渡江已经无望，徒然造成大量军民的伤亡，一向爱民的石达开是不愿意这样做的。这就是石达开从涪州城下退兵的真正原因。

在清方援兵反攻之前，他已陆续得到了李、蓝起义军队伍难以前来会师的消息，得到了清军水师封锁江面的消息，决定绕道西上再觅适当的渡江地点，所以秘密下令退兵，经南川向綦江县城前进。因为是有计划的后撤，所以才能从容地整师而退。

三、围攻綦江的经过

石达开自涪州撤军之后，兵分数路，前往綦江。他们通过巴县县境时，因为清军已退入重庆扼守长江北岸，所以并未发生战事。群众知道太平军军纪甚佳，也不逃跑。大军进入巴县一品场时，群众赶场做生意的照样做生意，演戏的照样演戏，真是鸡犬不惊。《巴县志》卷二十一中说：

> 石军三月十四日过丰盛场，下木洞，复过栋青庙，进二圣场，经永兴、忠兴场，二十三日过南彭场，东破明月寨至固城寨，石军呼父老下与之约，供饷四百金，马二匹。石兵去至一品场，乡人尚演剧市集如故，石兵呼之为仁义场。

在向西进军的途中，石达开和部将们商定了一个新的进军计划，即虚攻江津，实攻綦江。江津在长江边上，为清军所注目。即使攻下此城，清军已把船只收到北岸，还是无法渡江,不如先攻綦河上游的綦江县城,这里是内地,不为清军所注意。如果攻下此城,可以征用綦河的船只,改装成炮船,顺流而下,进攻重庆。计划既定,分兵前进,以一支队伍虚攻江津,大军则长驱南下,进围綦江。分攻江津的队伍因为敌人有备而退回,回师同攻綦江。

进攻綦江之前,本已约定城内的税朝南作为内应,可惜他们围攻的第一天,内应一事就被对方破获,税朝南遇害。

光绪《綦江县志·武备》中说:

> 时教谕雷大壮盘获内应奸细税朝南,经杨令讯明确实,立即正法,人心镇静,而奸细亦从此敛迹。

4 月 25 日,石达开到达綦江城外,驻万顺盐号,全军陆续到齐,在城周连营百余里,四面围攻。城内清军与团练死守,数日不下。5 月 1 日唐炯带兵来援,因见太平军势大,离城十里扎营,不敢靠近。此事《綦江县志》也有记载:"统领安定军补用知府唐炯带兵自南川来,扎营距城十里之乐生坪,因贼众不敢轻进。"足见石达开围攻綦江时声势还是很大的。

5 月 9 日凌晨,太平军在綦江南门挖成地道,石达开下令炸城。轰然一响,火焰迷空,砖石乱飞,城墙炸塌十余丈。但是清军事前有所察觉,早已修好一道内城。外城炸塌,又据内城顽抗。石达开张黄绸伞盖,亲自骑马督战,激战甚久,仍然未能进城。此次战后不久,石达开即下令撤兵,全军西去。

四、自綦江撤军的原因

太平军攻綦江,声势仍然不小。攻城之战虽然不很顺利,也还不能说是战败。为什么又突然撤军西去,此事也还是一个谜。其实,他自綦江撤军和自涪州撤军是同一个原因:既然达不到渡江的目的,就没有把城攻下的必要。

綦江县城不靠长江,距离江边还有一百多里。这样的内地城市,即使攻得下来,对于渡江又有什么好处?这是一个为很多人都难以理解的问题,有加以说明的必要。

綦江虽然只是一个内地的小县城,但城滨綦河。綦河里有不少船只,必要时可顺流而下,进入长江。太平军如能占领綦江县城,就可以征集綦河中的一切船只,以一部分改装为炮船,顺流进军,攻占重庆。清军可以把长江里的船只一律驱靠北岸,但是无法控制长江两岸许多支流里的船只，顺流而下袭取重庆的可能性是有的。因此，他们在尚未攻下綦江县城之时，已经做好了不少准备工作。例如封粮仓、封当铺的封条，安民告示、招贤告示等。在綦江一个小县城中，是用不了几张这种告示的，他们所准备的这些东西，其实是打算用于重庆。在他们退兵之后，清军从他们遗弃的辎重中搜到了这些东西。光绪《綦江县志·武备》中说：

搜获石逆伪封条数百张，内有封仓廒为久驻计，封当铺听赏，封各庙以贮男女听候赏配，拘船只，赶造炮船为水陆攻渝计，及安民、招贤各伪示。贼固谓城之可唾手得也，幸哉！

因为内应被对方破获，有些消息难免走漏。在綦江攻城激战之时，清方已经有了预防的行动，扣留綦河中的船只，封锁沿途水路。石达开得到消息，知道即使打得下綦江，也难以按预定计划进行。又何必旷日持久地攻城，虚靡时日，因此迅速决定撤军。

退兵的原因虽然不是由于战败，但是连攻两城，战事都不顺利，石达开还是觉得遗憾，因此在给天台左宰辅赖裕新的训谕中说：

缘昨连攻两城不克，虽未挫锐，而军威不甚丕振。若待整饬，必须领会合各官兵，方可妥为铺派。

所谓“虽未挫锐”，就是并非战败。但是“军威不甚丕振”，还是需要解决的问题。解决的办法就是“整饬”，拿现在的话来说就叫作“整训”。因为他从广西向四川进军的途中，收编了不少新兵。离开广西时不过三万多人，进入四川后已有十万人以上，新兵占三分之二，不加整训是不行的。如何整训？“训谕”中又说：

探在某处人烟稠密，可以容扎多人，即行移文，约伊（李宰辅、李柱国等）齐赴该处，相连驻扎，以便铺派各队置备军需，宣讲道理，训练兵士，一经军规整肃，再议进取机宜。

石达开给赖裕新的这个训谕是在綦江撤军之后。所指“连攻两城不克”，自是指的涪州与綦江。因此，要想整训队伍，避免因战败而有损军威，也就成为他在涪州、綦江城下撤军的一个次要的原因。

《石达开致骆秉章书》考伪

我国史家评价历史人物，一向主张“盖棺论定”。可是对于太平天国翼王石达开，却虽“盖棺”而难以“论定”。为什么？因为他最后虽然慷慨就义，但是覆军被俘的经过真相不明。有人认为他是舍命全军的义士，有人认为他是缴械投降的叛徒。奇怪的事情是：截然不同的看法却来源于同一件史料——《石达开致骆秉章书》。认为他是义士的根据是这样一些话：“达愿一人而自刎，全三军以投安……虽斧钺之交加，死亦无伤；任身首之分裂，义亦无辱。”认为他是叛徒的根据是这样一些话：“格外原情，宥我将士，赦免杀戮，禁止欺凌，按官授职，量才擢用。”分开来说，持不同看法的双方都有理由，合起来说，就成为令人难以理解的矛盾。这种矛盾现象导致我们对史料本身的真实性产生怀疑。近年来，已有好几位同志对这一史料表示怀疑，提出它与太平天国文书格式不合，叙事与史实不符，信尾所署时间错误等等问题，有理有据，使人信服。笔者除对史料本身进行探讨外，还一再访问石达开覆军处的大渡河边古战场，从史实上进行考证，最后的结论是：《石达开致骆秉章书》是伪造的。

一、从两种版本谈起

我们现在所能见到的这一史料共有两种版本。一种版本来自 1908 年发现的《唐友耕年谱》。作《石达开致唐友耕书》，以下简称唐本。萧一山、简又文两氏在自己的著作中均肯定这一版本，认为受信人是唐友耕。《中国近代史资料丛刊·太平天国》第二册收入此史料时，亦从其说。

另一种版本是 1935 年四川泸定西沙河坝农民高某在紫打地发现的此信抄件，受信人是骆秉章。当时高某发现石达开函稿共三件，此信为其中的一件，于 1935 年 3 月 26 日在《农报》发表。1945 年都履和据李左泉《石达开泼江被困记》整理而成的《翼王石达开泧江被困死难纪实》，其中也附录此信。其来源为土千户王应元记室许亮儒所撰《擒石野史》，故被称为许本。与十年前高某发现的信一样，受信人也是骆秉章。

这两种版本除受信人不同之外，文字也有出入，可谓“大同小异”。究竟哪一种版本是原件？（至于原件是否真是石达开所写，那是另一问题。）哪一种版本是篡改？值得探讨。对于这个问题，笔者赞成罗尔纲先生的论断，即许本是原件，唐本是篡改而成。篡改的原因是唐友耕的儿子唐鸿学为了给父亲脸上贴金，把此信编入《唐友耕年谱》，说是石达开向唐友耕乞降，以夸大战功。我们略加校勘，即可找出唐本篡改的证据：

一、许本此信并无上款，唐本此信的上款是“达开顿首再拜泽波军门仁兄同志大人阁下”，称呼不伦不类，与太平天国文书的格式，石达开文书的用语都不符合。

二、许本信末无日期，唐本信末所署日期为“太平天国癸亥十三年五月初九日”。这种妄加是弄巧成拙，欲盖弥彰。因为太平天国早就改“亥”为“开”，石达开以及任何太平天国军民都不会把“癸开”写成“癸亥”。这一年的“五月初九日”石达开早已被俘，哪里还能写这样谈条件的信！

三、许本中有“阁下如能依书附奏清主，宏施大度”之语，称清帝为“清主”，这还勉强说得过去。唐本却篡改为“阁下如能依书赴奏，清主宏施大度”。“附奏”改为“赴奏”，已是不通，更让石达开称清帝为“主”，实在荒谬绝伦。

四、许本中有“阁下为清大臣，肩蜀重任”一语，这自然是对四川总督骆秉章而言，唐本却把“肩蜀重任”改为“当得巨任”。“当得”，究竟得了没有？“巨任”又做何解释？这样不顾文意地勉强篡改，正是唐鸿学篡改受信人的一条铁证。

唐本篡改的破绽还多，不再一一列举。总之，我们既已知道许本是原件，在探讨时就应该以它为根据。现将许本《石达开致骆秉章书》全文照录如下：

窃思求荣而事二主，忠臣不为，舍命以全三军，义士必作。缘达生逢季世，身事天朝，忝非谄士，不善媚君，因谗谮而出朝，以致东奔西逐；欲建白于当时，不惮旰食宵衣。只以命薄时乖，故尔事拂人谋，矢忠贞以报国，功竟难成；待平定而归林，愿终莫遂。转觉驰驱天下，徒然劳及军民；且叹战斗场中，每致伤连鸡犬。带甲经年，人无宁岁；运筹终日，身少闲时，天耶？人耶？劳终无益；时乎？运乎？穷竟不通。阅历十余年，已觉备尝艰苦；统兵数百万，徒为奔走焦劳。每思遁迹山林，遂我素志，韬光泉石，卸余仔肩；无如骑虎难下，事不如心，岂知逐鹿空劳，天弗从愿。达思天命如此，人将奈何？大丈夫既不能开疆报国，奚爱一生；死若可以安境全军，何惜一死！达闻阁下仁义普天，信义遍地，爰此修书，特以奉闻。阁下如能依书附奏清主，宏施大度，胞与为怀，格外原情，宥我将士，赦免杀戮，禁止欺凌，按官授职，量才擢用。愿为民者，散之为民，愿为军者，聚之成军，推恩以待，布德而绥，则达愿一人而自刎，全三军以投安。然达舍身果得安吾全军，捐躯犹稍可仰对我主，虽斧钺之交加，死亦无伤；任身首之分裂，义亦无辱。惟是阁下为清大臣，肩蜀重任，志果推诚纳众，心实以信服人，不蓄诈虞，能依清约，即冀飞缄先覆，并望贲驾遥临，以便调停，庶免贻误。否则阁下迟以有待，我军久驻无粮，即是三千之师，犹足略地争城；况数万之众，岂能束手待毙乎？特此寄书，惟希垂鉴。

此信原文不过五百余字，但却是一篇洋洋洒洒的四六骈文，音调铿锵，对仗工稳。这样的信，就是古文老手，也得字斟句酌，花费一定的时间，难以一挥而就。石达开虽有“能诗”“能文”之名，但这一名声显然是经过后人有意夸大的。他本人是否古文老手，当时军中是否有可以代笔的古文老手，都值得怀疑，更重要的是，这篇洋洋洒洒的大文是在何时、何地、花费多少时间草成？值得仔细探讨。

二、此信在何时何地草成？

要回答这一问题，不妨先探讨一下石达开覆军时的史实。这些史实，现在已经得到太平天国史学界的公认，并无争论。以下所述史事时间均用公元时间。

1863 年 6 月 9 日，石达开最后一次强渡失败，才于中午率残军约 6000 人离开紫打地，向东突围，当夜宿于小水对岸的村庄。

6 月 10 日，石达开残军在追兵的围攻中一再溃围而出，死伤惨重，晚间到达老鸦漩。他见老鸦漩水势险恶，前无去路，后有追兵，突围无望，才让妻妾投河。

6 月 11 日凌晨，石达开残军腹背受敌，遭到敌人围攻，奋力夺路向凉桥方向前进。清参将杨应刚前来谈判，石达开在谈判中受骗被俘，当晚宿于洗马姑场。

石达开如果真的写信给骆秉章，愿意舍命以全三军，只能是在到达老鸦漩，自知突围绝望，让妻妾投河之后。在这之前，他还在死里求生，一意突围，不会写这样的信。

石达开是 6 月 10 日晚间到达老鸦漩的。次日天还未亮，激战又已开始，不久他就陷入清营。他如果真的写了此信，时间只能是在 6 月 10 日夜里短短的几个小时。

除时间过于紧迫之外，写信的环境也值得注意。《擒石野史》中说：

曾仕和又进言曰："王请勿虑……明日我军诣梁桥，宜表诈降，俟济河劫粮，斩木猝攻，声威则无不复盛者，何待毙为？"达开壮其言，即令曹卧虎引炬据石为席，援笔成表，达开怀之。

这是6月10日的夜间，他们所写的究竟是"诈降"的降表，还是《石达开致骆秉章书》，真相难明，不能妄断。但有一点是可以肯定的，即环境极为恶劣，只能点起火把在石头上写字。《擒石野史》中还说了次日凌晨的情况：

天将曙，达开甫枕石而卧，忽见西南山头炬光，分道突出……达开腹背受敌。

这就是说：他们这一夜是全军露宿的。石达开尚且枕石而卧，何况部众。从老鸦漩到凉桥这一段路，十分险峻。我们考察时有人带路，白天通过犹觉崎岖难行，唯恐失足，何况是夜间，更何况是枵腹苦战的夜间。在这样恶劣的环境中，在短短几个小时之内，要想写好一篇洋洋洒洒的四六骈文，谈何容易！

像《石达开致骆秉章书》这样一篇文章，即使在明窗净几的环境中，能于几个小时之内草成，已经算是了不起的古文老手。在当时当地的困难情况下，不仅是石达开，恐怕任何古文老手也办不到。因此笔者认为：这一史料不可能是真品，只能是事后伪造的赝品。

三、内容的不合情理

我们知道：石达开后来对簿公堂，直至在刑场上慷慨就义，都是神色怡然，侃侃而谈，头脑十分清醒。据此衡量，此信中所说的一些不合情理的话，就使人难以解释。

信中所说"阁下如能依书附奏清主，宏施大度"，然后再做答复，这就令人费解。骆秉章如果真的"依书附奏"北京的清朝皇帝，公文往返至少在一个月以上。即或骆秉章能够担当责任，在得到殊批之前先行处理，自老鸦漩至成都公文往返也得十天左右。而当时军情紧急，瞬息万变，不要说是一个月以后，就是三五天之后得到结果，对于解决石达开当时的问题已无实际意义。精明的石达开绝不会做此远水不救近火的空想。唐友耕当时驻军于大渡河北岸，此信如果是写给唐友耕的，似乎稍近情理。其实不然，因为唐本中，也有“阁下如能依书赴奏，清主(清朝皇帝)宏施大度”的话。如果说是希望唐友耕能够迅速做出决定，那也是不可能的，因为唐友耕的地位远逊于骆秉章，无此权力。笔者认为：仅就这一点而言，亦足以说明此信是赝品。

此信内容还有比较突出的不近情理之处，就是其中大部分篇幅用来絮絮不休地谈自己的思想问题，而对进行谈判的条件则寥寥数语，一带而过。我们不禁要问：石达开写这封信的目的是什么？希望解决什么问题？如果希望迅速通过谈判救全残军，那就应该开门见山，提出具体条件，进行谈判，愈快愈好，岂能闲情逸致地检查思想，大写“反省”材料，难道是想得到敌人的同情与谅解？如果自己决心舍命全军，不畏斧钺交加，身首分裂，那又有什么取得敌人同情与谅解的必要！通观全文，从文笔，从情调看来，豪气不足，伤感有余，不像一位旷代英雄的绝笔，倒像是一位落魄文士的忆旧与抒怀。笔者认为：仅从这一方面看来，此信亦不可能出自石达开之手，只能是他人的代庖。

四、内容的不符史实

此信中说：“阅历十余年，已觉备尝艰苦，统兵数百万，徒为奔走焦劳。”显然与史实不符。太平天国鼎盛时期总兵力也不到百万，谁能“统兵数百万”？如果此信出自石达开之手，那他就成了吹牛大王。看来这封信的代庖者比较了解石达开当时的处境与心情，却并不了解石达开的经历。统观全文，代庖者所述石达开的经历，似乎都来源于石达开离开天京时的《五言告示》。下面，试将此信内容与《五言告示》做一比较：

《石达开致骆秉章书》	《五言告示》
缘达生逢季世，身事天朝，忝非谄士，不善媚君，因谗谮而出朝，以至东奔西逐，欲建白于当时，不惮旰食宵衣。	自恨无才智，天国愧荷恩。自谓此愚忠，定蒙圣君明。乃事有不然，诏旨降频仍。重重生疑忌，一笔难尽陈。用是自奋勖，出师再表真。
矢忠贞以报国，功竟难成。	惟矢忠贞志，区区一片心。
带甲经年，人无宁岁，运筹终日，身少闲时。	精忠若金石，历久见真诚。
待平定而归林，愿终不遂，每思遁迹山林，遂我素志，叨光泉石，卸余仔肩。无如骑虎难下，事不如心；岂知逐鹿空劳，天弗从愿。	惟期妖灭尽，予志复归林。

由此可见,代庖者对石达开的过去所知甚少。大量篇幅,只能用来围绕《五言告示》做文章。如果真是石达开的自述,就不会在大量篇幅中说空话,总要说出一些实质性的问题。笔者认为,从这一点来分析,不仅能够说明此信是赝品,而且可以由此找到线索,探讨这位代庖者究竟是谁。

五、公私文件全无记载

任何一件真实史料,总会在当时的公私记载中留下一些痕迹。可是此信情况特殊,在清方,在太平天国方面,任何公私文件都未提及。任乃强《纪石达开被擒就死事》一文中虽然提到石达开于“四月二十三日以书射达北岸唐友耕营”,“唐得书,不敢奏,亦不敢报,石军不得复”,并且从《唐友耕年谱》中转录了《石达开致唐友耕书》,但这只是后人根据传说参考史料所撰写,并非当时的公私记载。又当时的阴历四月二十三日为公历6月9日,石达开正在向东突围,尚未陷入绝境,也不可能写出这样的信来。可以说在1908年《唐友耕年谱》印行之前,不仅无人见过此信,连石达开写过此信的事也没有人知道。1935年四川农民高某发现此信抄件,以后《擒石野史》在《新中华》杂志发表,大家才知道有这么一回事,而且知道受信人不是唐友耕,而是骆秉章。《唐友耕年谱》中的那封信是经过唐鸿学篡改的。

清方将吏为了夸功邀赏或是文过饰非,在官方文书中有意隐瞒某些史实,这是司空见惯的事,不足为奇。但是在私人函牍,私家记述与地方志中完全没有留下一点痕迹,则是不合情理的怪事。唯一合理的解释是:当时本无此事,石达开从来就没有写过这样一封信。

笔者认为:石达开当时有舍命全军的想法,又有诈降的打算;清方有通过谈判而进行诱擒的阴谋,这一切都是事实。因为谈判、诱擒的经过已经记载在不少公私文件之中。这些记载虽然是片段的、零碎的,但是经过综合排比,互相补充,仍能大致看出当时史事的轮廓。不过石达开写信给骆秉章或唐友耕则并无其事。头脑清醒的石达开不会去做这种远水不救近火的无效劳动。当时军情紧急,生死成败只在朝夕之间,口头谈判或者写张便条即可,全无必要写这样长篇大论的信。即使石达开有此雅兴,由于时间不够,条件不佳,他也不可能写出这样一篇洋洋洒洒的骈文来。我们现在见到的这封信是赝品,而且是本无“真品”,只有伪造的赝品。

王庆成同志在《石达开大渡河覆败事实》一文中肯定了这封信是真品,他说:

> 石达开的信，骆秉章、唐友耕与清方其他人见到或知道了吗？……尽管骆秉章、唐友耕等人的公私文件中从未提到此事，但可以相信，他们得到了这封信。一个简单的事实就可以帮助我们做出判断：如果他们没有得到这封信，它怎会在唐友耕儿子编的《唐公年谱》中出现？

笔者认为：这个结论值得商榷，因为事实并不简单，不宜轻易做出判断。我们不禁要问：如果此信确是真品，则受信人究竟是谁？不能含糊地称之为“骆秉章、唐友耕等人”。如果受信人是骆秉章，唐友耕的儿子就是私自篡改编入《年谱》的。他这样做，难道不怕被人揭穿？如果受信人是唐友耕，那么对《擒石野史》中的《石达开致骆秉章书》又将做何解释？

从石达开覆败到《年谱》印行，中间相隔四十余年。在这四十余年中，随时都可以出现赝品。怎么能说在《唐友耕年谱》中出现的信就一定是真品而非赝品？只要四十年后的《唐友耕年谱》中出现此信，就可以证明四十年前的骆秉章与唐友耕两人都得到了此信，而且得到的就是石达开所写的真品，这样的推理难以令人信服。

笔者和王庆成同志的看法恰恰相反。王庆成同志认为《唐友耕年谱》中出现此信就可以说明石达开确有此信，笔者认为《唐友耕年谱》中出现此信，正好说明石达开绝对没有写过此信。理由如下：

在封建社会中，僭越是严重的罪行。骆秉章的名位远远高于唐友耕，唐家的人如果把石达开给骆秉章的信篡改为给唐友耕的信，正是犯了僭越大罪。唐鸿学篡改此信的目的是为了给父亲脸上贴金，绝不愿意因此获罪。如果篡改的事被人揭穿，不仅自己获罪，还会给父亲脸上抹黑。贴金变成抹黑，那又何苦来尔！唐鸿学敢于篡改此信，充分说明在此之前没有任何人知道石达开写信的事，也就是本无其事。如果在官场中略有传闻，他是不敢大胆篡改的。如果他篡改了编入父亲的年谱，骆家的人又把原信编入骆秉章年谱，唱了对台戏，后果不堪设想。仅仅为了要面子而去犯罪，他不会干这种蠢事。他只可能是偶然得见这封伪造的信件的抄件，在绝对不会出问题的前提下，才敢于篡改而编入自己父亲的年谱之中。

如果石达开确实写了这封信，就信论信，从措辞上来看，只能是写给骆秉章的。不管唐友耕通过什么办法得到此信，他绝不敢隐瞒。以后骆秉章一旦亲审石达开，石达开是会说出来的。即或是写给唐友耕的，他也同样不敢隐瞒。因为隐瞒敌方来信，就有通敌的嫌疑。与其让石达开说出来，上司问到自己头上，何不如先行交代。由此也可以说明，此信是伪造的。唐友耕本人根本不知此事，而唐鸿学用赝品来为自己的父亲贴金，也就可以大胆篡改、不怕出问题了。

六、作伪者究竟是谁？

通过以上分析，笔者认为：石达开从未写过这封长信，《石达开致骆秉章书》是他人代庖的。至于作伪者是谁，笔者在此提一个设想，聊作引玉之砖，供同志们参考。设想不当之处，欢迎各位专家与广大读者教正。

笔者认为：作伪者不是后人，而是与石达开同时的人。他对石达开覆军时的史事比较了解，但对石达开的一生经历所知不多，只能通过当时早已传开了的《五言告示》略知一二。他大概是生活在闭塞的大渡河畔而又略有才华的落魄文人，或许就是《擒石野史》的作者许亮儒，当然也可能是许亮儒的文友。

此人当时身历其境，比较了解石达开覆军的经过与舍命全军的壮举，对石达开非常敬佩，但因形势所限，爱莫能助，徒唤奈何。都履和在《翼王石达开涐江死难纪实》一文中说："读其叙述达开之被围以至最后死难，词意中不但未尝訾议于达开，且多有惋惜崇敬之意。"这里所谓叙述，就是许亮儒所写的《擒石野史》。足见许亮儒对石达开颇为崇敬，可惜双方处于敌对地位，他非但不能帮石达开的忙，而且也成为扼杀石达开的刽子手之一。事后追忆，不无内疚，所以在写下《擒石野史》之后，还想再做一点补过的工作。

他完全了解石达开好汉做事好汉当，决心舍命全军的英雄气概，也深知清方将吏借谈判而诱擒的卑劣阴谋。在石达开被俘殉难，骆秉章在全川大贴布告诬蔑石达开乞降以求免死的事情发生之后，他唯恐天下后世误以为石达开是真正乞降，有损一世英名，所以托名杜撰此信，附于《擒石野史》之中，代石达开表明心迹。

此文既思传世，自必刻意求工，虽多费时日，亦在所不惜。这就是一篇洋洋洒洒的四六骈文产生的原因。为了取信于人，他尽量设身处地，揣摩石达开的心情，写出石达开的心声。就信的本身来说，是伪造，就信中的思想感情来说，确有一部分，而且是颇为重要的部分，能代石达开说出内心的话。可以乱真，原因在此。有人读了此信，认为石达开是舍命全军的义士，就是根据这一部分内容做出的结论。

但是，不管如何锐意揣摩，总有学得不像的地方。落魄文人自己那种消极思想、伤感情绪也不免从文中一再流露，甚至把平时用惯了的官场套语也写在信中，例如“格外原情，宥我将士……按官授职，量才擢用”这样的话，显然不是石达开的语言。有人读了此信，认为石达开是缴械投降的叛徒，也就是根据这一部分内容作出的结论。

因此，做出不同结论的双方，都有根据，都有理由，谁也不错。如果说这是一件怪事，那就是由这封“怪信”所造成的。

总而言之，此人是一位有心人。他费了很大的气力伪造此信，实在是做了一件大好事。石达开牺牲后，敌人口口声声说他是俯首乞降。由于史料不足，真相不明，我们搜罗材料，为之辨诬，存在一定的困难。发现此信后，其中的“舍命全军”一语，起了画龙点睛的作用，有助于我们探讨这个历史难题。这封伪信当然也存在一些不妥之处，但总的说来，基本上能代石达开表明心迹，虽是伪作，亦有近真之处，不妨长期流传，以供研究者参考。笔者谨为此事赋小诗一首，作为本文的结束。诗曰：

世间难得有心人，
作伪心诚伪亦真；
旷代英雄今何在？
遗书一纸感人深！

（作者原注）此文发表后，友人来信指出沃邱仲子所撰《石达开在川陷敌及其被害的事实》一文中曾提及石达开有书致骆秉章之事。按沃邱仲子的文章确曾提到此事。笔者认为，沃邱仲子所写的文章仍属后人根据传说所写的回忆录，并非当时的私家记载，所以没有提及。现将沃邱仲子文中有关此事的一段记述摘录如下：

> 恰好唐（友耕）派张仙洲、李寿亭（寿泉兄，官提督）文武二人前来劝和，石遂作一书致骆秉章，托唐转交。原书笔者（沃邱仲子自称）未曾见过，档案中似无此文件，而近人天国史稿载其全文，不知根据所在。

仔细分析这一段话的结果，只能得出并无此信的结论，理由如下：

一、唐友耕派张、李二人到石达开军中来劝和，乃是绝不可能的事。因当时唐驻军大渡河北岸，石达开驻军大渡河南岸，战事未解决前，双方均不能渡河。且派文武大员前来劝和，唐友耕根本无此权力。

二、从《石达开致骆秉章书》内容看来，已是事急乞降，而非从容谈和，与“石遂作一书致骆秉章，托唐转交”那种从容不迫的情况显然不合。

三、沃邱仲子自称已看过石案的全部文卷及口供，唯有原书(《石达开致骆秉章书》)未曾见过，这也可以反证事实上并无此书。

四、沃邱仲子：“近人天国史稿载其全文，不知根据所在。”言下之意连他也不敢相信。这“不知根据所在”的《石达开致骆秉章书》，连沃邱仲子也怀疑它是伪造的。

“舍命全军”考

在太平天国历史上，只要提到有谁“舍命全军”，大家都知道那是指的石达开。公元1863年6月11日，石达开率领残军六千人向东突围，因老鸦漩涨水被阻，突围无望，粮尽援绝，陷入困境。为了保全部下的生命，以图东山再起，石达开毅然自投清营，进行谈判。最后受骗被俘，就义于成都。

这种“舍命全军”的事件，历代有之。尤其是在农民起义的队伍里，为了对弟兄们讲“义气”，某些领袖常常愿意牺牲自己，以保全部下。远的不说，与石达开同时代的杜文秀也是如此。1872年，清军围攻大理，扬言攻破后将屠城。杜文秀为了保护全城军民生命，在城将陷时先吞鸦片，然后自投清营，请求免杀。

对于这种挺身而出，抱着好汉做事好汉当的态度的“舍命全军”行为，长期以来，评价不一。有的持肯定态度，认为不管效果如何，能够舍己为人总比损人利己要好得多。古人有古人的道德标准，我们不能过于苛求。有的持否定态度，认为在任何时候都不能对敌人抱幻想，应该抵抗到底，放下武器来谈判是错误的。

对于石达开“舍命全军”的看法，聚讼纷纭，莫衷一是，至今尚无定论。本文不拟评论其功过是非，只想着手探讨一个不大为人所了解的问题，即石达开“舍命全军”究竟有无效果？他的部下是全部被杀，还是通过他的“舍命”保全了一批人？笔者认为：考查一下历史事实仍有必要。如果连事实也没有查清就下结论，不免成为空论。

一、认为残军已被杀绝的依据

有些同志认为“舍命全军”全无效果，石达开自投清营后，他的残军已被杀绝。因此，放下武器和敌人谈判是大错特错。持这种说法者是有史料根据的。这些史料是：

骆秉章《生擒石逆疏》：

臣前于四月二十八日得报后，虑其余党歼除不尽，将贻后患，扎饬藩司刘蓉驰往大渡河，会同唐友耕等委办善后事宜。乃石达开等于初三日起解，蔡步钟等即密派各营于初四日过河，是夜以火箭为号，会合夷兵，将伪官二百余名，悍贼二千余名同时围杀，其偶有逸出者，亦被夷兵沿途截杀。惟遣散老病者数百人，此股巨匪实已剿洗净尽。

处死石达开后骆秉章所出之《告示》：

尚有伪官及悍贼二千余名，皆在大树堡，派兵悉数诛戮，已无遗孽。

黄彭年《代刘蓉致骆秉章禀稿》：

接据蔡守禀称，该逆余党约二千余人，派队押令过河者七百余人，均已分别解散歼除。此外，尚有一千余人，住对河街上，内中除老弱带病约三百余人，其余均属凶狡。都司唐大有，会同参将张福胜、土千户岭承高等，督带汉、夷兵勇、会合乡团，于初五夜四更，分头兜捕，除老弱外，均皆歼除净尽，扑河淹毙者甚多。

黄彭年《黎雅纪行》：

得蔡太守牍，石逆余党悉诛矣！

这些黑字写在白纸上的清方文书是否可信？骆秉章所说的话是否可信？我们暂时不加评论，可以先看一看清方自己人薛福成在《书剧寇石达开就擒事》一文中如何揭穿骆秉章所说的谎言：

按达开初到大渡河边，北岸实尚无官兵，而骆文忠公奏疏谓唐友耕一军已驻北岸，似为将士请奖张本，不得不声明防河得力，因稍移数日以迁就之。当时外省军报大都如此，亦疆吏与将帅不得已之办法也。

原来，“当时外省军报大都如此（说谎话）”，这样的军报岂能轻信！

二、首先已遣散了四千人

为了把历史真相考查清楚，我们需要耐心地回溯一下自石达开率领残军向东突围，到他自投清营进行谈判，受骗被俘牺牲于成都，以及部下最后被围杀的全部经过。

1863 年 6 月 9 日中午，石达开认为抢渡无望，粮尽援绝，决心放弃紫打地，率领残军六千余人向东突围，当夜在小水河口村庄宿营。

6 月 10 日，他们继续东进，当夜到达老鸦漩。老鸦漩也已涨水，前无去路，后有追兵，抵抗到底，徒死无益。于是曾仕和献计诈降，借口谈判，通过凉桥。只要过了凉桥，就是存粮甚多的洗马姑。如能袭取洗马姑，“军威可以复振”。

6 月 11 日晨，清方杨应刚、王松林等率领少数随从前来进行诱降，正好石达开也有诈降的打算，双方反复谈判，最后商定：对石达开部下六千人中遣散四千人，只留两千人不缴军器，移驻大树堡，等待四川总督骆秉章的回文再定行止。

6 月 12 日，石达开部下四千人遣散完毕。

6 月 13 日，留下的两千人由石达开部下周宰辅统带，作为前队向大树堡方向前进。但此后发生了唐友耕派兵渡河夺俘，从杨应刚处抢走了石达开等人，以致石达开脱离了留下的两千精锐，诈降失败。

为了理清头绪，我们需要探讨一下这被遣散的四千人的下落。当时石达开是以遣散四千人的代价来保留不缴军器的两千人。既然两千精锐不缴军器，还有发动奇袭的机会。即或诈降失败，先全活了四千人也是好事。我们追查清方有关记载，也都提到了这四千人。例如：

骆秉章《生擒石逆疏》：

> 讯明新被裹胁及老弱者，发给路票，遣散四千余人。

一次遣散数千人，在人口稀少的边远之区不是一件小事，民间必然知道，因此也有口碑。例如石棉县政协张剑波老先生综合诸家史料与口碑而写的《石达开入川被擒史料》一文中也提到此事：

> 石达开已押去富林，其部众滇黔新附参加者尚余四千余人，为清兵缴械遣散。

遣散后的四千余人既已取得“路票’，应是各回原籍，但清方文书黄彭年《代刘蓉致骆秉章禀稿》中又透露了都司王松林“少年喜事”，擅自收编了这四千余人中的一部分，受到斥责，所招“余党”，予以“扫除”的消息。消息仅此而已，详情不得而知。

这四千余人是在一天之中领到路票遣散的。他们离开之后，还会不会遭到袭杀，当然还很难说。不过考虑到以下这两种情况，他们被杀的事即使发生，也不会太严重。

1.这时清方杨应刚等人正把注意力集中在石达开与未缴军器的两千人身上，无暇他顾。如果因为追杀这些被遣散的人而引起那两千人发生骚乱，得不偿失。

2.当时洗马姑一带都是彝族地区，山高林密，地广人稀，劳动力极为缺乏。彝族奴隶主(黑彝)常常掳人为奴，称为“娃子”。一个强壮的奴隶可以卖几两到几十两银子，他们绝对舍不得杀掉。这些遣散的人被黑彝抓获沦为“娃子”的可能性极大，被杀的可能性很少。

因此，不管以后的遭遇如何，这被遣散的四千人的生命大致可以保住。

三、留下的两千人是否杀尽

留下的两千精锐是石达开想用以发动突然袭击的资本，诈降之后如能再打翻身仗，希望都在他们身上。对于这两千人的素质，清方也是知道的。如骆秉章《生擒石逆疏》中说：“尚有二千余名，半系该逆五标悍贼，临阵用以冲锋。遂派文武弁兵及土司岭承恩之弟岭承高押至大树堡，复经唐友耕派都司唐大有等带队过河，约会副将张福胜、都司庆吉等四面驻扎弹压。”

在向清廷的奏报上，骆秉章不便说这两千人未缴军器——既是投降，为何不缴军器——但从这“四面驻扎弹压”如临大敌的描写，就可以看出这两千人是手持军器的。黄彭年《黎雅纪行》中已明记其事：“询知大树堡尚有二千余人未缴军器，其伪周宰辅领之。”

试看，这两千余人由太平天国自己的将官周宰辅率领，并非由清方将领率领，而且“未缴军器”，俨然是一支独立大队。从中就可以看出一段隐情：石达开对杨应刚等人并非无条件投降，而是有条件的谈判。石达开在别的方面做了让步，却坚持保留这未缴军器的两千精锐。出险之后，一有机会，就可发动反攻。对于这一点，清方也是有所戒备的。如黄彭年《黎雅纪行》中说：“既而闻贼势益蹙，将缚石达开来降。骆公虑其伪降以缓我师，乘懈而逸，又虑诸将之不能善其后也，于是檄刘公(刘蓉)往。”黄彭年自己也有这种看法："日暮得雅州书，谓贼穷乞降，将过河审其虚实。因检新津图经，南诏阻新穿水不得渡，乃伪请和，桥成而遁。今日贼势正与咸通往事相类。"

当时双方心里都很清楚，诈降成败，只在瞬息之间。以后唐有耕突然过河夺俘，使石达开与他未缴军器的两千精锐脱节，诈降自然就失败了。在石达开方面来说，诈降与"舍命全军"二者之间并不矛盾。诈降成功，可以东山再起，重振军威；诈降失败，也可以保住一部分人的生命，不致全军同归于尽。不论这两千精锐命运如何，首先是全活了那已经遣散的四千人。

诈降既已失败，清方对于那些素称"悍贼"的两千精锐自然不会放过。先是戒备森严，四面驻扎弹压，继则大施毒计，要想斩尽杀绝。对于这次袭杀事件，清官方自然说得极为干脆，认为"无一漏网"，不会详加记载。一些情况，只能从私家著作——参考史料与口碑——中透露出来：

任乃强《纪石达开被擒就死事》中说：

> 初四日，雅州知府蔡步钟奉骆秉章（按：应是刘蓉）密扎，率军渡河，包围大树堡军。初五日拂晓，焚所住寺庙，杀降二千二百余人。降军睡梦中，有跃升屋脊图逸者，悉被铳击坠，无一幸免。今其地有碑，曰"鲸鲵封处"。

张剑波《石达开入川被擒史料》中说：

> 当夜以火箭为号，各路清兵彝兵，齐向禹王宫进击，喊杀震天，号火明如白昼。达开部犹誓死不屈，跃登屋顶力战。除夺路冲杀，气尽力竭，投河死者数十人外，余皆战死，无一生者。

看来，这两千精锐，大多数是被杀了的。从他们还在"力战"的记载，可以说明他们手中确有军器，我们到当地访问时，群众的口碑说："杀了不少，逃出来的人，大都是跳河泅水逃掉的。"当然，要想斩尽杀绝是清方的主观愿望。事实上，杀得再干净，也难免会有漏网的。当地群众向我们介绍，有好几家是长毛根根（太平军后裔），他们的祖先就是当时冒死逃出的太平军。

四、当地还有许多太平军后裔

根据《四川彝族近现代史调查资料选集》中《太平军经过四川彝区概况》一章的记

载，与我们在大渡河一带古战场向群众调查所得的口碑，我们了解到石达开的余部（包括先已被遣散的四千人与在大树堡被围攻的两千人中逃出的幸存者）不仅未被杀光，活下来的还很不少。据不完全统计，他们的后裔在今四川省石棉、甘洛、越西三县县境之内的即有一千余家，共数千人，一般已传三代。还有不少人逐渐移居到其他各县，如冕宁、德昌、西昌等地。那里地广人稀，搬家的情况不多。谁家是长毛根根（太平军后裔），左邻右舍都能指的出来。这种调查了解所得的情况，自比清方的一纸公文为可信。因此，我们可以说，石达开的“舍命全军”并非完全白费，应该说，确已全活了四千人左右。

1990 年 1 月 16 日的《人民政协报》上刊载了毛幼熙同志所撰的《“彝海结盟”与陈志喜》一文，说到了陈志喜正是石达开余部的后裔。文章不长，照录如下：

> 1935 年 5 月，刘伯承将军和凉山彝族果基支首领小叶丹，在冕宁县海子边达成了举世闻名的“彝海结盟”，使红军顺利通过彝族聚居区，迅速抢渡大渡河，飞夺泸定桥。“彝海结盟”的光辉篇章已载入中国革命史册，然而“彝海结盟”的联系人陈志喜，却鲜为人知。
>
> 陈志喜祖籍湖南。他父亲曾当过太平天国石达开的兵，在石达开兵败之后，流亡到冕宁落户。陈志喜读过私塾，有一定文化，在城北十五公里的大桥镇开酒店。因大桥是彝汉杂居区，长期与彝族接触，所以他精通彝语。他为人热诚，精明能干，在地方上很有活动能力，无论在汉人或彝民中部享有一定的威望。他与彝族罗洪支头人罗洪作一、果基支头人果基小叶丹都是好朋友。
>
> 5 月 21 日，红军先遣队在刘伯承率领下到达大桥。刘伯承就住在陈志喜家，并问他怎样才能通过彝族地区。陈志喜对大桥到大渡河一带的彝区很熟悉，愿意为红军带路。他向刘伯承介绍了彝区家支情况后，建议红军做好彝族头人中最有威望的果基小叶丹的工作，并表示自己可以把他找来。于是刘伯承托陈志喜请小叶丹到大桥会晤。几经周折，刘伯承与小叶丹在彝海湖北岸相见，以水当酒，歃血盟誓结为兄弟。因为事前有联络、有准备，所以谈判进行得很顺利。
>
> 1950 年春，凉山解放。7 月，几位解放军来到冕宁接陈志喜去见刘伯承将军，才知陈志喜早已去世。陈志喜的妻子徐宝珍当年在家破人亡的困境中，将三个女儿抚养成人。然而在“文革”期间，徐宝珍一家竟成了‘冒充革命有功人员家属’而遭到迫害。直至 1979 年粉碎“四人帮”后，才在中央军委和刘帅的关怀下，由中共

冕宁县委发文件肯定:“陈志喜在促进‘彝海结盟’这一重大历史事件中,和帮助红军顺利通过彝区的工作中,确实有重要贡献。”

如果我们看问题能够广阔一些,则在这次“彝海结盟”活动中,“舍命全军”的石达开应该也有一份功劳。因为他为能够多少保存一点革命力量而毅然作出牺牲。

石达开就义日期考

公元1863年，太平天国通军主将翼王石达开在川西大渡河畔覆军被俘，后来就义于成都，他就义的日期究竟是几月几日，大致有三种不同的说法：

一、李滨《中兴别记》卷五十九中的“己亥”说。

二、薛福成《庸盦文编·书剧寇石达开就擒事》中的“乙卯”说。

三、任乃强《记石达开被擒就死事》中的“六月二十二日”说。

笔者认为：三说均有可疑之处，比较而言，《中兴别记》的说法最不可靠。文中的“己亥”既可能是四月二十三日，也可能是六月二十四日。如果是四月二十三日，则失之过早。按是日石达开正率残部六千余人从紫打地向东突围，如果是六月二十四日，则失之过迟。因为五月下旬，石达开牺牲的布告已遍贴四川各地，李滨说“骆秉章破贼于天全”，但石达开从未与清军作战于天全，骆秉章也从未到天全督师，文中所记皆非史实，自不可信。

“六月二十二日”之说失之过迟。如任乃强《记石达开被擒就死事》云：“六月二十二日，奉清廷谕，凌迟，行刑于北较场。”简又文《太平天国全史》第十八章云：“初十日，翼王等五人押解至省，经骆秉章亲讯，派员录其自述经历，改作口供。至六月二十二日，奉清廷谕，翼王、曾仕和、黄再忠、韦普成四人在成都凌迟处死。”持此说者似认为骆秉章需要得到清廷批准才能处死石达开，所以在记叙中都有“奉清廷谕”之语。当时成都与北京之间的公文往返至少要一个月以上，如果要等复文到达，石达开就义日期自然会推迟到清历六月下旬。实际上，“钦命督办军务”的封疆大吏骆秉章可以先斩后奏，不必等待清廷复文。以后曾国藩在南京处死李秀成，亦复如此。告示上的所谓“恭请王命”一语，不过是具文而已。杜文澜《平定粤寇纪略》卷十五云：“达开率余党七八千人奔至老鸦漩，复被土兵截杀，进退无路，即为杨应刚等擒获，解省讯明，极刑处死。”既然“解省讯明”，即可“极刑处死”，可见并未报请清廷批准。现存四川省档案馆的骆秉章处死石达开以后所贴告示原件上的日期，也能说明这一问题。处死人犯的告示必须在执行之后始能张贴，这是不言而喻的。告示上只有“同治二年五月”，未有日期。无论是五月的哪一天，都不可能得到清廷的复文，因为石达开等人五月初十日才到成都。

“乙卯”说接近史实，但仍有可疑之处。乙卯，即清历五月初十日。此说来源于薛福成《书剧寇石达开就擒事》：“达开至成都对簿，有司讯其前后抗官军事甚悉，口如悬河，应答不穷……乙卯，磔达开于成都市。”又如郭廷以的《太平天国史事日志》中亦云：“6 月 25 日(五月初十)翼王石达开父子及宰辅曾仕和等解抵成都。川督骆秉章会同将军司道鞫讯，据供起事始末，历历如绘，均被处死。”这些记载等于承认石达开从解到至处死都是一天之中的事情。

薛福成《庸盦文编》出版于 1889 年，郭廷以《太平天国史事日志》出版于 1946 年。数十年来，尽管大家对于五月初十之说不无怀疑，但是大多数有关太平天国历史的著作仍从其说，认为石达开就义的日期为 1863 年 6 月 25 日，即太平天国癸开十三年五月十三日(清同治二年五月初十日)。但从情理上推断，在石达开押解到达的当天就办完个别谈话、公开审讯、公开处死这些事情是不可能的。任乃强《记石达开被擒就死事》云：“初十日至成都，骆督命一府尹与王晤谈，询其起义以来经历，有人记录之，凡二日乃竟。”此说比较可信。骆秉章要想从石达开口中探听消息，必须通过个别谈话。未经摸底，不会贸然进行公开审讯。石达开是讲客家方言的广西人，说话不易听懂，从现存的已被大删大改的“自述”看来，就有误听误记的情况。当时谈话颇费时间，可想而知。又张剑波《石达开入川被擒史料》云：“石达开等被押于五月初十日抵成都，即被分监管押，互相不能见面。”他们既经关监，也能说明并非当天解到当天处死。再从现存四川省档案馆的《巴县档案》中所保存的抄贴骆秉章告示有关文书，即可看出石达开就义日期绝非五月初十日。试看：

重庆府正堂阮为行知事。同治二年五月十六日奉按察使司牛扎，开：同治二年五月十一日奉总督部堂骆扎，开：照得发逆伪翼王石达开、伪宰辅曾仕和、伪中丞黄再忠、伪恩丞相韦普成，现经本督部堂会同成都将军督同在省司道亲提研讯明确，应即恭请王命，即行正法，以彰天讨而快人心。合行扎委，为此扎仰该司会同标下中军副将，即将发逆石达开、曾仕和、黄再忠、韦普成验明正身，绑赴市曹凌迟处死。将石逆首级用石灰醃罨，木笼装盛，以备解献京师，传示各省。余贼首级，即枭示四门，以昭炯戒。其石逆幼子石定忠着牢固监禁，归入缘坐案内，照例办理。仰将监刑文武职名报查毋违。等因，奉此。除详报督宪，并移督标中协，及行成都府，将发逆石达开等处决外，合就扎行，扎到该府，即便转饬所属一体遵照毋违。等因，奉此。合就扎行，为此扎仰该县即便一体遵照毋违，此扎。右扎巴县准此。同治二年五月二十三日。

当时这份正式公文既已说明骆秉章命令按察使牛雪樵处死石达开的日期是五月十一日，则石达开于五月初十日即已就义之说自然不能成立。当时骆秉章不管如何急于处死石达开，总想从石达开口中得到一些信息，个别谈话是不可少的。尽管是例行公事，处决所谓"钦犯"的许多手续还是必须做到。石达开等人于五月初十日解到成都，骆秉章还要对四川按察使司下达行刑公文，因为处决人犯要由按察使司承办。既要"绑赴市曹"公开处死，必须大肆宣传"以昭炯戒"。最快也得要推到五月十二日才能执行。或曰：《石达开自述》字数有限，边谈边记，何须二日。应知当日谈话，并非句句皆做记录。而所作之记录，亦必不止现在所见到的"自述"这一千余字。传闻当时记录原稿有四大本之多，因无确证，自难轻信。但薛福成文中提及的"于当世诸将负盛名者，皆加贬辞，惟谓曾文正公虽不以善战名，而能识拔贤将，规画精严，无间可寻"，在现在所见到的"自述"中全未提及，足见删改之多，远非原貌。

根据上述理由，笔者认为：石达开就义日期当为公元1863年6月27日，即太平天国癸开十三年五月十五日，清同治二年五月十二日。

石达开窖藏考

一、窖藏问题产生于何时

太平天国翼王石达开所率领的远征军在川西大渡河畔全军覆没，他本人被俘后在成都就义，至今已经120多年。在20世纪30年代以前，谁也没有听说过石达开在失败前窖藏了财物，历史文献与地方志上也无此记载。直到1936年，有赖执中其人者向当时的四川省政府主席刘湘献计，挖掘石达开的窖藏以助军饷，此事才为人所知。如果实有其事，则发掘出来的文物，自然是研究太平天国历史的极其可贵的第一手材料。所以50多年来，此事一直为研究太平天国史的学者和爱好太平天国史的群众所关心。事实究竟如何？有加以考查之必要。

要考查此事的真伪，首先要考查一下最先提出此事的赖执中其人。看他所说的内容究竟实有其事，还是存心作伪？赖执中名秉权，字执中，是四川越嶲安顺场（距离石达开覆军处仅几里路）土著士绅，能文。1923年，他撰有《太平天国翼王石达开紫大地蒙难纪实》一文，详述石达开覆军经过，1945年由曹濬文书写勒石。文中虽有夸大之处，如谓石达开军有十余万人之多，但记事大致不差，说明他对太平天国历史有一定的了解。这样，他既有发现太平天国遗物的可能，也有故意作伪的可能。现把他所撰的《纪实》一文全文照录如下（此文勒石存四川省石棉县文化馆内，从未公开发表），以供研究他的说法是真是伪的同人参考。

清同治二年春三月二十七日，太平天国翼王石达开拥兵十余万由滇来，经冕宁至越嶲紫大地。松林地土司王应元断桥沿松林河抵御。适时大小两江暴涨丈余，王以山洪陡发，其涸也可立而待。越日川督骆秉章檄调总兵唐友耕驰防大渡河北岸安靖坝，知雅州府事蔡步钟晋驻富林，杨泗营总兵萧庆高、何胜必率中右两军驰至增防，阜和协副将谢国泰督本标兵驰由磨西猛虎岗以增防御力量，越嶲同知周岐源、参将杨应刚暨邛部土司岭承恩等进扼竹马石门坎一带，云南提督胡中和驻节化林坪策应各地。南字营游击王松林自冕宁直趋筲箕湾以防擦罗一线，四川布政使刘蓉亦至富林调度粮饷策应各军。三十日王以士兵数千由大渡河上游抢渡不成，四月四日成船筏各数十饬属再渡不得。初六日改图松林河，由雅寨下趋磨房沟，又不能如愿。王知陷入绝境，愤极图存，十八日亲率部伍，分途横渡，复被唐友耕、蔡步钟、王应元凭河截阻，仍难践越，至是战守俱穷。进退失据，粮尽食及草根，草尽食及战马。兼之疟痢流行，死亡枕藉，阅时一月，而军屹然不动，其得士心如此。"呜呼！"此岂田横之客所可同日而语者哉！读骆秉章奏报，谓先调唐友耕一军驰防大渡，或为请奖张本，薛福成谓半渡撤回，亦属耳食之言，不足以为信史。初、王娘某鉴王陷入绝境，劝王改图，并仰药死，以绝王念。相传葬紫大地唐山，不封不树，迄今尚难寻觅。噫！亦可哀矣！四月二十二日越嶲营参将杨应刚亲谒王垒，劝王牺牲一切，保全部下生命，王英雄气概，视死如归，毅然许之。二十六日乃率部离紫大地。王妾七人裹帛投河以殉，部属相率自溺者以万计，烈矣！王携其宰辅曾仕和、黄再忠、韦普成暨幼子石定忠，部属相随，仍有万众。王至凉桥，应刚来晤，偕至纳耳坝，唐军放渡船来迎，相偕至河长坝转入唐军。五月初三日由富林护送成都。不图王发窜林甫一日，而其部众之留大树堡者悉被歼夷。呜呼！惨矣！夫屠戮投降，本为世所诟病，秉章何取焉？读《汉书·项羽本纪》，余尝以太史公有所避忌，执成败以论英雄，抚今追昔，事有同悲，个中真有天意，非王之智出秉章右也。嗟夫！清政不纲，王以只手救国之精神倡导革命，不有东王之变，华夏光复当不待辛亥年矣。民国癸亥，适王蒙难六十周年，余承严命记其崖略，并勒诸石以资凭吊，籍留以待后之修史君子。里人赖秉权谨记，民国三十四年岁次乙酉季夏月里人曹濬文书。

按文中所云"适王蒙难六十周年"，应为公元1923年，即他撰文之时，民国三十四年应为1945年，即曹濬文书写与勒石之时。从此文看来，作者所记石达开部最后几天的活动记载有误，因而造成了一种假象，即石达开进行窖藏尚有可能。现列一表，注明时间（包括公历、天历与清历）、史实与赖文记事之误。一经对比，即可说明石达开在请求让路无望之后，率领残部突围之前，时间极为短促，无进行大规模窖藏之可能。

当时赖执中向刘湘献计之后，得到刘湘准许，派军队进行挖掘。亲自参加这次挖掘活动的王云舍老先生凭回忆所及，写了《太平天国革命历史补充资料》一文，提供了有关窖藏的许多情况。写此文时为1980年5月，当时他已年近九旬。

时间	史实	赖文记事
公元1863年5月14日 天历癸开十三年4月1日 清历同治二年3月27日	石达开大军到达紫打地。	石达开大军到达紫大地。
公元1863年5月17日 天历癸开十三年4月4日 清历同治二年3月30日	大渡河对岸发现清军，第一次试探性抢渡不利。	以兵数千由大渡河上游抢渡不利。
公元1863年5月21日 天历癸开十三年4月8日 清历同治二年4月4日	第二次抢渡大渡河不利，五千精锐无一生还。	船筏各数十再抢渡大渡河不利。
公元1863年5月22日 天历癸开十三年4月9日 清历同治二年4月6日	渡松林小河不利。	
公元1863年6月23日 天历癸开十三年4月10日 清历同治二年4月8日	移往松林小河河口以上十里磨房沟抢渡仍不利。	改图松林小河，并趋磨房沟抢渡，不利。
公元1863年6月4日 天历癸开十三年4月22日 清历同治二年4月18日	石达开决定向王应元赠金议和，请求让路，次日发出对王的训谕。	石达开亲率部伍抢渡大渡河，仍被清军击退。
公元1863年9月8日 天历癸开十三年4月26日 清历同治二年4月22日	石达开于6月5日，6月6日两次与王应元谈判不成，粮尽援绝，死亡枕藉，才决定冒险突围。	杨应刚到紫大地谒见石达开，劝石舍命全军，石许之。
公元1863年6月9日 天历癸开十三年4月27日 清历同治二年4月23日	石达开率残部6000余人离开紫打地向东突围。	
公历1863年8月11日 天历癸开十三年4月29日 清历同治二年4月25日	石达开率残部突围，被老鸦漩水势所阻，出险无望。王松林，杨应刚来谈和，石入洗马姑清营。	

续表

时间	史实	赖文记事
公历 1863 年 6 月 12 日	石达开与杨应刚谈判结果是先遣散 4000 人,余 2000 人不缴军器,移驻大树堡待命。	这时石达开才离开紫大地,当天至凉桥,杨应刚来迎,偕至纳耳坝,遂转入唐友耕军。
天历癸开十三年 4 月 30 日		
清历同治二年 4 月 26 日		
公历 1863 年 6 月 13 日	唐友耕过河夺俘,从杨应刚军中夺走石达开等五人,他们始入唐友耕军。	
天历癸开十三年 6 月 1 日		
清历同治二年 4 月 27 日		

二、王云舍提供挖掘窖藏情况

王云舍老先生所写《太平天国革命历史补充资料》(未刊稿)全文较长,这里只摘录其中有关挖掘窖藏的部分:

1936 年夏,越嶲县安顺场土著绅耆赖某之孙赖执中(按:赖执中即赖秉权)持其祖父保存遗留下的一张翼王石达开出走时掉在他家的窖藏地图,和嵌有蓝宝石的佩剑一口(佩剑为前二十四军刘文辉之侄刘元瑭索去,故只携窖藏图来省)。来成都后,当即往会他父亲的同事唐秋三(北洋陆军学校毕业,曾任团旅长县长等职)、廖佩纯(原省政府刘湘的机要秘书,大足县籍)、张德中(越嶲县第三区区长,与赖执中系至交)及冯骧父(川康绥靖公署高参及二十一军驻京代表)与笔者(按:即王云舍)。

同年秋,正值抗日战争激烈,四川和西康两省,被列为抗日"大后方",两省军政大权(川康绥靖主任,四川省政府主席)由刘湘一人独揽。蒋介石对刘湘素不信任,因此,蒋中央对当时川康绥靖公署及省政府的军政经费与械弹补给,均尽量克扣;而庞大的川康军政开支,又刻不容缓,刘湘处此,如坐针毡。于是,即称病回大邑,疗养为名,杜门谢客,逃避纷争。刘返大邑的主要动机,早为省府秘书长邓汉祥、机要秘书廖佩纯所深悉,廖即与唐秋三等向刘透露了越嶲县赖执中携带有石达开窖藏图纸来省,并估计窖藏的六口棺材中,可能值美金若干。刘湘正处于经济困窘时,得此消息,满心欢喜,认为机不可失,当即嘱咐廖佩纯,召见赖执中、唐秋三、张德中等会晤,由赖解说所保存之石达开窖藏图纸的始末和可靠程度。结果,共同认定确有把握之后,为了保密,开凿顺利,排除障碍,故立将原越嶲县长蒋宇周调职,由唐秋三继任县长,便于掌握地方,减少干扰。为掩护和保障开凿工程,刘湘特拟定发表一"宁属森林矿产调查队"名义,配备武装，进入越嶲。并指派“绥靖公署”少将副官长韩祥麟为领队，十七师部中校营长聂中阳担任兵工开凿责任，所率工兵一千余人，以韩汀为电台台长，县长唐秋三负后勤责任。参与者有原二十一军政务处长伍心言、二十一军驻京代表绥靖公署高参冯驪父、省府机要秘书廖佩纯、越嶲县第三区区长张德中、窖藏图纸保存人赖执中、越嶲县禁烟督察长兼剿匪粮秣委员会委员长王良之(按：即王云舍本人)。

窖藏地址在越嶲安顺场上场尽头处营盘山脚的高升客店后院的灶间。当时系从山壁凿一洞穴，约十余丈，共三穴，每一石门均砌石条，以三合泥土封固，异常坚实。发现石门后，工作人员皆极兴奋，再按图纸位置凿进。至穴室时，则霉气潭人，感到头昏目眩，恶心呕吐。霉气消散后，则发现穴室地面尸骨残骸及零星金玉饰物，如金抹额、铜带扣、吊刀、玉额花、袖箭筒、护手、木刻等，大都残缺，无一完整者。

再凿至第二穴室，室内较干燥，室壁左右各放石条凳一个，凳上各放一土陶大口圆形罈。一罈中盛有清水半罈，清澈无臭味；另一罈中放有一座鎏金铜山，高尺余，别无他物。石凳面上，杂陈零星金、玉、银、铜、水晶、玛瑙、珊瑚珠等器，约十余件。

穴室中所凿出之鎏金铜山及较完整之金玉零星杂件，当即由该队装箱运往成都，交省府机要秘书廖佩纯转交刘周书(刘湘之妻)收存。刘湘获此，对开凿窖藏，更加迫切，并电知该领队韩祥麟及县长唐秋三等继续努力开凿，早竟事功，以解决川康军政费支付不足的危机，以冲破蒋中央克扣军政费的障碍。

但是，愿望终成幻梦，漏舟偏遇顶风。正欢欣鼓舞，开凿第三穴室之际，被蒋中央别动队特务密报“重庆行辕”。蒋中央及“重庆行辕”立即派一支由中央及行辕组成的“川康边区古生物考察团”，由马长寿博士(古生物及人类学专家)、南举星(中央特派员)与德籍顾问韩劳德、格浦利亚等十余人，进入宁属(即越嶲、昭觉、宁南、西昌、盐源、盐边、会理、冕宁等八县)，并由“重庆行辕”通知：“凡属考察团到达各县，地方政府及民众应予保护协助。”当该团将到达越嶲前，曾在富林(汉源县与越嶲一河之隔)逗留，当晚参加汉夷民团指挥羊仁安司令晚会。笔者(按：即王云舍)亦应邀参加。席间除该团全体人员外，有羊仁安指挥、张道生司令、李左泉校长、王槐参谋长等。宴后，参观该团在沿途采集的矿、植物与人类兽类等骨骼标本。

该团于次日由富林分两组出发，一组经大树堡、桦林坪、挂金坂、茶林、凤窝，进入田坝各少数民族地区；一组经大树堡、晒经关、海塘、蓑叶坪、天星关直达越嶲县城。欢迎午宴中，除马长寿、韩劳德等德国顾问外，还有驻军旅长李克源、县长唐秋三、县党部主委张竹邨、夷族西山队长哈啰咕嘟与曲木倡民及笔者(按：即王云舍)。

该考察团到达越嶲，主要是侦察刘湘开凿窖藏的动机和驻军攻打普雄少数民族的内幕。但在马长寿等向县长唐秋三和驻军旅长李克源询问开凿窖藏与汉夷冲突之事，唐、李均婉言谢绝，避而不谈。以致毫无结果之后，考察团即离开越嶲，在西昌会合全体成员，由昆明回南京。

考察团回南京后，即发生了迅雷不及掩耳的变化，蒋中央"行政院"、"故宫古物保管委员会"会同电知"川康绥靖公署及四川省政府"，禁止地方机关借任何名义擅自开发森林矿产及毁凿古迹文物。已开凿者，立即停止；未开凿者，严加保护等语。同一时期，蒋中央又将"川康绥靖主任兼四川省主席"刘湘调职，令其担任第七战区司令，克日率部出川。至此，刘湘开凿石达开窖藏的企图，则随形势的变化而告终。

三、四川省博物馆的调查报告

四川省博物馆在获知此项情况之后，及时访问了王云舍老先生，并组织调查组到现场进行调查。1980 年 11 月 20 日，调查组写出了一份较详细的调查报告。现将报告主要内容摘录如下：

我们访问了王云舍老先生，他回顾了这件事情的始末。

1936 年夏，越嶲县安顺场(今属石棉县)的赖执中携石达开窖藏密图到成都，通过邓汉祥(前省府秘书长)、廖佩纯(刘湘机要秘书)、冯骧父(前川康绥靖公署高参)、唐秋三(曾任二十一军团、旅长)、张德中(前越嶲县第三区区长)和王云舍，将此图献给刘湘。赖执中自称：1863 年太平天国翼王石达开率部进至紫打地时，曾在其祖父家住。石达开蒙难后，其祖父在石达开住过的卧室内拾得这张窖藏密图和一把嵌有蓝宝石的佩剑。赖又称，太平军陷于绝境时，向他的祖父购买了六口棺材，说是装殓石达开的六个王妃。但是这六个王妃是投大渡河自溺而死，有人亲眼看到她们的尸体从河里漂走，并未装殓。由此推测，六口棺材很可能是用来窖藏金银和文物珍宝的。赖执中还说，他祖父拾得这两样东西后，感到事关重大，只有保藏的义务，如私自挖掘窖藏难免有杀身之祸，因而一直传到他手里。但不久，石达开的佩剑却被二十四军师长刘元瑭索走了。

那时刘湘与蒋介石矛盾重重，军政费用遭到克扣，入不敷出。在此困厄之际，得到这个消息当然满心欢喜，于是决定按赖执中所献密图动工挖掘。为了掩人耳目，保障挖掘工程顺利进行，特用宁属森林矿产调查队名义，配备武装进入该地。川康绥靖公署少将副官长韩祥麟为领队，二十一军十七师中校营长聂中阳率工兵一千余人担负挖掘任务，韩汀为电台台长，唐秋三和王云舍负责粮秣后勤。

王云舍说，他看过赖执中献的窖藏密图。系从山壁往内凿一洞穴，约十余丈深，分三穴，每一穴门均砌石条，用三合泥土封固，异常坚实。1936 年刘湘组织的发掘队，凿进第一室时毒气逼人，头晕目眩，恶心呕吐。毒气消散后，则发现穴室地面有不少零乱的尸骨残骸和金玉饰物，如金抹额、铜带扣、吊刀、玉额花、袖箭筒、护手、木刻等，大都残缺，少有完整的。再凿至第二穴室，室内较干燥，石壁左右各放石条凳一个，上面分别置有一个大口圆形土陶罈，其中一罈盛有清水，清澈无臭味；另一罈内装有一座鎏金铜山，高尺余。在两个石凳上面还杂陈有金、玉、银、铜、水晶、玛瑙、珊瑚珠等器物十余件。上述器物，如鎏金铜山等当即装箱运往成都，由前省府机要秘书廖佩纯交刘湘之妻刘周书收存。

发掘工作正在进行中，蒋介石的别动队特务侦悉到这件事，密报中央和重庆行辕。重庆行辕立即派出古生物学博士马长寿、中央特派员南举星、德籍顾问韩劳德和格浦利亚等十余人组成的所谓川康边区古生物考察团。这伙人到达越嶲，当地军政当局采取软拖，不予支持，尚未深入安顺场就只好返回。国民党行政院、故宫古物保管委员会旋又会同电令川康绥靖公署和四川省政府，禁止地方机关借任何名义擅自开采矿产及毁凿古迹文物。已开凿者立即停止，未开凿者严加保护。与此同时，国民党中央又将川康绥靖公署主任兼四川省主席刘湘调职，令其担任第七战区司令，克日率部出川。至此刘湘开凿石达开窖藏的活动，尚未进入第三穴室，便半途而废。

根据王云舍先生提供的情况，我们着手调查。1936 年参与刘湘挖掘窖藏的主要人员，除他外，窖藏密图现存刘湘之妻刘周书手中，此人在香港。其余的人都已去世。

1980 年 10 月，我们邀集王云舍、任星炳（前国民党王志易部第一军副军长，现为省政协委员）二位先生，专程到石棉县安顺场作了实地考察，着重调查了这么几个问题：

1.是否确有石达开的窖藏？

经多方面查证，1936 年刘湘组织在安顺场发掘窖藏，确有此事，至今这里的老人都记得。红军长征途径安顺场后一年左右，国民党的队伍在那里挖过宝。安顺三队七十岁的社员李树轩说："赖执中想保他的家，到成都逛了一趟回来说'翼王石达开脚踏金，手踏(?)银，挖到他的坟，单是金子都用不完'。赖就邀了聂营长一营人到安顺场来……当时听说挖到过一把绿色鱼皮吊刀，又说挖到一罈水。有些又说是他们没福，是一罈金子化成了水。"安顺一队的社员杨荣良，当时的住地只隔发掘点二三百米远，他说："聂营长带兵在大黄桷树那里挖……听说挖到一个空罈子。"由此看来，群众的这些反映与王云舍先生所说负责挖掘任务的是二十一军十七师中校营长聂中阳，在第二穴室内挖出了一罈清水等基本情况是吻合的。此外，我们从现场观察，在群众所说的发掘地点——安顺场西北面松林河畔黄桷树下，还清楚地看到了当年曾被挖掘过的痕迹。

至于刘湘当年发掘的是否是石达开的窖藏，当前还不能做出完全的定论，因为至今还没有找到确切的证据。从不少史籍来看，石达开是太平天国的名将，文武兼备，转战十余省，攻克过无数州县城镇，1863 年 5 月率部进入紫打地时尚有四五万人马。要维持这么大的军队开支，肯定是有大批辎重的。即使在被围困的时期，敌人坚壁清野，粮草断绝，"粮尽食及草根，草尽食及战马"，也只能看作太平军有钱买不到东西，而不是他们没有钱买东西。也就是说，石达开在全军覆没前一定还有大量的金银珍宝和文物，并不是一无所有。他在紫打地陷于绝境，苦战了二个月（按：石达开于 1863 年 5 月 14 日到达紫打地，同年 6 月 13 日受骗被俘，前后仅一个月），无法冲出重围是预料中的事，绝非突然被擒或战死，因此有较充裕的时间来埋藏贵重的东西，以便寻机东山再起。基于这些分析，我们认为石达开蒙难之前，在这个地方埋有窖藏的可能性是极大的。1980 年 8 月，有一社员在松林河边淘沙金，无意中从黄桷树下游不远处拾得了一块银锭，椭圆形，约九两重，上面铸有"卅一年"、"温江县"的字记。这件事或许也可看作附近有窖藏的蛛丝马迹，当然也存在其他方面的可能性。

再一问题，1936 年刘湘组织发掘的地方究竟是墓葬还是窖藏？据王云舍的材料分析，分三个穴室，第二穴室内放有一罈清水和一鎏金铜山，再经罗盘显示，它的向背恰好正南北位。这在一般窖藏中是没有见过的，类似于墓葬的形式。但是，第一穴室内又有许多杂乱的尸骨，很可能是参与建造者突然被杀害的。如系埋葬人，这种情况又难以理解。综观全部情况，我们初步认定，很可能是石达开在全军快要覆没的情况下，为掩人耳目，以墓葬的形式搞的窖藏。

2.地点在哪里？

王云舍老先生说：1936 年挖掘窖藏的地址在安顺场外西北面营盘山脚下，松林河铁索桥下游方向的一家名叫高升店的房背后。高升店和铁索桥之间有株古老的黄桷树。

安顺场，古称紫打地，原属越嶲县，东濒大渡河，北临松林河。自 1863 年石达开部太平军在此全军覆没后，这里的地貌情况发生过较大的变化。《越嶲厅全志》记载，紫打地在光绪二十八年(1902)秋被大水冲没,另于其侧建立新场,即今安顺场。当地九十余岁老人黄张氏回忆,壬寅年(1902)大地震,松林河北岸的箕斗山垮下来,堵塞了河道,迫使松林河向南移道,冲走了紫打地全部街道,现在的松林河心就是当年紫打地的街心。如以 1936 年刘湘组织发掘时的地貌情况为基础,至今则无大的变化,除营盘山脚修有公路,以及将离山脚十多米的一条小道改为水渠外,其余大体与原状相同。

经查记,在王云舍先生所谈的地方,过去确曾有座松林河铁索桥,现已按原桥址改建为水泥桥(名为先锋桥)。离先锋桥下游 150 米处,也的确有株古老的黄桷树,再往下行 195 米处,就是王云舍所说的高升客店的地点。当地群众反映,从 20 世纪 30 年代初到 50 年代末,那里只有两家住户,一户姓孙,一户姓杨。杨家务农,孙家经营麻花、凉粉等小本生意,也住宿一些过往客人,但无店名。我们遍查了这一带,从来就没有一家高升客店,也许王云舍的说法是孙家小店的讹称。现在这两家的房屋已经全部拆除改为农田,孙家小店的房背后尚有一个崖框,深宽均约一丈,壁端为原生土,无回填痕迹。这与王云舍所说的,1936 年挖掘到第二穴室后,因蒋介石中央严令制止而被迫停工,然后用土石封闭了洞口,显然有很大的差异。杨家住房后边的崖壁内也有一个崖框,前几年因上面泥土垮塌,洞口被封住了。但是,当地群众都证实这二处崖框是早就有的,从来没有人在那里挖掘过。国民党军队挖宝的地点不在这里,而是在上游的黄桷树下。安颇一队社员杨荣良,原来家住这里,当年并没有离开过。他十分肯定地说:"聂营长的兵……没有在我们两家住的洞口挖过,只在黄桷树那边挖过。"因此我们认为王云舍老先生回忆的发掘点有误。1936 年刘湘组织的发掘地是在先锋桥下游方向 150 米处的黄桷树下。

3.这个地方是否还可发掘出大量文物?

根据王云舍的回忆和实地调查,都说 1936 年挖出的东西不太多。如果此处确系石达开的窖藏,出土状况则是很不相称的,原因不外有两点:一是大批东西在第三穴室,还没有发掘到这里就被迫停工了,二是位置没搞准。

1936 年到现在是否还有人挖过呢?根据当地群众反映,绝对没有这回事。因此我们认为,很可能在这里还会发掘出大量的珍品。

石达开所部太平军在四川的悲壮历程,是太平天国史事中重要的一部分。对石达开的评价以及这支农民革命队伍在紫打地全军覆没的史实,是长期以来一直为众多史学工作者注意的问题,存在不少分歧。迄今为止的有关著述,或语焉不详,或谬误甚多。为了寻得确实可靠的文物依据,解决学术界长期争论的这一重大问题,我们认为有必要对石达开在安顺场的窖藏做一次清理。

四、我们到现场探访的情况

四川省史学界于1981年8月在四川石棉县举行了“四川省纪念太平天国革命130周年学术讨论会”。会期之中与会后都到现场探访了当时两军鏖战的古战场与石达开窖藏的地址。

当地的许多群众全都指出国民党军队曾经挖过宝物的地方是先锋桥下游百余米处的黄桷树下。众口一词，绝无例外。我们确也亲眼见到黄桷树下还有挖掘过的痕迹。可见四川省博物馆调查组所指出的挖掘窖藏的地点是正确的。而王云舍老先生所指的地点不符则属记忆有误。

这棵大黄桷树现在是在公路之北，松林河之南，紧靠河边。如果当时就是这种情况，人们是绝不会选择这种地方作为墓葬地点或进行窖藏的。好在地方志书既有记载，群众中间也有口碑，都说明松林河已经改道。在1902年以前，现在的河道正是当时紫打地的街道。黄桷树所在的地方恰好是街道的尽头，背靠山坡，用来作为墓葬或窖藏地点，是完全可能的。

不过，可以用来作为墓葬或窖藏并不等于确实有人用来作为墓葬或窖藏，我们所希望发掘的是窖藏，如果这里只是墓葬，那就与我们无关，我们希望发掘的只是石达开的窖藏，如果发掘出来只是别人的窖藏，那也与我们无关。

五、究竟是不是石达开的窖藏？

四川省博物馆的同志们还准备再作一次挖掘工作。这里究竟是不是石达开的窖藏地？只有在再次挖掘，真相大白之后才能做出结论。但在真相大白之前，我们是不是可以就现已获知的一些情况做出初步的判断来？笔者认为还是可以的。经过仔细分析之后，笔者认为，这里只是一处墓葬，绝非石达开的窖藏。理由如下：

1. 石达开的大军虽在紫打地屯驻将近一个月，但是随时都想抢渡大渡河或松林小河北上。后来虽然抢渡不利，还在想办法和土司王应元谈判让路条件。1863年6月5日、6月6日两次和王应元谈判不成，这才决定全军突围。突围开始时间是6月9日中午，从谈判不成到进行突围前后不过两三天时间，不可能修建那么精致的石穴，石穴中放置的物品也不可能那么井然有序。石达开在进军的企图还未放弃之前，是不会窖藏财物的——因为进军途中需要大量开支，在进军的企图放弃之后，时间又太仓促，不可能从事工程浩大的窖藏，只可能进行简易的窖藏。更大的可能是，在老鸦漩一带徘徊，突围绝望之时，把许多财物付之流水。

2. 罗盘显示，石穴的向背方向是正南正北。博物馆的同志们说得好，世间从未见过这样的窖藏，只有墓葬才会出现这种情况。

3. 1936 年以前，谁也不知道这里有石达开的窖藏。1936 年挖掘以后，当地群众都说是国民党军队挖宝，没有任何一个人说过是在挖石达开埋藏的宝物。因此，石达开窖藏问题没有一点口碑留存。这是一种难以解释的现象。最合理的解释是：这里根本没有什么窖藏。凡是提到石达开窖藏的都是知识分子，他们显然是受到赖执中说法的影响，也可以说是受到暗示。除此以外，找不到任何与石达开有关的根据。

4. 据王云舍老先生回忆，当时已经挖掘了两个石穴，只是还没有进入第三石穴，而且已经挖出了一批文物。这虽不能说是真相大白，至少也能说是真相小白。但从已经发掘出的东西看来，没有一样可以与石达开挂钩、可以与太平天国挂钩。其中有些东西，如金抹额、袖箭筒等等，显然是比太平天国时代更早的遗物。因此，这里并非石达开的窖藏，而是早于太平天国时代的墓葬。

那么，是不是赖执中故弄玄虚，有意欺人？笔者认为：这有两种可能。一种是，赖执中本人有意欺人。他从先辈的口中知道某处有古墓葬。为了可以合法地进行挖掘，他故意吹嘘为石达开的窖藏，以吸引地方官的注意，希望从中能够得到一些好处。自己能得一些珍宝是一种好处，向封疆大吏献计也会得到好处。加之他又略知一些太平天国历史，这就更有利于编造故事。不过故事既是凭空编造的，难免总有一些漏洞。例如他说他祖父在石达开住过的卧室内拾得这张窖藏密图，这就令人难以置信。如此机密的窖藏密图，石达开怎么会随便丢失？又如他说石达开为了窖藏财物，预先购得六口棺材，说是收殓王妃之用。还有人亲见王妃投大渡河后尸体从河里漂走，所以怀疑这六口棺材是用来装财物的。这些说法都不近情理。石达开的妻妾投河，是在老鸦漩已经走投无路之时。他绝不会从容不迫地预购六口棺材，作为收殓妻妾之用——未到紧急时刻，他的妻妾为什么要去投河？而且，根据太平天国礼制，死后一律不用棺材，只用黄绸包裹埋葬。洪秀全死后，在天京城内都是如此葬法，正在前线鏖战的石达开怎么会想起要买棺材。这种违背太平天国礼制的行动，难道不会引起部下的疑心？而且，王妃自尽只会在深夜无人之处，绝不会白天在有人之处投河，让人看见。大渡河水急如箭，有人投河，转瞬即不知去向，根本不可能漂起来为人所见。这些说法，可谓言多必失，处处都会露出骗人的马脚。

另一种情况是，不是赖执中本人有意欺人，而是他受了自己祖先的骗，再转而欺骗别人。或者是：他的父、祖告诉了他一些并不真实的事，他又添油加醋，编造了一些，以自圆其说。

不管是哪一种情况，总之，说石达开有窖藏一事是于史无据，不近情理。紫打地并没有石达开的窖藏，石达开根本就没有什么所谓的“窖藏”。

石达开未死传说考

一、传说为何产生？

石达开在川西大渡河覆军被俘之后，解往成都，极刑处死，这已是毫无疑问的历史事实。但是一百多年来，民间——尤其是四川民间——却盛传其未死，说被处死的只是他的替身马某，他自己已经脱险，云游四海，最后羽化而登仙。民间传说，常常能够表达广大群众一种善良的愿望，至于是否符合史实，无须探讨。例如民间非常同情梁山伯与祝英台，说他们死后已双双化为蝴蝶，这当然是不可能的事。但是我们对石达开未死之传说与对梁祝哀史的传说，却不能等量齐观。梁祝哀史说的只是一件哀感顽艳的爱情故事，而石达开未死之说法，则曲折地反映了广大群众对于历史人物的评价，并且传说之来，事出有因，探讨明白之后，也有助于澄清史实。笔者撰写本文，目的在此。

传说之来，不起于太平天国本身，也不起于民间，而是起于清方。早在1852年，由于清军将帅谎报军情，就闹过一次石达开死而复生的笑话。当太平军撤长沙之围，全军西渡湘江北上，清将福兴谎报打死"翼王石大剀"的消息，钦差大臣徐广缙据此上报清廷。后来徐广缙获罪撤职，向荣继任，在奏报中又提到石达开之名。咸丰觉得奇怪，就在奏章上硃批质问："何又有石达开？是否即系石大剀？"以下两件史料，足以说明这个问题。

夏燮《粤氛纪事》卷一："据奏称官兵四路围截，歼其坐轿之逆首伪翼王石大剀，及夺获太平印，皆张虚捷也。"

向荣《进攻武昌贼营并筹办各事情形折》："逆匪洪秀全尚在汉阳，杨秀清即住武昌省城，其罗大纲、石达开往来行走，尚无定处。"（朱批：何又有石达开？是否即系石大剀？）

天京内讧发生，清廷上下多次谋划招降石达开。石达开远征之后，这种活动更为频繁。最后招降不成，又唯愿其早死。宝庆会战之后，石达开战死的消息又在清廷上下流传开来。清廷一再下旨查问：石达开是否还在人间？一些封疆大吏也不敢做出肯定的回答。这种经过，骆秉章在《生擒石逆疏》中做了如下说明：

> 臣前以石逆或传其死，倘能设法生擒，辨认真确，俾就显戮，庶可以释群疑。
>
> 臣以石达开自宝庆败窜粤西后，传闻异词。前曾奉旨饬查，臣亦不敢确指该逆是否尚在贼中。而察其行兵诡计，实与前次窜扰江西、湖南、湖北无异，仰赖天威，现既俘获到省，自应审辨确凿。

在处死石达开之后，骆秉章做了不少澄清的工作。首先是向清廷奏报："石达开自供与洪秀全等自广西金田村起事即封伪王，及窜扰各省情形，历历如绘，皆臣所素悉，语皆符合。且其枭桀之气，见诸眉宇，绝非寻常贼目等伦，实为石达开正身无疑。"其次是在全省各地大贴布告。在布告中说"派前自贼营逃出者辨认，实系石达开正身无疑"，想以此辟谣。他的部下，凡是曾经见过石达开，和石达开谈过话的，亲眼见到石达开牺牲时情况的，也都纷纷帮他证明，绝非假冒。

例如刘蓉和黄彭年是在荥经见到石达开的，他们都认为不是假冒。黄彭年《代刘蓉致骆秉章禀稿》中说："是否确系石逆，去年曾奉廷旨查询。本司亦虑稍有含糊，转使正贼漏网。因于荥经途次，遇唐镇亲解石逆上省时，即将该逆提迅……其枭桀坚强之气，见于词色，决非他贼所能假冒。"又清末的周询，从他的父辈听说石达开就义时的情况，也认为绝非冒名顶替。周询《蜀海丛谈》中说："后有谓石未死，当时杀者，乃其替身。且云，光绪中有人于渡江时与同船。已作道装，遗一伞，上有翼王字等语。然以就义时之凛凛生气证之，恐非顶替者所可能耳。"

骆秉章虽然费尽唇舌，仍然难释群疑。清廷上下的怀疑是有理由的。因为：

（一）凭骆秉章的才略，绝非石达开的对手。

（二）从紫打地与老鸦漩脱险的大有人在，别人可以脱险，石达开也就更能脱险。

怀疑者虽有怀疑的理由，但却只知其一，不知其二。还应该考虑到以下的情况：

（一）骆秉章自己在处死石达开的布告上公开承认，若非大渡河"河神助顺"（即石达开大军到达大渡河畔之时，突然涨水；石达开既败之后，洪水消退），他是对付不了石达开的。

（二）石达开不是贪生怕死之徒，在情况紧急之时，他首先想到的是如何扭转局势，东山再起；其次是牺牲一己，舍命全军，并未做过个人逃跑的打算。

清廷上下的怀疑，不久又从曾国藩身上表现出来。石达开牺牲的一年之后，天京陷落，李秀成被俘。曾国藩在审问他的时候，曾经郑重问及石达开的情况。

《忠王答辞手卷》第六纸提出了“石达开死否”的问题，但是李秀成不答。他的不答也是实事求是的，因为分别六年，天各一方，他对石达开的情况确实是一无所知。说已死，说未死，皆无根据。

传说为何产生？行文至此，似乎已可做出答案。即：传说来自清方，包括清廷上下。从1852年至1864年，他们对“石达开死否”这一问题，一直关心注目。直到1863年骆秉章贴出煌煌布告，说明处死石达开的情况，仍然难释群疑。为什么？因为石达开在军、政两方面的才能都很突出，使他们非常畏惧。唯恐被处死的人是冒名的，说不定什么时候真的石达开又会出头露面。传说一旦产生，立刻就被民间所接受，而且迅速传布开来。原因是广大群众非常敬佩石达开，不忍心说他已死，很希望被处死的是冒名的，总有那么一天，能够出现石达开死而复生的奇迹。

石达开未死的传说虽然产生于清方，但是一旦产生，立刻被群众接受。这样传来传去，互为因果，传说越来越多，越传越广，终至历史搬上书场、舞台，成为艺术。清方有此传说，是因畏惧石达开，唯恐其不死；民间有此传说，是因为敬佩石达开，唯愿其不死。双方的传说虽同，而想法则异，一憎一爱，形成鲜明的对比。

传说首先来自清方，有以下史料可以作证：

咸丰七年闰五月十一日《德兴阿等奏石达开出走去向及洪秀全遣追邀留诸情片》中说：“臣等查石逆逃走之信，五月二十日前后即迭据浦口、江浦、六合等营县纷纷禀报，或云十二日由南门走出，或云二十一日在雨花台讲道三天，遂不回城，经往安徽，并未确指皖省何地，有谓仍赴江西者；有谓投吴全美水师归顺者；有谓向有归顺之意，已在张国梁棵军营通款者，并有谓剃发为僧，不知何往者，传说不一。”

有了“剃发为僧，不知何往”的传说，以后才在民间逐渐演变为“赶船留伞”、“得道成仙”的故事。

有了黄彭年《代刘蓉致骆秉章禀稿》中所说“其（石达开）枭桀坚强之气，见于词色，决非他贼所能假冒”的话，以后才在民间逐渐形成了“马生替死”的故事。

有了周询《蜀海丛谈》中所说“后有谓石未死，当时杀者，乃其替身。且云光绪中有人于渡江时与同船”的话，以后才在民间形成了“赶船留伞”的故事。

有关石达开未死的传说虽多，大致可以归纳成为以下三类。即：

（一）有关“马生替死”的故事；

（二）有关“赶船留伞”的故事；

（三）有关“得道成仙”的故事。

这三类故事虽然来源不同，情节各异，但是相互之间并不矛盾，可以连成一气。即：石达开由于得到义女韩宝英的丈夫马生的替死得以出险。以后云游各地，才有赶船留伞的事，最后又回到雪山去得道成仙。就流传的地区而言，四姑娘的故事几乎流传全国，赶船留伞的故事主要流传在四川，得道成仙的故事则只流传在四川凉山地区与大渡河一带。

二、“马生替死”的故事

“马生替死”的故事梗概如下：石达开出征时，于某地遇一十四五岁的少女，名韩宝英。她的全家被土匪所害，请求石达开为之报仇，石达开即派一支队伍消灭了土匪。她深感石达开之恩，愿意委身事之。石达开仗义不纳，收为义女。因自己已有三女，故收韩宝英为第四女，军中呼为四姑娘。四姑娘能文，代石达开掌管军中文书，颇得宠信。石达开部将求为婿者甚多，四姑娘皆不中意，独垂青于一军中文职人员马生。四姑娘因见其貌似石达开，即愿嫁之，当时即有深意也。石达开在大渡河畔被困之时，四姑娘即以大义说马生，嘱其代替石达开去清营谈判，自己则怀抱幼子沉河。石达开因此才得脱险。故事情节感人，但与史实相去太远，令人难以置信。此事最先见于王韬的笔记，以后有关太平天国的野史轶闻竞相转载，竟至家喻户晓。直到现在，四川各地还在大演川剧《四姑娘》。

写历史小说或历史剧，可以不受史事的限制，做出必要的艺术加工，但与史实不能相去过远。如果相去过远，混淆了功过是非，或使人对历史产生了误解，那就得不偿失，不如采用完全虚构，不用古人真姓真名的办法。“马生替死”的故事，与史实相去太远，因而造成许多误解的情况如下：

（一）石达开在金田起义时还不满 20 岁，天京内讧时才二十六七岁，牺牲时还不满 33 岁。他收韩宝英为义女时是在远征之前，至少是远征之初，这时他才二十多岁，那里会有比韩宝英还大的三个女儿。这是编造故事者不了解石达开的身世与年龄造成的。

（二）由马生代替石达开到清营谈判，或者是到成都去对簿公庭，这都绝不可能。

清廷上下老早就注意石达开的真伪，经过多少次的盘问与指认，才确认为“绝非假冒”。仅仅面貌相似，气质、言语都不相同，是骗不了那些老奸巨猾的清方将帅的。

（三）这个故事的主角是韩宝英，她被歌颂为奇女、侠女，可以为大义而献身；石达开反而成为任人摆布的次要角色，丧失了舍命全军的英雄气概。故事的戏剧性倒是保持了，历史却大大地走了样。这种效果恐怕是编造故事者预料所不及的。

三、“赶船留伞”的故事

赶船留伞的故事大致是这样的：光绪年间，某人某日雇船前往某地。解缆之时，有位童颜鹤发的老者前来搭船。他向船夫说：“大风将起，暂勿解缆。”船夫也是内行，知道他说的不错。不久，狂风大起，飞沙走石。风息之后，已经天晚，云散月明。某人置酒招待老者，老者善饮，酒酣长叹日：“风月依然，江山安在？”某人心疑，叩问姓名，老者不愿回答。次日黎明，老者告别登岸，健步如飞，不久即无踪迹。某人发现他遗留一伞，但已无法归还。伞极沉重，柄以铁制，上携“羽異王府”四字，始恍然大悟，知老者就是石达开。这个故事至少在四川是普遍流传。其中并无复杂离奇的情节，还保持着民间口头传说极为朴素的本色。

因为没有什么情节，所以也找不出有悖于史实的地方。如果有什么不妥之处，就在那把伞上。光绪年间，虽说国势已衰，究竟还是清朝统治。石达开如果脱险逃走，一定会注意隐藏，避免暴露。也就不会再用“翼王府”的旧物。如果真是“翼王府”的旧物，根据太平天国礼制，上面只会镌“翼殿”二字，不会搞什么拆字游戏，称为“羽異王府”。只此一端，足以说明故事编造得并不高明。不过对于朴素的民间传说，我们也很难做什么苛求。

四、“得道成仙”的故事

“得道成仙”的故事富有神话色彩。是说：石达开脱险之后，曾经秘密奔走四方，图谋东山再起。但以形势不利，所谋不遂，乃折回雪山修道，终得成仙。

王云舍老先生所撰《太平天国革命历史补充资料》（未刊稿）一文中有关此事的记载是：

大洪山，一般称为雪山，又呼为阳诺雪山。山在越巂、九龙两县交界的丛山中。昔年太平军失败，翼王石达开即隐居雪山。后来在此成道，保佑地方清静，六畜平安，灵异事迹甚多。每年都有各地的人来烧香，朝拜阳诺雪山。

至今雪山上还有一座祖师庙，其中祖师像造型雄伟，面方口阔，据当地人说，样子很像石达开。凉山地区和大渡河一带地方这一传说，竟把叱咤风云的英雄人物塑造为静坐雪山古庙的祖师爷，说来令人好笑。其实也不足为怪。这一带地方当时是人烟稀少生活困苦的化外之区，大家从来都没有产生过改变现实的任何希望。石达开远征军好像从天而降，搅动了这里的一泓死水。不少青年人跟着石达开去打江山，老年人也把希望寄托在石达开的身上，以为打平了天下就能过好日子。后来石达开失败了，牺牲了，大家希望破灭，心情空虚，为了追求精神上的慰藉，于是出现了种种传说。说石达开并未被杀，在成都被杀的是替身。大家认为石达开这样的好人是不会死的，后来得道成仙了。他生前有爱民的名声，成仙以后自然会保佑老百姓。于是雪山上出现了祖师庙，石达开也就成了祖师爷。

总之，石达开未死之传说，兴起于当时，而盛传于后世。传说之来，在清方为畏惧石达开，唯恐其不死，在民间为爱戴石达开，唯愿其不死。不论是为敌人所畏惧，还是为群众所爱戴，都是好事，皆有助于肯定石达开的不朽功勋。

石达开真伪诗文考

一、伪诗与伪文

太平天国虽然国祚不长，却也出了一批英雄人物，载入中华民族的史册。但以能诗闻名于后世者，唯石达开一人。石达开能诗，这是事实，但在流传至今的石达开的诗文之中，真诗不过一两首，其余诗文几乎都是伪造的。这些伪诗伪文是何人所伪造？为何伪造？伪作流传之后起了什么作用？这倒是一个值得认真探讨的问题。

现按时间顺序，探讨一下石达开的伪诗与伪文。

1902年，梁启超在他所主持的《新民丛报》上首先抛出了托名石达开所撰的五首律诗，这些诗后又收入《饮冰室诗话》。作者说：

> 太平翼王石达开，其用兵之才尽人知之，而不知其娴于文学也。近友人传诵其诗五章，盖曾文正曾招降彼，而彼赋此以答也。诗云：
>
> 曾摘芹香入泮宫，更探桂蕊乘秋风，
> 少年落拓云中鹤，陈迹飘零雪里鸿；
> 声价敢云空冀北，文章今已遍江东，
> 儒林异代应知我，只合名山一卷终。
>
> 不策天人在庙堂，生惭名位掩文章，
> 清时将相无传例，未造乾坤有主张；
> 况复仕途多幻境，几多苦海少欢场，
> 何如著作千秋业，宇宙长留一瓣香。

扬鞭慷慨莅中原，不为仇雠不为恩，
只觉苍天方聩聩，莫凭赤手拯元元；
三年揽辔悲羸马，万众梯山似病猿，
我志未酬人已苦，东南到处有啼痕。

若个将才同卫霍，几人佐命等萧曹，
男儿欲画麒麟阁，早夜当娴虎豹韬；
满眼山河增历数，到头功业属英豪，
每看一代风云会，济济从龙毕竟高。

大帝勋华多美颂，皇王家世尽鸿濛，
贾人居货移神鼎，亭长还乡唱大风；
起自匹夫方见异，遇非天子不为隆，
醴泉芝草无根脈，刘裕当年田舍翁。

此诗自叙履历，兼述志气，所云名山一卷，著作千秋，盖亦有所自负矣。前后四章，皆不免下里巴人之诮，独第三章，则即以诗论，亦不愧作者之林。且仁人之言蔼如矣。至其怀抱帝王思想，不知民权大义，则固不足以责数十年前之人物也。

《饮冰室诗话》出版后不久，南社诗人高旭（天梅）刊《石达开遗诗》行世。此后大家辗转传抄，石达开就成了举世闻名的诗人、儒将。但这五首诗的内容显然与太平天国史实和石达开个人身世不符。罗尔纲先生首先指出这是伪诗。他在《太平天国史料辨伪集·石达开假诗考》一文中说：

这五首诗，第一首自述出身，第二首自述志愿，第三首自述起义，第四第五两首述从龙际遇等。我们要考证此诗的真伪，应该要：（一）此诗自述出身的话，与石达开的出身相符吗？（二）此诗词句有违背太平天国信仰及忌讳之处吗？

这两个问题提得很好，只要这样一问，作伪的真相就会暴露。因为：

（一）石达开虽曾读书而绝不应考，在自述中也说："读书未成，耕种为业。"不像诗中所说，曾经进学中举，文章驰名天下。

(二)太平天国崇天敬帝,至少在习惯上任何人都不会骂天,不容有“苍天方聩聩”的说法。

而且,从全诗的情调看来,完全是文人学士的作品,与出身农家,不到二十岁就驰驱天下的青年英雄石达开完全对不上号。

后来柳亚子公开发表文章,证实高旭所刊的《石达开遗诗》是赝品,大家才确信以上五首都是伪诗。是谁作伪?柳亚子很怀疑就是梁启超自己。因为梁少年得志,十三岁中举,文章誉满东南,却怀才不遇,遭受通缉,浪迹天涯,亡命日本。撰此伪诗,正是借他人酒杯,浇自己块垒。他在《题卢冀野辑石达开诗钞后》一文中说出这种看法。

但是也有人认为这五首诗并非上乘之作不像梁启超的作品,可能为梁的友人所为。不论作者为谁,其为伪诗已成定论。

1906年,高旭在上海刊印《石达开遗诗》。称“残山剩水楼主人编”。其中除上述的五首之外,另有二十首。其目录是:《再答曾国藩》、《失题》、《感怀两首》、《乱离复乱离》、《我朝伤内祸》、《哭天王被难》、《马上口占》、《寄友人》、《别南王冯云山》、《望家山感作》、《道路》、《极目》、《题旅店壁间》、《怀蓝子廉》、《途中感怀》、《杂诗两首》、《入剑门》、《宝剑》。诸诗内容与太平天国史实相去甚远。但是了解太平天国史实的人毕竟是少数,不了解的人是多数。在辛亥革命之前,大家崇拜民族英雄石达开,对他的诗极感兴趣,因此流传甚广。“石达开能诗之名,遂喧腾于世”。

由于罗尔纲先生提出了石达开“答曾国藩”五首不是真诗的问题,史学界展开了热烈讨论。柳亚子在《大风旬刊》上连续发表了两篇文章,证实《石达开遗诗》确是伪作。第一篇文章是《题残山剩水楼刊本石达开遗诗后》:

> 残山剩水楼刊本《石达开遗诗》共二十五首,自《答曾国藩五首》见于梁任公《饮冰室诗话》外,余二十首悉出亡友高天梅手笔。时在民国纪元前六年,同讲授沪上健行公学。天梅为余言,将撰翼王诗赝鼎,供激发民气之用,遂以一夕之力成之,并及叙跋诸文,信奇事也。封面题字亦天梅所书。当时醵金印千册,流布四方,读者咸为感动。于是《无生诗话》、《说元室述闻》、《太平天国野史》竞相转载,而卢前辑《石达开诗钞》,罗邕、沈祖基辑《太平天国诗文钞》亦依据之,异哉!二十八年春蚕题于上海。

第二篇文章是《题卢冀野辑石达开诗钞后》:

饮虹园丁卢前(冀野)所辑《石达开诗钞》,民国十六年十一月泰东书局出版。记五六年前,冀野讲授暨南大学,余因依萍之介,曾共一醉,遂索是书阅之。内容什九为天梅所作赝鼎,而颇多脱句误字,复缺二首,盖冀野未见天梅原刊本,第以《无生诗话》及《龙潭宝诗话》得之,搜辑可谓勤矣。《饮冰室》所载五首赫然首列,颇有人疑出任公伪造,与天梅不谋而合。又《入川题壁诗》据罗邕、沈祖基《太平天国诗文钞》谓见《梵天庐丛录》,而《致石龙轩四首》则冀野固未言出处,咸莫辨真赝也……二十八年四月春蚕记。

柳亚子发表这两篇文章是在 1939 年,距离《饮冰室诗话》出版已有三十七年。也就是说,石达开遗诗以伪乱真,长达三四十年之久。

高天梅的作伪是出于一片爱国热诚,想借石达开的伪诗来激发民气,鼓吹革命。不过既要作伪,就要设法取信于人,然后才能乱真。于是,高天梅在《石达开遗诗・叙》中故作玄虚,先说“访求太平天国遗书四十余年始得此帙”,又说“诗历年已久,书已漫漶,字画有不能忆识,余不敢妄为填补,宁缺之以仍其旧”。希望读者信以为真。但是从这些伪诗的内容之中,随处可以找出漏洞。因为高天梅并不熟悉太平天国史事。以下照录这二十首伪诗,并试作简要的评语。

再答曾国藩

支撑天柱费辛艰,垓下雌雄决一韩;
试看欃枪天上扫,夜深惨澹斗牛寒。

太平天国敬天,不应说“支撑天柱费辛艰”。又自比韩信,尤觉不伦。

失 题

吴山立马十年豪,撑柱青天一杵高;
今日雄心销欲尽,夕阳红上赫连刀。

“吴山立马十年豪”,与史实不符。

感怀两首

狐鼠纵横惯噬人,无端冲破一家春;

夜阑试向城头望，何处妖星巨若轮。

行行才过古昭关，千古同嗟奸与顽；
泪洒九泉收不得，白天谁望太行山。

太平天国称敌为妖，“妖星巨若轮”说法不当。

乱离复乱离

乱离复乱离，到处心魄惊；
飘风不崇朝，长夜终有明。
峨眉怨谣诼，切切诉平生；
百草忽不芳，为闻鹈鴂鸣；
君王信谗言，为闻苍蝇声。
静思三太息，衫袖涕纵横；
人生宜室家，谁无妻子情。

此诗写来悽悽惶惶，悲悲切切，不似出于青年英雄石达开之手。

我朝伤内祸

我朝伤内祸，嗟哉心中悲，
忆昔诸豪流，并逐秦鹿驰。
三户必亡秦，秦运朝露危，
相与建大业，用以张四维。
四月丽中天，重光会有时，
天意讵易测，人事真难知。
一朝杯酒间，白刃集殿帏，
老夫自何辜，谁料丁乱离。
城中少人行，鸡犬无安棲，
汩汩血中路，宫禁失光辉。
云浮里惨澹，酸风向面吹，
已矣复何言，去去将安归。

“一朝杯酒间”的提法，与太平天国法制抵触，与天京内讧史实不符。又天京内讧之时，石达开才是二十五六岁的青年，岂能自称老夫！

哭天王被难

槃槃管乐才，当世岂易睹！
天生洪夫子，救民出水火。
仗剑从军行，顾盼自雄武，
海内皆昆弟，相将一臂助。
正盼王师来，宿耻尽洗吐，
何图天不禄，投身喂豺虎。
骓兮忽不逝，中原白日暮，
血肉何狼藉，白骨披道路。
所恐长城坏，何人挽天步，
予怀寒不解，青山惨无语，
华夏正多艰，临风涕如注。

石达开对洪秀全绝不会称为洪夫子。又石达开死在洪秀全之前，岂能哭洪秀全被难！

马上口占

苍天意茫茫，群生何太苦！
大江横我前，临流曷能渡？
惜哉无舟楫，浮云西北顾，
到耳多哭声，中原白日暮。

太平天国敬天信天，不应有“苍天意茫茫，群生何太苦”之怨言。

寄友人

分手千里别，□□□□□，
□□□□□，相思人渐老。

远望登高邱，天涯拾芳草，
秋风起衡湘，□□□□□。
□□□□□，万物皆枯燥，
安得鲁阳戈，转瞬回温燠。
鸿雁何飘飘，东南西北间，
恨我无双翼，□□□□□。
□□□□□，千里含烦冤，
关河怅远隔，安得相往还？
贵复忽忘贱，劝君日加餐，
君子道义全，勿忧气数单。
梦寐有倪端，岁月感回旋，
长恐岁朝白，觌面终无缘，
写此悃款情，涕落为奔端。

漫漶处皆整句，为免人疑，更启人疑。

别南王冯云山

相处日既久，分离别绪长，
蛟鼋横地起，鸾鹗刺天翔。
意气凌千里，威声撼八方，
□□□□□，含笑□□□。

冯云山在蓑衣渡殉国，为石达开所目睹，自无离别之可言。

望家山感作

家山望不见，茅草促离忧，
风雨连朝夕，杨花扑酒楼，
关山憎客梦，驿路暗离愁，
张张安所逝，暮云西北浮。

石达开家乡的方向不对。

道　路

对影意悽悽，尘埃眼欲迷，
荒江魑魅啸，古木杜鹃啼。
□□山无语，孤行日渐稀，
飞鸿无伴侣，道路自栖栖。

诗中情调与石达开真诗迥异。又太平天国文书避用有“鬼”之字。

极　目

极目楚氛恶，狂风著意吹，
荒凉唐日月，黯澹汉旌旗。
北地春花笑，南朝秋叶垂，
楼头景萧瑟，客子怕吟诗。

末二句一作“飘零鸿雁侣，顾影有余悽”。石达开不会写出“北地春花笑，南朝秋叶垂”这样长敌人志气灭自己威风的话。

题旅店壁间

半壁江山叹式微，□□□□□□□，
□□□□□□□，□□□□□□□。
前日欢歌今日哭，南人消瘦北人肥，
□□□□□□急，回首沧桑事已非。

石达开不可能居于旅店。

怀蓝子廉

羡子山居好，秋生桂树幽，
终年事戎马，吾瘁几时休？

石达开虽有功成归林之想，但不会说：“吾瘁几时休？”

途中感怀

道路自悽悽，尘埃障眼迷，
飘零鸿雁侣，顾影有余悽。

与《道路》首二句、《极目》末二句重复。

杂诗两首

拾得一科第，当年亦等闲，
文章身后事，一卷奠名山。

并起逐秦鹿，捷足先得之，
□□□□□，望断汉旌旗。

与石达开身世不合。

入剑门

抛撇妻孥戴覆盆，含冤难复叩天阍，
宝刀骏马休输却，好领雄师入剑门。

石达开当时不可能从剑门关入川。

宝　剑

床头忽起老龙吟，郁郁书生杀贼心，
已到穷途犹结客，风尘相赠值千金。

石达开不会自称“书生”，也不会说“已到穷途”。

除高天梅的伪作二十首之外，《梵天庐丛录》中又多出一首《入川题壁》：

大盗亦有道，诗书所不屑，
黄金若粪土，肝胆硬如铁。
策马渡悬崖，弯弓射胡月，
人头作酒杯，饮尽仇雠血。

此诗被许多人所引用,认为是真诗。尤其是“策马渡悬崖,弯弓射胡月”两句,脍炙人口,似与石达开的性格符合。但是我们应该考虑:石达开会不会自称“大盗”?仅这一句,即可断定是赝品。

还有《致湘乡石龙轩先生》四首,卢前在《石达开诗钞》一书中未言出处。稍加分析,即可知为伪诗。原诗及原注如下:

立马衡南敞醉痴,阵云如墨雨如丝,
河山百折川黔脉,横入湖湘有异思。

北望中原血战场,连天烛火壮熊湘,
亡秦漫笑惟三户,我哭当年何王郎。

龙山四十八雄峰,铁壁铜墙面面同,
此间会有龙蛇住,百万鲸鲵拜下风。
原注:龙山为宝庆巨镇,龙轩先生居其麓。
墨光摇盾照微词,铁马金戈正急时,
亿万生灵齐一哭,此心惟有故人知。
末署:龙轩宗先生有道,侍石达开专呈顿首致叩。
己未秋月望后三日。

笔者认为这是伪诗,理由如下:

(一)石达开生长广西农村,金田起义之前,从未到过外省,不可能和湖南湘乡的鸿儒石龙轩交朋友。何能把石龙轩称为“故人”。

(二)上下款不合太平天国礼制。石达开对任何人行文或写信,都不会如此自谦。而且上款既称为“宗先生”,下款即不应再写“石”字。

(三)原注日期为“己未秋月望后三日”。如果说的是阴历,则七月十八日相当于公元 1859 年 8 月 16 日。如果说的是天历,则相当于 8 月 27 日。考查太平天国史实,这时石达开围攻宝庆,战事不利,已经开始撤兵,退入广西。在戎马倥偬而且十万大军前途未卜的紧急时刻,石达开绝不会如此闲情逸致地赋诗送给“故人”。

(四)当时石达开大军围攻宝庆,清军又在外线作反包围。连递送紧急军报的人都难以通过，石达开即或写了诗又怎能送得出去？

(五)这位石龙轩先生究竟是什么人？如果是敌方人员，石达开怎能和他来往。如果是同情太平天国的人士，又岂能在清方控制下的地方安居。“百万鲸鲵拜下风”之句不伦不类。石达开岂能把自己的大军视为凶徒，又怎能让自己的大军向这位石龙轩先生下拜致敬。

总之，以上所举的三十首诗(包括《答曾国藩》五首，高天梅伪作二十首，《入川题壁诗》一首，《致湘乡石龙轩先生》四首)，可以断言都是伪诗。还有一些诗来自传说，事出有因，查无实据，仍然难以说是真诗。这些传说诗，大概不是有心作伪，而是出于无意误传，把别人的诗附会到石达开的名下。其中最出名的，是所谓《吟酒诗》。原诗如下：

千颗明珠一瓮收，君王到此也低头，
五岳抱住擎天柱，吸尽黄河水倒流。

罗尔纲先生选注《太平天国诗文选》时，收录此诗，加题目为《驻军大定与苗胞欢聚即席赋诗》，并加“解题”，认为可能是石达开的真诗。简又文《太平天国全史》第十八章中也提到此诗，但字句稍有不同，作：

万颗明珠一瓮收，君王到此也低头，
五龙托着擎天柱，饮尽黄河水倒流。

并云此诗为石达开在川黔边境雪山关时所做，与上述在贵州大定所做的说法略有出入。简又文对此诗的看法是“固不能断定为赝品，亦未能确定为真品”，存疑而已。

这一传说，有一定的真实性。因为：

(一)石达开远征军于1862年中绕道黔、滇，回攻川南，确曾到过贵州的黔西、大定(今大方)一带。

(二)苗族确有以美酒待客的习俗。苗族中的知识分子确也有人读汉字古书，懂得古诗。诗句流传，自有可能。

(三)川南、黔北一带一向出产美酒。现在的泸州大曲、茅台、五粮液等名酒，仍然驰名中外。用各种不同的粮食混合酿成“千颗明珠一瓮收”的美酒，估计也和现在的五粮液相似。

但从诗的内容来说，如果说是石达开所撰，则可疑之点甚多：

（一）诗中的“君王”指谁？石达开绝不会如此自称。他在整个远征过程中，从无如此僭越的说法。也不会指洪秀全，更不会指清帝，因为他们都不可能“到此”。

（二）太平天国禁酒。私饮或者有之，公开宴饮则不可能。远征途中，为了维持军纪，石达开似不能如此赞美狂饮的行为。

（三）按太平天国礼制，位尊者绝不外出赴宴。石达开是否可以打破这种惯例？

我们在川南、黔西又听到一种传说，说是石达开召宴当地父老，此诗是当地一名秀才为歌颂石达开与赞美名酒而作。如果是这样，有些疑问就可以得到解答。对于这一类的传说，只能以轶事视之，很难信以为真。对于这首吟酒诗，即使不能断定是伪诗，也只能说是存疑，难以肯定是真品。

还有两首七绝，也由采访得来。即《乌江渡口留题二首》，录之如下：

> 一掷孤筹计本非，年来偏与寸心违；
> 可怜一十六州地，陷入燕云永不归。
>
> 垂翅无依鸟倦飞，乌江渡口夕阳微；
> 穷途纵有英雄泪，空向西风几度挥。

简又文《太平天国全史》第十八章中提到此诗，并且认为可能是真品。他说：

> 在抗战期间，余曾到贵阳采访翼军各军入黔史料，所得不多。后承贵州文献馆馆长任志清（可澄）先生录寄通志馆《采访录》一则云：“太平军翼王石达开。不得志于蜀，入黔走滇，盖鱼游釜底，壮志灰矣。其屯归化也，闻系军中疫作，借资调理。已而率队过安顺，直抵岱山，即城下屯扎。所部亦不时攻城。月余拔队去。留题所居民舍云：一掷孤筹计本非，年来偏与寸心违，可怜一十六州地，陷入燕云永不归。垂翅无依鸟倦飞。乌江渡口夕阳微。穷途纵有英雄泪。空向西风几度挥。”按：翼王过黔从未经归化、岱山。其曾走此线者，系先行入黔之余明富、曾广依等部。我曾以此诗质诸黔友。据云：传说此两绝，确为翼王遗作，不过是军次乌江渡口留题。考乌江，即黔江，乌江渡口在遵义之南，息烽之北。翼王入黔最近是处之时，乃在同治元年八月，由仁怀围攻遵义不克，乃折趋西南攻黔西州。如此两诗确系真品，当为是年八月上旬或中旬之作。此作固非文学上乘，次首“陷入燕云”句，衔续上句文气尤不顺，故任先生有云：“翼王文学本非高优，容有此误”，然

舍其文而味其义，则虽至末路穷途，悲痛懊悔之深情中，犹念念不忘恢复汉族河山，民族主义，光耀千古，则翼王之遭遇，洵可哀可怜，而其英雄本色非可敬可佩也欤！”

笔者认为：此诗仍是伪作。理由如下：

（一）从诗的内容看来，充满伤感情绪，与石达开极其坚强的性格不合，只能是失意文人的作品。

（二）这是否由于传说有误，张冠李戴，把别人的作品误认为石达开的作品？也不是。因为其中的“一掷孤筹计本非”句，明明是指决意远征一事，“年来偏与寸心违”句，又是指的远征很不顺利。这就不可能是写别人的事，只可能是有人揣摩石达开的心情所写，也就是有心作伪。

作伪目的何在？笔者认为：这是作者非常同情石达开的遭遇，在自己境遇不佳之时，代石达开赋诗，借他人酒杯，浇自己块垒而已。

在都履和《翼王石达开洣江被困死难纪实》一文中，还留有石达开诗的残句。有关此事的原文是：

> 自假道计空，达开寝食俱废，乃题诗十绝于馆壁，中有句云：“大军乏食乞谁籴，纵死洣江定不降。”（原著者许亮儒以词猖多逆，故删而不录，最为可惜）署名非凡题。非凡，达开之号也。

“十绝”既已删而不录，是否实有其事，似无讨论之必要，但为了考查残句是否真品，也不妨对此记载稍做分析。“假道计空”之后，正是石达开处境最为困难之时，当时粮尽援绝，只好孤注一掷，冒险突围。在这时候，他是否还能吟诗，而且一来就是“十绝”，令人怀疑。原诗既已署名为“非凡”题，何以指为石达开？石达开是非凡，根据何在？许亮儒既然记载了石达开许多大事保存下来，不怕惹祸，记下这几首诗又有何妨。凡此种种问题，都很难得到满意的回答。因此，岂能轻易信为真品！

能诗者亦必能撰联句。石达开既有能诗之名，有些联句也就附会到他的头上。但是到现在为止，在联句中还未发现他的真品。不是伪作，就是传说，都不可靠。说石达开能撰联句，也由梁启超开其端。《饮冰室诗话》中说：“又闻石所作檄文，全篇骈俪，中四语云：‘忍令上国衣冠，沦于夷狄；相率中原豪杰，还我河山。’虽陈琳骆宾王，亦无此佳语，岂得徒以武夫目之耶！”梁启超对此联句推崇备至，认为高于陈琳的《讨曹操檄》

与骆宾王的《讨武瞾檄》。但是有人认为：这个檄文残句和《答曾国藩诗五首》一样，也是梁启超的伪作。因为有了这个檄文残句，黄小配在《洪秀全演义》中就杜撰了一篇檄文，而将这个残句嵌入其中。笔者认为：这个联句不会是真品。石达开能文，又有此佳句，为什么太平军北伐与东征时所公布的三道檄文不由他执笔？至少这种佳句也应该采用进去。为什么太平天国本身无此传说，当时的清廷亦无此传说，传说偏偏吹到了梁启超的耳中。如此高雅的檄文残句，非民间所能口传，必然是有意为之的赝品。

在石达开故乡贵县，也有不少石达开能撰联句的传说。龚政《荆棘丛谈》中说："兴业县长荣团与贵县毗连，某年演剧以迎翼王。翼王即席撰一联曰：'不论地场，可家可国可天下；寻常人物，能文能武能圣神。'联语隽爽，长荣人士至今传诵。"另有一个传说，更具民间故事特色。据说，金田起义之前，拜上帝会会众李文彩在贵县开了一个剃头店，作为结交各路英雄的联络站。开张之日，冯云山写了一副门联：

磨砺以须，天下有头皆可剃；
及锋而试，世间妙手等闲看。

贺客拍手叫好，但是石达开觉得不满意。认为这样写法既吓不退敌人，也引不起各路英雄的注意。于是挥笔信手改为：

磨砺以须，问天下头颅几许？
及锋而试，看老夫手段如何？

这一改，自然改得锐不可当。但是这时的石达开才十几岁，岂能自称老夫！对于这一类的传说，只能姑妄听之。

在四川的大渡河畔也有类似的传说。王云舍老先生1980年5月写成的未刊稿《太平天国革命历史补充资料》中有关此事的记载如下：

石达开书对联一副，联文是"蕴智成囊，含明作镜；凭春洒翰，席月抽琴"。绢本，下款有二印章，一为翼王之印，一为石达开。本件原为洗马谷（姑）土司王千户收藏，后其女王玉贞转送笔者。最后，由重庆南岸玄坛庙仁济医院侧居住的贺德荣保存。

从这一联语的文字过于典雅，所盖印章不符太平天国礼制，与收藏地点之可疑等等情况看来，绝非真品，只可能是后世好事者所伪造，故已无访求之必要。

此外，托名石达开所作的诗词与联语尚多，由于那些作品一眼就可以看出是伪作，无须探讨，因而从略。

石达开的伪诗产生于前，伪文产生于后，有些伪文正是依据伪诗而编造的，因此不难清理出其线索来。例如有了《答曾国藩》的伪诗五首，就出现了《复曾国藩书》的伪文。

《洪秀全演义》作者黄小配（1872—1912），名世仲，广东番禺人，早年参加革命。《洪秀全演义》写于1905—1908年，未完，只有五十四回。黄小配是为了宣传革命而写的此书。他于1911年参与黄花岗之役，次年被军阀杀害。《演义》第三十四回是"石达开诗退曾国藩，李秀成计破胡林翼"，其中说：石达开在远征途中，被曾国藩大军所阻，曾国藩致书招降他，他复书谢绝，并附诗五首，以明心迹。曾国藩读了诗，非常佩服，下令退兵让路。《复曾国藩书》就出现在这一回中，全文如下：

涤生大帅足下：仆与足下各从事于疆场，已成敌国，忽于戎马仓皇之际，得大君子赐以教言，得毋慕羊祜之风，不以仆为不肖，故以陆抗相待耶？今谨以区区之意，用陈左右：夫仆一庸材耳，汉族英雄，云龙风虎，如仆者，乌足以当大君子之过誉？然足下以一时之胜负，即以为天意，则谬矣！汉高履险被危，方成大业，刘备艰难奔走，始定偏安；苟其初亦诿以为天意，谁与造后来之事业？又试问两年之间，洪王收复天下之半，挥军北上，淮、扬底定，此则天意又何在乎？历来开国元勋，皆舍命效力，西南二王之死，亦常矣。且足下之意，有为仆所不解者：岂草茅下士，遂不足以图大事哉！秦、楚虽雄，而天命所归，乃在泗上屠狗之辈；蒙古一弱，而大业所就，即在皇觉寺之僧徒，此足下所知也。足下固曾读中国圣贤书者，《春秋》夷夏之辨，当亦熟闻之。自昔王猛辅秦，犹未至彰明寇晋，许衡灭宋，死后犹不欲请谥立碑。盖内疚神明，不无惭德。而足下喜勋名、乐战事，犹或可为，若以虏廷七叶相传，颂为正统，此则仆所深为诧异者。诚以不料足下竟有此言也。辱承锦注，欲以名器相假，然则足下固爱我，而犹未知我也。曩者军抵三湘，直趋鄂、岳，足下高楼广榭，巍然无恙，凡数过门，未敢留刺；今幸赐教言，且惭且感。仆不知如反其道以施之，设仆等所事不成，若他日足下辱过敝庐，曾能为动今日之爱情否也？既蒙错爱，谨以函谢，今当西征，席不暇暖，无从把晤，谨附俚词五首，以尘清听,足下观之,当笑曰:孺子其自负哉!

对于此文,既明知是伪作,其中与史实不符、与太平天国礼制不合之处,也就无一一指出之必要。此文最先见于《洪秀全演义》,以后各书始辗转传抄,因此当为黄小配所杜撰。文中义正词严,指责得体,在许多伪文中,还算是一篇佳作。

正因为有了伪作檄文残句,就出现了伪文《翼王檄文》。罗尔纲先生在《太平天国史料辨伪集·太平天国诗文钞订伪》一文中直指其为伪造:

此檄起首说"前部都督第二天将复汉将军石谨奉大汉千岁洪意",文中又称天王为"洪公"。案此檄文编者注云:"翼王将进取湖南,自撰此文。"考太平天国在克复永安后已明定称谓,天王称万岁,杨、萧、冯、韦、石则以次递减,至石达开称五千岁。可知此檄称天王为千岁洪,证以太平天国制度,实为谬妄。又现存太平天国文书都称天王洪秀全为"天王",而没有称为"洪公"的,太平天国官制也没有"都督"的官职。考此檄实为伪造,作伪者因为读了《饮冰室诗话》中所谓"忍令上国衣冠沦于戎狄,相率中原豪杰还我河山"石达开檄文的残句,而来作伪的。

我们考查许多人伪造石达开的诗文,大都出于善意。善意的伪造又可分为两类。一类是有积极的政治目的,即为了激发民气,鼓吹革命。可以说,他们是达到了目的的。不少青年读了伪造的石达开诗文,而投身革命,有的以身殉国,名垂千古。有的作者自己也成了革命烈士,如《洪秀全演义》的作者黄小配就是。另一类没有明确的政治目的,只是同情与惋惜石达开的失败而已。但是也有少数作者作伪的动机不善,例如许指严编写《石达开日记》,就是为了换钱来还酒债,存心骗人而已。

张秀民、王会庵编《太平天国资料目录》一书将《石达开日记》列入"伪书"之中,并加介绍说:

石达开日记,许指严编辑,1922 年上海世界书局出版一册,1928 年七版,一册。此书出版后颇风行。据简氏太平天国之文物:"书为许指严所编辑,实则其投机伪造者,可以小说观之,断不能目为史料也。"扪虱客编《舟车醒睡录》:"翼王石达开被擒时,系于川臬署狱中,神色镇定自如,日拈笔自述其生平行事,小字密行至盈四卷。殉国后,清川藩录一副本,庋之藩库,其真本则在臬库。闻两本皆尚完好无恙,蜀人多有见之者。"

许指严可能是相信了《舟车醒睡录》中的这个说法，所以大胆伪造了《石达开日记》。其实，日记与自述的性质完全不同。即或石达开真的留下了详细的亲笔自述，也难以改写为日记。何况石达开并未留下任何自述，现存的《石达开自述》只不过是清吏讯问时所做的笔录而已。此书初版发行时为 1922 年，当时的人们对于太平天国史实已有一定的了解。但是许指严对于太平天国史实却一无所知。五万余字的日记，开头第一句就是"太平天国龙飞八年"。既无中生有地杜撰了所谓"龙飞"年号，又把石达开离京远征的年份弄错了一年。仅仅八个字就有两大错误，全书五万余字，其错误之多也就可想而知。荒唐无稽，不值一谈。

许指严为什么要伪造《石达开日记》？陈华新同志在《许国英伪造"石达开日记"真相》一文中回答了这个问题，文中说：

> 许指严为什么要伪造《石达开日记》？一直是一个谜。最近郑逸梅在《书报话旧》中，才揭穿了这一真相。原来许指严即许国英，江苏常州人，善写掌故小说，嗜酒成癖。经常在上海福州路言茂源酒店饮酒，欠了一笔酒账。时近端午节，正为无钱结算酒账为难，忽见某刊物揭发高天梅伪造石达开诗事，于是灵机一动，遂起伪造《石达开日记》的念头。他与世界书局经理沈知方接洽，沈知方从他的生意眼出发，觉得有利可图，于是订立合同，沈知方预支稿费 200 元。许指严清还了酒账，便依据《石达开传》的行军路线和战况，演衍成日记，交世界书局出版。不过，此书虽伪，但因据《石达开传》敷衍出来，内容也不尽伪。作为小说来读，也不为无益。

既然大家已知此书是伪书，也就不会上当。遗憾的是，出自此书的石达开《复天王书》，因被《太平天国野史》所转载，又被人们当作史料来引用。现将《日记》中之《复天王书》全文照录如下：

> 臣本无志功名，徒以受天王之特赏，不敢不效驰驱。方举义旗之时，吾侪兄弟之血性，何等激烈，意气何等轩昂，心志何等固结。自取金陵建都，稍得根据。然外此各地之来尽入版图者，不知几何也，方期枕戈待旦，闻鸡起舞，扫垂尽之虏，奏统一之功。何意外侮未平，同室先相残害，操戈执矛，自攻自杀，日寻不已，喋血一庭；臣因此泣血椎心，不忍再见，虽蒙天鉴圣明，昭卹冤抑；然从此元气大伤，十年

未可即复，且此党与彼党寻仇又复未已。门户水火，意见益深，臣若再入是非之门，鸡肋不足以供人之刀俎也。嗟乎！臣之老母，年近古稀，惨被葅醢，妻子无辜，并为鲸鲵，东望国门，心碎已久，尚复何颜生入哉，要之臣虽西奔，仍为天朝戮力，今在荆楚，正待瓜代，不日即当于川滇黔之间，扬天朝之旌旗，而宣太平之威德，则身虽万里，心犹咫尺，凡此区区，即所以报天王之德于无穷也。西陲待罪，无任悚惶。

既然明知这是伪文，对于其中许多谬误之处，也就没有指出的必要。但有一处必须指出，即此文中所说石达开写信的地方是在"荆楚"："今在荆楚，正待瓜代"。而《太平天国野史》加以转载时却删掉了这两句，这正是以伪文冒充史料的关键所在。

按石达开远征之后，除在1861年底路经湖北省的西南一隅进入川东以外，根本没有到过湖北省别的地方。他一生也未到过荆州一带。"今在荆楚"一语自是极大的漏洞。而且"正待瓜代"也说不通。石达开远征后已经独立行动，一切攻守进退全由自己做主，根本不存在他"西征"后由谁来"瓜代"的问题。有了这八个字，作伪的真相可以立刻揭穿，所以《太平天国野史》的编著者在转载时，决定删掉。由此一端，也可以看出一篇伪文如何经过修改而冒充史料的经过。希望研究太平天国史的同志们今后不要再把《复天王书》当作史料运用。

凡是用石达开名义发出或公布的文件，想来总是由他的部下起稿，经他本人审阅修改而后完成，既不可能是绝对的亲笔，也不可能是绝对的代笔，本不存在什么真伪问题。但是这种文件也有完全伪造的，而且为数不少，那就是天地会系统的队伍借用石达开的名义所发的一些文告。现在试举《召集贤才檄》为例。此檄全文如下：

为召集贤才兴汉灭满，以伸大义事：照得胡虏二百年，岂容而污汉家之土；英雄十八省，何勿尽洗夷尘之羞。慨自朱家之大纲不振，白山之小丑无良，三桂求援，以揖外盗，八旗乘衅，以入中邦。遂尔窃据我土地，毁乱我冠裳，改易我服制，败坏我伦常。剃发剃须，污我尧舜禹汤之貌；卖官鬻爵，屈我伊周孔孟之徒。逼堂堂大国之英雄豪杰，俯首而拜夷人为君；合赫赫中原之子女玉帛，腆颜而唯胡虏是贡。为耻已甚，流祸无穷。有人气者，理应切齿，怀公愤者，益当痛心。兹幸我真主代天除暴，翼王伐罪吊民，求贤若渴，倚士如宾。

凡多才多艺之俦，乃文乃武之侣，断不吝惜爵赏，从未埋没贤才。倘使兵卒尽力，何惧魁子难诛。江南腾有王气，浙东岂无名贤？我国家适当戊午之年，克复杭州，尔士庶夙抱未伸之志，曷出茅庐。为此特行晓谕，仰尔一体士民，共知拱手事夷，是吾耻也。甘心忘汉，于心安乎？文天祥决不降虏，岳武穆誓必诛金，前哲堪羡，后辈当兴。从此龙起南阳，共挽红羊之劫；定教鹿逐北虏，惊散赤狗之群。绥我士子，驱彼旗丁，胡妖既洗夫闽浙，义师再揭夫幽燕。

又况尔省素称胜地，代产名流，三江毓秀，八川佑灵。我愧无能，未兴雕龙于八斗；人当有知，盍庆司马之三升。请抒宏愿，援救苍生。天下事苟有可为，个中人又何欺焉！若复甘心自弃，裹足不前，试思臣事胡种，何以对我汉人？倘其恢复旧业，大丈夫共快鼎革之心，勉建新猷，小将军敢歼咸丰之首。吴越王尚有生气，钱塘江不屈死虏。勋业壮河山之色，岂不休哉！姓名争史册之光，何其盛也！特此布告，咸使闻知。

简又文认为“此篇文义颇难辨别，几可乱真”，只有考查史实，才能发现破绽。其实，用不着考查史实，笔者认为：即凭文义，也能断定是赝品。例如：

(一)凡是天地会系统的队伍所发的文告，都离不开“大明”“朱家”“洪武”等字样，太平天国的文书中是没有的。此文就有“慨自朱家之大纲不振”等语。

(二)太平天国文书都自称天朝、我朝，无“我国”之称。此文却有“我国家适当戊午之年”的提法。

(三)古人迷信，以丙午、丁未两年为大乱之年。丙丁属火，火为红色，未则为羊，故每称大乱为红羊之劫。清方则常称太平天国革命为“红羊劫”，盖以“红羊”作“洪杨”之谐音也。太平天国自己当然绝不会有此提法。此文中却有“共挽红羊之劫”的说法。

(四)太平天国正式文告总少不了“金田起义”“定鼎金陵”等语，此文一概没有，却说“龙起南阳”。

(五)太平天国文书只说“奉天”行事，此文却说“代天”除暴。

这一类的伪造文书，虽然用了石达开的名衔，看来连太平天国的文书都不像，自然不会被误认为石达开的文章。

唯一值得研究的文书是石达开《致骆秉章书》。长期以来，大家一直把它认为真品，许多同志在评论石达开的言行时，常常引用其中的语句。近年来，已有不少同志对其真实性表示怀疑，笔者则确认为伪作。请参阅笔者《石达开致骆秉章书考伪》一文。

后人伪造石达开诗文的现象的确比较突出。这种情况不仅在太平天国人物中是唯一的；有史以来历代千千万万的名人中，也没有任何一个人可以与石达开相比。张秀民、王会庵编《太平天国资料目录》中有“伪书”一栏，列有伪书多种。除了“有目无书”，其内容只能从他书窥见者外，有书可查的一共只有八种，主要内容都是伪造的石达开诗文。现按时间顺序列表如下：

书名	编者	出版者及出版时间	内容简介
《石达开遗诗》	残山剩水楼主人即高天梅	自印 1906 年	石达开伪诗共 25 首。
《石达开吴禄贞诗合集》	封面由高旭(天梅)署	简单编译社 1920 年版	所录伪诗与上书略有出入。
《太平翼王遗集》		钞本	
《石达开日记》	许指严	世界书局 1922 年版至 1928 年共印至 7 版	为伪造之石达开日记。
《石达开诗钞》	卢前	泰东图书局 1927 年初版 1929 年再版	石达开伪诗。
《太平天国诗文钞》	罗邕、沈祖基	商务印书馆 1931 年初版 1934 年再版	共有诗歌 42 首，除石达开伪诗外，尚有太平天国其他人物之诗。文共 101 篇，包括石达开伪文。
《太平天国文艺三种》	卢前	会文堂书局 1934 年版	内第二种为石达开伪诗，共 27 首。
《石达开全集》	钱书侯	景钟书局 1937 年版	收集石达开伪诗伪文较多。

除以上八本书外，石达开伪诗伪文散见于其他书刊者尚多，难于列举。值得注意的是，有些伪诗居然出现在太平天国纪念馆中——例如广西桂平三界庙所陈列的太平天国文物中，就有不少石达开的伪诗。

二、仅有一首真诗

在石达开的诗文之中，唯一可靠的真诗，就是广西宜山白龙洞题壁诗。诗曰：

挺身登峻岭，举目照遥空，
毁佛崇天帝，移民复古风；
临军称将勇，玩洞羡诗雄，
剑气冲星斗，文光射日虹。

在探讨其真伪问题之前，先简单说明这一诗刻发现的经过。此诗刻制于太平天国庚申十年，即公元1860年。太平天国失败之后，清廷自不能容许这一诗刻的存在，一旦发觉，必须加以铲除。诗刻能以保留，全靠一位老庙祝的掩护。此老庙祝何许人也，今已无从查考，只知道他当时故意在此处搭棚砌灶做饭，遂把诗刻全部熏黑，遮人眼目，才得以完整地保存下来。清光绪三十一年（1905）被张鱼书发现，上距太平天国庚申十年，已经45年。张鱼书，字铁城，江西瑞金人，早年留学日本，加入同盟会，1903年奉命回国从事革命活动。他活动于桂西北一带，先后在清军中任幕府工作，办学、经商，以作掩护。辛亥革命后被推为桂军司令，后被广东军阀陈炯明杀害。

白龙洞位于宜山城北近郊北山之山腰上，洞内幽深曲折，其中钟乳万千，洞口高大宽敞，洞外古木参天。洞内外共有宋、明以来浮雕佛像与摩崖碑刻60余幅。是当地名胜之一，颇能吸引游人。张鱼书游白龙洞时，偶然发现已被熏黑的诗刻首行有“太平”字样，觉得奇怪，乃逐字揩拭细读，始知为太平天国诗刻。事有凑巧，在前后不到一年的时间里，广西发现了石达开的真诗，而上海则刻印了石达开的伪诗。

白龙洞题壁诗的全部内容是：

（一）石达开所写序文。

（二）石达开题诗。

（三）翼王府诸大员和诗。

（四）附录楚南刘云青原诗。

石达开所写序文全文如下：

太平天国庚申十年，师驻庆远。时于季春，予以政暇，偕诸大员巡视芳郊，山川竞秀，草木争妍，登兹古洞，诗列琳琅，韵著风雅。旋见粉墙刘云青句，寓意高超，出词英俊，颇有斥佛息邪之概，予甚嘉之，爰命将其诗句勒石以为世迷仙佛者警，予与诸员亦就原韵立赋数章，俱刊诸石，以志游览云。

原来石达开是在宜山(当时称庆远府)度过了三十岁的生日,春游时发现了刘云青的题壁诗,诗兴大发,及时就原韵赋诗一首,诸大员亦各和一首,写好之后,刻于石壁。

石达开题诗,前面已照录全文,此处从略。

诸大员和诗者有元宰张遂谋、地台右宰辅石蔡亲、户部大中丞萧寿鑛、礼部大中丞周竹岐、兵部大中丞李遇隆、吏部尚书孔之昭、户部尚书李岚谷、礼部尚书陈宝森、工部大中丞吕玉衡、精忠大柱国朱衣点等人。所和之诗从略。

楚南刘云青原诗为:

异境从天辟,登临眼界空,
万家遥带雨,一水怒号风;
古佛形容怪,奇人气象雄,
回看腰上剑,飞去作长虹。

罗尔纲先生在《太平天国史料辨伪集·石达开假诗考》一文中说:

关于这一个题壁,我另有专文考证。在这里,我且简单地指出证明此诗确为石达开真诗的四项要点:第一,从抬头格式字体及称谓看,确是太平天国的体制;第二,在思想内容上看,石达开此诗及诗序与张遂谋等和诗所表现的思想,乃排斥多神教的佛、老,而尊崇一神的上帝教的思想;第三,从风格上看,石达开此诗风格雄壮,我们只要读到他这一句"挺身登峻岭,举目照遥空"的诗句,便会立刻使人想到麦高文所说他那种"英雄侠义、勇敢无畏、正直耿介"的气概。这种风格与世传文士伪托的假诗风格是完全不同的;第四,石达开此诗,当地方志早有记载,他在庆远的年月与这个题壁的年月完全吻合。所以这一首庆远《白龙洞题壁诗》确是石达开作的真诗。

笔者完全赞成罗尔纲先生的判断,并作如下补充:

(一)提起笔来伪造诗文容易,动用斧凿伪造诗刻困难。高天梅写伪诗,可"以一夕之力成之",而伪造这一幅诗刻,需要兴师动众,花上几个月的时间。谁也不能做这种事,谁也不愿做这种事。

(二)作伪者必有目的。也无论这个目的是好的或不好的。因此作伪之后,就会迅速公之于世,不会长期置之不顾。白龙洞题壁诗是革命志士张鱼书偶然发现的,而且被证实确为数十年前遗物，就不可能是伪作。

（三）此诗格律严谨，用语认真，与那些信笔写成的伪诗完全不同。本来律诗只要求第二联、第三联能够对仗，一四两联无此要求。石达开这首诗却做到了四联完全对仗，平仄也都合律，即就形式而言，已是上乘之作。再从内容来看，风格雄壮，气势磅礴，真是诗如其人。

太平天国的领袖们大都是农民起义的英雄，能文的不多。除早死的冯云山之外，能文的大概只有两人，一是以政治家闻名于世的洪仁玕，另一个就是文武全才的青年英雄石达开。石达开不仅是太平天国第一流的大军事家与大政治家，而且一百多年来，一直以能诗闻名于世。名将与诗人集于一身，这在太平天国人物中间是仅有的一位。可惜这位真正能诗的英雄诗人死得太早，在十多年戎马倥偬的生活中，无暇吟诗作赋。所以没有较多的作品遗留下来。在剔除了许多伪作和可疑的作品之后，可以信得过的真诗就只有这一首。我国古代诗人大都多产，有的诗人是爱诗成癖，每日赋诗，多到“七十年间万首诗”。仅仅留下一首真诗却能以诗人闻名于世的，古往今来只有石达开一人。以真诗极少而伪诗甚多闻名于世的，古往今来也只有石达开一人。

石达开虽然能诗，但诗名如此之大，自有不少原因。对他身份的讹传应是原因之一。这种讹传，甚至引起了清朝皇帝的注意。且看咸丰六年十月二十日《谕曾国藩等速克江西失郡并预筹招抚石达开事》中说：“又闻石达开系湖南拔贡，现因与韦逆不睦，颇有投诚之意。”《福济致翼王劝降书》中也说：“独惜阁下学校中人，读书明理，而亦执迷若此耶?”讹传既多，弄假成真，许多不明真相的人，认为他确有功名。于是出现了他自述身世的伪诗，说是曾经进学中举。这种讹传，不仅使一般读者发生误会，而且引起了史学界的争论。

讹传之来，是不难理解的。在安庆易制与经略江西之后，他的政绩引起大家的注意。大家都认为他有才。有才的人大概都进过学，于是纷纷传说他有功名。有功名者必能诗，于是纷纷传说他是诗人。文人能诗不足为奇，武人能诗从来少见。只要有了一首像样的真诗，可以夸大为十首百首。首先是讹传，其次是附会，造成了他的诗名。

石达开诗名甚大的另一个原因，是辛亥革命前后许多革命志士把他选作古为今用的对象。为了激发民气，鼓吹革命，就托他的名写了许多伪诗，八方传布，到处宣扬。只是反清英雄而不能诗，伪诗伪文无法加到他的头上；只是诗人而不是反清英雄，又起不到多大的宣传作用。只有石达开兼而有之，正是一个理想的对象。开始是诗以人传，因为是石达开的诗（莫辨真伪），所以大家非常注意；以后则是人以诗传，因为大家欣赏石达开的诗，石达开也就成为众所周知的诗人。

如果诗人吟诗不限于律、绝。则石达开离京出征时所公开贴出的一份《五言告示》，也可以说是一首好诗。所以笔者在本文之初说“在流传至今的石达开诗文之中，其诗不过一两首”。这第二首，就是指的《五言告示》。如果石达开不是能文之士，这份告示自然是由军中的老夫子代笔，他既能诗能文，而这份告示却又用了很特殊的韵文形式，且能一韵到底，这就不同凡响，绝非一般只会写“等因奉此”的老夫子所能胜任。因此，很可能是出自石达开的亲笔。公文应该明白晓畅，本不应该使用字数受到限制的韵文。为什么这篇告示要用韵文，而且要用句子很短的五言韵文？其原因不难推想。石达开既有无限愁思要向大家倾诉，但是又不能说得过于明显。这是为了顾全大局。如果把话说得太明显了，就会增长太平天国内部的矛盾，予敌人以可乘之机。他把“疑多将图害，百啄难分清”修改为“精忠若金石，历久见真诚”，就是为了把事情说得更加隐晦一点。既然希望说得隐晦，五言韵文正是最好的形式，可以言有尽而意无穷。

石达开虽然能文，但在离京之时，由于历经国难家难而又被逼出走，自然心乱如麻。所以用语不够讲究，文义也不够含蓄。到达安庆之后，再来仔细斟酌，就觉得有修改之必要。《五言告示》前后出现字句略有出入的两个不同的抄件，原因在此。

我们认真体会一下这篇《五言告示》作者的思想感情，就会相信它的确出自石达开之手。他对太平天国革命事业一片忠心，洪家私党却一直对他猜忌排挤；他一心要为国出力，洪家私党却处处掣肘，阴谋陷害，逼得他非走不可。他当时的满腔悲愤，不下于被放逐的屈原。他的处境，也和昔日的屈原相似。因此，他的这篇《五言告示》，也就成为太平天国时代的《离骚》。全篇所言，都是发自肺腑的心声，充满了真实的感情。从形式上说，《五言告示》自然赶不上《白龙洞题壁诗》，但从真情的流露，“言为心声”，“诗言志”这一方面说来，《五言告示》正是感人至深的诗篇，应在《白龙洞题壁诗》之上。

石达开留下的真诗虽然太少，但仍无愧于他所享有的诗名。

梅竹公《翼王的身世及其赴义动机》

关于石达开的出身成分和参加起义的动机，各种资料说法不一。本来，看待历史人物，应着重在他的政治表现，和对时代所起的作用，予以评价。其阶级出身如何，动机是否纯正，对于他后来的成败功过，并不是起决定作用的唯一因素。这个问题似无多大讨论的必要；但在林彪、"四人帮"为害时期，他们极力散布反动"血统论"，把人们的思想搞乱。于是，"混进革命队伍的阶级异己分子"的帽子，也加到了石达开的头上。现在是按历史唯物主义观点还历史本来面目的时候了。笔者就翼王的身世及其参加革命的动机，试加分析，作为一个问题提出供同志们商讨。

白衣门第轶群儿

石达开的祖父原籍桂平县，后迁到贵县奇石那良村定居。达开之父娶六忽村壮族周氏为妻，生一子三女；后在那帮村筑新居。奇石一带旧称北山下里，为贵县、桂平、武宣三县接壤处，峻岭丛林，地势险要。那帮与金田相距百里，中隔大藤峡——明代瑶壮汉农民联合起义根据地。北山里是贵县壮族聚居的地区，客人(说客家话的汉人)很少。

口碑记述："达开父亲初来时替人家放牛做工，才买了些田。后又自己买牛放牧，渐渐变得富有起来。"[①]石家田亩的数量，记述很不统一：或说"田不多"；或说"有三百多斤种的田"；或说"有八百至一千多斤种的田"。[②] "田不多"一说虽笼统，却是在当地不算较多的反映；它和民国《贵县志》说他"家中资"，《金陵癸甲纪事略》说他"家稍富"，意思一样。《李秀成自述》说他"家富读书，文武备足"。而张德坚的《贼情汇纂》却说他

① 见《太平天国革命在广西调查资料汇编》。

② 见《太平天国革命在广西调查资料汇编》。

“家本富饶，献贼数十万金入伙，封为翼王”。《兰苕馆外史》更说他家“以财雄一方”。上述三份材料看似一致，但细加推敲，“家富”，只是与农民的“家贫”相对而言，并非指的“首富”。所谓“财雄一方”，石家是不够条件的。口碑说，六忽村地主“周凤鸣是周家第二房，他和长房都是有钱人。他曾出钱买功名，是戴顶子的”[①]。六忽村周家才真是“当地土豪大姓”。范文澜同志在《中国近代史》上册中，引据未加考校，就张冠李戴给石家。至于张德坚说“献数十万金”云云，以只有一千多斤种田的石家来说，是拿不出这么大数字的。张氏故意夸大其词，意在诬蔑石达开因献巨金而获封王罢了。

石家不是当地的名门望族。现保存在贵县东湖公园中的石达开曾祖母墓碑，最能说明问题。碑刻于道光二十年。高仅一尺八寸半，简朴无纹饰。上列子孙曾玄数十名，连一个秀才也没有。这件文物，使人们清楚地看到石家这个新兴小地主“白衣门第”的图景。

石达开的父亲发家后在那帮村所建新居，虽经反动派烧毁，1933年时尚见残壁断垣，造访都只“得门石二甚巨，及园础石一”[②]。庭阶堂廊，隐约可辨。遗址格局很小，没有豪华的气派。

达开的家庭经济靠雇工自耕为主，“还有几块好山”，“在吉马村的田大半是他家的”(属出租部分)，“达开一向在家种田，也兼做些小生意”，“他志义时父亲已死，只有母亲”。[③] 他是独子，自然由他当家做主了。他继承父业，是否算“地主分子”呢？口碑说，洪秀全初入龙山，路遇达开，一说值达开贩牛，一说适达开贩炭去矿区，其时达开尚未成年，从此已开始“图谋革命”了[④]。童年就参加革命活动，刚成年就毁家赴义的达开，和一般过着寄生虫生活的“大少爷”全不一样，定为“地主分子”是没有理由的。

综上分析，石达开出身于新兴小地主家庭，个人成分是知识分子，而且是很年轻就献身革命的知识分子。他富而非绅，无论是家庭经济条件和个人社会地位，都与韦昌辉迥然不同。有些资料，把他与当权地主韦昌辉同等看待，是缺乏科学分析的。

“去打江山为种籽”

石达开家在深山僻壤，但他政治上却早熟，这不能不与所处的社会历史环境有关。

---

① 见《太平天国革命在广西调查资料汇编》。

② 见民国《贵县志》。

③ 见《太平天国革命在广西调查资料汇编》。

④ 见范文澜《中国近代史》上册。

口碑说："达开还有祖坟在桂平碧滩罗禄洞，没有被挖。"[①]碧滩乃大藤峡所在地，达开祖居当在其附近。民国《贵县志》据《方舆纪要》云："嘉靖初，藤峡贼据仙女寨，王守仁讨平之。"仙女山距那帮不远。达开的家和祖居都近藤峡起义军据点，农民武装反抗朱明皇朝的事迹，他从小就听熟。他"年十二，凛然如成人，自雄其才，慷慨有经略四方志。喜读孙子兵法"。他父亲希望他考功名，"以光门闾"，但后来"知其志"不在此，"因听之"。[②] 这就是达开早期革命思想形成的良好条件。

富家子弟的达开，并不是整天闭户读书，与贫苦农民隔绝。他参加耕种劳动，"对人和气，附近有来找猪菜的，他常叫进屋喝茶、吃饭"。他家和壮人世代通婚。他"对本地壮人很好"。有一次，"寺村、歌厂两村三百多土人去打歌修的来人，达开出来调解，没发生械斗"[③]。这是他平时重视搞好群众关系和民族关系的结果。后来达开率领三千人赴金田参加起义，这支部队的民族成分，壮人当占较多数。"因为壮人多是穷苦人，有钱的少，达开打的只是财主佬。"[④]他反清，就要联合各族农民打击"土皇帝"。他在实践上是排除了宗派观念的。

有人引用《石达开自述》，说因"土人赶逐客人，无家可归"，被迫参加起义。众所周知，这份《自述》并非第一手材料，它是清吏讯问达开后，经过整理的纪录，不可靠。清《贵县志》说，当军"土来启衅，事败后，(客人)半合矿徒恶类随会匪而去"。这个"半"字很重要，它表明客人并没有走完。毛主席说："民族斗争，说到底，是一个阶级斗争问题。"说达开因被土人赶，"无家可归"才参加起义，这就有意无意地把起义的正义性和迫切性抹杀了。"地主周凤鸣常常想赶走达开"。但他只能在"达开走后"才"来烧他的房子"[⑤]。可见，达开起义前的家境，并不是"受到了排斥和打击，家业难保"[⑥]的那种程度。

还有一种提法说，"当时拜上帝会声威日益壮大，迫使他(达开)不得已加入了革命阵营"[⑦]。拜上帝会的发展，是达开参加了三年共同努力的结果，怎么倒变成了"迫使他不得已加入革命阵营"的原因呢？颠倒因果，一至于此！可见"帮"风流毒影响之深。

---

① 见《太平天国革命在广西调查资料汇编》。
② 见民国《贵县志》。
③ 见《太平天国革命在广西调查资料汇编》。
④ 见《太平天国革命在广西调查资料汇编》。
⑤ 见《太平天国革命在广西调查资料汇编》。
⑥ 见《太平天国金田起义》。
⑦ 见《太平天国金田起义》。

封建统治阶级出身的石达开，参加革命的动机不可能很纯。除了反清这大目标外，还可能夹有个人权欲(这在现代革命中的革命者尚不能免)。但他是否“有着极为严重的‘攀龙附凤’的个人野心”[①]？以他富而白衣的缺憾，以他“文武备足”的才能，他应该而且能够通过考科举谋取官职。可是他为了反清，却“重义轻财”，“素慕游侠”，[②]还甘冒杀头灭族的危险：刚入会不久，冯云山被捕入狱，他也受政府通缉。那几年，他对紫荆山根据地总是“往还无间”[③]不稍动摇。一般说“个人野心”意味着参加革命仅是为自己私欲，而不代表广大农民的利益与要求。而他听了洪秀全的宣传，“遂信而惑焉，愿以家资从事”。[④] 由“信”到“愿”到“从”，中间有相当长的过程。入会两年后，他才参加领导核心；再经过出生入死，立了许多战功，才受封为翼王。倘仅为了“攀龙附凤”，他不可能经受得起长期的严酷艰险考验的。

还有根据说“他宣传拜上帝，却从来不打菩萨神像，也不禁拜祖先”[⑤]这条资料，就咬定“他从来不是洪秀全、冯云山志同道合的战友，只不过是投机革命的同路人”。还说“石达开、韦昌辉同洪秀全和广大贫苦农民之间，一开始就存在着严重的分歧”[⑥]。真是这样吗？口碑说，达开领导“拜会时，会众要饮鸡血酒，边饮边喃，发誓信实天父、天兄，勇敢杀妖诛魔，永不变心”[⑦]。形式是为内容服务的。达开还定每月初一、十五举行礼拜，高呼口号：“一打南京，二打北京；牛骨乱尽，豆鼓发瘟。”[⑧]他用群众惯用的农历定期做礼拜；用群众口语制革命口号；通俗易记，丝毫无损政治内容。至于敬祖先，不毁神像，对进行反清斗争也并不妨碍。反之，他尊重地方习俗，能团结尽可能多的人，于革命有利，是做得对的。

石达开与洪秀全、冯云山的“志”和“道”，与广大农民之间的利益，真的“一开始就有严重分歧”吗？一位诗人写道：“困顿农夫不得耕，去打江山为种籽。”[⑨]达开跟随洪杨革命，毁家纾难，英勇杀敌，家属死光，最后自己也牺牲了。他的全部活动，代表了广大农民的利益和要求。不但开始时没有分歧，就是在他被迫出走，远征西南，也没有接受

---

① 见《太平天国金田起义》。
② 见许平叔《兰茗馆外史·纪粤寇》。
③ 见民国《贵县志》。
④ 见谢介鹤《金陵癸甲纪事略》。
⑤ 见广西《太平天国起义调查报告》。
⑥ 见《太平天国金田起义》。
⑦ 见《太平天国革命在广西调查资料汇编》。
⑧ 见广西《太平天国起义调查报告》。
⑨ 见民国《贵县志》。

敌人的招降，没有忘记“我主天王”，没有停止过打击豪强劣绅。他始终忠于太平天国农民革命事业，并无辱“志”叛“道”。否则，他是不可能转战八省、坚持六年之久的。他在四川受骗被俘后，也“不作摇尾乞怜之语。临刑之际，神色怡然”。清吏所述翼王这种“枭杰坚强”①的英雄气概，绝不是“投机革命的同路人”所能有的品质。

综观“勇敢无畏、正直耿介”②的翼王一生，从他革命的动机，检验其实践的效果，都不能称之为“混进革命队伍的阶级异己分子”。林彪、“四人帮”出于篡党夺权的需要，散布反动的“血统论”，搞影射史学，毒害之烈，亘古未有！现当我党工作重点转移之际，我此文是引玉之砖，盼望同志们批评指正。

按：此文为原广西贵县文化局长梅竹公同志所撰。他对有关石达开的史事很有研究，常常考察古迹，采访遗闻，所以论证石达开的身世颇有独到之见。此文现已收入《太平天国史学术讨论会论文选集》，本书则据他于 1979 年 5 月寄来的打印原稿转录，文前的“内容提要”从略。

① 见刘蓉《养晦堂文集》。

② 引自 1857 年 5 月 9 日上海《北华捷报》英人玛高温(即麦高文)语。

梅竹公《再谈翼王家世及其赴义动机》

1979年,我国新发现有关石达开的史料两份:一是在上海图书馆善本书库中看到的新本《石达开自述》;一是在翼王故乡广西贵县奇石公社看到的《鼎建渡船碑记》。这两份新发现的史料,为研究和评价石达开,提供了新的佐证。关于前者,《中华文史论丛》1979年第四辑,有方诗铭同志的专文介绍。笔者本文着重就《鼎建渡船碑记》所反映的史实,对石达开的家庭出身和革命动机,做进一步的探讨,并为拙作《翼王的身世及其赴义动机》一文(已收入中华书局编印的《太平天国史学术讨论会论文选集》)的补充。

1979年12月,贵县奇石公社"石达开史料调查组"在该公社发现道光二十年岁次庚子三月十五日立的《鼎建渡船碑记》(以下简称《建船碑》)一份共三块,每块高120厘米,宽66厘米,用同样方整石刻成。碑身完好,碑文楷书,有部分被磨损。三块碑上端,分别刻大字"鼎建"、"渡船"、"碑记"。

第一块碑,右方刻序文七行约二百八十字,不见作者署名。序后列捐钱题名四十七人,其中廖光华四千文;陈朝霭三千文;廖、韦、黄三姓七人各两千文;莫、苏、覃、黄四人分别为一千二百或一千五百文;捐一千文者三十四人,其中廖姓十四名,其他姓氏各有两三名,石达开、石昌隆题名在倒数第五、六位处。此碑下半部空白无字,其位置约可列数十名,当是捐九百文以下被磨平了的。

第二块碑,捐钱数为三百至六百文。题名分八排,每排三十四人。其中有空白处,属被磨损部分。石昌荣、石昌达名在第三排,各捐五百文。

第三块碑,题名二百余人,为捐钱三百文以下的。碑文被磨损较大,字迹难辨。

碑末总计:五百十一人捐钱共二十万五千文。

三块碑上所见姓氏有二十四个,较多人数是廖、周、韦等姓。在一、二两碑上,看不到达开的伯叔昌茂、昌翰和外祖父周国质、舅父周凤展、姑丈黄朝阳、胡善积、潘文赞等人名字。大地主周凤鸣也不见名，可能原列在被磨平部分。

《建船碑》虽已残损，但有关研究石达开史实的内容，幸尚基本保存。它对百多年来关于石氏家世的分歧各说，给予雄辩的回答。

第一，石家在当地不是人口多的大姓。从《建船碑》所列姓名来看，石氏家族人数较之廖、周、覃等姓，简直是微不足道。

道光二十年十月立的石门黄氏墓碑，死者有子三人，为润字辈；孙六人，为昌字辈；曾孙十六人，开字辈；玄孙二十一人，科字辈。达开当年十岁，名列倒数第二。从《建船碑》不见润字辈，当已去世。习俗刻碑，晚辈有不少是未出生先题名的。据此以观，充其量亦不及百人。

第二，石家不是“土豪”和“多年绅富”。从《建船碑》看出：①石家捐钱数目，反映出他们仅是中上之家。②碑的题名上标有主事职称：“总理缘”为最前三人；以下有“主缘”、“化缘”各若干人。诸“缘”中没一个姓石的。凡负责“缘”的人，是由地方上较有地位的绅富充任的。石家没有充当绅富的资格。

第三，达开之父是昌辉，在达开十岁或稍早一些年已死。捐钱没用妇女题名，故达开虽年幼，名字也上了碑。清吏所录《石达开自述》“父名昌奎”，即是昌辉。达开是客家人，客语“辉”与粤语“奎”同音。

范文澜同志在《中国近代史》上册第 101 页关于石达开家世的表述，显然是受许平叔的“以财雄一方”和张德坚的“献贼数十万金”二说影响，是不对的。而罗尔纲同志说，达开“出生在一个富有的农家”，没有说是“土豪”和“多年绅富”。这与民国《贵县志》说他“家中资”，证诸新中国成立以来贵县调查资料、《翼王祖墓碑》、《建船碑》所反映的事实，还是比较吻合而确切的。

石达开十七岁时参加拜上帝会。乡俗多惯早婚，其姐当已出嫁。他母亲五十多岁，两妹还未成年，达开便是家庭的劳动力。他兼营商贩，不能视为家庭经济上升的标志，而主要是为掩护革命活动的需要。他父亲死后的头几年，母亲是唯一的劳动力，免不了家道中落，每况愈下。达开接近成年就得挑起撑持门户的担子。交结会众，扶贫济弱，使他赢得“重义轻财”(许平叔语)的称誉。《清鉴纲目》说他能“以仁义笼络其民，人心附之”，不是偶然的。这个“笼络”包含着以道义教育和以物质资助两方面的内容。可以想象其日常开支是不小的。

现在我们可以说，石达开父亲在世的后期，其家庭是个新兴小地主或富农；父死后到他赴义金田这时期，则是“铜锣烂后名声在”的破落户了。

百多年来，关于石达开参加起义的动机，不少人对清吏记录的《石达开自述》“因本县土人赶逐来人，无家可归”而“谋反”等语，未予置疑。这个自述不是达开亲笔，清吏也不会让达开校阅过。它抹杀石达开起义的正义性，把起义队伍因有斗败来人的归附而更加壮大的现实，篡改为达开本人被迫起义。这个被颠倒了的历史，应该还其本来面目了。

道光末年贵县土来械斗是事实，但土来并不等于是壮汉，械斗也不是在龙山地区进行，它更与石达开无关。下面逐一加以论证。

1.土来械斗不是壮族与汉族间的斗争。光绪《贵县志》说：“贵县土著惟农、黄、覃、邬、韦各姓，余俱外来占籍，概称为土人。而于粤东惠潮嘉迁来者均谓之来人，即客人。”民国《贵县志》说：“今征诸各姓谱系，则黄、覃等姓亦多外来，非皆土著。”所谓“土著”指壮族。“土人”则既包括壮人，又包括讲土白话的汉人。“来人”指讲客家话的汉人。

光绪《浔州府志》记载：“贵县土来斗。来人富豪温阿玉艳土人农氏女美，馅夫家退婚，强娶之，遂相仇杀。”农姓，据《贵县志》说是壮族（土著）无疑。韩山文《洪秀全的异梦及广西乱事的始原》中说：“这女子已与一本地人订婚。”则农氏许配的夫家不是壮族，而是“概称为土人”中的讲本地白话的汉人了。“文革”前贵县调查口碑说：“（大圩）篁村温阿玉见龙山一壮人妹子漂亮，想要做小婆。（后来械斗发生）来人归来人，土人归土人。壮人也帮土人的忙。”这里“土人”显然非“壮人”。虽然壮人站在土人一边，这械斗却不能说是由壮汉矛盾引起，也不是壮族与汉族的斗杀。《贵县志》与口碑，明确了农氏女和其夫家，虽“概称为土人”，而民族成分却有别，补了光绪《浔州府志》之不足（不明确）。

有的同志把“客家”与“本地”的矛盾，具体地说“是居住在广西贵县的壮族与汉族的矛盾”，这提法是不科学的。《浔州府志》的“狼壮曰土”，同《贵县志》的“概称为土人”意思一样，既有壮也有汉。“土”与“来”对称，它不是民族的代称。“来”当然是汉人，而“土”却不专指壮人。

洪秀全的“客家本地总相同”这句诗[1]，即使是他当时用来劝诫械斗的双方，也只是说“客家”与“本地”同是汉人，应和睦相处，并没有兄弟民族平等的含义。

“来土斗争主要是来人与讲贵县土白话的土人斗。壮人和来人比较好，有时帮来

① 见《太平天国印书·福音敬录》，江苏人民出版社，第715页。

人。”这条口碑，证实了1960年广西通志馆调查资料编者按。这段话是比较全面的，原文照录如下：

“我们在贵县、桂平、武宣各县调查时，群众做解释说：所谓来人即从广东搬来的客家人，而土人主要是指在广西入籍很久，讲土白话的汉人，并非全是壮人或瑶人。单纯把壮瑶等少数民族看作土人是不对的。因此，把来土斗争理解为汉族与壮瑶族间的斗争也是不对的。壮瑶族上在来土斗争中，有些站在土人方面，也有些站在来人方面。我们认为，分清这种区别，对理解来土斗争颇为重要。”

2.贵县土来械斗不是在奇石地区。械斗发生的具体地点是大圩地区西部。口碑说：“温阿玉联了从教子岭到长排、赐谷（属庆丰）、南江一带来人，土人联了北江和桂平白沙土人。先在教子岭，后在大仁岭（均大圩区）各打了一仗。大仁岭来人少，黄李二姓有钱，便去联络（江南）桥圩的来人帮打。结果还是敌不过土人。北江一带来人少土人多，所以总是被土人追赶。”“庆丰地方的来人头子万老爹和王三妹，都是地主。家中有谷已为械斗吃完，叫大家逃散各处。恰逢石达开在贵县发动起义，很多无家可归的客人乘机投奔石达开部队，庆丰跟去的客人最多。”所有口碑，至今未听说有奇石客人参加大圩庆丰这场械斗，也未听说有斗败的来人被赶入奇石地区。

3.石达开没有介入来土斗争。奇石古为北山下里，与上里（龙山）、中里统称龙山山区，壮人占百分之九十四左右。奇石北为武宣县境，东北为桂平，东南经六乌山到庆丰。客家人多定居于北部偏东，旧时有六七条村屯。建达开水库后，因水淹田舍搬迁，奇石公社唯蓝田村住有客家人。全社汉人占1%强。当地壮人淳朴好客，对外来垦荒定居的来人，从无排斥歧视、以众凌寡现象。

关于来人习俗，光绪《贵县志》说：“其人自成村落，或三五家为一村，或一家为一村。”但也有来人和土人共住一村的。过去奇石的古练村住三姓人，潘姓是壮族，杨、黄是来人。其他地区，亦有类似例子。这充分反映了贵县壮汉民族关系融洽，由来已久。

道光年间，奇石地区有过械斗，起因是新造村壮人地主韦佐清霸占陂水，那良村受害的贫农潘（壮人）、黄（来人）二姓联合，打死韦佐清及韦姓二青年。吉麻村黄姓来人同样要水，也帮那良村人打韦佐清。这是明显的阶级斗争。另一次是真正的壮汉纠纷，壮人要打来人，但在发现聚众之初，得石达开调解，没有打成。石达开以团结反清的大义教育群众，收到良好效果。他对山区外大规模的土来械斗，采取不介入的态度，是非常明智的。当械斗发生时，天地会陈香晚部队，由宾州入龙山，出棉村（大圩西）支援来人作战。事前和败后，陈香晚都没有到奇石联络石达开参战①。《贵县志》和口碑、资料，都看不见有关石达开参与械斗的记述。因此，对清吏所录《石达开自述》"本县土人赶逐客人，无家可归"等语，不能认为是石达开参加了械斗的真实记录。

正是由于石达开在当地倡导革命多年，深入人心，因此"出兵时，由千几百人增加到几千人，其中有壮人、客人和讲白话的人。壮人最多，客人其次，无来土之分"。口碑所述这占相当大数量的来人中，有不少是斗败无家可归的，也有不曾参加械斗的。他们到了革命部队后，深刻体会到"客家本地总相同"的正确性，憎恨温阿玉等豪富祸首的罪恶，更加勇敢地投入诛妖的伟大斗争中，成为太玉军中的一部分主干力量。

按：此文为梅竹公同志对《翼王的身世及其赴义动机》一文的补充，撰于 1980 年 6 月 14 日，据打印原稿转录。在此文中，他根据最可靠的文物与资料，解决了有关石达开家世的两个重要问题：

第一，根据《鼎建渡船碑记》，论证石达开的家庭是一个富裕农家，石达开本人是一个从小就参加劳动的知识分子，否定了石达开出身于"豪富之家"的谣传。

第二，根据许多可靠的史料与口碑，论证了石达开并未参加土客械斗，石达开的家乡那帮村也未发生过土客械斗，否定了"石达开因为参加械斗失败，无家可归才投身革命"的论点。

① 光绪《浔州府志》载：陈香晚败退后，北岸来人又约南岸天地会的黄阿左、叶阿长队伍屯覃塘，钟阿春、徐阿云队伍屯大圩，"土人殊死抵御，互杀四十余日"。

梅竹公《有关翼王家世资料考校》

一、家世与亲属

民国《贵县志》列传:"年十二,凛然如成人,自雄其才,慷慨有经略四方志。读书家塾,喜孙子兵法。父诫之……"考达开之父于道光二十年之前已死。上说可能不确,但石家从无人中举则是事实。

范文澜《中国近代史》上册第101页说:"早年加入保良攻匪会图谋革命。"查贵县志及口碑均无此组织。此种组织在桂平是有,但属于豪绅反动团体。

拙文中"他家和壮人世代通婚",今举数例:其祖母、姑丈、妻、姐夫、妹婿均为壮族。妻熊氏,六合村人。《中华文史论丛》1979年第4辑中陈周棠、部群一两同志将六合村熊氏误说是其母。

广西人民出版社1981年版《太平天国史研究文选》中之黄现璠同志《太平天国革命中的壮族子弟》一文有"……达开养子石镇吉……"之说,实误。1859年回师广西时,镇吉及其三弟均为带兵官,达开何来此二十余岁的养子?况达开之族兄有石镇仑,"镇"为同辈可知。愚以为,镇吉可能是达开父之养子。因达开为独子,镇吉弟多。黄文系误引光绪《百色厅志》、《临桂县志》,而忽略《贵县志》、《浔州府志》,因此两志均言是弟辈也。又黄文说那帮村仅达开、镇吉二户为客家人,更误。

二、秦日纲非贵县人

地志说他是桂平人"为贵县逐勇"。被逐后入贵县平天山矿区。后率矿工赴义金田。可能因此被误为贵县人。查县志虽说秦日纲为贵县人,但一无具体乡村里籍,二无任何一条口碑。可知秦只是在贵县活动的外地人。

三、妻孥及部下投河，并非对石抗议

苑书义同志《石达开大渡河被俘真相》一文中说：“达开妻妾等携手投河，部下自溺者不少。”以此作为“投降不得人心”的事实之一。愚以为投河者是不愿受辱，是她们自知必死，不能认为是反对达开的“尸谏”。同上文所引1862年在贵州乌江渡口七绝，愚认为是后人咏叹之作，并非翼王自叹“穷途”、“无依”。因当时处境不同大渡河，乌江不是泧江。

四、石昌茂是达开之伯，不是叔父

县志有此一说：“咸丰四年(不可能，应是十年)王叔昌茂回贵县查取达开家口……得其十岁子以去。”按石氏祖墓碑，墓主之孙六人。上排自右至左为：昌荣、昌茂、昌隆，下排自右至左为：昌辉、昌达、昌翰。按习惯，排名最中间者为长，右为次，左为三。则昌茂是老大。过去误以昌荣为达开父，且以为从右起第一名为长，故旧志称昌茂为王叔。自1979年冬《渡船碑》发现后，碑上有达开与昌荣同时捐钱，与《自述》父名昌奎，即昌辉吻合。昌茂更为伯父无疑。

上述“十岁子”为熊氏所生次子。长子为附近村胡姓收养，取名永活。永活长孙名洪才。父老均说今胡家的子孙是达开骨血。

按：此文为梅竹公同志所撰，时在1982年5月21日，是特地提供给本书的。

第四编

研究资料汇编

目　录（第四编）
研究资料汇编

翼王石达开复秋官又正丞相曾添养岳州战守事宜训谕

真天命太平天国电师左军主将翼王石，为训谕秋官又正丞相曾添养弟知悉：

缘于六月二十四日接阅弟等具回禀报，兄已备悉。惟禀称妖魔作怪，难以取胜，恐岳州城池难守等情。兄已将此情由禀奏东王殿下，俟奉到诰谕，再行谕知。

弟等在外，俱要事事灵变，加意提防，如若岳州城池十分难守，弟等可即退赴下游，坚筑营盘，静候东王诰谕遵行，毋得旷误。统俟天父大开天恩，大显权能，任那妖魔一面飞，总难逃我天父、天兄手段过也。特时将此道理讲与众兵士听，不可使有别意也。为此特行训谕。谕到，亟宜凛遵，毋违训谕。

年　月　日

按：这是太平天国甲寅四年六月石达开对曾添养禀报的复文，据张德坚《贼情汇纂》卷七著录。通过这篇复文，能够说明两个问题：第一，石达开不仅奉命在安庆一带安民，同时也是西战场上的主帅，可谓军民两管。因此，远在湖南岳州的军情都要及时向他禀报。第二，可以说明石达开在安庆安民的时间较长，甲寅四年六月已在安庆。

燕王秦日纲复翼王石达开军情禀

卑爵秦日纲跪禀报电师左军主将翼王五千岁千岁千千岁殿下：

禀报为回复禀明事。缘于十月二十日巳刻田家镇行营敬接十月十三日颁来贵谕一件，敬知荷蒙天父天兄大显权能，天生（王）鸿福及我翼王威德，所有建德残妖，已命冬官正丞相罗大刚暨指挥赖桂英等于本月初十日诛妖，灭该处残妖三四百余只，余妖溃散，逃遁远方，建得（德）一带业已安堵矣。至兴国州之育才官胡万智并池州、黄州两郡有天试翰林亦在于该处持印理民务，命卑爵暂留伊等在于该处办理，恭候东王金谕定夺，卑爵自当凛遵而行。又蒙我翼王劳心教导，军务命卑爵在田家镇一带，尽心竭力，约束官兵，防守坚营盘方可进兵直剿等谕。卑爵会同国宗兄韦俊、殿右三十一检点曾凤传暨指挥、将军等酌议，时时约束兵士，加意防守，伏乞我翼王宽心安福。如此缘由，理合虔具禀报，恭请台安。

按：此文据张德坚《贼情汇纂》卷七著录。原文无年月，但从文中所述史事看来，应为太平天国甲寅四年十月。这时石达开正开府安庆，对于上游各省，军民两管。所以秦日纲对他的禀报，既涉及军事，也涉及民政。

元勋殿左二十七检点赖裕新安民晓谕

真天命太平天国钦差大臣元勋殿左二十七检点赖，为晓谕士民人等勿惊师旅，致失家业事：

照得劳师动众，天朝惟重救民；斯履顺处常，黎庶愿依乐土。缘蒙天父、天兄大开天恩，差天王下凡，为天下万国真圣主，复差东王辅佐朝纲，列王赞襄国政，肃清宇宙，扫灭妖氛，正是斩邪留正，转危而入于安，援夏去夷，一劳可以永逸。自起义金田，迄定鼎天京，统率数百万官兵，遍历十余省境地，黎庶皆归淳朴，游化宇而幸春台之同登；官兵尽属清廉，经乡里而自秋毫之无犯。本大臣恭随翼王五千岁贵驾，统旅率师，本除暴以安民，亦体国而经野。凡过村镇市邑，当于扎宿地方，必另有谕，令民筹办军需。民如遵谕备办，官兵决不妄为取求，稍事滋扰。师出有律，洵属正正堂堂；民得所安，益见熙熙攘攘。尔士民等须知天父、天兄救世之至德，天王、东王、列王爱民之仁心，各宜乐业安居，顺天守份，士为士而农为农，仍享田园之乐；工为工而贾为贾，无虞师旅之临。况官兵虽云多众，纪律最属严明。本大臣现在统率数万雄师，经过乡里，民知尽民道，兵自守兵规。倘有军士肆意扰害等情，民等尽管放胆直前照于列后条规禀明，以便按法究办，将见军行而无采芑之虞，自欢声之载道；民居而免行野之叹，亦乐意之盈庭。升平可庆，宁止兴歌。本大臣实有深愿，与尔士民共睹休风，同享真福焉。特此晓谕，并奉翼王贵谕，拟立十条列后。

太平天国丙辰六年　月　日晓谕

按：此文据江西省博物馆藏原件著录，原件高 95 厘米，宽 190 厘米，黄表纸刻板墨刷，四周边框刻牡丹花纹。年月上盖“太平天国殿左二十七检点”长方朱印。已收入太平天国历史博物馆编《太平天国文书汇编》。太平天国丙辰六年春，正是石达开锐意经略江西，各路将领进军十分顺利之时。赖裕新为石达开部下得力将领，当时独当一面，为江西瑞州郡守将。这份“安民晓谕”实际上是奉“翼王贵谕”而公布的。可以推想,石达开部下将领在开疆拓土之时,都要公布这种安民告示。告示所附章程十条,《石达开评传》第七章中已全文照录,此处从略。

土十五副将军黄严饬兵士静守营规恪遵军令晓谕

真天命太平天国土十五副将军加三等黄，为晓谕严禁兵士人等不准私行下乡掳掠民房事：

照得本大臣恭奉天命，并奉翼王五千岁贵谕，广召天下英才，大展仁义，所过之地皆秋毫不犯。今据该地乡民禀称，近有不法兄弟擅行下乡，私进民房，掳掠民财。如此行为，大干法纪。为此特行晓谕，仰尔兵士人等，务须静守营规，恪遵军令，斯为品行端方天堂子女；倘或仍蹈前辙，准尔该处乡民扭赴本衙，该乡民即赏给银五两，该不法之兄弟即按天法斩首，游营示众，决不宽贷，以儆后患，以惩将来，不致人步亦步也。各宜自爱，勉之，望之，切切晓谕。

太平天国丙辰六年三月十二日晓谕

按：此文据江西省博物馆藏原件著录。原件高98厘米，宽50厘米，红色毛边纸墨书，年月日上盖长方形朱印，印文为“太平天国土十五副将军”。已收入太平天国历史博物馆编《太平天国文书汇编》。太平天国丙辰六年三月，石达开本人虽已率军东下，参加第一次攻破江南大营之役，但他仍是江西战场上的主帅，黄玉崑不过是暂时代理他的职务而已，所以文中仍称“奉翼王五千岁贵谕”。石达开锐意经略江西，吊民伐罪，人心爱戴。江西全省十三个府中，已有八府五十多个州县望风归附。从本文中高悬重赏，鼓励人民检举不法行为看来，太平军在江西各地确实是严格执行军纪的。石达开在戎马倥偬之时，随时注意选拔人才。这件事也为他的许多部下所遵行，所以文中又有“广召天下英才，大展仁义”的说法。

六安州总制掌书陈凤曹上六安州总制陈敬禀

禀

月之初二日，接读宗台大人赐覆，可见包容大度，不弃庸愚，弟不胜忻幸之至。但所委约同旧衙兄弟来州之语，弟已在闸上面会到孙奠邦，谈及此事。伊云，无为州兄弟，原系过馆而来，此刻伊等俱不愿到六安州境。望大人不必再三。惟奠邦自己云，将经手各店铺账目了清，即复归馆。

弟蒙宗台错爱，理应账事粗了，随即归衙，奈接家信来云，前月大福回家口说，代弟所带些须物件并艮信若干，行至老田村内，俱被土匪抢去。伊比回至府上，托采芝先生写信一封，追出物件少许。弟料此事必假，因欲回家一查。兼之初二日翼殿礼部赞书吕，跟随翼王五千岁到闸，适与弟馆打在一家，云翼王见天王疑忌实深，故私自出京，誓不回去。随后络续随翼王而出京者，官员兄弟约有五七万人，将来天京必定空虚。溧水现在大败，不知此后却是何如。目下必有诏旨来六安一带调兵，兵去则六安难保。面约弟即随伊去，并云必不相亏。弟因世事总难预知，只得含糊对答，不便应亦不便辞。万望宗台仔细筹谋，加心画策，随后将六安远近兵势，赐信与弟，其信望寄到安省韩公祠旁柯姓寓处。弟约在初七八动身回家，廿前动身到省，是否再另禀明。余言不书。耑此，顺请升安不一。

合衙诸位先生案前未另具函，伏望俯为致意是幸。

太平天国丁巳七年五月初五日

封套正面

六安州总制掌书陈凤曹敬禀
□安州总制加肆等陈大人　案下安阅
春四百□

封套背面

借印
内乙件递至
□平天国丁巳七年五月初　六　日封
六安州

按：此文据故宫博物院藏原件著录，已收入太平天国历史博物馆编《太平天国文书汇编》。原件高 25 厘米，宽 79 厘米，双红纸墨笔书写。封套背面年月上盖“太平天国黄姑闸汛疏附”长方朱印。

文中所称“过馆”，含义有如现在所说的“跳厂”、“跳单位”

从此文看来，这位吕赞书约陈凤曹追随石达开，也只是从私谊上代陈凤曹衡量前途得失，其原则是愿去则去，不愿去即作罢论，并不勉强。

陈凤曹“含糊对答，不便应亦不便辞”，也并不认为追随石达开有什么不对，只是由于“世事总难预知”而踌躇不定。

太平军在融县发布的命令

将军有令，各官军周知：

此地有妖兵一千余名，凡我官兵在此经过，务要派定整队官兵在此把卡，以防作怪，不得疏忽有误，切切此令。

九月十二日

按：此文据龙泰任等纂《融县志》卷二著录，已收入太平天国历史博物馆编《太平天国文书汇编》，但标题作《赖裕新部在融县发布的命令》。我们认为发布这个命令的不应是赖裕新的部下，其理由见下一篇资料《太平军在融县所发的告示》的按语。

太平军在融县所发的告示

晓谕示民，及早投诚，倾心向化，可保身家。今本大臣，统率三军，逆我者亡，顺我者存。经过府邑，伐暴施仁，沿途百姓，箪食跪迎，纳粮进贡，鸡犬无惊。各处山寨，胆抗天兵，立时剿灭，一鼓荡平。唯尔古鼎，利害莫闻，反敢率众，相拒我兵。被我活捉，小丑一名，十指尽除，递谕尔闻。若不进贡，祸生灭门，作速归顺，保全生灵。倘再违背，玉石俱焚，特谕尔等，急宜凛遵。

一军军帅汪

太平天国庚申十年九月十七日谕

按：此文据龙泰任等纂《融县志》卷二著录，已收入太平天国历史博物馆编《太平天国文书汇编》，但标题作《赖裕新部一军军帅汪在融县发的告示》。按赖裕新在太平天国庚申十年九月追随石达开在南宁附近作战，并未北上融县，以后直到辛酉十一年九月，才与石达开一起经过融县北入湖南。因此这里的一军军帅汪，不应是赖裕新的部下。根据太平天国官制，朝内官外出统军时才能自称钦差大臣或简称大臣，然则自称大臣者，其官阶必在将军、检点以上，以军帅而自称大臣，似与规定不合。文中既称“今本大臣，统率三军，逆我者亡，顺我者存”，自应将军中主将职衔在布告中写明。只用军帅署名，似乎不够慎重。由此推测，这支太平军似非石达开的本军，而是一支脱离了石达开的队伍。根据史实考查，当时脱离石达开本军而北上的朱衣点、彭大顺、童容海等人率领的队伍，正好在庚申十年九、十月间经过融县北上湖南。因此，这张告示可能就是他们贴出的。郭廷以《太平天国史事日志》中的记载：“11月13日（十月初一日）翼王石达开旧部军略朱衣点、彭大顺、观天燕童容海自广西融县占领湖南绥宁，知县吴熊死之。”可以作为旁证。又简又文《太平天国全史》第十八章也指发告示的这个汪军帅为朱衣点部下。

六十七将领缕陈军情请准暂居原职共图报效本章

小臣吉庆元、朱衣点、黄祥胜、黄五馥;(以下人名分为三排,第一排是)彭彬、邓定有、贺万安、李帼政、李大发、曹仁桂、谭吉星、石至安、佘添才、宋凯羔、张文兴、陈连定;(第二排是)程添财、石添保、夏仕成、张廷献、程金珊、段明忠、何金明、李大德、任世得、曾芸兴、赵荣花、张明学、陈银祥、雷震春、金庆顺、朱德禄、沈鹤书、萧万顺、李金隆、杨复旦、毛金太、张佩兰、杨九元、陈廷桂、倪耀光、胡丰芸、胡才占;(第三排是)余花练、李兴义、高国祥、胡从新、邹喜胜、宋定邦、姚绣章、汪应魁、刘福兴、何马牛、袁致江、熊良才、余世亮、杜丹田、喻先相、韦正兴、陈生、张胜洛、李元茂、李双林、李东生、胡秉哲、何益彩、傅政万;暨丞相、检点、指挥、将军众小臣等跪奏真圣主天王万岁万岁万万岁陛下:

奏为合疏联名启奏缕述军情,剔陈苦况,俯准所求,暂居原职,共图报效,免滋后累事。伏维我真圣主陛下聪明天亶,智勇天锡,肇造区夏,奠安九有。数年以来,天戈所指,妖匪剪灭,胡虏自亡。诚我天父权能,天与人归,古今罕匹之盛世也。小臣等葑菲末质,樗栎庸材,徒效犬马之劳,毫无疆场之绩,屡荷天恩,真圣主隆恩,牵带成人,虽粉骨碎身,实难图报万一耳。

小臣等自丁巳七年跟随翼王进取江右,跋涉险阻,逾越关河,意欲拓开疆土,以扩我真圣主万万年不拔之王基也。讵料翼王专听元宰张遂谋筹画,遂致江西退守,进攻浙右衢州。迨弃衢州,复由闽省又进江西之南安。己未正月,由南安进取湖南,而各郡均皆未下。复由宝庆转取粤西,至九月庆远、柳州、宾州等州郡皆下。翼王乃在庆郡度岁,旋将真圣主官制礼文多更改焉。

小臣等始则信翼王亲奉密语,转回粤西,召纳英俊,广罗贤辅,作我陛下股肱心膂。继则观其动静行为,多滋物议。庚申二月,有后旂宰辅余忠扶统下官兵先行起义出江。

该余恃官尊阻挠，已被下官所杀。又有武卫军宰辅蔡次贤亦率统下出江，事漏被元宰所杀。由是翼王之六部暨参护、承宣、仆射等官以及统下兵士，纷纷皆欲出江：有出到湖南被妖打散者有三班；仍在广西象州、宾州及下广东嘉应州者有两班；又有由云南到贵州黎平府一班。惟时小臣等犹同翼王恋恋不舍，恳求翼王到南宁，贵县系翼王生长之处，召集多兵，劝翼王返旆回京，共匡王室，而翼王一返故乡，便有归林之说。小臣等见此光景，势处两难，致有右一旂大军略扩天燕彭大顺暨小臣豫爵衣点、容海、庆元、祥胜、五馥、李如胜、黄益先、杜大祥、余大林、汪花班、汪海洋等员为之倡首，其余翼殿侯、相、检点、指挥均照陛下制度给印，誓师出江，而统下各兵士欢欣鼓舞。万里回朝，出江扶主，非一人之功，实乃众官与众兄弟数十人之力。均托陛下隆恩，乃由粤西转至湖南，屡遇妖匪，逢关破关，逢卡破卡，一路以白巾、白衣为号，杀妖无数，妖崽闻风多丧胆矣。

迨至庚申腊月，师克闽省汀郡及各属县，屯兵过年，约定辛酉三月旋师回朝，不幸为倡首之彭大顺被妖侵害升天矣。小臣等豫爵十余人，韬略伎俩均相尚下，而童容海动生歹意，小臣等多怀恐惧，遇事退让三分。由是自闽起程，议定承天豫、相天豫、勷天豫并统下侯职等员带兵先三日起程。甫到江西之泸溪，童容海陡起贪心，即严责李、杜等忌其回京先奏凯功，擅敢作福作威，竟将豫爵之李、杜，侯爵之杨、张等共十余员一并杀之，夺取各豫、侯官兵士升作身边护将。小臣等袖手旁观，敢怒而不敢言，听其自遂燕爵，夯小臣等听伊号令，铺派军务，连修本章回朝，独盖伊印。小臣等不敢有违，只得一任之而已矣。

去年七月，在于江右之铅山一带歇伏。值八月得遇忠王由湖北旋师，保封小臣等一般官员。童怀私见，一人具禀，贪图主将爵位。小臣等将一切情由面禀忠王，蒙忠王比封小臣庆元为大佐将，而衣点、祥胜、五馥等亦封福爵。折分两路，进取浙江。命忠二殿下督率庆元统带各福、燕、豫兵士，攻取宁、绍，断妖救援。忠王亲统谭、部、黄、李、陈、童各位主将，仝为一路攻取杭省。甫经两月，严、绍、杭省均叨我陛下福庇，渐次克复。又命陈、童等各位主将在杭镇守，命庆元等攻取尚海。现在已拔松江之花亭、金山、奉贤、南汇共四邑，正在抚绥安顿，将家眷牌尾安置各属。而小臣等统领精兵现抵尚海城下海口处，筑造圣营，连络数十里，攻取妖窟，谅此股妖匪不日可以诛灭。

复于去腊二十四日接到京师诏书，张弟恭录幼主御诏一道，内开蒙陛下隆恩、幼主厚恩，加封小臣童容海为保王，赐安千岁，统辖扶朝天军军务。又封小臣庆元为扶朝天军主将，而衣点、祥胜、五馥均蒙升封扶朝天军安爵。小臣等跪读之下，毛发悚然，且感且惭，兼之且畏，感则感我陛下暨幼主之隆恩宠渥，叠荷栽培；惭则惭小臣等知识毫无，难图建树；畏则畏童之残忍贪狠，恐遭毒害。是以小臣庆元等沥胆披肝，剔陈苦况，恳求陛下深仁厚泽，怜小臣庆元等一片赤心，万里回朝，扶王保驾，暂居破忾军原职，不属保王统率。小臣等即赴汤蹈火，愿听陛下驱策，无不竭尽心力，永图报答耳。且小臣等与童容海在翼殿为官，同为一旂寮寀，职有高低；在粤西誓师出江，联为兄弟，班列次序；观其平日多行不义，动辄忘恩，今则为王，满其所欲，必致瓜累株连，祸生叵测。小臣等一入圈套，不从其令则国体何存；强从其令，则官箴必玷，恐童容海肆意妄行，譬如彪虎生翼，畏其飞食人也。所以小臣等合疏联名启奏，缕述原委，跪恳陛下大发慈祥，俯候御诏施行。尤冀矜悯小臣等一切愚衷，定当结草衔环，报效我陛下暨幼主隆恩于无既矣！小臣等草野愚臣，至微至陋，罔识忌讳，冒渎陈情，不胜惶恐待命之至！理合虔具一章，启奏真圣主万岁御鉴，跪请御安，暨跪请幼主万岁万岁万万岁陛下御安，跪请御鉴。

按：此文据《吴煦档案》中原钞件著录。已收入太平天国历史博物馆编《太平天国文书汇编》。这一文件的发现，对评价石达开的影响甚大。其中提到的几个主要问题，都是对石达开很不利的。这些问题是：一、石达开在广西庆元府度岁之时，将太平天国的"官制礼文"多所更改。二、石达开远征不返之时，曾经欺骗部下，说是亲奉天王密语，回到广西去招兵。三、石达开的部将余忠扶统下官兵要回天京，余忠扶加以阻挠，结果被部下所杀。由此证明石达开对于想回天京的队伍是加以阻挠或镇压的。四、有许多部下劝石达开返旗回京，石达开不肯答应，回到故乡，就有归林之说，也就是想脱离革命，逃避斗争。五、石达开的部下纷纷离散，都想万里回朝，出江扶主。因为石达开有许多错误，而且不肯回头，所以众叛亲离。我们不能轻信这份本章，应该根据史实，得出比较公允的结论。现将上述五个问题试加分析。

一、石达开远征之后，对于"官制礼文"有所更改，自是事实。但是"官制礼文"是为人服务的。远征之后，因事制宜，更改一些"官制礼文"绝非过错。石达开终身遵守太平天国旧制，自称"通军主将翼王石"，自称"五千岁"，就是他毫无僭越的铁证。本章中对石达开的指责，难以使人信服。

二、石达开出征之时，遍贴布告，说明自己被迫离京的苦衷。丝毫也不隐瞒他与洪秀全之间的矛盾，从未听说过有什么奉密诏去广西招兵的说法。吉庆元等人当初追随石达开，自然也是对洪秀全不满的。现在既然回来了，对于当初的离开无以自解，只好把责任推到石达开头上，说是自己受了骗。我们不能轻信吉庆元等人的推诿责任之辞。

三、余忠扶的部下要回天京，余忠扶受石达开的支持，加以阻挠，结果被部下所杀。但是事实究竟如何？根据《平桂纪略》等书记载，余忠扶部下的余明富、余成义等人并不是要回天京，而是要自由行动。他们杀了余忠扶之后，转战于黔、湘各地，后又回到了广西，发生内讧。余成义持余明富首级向清军报功求抚，由清方广西右江道苏凤文办理受降事宜。原来余忠扶是和叛徒做斗争而牺牲的烈士。

四、石达开归林之说是早就有的，并非到了广西才有。石达开在开始出发时就在布告上说过“唯朝妖灭尽，予志复归林”。在革命成功之后退隐林泉又有什么不好？他归林有个先决条件，那就是必须“妖灭尽”，不把敌人打倒是无法归林的。石达开到了家乡，发了一点感慨，说出了自己很想归林的心情，这是完全可能的。以此作为石达开放弃革命斗争的罪状于情不合，难以服人。

五、石达开最后是否部下离散，众叛亲离？这个问题，也不能轻信本章中的一面之词，需要根据史实进行分析比较。当时广西灾荒严重，石达开大军乏食，因而才产生部下离散的情况。从本章看来，通篇都是对天王的歌功颂德之辞，给人一种阿谀谄媚的感觉，如据此来评价历史事件与历史人物，是很片面的。

李福猷给发路凭

翼殿人台左宰掀天燕加二秩李，为给发路凭，以便行程事：

兹有老乡民一名，释放归家，一路之上，凡遇我等天兵，验票放行，不得阻拦。切切，此据。

太平天国壬戌十二年四月二十日给

按：本文录自黄彭年（清四川总督骆秉章之幕僚）抄本《太平石翼王略蜀档眉》，抄本存北京图书馆。

李福猷为石达开远征入蜀后独当一面的大将，壬戌十二年四月正转战于川南黔北战场。他在戎马倥偬之时能为群众办理这些琐碎手续，说明石达开远征军能够长期保持良好的军纪。

固天豫唐日荣上翼殿天台左宰辅赖裕新禀

真忠报国固天豫卑职唐日荣跪禀翼殿天台左宰辅赖大人台下：

为禀明乞恩裁夺事。缘卑职奉命先行，于十月初九日已抵蒙姑河边，遵谕调度过河。奈此河素无船只，不通商贩；只有对河渡船两只，河宽水急，未能获利，兼且房屋不多，粮米缺乏，又无打揽竹子搭桥之事，殊难起手。

据开路先锋禀称，查得河之下流，有一地方，名曰米粮坝，并有城池。卑职等意欲往该处行事，故于初十日兴师前进。又因路道不熟，未先查确，乃系由河直下，不料崎岖险窄，只有牌面可通，牌尾、骡马俱不能行。只有严三一队预先过去。跟后官兵见此险窄，当即收队，回转蒙姑，本欲前进，又恐牌尾悮失操作，因此未敢行动。特修禀申，恳乞台下劳心，定在后面驻扎一天，并要多带粮米，俟前面路程探确，再行起营，并恳劳心，饬知把尾官兵及后五队官兵，一至拉姑地方，务要驻扎，听候台下示谕，再行起营。但拉姑地方，粮草丰足，不可擅丢。诚恐前途未好前进，此处粮米颇为方便。似此缘由，理合申明台下。专此禀明，并请玉安。

太平天国壬戌十二年十月初十日禀

按：此文录自太平天国历史博物馆编《太平天国文书汇编》。原钞件在黄彭年抄本《太平石翼王略蜀档届》内，现藏北京图书馆。这是赖裕新部下唐日荣给赖裕新的一个军情报告。报告前往金沙江边侦察渡口的情况。这个情况很有价值，赖裕新全军不久之后就由这个米粮坝（今云南巧家）渡过金沙江。四个月后，石达开的大军也由此处渡江。

人台左宰辅掀天燕李福猷上翼王石达开禀报

殿下人台左宰辅掀天燕加贰秩小官李福猷跪禀报圣神电通军主将翼王五千岁千岁千千岁殿下：

禀为捧读训谕，教导一切，再剖下情，跪呈电鉴事。缘小官前于东溪之时，荷蒙殿下劳心，铺派各路官兵，进取平夷蛮夷，造桥渡河，直抵木川司会集。嗣后殿下至于遵义郡，又谕曾、李二兄进取叙郡屏山邑一带。然小官一介庸愚，思屏山邑乃在对河，须要进取，尚有金河未渡，焉能攻发？故小官至�连与曾、李二兄会合。小官改道直抵副官。兹小官所扎之处，系是金砂河边，对河即是平夷司，河下就是蛮夷司。

窃小官初临斯土，可恨妖匪死守斯城，连战数日，幸蒙殿下鸿猷远播，剿灭妖匪千余。对河平夷司，预筑妖垅两座，以后数日，又添作妖垅。江下十余里，有妖渡河，每日交锋，此处造桥亦非易耳。迄今小官至于副官，扎有半月，查探中旗官兵，并无音耗，而小官度谅其情，所往程途，多行左手之路，必由昭通、渭林，遵奉殿下从先之贵谕，直抵蛮夷回溪司，造桥渡河，亦未知其军机有何达变而已。则小官捧读训谕，撤师横江，即于初四五日起行前来，遵听候铺派，领请机宜者矣。肃具禀报，聊抒鄙悃，跪呈电鉴，跪请贵安。

再禀报：小官喳离副官沿河以上一百五六十里，回溪地方，上面一带可以渡河。小官之愚见，横江地方附近高、拱、长林、筠连，我兵往来多次，恳贵驾总以过河为定。倘不过河，由昭通从上进发，方能会集中旗。又闻有回兵吵闹。未知贵意若何？又禀。

太平天国壬戌十二年十一月初二日跪禀报

按：此文录自太平天国历史博物馆编《太平天国文书汇编》。原件藏故宫博物院，高 50 厘米、宽 24 厘米，绢地墨字，年月上盖“太平天国翼殿人台左宰辅”长方朱印。这是一份军情报告。石达开部下的大将李福猷自贵州大定与石达开分兵之后，即自领一军，相机进取，准备抢渡金沙江到木川司（今沐川）再与大军会合，共取成都。他到了云南副官村（今绥江）后，无法渡江，不久即接到石达开从横江发出的训谕，叫他率军回到横江归队。他先写了这个军情报告，说明于二三日内里即可动身（报告是初二日所写，文中说明初四五日起行前来）。《骆秉章奏稿・奏为官军会攻石逆迭次获胜情形折》中有一段记载，可与此文互相印证。这段记载是："伪宰辅李福猷复率众数万，蔓延于滇境之副官村一带，意图抢渡金沙江。甘肃肃州镇总兵何胜必带七营分布屏山县及平夷司，与副官村之贼，夹河而垒。十月二十二日，何胜必派营官杨耀关、萧长青、黄青源、李季昌、彭基品等各带亲兵队渡江查看地势，副官村之贼突出千余人，分三路冲来，杨耀关等分队迎战，毙其前锋百余人，贼即败退。二十三日杨耀关调集民船将谋渡江进剿，而副官村之贼已于四鼓焚巢而遁，我军沿岸急追，毙贼百余名。何胜必探悉李福猷已率其党窜并横江。"李福猷写此禀报的日期为天历壬戌十二年十一月初二日（阴历的十月二十三日），骆秉章奏报中说"二十三日……副官村之贼已于四鼓焚巢而遁"，也就是说，李福猷在送出这个禀报的当天即拔队启程。

固天豫唐、懋天豫杨给板桥四民诲谕

真天命太平(天)国钦差大臣真忠报国固天豫唐、懋天豫杨,为诲谕板桥绅耆四民等知悉:

照得师行粮食,该地应备壶浆;兵过路通,弥天谁能阻隔。丈夫志在四方,东西南北,唯其所之,有何山穷水尽之处哉!况本大臣等奉翼王五千岁贵谕,备列前驱,征诛各省,所过铜关铁卡,势若摧枯;所攻营寨城池,锋若破竹。昨到耿家屯,该处人等,胆敢负嵎抗拒,致我天兵愤怒,杀伤百姓人等,是自取其灾,无足怪也。今日队伍整齐,由尔板桥经过,乃该处四民人等,伍列登城,肆放枪炮,是何道理!果是好汉,自可出来一决雌雄;若是懦夫,尤当远遁以避锋镝。本大臣等视尔板桥数寨内,不下数万生灵,不忍不教而诛,先礼后兵,为此特行诲谕。仰该处人等,开门迎接天兵,本大臣自然夏雨顿施,秋毫无犯,众弟兄亦各饥餐渴饮,夜宿晓行,不过数日,仍复安静。倘或执迷不悟,天兵云集,四面围攻,那时城珑一破,玉石俱焚,数万生灵,无头不断,寸草不留,悔之晚矣。与其杀戮灭亡,致于天怒;不若欢欣迎迓,卖弄人情。尔等醒之宜速,无谓本大臣言之不先也。特此诲谕,谅遵毋违。

按:此据缪果章纂《宣威县志稿》卷十一著录。板桥镇为云南省宣威县所属第一大镇,在宣威城南三十五里。此文原缺年月。根据史实考查,当为公元1862年12月上旬(清同治元年十月下旬)。因为石达开远征军大将李福猷部曾于此时经过宣威北上昭通,参加横江大战。唐、杨二将则为李福猷部的先锋。根据太平天国前期官制,凡侯爵皆加“真忠报国”衔,又朝内官外出统兵时,均可加“钦差大臣”衔。后期在侯爵之上增设义、安、福、燕、豫等爵,称为六爵,可以沿用前期各种加衔。因此文中所用各衔均无僭越。

石达开招募兵壮训谕

真天命太平天国圣神电通军主将翼王石为招募兵壮，出力报效事：

照得冲锋破敌，固力强可必得胜；斩将搴旗，而年富足以取功。缘本主将匡扶真主，诛满夷之僭窃，整中夏之纲常，解士庶之倒悬，拯英雄之困顿。志士抱不平，均愿讲武；穷人原无告，共乐从戎。编为行伍，英锐非夸；立就功名，忠勇无比。虽今教练以成材，实由自奋而致此。试观英雄以事夷为羞，甘屈志于泉石；豪杰因勤王不遇，犹隐逸于蓬门。未获吐气扬眉，不能攀龙附凤。复见几许少年，多属终身飘荡；若辈勇士，仍然毕世闲游。为轻振作之二字，逐废事业于千年。非流而忘归，亦出乎无奈。又有替人佣工，终衣食之莫给。抑或微本贸易，获利息之几何？然与其贫居拮据于草野，曷若投军报效于王朝。果能自拔来归，决不求全责备。片长薄技，定即录用无遗。俗子凡夫，岂有遴选不及。愿从征者，各须放胆，图树绩者，切勿隳心。现今处处均有聚义，可惜徒为乌合；人人皆欲奋兴，堪怜未遇龙飞。本主将大开军门，广罗武士，收纳不拘万千，招募无论什佰，先教以止齐之节，复列于戎行之间，待之如同手足，用之以作干城。先登为勇，于疆场标无敌之名；后殿为功，在朝廷邀破格之赏。尚冀群雄相率前来，纵然一人，何妨独至。称戈比干，乃少壮之能事；得爵受禄，亦忠勇所无难。慎勿落魄自甘，仍然裹足；当知见才不弃，偬可宽心也。特此谕告，咸使闻知。

太平天国壬戌十二年　月　日训谕

按：此文录自《学术月刊》1963年第4期郭若愚同志的《太平天国翼王石达开募兵训谕考》。这是石达开1862年转战于川、滇、黔三省时所出的招兵训谕。

石达开发给杨福广职凭

真天命太平天国圣神电通军主将翼王石为颁给职凭事：

照得勋绩大彰，杰士之名垂不配；荣光普被，天朝之恩播无穷。缘予秉钺征诛，凡汝抱才文武，立志顶天，雄心为国，有能者在所按材授职，有功者在所论绩酬庸。兹尔杨福广一名，合行封赏恩丞相职衔，以示天恩主恩之厚，用昭德懋功懋之荣。爰给斯凭，以付收执。尚期益勉心志，丕展才猷，建殊勋超乎麟阁，邀显爵冠于鸳班，则予于汝有厚望焉。是为执照。右仰恩丞相杨福广官收执。

义字第三百七十七号

太平天国壬戌十二年十二月　日给

按：此文据《太平天国文书》著录。原件除钤石达开官印外，并钤有翼殿吏部尚书之印。

太平天国前期官制中有恩赏官，其级别最高者为恩赏丞相，最低者为恩赏师帅。仅为赏功虚衔，并无实职。石达开远征军中的恩丞相，大概也是这种性质。太平天国壬戌十二年十二月，正是横江大战之时。石达开颁发这些虚衔职凭，是为了表彰战斗有功人员。

太平天国翼殿官属印模跋

太平天国真忠报国福天侯汪福泰 （宽 10 公分，长 19.5 公分）

翼殿军功丞相吴图记 （宽 6.1 公分，长 8.1 公分）

翼殿右拾仆射图记 （宽 5.6 公分，长 8.2 公分）

太平天国翼殿丙班右仆射 （宽 10.3 公分，长 20.7 公分）

太平天国翼殿戊班右仆射 （宽 10.4 公分，长 20.4 公分）

太平天国翼殿前土师巨帅 （宽 10.4 公分，长 20.4 公分）

太平天国翼殿前策应军仁师巨帅 （宽 10.1 公分，长 20 公分）

太平天国翼殿右雄征军礼师锐旅指挥 （宽 8.6 公分，长 16.2 公分）

太平天国翼殿右雄征军礼师副参戎 （宽 9.3 公分，长 18.7 公分）

太平天国翼殿中土师中旅参戎 （宽 9.4 公分，长 18.9 公分）

太平天国翼殿粮廒局中厅正尹 （宽 9.6 公分，长 18.5 公分）

太平天国翼殿饷库局前厅副尹 （宽 9.5 公分，长 18.5 公分）

太平天国翼殿户部租赋科检校 （宽 9.6 公分，长 19.7 公分）

太平天国翼殿吏部记录科检校 （宽 9.4 公分，长 18.8 公分）

太平天国翼殿右雄征军销磺尹 （宽 9.4 公分，长 18.3 公分）

太平天国翼殿右雄征军礼师饷库司 （宽 8.5 公分，长 16.3 公分）

太平天国翼殿右雄征军仁师油盐司 （宽 8.2 公分，长 16.3 公分）

太平天国翼殿甲班右拾指使 （宽 9.9 公分，长 19.6 公分）

太平天国翼殿乙班右拾指使 （宽 10.1 公分，长 19.8 公分）

太平天国翼殿乙班左壹指使 （宽 9.9 公分，长 20.3 公分）

太平天国翼殿丙班左叁指使 （宽 10.2 公分，长 20 公分）

太平天国翼殿丙班左柒指使 （宽 10 公分，长 20 公分）

太平天国翼殿乙班左柒承宣　（宽 11.1 公分，长 21.5 公分）

太平天国翼殿戊班左叁承宣　（宽 10.8 公分，长 21.5 公分）

太平天国翼殿刑部监牢　（宽 9.4 公分，长 18.8 公分）

太平天国翼殿左掌门　（宽 9.4 公分，长 18.5 公分）

以上印模二十六幅，是 1863 年（同治二年）四月太平天国翼王石达开在四川大渡河兵败被俘后，解成都受审时所缴的官印。那时我曾祖父雪樵公（名树梅，清道光辛丑进士）任四川按察使，审结此案后，因奏报时须拓附印模，便另拓一册存书笥中。后经我叔父芮青公认为有关太平天国史料，装裱珍藏。前年我乡土改时遗失了，又经我多方访询，一年以后，才从我村一个农妇手中赎回，现归甘肃省博物馆。

翼王之印，当时未获，据我曾祖手记云："石达开之印，亦系长方真书，长裁尺六寸，宽约四寸，曾于所获放伪官执照中见之。"核与清人张德坚纂辑的《贼情汇纂》（《中国近代史资料丛刊·太平天国》第三册）卷六《伪印》一章内所载："翼王印长六寸二分、阔三寸一分。"约略相同。又按《贼情汇纂》（以下简称《汇纂》）载："伪王皆金印。"则翼王之印，当系金质，惜已不存。

查《汇纂·伪朝内官》一章所载：翼王官属自丞相尚书而下，数近两千。远征时又另定新官制，其员额当更增多。但这次所获官印，仅此二十六方。大约在战争残败之余，官属印信，多数遗失。民间即有获得的都畏祸销毁。而这存寄臬库的二十六方官印，以后也没有发现过。我想蜀地潮湿，存储日久，木印易于霉朽，到辛亥年清理臬库时，已湮没无存，也是可能的事。所以近年出版有关太平天国文献和史料的各书籍，皆未载此项官印。我认为这寥寥二十六幅印模，不仅可以考得翼王远征时的新官制，并且足补近代治太平天国史料各著述的缺漏。

按印模中，军功丞相吴和右拾仆射二印，系图记，四边镌亚字花纹，中衔宋字真书。其余二十四印两边都镌云龙，中间空行列衔，宋字真书。列姓的有军功丞相吴，姓名俱列的有福天侯汪福泰，军功丞相吴已无法查考其名，而汪福泰的爵衔姓名，近人所纂太平天国王侯各表，亦未列入。

查《汇纂》载太平天国丞相，分天地春夏秋冬等官正副、又正副丞相若干人。又有恩赏丞相、平胡丞相，在外则称殿前丞相，而军功丞相一名词则仅见于此。此与右雄征军的番号和巨帅、参戎、副参戎、正尹、副尹等官职，当是翼王远征时新军制及新官制中的官名。

按各印列衔皆是翼殿，惟福天侯汪福泰印无此二字，想因侯爵受封于天王，汪福泰虽然协同翼王远征，却非翼殿僚属，这一印模和《汇纂》所载“伪侯印字皆单行，然必系以姓名。如……太平天国真忠报国佐天侯陈承镕之类”，印文恰相符合。但是汪氏的籍历和结局，如今也无从查考了。

又《汇纂・伪朝内官》载：翼王“所属六部尚书每部一人，承宣二十四人，仆射十六人，左右掌门二人，左右指使二人”。但是六部尚书印未缴获，而承宣仆射指使各印系衔，又分甲乙丙戊诸班，左右列序，其员额较在天京时增多，亦可推知。据此足以考见远征时新官制的一部分，和翼殿僚属额数的增加到若干倍。

关于太平天国史料我知道的很少，况且这二十六幅印模，也不可能表明翼殿官制的全部，不过就各家刊布的太平天国文献和史料中，参考互证，草成此篇，附于印模之后，以当跋尾。

按：此文录自《近代史资料》1957年第2期。作者牛剑秋同志，为当时审理石达开一案的清四川按察使牛雪樵之曾孙。这一史料是他家郑重保存下来的，所记的情况又与史实吻合，自非赝品。从这二十六幅印模看来，石达开直到大渡河覆军，在官制爵衔方面仍然属遵太平天国前期制度，并无僭越。其中第一幅汪福泰的官印，就与张德坚《贼情汇纂》卷六中所记载的规定完全符合。在翼殿属官中，仆射、承宣、指使、掌门是旧官名；巨帅、正副参戎、正副尹是新官名。石达开在外远征已经六年，根据实际需要对各队伍赋予一定的番号(例如“前策应军”“右雄征军”)和参照官制军制的规定增设一些新的官员是有必要的。只要这些增设的官员在爵衔、地位上没有僭越，就不能说是错误。

牛剑秋同志在跋文中说：“查《汇纂》载太平天国丞相，分天地春夏秋冬等官正副、又正副丞相若干人。又有恩赏丞相、平胡丞相，在外则称殿前丞相，而军功丞相一名词则仅见于此。”对此官名提出怀疑。我们认为：这是一种对战士的赏功虚衔。参阅《佚名日记》“兵士之有功者，赏军功检点职衔”一语(见《近代史资料》增刊《太平天国资料》)即可理解。虚衔只是荣誉称号而已，原非官职，不知为何刻有图记？也许是这位得到虚衔的人员又承担了一事实上的工作，所以刻有图记，以便理事。

李元度《致石达开劝降书》

统领平江水陆全军李元度谨寓书与石君达开足下：

盖闻神器不可冒假，大业不可力争。昧顺逆者受诛戮，识时务者为俊杰。自洪秀全、杨秀清、萧朝贵、韦昌辉、冯云山与足下称乱以来，计八九载矣。荼毒生灵，不下数百万矣。顺逆之理，姑置弗论。足下亦将得失祸福成败存亡之故，猛然省悟运画而熟计之乎？足下已成骑虎之势，虽有悔悟之心，无由自达，此足下苦衷也。然有绝好机会，转祸为福，不特救生灵、保九族，兼可垂名竹帛，成反正之奇功。机不可失，时不再来，足下其亦知之否？今且不以空言劝足下，先将尔等所以取败之由，与我圣朝超越前古，万万无可抗逆之处，一一详陈。如足下祖宗有灵，即愿听敝言毋忽！

从古草窃倡乱，如汉末黄巾，唐末黄巢，元末徐寿辉、张士城、陈友谅，明末李自成、张献忠辈，皆称主昏国乱，天命已去，人心已离，乃故乘机起事，然且不旋踵而殄灭之。其故何也？天道好生恶杀。凡为贼首，理必先亡。至若重熙累洽之世，朝不失政，民不离心，从未有平空发难，妄肆杀戮如尔等者。以尔等之气焰，视黄、陈、张、李，百不逮一。又萧、杨、洪、韦之现报具在，足下尚俨然得意乎？其谬一也。

自古布衣得天下，惟汉高祖、明太祖。后世之乱贼，皆欲妄拟二君。不知彼值秦元运终之候，为天生之真主，而有陈、项、张、陈辈为之先驱，且皆五六载即成帝业。尔等倡乱已九载，发难于圣明之朝，身置祸罟。所踞之郡县又日败日蹙，党羽绝灭过半。岂今尚在梦中乎？其谬二也。

尔等伪示，每以夷夏界之。毋论舜生东夷，文王西夷，古有明训，且尔等所奉乃英夷天主教，不相矛盾乎？英夷之俗，生女为重，生男反嫁人，举国皆杂种，无一世真血脉。尔等甘从其教，肯相率为杂种乎？且天主教有兄弟而无父子君臣，以妻为妹，母为大妹，败灭伦常，真无人理！中国能行其道乎？尔等窃发之由，或因前次英夷背叛时，中国有给还洋银之事，遂疑官军不振，相率作逆。岂知英夷志在贸易，原无窥窃之意。

故朝廷以大度容之。迨后求进城，即严拒之矣。去年在粤滋事，即尽杀而痛惩之，且烧尽洋行十三家，勒赔国税二十万矣。真夷鬼尚不得猖獗，假夷鬼独能成大事耶？其谬三也。

治历明时，闰余成岁，始自羲皇舜帝，载在尚书；月望则圆，月晦则昃，昭然共见。尔等妄欲更之，弦望朔晦，一概颠倒，是昭逆天道。所改干支，子好寅荣戌开等字，所说天父下凡，及六日造成山河等语，皆丑怪荒诞，从古未有。其谬四也。

孔孟之道，与天地无终极。今欲耶稣之教，历孔孟而卷其席。此乃古今未有之奇变。既为天地所不容，即为人心所不服。以此愚天下而新其耳目，黄巾等贼，作何结局乎？其谬五也。

先圣为万世师，即各处祠庙，亦皆有功德于民，载在祀典，尤圣帝明王所重。尔等皆一律毁灭。无识者反以神无显报，疑尔等有自来也。不知天正厚其恶而降之罚耳。群恶之贯盈未极，鬼神亦有蒙垢之时。俟其力尽而弊之，将报愈迟而祸愈酷。尔等如此猖狂，荼毒生灵，毁灭神像，不知纪极。富贵渺不可得，冤孽积不能解。萧、杨、洪、韦既伏天诛，足下能安枕而卧乎？其谬六也。

凡此皆彰明昭著，然犹以事或有之。请再以势言之：

天下十八省，合奉天十有九省，而又有蒙古四十八部，西藏回疆皆隶我朝版图。尔等所踞，在江南惟江宁一城；在安徽惟安庆一城；在江西吉安、抚州、建昌三城外，即非尔等所有。此皆九年之首尾。伪示动称万国来同，岂不可丑？此广狭之万不敌也。

自官军克扬州、镇江、瓜州，而金陵之贼困；克袁州、瑞（州）、临（江），而吉安之贼困。现在金陵、安庆、九江、吉安，皆合长围；粮尽援绝，如鸟之在笼，不能飞出。尔等所恃者，坚守耳。我军以长围围之，粮纵多，围至一年半载，势必净尽。请观武汉、镇江，及瑞、临守城之贼，皆痛剿殆尽。人岂为尔等守乎？此强弱之万不敌也。

尔等北犯之众，渡黄河有十余万，竟致只轮不返。且起事以来，踞武汉而不能取荆襄；踞扬州而不能得淮徐；踞岳州而不能图巴蜀；踞常澧而不能窥云贵。已破湘潭矣，不能溯江而通两广之屯巢，而为塔军门三千二百人所败。已破邵武矣，不能乘势窥闽浙之要郡，而为团丁数千人所歼。此事机之多梗也。

自克金陵，即志得意满，淫纵骄奢，兼以猜嫌忌刻，杨逆谋杀洪逆，反为韦逆诛其全家。足下为杨逆复仇，而绝韦逆，洪逆更深恨之，几至祸起萧墙，自相鱼肉。此种奇变，足下自思，当亦寒心。然非足下所自主也。恶贯既盈，天必假手以正其罪也。尔等如此猜忌，党羽岂肯信乎？现在裹胁之众，愁怨日甚，思逃者十之七八。独足下梦梦乎？

此根本之先拨也。

尔等起事之初，以假仁假义愚天下，禁掳掠、禁奸淫、禁杀戮，人亦颇多为所愚。故所过郡县，迎附者有之、犒献者有之、愿先向导者有之。此不过掩耳盗铃，其势必不能行也。不掳掠则衣食无所得。衣食无所得，则一切皆无所得。天下有甘受饥寒之贼乎？裹胁者皆无赖之徒，能保其不奸淫乎？既掳掠，复奸淫，能不杀戮乎？尔等知其如此，假取一二尤甚者，杀之以愚黔首，而仍阴恣其所为。百姓皆已看破而恨之矣。从前百姓畏贼，数十人可以横行乡间；今则处处团练，人人怨愤，一县可得数十万人，步步皆荆棘矣。尔等亦人也，非有三头六臂可以吓人。百姓窥见尔等伎俩，而屡遭荼毒，财物被掳，房屋被毁，妻女被淫，童稚被掠。其权充乡官者，苦于诛求无厌，刑辱难堪，有不伤心切齿，群起而攻之乎？是今日之民情与前大不同也。

尔等在广西时，所取亡命，慭不畏死。其时承平日久，官军多未经战陈，是以当之辄靡，遂肆然谓天下无人。今则历练既久，精锐过前百倍矣。我湖南兵尤称义勇。援江援鄂，隶曾部堂麾下，水陆数百万，身经数百战。饷足固战，饷不足亦战。此乃国家恩德所为，非可强而致也。即如仆所部之平江营，五载以来，杀贼不下二万，足下所深知也。足下前在广西，精锐聚于一处，今散于数处，势分则力薄，日久则气衰，后来远不如初。又见死伤过多，曾天然（养）、罗大光（纲）被戮，莫不灰心解体。各路官军，又复蒸蒸日上，久战不疲。是今日之军情又与前大不同也。

以事若彼，以势若此，足下试平心察之，可有一语不确否？

凡举大事，在识时势。足下若起事于汉唐元明之末造，或尚有冀。今值我圣明全盛之日，妄发此难，则万非其时矣。且足下亦知圣朝超越前古者，固大有在乎？

自古得天下者，三代以下，汉明为正。然亭长寺僧，于前朝究有君臣之义。国朝则龙兴东土，与明为敌国。迨明运告终，中原无主。吴三桂苦请入关定鼎。葬明帝以殊礼，褒忠节诸臣。唐虞以来，未有若斯之盛。得统之正，此其一。

我朝疆域，中国既大一统，又合以东三省，及内外蒙古、西藏、回疆，纵横五万余里；黔、滇、楚、粤、川、陕，改土归流之郡县以百余计。此外，如哦啰斯、琉球、日本、朝鲜、安南、吕宋诸国，莫不奉正朔，献赆琛遣子入侍，为开辟以来所未有。幅员之广，此其一。

圣祖仁皇帝临御六十一年。高宗纯皇帝临御六十年，禅授之后，更三载而后升遐，享年之永，一朝可越五代而更过之。自殷中宗后，无能比者。享国之长，此其一。

自古宦官，至汉唐明而极。汉之十常侍，唐之门生天子，明之九千岁，及吕武诸后外，此不可以枚举。我朝宫闱肃穆，内官不过六品。如斜封、墨勅、廷杖诸弊政，一扫而空之。家法之善，此其一。

康熙初，吴、耿、尚三逆作乱，天下几失其半。圣祖不动声色，以次削平。此外，平张噶尔、平青海、平大小金川、平靳镇、平台湾、平西藏回疆、平川楚教匪。天戈所指，皆不劳而定。武功之盛，此其一。

前代人主，多耽安乐。明时，至廿余岁不见大臣。我朝列圣相承，无日不视朝。文官知县以上，武官守备以上，一一过目。辇毂之下，纤悉必闻。万里而遥，威颜咫尺。所谓礼乐征伐自天子出也。政治之隆，此其一。

康熙、雍正、乾隆，普免天下全租七次，分别蠲免者不胜数。今皇上圣聪渊穆，芟夷大难，虽用兵八载，而田不增赋，户不抽丁。恩泽之入人至深且久，以故贼踞城池，城池外即非贼有。贼去立刻反正。被掳之处，粮即完纳。贼虽狂肆以威之，不能也。人心之固，此其一。

以如是深仁厚泽，而以悖理失势违时之举，执金鼓而抗戎行，是自取灭亡也。至死不悟，岂不哀哉！

虽然，足下骑虎之势，则亦有不能中止之苦。闻足下系贵平富户，为杨逆迫胁，出于万不得已。且性慈不好杀戮，去年十月内，犹放出老稚二千余人。即此一端，必当转祸为福。仆是以不惜苦口，抉摘根由，愿足下急急回头。如果以鄙言为是，祈即速覆一信。目下瑞、临已复，九江、吉安不啻釜鱼阱兽。足下能将抚、建之地，纳土投城，传知吉安，亦早投降，免遭屠戮。仆当会同官钦差暨督抚立即奏闻，加足下二三品之官。足下得力将士，亦从升赏。倘有假意，雷殛天诛。仆平生忠信待人，断不屑为欺诈之事。且足下独不闻江南提督张副帅即当日之张嘉祥乎？彼自广西投诚，今已官至一品，名满天下矣。又不闻福建世袭海澄公黄梧、靖海侯施琅，乃海寇郑成功部将乎？识时反正，公侯茅土二百余年矣。孰得孰失？何去何从？足下自择之耳。既以洪逆为仇，此刻金陵受困，不日可破。若足下解散江西羽党，复着精锐赴江南，共擒洪逆，上报圣朝，下洗夙愤，封侯指顾间耳。

倘仍徘徊歧路，眷恋穷城，即抚、建非可割据之区，江、皖更无立足之地。将欲窜回西粤，而赣宁不可飞越。兼之处处团练，羽党亦纷纷解体。彼时麾下之士，必有献足下首以取功名者。言念及此，毛发悚然。夫定大计在识时务。足下离家多年，一事无成。苟一失势，即匹夫耳。广东兵力正盛。广西得湖南援兵，已克平、柳、恩、浔各府。前有劲敌，后无归路，吾见足下之束手受缚，岂俟赘陈乎？昔项羽以拔山盖世之雄，被汉军围逼，尚有乌江之刎。此无他，失势故也。仆为足下再四思维，进退殊无善策。惟有献城投顺一着，立地见效，不但保宗族，兼可建奇功。足下能猛然省悟否耶？闻足下颇有为善之资，而恰值千载一时之会。是以推诚相告。谚云：“苦口是良药。”惟足下裁夺，即赐回音是幸。次青李元度再拜。

按：此文为湘军同知李元度对石达开的劝降信，录自李圭《金陵兵事汇略》卷二。原信未注明发信日期与地点。根据文中所述史事考查，发信日期应为咸丰八年正月十八日至二十五日之间，地点应为江西贵溪。根据如下：

文中云：“目下瑞（州）临（江）已复，九江、吉安不啻釜鱼阱兽。”湘军攻陷临江为咸丰七年十二月初八日，攻陷九江为咸丰八年四月初七日，则写信时间必在七年十二月初八日以后，八年四月初七日以前。在这四个月中间，李元度与石达开只有一次接触的机会。郭廷以《太平天国史事日志》：“3月3日（一月十八日）翼王石达开进至江西贵溪鹰潭，湘军同知李元度拒之。”又：“3月10日（一月二十五日）翼王石达开自江西贵溪入弋阳。”因此，我们认为：发信的时间只能在这八天之内，地点则在李元度的驻地——江西贵溪。

再看此文内容，谄媚清廷，诬蔑革命，所陈事理，迂腐荒诞，与曾国藩《讨粤匪檄》如出一辙，足证作者确为湘军中人。文中所述事实与史实大致符合，尚未发现有互相抵牾之处，因此可以信为真品。

黄彭年《代刘蓉致骆秉章禀稿》

敬禀者：

窃本司于同治二年四月二十八，奉宪台札开云云，等因。奉此，本司遵即于二十九日起程。行至雅州途次，复奉宪札云云，当即驰抵富林营，接见文武员弁及各该土司，询悉前后战守及诱擒石逆情形，并连日办理善后事宜，一律完竣，谨详悉缕陈宪鉴。

查本年二月，粤逆石达开中旗伪宰辅赖裕心（新）即赖剥皮，在越嶲地面，被倮夷击毙，其贼目唐姓率众狂奔，迭经派兵追击，余党窜入陕境。旋据建昌镇、宁远府李守禀称，石逆二月二十六日窜至宁远府白果湾一带，迭经该镇、府派员带勇剿击。复据雅州府知府蔡步钟禀称，三月十四、十五等日，石逆由花园津窜至德昌或西昌县属之马道子。当蒙宪台派振武军川东镇唐友耕驰抵大渡河，并札饬蔡守招募练勇，调集团练土兵。本司复派盐源县陆德培随同布置，扼守河岸。查北岸自哇哇营至黑老哇渡口，上下绵长一百余里。唐镇一军，分扎哇哇营、青冈湾、火厂坝、大冲、八牌、下坝等处；蔡守一军，分扎八牌以上宰羊溪、苏邦坝、棉巴湾、下车户、安庆坝等处。两军联络，上下兼顾。其下车户以上，至泰宁营所属之扁螺冈、猛虎冈等隘，系土司地界，亦经檄调沈边、冷边土司防守。并调湘果左军胡中和扼守泸定桥，防其窜往打箭炉之路。南岸则参将衔土千户王应元及副将衔护理宣抚司岭承恩所属地界，先经本司檄委候补知县阮恩涛解银一千两，前往分赏各该土司，激以大义。并论以破贼之后，所有赀财，悉听收取。该逆前窜西昌境内，王应元即身带土练一百名，防堵菩萨冈。

该逆于四月初□日，由冕宁小路，直趋紫打地，其前队径扑河岸，我军已有防备，该逆既不得渡，即据紫打地为老巢。该处地势洼下，后阻马鞍山，业经用越岭营扼其归路；左则索桥小水，距王应元衙署不远；右则凉桥，通岭夷地界。王应元闻警，即将索桥折断，调集夷、汉兵勇千八百名，分布防守、犒赏。唐镇、蔡守，复派候补府经历□樽、大邑县典史姜由范、千总刘殿华前往激劝该土司。岭承恩于初五日,亲统落西洼黑夷三千余名,上官、六格各夷兵二千余名,会同马日横讯弁唐正品,及马石冈、大田坝团练进剿。初六日,至竹马,适宁越营都司庆吉到防,同该土司等于初七日进扎洗马宫(姑),夺据马鞍山。先后经投诚之邱文礼等供称。探闻该逆造大船三四十只,决计抢渡。唐镇等严饬沿河将弁,加意梭巡。该逆间用木牌,前扎草人,经我军施放枪炮、火箭焚烧。我军居高临下;该逆大队深入,三面被围,一面阻水,势已穷蹙。射书王应元营中,许给银两、马匹,经王应元斥回。复向岭承恩买路,亦未应允。连日河水陡长至二三丈,无处掠取粮米,至摘桑叶、掘草根、杀马羸为食,犹思拼死冲突,为困兽之斗。廿三日,诈出二百余人,顺河直下,口称投诚。我军见其形迹可疑,开炮轰击,毙贼数十名。该逆大队,水陆并进,船筏二十余只,每船约载七八十人,水急冲覆五只,其余均被沿河兵勇轰击,贼匪纷纷落水。至沿岸贼匪,缘岩行走,经岭承恩及千总雷显发由马鞍山直抄紫打地老巢,各山上夷人及汉土兵勇,滚木礌石,并下如雨,北岸沿河开放枪炮,施放火弹、火箭,轰毙及坠岩、扑河死者,不计其数。都司刘宇德督队追至山猫渡河,生擒长发老贼饶建美等十一名。王应元、陈太平带领汉、夷兵勇,将紫打地老巢,概行焚毁。千总周高发、典史方友贤督队由平嘴过河,截尾追杀,毙贼数十。生擒伪检校一名。该逆仅剩七八千人,夺路奔至老鸦漩驻扎。所有赀财、骡马,悉被倮夷搜掳。又向山顶夷兵求路,该处夷人尚知大义,均未允许。该逆逃生无路。适管带南字营都司王松林到防,该镇府饬令。情愿亲赴贼巢,诱降石逆。唐镇等即饬唐正品、雷显发、刘殿华、万成福等同往,竖立"投诚免死"大旗。即有李、刘二逆,奔赴小水河乞降,先后招出伪宰辅曾仕合、黄再忠及老贼胡天才等六十一名。伪宰辅邹姓先送家属为质,约为内应,立功赎罪。王松林复亲至石逆营内,反复开导,令其率众来归。石令即传令薙发,将所造船筏打碎,枪炮、刀矛概弃河内,约有二千余人,徒手而来。当时,都司庆吉向前受降,山上夷人突出,砍杀该逆五百余人。唐镇等恐该逆意存疑虑,派令从九品郑席珍与王松林密商,将该逆退扎大坝。是日招出伪宰辅曾仕合等四十余人。是夜三鼓,王松林派勇,押同伪尚书金兴元,至唐镇营禀称,石逆人数过众,谕令分起送营,每起止许百人,放过小水。二十五日,石逆率众概行投诚。王松林遽令薙发,挑选精壮三千人,给与南字号片,分立六营,禀奉宪檄饬本司查办。

查石逆倡乱十余年之久,拥众数十万,蹂躏十数省,罪大恶极,神人共愤。即上年窥伺川东以后,环绕川南、川西,锐意入蜀,狡焉思逞。此次分遣伪宰辅李福猷窜踞滇黔之交，时窥叙、綦一带，希图分我兵力。伪宰辅赖裕心（新）率中旗，自建郡乘虚先入，该逆大队继进，设谋实为诡悍。不意赖裕心（新）先已伏诛，我军布置严密，该逆自投绝地。又值河伯献灵，夷人效顺，势穷事迫，是以率众来归。始行投诚，并非真心反正之归顺。但是否确系石逆，去年曾奉廷旨垂询，本司亦虑稍有含糊，转使正贼漏网。因于荥经途次，遇唐镇亲解石逆上省时，即将该逆提讯，据供自金田起事之后，与洪逆分合及共事伪党、扰窜各省情形，历历如绘，其枭杰坚强之气，见于词色，决非他贼所能假冒。并据逆子石□□及降贼等供认相符。询足伸天讨而快人心。至投降之众，皆系迫于无奈，亦非真有投诚反正之心，自应遵照檄饬，悉予骈诛。都司王松林擅留三千人，编立六营，诚属荒唐喜事。本司当经属令唐镇，另派妥员，押解石逆及伪宰辅等入省。该镇即便折回，随同办理善后。本司甫抵河岸，接据蔡守禀称，该逆余党约二千余人，派队押令过河者七百余人，均已分别解散歼除。此外，尚有一千余人，住对河街上，内中除老弱带病约三百余人，其余均属凶狡。都司唐大有，会同参将张福胜、土千户岭承高等，督带汉、夷兵勇，会合乡团，于初五夜四更，分头兜捕，除老弱外，均皆歼除净尽，扑河淹毙者甚多。业经该政府驰禀，仰慰宪廑。

查王松林少年喜事，所称留三千人，亦非确数。但此次兜擒渠魁，非唐镇、蔡守布置合宜，调度有方，则该逆抢过河岸，即虞蔓延；非土司等奋勇出力，则该逆必至旁窜；非王松林身入贼巢，则石逆毙于乱军之中，亦断不能生得，是王松林功罪两不相掩。现在，所招余党，经唐大有等扫除，永绝后患。两岸居民，均已照常安业，地方一律肃清。本司犒师颁赏后，即饬蔡守将所募勇丁，妥为遣散。唐镇亦将振武全军撤回，驻扎近省地方，听候宪檄遵办。所调各协营官兵，一并凯撤归营。其余招集流亡，弹压土匪各事，宜饬令蔡守转饬地方文武，会同绅、团妥为经理。本司即于十□日由富林营起程回省。所有遵札查办事件及善后事宜各缘由，理合禀明，仰候裁夺，伏希宪鉴。

按：此文录自《近代史资料》增刊《太平天国资料》。文前有“说明”如下：“选自《黄氏一家杂著》第七册，草稿，共十六页，涂抹处很多。原稿无上下衔款，但由其内容和笔迹可看出是黄彭年代刘蓉起草致骆秉章的禀稿。骆秉章时任四川总督，刘蓉为四川布政使，黄彭年在刘蓉幕中。彭年字子寿，为黄辅辰之子。”

有了这个说明，我们就不难了解文中许多地方与史实不合而且头绪不清、叙事不明的原因。原来此文只是“涂抹处很多”的草稿，并非正式公文。以后此稿究竟用了没有？用的时候做了多大的修改？我们就不得而知了。

不难设想，这种官方公文稿之中，必有许多不真实的地方。其原因是：

一、作者对于所叙之事，全非亲历。不过是坐在衙署之中，听听下属的汇报而已。而汇报者必然从自己的利害关系出发，对事实有所夸张，有所掩盖，有所歪曲。

二、这是作者代主管官（刘蓉）所拟的对上级（骆秉章）的报告，亦即官样文章。势不能据实直书，就是对于已经弄清了的事情也得斟酌取舍。稿中“涂抹处很多”，说明尚未定稿，还在斟酌过程中。

不过在这种尚未定案的草稿之中，有时也会透露出某些真实情况。而在正式的公文之中，对于不宜公开的事情就会删除净尽，不使透露。

此文中与史实不合之处甚多，而且头绪不清，纷纭错乱。例如：

一、一切诱降活动，都是在石达开军到达老鸦漩之后才开始的。文中也说“该逆仅剩七八千人，夺路奔至老鸦漩驻扎”，并未说紫打地与沿途各地还有太平军。但是下文却说，在“竖立投降免死大旗”之后，“即有李、刘二逆，奔赴小水河乞降”。不知这大旗竖立在何处？投降者为什么不就地投降，而要倒退十余里跑到小水河去乞降？看来，作者对于当地地形与地名一无所知，才会出现这种牛头不对马嘴的记载。

二、曾仕和、黄再忠二人是石达开亲自带往杨应刚营地去进行谈判的，他们的一切行动唯石达开之命是从，并非事先投降了清军。他们与石达开同时解往成都，同时受审，同受凌迟酷刑。自有审讯记录在案，可以查考。但此文中却一再说他们是先投清军的。先说“先后招出伪宰辅曾仕合、黄再忠及老贼胡天才等六十一名”。事过多日，又说“是日招出伪宰辅曾仕合等四十余人”。试想：岂有一人投降两次之理？叙事混乱，可以想见。

此文的史料价值，在于其中透露了一些正式官书所不载的消息。主要有以下两点：

一、清吏事先收买各土司的情况。如：“先经本司檄委候补知县阮恩涛解银一千两，前往分赏各该土司，激以大义。并谕以破贼之后，所有赀财，悉听收取。”激以大义是一句空话，对各土司赏银一千两也并不是什么大数目，值得注意的是“破贼之后，所有赀财，悉听收取”。清吏正是用这种见不得人的阴谋收买了各土司。这和李鸿章在江苏使用洋枪队的情况如出一辙。这种事情在正式官书上是不愿提的。

二、透露了有关王松林的一些情况。对于诱降一事，王松林出力不在杨应刚之下，但是骆秉章《生擒石逆疏》中所提的立功人员，有把总史国桢、练目雷昱发等等下级人员，却偏偏不提都司王松林。原因何在？此文中说王松林擅自收编石达开降众，犯了错误，当是事出有因。这就和石达开诈降问题有关，值得我们加以探索。

我们如把此文与骆秉章《生擒石逆疏》加以对比，就不难看出当时的清吏希望宣扬哪些事情，有意掩盖哪些事情，由此探赜索隐，弄清事情的真相。

骆秉章《生擒石逆疏》

四川总督骆秉章奏为生擒逆首伪翼王石达开等并剿灭发逆巨股，恭折由六百里驰奏，仰祈圣鉴事：

伏查伪翼王石达开在粤逆起事首恶中，最为狡悍善战，其蓄谋窥蜀，匪伊朝夕。自上年正月间，由湖北利川突入川境，即欲径渡大江，肆其纷扰。经臣调兵节节扼剿，该逆沿江上下，迄不得逞，乃自长宁败走叙永、綦江，遁入黔境，复由叙南来犯，蜂屯于横江、双龙、捧印等场，绵亘数百里，锐意渡金沙江，以图侵轶腹地。经臣分拨诸军，面面兜剿，挫其凶锋。该逆两次犯蜀，皆为重兵堵截，不能展其驰骋，旋复退入滇境，而谲谋未息，以中旗赖裕新一股，先自宁远冒险内窜；以伪宰辅李福猷一股，仍由黔境下趋，以图牵缀大兵；而自率大队由滇之米粮坝境踵渡金江。臣抚湘十年，屡因石逆用兵，稔其不惮险远，最善伺隙乘虚，此次中旗败匪，足不停趾，昼夜狂奔，预料石逆在后，必谓我军皆已跟追中旗一股，不暇回顾，乘势急进，使我骤不及防。臣揣度既审，自当以严扼险隘，毋使阑入。查大渡河为西南巨堑，发源天全土司境内，流经鱼通之瓦斯沟，与泸水汇流冷边沈边，至清溪以下复入夷地，不惟自越嶲、冕宁大小两路必经之安庆坝，以至万工汛沿岸二百余里，渡口十三处，皆应严防，而上游之泸定桥，以至化林坪下之湾东，皆可越松林小河由此径渡以旁入天全。石逆凶狡多谋，一处疏漏，即不足以制其死命。臣当即一面飞饬署雅州府知府蔡步钟就近选募熟悉地利劲勇，并调阜和营及木坪松林汉土各兵；一面由温郫抽调重庆镇唐友耕一军先行驰防安庆坝以至万工汛大小两路渡口，札饬松林地土千户王应元督带头目土兵以扼松林小河，防其旁窜化林坪泸定桥一带；仍虑土司兵单，复调云南提督胡中和所部湘果左军分布化林坪以至瓦斯沟以为声援；并檄护阜和协谢国泰督本标兵驰赴磨西面猛虎岗以防窜打箭炉之路。此时中旗残匪，远遁陕境，臣急调总兵萧庆高、何胜必湘果中右两军兼程驰赴雅郡荥经以为后劲，而防奔逸；并札饬邛部土司岭承恩带领夷兵，将越嶲大路各隘口扎断，逼贼使入夷地小径，即从后包抄，以绝回窜；酌赏岭承恩、王应元土夷各兵银物，以昭激劝而资得力。面面张罗，层层设守，乃三月二十五日，唐友耕、蔡步钟等驰至河边，布置甫定，而石逆果拥众三四万人，绕越冕宁，知越嶲大路有汉夷各兵扼截，遂由小路于二十七日径奔土千户王应元所辖之紫打地。是夜松林小河及大渡河水陡涨数丈，势难徒涉，贼众搭盖篾棚屯聚，一面赶造船筏。三十日申刻，贼千余人至河边窥渡，被我兵施放枪炮，轰毙数十人，贼遂退。连日隔河游奕，意在疲我兵力。四月初四日，贼出队四五千拥至河边，拖有木船竹筏数十只，每只皆有悍贼数十人，用挡牌护身，拼命抢渡，棚内众贼皆出助势，隔岸呼噪，声震山谷；我军排列河岸，屹立不动，以枪炮连环轰击，立毙执旂红衣贼目数名，并将贼筏火药引燃，同时炸裂，贼众纷纷落水，间有数筏漂至下游，亦被我兵沿流击沉，抢渡之贼，无一生还，隔岸之贼，遂皆慑退。是夜亥刻，逆匪数百人执持火把，沿河探路，复被我兵隔岸轰毙者不少。贼知大河难渡，遂锐意图扑松林小河，以冀由泸定桥直趋天全；迭径土千户王应元扼河力战，前后共毙贼数千人；宁越营都司庆吉、委员王樽等及土司岭承恩复带夷兵于初七日由后路抄至新场一带，节节攻逼。十二日，乘夜劫取马鞍山贼营，逆匪猝不及防，夷兵从上压下，杀毙贼匪数百名，遂将马鞍山占据，绝贼粮道；逐日雕剿狙击，毙贼无算。十三日，逆匪数百人在下坝子窥探，经蔡步钟派拨弁兵与土游击包良润由苏村过河，杀毙百余名，余匪四散，我兵收队过河。从此逆势日蹙，粮已渐竭，石逆乃以箭缚书隔河射投土千户王应元，啖之以利，欲使让路，王应元誓以死拒；该逆复以利诱土司岭承恩，欲使缓攻，而岭承恩攻之益急。石逆自知陷入绝地，愤极思逞，于十七日三更时，尽斩向导二百余人祭旂，倾巢而出，分股一扑大河，一扑松林小河，皆被唐友耕、蔡步钟及王应元隔岸枪炮轰击，兼以水势湍急，登筏者悉皆沉溺，对岸之贼亦纷纷倒地。该逆智穷力竭，困伏贼巢，杀马而食，继以桑叶充饥，咀嚼殆尽。二十三日辰刻，瞥见贼二百余人径至河岸，自弃器械，口称投诚；唐友耕、蔡步钟察其形迹可疑，督令开放枪炮，石逆亲拥大众由水陆分扑，船筏二十余只，被水漂没五只，其余悉被击沉。对岸之贼，攀援崖磴，鱼贯猱升，我军沿河用火弹火箭抛射，并以枪炮轰击。维时都司谢国泰已至松林地，遂与千总陈太平、土千户王应元督率土兵渡过松林小河；越嶲营参将杨应刚，都司庆吉，委员王樽、颜汝霖、姜由范，把总史国桢，练目雷显发等，亦同土司岭承恩从马鞍山压下，两路齐进，直扑紫打地，将贼巢一律焚毁，毙贼数千名，山径险仄，逃窜之贼，自相拥挤，汉夷兵练两面夹击，枪炮如雨，夷兵复登山巅用木石滚击，贼众坠岩落水，浮尸蔽流而下者以万余计。石逆仅率余党七八千人奔至老鸦漩，复为夷兵所阻，辎重尽失，进退无路。其妻妾五人抱持幼子二人携手投河，其曾受伪职老贼自溺者亦复不少。臣前以石逆或传其死，倘能设法生擒，辨认真确，俾就显戮，庶可以释群疑。当经杨应刚等以该逆无路逃生，于洗马姑竖立“投诚免死”大旗；石逆果携其一子及伪宰辅曾仕和、伪中丞黄再忠、伪恩丞相韦普成等并余党到洗马姑乞降。杨应刚、岭承恩等于二十七日将石达开五人羁留在营，讯明新被裹胁及老弱者，发给路票，遣散四千余人，尚有二千余名，半系该逆五标悍贼，临阵用以冲锋。遂派文武弁兵及土司岭承恩之弟岭承高押至大树堡，复径唐友耕派都司唐大有等带队过河，约会副将张福胜、都司庆吉等四面驻扎弹压。于五月初一日，先将石达开父子及曾仕和、黄再忠、韦普成押令过河，唐友耕派游击龚定国带队并蔡步钟所派之知县阮恩涛等护解起程来省。臣前于四月二十八日得报后，虑其余党歼除不尽，将贻后患，札饬藩司刘蓉驰往大渡河，会同唐友耕等委办善后事宜。乃石达开等于初三日起解，蔡步钟等即密派各营于初四日过河。是夜以火箭为号，会合夷兵，将伪官二百余名，悍贼二千余名同时围杀；其偶有逸出者，亦被夷兵沿途截杀，惟遣散老病者数百人，此股巨匪实已剿洗净尽。石达开父子及曾仕和、黄再忠、韦普成等五犯于初十日押解到省。臣以石达开自宝庆败窜粤西后，传闻异词，前曾奉旨饬查，臣亦不敢确指该逆是否尚在贼中，而察其行兵诡计，实与前次窜扰江西、湖南、湖北无异。仰赖天威，现既俘获到省，自应审辨确凿，先令自泸姑贼营逃出曾经认识石达开者辨认的确，臣会同成都将军臣崇实督饬在省司道亲提该犯鞫讯。石达开自供与洪秀全等自广西金田村起事即封伪王，及窜扰各省情形，历历如绘，皆臣所素悉，语皆符合。且其枭桀之气，见诸眉宇，绝非寻常贼目等伦，实为石达开正身无疑。本应槛送京师，以彰国宪，惟因道途遥远，著名巨憝，未便久稽显戮，谨援陈玉成之例，当即恭请王命，将石达开极刑处死。伪宰辅曾仕和、黄再忠、韦普成据供从贼多年，受有伪职，亦皆押赴市曹凌迟处死。其子石定忠现年五岁，例应监禁，俟及岁时照例办理。并将石达开原供抄录，恭呈御览。伏维石达开与洪秀全等首倡逆谋，自粤西扰犯湖南、湖北、江西、安徽，窜踞金陵，其间攻下名城，戕害大吏，不可胜计。迨贼中惮其狡悍，欲相屠害，乃复拥众自雄，由金陵屡犯安徽、江西，绕窜浙江、福建、广东边境，众至数十万，围攻湖南宝庆府城，经大兵合剿，败遁广西，党羽逃散，蜷伏山中，蹶而复起，突由两湖直趋川境，贼众复至十余万，乃败入黔、滇，仍敢由宁远绕道内窜，其注意川疆，志在必逞。臣度其狡谋，处处随方布置，不使少留空隙。仰托皇太后、皇上威福，将弁兵勇暨土夷各兵用命，逼使该逆陷入绝地，粮尽术穷，不惟全股剿灭无遗，且将十余年著名逆首生缚到省，明正典刑；应即传首被害较重各省，以彰天讨，而快人心。惟李福猷一股前由黔境下窜，臣已飞调臬司刘岳昭由叙南驰赴江津，以备截剿。乃此股贼匪由黔省遵义窜至绥阳、正安地界，适值劳崇光由川省彭水取道入黔，行抵黔境之贾家寨，突与贼遇，田兴恕奉旨来川，带有勇丁二千名，行抵绥阳，闻劳崇光在贾家寨与贼相持，即星驰往援，将贼击退，由正安败遁婺川；臣已知照田兴恕约会刘岳昭两面合剿。至黔省苗教各匪，尤难数计，在在皆与川界毗连，而滇省回众情既叵测，且土匪此聚彼散，飘忽靡常，叙南自滇、粤各匪蹂躏以来，遍地疮痍，臣万不敢因石逆巨股殄灭，稍涉大意。虽于饷项万分支绌之际，仍须分布兵勇，以防滇、黔各匪。现已移调胡中和仍驻叙南，并俟唐友耕所部凯旋，即令驰赴江津、綦江，以固边隅，俾川南各属之民藉资休息，以仰副朝廷眷顾西南黎元之至意。所有生擒伪翼王石达开等并剿灭发逆巨股，理合会同成都将军臣崇实恭折由六百里驰奏，伏乞皇上圣鉴，训示施行，谨奏。

按：此文录自《骆文忠公奏稿》卷六，是石达开远征军在大渡河畔覆败后，清四川总督骆秉章向清廷报功的奏疏。

石达开牺牲后骆秉章所出的布告

钦命督办军务太子少保头品顶戴兵部尚书兼都察院右都御史四川总督管巡抚事骆为通行晓谕事：

照得逆首石达开，自粤西起事，拥众数十万，窜扰两湖三江各省。迨至金陵，各贼首自相屠害，该逆分伙出窜，蓄意窥川，匪伊朝夕。同治元年正月，突由湖北利川，阑入蜀境，沿江上窜。迭经大兵节节扼剿，该逆败遁黔疆，复由云南镇雄，窜至横江，又被大兵兜击，仍退滇境。乃逆焰未熄，谲谋思逞，先以赖裕新即赖剥皮，带领前队中旂贼匪，由宁远内窜，窥探路径，至越嶲地方，被汉夷各兵痛击，赖裕新当即殒命，余匪拼死抢渡，复径所派各军，步步截剿，歼除无数，零匪远遁入陕。而石达开亲拥大众，继踵而来，知越嶲大路有备，遂由冕宁小路窜至紫打地。以冀越大渡河，而犯腹地。经本部堂先期调派兵勇，将大小两路渡口，层层布置严密，并调土夷各兵，从后抄截。该逆进退无路，粮尽援绝，至摘桑叶充饥。我兵两面夹击，贼众被枪炮轰毙，及坠岩落水者，两万有余。仅存石达开及伪官并余贼数千人，饥疲不能逃遁。石达开驱其妻妾五人及幼子二人投水，自带一子，束手就缚，于五月初一日，经文武委员将石达开并其子石定忠，及伪宰辅曾仕和、伪中丞黄再忠、伪恩丞相韦普成共五犯，押解来省。经本部堂会同成都将军督饬在省司道当堂研讯，石达开所供起事以至被擒历年各情事，均与曩闻符合。并派前自贼营逃出者辨认，实系石达开正身无疑。当即恭请王命，将石达开极刑处死，并传首被害各省。伪宰辅曾仕和等三犯，亦皆凌迟处死。其余除遣散被胁老弱外，尚有伪官及悍贼二千余名，皆在大树堡派兵悉数诛戮，已无遗孽。查石达开以乡曲细民，首倡逆谋，稔恶十余年，流毒十余省，一旦俘获，得以明正典刑，洵足以彰天讨而快人心。是皆仰赖圣天子威福，河伯效灵。当该逆甫至大渡河边，水势陡涨数丈。迨该逆被擒，河水顿消。兼以将士用命，日夜堵剿，歼此巨憝，永除后患，合行通示晓谕，凡尔曾被贼扰地方居民，咸使闻知，以纾公愤。从此安居乐业，永享升平之福。为此晓谕，特示。右谕通知。同治二年五月　日。

附录:与抄贴此布告有关的文书二件

重庆府正堂阮为行知事。同治二年五月十六日奉按察使司牛札,开:二年五月十一日,奉总督部堂骆札,开:照得发逆伪翼王石达开、伪宰辅曾仕和、伪中丞黄再忠、伪恩丞相韦普成,现经本督部堂会同成都将军督同在省司道亲提研讯明确,应即恭请王命,即行正法,以彰天讨而快人心。合行札委,为此札仰该司会同标下中军副将,即将发逆石达开、曾仁和、黄再忠、韦普成验明正身,绑赴市曹凌迟处死。将石逆首级用石灰腌罨,木笼装盛,以备解献京师,传示各省。余贼首级,即枭示四门,以昭炯戒。其石逆幼子石定忠,着牢固监禁,归入缘坐案内,照例办理。仰将监刑文武职名报查毋违。等因,奉此,除详报督宪,并移督标中协,及行成都府,将发逆石达开等处决外,合就札行,札到该府,即便转饬所属一体遵照毋违,等因,奉此,合就札行,为此札仰该县即便一体遵照毋违,此札。右札巴县准此。同治二年五月二十三日。

重庆府正堂阮为札发事。同治二年五月二十三日奉总督部堂骆札,开:照得逆首石达开,自粤西起事,拥众数十万,侵扰两湖三江各省,窜踞金陵,复分伙出窜,蓄意窥川,匪伊朝夕。上年正月,突由湖北利川,阑入蜀境。经本部堂调派官军节节扼剿,该逆败遁黔滇,复又迁道宁远,深入夷地。复经本部堂调派汉土官兵,两面夹击,生擒逆首石达开,并伪宰辅曾仕和等各犯解省,会同成都将军,督率在省司道,当堂研讯,辨认明确,实系石达开正身无疑。当即恭请王命,将石达开等极刑处死,并传首被害各省,洵足以彰天讨而快人心。兹拟告示一道,合行札发,为此札仰该府遵照,即将发下告示,饬属照抄多张,遍贴晓谕,使被害地方居民,咸使闻知。仍将贴过处所报查毋违。计发告示三张,等因,奉此,合就札行,为此札仰该县即将发下告示,照抄多张,遍贴晓谕,使被害地方居民,咸使闻知,仍将贴过处所具文径报督宪,并本府查考,毋违此札。右札巴县准此。同治二年五月二十七日。

按:以上骆秉章布告一件,与抄贴此布告有关的文书二件,均录自巴县档案。

《唐友耕年谱》中记石达开覆败事

同治二年癸亥二月，奉调由建南邛州芦山一带剿寇，与寇前队赖文光（当为赖裕新之误）在邛州火井漕鏖兵。三日，胜之，逐北至崇庆州，大邑县等处相持，寇全队已至。正攻击中，而石逆大股复由宁远越嶲上窜。三月初，公应调大渡河迎截，遂由雅驰至，将各路兵勇，自安靖坝至万工汛二百余里渡口十三处各隘分布防堵，以代截剿。又札土千户王应元调集四十八寨土兵，层层扼守，将三面山岭先占。寇图回窜不遂，于三十日申刻，突以数千余人，架竹木箄筏，拥岸拼命抢渡。我军御以铳炮，毙寇千余，相持既久，见公旗号，始知公至，即奔。退分二股，以一御王千户，以一沿河偷渡为他窜计，均被我军截击，计无可施。犹复日日造桥抢渡，我军均败之。公定计渡河荡剿，以阜和营打箭炉各兵团会同王千户扼其右，以建昌宁远暨越嶲兵练断其后，饬岭土司率土兵节节进攻，以捣其穴，四月内迭获全胜，斩杀约以万计。十八日，派岭土司引土兵由洗马姑攻至紫打地，克石逆前营，斩擒无算。十九日，石逆函恳王千户让路，并啖以重币，王千户不允，钞函飞禀，公即饬各路向晨并进。石逆亲拥大队，水陆分扑，抗拒我军。适公前派参将杨应刚、都司谢国泰等由松林小河马鞍山两路齐进，直扑紫大地，将坚巢一概焚毁，逃窜者复经前分布堵剿汉土兵练两面夹攻，寇众坠岩落水，浮尸蔽流。石逆率死党万余奔至老鸦漩，复为公豫布之土兵截杀，进退无路。经公部下唐大有、杨应刚等生擒伪翼王石达开暨其子定忠，并伪宰辅曾仕和、伪中丞黄再忠、伪丞相韦普成。时四月二十三日也。

石逆先期致公书云（略——本书著者）。

公即派游击龚定国，将该逆等解省伏诛。五月初四日，督兵渡河，会合夷兵，将伪官二百余名，五标悍贼二千余名，于大树堡围杀净尽。粤逆巨憝，一鼓殄灭，全川肃清。

按：唐友耕本是李兰起义军中的一个小头目，为图富贵，叛投清军，甘当鹰犬。此人阴险卑劣，常把别人的功劳攘为己有。杨应刚与石达开谈判，初步成功之后，他迫不及待地渡河夺俘，以势压人，不惜与杨应刚干戈相见，结果破坏了石达开的诈降计划。此后，他就把石达开在大渡河边的覆败完全说成是自己一人的功劳。他儿子唐鸿学所编纂的年谱中更是脱离史实而大肆吹嘘。当时唐友耕的官职是重庆镇总兵，只能管带重庆一镇的绿营兵，清朝的地方官与其他各地的清军他都无权指挥。而上文竟把一切战役都说是他所指挥的。对于真正指挥调度各路清军的清四川总督骆秉章与四川布政使刘蓉一字不提，似无其人，读来可笑。因此文中记事，或与史实不合，或则语焉不详（并未参与其事，自然难以详述）。其史料价值，在于能够充分说明唐友耕争功冒功的情况。又文中附有石达开致唐友耕一信，纯属弄虚作假。此信的真实性本来就使人怀疑，即或真有此信，也是致骆秉章而非致唐友耕的。罗尔纲先生在《关于石达开大渡河覆亡的几件事》一文中对此事作了精辟的论证。现将有关部分录之如下：

骆秉章是清朝四川总督，统辖全省。而唐友耕是四川省重庆镇总兵，只管重庆一镇的绿营兵。今案石达开此信说："阁下为清大臣，肩蜀重任。"蜀，就是四川，肩蜀重任就是担负四川全省的重大任务。这分明是对身任四川总督骆秉章说的，而不是对一个只管四川省重庆一镇绿营兵的唐友耕说的。信内又说"能依清约，即冀飞缄先复，拜望贲驾遥临，……否则阁下迟行有待，我军久驻无粮"等语，也是对远在成都的四川总督骆秉章说的，而不是对近在对河的唐友耕说的。据此可以断定石达开这封信，是写给四川总督骆秉章的，而不是写给重庆镇总兵唐友耕的。

唐友耕的儿子唐鸿学为着要给他父亲的脸上涂金，把这封信编入《唐有耕年谱》，说是石达开写给唐友耕的，也就是说石达开是向唐友耕乞降的。他先把石达开原来写的受信人骆秉章盗改为唐友耕，作"达开顿首再拜泽波军门同志大人阁下"。因只任重庆镇总兵的唐友耕与四川总督骆秉章身份相差太远，就将石达开函中对骆秉章所说的"阁下为清大臣，肩蜀重任"的话盗改为"阁下为清大臣，当得巨任"。又把函中对在成都的骆秉章说的"拜盼贲驾遥临"，盗改为"拜望台驾近临"。他这样盗改，改得不通可笑，而绝不可能把原受信人骆秉章的身份改为唐友耕的身份，把写给远在成都的骆秉章改为近在对河的唐友耕。而况他更不可能一手遮天，把在当时、当地、当事人许亮儒《擒石野史》上所录这封信的原受信人，和紫打地保存钞件者抄录这封信上的原受信人都盗改得去。这只暴露出作伪者唐鸿学欲盖弥彰的盗改勾当罢了。

牛雪樵《记石达开被俘事》

同治二年夏四月，擒粤逆石达开，磔之。达开狡悍善战，与洪秀全等同时起事，在伪六王之中，最为雄杰。鸱张十二年，蹂躏十二省，蓄谋窥川，非伊朝夕。比年自楚自黔，连犯川疆，未得逞志；乃复自滇之米粮坝，径渡金沙江，由宁远府直趋腹地。先以中旗赖裕新（即赖剥皮）一股，冒险内窜，昼夜狂奔，直走汉南；而自率大队数万乘之，意将使川军疲于北而失备于南也。已而知越嶲大路仍有重兵扼截，乃由冕越小路，走土司王应元所辖之子打地。我兵阻河为防，四路把绝，河水又复暴涨，该逆陷入绝地，杀马而食，并以桑叶充饥，乃就擒，所率数万人歼焉。石逆轿帷、风帽皆用黄，上绣五龙。妻妾数人，抱子投水，并擒者，一五岁子耳。余尝笑谓人曰："余乃四川空前绝后之臬司也。"人曰："何谓？"余曰："王侯将相，我皆审之，他人能有是乎？"众为粲然。

按：此文录自牛雪樵《省斋全集》卷二。石达开覆军后被押解成都之时，牛官四川按察使，与骆秉章会同审讯石达开等。

薛福成《书剧寇石达开就擒事》

粤贼石达开与洪秀全、杨秀清同起浔州之金田，伪称翼王，踰岭涉湖，乘胜循江而下，攻陷金陵。旋叛秀全不与通，纠党踞江西八府，与曾文正公相持连年，既乃突入浙江，由福建江西以扰湖南，声势震荡。巡抚花县骆文忠公多调宿将，与力角于洞庭衡山以南，仅驱出境。达开乃还𬺈广西诸郡，仍绕湖南北，径窥四川边境，退入滇黔之交，奔突万余里，蹂躏数百城。厥性惯走边地，避实蹈瑕，每为官军所蹙，则蜷伏山中，倏伺形便，飘然远飏。自谓生长岭峤，善陟奇险，蹑幽径，恣其出没，使官军震眩失措，莫之能防，然亦卒以此禽灭。

同治二年三月，由云南犯四川，使其先锋赖裕新率贼万余，由宁远冒险深入，裕新败死，余众穷日夜力兼行，飘忽如风雨，阑入陕西，欲引官军追之北上，俾南路空虚，达开遂自率大队渡金沙江，将北窥大渡河。大渡河为西南巨堑，贼由越嶲、冕宁大小两路而来，必走安庆坝及万工汛，缘河二百余里，有渡口十三处；若西绕土司辖境，皆仄径，可北越松林小河，由上游泸定桥及化坪林径渡，入薄天全、雅州。是时，骆文忠公总督四川，长沙刘蓉为布政使，综理营务，赞画军谋。侦知松林地诸土司受贼赂，将让路，骆公乃调总兵唐友耕一军，专防安庆坝至万工汛，檄知府蔡步钟率雅州劲勇驰往助之，檄诸军陆续驰扼雅州、荥经及化坪林以张声援，檄松林地土千户王应元率所部土兵驻守松林小河，檄邛部土司岭承恩统夷兵截断越嶲大路，逼贼使入土司境，伺贼入险，即钞其后路，使不得退。先重赍岭承恩、王应元夷兵土兵，并许获贼财物悉赏之。布置既定，达开率众可四万，绕越嶲、冕宁前进，知越嶲诸要隘严兵以待，果由小径趋王应元所辖之紫打地。其旁两山壁立，隘口险仄，易进难退，前阻大渡河，左阻松林河，右阻老鸦漩河。达开以土司之纳其赇也，夷然信之，长驱入险。是时大渡河北岸尚无官兵，达开使其下造船筏速渡，渡者已万余人。会日暮，忽传令撤还南岸，谓其下曰："我生平行军谨慎，今师渡未及半，倘官军卒至，此危道也，不如俟明日毕渡。"

迟明，遣贼探视，忽见大渡河及松林河水陡高数丈，达开谓山水暴发，一二日可平也，当少俟之。越二日，水势稍平，忽见官军已到北岸，用枪炮隔水击贼，有死者。达开欲退出险，遣其党回视隘口，则土司已断千年古木六大干，偃于地以塞路，且有夷兵把守。欲索两旁小径，则皆千仞绝壁，无可攀跻。贼众游弋大渡河、松林河南岸，昼夜伺间冲突，皆被官兵、土兵击退，死亡者万余人。岭承恩复由后路钞入，攻夺马鞍山贼营，绝其粮道。夷兵或三五为辈，伏险狙击，或自山巅陨木石杀贼，官兵亦不时渡河雕剿。达开进退无路，约书于矢，隔河射入王应元营，啖以重利，求让路，应元不应；复以利诱岭承恩，承恩攻之益急。达开徇于众曰："吾起兵以来，十四年矣，跋险阻，济江湖，如履平地，虽遭时艰难，亦常蹇而复奋，转败为功，若有天祐。今不幸受土司迂，陷入绝地，重烦诸君血战出险，毋徒束手受缚，为天下笑，则诸君之赐厚矣！"因泣稽颡，众皆泣稽颡。刻日加造竹筏，誓于死中求生。夏四月，癸巳夜，达开尽斩向导二百余人祭旂，悉众分扑大渡河、松林河，每数十人乘一筏，人以挡牌蔽身，皆披发衔刃，挺矛植立。众筏同时齐奋，为官兵、土兵枪炮所击，悉随惊湍漂没，浮尸如群鹜蔽流而下。达开在围中匝月，糗粮既罄，杀马而食，继啖桑叶草根皆尽。官军与承恩、应元四面兜剿，直入紫打地，尽毁贼巢。达开丧其辎重，率余党七八千人，奔至老鸦漩，复为夷兵所阻。妻妾五人携其二子，自沉于河。达开望见官军竖"投诚免死"大旗，乃携一子及伪宰辅等三人，与其余党呼曰："石达开降！"岭承恩等羁之营中，讯其余党之旄倪及胁从者，逾四千人，分途遣散。其积年老贼二千余人，唐友耕派营兵分驻弹压。五月丙午朔，达开等五人过河，至唐友耕营中。越二日，解送成都。明日，官军夜以火箭为号，会合夷兵，围击伪官二百余人，悍贼二千余人，歼焉。

达开到成都对簿，有司讯其前后抗官军事甚悉，口如悬河，应答不穷。自称年三十三，于当世诸将负盛名者，皆加贬辞，惟谓曾文正公虽不以善战名，而能识拔贤将，规画精严，无间可寻。大帅如此，实起事以来所未觏也。乙卯，磔达开于成都市。是役也，达开不自入绝地，则不得灭；即入绝地而无夷兵四面扼剿，亦不得灭；然使诸土司中始无得贿纵贼之人，以达开之审于行军，亦决不肯竟入绝地也。知土司之隐情而善用之，则视乎当事者之筹略矣。至贼众临渡而山水忽发，又似天意灭贼云。

（作者原按语）按达开初到大渡河边，北岸实尚无官兵，而骆文忠公奏疏谓唐友耕一军已驻北岸，似为将士请奖张本，不得不声明其防河得力，因稍移数日以迁就之。当时外省军报，大都如此，亦疆吏与将帅不得已之办法也。达开之众，半渡撤回，系唐友耕亲告余弟季怀者，余追忆而书之，其他月日与地名人名，则仍考骆公奏疏以免讹舛云。

按：此文录自薛福成《庸庵全集》。薛为清末官僚，先为曾国藩幕僚，后随李鸿章办外交。所记石达开事迹，大都根据清朝官方所得情报，其中虽有不符史实或不合情理之处，仍有一定的参考价值。

《太平天国战纪》中记石达开事

达开既闲居金陵，志不得申，其党张遂谋讽之曰："王得军心，何郁郁受人制。中原不易图，曷入川作刘玄德，成鼎足之业？"达开从之，疏求去；又榜城市，告众行，以煽众心，从之者十万余人。

至安庆，约陈玉成、李秀成以所部偕行。玉成军已发，往告秀成，秀成曰："吾侪弃乡井，捐生命，以图功业，中道易心，后世其谓我何？吾决不行，君自裁之可也。"玉成曰："非君言，吾几为所误。"兵止不行。达开初谓二人必乐从，及皆谢绝，益失意。不能复还金陵，乃去皖，随行兵数十万，秀全闻而悔之。

……

达开于咸丰七年背秀全而行，众百万。比至川界，散殆尽，仅二三万。至苗境隘口，苗人索万金，始放行。达开以路险不敢战，卒与之。既渡关，苗人伐木，塞其归路，大山壁立，崎岖修阻。苗人间道告川督骆秉章，截击之，败退无路，复前突击，兵已饿二日，不任战。达开曰："吾一人自赴敌军，尔等可免死。"乃张黄盖，服黄袍，从数人，乘白马而出。清军将击之，达开曰："吾求见尔制军，速为我报。"秉章纳之。达开入，长揖不拜。秉章曰："尔欲降乎？"达开曰："吾来乞死，兼为士卒请命，九原当拜公赐。"秉章曰："吾成汝志。"乃杀达开，而资遣其士卒，不戮一人。

按：此书为罗惇曧撰，1913年即已刊行。

罗氏自称得韦昌辉嫡子韦以成所撰《天国志》，"尽取其事迹而行以吾之文词"，易书名为《太平天国战纪》。实则《天国志》为伪书。罗氏所记太平天国史事失实之处甚多，不可轻信。

任乃强《纪石达开被擒就死事》

太平天国十三年，即清同治二年，翼王石达开自宁远窥蜀，阻大渡河，粮绝被擒，解成都遇害。其时去今八十年，故老无及见者。今所存史料，有骆秉章奏疏、薛福成笔记、唐友耕年谱、太平天国野史、宣统越嶲厅志、民国西昌县志、石达开日记等书。皆不详被擒以后事。清稗史所传养女婿某代死，舟中遗伞各节，不过爱惜英雄者幻想之小说，与李陵归汉、熊廷弼祭枕一类相袭，未足取信也。

邛崃乐凤鸣先生九成，生有异禀，力兼十人，擅拳技，寡嗜欲，好学能文，博闻强记。今年七十三矣，须发犹黑。谈少年时事，人、地、时皆能确记，恍如隔日。自云弱冠游泮前，从卧龙场名宿陈少甫学。一时父执士流，目击石王过邛及在蓉遇害情形者甚多。集其所闻，足补官私史籍所未备。余曾再请谈说而记录之，持与各史所载印证，皆可契合，足相发明，因互参订正，以为此记。乐氏曾屡任县长，皆有善政。近任西康省训团与军训团国术教官，现任西康省府民政督察员，恂恂长厚，未尝作妄语人也。

先是翼王自湖北窥川，历涪州、綦江、仁怀至叙永，皆阻江。与蓝大顺、李永和军隔绝，不能相呼应。乃移向上游觅渡。破高县、筠连，窥叙州，恒为骆秉章军所扼。乃资给蓝李扰川南，别命先锋赖裕新自滇乘虚入宁远，径趋雅、邛，与兰李合势，以乱川军。自率大军循赖军故道入蜀。时清廷方集全力于长江上下游，与河淮陕洛之间。滇黔宁远，绿营窳败，防备空疏，故赖石两军西趋，所向无阻。

同治元年冬，赖裕新自云南巧家厅渡江。经披砂（今为宁远县）、普格，逾大箐梁子。十一月十一日至西昌城南之泸山，未攻城。明日，渡安宁河，驻河西西溪一带。至翌年正月初九，始拔营北进。时兰大顺已转战入陕，李永和在犍为界被擒，名山何蚂蚁子亦溃灭，川中无发军。骆秉章命萧庆高率湘军防堵赖军于大渡河。萧军轻锐，既至河，无警，乃自越嶲南进索敌，至西昌，则赖军已自西岸北上矣。萧不暇食，向西岸蹑追之，与赖后队战于太和场、樟木箐等处。赖前队遂入越嶲。越嶲素当夷冲，频有警，故其绿营尚能战。同知周岐源，先闻赖军入宁，增练民兵，及是，乘城拒守。赖军越城北趋大渡河，二月十三、四两日，用布系船为浮梁以渡，遂入雅州。周岐源督绿营与民兵截击其后队。相传白沙沟之役，裕新阵亡，其军由赖文光统率。自雅州分两道，一由名山百丈，一由芦山火井槽，并趋邛州。

二月二十八日，翼王自率大军二万人，自猛粮坝渡金沙江，循会理德昌一路侧上。三月十四日，至河西樟木箐等处，连营三十余里。萧庆高过西昌时，留裨将唐、张二小队于昌，训练民军。及是，出与战，皆败亡。石军锐意入川，不更攻城。知越嶲守军能战，为避羁迟，求别径。得樟木箐民赖由诚为向导，自冕宁、拖乌出紫打地，以避越嶲。十九日，至冕宁，二十七日军至大渡河。时湘军方与赖军相持于崇庆大邑间，闻石军续至，急调总兵唐友耕，与雅州知府蔡步钟，督军民防大渡河，皆仓卒不及赴。石军至河，见北岸无备，拟待后方辎重毕集同渡。分驻于紫打地、新场、洗马姑、察罗、纳尔坝各地，所谓越嶲河道也。

大渡河自泸定南流，于越嶲、汉源界间，突折向东，破乔白马山脉，出富林与大树堡间，入峨边县境。此急折处，称为河道，北岸地势狭急，南较平敞。有二支流，一为松林河，自九龙县境之雪山东出，经湾坝、洪坝，至紫打地场北入河。松林土司官寨，即在北岸。又北有海尔洼、田湾两场，皆隶越嶲。一为察罗河，自菩萨冈经铁宰宰、察罗、洗马姑至老鸦漩入河。其下游近乔白马山麓，有纳耳坝场。洗马姑附近，有小支流，自竹马山流出。沿此支渡逾竹马、梁子(乔白马山脉之一山口)路过海棠，即宁越营，其东为暖带田、暖带密两土司地。紫打地、新场、察罗、洗马姑、纳耳坝，与松林河北之海尔洼、田湾，皆有市集，称为河道七场，为汉民住地，此外皆西番与倮夷村落。石王军循察罗河而北，集驻于紫打地以东五场，尚未越松林河。未虞雪山融雪之际，一夜风雨，河水猛涨丈余，骤不可渡，辎重集，而唐友耕、蔡步钟等军亦大集。松林地千户王应元，乘涨阻松林河，驻打箭炉、泸定桥等处之阜和协营兵，受调来此助之，遂成坚壁。越嶲营参将杨应刚，即越嶲人也，明悉地理，皆越嶲、冕山等营兵，自大桥、拖乌，尾石军后，据铁宰宰等处山险，相机袭击。同知周歧源，督宁越营兵，与暖带田土司岭承恩，自竹马、梁子西下，逼洗马姑。石军被围于群山巨河间，粮食渐困。于四月初四日，抢渡北岸。水急，船筏尽沉。四山夷兵乘险四逼，击之，则散没山林，不可得战；退守，则焚掠夜袭，防不胜防，石军大困。四月初八日，宰辅曾仕和，以二千金啖松林地土司，求让路向泸定，王应元不敢受。十二日，夷军据马鞍山。十三日，蔡步钟率官军渡大树堡，塞乔白马山道，策应土夷。石王怒甚，杀向导赖由诚祭旗，大举出击夷军。一面抢渡，仍未济。石军精锐，折耗者大半矣。

越嶲参将杨应刚，见相持一月，两军皆困，自赴谒石王，议降，石意踌躇。四月二十三日，以书射达北岸唐友耕营，其书云：

窃思求荣而事二主，忠臣不为；舍命以安三军，义士必作。缘达生逢季世，身仕天朝，忝非谄士，不善媚君，因被谮而出朝，以致东奔西逐；欲建功于当世，不惮旰食宵衣。无如命薄时乖，故尔事拂人谋。矢坚贞以报国，功竟难成，待平定而归林，愿终莫遂。转觉驰驱天下，徒然劳及军民；且叹战斗场中，每至殃连鸡犬。带甲经年，人无宁岁，运筹终日，心少闲时。天邪人邪！劳终无益，时乎运乎？穷竟未通。阅历十余年，已觉备尝艰苦，统兵数百万，徒为奔走焦劳。每思匿迹山林，遂我素志；韬光泉石，卸其仔肩。无如骑虎难下，事不如心，岂知逐鹿空劳，天弗从愿。达思天既如此，人将奈何？大丈夫生不能开疆报国，奚爱一生？死若可安将全军，何惜一死？逖闻阁下，仁德普天，信义遍地。爰修斯书，特以奉闻。阁下如能依书赴奏清主，宏施大度，胞与为怀，格外原情，宥我将士，请免诛戮，禁毋欺凌，按官授职，量材擢用，愿为民者散为民，愿为军者聚为军，推恩以待，布德而绥，则达一人可以自刎，三军饬以全安。达舍生果得出全吾军，捐躯稍可仰对我主，虽斧钺之交加，死不为辱，任身首之分裂，义亦无伤。惟是阁下为清大臣，当得巨任。志果推诚纳众，心实以信服人。不设诈虞，能依清约，窃冀飞转先复，并望台驾近临，以便调停，庶免躭阻。否则阁下迟行有待，吾军久驻无粮。三千之师，犹足攻城略地；况数万之众，岂能束手望天乎？特此寄书，伫候希鉴。（此书载唐提督年谱，为他史所不收。年谱世罕传者，故录于此。）

唐得书，不敢奏，亦不敢报。石军不得复，欲杀应刚。应刚叱曰："此行本以拯尔辈于死。即不愿降，杀我可耳。"石王意决，款应刚，与议降事。应刚锐身以保全全军自任。二十五日，军中闻决降，多自溃散，王妻妾赴水死。二十六日，王与幼子石定忠，宰辅曾仕和，中丞黄再忠，丞相韦普成，同杨应刚东行。当日宿马颈子王通把家。二十七日，入杨应刚营，立发路票，遣散石军愿归农者。尚有官二百余名，兵二千余名，不愿去，俱缴械，送大树堡寺庙中看守，待后命。北岸诸军，闻石王等在应刚营，纷纷渡河索俘，至相争夺杀伤。结果为唐友耕军索去。应刚不能争。五月初一日，石王等五人至唐友耕营。初三日，用八人肩舆解赴成都，其子定忠同坐舆内，与曾仕和等三人，皆仍天国衣冠，不带刑具。但以营兵执刀矛枪铳环护之。是日，宿清溪，县吏奉膳，如款贵宾。

初四日，雅州知府蔡步钟，奉骆秉章密札，率军渡河，包围大树堡降军。初五日拂晓，焚所住寺庙，杀降二千二百余人。降军睡梦中，有跃升屋脊图逸者，悉被铳击堕，无一幸免。今其地有碑，曰“鲸鲵封处”。其先遣散者，亦多为官军所袭杀。

初六日，石王舆过雅州。初八日过邛崃。沿途居民聚观，见王面白有微须，着兰绸袍，圆领大袖，厚底靴，颇似戏装。蓄发挽顶髻，用黑色缎一小幅束之，仪容严肃，眼光有神。邛州巨绅牟某，左脸半黑，通呼为牟黑脸，富势冠一邑。闻石王至，带城门观之。王在舆中，见其人丑怪，怒目注视之。牟惶乱失神，大病数日。其孙与乐凤鸣同砚，乐常出入其家。见其人，知其如此。

邛州知州许培身，字伯南，浙江人，(旋转建昌道)迎王舆驻试棚内，送海珍席，参谒如臣礼，仍称王爷。石饭已，谓曰：“沿途官吏，足下为贤也，此行倘得至北京，当图奖拔。然骆公量隘，恐不能见容耳。”许唯唯侧立，绅民多闻见之。翌日，王舆出城，清军森列，止王舆，请上刑具。王子定忠甫六岁，骤见清军甚众，牵衣语王曰：“这许多蛮子，何不杀却?”王谓许曰：“固知骆督之不见容也。”遂受刑具，入舆去，初十日，至成都。骆督命一府尹与王晤谈，询其起义以来经历，有人记录之，凡二日乃竟。骆奏疏所称之供状，盖即指此。其状存藩库中，辛亥蓉乱，散失。余疑今世所传之石达开日记，即就此录敷衍所成。石王虽能文，军行奔突中，安能有日记耶?

六月二十二日，奉清廷谕，凌迟。行刑于北较场，市人聚观者数十万，环垒成人山。邛人李某(有子与乐凤鸣同学)，时方壮盛，先趋入刑场，得薄观之。石王与曾仕和对缚于十字桩上，行刑人分持利刃，先剜额头皮，上掩双目，次剜双腕。曾文弱，不胜其楚，惨呼。石徐止之曰：“何遂不能忍此须臾? 当念我辈得彼，亦正如此，可耳。”曾遂切唇无声。凡百余刀，剜全体殆遍。初流血，嗣仅淡血，最后仅滴黄水。历炊许时，乃刺胸剜心肝。终刑，气早绝矣。

石王子定忠，以齿稚免刑，见骆督奏稿。于法，待成龄时，仍当处决。不知何故，其人竟未死，改姓名曰时雨化，入绵州州学。光绪丁酉，与邛州龚秉衡玉泉同拔，又同分发贵州作知县，甚相得。尝密告龚，实翼王子也。其人能诗画，书学赵孟頫，吐属风雅，潇洒出尘，虽在仕途，有林泉风韵。龚与乐相善，尝以时所赠一诗，与纨扇画一幅相示，于时，其人尚在黔。使今尚存，亦已八十六岁也。

强按：凌迟之刑，用刀百零八次，巧者刀尽乃许气绝。《明季北略》载凌迟郑鄤事，令人不忍卒读。清野史，载成德谋逆事败，拷讯之。但曰："我自图富贵耳。"凌迟时，二子方在塾，皆韶秀，执至刑场，令跪向成德，杀之。成德不视。既行凌迟，但切齿，无语。十余刀后，乃呼曰："快些干。"刑者曰："有诏叫你慢慢死。"遂不复言。惨酷哉！虽倔强之士，亦有不能忍者。石王困河道时，尚有万众。使其奋突南向，克达冕宁西昌就粮，唐友耕诸军，亦无如之何耳。乃为一水所阻，遂谓天命绝之，欲以一降，保全部属，可谓误矣。清人不能得志于战争，徒知快意于杀降。大树堡之鲸鲵封处，北较场之利刃惨割，一时罪业，千古憾事，痛哉！骆督能保全其子者，殆亦有所悔耶？

按：此文为任乃强先生根据传闻并参考史籍互相印证而写成。原载于1943年11月出版的《康导月刊》第五卷第七、八期。文中叙事，与其他史料大致吻合；所记石达开押解途中与受刑各事，较其他史料详尽，足资参考。至于说石定忠未死，以后竟能应考做官，自是奇闻。可能也是"爱惜英雄者"之设想。这在所改的姓名中可以略窥其中的寓意。"时雨化"者，石羽化或实羽化也。即石达开终于羽化登仙之意。

都履和《翼王石达开泧江被困死难纪实》

一、前言

太平天国翼王石达开之死，在世人传说中，最多讹误与怀疑。其天挺人杰，雄才大略，不幸卒遭困败，竟被杀戮，尤为世人所惋惜。

达开之英迈豪侠与智勇超群，在太平天国诸领袖中，实为翘然杰出，其能差足比拟者，除忠王李秀成外，无出其右。至其革命思想与治军的勇略，近世治太平天国史者，已多有详细论述。即关于其个人行谊之传记，亦间有专文著记，非本文之旨在论述也。

本文之所记述，为达开进军西行，误投番壤，受挫蛮夷，粮尽道阻，势穷力蹙，舍身以全部众，受诈诱而至杀害之一段纪实。兹先说明此一重要信史资料之获取经过。

按达开之被困蒙难地区，系在金沙江、松林小河、马鞍山、紫打地等处，清以前属越嶲州治，即今之西康省宁属境地。三十一年春余友黄岗李言三先生由欧美游学归后，衔命视察康滇，途经越嶲之富林渡（土人以为流沙河）、大树堡，即故土千户王应元之土司治所。以闻有李左泉者，于达开之被困死难情形，曾录有故老许亮儒所为笔记一文，足称有关史料。言三于中西之学无所不窥，而于史乘文献上之有关者，引踪所至，尤必刻意搜求。此文即得自左泉君之授予。至去年冬，余以行役来鄂，言三方掌教国立湘北师范学院，从事私人译述工作。迩时又正倡导知识青年从军，以为即将戎装驰骋疆场，遂以此稿嘱为整理。会余须有湘西之行，因循搁笔，一逾半年。对此珍贵文献资料，至今方能提出加以整理。原文颇嫌冗长，并间有不能达意之处，但为存征信起见，自不宜多加割裂，仅略予损益与校正。其有事实未是处，另文被正于后。

原稿题为《擒石野史》，后别署为《石达开泧江被困记》。有弁言曰："余自束发受书，辄乐闻乡先辈述太平军轶事。而道及石达开泧江被困，又不禁为之太息，至终夜亦难成寐焉。盖达开以当世之雄，出入江淮南北间，俱莫与敌，何致此竟叹无用武之地，百思不得其解也。稍长，方识有故老许亮儒先生者，当日曾为土千户王应元主记室，参赞机务。公余录有《擒石野史》之记述，以恪于清令，藏之而未尝公诸于世。鼎革后二年，余家居服务乡中教育，乃从先生哲嗣处索读之。其论列达开入宁颠末颇详，征诸所闻，亦无异是。一言以蔽之，达开实非战败，纯由粮尽道穷也。盖令人反复研读而不忍释。所可惜者，先生于达开遭遇险阻中发抒之咏叹，竟以'词猖多逆'而不敢直书，致令后之景仰达开者，辄引为遗恨耳！余不自揣量，特就先生原著，略事整理，而别署为《石达开泼江被困记》。质诸同好，以为当否？如荷指正，是则尤余之幸也。民国三年五月李左泉识。"序后附有七言四绝，并为录出。诗云：

伏剑兴师历有年，满腔义愤薄云天；何期用武竟无地，长使英雄泪不干。

梳台帷幄决筹策，安市长驱进据时；假使衔枚无止息，泼江何足困王师。

馆壁题诗见倔强，英雄节概异寻常；功虽未竟付泼水，民族复兴此滥觞。

降文草就岂初衷，权度一时计竟空；自有大名垂宇宙，莫将成败论英雄。

二、泼江被困纪实

广西贵县籍石达开者，年四十三，父名昌奎，母周氏，俱故。终鲜兄弟，原配王氏生有子女，均在金陵被害。达开幼通儒书，长业农。道光二十九年乃党诸洪秀全、杨秀清等，啸聚千余人抗清，推秀全为领袖。是年攻陷永安州等处。道光三十年由永安围攻桂林，而提督力御之，不能拔。三月攻全州，四月攻湖南道州，八月进攻长沙，围三月不克，萧朝贵战死。咸丰二年自长沙攻岳州，继即攻陷武昌，达开驻军学院署。嗣由武昌整军下江南，先锋曾春发攻陷安庆，春发阵亡。迄咸丰三年大队麾城出邑，势如卷席，战舰直抵南京，围攻弥日未得逞，乃从北门掘地洞，轰开城垣，进据金陵，改国号曰太平天国。举事初，立洪秀全为东王，上尊秩曰圣神风；杨秀清为南王，上尊秩曰圣神云；冯云山为西王，上尊秩曰圣神雷；韦昌辉为北王，上尊秩曰圣神雨。沿途攻略，达开运筹较多，遂立为翼王，上尊秩曰圣神电。翼者何？取智勇能羽翼天朝也。取义以为皆在天之物，其思想奇特若此。部属有劳绩者，封柱国为正一品，宰辅为从一品，自总丞以下皆为品级。占据南京，颇有澄清天下之意。清军虽四面围攻，几无以筹决其胜负。无知秀清索性高傲，昌辉辄为所辱，憾之而无隙可乘。咸丰七年，秀全遣达开统卒二万，自江南取湖北。是时，秀全亦恶秀清，欲谋诛之而意尚犹豫也。以为欲假手昌辉，莫若诡尊之以激其怒，乃加秀清为万岁，而己若甘心称臣焉。昌辉竟堕术中，遂积愤填膺，率部伍三百，直围秀清第，勒杀之，擅不奉命。秀全见昌辉跋扈，又欲谋诛昌辉，达开闻讯由湖北转南京，拟为排解，奈仇毒寖深未可以口舌争者。因达开以语侵昌辉，故昌辉恶之，阳诺而阴欲图之。达开知事机不洽，乃去避安徽，自王其地。昌辉以达开畏逃，竟搜其妻子戮之。尔时达开侦知妻子被害，复返旆南京，大有杀伐之气。秀全知达开此来，必图报复，时严兵卫，镇日不出。又虑达开之迁怒也，乃乘间私告达开曰：杀足下妻子者昌辉也，孤必诛之。达开曰：全仗公力。越日秀全诱昌辉聚饮，昌辉盛卫而至。酒酣击杯为号，伏兵从左厢中出，突于席间擒杀之，令持其首。护从皆惧伏，莫敢仰视。秀全计殛昌辉后，威声颇不可逼。达开以雄武之姿，事事未肯相下，彼此猜忌，抵牾不合。秀全欲罗织罪款以图达开，谋泄，达开夜引部下数十百人潜夺水关，乘轻舟去。及旦，秀全得报，立遣悍卒五百，驾快艇踪追，终莫及。自是达开部伍日多，诈号数十万，横行江湖南北间，清兵几莫能御，达开称快。当时达开拥众二十余万，分队三。以宰辅李福猷为后援，宰辅赖裕新为前锋，各统率九万有奇，达开自将中队，拣劲旅四万余，妖道张了空随之。以次取安徽至江西九江，征曹伟人为军师，号卧虎先生，运筹书札，半出其心手，行军较胜于往昔。是时自江西攻浙江暨福建南安。咸丰八年，复自南安攻湖南之祁阳、桂阳等处，又自祁阳攻宝庆，围两月。赖裕新中清军计，失守营垒二座，死者不可胜数。达开以裕新违令，贬三级，仍令随营立功赎免。九年达开折返广西，去桂林、庆远、宝(南)丹，因军中多江南人，多思归，不能阻。大部遂散回金陵。达开在南宁，部下前后中数队仅余数万，目睹南宁山水奇秀，念兵凶战危，鞍马劳顿，颇有偕曹伟人退隐林泉之感想。只以清兵追逼，复率部伍进至湖南泸溪、龙山，并至湖北来凤、利川。是年达开子定忠，已年长十一岁，次子二岁，取名定基。曹卧虎因劝达开图蜀，以蜀为天府之国，沃野千里，民富兵强，山有剑阁之奇，水有岷江之险，进可攻，退可守，此兴王图霸之区也。谓王今遍历九州，不如偏安一隅，达开以为然，遂移师取蜀。至涪州，仍将部伍分而为三，前赖后李，中为达开，各领兵倍初数，声势震荡，闻者辄股慄。达开命唐、杨二人统健卒三千，攻取长宁，并由贵州遵义攻取云南之昭通，得利窥横江，欲渡江而西。蜀提督唐友耕率健勇御之，不得逞，乃舍之。曹伟人乃以乘虚计进，达开遂由屏山济河，赖裕新领兵十万挺前，李福猷领兵十万殿后，且令李军驻傅官村为前中队声援。赖裕新遂率众取蜀之宁远，道险狭，与达开约会米粮坝。当时达开锐意图蜀，裕新卷甲兼程，沿隘守将，半有不及布防者。时同治元年冬，裕新自滇之七家厅渡金沙江，诣米粮坝，期十日，而达开不至。徐行至窪乌，并进驻德昌，椒酒燕歌新岁。上元后烧德昌，二月初旬由德昌绕邛池，走小庙大道北去，沿途市镇半遭毁劫。孙水关暨登相营两隘守将预退，裕新长驱逾小岭，入越嶲界。越嶲令会同参将守备偃旗息鼓。初六日旦，裕新疑城中有伏，沿城东蹊田去。会土司岭承恩奉调来援，驻营高阜，窥得间，即率土兵三百冲突赖部，裕新死乱军中，部伍沿林麓退去，夺获辎重，土兵莫不欢呼。大部宿利济站，军中无主，公推裕新弟赖三宰辅统其众。初七日攻陷保安，赵督师阵亡。辰刻经白沙坡，遭木石轰击，达开经略崔柱忠被击死。所谓木石者，由土千户王应元先遣自楹之预为置备者也。赖三自白沙坡一战，加紧严整部伍，不亚乃兄。日落暮，前锋郑镇汉进攻海棠，庆都司避匿山中，高把总战死。当是时王应元军竹马山御防，自楹小径来，恐赖部复仇，乃从当地团总之言，布阵以待。

越日赖三在海棠饷士卒后，果令总丞郑镇汉统兵三千殿后，指挥罗中木领马队一千冲锋，经攻竹马，拟急擒应元雪恨。中木指挥马队，甫攀登山腰，瞥见两旁山林旗鼓突出，喊杀声震。卒不胜退返。当夜赖三巡堞，复备火毬、火箭以烧杀土兵之夜袭者。赖三两被应元袭击，忿甚。八日火焚海棠城，拔营走，午诣平坝，遥望深沟，两山翼道，一涧中流，侦知其中空虚，即督队迅出北沟二十里驻于大湾。至十一日昧爽，赖三前锋三万，直压大树堡，驻三日，济大渡河去。十三日，中队二万余续至堡，更锐，驻一日，渡河。十四日后队三万人至，毁大树堡，睹大河前横，乃建浮桥以济，桥索以布扭成，竟拥挤中断，坠没江心者无算。惟大渡河以北沿途无阻。赖部踰邛崃九折坡险径(即大相岭)，直向荥经绕天全而达邛州之油榨沱，被清军阻击，复沿川西北而入秦境矣。

同治二年二月，达开拥众四万余，由滇渡金沙江，进窥蜀之宁属会理潘连沟等处。因贪收烟土故，逗留三月，始进据河西。沿途营寨悉被攻陷。蜀总督骆秉章得报，虑其伺虚走险，即飞饬宁远府，会同建昌镇及王岭两土司，迅率汉夷兵勇截堵，免逾相岭。一面复集僚属议战略。盖以“大渡河为蜀南天堑，山水险恶，非此不足以困敌”。以是令下附近各营，计选练勇八千，令唐友耕将之，速防大渡河北岸。继令胡中和提兵三千，趋泸定桥以防西去。三月中旬，达开绕黄水塘直抵高崖子，舍宁远城，西去冕宁县之梳妆台，集部议进取。曹卧虎曰：“相岭不通，前方城市村庄多被先锋劫毁，馆舍无资所，山险难行。询诸冕人，便捷莫如小道，且无妖(太平军称清军为妖)，若大王鼓行而西，军到即克小河，直据松林土署，珍奇米粟，俱为我有，用以犒军。自松林越泸定，经天全绕邛州油榨沱，转瞬军逼成都。兵家乘虚主速引。”达开以为然。三月二十三日遂拔队西行，弃冕宁城，沿山麓进据大桥，再望鱼海疾走。是时王应元土司奉冕宁县命令，急先调土兵五百名，安顺场团练五百名御防。既集地方绅团共议防守策略。均以“行军贵得形胜，形胜莫如小河以西。今以西山为城，西水为池，西之铁桥为门户。桥不宜断，断则示弱。留作追败之路。况众寡不敌，战不如守。若敌盘踞小河以南挑战，我军宜联垒守桥以待之。任百计引诱，总不宜堕其术中。且联络冕越汉夷兵勇，登山据险以塞其南归之路。北放岩堝小径，备石木以轰击败退之敌。并先绝水原，继断粮首，不出弥月，食尽计穷，乘惫而攻之，敌不足以当手也”。王土司从其言，乃遣通把王自楹率土汉兵三百名赴铁宰宰狙击，继令许、黄两团总率练丁三百往新场，为自楹后援。应元则率土兵三百御于铁锁桥之西。三月二十五日达开集队而来，张盖乘马，仗剑指挥。曹卧虎及达开妻妾十有六人，子石定忠、定基，皆衣绮縠，乘名驹随之。是日道出铁宰宰，径极险狭。达开睹部伍鱼贯以进，辄畏阻。乃据鞍而告众曰：“孤欲返据宁城，徐图成都如何？”曹卧虎曰：“兵家乘虚为上，击实次之。不入虎穴，焉得虎子？王何惧焉！”达开误信其说，决意冒险，立饬先锋邓正发率队前进。适王自楹弃马迎战，达开即令后队曾仕和率兵由斜径抄出，势甚锐。自楹度众寡不敌，急乘马涉涧，退赴新场，联络许、黄等齐奔小河。会王应元列阵御于桥西沙碛之上。是日达开驻新场，侦知安顺场空虚，二十七日昧爽，率大队进据。命令邓正发猛扑桥头数次，均被应元等以劈山巨炮轰退。达开不图土司中有此劲敌也。当夜达开妇诞一子，乃通令将卒曰：“孤今履险如夷，又复弄璋生香，睹此水碧山青，愿与诸卿玩景欢醉。”部属均稽首称贺。以是传令犒赏，休养三日，各整队登山采粮，俟行囊充实，方计克小河，此其失败之主要原因也。当此之时，王应元为时地所阻，征调汉夷兵勇，尅期难集，除守要隘之兵外，是夕沿河防兵仅二百余人。会天将晦，夜色如墨，应元令燎火遍山作疑兵以警之。三月二十八日，应元令去桥板，架劈山炮堵击。四月一日汉夷兵勇云集，应元传命自铁桥西上二十里直达洪水沟，通把王自楹、汪复中等当之，统土兵八百名；自磨房沟以下十里，统团许亮儒、黄君荣等当之，领团队九百名；应元则率汉夷兵七百名，赵廷斌、安文玉等随之，驻营于磨房沟水狭处，以镇要道。四月三十日应元乃牒兵助防，千总陈太平始奉令率兵二百五十名，由间道达小河西岸，立营于大小河涯流处，以防达开乘隙窃渡，西走泸定桥。并下令有敢夜渡彼岸绝敌水源者，厚赏之。罗甲长应命，即裸游上流，挖去砌石，俄而北岸堰水砉然流入小河，达开之水道断矣。又下令如防河兵勇有敢托故潜回者，侦得立正法。自是应元军中赏罚严明，汉夷欢舞。达开部伍因水道断绝，每日赴小河担运者，多被枪击。王自楹一面复暗用独木在磨房沟搭桥东渡，以截达开粮道。达开健卒汪二麻曾被自楹擒斩，以是乏粮不克进展，乃集各将会议曰：“孤闻兵家入险亟去，方可转危为安。今欲返宁邑，则被王应元士兵阻新场南归之路；欲渡梁桥东入海棠大道，以出大渡河，又被越嶲营参将杨应刚及田坝土司岭承恩两军阻隔；欲直渡大渡河西岸，被安庆坝沿岸兵围顺流而下；北去踰羊老山，入汉源县之汉源场，奈千总周高发已率唐兵及罗团队千余占据大河北岸；欲联船东下直捣唐营，无如水道百余里，中多礁石，有碍行舟。而屡攻小河则又不利，兼之旬日雨滛水发，小河之水，石走雷奔，窝诡不容舟济。自悔轻敌蹈险，进取无望，时地处此，其奈之何？"诸将皆默然。时达开部中有一妖道揖而进曰："臣猥以衣钵夙缘，叨蒙圣眷，名欣附骥，学逊犹龙。若值大王有干戈之忧，谨抒道德真言，誓扫蛮烟丑类。一俟符咒通灵，彼妖魔必自相残杀。大王即乘乱力克小河，围戮之。"初达开在粤西得张铁道人，号了空，自诩有吞刀吐火之能，尝宾礼之，称了空而不名。彼时达开闻其言，即欣然命令曰："先生明日临阵作法殄邪，孤拭目望之。"四月十二日晨，应元以军中鼓声厉作，起视，则达开部伍拥张铁道人披发跣足，右手仗剑，左手勒符诵咒，背倚桑树，挥军横攻，猛勇异常。应元督兵力击，势将不支。一卒进曰："炮弹可破。"乃以铅弹置枪内击之，一发中道人左心孔，立毙桑下。达开闻之大惊，如失左右手。是日午刻达开登台聚议。曹卧虎曰："臣侦知土司应元本营驻磨房沟，去铁锁桥八九里，小河经此宽不盈寻。大王今夕暗令善水者数百人，浮至彼岸，各持短兵猛攻。如能擒杀王应元，余妖无不闻风瓦解矣。"达开从其计，是夜三鼓，应元巡哨，果于月色朦胧中，遥觇对岸士卒如林。乃派健卒持长搠伏岸，伺甫出水面则歼无遗类。比惊悉，倒浮而还。达开见之大怒，瞋目叱诸将曰："旦飨诸卿，除桥不攻外，大队悉赴小河力战。有能奋涉小河以西，杀退土妖者，官则晋秩柱国，兵则位擢总丞，计功按赏金牌一面，勖哉毋违孤命。"越日达开披甲仗剑，躬亲督战。自晨至午，猛攻小河者数回。应元率汉夷兵勇竭力死守。惟达开艰于谋食，急欲攻开小河以觅生路，复问计于曹卧虎曰，另筹一策。卧虎曰："臣观天气将大雨十日，小河水阔浪骇，攻济两难。为今之计，不如速造木船数只，长数丈有奇，夜移彼岸，环扣系石为柱，面覆木板，以作浮桥，人马行如坦途，岂不一举而克敌乎？"达开以为然，即饬伐材造船。四月十七日夜雨止。山高遮月，月光迟迟，二鼓后应元巡营，马惊且嘶。乃骤然作色曰："吉凶似有前知，我马如是，今日切防敌攻。"于是严令防河兵卒戒备。达开即乘月色惨暗，令移船河滨，扣之数丈有奇，饬先锋贾维扬率健卒五百名，衔枚荡桨。船将达彼岸，忽中部环折，竭力撑持，首尾竟回旋难续。俄而水舟相搏，浪花涌入舱中，衣履俱湿，船几触岩颂覆，咸相呼救。应元闻之，乃督兵悉力扞御。有顷，船尽被摧裂漂没，贾维扬亦被淹。应元军见人船俱覆，心始稍安。仍饬兵严防达旦。自是达开计穷食绝，因而探蕨烹韁以为食，犹不能供一饱。仍问计于卧虎曰："粮尽援绝，谋力俱困，可奈何？"卧虎曰："卧闻夷番性多贪而寡义，王以黄金良马为不惜，飞一纸书，婉词假道。彼重吾宝，必能让我出围。"达开曰善，即草书置箭头，射达彼岸。应元得书展阅，互相传观。许亮儒进曰："此晋假道于虞以伐虢之计，急宜复函以绝之。"乃恳许为作书。其辞曰："足下诡以黄金千两，良马二匹，假道于予以西出，是将以物物我也哉！予虽番酋，粗知洁己自爱，早置身于物外，而不为物囿也。并云如不假道，立以虎贲三千誓攻小河。予虽不才，亦惟有爰整师旅，操干矢谨与足下一战，必尽乃止，其勿悔。"四月十九日酉刻，应元传书射之。达开发书大惊曰："番壤多能，孤属无噍类矣！"自假道计空，达开寝食俱废，乃题诗十绝于馆壁。中有句云："大军乏食乞谁糴？纵死泧江定不降。"（原著者许亮儒以词猖多逆，故删而不录，最为可惜。）署名非凡题。非凡，达开之号也。即日夜达开妻马氏服毒自尽。士兵饥甚，且疑惑无斗志。曾仕和进曰："疫侵雨淫，困毙无名，战则一卒难遣，可奈何？"达开蹙然不能答。曹卧虎复献一策曰："今日之势，由绝粮故。臣侦之番壤汉多夷少，中有七场市，汉民殷实者以数百计。王急宜卑词修函，再恳王应元通商购粮，以拯饥军，徐图脱险，亦万不得已之谋也。"达开勉从其计，立嘱卧虎援笔走书。其略曰："真天命太平天国圣神电通军主将翼王石，致书松林地王千户贤台雅览：昨接足下回书，备悉松林小道原非大军可引，予已不图由其道。惟是大军驻此，军需浩繁，不免东攻西击，图揽粮食耳！然而松林已属小道，足下亦可不让，予军亦不必图。但望足下令饬四民通商，俾得军民两便。庶军需易得购买，我军免进攻小河，则不独松林兵勇安宁，而松林百姓通皆受益，必沾足下之惠也。所有军民交易，我军并无欺骗。如足下不足取信，予委员在足下之处，为质示信可也。特此寄书，统冀复音。"（太平天国癸亥十三年四月二十日）四月二十一日应元接书展阅，知计出情迫。商之许亮儒，乘惫过铁桥追击。亮儒以为不如草檄示之。达开展阅檄文，乃顾谓曹卧虎曰："孤自倔起草莽，当为天下雄。谁敢诮孤之短，不图蠢尔蛮夷竟敢揶揄指摘以至于是！且孤军食尽道穷，一旦妖兵围攻，孤与先生将委身于岭岩之下欤！"卧虎曰："不然，王不闻绝处逢生之言乎？以臣肤见，今日之事，总宜拔营夺路，沿岩堨东奔小水，倘得出险，再图良策。若迟迟不前，猝然妖至环攻，以饱克饥，我军恐无孑遗矣！"达开曰："历小水易，踰梁桥难。若踰梁桥，定出海棠大道，岂不转败为胜！"正踌躇未决，越一日，而谢国太之兵已如风涌而至。初国太奉命御防，闻达开攻小河急，遂逗留于泸定桥属之磨西面。及探知达开被围，乃于四月二十三日拔队抵小河，据土署。是日午刻达开果率众东走，取道岩堨。应元见其车乱旗靡，即分兵上下两路，迈过铁桥追击。应元及许亮儒则督兵从山顶下木石，黄君荣、汪复中等率军尾追。同时大河北岸周千总复派兵对岩堨用枪射击之。达开部面面受敌，坠岩陨水者无数。当达开被困安顺场时，西南北三面，皆难通过，惟岩堨一径可以东走，道极险狭。仰视则峭壁参天，俯临则河水急涌。以是曲行二十里乃渡小水村庄，点验队伍则已损失十之五六。是夜宿此，应元复整队围之。未及旦，达开统残部溃围而去，应元跟追，夺获印信旗帜军械马匹亦复不少。至利济堡，应元复集队驻营山民舍堵截。达开见老鸦漩口水势险恶，料不能涉，亦收队盘踞其地。入夜昏黑、饥荒，觅食无所得。有相杀噬人肉者，达开莫能禁。并闻残部聚泣，乃顾而叹曰："孤畴昔攻城略地，战无不利。今误蹈险地，一蹶不振，经天绝孤，非孤不能为诸卿解危之过也。"言讫泣下数行，左右皆泣，莫能仰视。曹卧虎曰："事急矣！明旦请收合余众，妖来背水一战，幸而胜则图前进，不胜则主臣赴彼清流，断不受斧钺辱。惟王留意焉！"达开曰诺。曾仕和又进言曰："王请勿虑，适谍报南去溯谷流而上十里即梁桥，踰桥则为洗马谷场。越嶲营参将杨应刚，土司岭承恩各率数百人阻去路。明日我军诣梁桥，宜表诈降，俟济河劫粮，斩木猝攻，声威则无不复胜者，何待毙为！"达开壮其言，即令曹卧虎引炬据石为席，援笔成表，达开怀之。至半夜突报卧虎已投江，达开大惊，泣涕交横不已。至此达开知丧败在迩，环顾王妃及甫生之乳孩，悲痛至再。乃含酸仗剑，督叱部卒将胡、潘、吴三王娘以次抱投江中，末至十四王妃刘氏，则以手推之。刘氏长跪而泣曰："妾非惜一死，妾有次储石定基。初生有异兆，后日当兴。李福猷佐之，必能复父仇。今尚稚，母死，子何寄？乞宥残息，鞠此嗣，计脱难，图远猷。长储定忠，稍更事，留待俱东。前途艰险，妾愿学赵朔妻，惜无程婴其人。"语未竟，二卒进曰："小卒不敏，愿保刘娘娘及幼储间逃。"达开遂慨然允之。当夜母子微眠，卒薙发，负其子偕母，走僻岭。及旦，已脱险。诣鹿邑子厂，冒为难民，避匿于夷堡中。刘氏去后，天将曙，达开甫枕石而卧，忽见西南山头炬光，分道突出，其行如飞。比将接，始喊杀如雷。猝将残部截划为二，左冲右突，锋不可当。所属部卒均惊自梦寐起战，半无寸铁。其接兵者，昏黑自相残杀。达开拥悍卫得免。王平明，死伤者约以千计。当是时王都司奉令由安庆坝西渡利济堡，督兵助战。周长年于大渡河北岸用炮轰击，达开腹背受敌，所部仅二千余。仍被拥护奋力夺路，望梁桥而去。复遇王自楹自难棕山麾兵攻下，回首见王应元领追击之兵渐逼，达开当地欲进不得，退则无所，乃集残部疾首蹙额仰天泣曰："粮尽道穷，孤与诸卿均死于此矣！"将自刎。会一将从梁桥驰涉高阜，忽呼王应元各军停攻："吾已奉命俯准石达开降免矣！"应元视之，乃参将杨应刚也。达开闻讯，不得已率其子定忠，及各官佐释兵表降。四月二十五日杨应刚等乃执行达开部属士兵于洗马场，共相劝慰，以安其心。初应刚率兵扼御梁桥，见达开被追惶急，恐自死，以故矫令疾驰止之。二十六日应刚复令应元等戒备，以防诈降。二十七日唐友耕兵自北来，应刚即协释达开父子及部属到大树堡。但友耕疑达开中变，竟传令将达开父子及官佐护送渡河，部属二千余仍留堡地安置。并允以数日休息，给资遣还。五月一日友耕复面达开，亦诳抚之。惟达开见所部阻渡，诈降计绌，阴甚悔恨。越日友耕竟派队送达开诣成都，旋被害。部卒二千余则于五月五日悉杀于大树堡。五月中旬王应元复奉令搜索余党，又获达开次子定基及其母刘氏，声称将访李福猷再图恢复。当时负逃之卒，已潜觅复猷之所在处矣。应元乃一面看护定基母子，一面具以上闻。至同治四年尚未行解。应元恐受匿奸之罪，爰抱走呈，始有解送审办之命，十余年兵戎，乃告结束焉。

三、校正的三点

上文经李君左泉所整理之作，由履和略为删校。左泉现为乡里塾师，今已五十许人，曾以许亮儒原稿以赠言三。言三以许氏既有后嗣，其先人故笔，仍应由其保留。仅取与左泉君此文参照一阅，遂手录此稿期以公之于世。如其中达开之两致王应元假道乞粮等书牍，均为不传文献，最足珍贵。其题壁诗竟被删脱，尤为可惜。

读罢上文，我们对此一代之民族英雄侠义勇敢与其光明正直的耿介气概，能毅然牺牲一己，保全部众，躬蹈虎穴，视死如归，可谓伟丈夫矣！文中事实颇有滋误之处，最重要之点有三。为正之于次：

一、达开蒙难被害时之年岁，据骆文忠公奏稿与薛福成所书之石达开就擒事，均明言据达开自称年三十三岁。此文则为四十三岁。又其父之名史家均作昌荣，此文乃作昌奎。是否均为原作记载错误，抑钞时之笔讹，此处未便擅断。近人罗尔纲先生所著太平天国史纲与翼王石达开略传，于达开卒年所提考证，均以三十三岁有确实信据可凭。此后将使世人致疑于达开卒年问题，又多一疑案矣。按王钟麒著太平天国革命史中第二目“上帝教之创立与传布”内云：“道光十六年（1836）秀全与云山赴广西，居桂平、武宣二县间之鹏化山中，秘密布教。桂平人杨秀清、韦昌辉，武宣人萧朝贵，贵县人石达开、秦日纲附之。”以纪年计之，即以四十三岁而论，其时达开亦年方十五岁，虽天生人杰亦无过尔。若果为三十三岁，则年只五岁，更无是理。以太平天国之革命功业年代推论，达开卒年亦应以四十三岁较为信实。

二、按太平军发难于金田，系于道光三十年六月。达开之党于洪秀全，乃远在道光十六年。至是达开乃倾家赴义，领左军主将。次年（即太平天国元年）克永安，建立太平天国，晋封翼王。又明年乃弃永安（按清军围永安系于十一月合围，至次年二月太平军突围，计四个月），攻桂林，破岳州，克武昌，入九江，下安庆，进南京而定都。本文则为道光二十九年即攻陷永州，迄咸丰三年始改国号曰太平天国，始据传闻，未加考据，应予正误。

三、太平天国内讧之祸，起于杨秀清。诛秀清者为北王韦昌辉，诛昌辉者历来史家均以朝家所为(或云为天王之宿卫等)。今此文以昌辉之诛，系由天王洪秀全之计殛。此为一疑问也。其他舛误处亦复不少。以无关重要史事，无须一一释注矣。

四、达开之最后一封信

此文以外，又附录石达开致骆秉章一书，值得特别重视。其言曰：

> 窃思求荣而事二主，忠臣不为；舍命以全三军，义士必作。缘达生逢季世，身事天朝，忝非谄士，不善媚君。因被谮而出朝，以致东奔西逐；欲建功于当世，不惮旰食宵衣。只以命薄时乖，故尔事拂人谋。矢忠贞以报国，功竟难成；待平定而归林，愿终不遂。转觉驰驱天下，徒然劳及军民；且叹战斗场中，每致伤连鸡犬。带甲经年，人无宁岁；运筹终日，心少闲时。天耶人耶，劳终无益；时乎运乎，穷竟不通。阅历数十年，已觉备尝艰苦；统兵数百万，徒为奔走焦劳。每思遁迹山林，遂我素志；叨光泉石，卸余仔肩。无如骑虎难下，事不如心；岂知逐鹿空劳，天弗从愿。达思天命如此，人将奈何？大丈夫生既不能开疆报国，奚爱一生；死若可以安境全军，何惜一死！达闻阁下仁义普天，信义遍地。爰修此书，物以奉闻。阁下如能依书附奏清主，宏施大度，胞与为怀，格外原情，宥我将士，赦免杀戮，禁止欺凌。按官授职，量才擢用；愿为民者，散之为民；愿为军者，聚之成军。推恩以待，布德而绥。则达愿一人而自刎，全三军以投安。然达舍生果得出吾全军，捐躯犹稍可仰对吾主。虽斧钺边塞交加，死亦无伤；任身首之分裂，义亦无辱。惟是阁下为清大臣，肩蜀巨任，志果推诚纳众，心实以信服人。不蓄诈虞，能依清约，即翼飞缄先覆，并望阁下遥临，以便调停，庶免贻误。否则阁下迟行有待，我军久驻无粮，即是三千之众，犹足掠地争城；况数万之多，岂能束手待毙！统悉此意，不尽欲言。

书中慷慨陈词，凛冽之气，虽死犹生。在达开虽然被绐遭害，而清军杀降不义，是以灭不旋踵矣。

五、越嶲旧志中的文献

达开之被困死难情形，既详见上文。兹检阅旧越嶲厅志中附载一文，为署越嶲知府孙锵所按撰，与前文参照，以资佐阅。文为：

锵常勘宍紫大地，其土人赖进学述石达开被擒事甚详。其言曰：同治二年二月初，粤逆赖裕新过越嶲城外较场坝，已被官兵团练打死矣。伪翼王石达开探知越嶲大路有备，率十万人由冕宁县属大桥经铁宰宰、水扒岩、烂泥坪、铜厂、新场，三月二十七日掩至紫大地场。新街、老街百姓皆逃过松林小河，或过大渡河，往清溪县界居住。彼时两河之水徒高丈余，石逆督造渡船二三十只，随渡随坏，约溺数千人。遣其党绕至蟹罗等处打粮，苦无所得。是时越嶲营参将杨公驰至，扎小水后文笔山，土司岭承恩与同扼守，土千户王应元扎松林地堵小河口。四月初八日贼有曾姓者以二千金向王千户买路。千总陈太平已允，而王千户不允。当是时唐军门遣其部下李文彬扎安庆坝，雅州府蔡公同唐军门扎富林营。胡统领扎化林坪。二十三日阜和协某率二千人由田湾至松林地。是日石逆得信，知大兵已集，遂率妻子而逃。有七贼妇至小水溺于河。石逆前与杨参府约降，自小山过乔白马，适杨参府早下山前往迎之，携手过凉桥至洗马姑，宿马顿子王通把宅中。明日杨参府带石逆由纳耳坝至富林，竟欲径至省城报首功也。而唐军门、蔡知府邀之于路，不得前，遂将石逆交二公而回越嶲云。此赖进学所记石逆被擒之大略也。其年月日皆确凿可据，与本书原纂已多不合，以视骆文忠奏稿与薛星使书事，更有异同，约记其语，以质世之修史君子。

六、总论

统观前文达开之所以不幸致败者，由于伺虚走险，轻敌冒进，走入绝地。其次以休兵三日，整队采粮，因此清军防兵毕至。盖以土千户王应元、岭承恩等据地扼险，多能善战，故尔天堑难图。从来论者皆以山洪暴发，归之天命，受给土司，遂致蹈险。今证以此文，亦非尽是。当达开军到已久，方遇淫雨。薛福成谓达开之众，半渡撤回，自云系唐友耕亲告余弟季怀者云云，更非事实。此与骆文忠奏折中谓先调唐友耕一军驻防大渡北岸，系为当时请奖张本，同一虚构。文中在在藉以邀功，薛之书事特为耳食之言。又如云达开先以重币赂松林地诸土司，已允让路，为四川布政使刘蓉所侦知，乃飞调唐军驻防一节，在达开初时当确有此计。观其文中如云“任百计引诱，总不宜堕其术中”，又据赖进学所云四月八日贼有曾姓者(履和按：当系指曾仕和)以二千金向王千户买路。千总陈太平已允而王千户不允云云。此与王应元复致达开书中“足下诡以黄金千两，良马二匹，假道于予以西出”。证明确有假道之图，而未能逆料，不幸失败，殆智者之千虑一失耳。

许亮儒者，其人身世一切，虽不能详，而据观其文中一再叙及所助王应元以拒达开情形，其在当时文事武备诸方面，要为足智多谋之士。读其叙达开之被困以至最后死难，词意中不但未尝訾议于达开，且多有惋惜崇敬之意。然在当时曾躬亲其役，又握有兵力在手，于势因有形格势禁，不容轻易异图。若苟能稍具民族革命之倾向思想，于扼险戒备中稍让隙地，则达开部众纵不能全部突围，使达开间道出隘，必有可能。其致达开之死者，王应元、岭承恩两土司外，许氏亦有以迫之也。事后而有此文之记述者，揆之其情当不为悯念达开之被困以致遭害而作。或在事过境迁后，回顾其本身所谓一场汗马功劳，结果竟无所膺赏，始悔当时不即转变图功，故发为愤慨。然又忸于主观见地，以致所述有或昧大义与不重考实也。

按：此文录自《新中华》杂志复刊第三卷第九期，1945 年 9 月出版，中华书局发行，作者都履和。据作者云：此文所记石达开涐江被困死难事迹，来自许亮儒所著《擒石野史》。许为土司王应元之记室，亦为团总，是直接和石达开对垒的清方人物。当时格于清令，此稿迄未公开。许死后，此稿由其子保存。辛亥革命后二年，有李左泉其人，从许子处索阅此稿，略事整理，改名为《石达开涐江被困记》。完稿时间为 1914 年，仍未公开发表。1942 年，有李言三其人，酷好搜求历史文献，从李左泉手中借得《石达开涐江被困记》，本拟自行整理，因故不能如愿，乃转托都履和整理。都履和“略予损益与校正”后，改名为《翼王石达开涐江被困死难纪实》，于 1945 年在《新中华》杂志发表。此稿先后共经五人之手。即：许亮儒、许子、李左泉、李言三、都履和，估计每经一人之手，必有损益与校正。稿名亦改易三次。即：《擒石野史》、《石达开涐江被困记》、《翼王石达开涐江被困死难纪实》。其中李左泉与都履和的考证与评论，可以置之不论。值得探讨的问题是：许亮儒所写的《擒石野史》初稿究竟有多大的史料价值？从文中叙事情况看来，作者对于太平天国前期史事似一无所知。如误以洪秀全为东王。对于石达开远征后的事迹，亦多采自《石达开自述》。所可取者，为文中叙述石达开大军到达紫打地后至覆败之前的活动。我们于 1958 年与 1982 年两次去大渡河边古战场访问，觉得文中描述当地地理情况大体正确。说明作者（也无论许亮儒是否为其真实姓名）当时记事确有根据，并非虚构。作者对王应元方面作战情况言之甚详，而且颇加称许，说明他确与王应元关系密切。所记史事虽然偏而不全，仍有一定的史料价值。但其中荒诞不经的部分，如描述石达开部下妖道了空的活动，有如小说家言，自不可信。

《蜀海丛谈》中记石达开入川事

石达开之入川也，先由湖南至贵州，沿牂柯江东下。牂柯江俗名乌江，经贵阳、遵义之间，至四川之涪州（今改涪陵县）城外，与大江合流。光绪辛卯岁，余回黔应乡试，遇老翁陈姓，时年六十余，为余言其家门临牂柯江岸大路。闻石将入黔，人心震恐。黔兵少，不足当之，故风鹤颇亟。未数日，石之告示，已揭于路旁。略谓黔省边瘠，取川后，传檄即定，殊不足劳兵力，谕黔人各安生业，勿自惊扰，渠兵亦不犯秋毫，惟抗拒者则屠戮不赦等语。又数日，石兵至，鱼贯而行，军容殊整肃，络绎一线，凡十一昼夜始过毕，其数殆不可记云。

石至涪州，即围城之西北。其东南两面濒大江，尚为清有。城中屯有楚军十余营，撄城固守，出城辄为败挫。时唐提督友耕（字泽坡）年二十余，饶将也，官川东镇总兵，率十二营驻重庆府。川督骆秉章（字玉门，谥文忠）檄唐往解涪围。涪距重庆三百余里，渝人已惴惴相危。唐甫出城，渝人扶老携幼，挽唐舟勿行，请以郡城为重。开导再四，乃留四营，命裨将留守重庆。已率八营赴援。由涪之东门入，与楚军将领略洽军情，即上西城，以远镜侦敌垒。楚军以唐年少，窃窃少之。唐有骏马，白质里章，花骢也，整鞍立于唐侧。时涪州刺史杨某，体胖而懦，于唐以远镜窥敌之际，在侧絮絮，述敌猖狂状，请唐不可轻视。唐益愤激不可遏，以手推杨曰："君文人乌知兵事？"杨被推，蹶然仆。左右仓后扶掖间，唐以右手牵花骢，左手挟长矛，一跃下城。其部下闻信，相与大呼曰：军门（清时称提镇者）临敌矣！遂开城，纵川兵出。

唐兵出城，与石交绥。石有健将曰刘统领，以矛刺唐项之右偏，戳下肉一块，唐之马夫拾而纳诸怀，唐亦手刃刘死，石兵遂败，奔退三十里。石在马上以远镜窥唐，诧曰：此劲敌也，宜少避其锋，又退二十余里乃止。唐率队回城，人马皆赤。盖杀人与自身伤衂，模糊不分，故人马皆如浴血而出也。涪城内外，家家以红笺书唐公长生禄位数字，供诸门首，以示感戴。石后卒为唐所俘，此为两人交锋之始。石之威名，不可一世，兹竟气为之夺，论者谓或有数定耶。唐之项肉，糁以石灰，唐死后，竟以殉。花骢因屡立战功，赏食千总俸，后唐数年死，瘗唐之墓侧，树碑曰：花千总之墓，人多不知其为马也。

石至涪州，既不得逞，乃退回黔境，沿叙永及叙南六属（庆符、长宁、高县、珙县、筠连、兴文六县前均隶叙州府，称为叙南六属。各县均与滇交界）窜至滇东，又由东而北，改从云南永北厅（今改永北县）渡金沙江，至四川会理州（今改会理县），欲从宁远府北进，以窥四川腹地。惟此路全属夷巢，箐密山深，语言不通，粮秣亦缺。益以山路分歧，非结合土司，不识趋向。骆督明遣唐友耕率兵往御，暗则密饬宁远府属之岭土司承恩，及王土司某诣石诈降。石得之甚喜，兵行之路，悉以岭王二人为向导。

会理、冕宁之间，有地曰紫打地，巨谷也。中为大溪，南北两山皆壁立千仞。东西谷口，仅羊肠一线。谷内绵亘数十里，荒榛蔓草，无地种植。岭王先伐合抱大木，杂以大石，塞绝谷口，导石由西口入。既入，二人以计脱去，复塞西口如东状。石及所部尽陷绝地，迨知中计，已无如何。裹粮既罄，则撷草根树皮而食。又久之，所部饿死者已数万人。唐复以重兵截堵两谷口以胁之。石见途穷始议降，议既成，石亲督妻妾子女十余人赴溪死，始孑身就俘，其处分饶有英雄气。

石就俘时，尚有两王，一姓卯，军中称卯先锋，一佚其名姓。唐以兵偕送三人至省。石于禁中，亲书供状，长廿余纸。就死之日，成都将军为崇实（字朴斋，谥文勤）与骆文忠公同坐督署大堂，为设三拜垫于堂下。三人者皆跏趺坐垫上，其头巾及靴褂皆黄缎为之。惟石之头巾上加绣五色花，两王则否。盖即章之等级也。清制，将军位在总督之右，骆故让崇先问。崇语音低，不辨作何语，只见石昂首怒目视，崇顿气沮语塞。骆始言曰："石某今日就戮，为汝想，亦殊值得。计自起事以来，蹂躏数省，我方封疆大吏，死汝手者三人。今以一死完结，抑何所恨！"石笑曰："是俗所谓成则为王，败则为寇也。今生你杀我，安知来生我不杀汝耶！"遂就绑。石下阶，步略缓，两王仍左右侍立，且曰："仍主帅请前。"石始放步先行。是时先太守甫来川，充成都保甲总局提调，所目睹也。

石之死处，在成都城内上莲花街督标箭道。三人自就绑至刑场，均神气湛然，无一毫畏缩态。且系以凌迟极刑处死，至死亦均默然无声，真奇男子也。其供状旧藏四川按察使署档卷中，四十年前余曾在臬署见之，字如核桃大，其中谓湘乡以书生侥幸成功。所许为智者，仅益阳一人。又其翼王之印，余亦曾在藏此印者之家见之。质为苍碧色之玉，方约二寸，上刻狮作纽。惟翼王之印四字已磨去，尚微有余痕可辨。后有谓石并未死，当时杀者，乃其替身。且云，光绪中有人于渡江时与同船，已作道装，遗一伞，上有翼王字等语。然以就义时凛凛生气证之，恐非顶替者所可能耳。

按:作者周询,湖北麻城人,清末游宦四川,著有《蜀海丛谈》。所记石达开事,大多得自传闻,故失实之处甚多。惟有所记石达开在成都就义时事,是从清朝官方某些有关人员之处听来,尚有一定的参考价值。

张剑波《石达开入川被擒史料》

石达开入黔后，初欲取道叙府、宜宾一带进击成都，为川督骆秉章部所阻，不得渡江，乃绕道宁属前进，先派其宰辅赖裕新绰号赖剥皮率兵万余，于同治元年(1862)十一月十一日由云南巧家渡江，经窪乌、宁南、普格、鱼水而上，至西昌县属之大箐樑子后，远望县城，以为清兵有备，赖本人亦以为县城狭小，不足以容大军，乃转而西走驻营摆摆顶，即今国营螺髻山牧场场部所在地，垒石为营，以待其后续部队。营址有二，至今尚存，并皆完好，当地彝族误呼为跑马场。十二月十二日始前进驻西溪。同治二年正月初九日，又自西溪拔营，经高草坝、太和场、樟木箐沿安宁河北上。时川督骆秉章派军门萧庆高率湘军来大渡河拦截，萧军至大渡河，赖部尚在西昌。萧部经越嶲沿安宁河东岸向西昌进发时，赖裕新又已沿安宁河西岸走越嶲，故萧部仅与赖裕新尾队遭遇，战于樟木箐附近之杨家堡子，赖军胜利，遂全军北走。二月初五日与先头部队齐集中所坝，次日二月初六，向越嶲进发时，又与越嶲同知周歧源守军在城外较场坝以东接触，战事略不利，又次日赖军大队赶至，与周军激战。周复调夷兵夹击，以致赖部丧亡较大，赖裕新本人战死，余众北走，一路均无所阻。二月十三、十四两日，全部抵达大树堡，隔河与富林相对，赖部用布疋连船筏，搭浮桥，遂渡大渡河。

赖裕新余众已渡大渡河，出雅安、天全经川西向陕进发。石达开本人始领兵二万余，又附和参加者万余，仍由巧家渡江(西昌县志称由米粮坝渡江。笔者按：米粮坝即今巧家县城)顺江而上，经今之会东县，于同治二年二十八日(?)抵会理(会东、会理均属今之西昌专区)。达开用兵，善于走险，攻虚避实，故到会理后，仅以精锐一部沿会理至西昌大路，由摩挲营、锦川桥、小高桥北上以佯攻清兵，而达开本人则率主力，西出会理，取道米易，经丙谷渡安宁河，过米易再经草坝场、普威、麻栗坪、茨达河、宽裕场，三月十三日与其东路自摩挲营而上之部队会师德昌。此役，达开本人所经路线虽极险阻，而一路行军了无障碍。当其经米易时，随军记室曾遗落卷宗一束，中有达开本人公文函稿，公文上并盖有“翼王石达开印”，为当地彭姓某所收存，1951 年，闻已缴交德昌县文教科。

三月十四日石达开军至河西，今属盐源县。十五日夜沿安宁河西上至樟木箐。达开本人住禹王宫，所扎营寨，上下纵横二十余里。是时樟木箐乡民皆逃走一空，惟赖尤诚到处逡巡，默察石军情况。达开士卒指为清军间谍，捉之将杀，赖急高呼曰：“我有条献大王，何故尚杀我?”于是士卒引去，使见石达开。既拜见，乃言于石曰：“久慕大王之名，今日幸得晋瞻丰采。大王行军，法度谨严，诚所罕见。然此去由大路进军，清兵必然有备，备则坚而难攻，不如趋小道，由冕宁出大桥至河道，再渡大渡河，出天全以取成都，路虽险然清兵不意，大军必畅行无阻矣。”于是达开纳其言，命释缚并以礼遇之。赖复与达开言道路里程甚详，遂留作随军向导。又有萧鸣琴者，清拔贡，行五，人称萧五老爷，亦自请为达开记室，随军同去。是时清兵军门萧庆高驻西昌之唐、张两部，约数千人，由西昌县城西渡安宁河与战，大败，唐、张两人均阵亡。十九日黎明，石部拔营，仍沿安宁河西岸走，经拖榔沙坝入冕宁，行至拖乌以北之铁崽崽，俗呼铁宰宰，为彝族土司岭承恩截击，达开与战，因地形不利，颇有伤亡。此路在昔极为崎岖，惟今已有公路可通。铁崽崽即在公路右侧。过此，石部即经水扒崖、烂泥坪、铜厂于三月二十七日至紫打地，详见石达开入川行军路线示意图，是即石达开覆师身死之处。石达开已被围，始怒杀赖尤诚等随军向导二百余人，独萧鸣琴逃出，得以身免。

石达开自巧家渡江以来，因出师走险，旷日延期，先后月余始至紫打地，故川督骆秉章得从容部署，以形成对石达开之包围局面。其包围情况为：

（一）调雅字知府蔡步钟统辖阜和营及木坪、松林汉土官兵，以及温江、郫县调来之重庆镇总兵唐友耕部防守大渡河北岸安庆坝至万工汛一带，以阻石达开渡大渡河北上之路，安庆坝隔河与紫打地、安顺场相对峙。

（二）松林土千户王应元督带头目，扼守松林河，以断石达开左翼，使不得经化林坪以夺天全，并以云南提督胡中和率湘军进驻化林坪、瓦斯沟一带为王应元后应，以实兵力。

（三）派阜和协都司谢国泰进驻磨西面、猛虎岗，使石部不能沿大渡河而上以窥打箭炉。打箭炉即今之康定。

（四）四川布政使刘蓉驻富林，并以南字营游击王松林率领汉彝官兵把守筲箕湾、擦罗、洗马姑等地，以断石达开右翼。

（五）越嶲同知周岐源、越嶲参将杨应刚、都司吉庆、把总史国桢、土司岭承恩等进驻铁宰宰、农场一带，农场即今之石棉县，以断达开后路，使不得退越嶲、冕宁进而据守西昌。骆秉章部署既定，总计汉彝官兵十余万人，遂步步进逼此崇山峻岭、悬崖绝壁而只通一线之紫打地。时石部一面搭茅棚驻扎营寨，并四出寻粮以充军食，一面又赶造船筏，欲攻渡大渡河以图北进。三月卅日下午临河出战，抗阻清兵南渡企图。石部矫健善战，使唐友耕部颇感疲弊，唐军虽昼夜炮击石营，而石部仍所伤无几。四月初四日达开以精锐约五千人，拖木船三十余只抢渡，营内各军亦临河助战，声震山岳。不意船渡及半，河水暴涨，以致随渡随没，沉船十余只，漂没数只。余船装载火药，又为唐军炮击烧燃，遂终不得渡。是役石达开部损失精锐四五千人，多系顺流漂没。

当石达开初至紫打地时，原拟即日渡河北进，不意遭逢暴雨，大渡河、松林河及老鸦漩河，河水暴涨，洪峰高数丈，连日不消，致不能渡。而清兵遂以合围。四月初四抢渡未果，四月五日达开又以精锐进攻松林小河，血战至晚，仍不得渡。越日达开欲退出紫打地，而派兵回探时，越嶲参将杨应刚、岭承恩等已进逼马鞍山。山上彝兵伐取大木，堆塞去路，兼以滚石弓矢相夹击，故退又不能退，惟清兵屡攻石营，亦复死伤山积，而终不得进，以致相持达五六日之久，弹尽粮绝。士兵初杀马食，马尽又煮食桑叶，甚至鞍辔皮绳均煮食一空。四月十七日夜，达开怒杀向导二百余人(即赖尤诚等)，乃分兵两路攻大渡河，一路攻松林河，虽水势湍激，溺毙甚多，然达开奋臂一呼，士卒莫不争先赴敌。是役众寡悬殊，死伤又数千人。其后，达开以箭缚书，射入王应元营，诱以重利，令其让路。因都司谢国泰、千总陈太平已进驻松林地与王应元会合，故王应元不允，反而攻益急。再诱岭承恩让路，而岭慑于杨应刚、周歧源之威亦不让，遂致腹背受敌，进既不能，退亦不可。然士卒饮水食树叶草根野菜无怨言。四月二十三日达开又亲率众以船筏二十余只抢渡，漂没数只，然被击沉，仍不得渡。至是达开以为坚守非善策，乃遣散在滇黔及宁远(今西昌专区)新附参加老弱残废者数千人，嘱令夺路求生，各人自去，然后得余众精锐六七千人，亲自率领，转至老鸦漩河，欲血战出围，不意为杨应刚、岭承恩与王应元会合，拼死相拒，突围未果，妻妾五人，幼子二人，均抱持投河自尽；部将残废，不能力战，投河而死以示不降者亦数十人。达开既挥泪诀别其家人、部将后，又从容布阵，以扼清兵，清兵犯之，死者亦数百人。四月廿五日，越嶲同知周歧源知达开尚不可屈，乃设计诱降，自洗马姑派参将杨应刚、南字营游击王松林、土司岭承恩等率数十人，亲到达开营所面谈和议，达开允之。杨、王曾指天誓日以订盟约，其时达开部将李宰辅、曾宰辅欲即席斩杨应刚等数人，达开阻之，约遂成。次日四月廿六日达开携幼子石定忠(年五岁或称三岁)及宰辅曾仕和、中丞黄再忠、恩丞相韦普成等五人与杨应刚、王松林、岭承恩并马出紫打地，经乔白马、凉桥，当晚宿马颈子王通把家，又次日转至海棠，而达开等遂被押。达开请以身降，保其部众生命。于是杨应刚等亦先于洗马姑竖立“投降免死”大旗，以召抚其余众。五月初一，杨应刚即派兵将石等五人押经纳耳坝去富林。

石达开已押去富林，其部众滇黔新附参加者尚余四千余人，为清兵缴械遣散；又有老部将二百余人，精锐士卒二千余人，争欲随达开去，被骗，由岭承恩之弟岭承高带队押去大树堡，扎禹王宫庙内，并告语曰：“尔等欲追随翼王，可在此稍待，俟总督文到，自有安排。”而实则唐友耕接信后，立派都司唐大有自富林过河，会同副将张福胜、都司吉庆等分驻禹王宫周围，采包围形势。五月初三日石达开五人自富林起解经雅安去成都，又次日五月初四日午后，蔡步钟又派清兵数营至大树堡，当夜以火箭为号，各路清兵彝兵，齐向禹王宫进击，喊杀震天，号火明如白昼。达开部众犹誓死不屈，跃登屋顶力战，除夺路冲杀，气尽力竭，投河死者数十人外，余皆战死，无一生者。

石达开等被押于五月初十抵成都，即被分监管押，互相不能见面。总督骆秉章、布政使刘蓉曾数次亲审。后经奏请清廷同意，将石达开、曾仕和、黄再忠、韦普成等四人，磔于成都市。至达开幼子石定忠又后年余始被缢死狱中。据言当达开被刑时，刑为剐刑，先剐黄再忠、曾仕和、韦普成三人。三人不胜痛苦，呻吟有声。达开尚从容告语曰：“丈夫岂不能忍死须臾，向使吾侪得若辈，亦犹是耳。”

达开在供状中，自称年三十三岁。当其广西金田与洪秀全起义时，仅十九岁，先后十九(?)年间，自广西攻湘、鄂、赣、皖，遂据金陵。自金陵分兵出走，又转战浙、闽、湘、粤、桂、黔以至入蜀，迭下名城，抉杀贪官污吏，实有足多者，惜其不重集体，忿一时之怨，使太平天国败于分裂之祸，为可惋也。达开死时为清同治二年即太平天国癸开十三年。

按：此文为四川石棉县政协张剑波老先生未刊稿，1962 年 11 月 4 日写成。内容综合诸家史料与当地传闻口碑。对达开入蜀的事迹的记载，颇有参考价值。

陈耀伦《太平天国翼王石达开被俘后经过荥经的一段事实》

六十多年前一个乍暖还寒天气，我在荥经县立高等学堂读书。上讲经课，教员讲的是《易经·风天小畜》的一课。他翻过去这一卦，翻过来那一卦，弄得我糊里糊涂，头昏脑涨，莫名其妙，简直不晓得他说的什么。我遂借着出恭，溜之大吉，想去找学堂的老司阍杨毚司摆龙门阵。本来学堂是清王朝末叶，闹维新，停科举，把书院拿来改建的。我就是改建后的甲班学生。学堂内面有一座很大的文昌殿，侧面有一座节孝祠，都是杨毚司在看守，钥匙也是由他保管，他每天早晚燃着一大把红香，到文昌殿和节孝祠烧香，从不间断。我那时是一个才开始拥护无神论的学生，老早就想问他一下，为什么学堂与庙子有这样的密切联系？企图他去掉迷信，打断他从不间断的烧香。我就乘这机会去找他谈谈，他说出一段太平天国翼王石达开被俘后由荥经过路的史实，正说明“死亡对于一个革命者是多么无用的威胁”，反而在他们的灵魂里，得到了安慰和希望。古巴的国歌里有一句歌词说得好：“为祖国而死，就是永生。”

杨毚司说：要谈这学堂里的庙子，就得从同治皇帝登极的第二年端阳节前两天说起。那天我从乡下回城，从考棚门口经过，看见考棚里张灯结彩，布置很辉煌。我想既不是考试的季节，又没听学院大人出京，率性去看个究竟，一进中堂，红毡铺地，四壁都挂上了水红布的壁衣，所有的炕床、椅子、靠几都摆上了红呢的炕枕、炕垫、桌围、椅披。连房间内小屋子里的马桶，都罩上了棉花套子。好阔气呀！硬是迎接大官员的样子。我才问那些正在布置忙得满头大汗的人们，知道是布政使司刘蓉刘藩台要到县里来，前两天火牌就来了。正在赶快为他布置行辕，明天就要到。还听说要征用你们的书院来作长毛头子石达开的行台咧！我回到书院，果然山长的房间已经腾空了，住院生的行李也都搬走了，还准备了很多的稻草和草荐，堆来像山一样。

第二天，衙门里的官员也忙起来了，穿上花衣敝褂，准备到接官厅去迎风接驾。市面上显得很清静，只有考棚和书院川流不息。忙来忙去的衙役人员，霎时听见过山号令吹来地皮都震了，原来是刘藩台带的行营粮子，人成对马成双，威风凛凛，杀气腾腾。到城之后，就分散住在附城乡村的民房里，一时满街风雨，遍野张皇。当然啰！“大兵过，篱栅破”。抓拿骗吃，估霸奸淫，是那时的兵家之常。小男妇女，避往深山，鸡鸭犬豚，扫空原野。下午县太爷和地方官员、乡约地保都去接差，刘藩台大人到了。

又一个第二天端阳节，人人在说，个个在讲，都说太平天国的翼王石达开今天要到，刘藩台就是来办理收降太平军的善后事宜。还听说他与石达开是乡亲，骆制台派他来劝降，是有意保全翼王的生命。早饭后，城乡的老百姓都拥挤到城坪去看热闹。不多时果然来了一哨人马。头里是一乘敞着轿顶的杏黄色八抬大轿。轿竿上是用粗重的铁链锁着的。据说敞轿顶、锁轿竿就是犯了王法的皇家要犯的标志。翼王坐在轿内，温文尔雅，正气凛然。身旁一个小孩，眉清目秀，气宇不凡，据说是翼王的小儿子石定忠。轿后几个乘马的人，衣履破烂。还有一群满头赤足，饱经风霜，瘦撑傲骨的剽悍之士。沿途都有拿着刀矛的兵勇押着他们行进。不久鹿背顶坡上天际里又来了一族人，一个挨一个地走下来，数以千计。有额角青，眼眶大的，有脸色白瘦骨高的，也有负伤带病精疲力竭的，也有年老体弱神志衰颓的，形形色色不一而足。尽管都是蓬头赤足，衣服破烂的样子，但眉宇间呈现出一股坚贞不屈的神色却是一样的。他们的队伍拖得很长，过了老半天都没有过完。一路上鸦雀无声，静寂得来听得见他们的心脏在跳动，热血在沸腾。这个静寂使得成千上万的观众都有一种说不出又不能说的激动而悲壮的心情。这种心情，给人以深刻的印象。仿佛这不是在观看皇清胜利的热闹，而是在听取对皇清控诉的怨声。

他们到了县城就住在代匡书院，翼王住山长房间，有的分住东西两斋，大多数就在书院后面的坝子里草坪上横七竖八，躺的坐的。经常还是有拿刀矛的兵勇弹压，而他们安静得来听得见静里的声息。当天晚上，我还听到从山长房里送来抑扬有致的琅琅书声。

次早传呼刘藩台大人到，一群神气十足的兵勇，一色的军装袜子鹞子鞋，朱红镶青边的号褂战裙，腰系战刀，背挂弓笼箭袋，头戴云南斗笠。号衣的前后心，圆形绣的“四川布政使司亲兵”字样的号片。一匹顶马是兰顶花翎的官员，八个戈什都是五品兰翎，分扶在轿竿的前后左右，一乘崭新的鹦哥绿呢大四轿，一直抬过走廊，直到山长房间门口。下轿来一位二品顶戴双眼花翎，身穿朝金大衮枣红色的开岔缺襟行装袍子，腰系忠孝带，两边扇插摆包挂了一连串，足穿薄底皂朝靴，胖敦敦面团团一位藩台刘蓉大人。下轿后，四面张望，得意洋洋，由一位官员引路，走入山长室。见了翼王就是哈哈大笑说："老兄别来无恙。"声音未落，又是哈哈。翼王诺之以鼻，仅仅哼了两声，入座后刘即传达骆秉章宫保的寄意，叨叨不绝。不外是宫保有意营救老兄，以及皇恩浩荡，宫保保奏，同辅圣朝，必可借重老兄以平余逆等话，翻来覆去，刺刺不休。每提到骆宫保有意保奏，皇恩必定宽大等语，翼王总是嗤之以鼻。他好像自个儿说得太多，没有劲头了，遂请翼王谈谈。翼王侃侃而谈，声若洪钟。提到太平天国的政治主张，以及满清祸国殃民的弊政时，历历如串珠，并嘱刘转致骆秉章以天道为重，以人民为重来共同起义。以四川而争衡天下，上之足以王，次之足以霸，定可推翻鞑虏，共定大业，词严义正，语重心长。刘藩台唯唯否否，无可置喙，脸上红一阵白一阵，埋头不敢仰视。后来他勉强插嘴，把话头引到他们家乡地方上的风景，时而又相对无言。不一会，知县衙门送来酒席，并派有戈什、差官、跟役等轮番侍候，酒至三巡，翼王即席赋诗，有"人头作酒杯，饮尽胡虏血"之句。席终，刘揖辞，翼王亦拱手，外面顶马、亲兵、戈什、大轿，如仪而去。

刘藩台去不多时，即听号令越响越近，一队兵勇直入书院，穿堂而过。后面一位兰顶官员，手捧文书，召集院内以及坝子里的人群，宣读四川总督部堂兼管巡抚事骆谕："投降免死，违者不赦。"不字还未落音，赦字还未出口，人群中哄动起来。霎时齐声大吼"还我河山"。这声音立刻打断他的宣读，场面鼎沸起来。我抬头一望，好像"还我河山"四个大字缭绕在天空中，把我也带到那样激烈的氛围中去了。我赶快爬上书院的奎星楼，凭高远望，见那个兰顶官儿，想走，似乎面子过不去，架子也放不下。想留，差使又无法奉行，而且无地自容似的。杨笼司讲到此处，不自觉地用他那伛偻的身躯，绷绷着瘦脸，手比姿势，形容那个官儿的尴尬情况起来。他继续又说：正在这位官儿进退两难、忐忑不安的辰光中，附城乡下的号令响起来了，城外的兵勇陆续进了城。大队伍围到书院，围到他们的身边来了。兰顶官儿也乘势溜走了。我正在替他着急时，突然人群里有人大吼一声"打贼"，同时齐声大吼，音胜巨雷。这声音震撼了山岳，这声音震撼了河川，这声音崩天裂地，咤叱风云。在这声音中，兵勇们乱弩齐发，九矛并进。杰士们以拳打锤，以臂当刃，以足手为兵器，以血肉为弓箭，直扑刀箭林中，和兵勇们搏斗。有的带箭负创，拔出箭杆，带血连箭反刺过去的，有的砍断手杆，连骨带血猛力挥打的，有的抓起骸骨当作兵刃冲上前去的，有的凭着拳头打扑兵勇夺得器械杀上人群中去的。一时血肉横飞、头颅乱掷，都是奋不顾死，以徒手搏刀剑，在兵勇的刀矛林中，横冲进去，直闯出来。兵勇见势不可当，退上城墙。我看见一个后脑勺砍去了一块血流血滴的人，右手抓着一个半截尸体的头发，左手提起一个半截尸身的足颈，大吼一声，腾空而起，冲上城墙，向东边刀矛林中打进去，兵勇退了，又向西边弓箭丛中打进去。乱箭射来，纷纷落地，不能近身，打得兵勇们只顾招架，不能还手。人家说赵子龙杀曹兵七进七出，我看他比赵子龙的本事还大得多咧！直打得兵勇们落花流水，四散崩溃，他才连尸带血倒下地去。荥经是几条街的小城市，当然啰，这样一打，就使得街头巷尾，杀声掀天，原野荒坪，喊声动地。活人砍来倒下，死尸抛来腾上，简直搞都搞不清哪里是活人，哪些是死鬼。我有一百双手，也比不出他们的形象；有一百张嘴，也说不完他们的阵仗。好像真是“怒火高万丈，热血周身腾，杀尽刽子手，捣毁虏朝廷”的气概。直到兵勇们溃不成军，逃散出城，声音才稀少起来。

城外督战的官员带着队伍，打着“后退者斩”的大旗，手捧皇令，督促进城再战，杀声又起，满城呼嚎，夜幕降临，火箭四起。四面八方，大批人马，分头增加进城。直到夜阑，喊声始寝。他们终以寡不敌众，全数牺牲。满街都是血肉，遍地都有骨尸。残月濛濛，疏星隐隐，兵勇们收队回营，杰士们浩气升天，四野又静下来了。天边的红日刚露出一点儿光芒，我即下楼，想在山长房间去看看下落。恰见翼王先出恭之后，从茅厕里出来。博带宽衣，丰采如昨，温文尔雅，正气凛然，步入山长室里。奇巧的是又看见石定忠，拿着一朵石榴花，正坐在房间外面阶级上逗虫虫玩。我又打听得翼王的内侍以及舆夫等人都参加这场砍杀而牺牲了。成千以上的人群当中无一降者，也无一逃者。我看如荆轲夏侯惇之流的人是数不清的。早饭后知县衙门派来舆夫卅二名，抬着杏黄色敞顶锁轿竿的八抬大轿，随着嘟嘟嘀嘀的号令声中，一群兵勇押解着出北门渡荥河，消逝在白云中。翼王就送到省去了。隔一天，我又知道乘马的是他宰辅曾仕和、中丞黄再忠、恩丞相韦普成等。

自此以后，县城中往往鬼嚎，书院后面坝子里，夜静则闻“打贼”的呼声。后来经书院的首事斋长等众议，建修一座文昌殿来锁压亡魂，也可消灾免难。但是夜深人静，仍然隐有所闻。直到光绪二十年甲午之后，这种呼声才消失的。可是每逢狂风暴雨，又似像大队人马衔枚急走的样子，据说是过阴兵。这些年岁经我虔诚不断地烧香换水，才没有听到风吹草动的。

他说到这里为止，我想的确我童年时代听见我们那里吓唬小孩子的口头语，就是“不要哭，在过阴兵”。

嗣后，我把这段掌故拿来质诸我们县里九十多岁的老孝廉汪元藻春圃先生。他说确有其事。就在那年，省里来人，建修一座昭忠祠在北门口，把这次死事的官兵们的姓名刻成牌位供奉在祠里，为数倒还不少。他并说，荥经传诵的一副联语："死不帝秦，化作鬼雄，夜夜声声呼打贼；生难忘汉，凡为人子，年年户户吊英魂。"即是暗指此事云。

越数年，我到成都读书，还听到我的伯父讲：因为他是南院（总督衙门）的稿房师爷。他说石达开临刑前夕，骆秉章置酒相邀，席中骆举杯起立，敬翼王的酒说："以此志别。"翼王领会其意，亦起立从容回敬，一饮而干。深夜骆密派亲信送去鹤顶血。据说，吃了之后，安定心神，免受痛苦。翼王谢而不受。翌晨，引颈就戮，从容赴义。

民国反正以后，我从省外回乡省亲，同着一位米溪山乡下的老先生，乡里人叫他毛闲人，每天聊天。东说南山西说海的，谈到欧洲的风云，也谈到亚洲的雨露。不知谈了什么，触动了我。我又问起翼王被俘后过荥经这件事。他说提起这件事，在我们家里和我们山上都大有关系。我诧异地问他为什么？他说：我的舅父本是庄稼人。但他除了耕地之外，还喜欢练武，十八般武艺就有九般都很在行，而且是上乘。他的性情好抱不平，硬是有路见不平拔刀相助的李逵风度。他就在那个端阳节，连同他们同棚习武的几个人进城去后，就永无音信了。有人悄悄地传说，他们几个连同我们山上煤炭窑里几个拖拖匠都去打抱不平，而同归于尽了。那时几个人和几个拖拖匠的家里只敢说是出门未归，失踪了。后来舅父家里的人打探出城里乡里失踪的有点本事的小伙子还不是少数，只是怕官府知道还要降罪，不敢吭声罢了。今天一百年将过去了，说起这件事实时，好像翼王和那些叫不出名字的好汉们，一个一个的形象都活生生在我的面前一样。哦！我得出一条真理来，那就是死亡对于一个有革命意义的人来说，是多么无用的威胁。还是古巴的国歌里一句歌词说得好："为祖国而死，就是永生！"

1962年写于雅安专区结核病防治院

按：此文为陈耀伦老先生的未刊稿，系根据传说写成。文中所述清四川布政使刘蓉与石达开在荥经相见一事，考查史实，实有其事。公元1863年6月20日（清同治二年五月初五日），刘、石确在荥经见面。这时刘蓉是奉川督骆秉章之命前往大渡河处理石达开部善后之事，石达开则被清总兵唐友耕押解前往成都，双方在荥经相遇。刘蓉的幕僚黄彭年在《黎雅纪行》一稿中说："刘公传讯，枭杰之气，见于词色。其于天下将帅独服曾公，亦但称其忠勤为国而已。"大致说出了刘、石见面的情况。但陈文中所记述的双方谈话内容则是不可轻信的。因为如此机密的谈话，绝不会让闲人听到。清方大规模地杀降一事发生在大树堡而非荥经，唐友耕押解石达开等五人去成都时，并无太平军战士同行，这都是已经查清的史实。陈文中所描绘的太平军战士奋起反抗兵勇的情况，也是不可信的。我们认为：杨兔司其人既然是向青年学生摆龙门阵（四川方言：摆龙门阵即聊天），则他在叙述过程中添油加醋是可能的；把自己以前所亲眼见到的（如刘蓉到达荥经的情况）、所听到的（如清兵杀降的情况）与所大胆设想的（如刘、石对话）糅合在一处来叙述也是可能的。这样，陈文中虽有一些与史实不符的情节，就全文而言，仍有一定的史实价值。

许平叔《兰苕馆外史·纪粤寇》一则

石达开者，以财雄一方，素慕游侠，好结纳而不能择人，惟日与健儿驰马较射击梃舞槊为乐。先是其乡有峻岭，为剧盗所据，劫取过往财物，无幸脱者。有闽客挟重赀经此，闻而心悸，久耳石名，因投刺踵谒，备陈衷曲，乞庇护。石怜而许之，款留少住，将择健儿卫送过岭。盗闻怒甚，率其党百人，径至石家，欲图攘夺。石闻盗至，令开门召入，告之曰："壮士之所欲者货财也，第念闽客挟重赀，离乡井，以谋得什一，意良苦。今壮士不谅其衷，捋尽攘为己有，彼则本之不存，利捋焉望。仆滋不忍，敢为缓颊。"因准闽客赀，约计五千金，乃解囊如数列于几。谓曰："聊备不腆，敬献壮士，代客请命。倘壮士矜而宥之，即不啻身受其赐。"群盗相顾叹曰："人言石公重义轻财，信然。吾侪重违公命，但令闽客就道，毋恐。然公所惠丰腆，受之有愧，敢辞。"石大悦，治席为闽客祖饯，兼酌群盗，酒酣彼此倾吐肝胆。席散，闽客拜谢，群盗兴辞，石仍出前金投赠，推让再三，始受其半。群盗既归，感石，谋有以报之。值石初度，因备珍异锦绣为石寿。石大合乐，燕客三日，盗亦在座。有与石挟嫌者，密报邑令，令正患盗，闻言，亟督兵役驰往，围其宅，并石与盗尽擒之，禁狱中。石与杨秀清故为莫逆交，尝贷杨金而不责偿，杨既为伪东王，欲报石德，会石下狱，遂劫出之，称为伪翼王云。

按：此文录自余鸿观《蜀燹述略》卷二。凌善清《太平天国野史》中也有类似的记载。内容失实，有类小说家言。例如"杨既为伪东王，欲报石德，会石狱，遂劫出之，称为伪翼王"，完全是违背史事的无稽之谈。但有些传闻，则事出有因。石达开一向有仗义疏财之名，所以才产生代客献金的传说。而传说则有过于夸大之处。

绩溪曹氏支祠有关石达开的题字

罗尔纲先生在《太平天国史迹调查集》中的《绩溪曹氏支祠太平天国壁画考证》一文里介绍了曹氏支祠中太平天国壁画与题字的情况:“1951 年 2 月,前皖南人民文物馆徽州区采集组在绩溪发现太平天国壁画、前华东文化部文物处得到该馆报告,即派工作人员前往调查摄影。壁画的地点在绩溪县翚岭北第二区旺川行政村河南自然村曹氏支祠壁上。壁上全部内容,包括太平天国攻城壁画、太平天国进军壁画、神怪小说故事壁画以及俚歌、题字等共七壁。”其中乙壁全是题字,内容与石达开有关,其字句如下:

堲璒

真天命太平天国为神圣电通军主将翼王石

　　四大天壹

伍　厔树花开礼同兵,

子　桃树花不开日棦人,

灯　石流开花自好人,

九　芝子开花心立王,

　　何花开末有元亲。

按:据罗尔纲先生考证,这些壁画把天地会队伍作为攻城的主力军,却把太平天国嫡系军队放在次要的地位,说明绘画者是参加了太平军的广东天地会队伍。也就是所谓“花旗”队伍。他们于 1855 年底至 1856 年初在江西接受了石达开的收编参加太平军,但仍保留了自己的基层组织与各色旗帜,不同于嫡系太平军的一色黄旗,故被称为花旗。他们后随石达开远征,但到广西之后脱离了石达开,折回江西。在路上遇到李秀成的队伍,又接受李秀成的指挥。即《六十七将领缕陈军情请准暂居原职共图报效本章》中所说的“扶朝天军”中的一部分。他们几次进军绩溪，因而就在绩溪曹氏支祠中留下了这些壁画和题字。

这些天地会队伍的战士一般文化不高，常用方言和俚语，更有使用隐语的习惯。因此，题字的含义就不很明确，不易理解。尽管如此，我们还是可以从字面上探讨出其中的大意。

首先，他们写了石达开的全衔，这就表示，他们对石达开是肯定的，拥戴的。至于把“圣神电”误写为“神圣电”，那是笔误。因为“神圣”是个词，为大家所常用；“圣神”不是词，只有太平天国宗教性加衔才有此特殊的用法。产生笔误，不足为奇。

石达开的全衔中多了一个“为”字，而且这个“为”字写得极为工整，绝非误写。其用意何在呢？我们认为：这个“为”字是判断词，近于“是”字。就是说：石达开是真正的太平天国的通军主将，而不是冒牌的。如果这时他们已经知道洪秀全改变国号的消息（把真天命太平天国先改为上帝天国，以后再改为天父天兄天王太平天国），那么，这个“为”字就有更加深刻的含义。

其次，我们虽不能完全理解这首俚歌的含义，但从“石流开花自好人”一句也可以看出，他们是肯定石达开、倾向石达开的。“石流”之“流”是别字，应作“石榴”。“石流开花”是隐语，大概指的是石达开，说石达开是好人。至于“心立王”，则有衷心拥戴之意。从整首俚歌看来，他们是敬佩石达开、拥护石达开、怀念石达开的。而且，这不是少数人的想法，而是整个队伍或是一大批人的想法。否则，就不会用整幅墙壁来写这些题字与俚歌。

《六十七将领缕陈军情请准暂居原职共图报效本章》中把石达开说得一无是处，好像这些人所率领的队伍对石达开都很反感。上述曹氏支祠的题字就以事实否定了这种说法。这些题字说明，在“扶朝天军”中间，还有不少人是拥护石达开与怀念石达开的。那么，他们为什么又要脱离石达开呢？从《本章》的内容就可以看出，那些将领为了争权夺利而不断地互相倾轧，甚至产生过火并与强夺别人队伍的事。这些拥护石达开与怀念石达开的队伍，很可能是被欺骗或被挟持而离开石达开的。

太平军经过四川彝族地区资料

一、太平军经过彝区概况

清同治元年(1862)冬,太平天国翼王石达开率军分三路向四川进军。派部将李福猷率三万人由贵州边界绕入四川境,以分散清军兵力;别一路以部将赖裕新率军万余人由西昌(宁远)一带深入,引清军跟追;而石达开本人则亲率大军,乘敌不备疾驰前进。

同治元年十一月十一日,赖裕新率部由会理渡金沙江,会理的清廷官吏见石军声势浩大,都急忙逃避至县城,乃由洼乌、鱼水,经披砂(宁南)、普格上行至西昌大箐。当时,见湖水汪洋,山城狭隘,进军不利,乃转至摆摆顶。这一带山势舒缓,易于进取。赖军在此停留数日,整理队伍,于十二月十二日行至西溪,杀了许多地主土豪。沿途行军顺利,至县城附近的高草坝河西街驻扎,亦不欲取城。同治二年(1863)正月初九日,赖军继续沿安宁河西岸北行。此时,清廷四川总督骆秉章令军门肖庆高派兵至大渡河阻截。当时赖军尚未行抵大渡河,清军乃南下至西昌,沿途掳掠人民财物,居民都把他们当作盗匪来对待。清军赶到西昌时,赖军的大队已直上冕宁,清军乃尾随至越嶲,沿途少有接触。

当赖裕新军攻占会理的洼乌司并向北进军时,清廷越嶲同知曾派了一小部军队准备到冕宁的九盘营石梯子一带阻击,后又撤回到县境内的长老坪。同治二年二月初五日,赖裕新军攻下越嶲的小哨汛及炒米关,向中所坝进军,但遭到了清军的大炮轰击。赖军混乱,前后不能相接,向北败走。清廷守军又纠集了许多地主武装并与阿撒堡、大水沟、蚂蝗汛的黑彝奴隶主勾结,组成了几百人的反动武装向赖军进攻,或者在高地发矢后,有的拦其辎重,有的截断后队。这一带又多水田,赖军的骑兵不便驰骋,损失颇大,当时赖军大队已前行至王家屯,前面即是路险而偪的白沙沟。清廷越嶲同知周歧源调集了邛部土司岭承恩和扎土茅草坝黑彝奴隶主军数百人，绕西山潜出腊关顶，安置滚木礌石，并潜伏在附近。七、八两日，赖军的后队从中所坝相继来此，准备穿过白水沟。当前队行至白沙沟时，土司与黑彝的武装即放下滚木礌石，赖军被打死许多。有说赖裕新也在此牺牲。

沿途人民因痛恨清廷贪官污吏、地主恶霸的压迫剥削，当赖军经过时都表示拥护和支持。赖军开拔时，随军北上的人民即有千余人。此次赖军失败，许多群众遭受清王朝的杀害。

二月十三、四日，赖军尚有一部分行至大渡河边的大树堡，并将地主的财富分散救济贫苦群众，同时又准备用布匹连船搭浮桥渡大渡河，但却遭到当地的地主武装的袭击。当地地主张湧组织武装来袭击，正当赖军渡河时，即遣人溺水砍断浮桥，并由山后及大渡河上游分几路夹击赖军。赖军不备，阵容混乱，终于失败了。过河的百余太平军亦为地主武装——民团所杀。赖军大部壮烈牺牲，只有一部分到了陕西。跟随赖军北上的当地居民也有千余人陷入了悲惨的境地。

四月，翼王石达开亲率主力十余万自云南渡金沙江进入四川，准备渡大渡河以入四川腹地。石军由越嶲、冕宁分两路而来，从安庆坝至万工汛沿岸二百余里有渡口十三处。如西绕彝族土司辖境，可北越松林小河，从上游的泸定桥直渡，挺进天全、雅州而入四川腹地。达开来此，以贵重礼物赠松林地带彝族土司，他们都愿让路。当时四川总督骆秉章及布政使刘蓉侦知此事，就急调重庆镇总兵唐友耕一军专防安庆坝至万工汛一带，并派雅州知府蔡步钟率部助之。又檄各军陆续驰扼化林坪、瓦斯沟作声援，檄松林地土千户王应元率所部土兵驻守松林小河，檄邛土司岭承恩截断越嶲大路，以迫使石军入土司险地，伺机抄石军后路，并重赏岭承恩、王应元等，又许以所得石军财物，全归其所有。布置已定，达开率军四万余人绕越嶲、冕宁前进。料大路已有清军把守，乃直入土司王应元所辖的紫打地（即今石棉安顺场）。紫打地地势险恶，两旁山壁林立，隘口险仄，易进难退，前阻大渡河，左阻松林河，右阻老鸦漩河。达开以为彝族土司受其礼物，可以让道，乃直抵紫打地。但土司王应元与岭承恩等军已和清廷勾结，王应元将松林桥拆毁，并令乡村各寨坚壁清野，不与石军接触。达开抵河不得渡，此时北岸尚无清军，遂令造船筏速渡，已渡过万余人。恐清军夜来，又令北渡之万余人南归，待次日齐渡。但次日突降大雨，河水陡涨，达开乃令等候水消。二日后，清军抵北岸，炮击太平军。斯时，达开四面受击，彝族土司岭承恩、王应元等率民团协同清军扼守西路各险道。达开拟强行北渡，谁知筏上火药中弹爆炸，抢渡者无一生还。清军日间四面围击，入夜劫营，土司团兵又以飞石毁太平军寨。达开遂猛攻松林小河，准备北上天全，但前有王应元死拒，伤亡数千；后有岭承恩偷袭，截断粮道。

达开缚箭投书王应元：

真天命太平天国圣神电通军主将翼王石为训谕松林地总领王千户贤台知悉：

缘予恭奉天命，亲统雄师，辅佐圣主，恢复大夏，路经由兹，非取斯土。贤台不知师来之意，竟尔抗拒，姑无足怪。幸尔两边军未损伤，情有可原。统望贤台罢兵让路，敦义讲和，免致战斗互杀，俾我师之早行，亦尔民之早定也。如允让路道罢兵，不独我师所来尔境，不犯秋毫，而且许赠良马二匹，白金千两，与贤台为让军之资。他年天国一统之后，定有加封贤台也。倘贤台竟称兵抗拒，予则加选三千虎贲，不得已誓渡小河，将尔一方痛剿，鸡犬不留，房屋烧尽，那时悔之晚矣。本主将上体天心，下恤民命，与其相杀，莫如相好，为此谕到之时，限午刻即回文，以决攻取，不得迟延，致误机宜，特此训谕。

太平天国癸开十三年四月二十三日谕

但王应元已为清廷走狗，坚决不允。达开又赠银给岭承恩，劝其勿攻，而岭攻之益急。

达开知难挽回，乃率全军奋力死战，分攻大渡河、松林小河，每筏数十人，以盾护身抢渡。清军于对岸以枪炮拦击，加之水流湍急，伤亡甚众而不得渡。达开军粮绝，食马。马尽食桑叶、野果。于是清军乘势进攻，王应元部过松林河，岭承恩部下马鞍山，两路夹攻紫打地。石军营寨被毁，死者数十人，坠岩落水者万余人。达开率余众七八千人至老鸦漩，为彝兵所阻，辎重尽失，进退无路。达开妻女及部众多投河而死。达开欲救部众，清军也假意要石军投降，竖“投诚免死”旗于洗马姑，且遣参将杨应刚往石营劝降。达开致书清军总领唐友耕曰：

窃思求荣以事二主，忠臣不为，舍命以安三军，义士必作。……大丈夫生不能开疆报国，奚爱一生？死若可安将全军，可惜一死？……阁下如能依书赴奏清主，宏施大度，胞与为怀，格外原情，宥我将士，请免诛戮，禁无欺凌，按官授职，量材擢用，愿为民者散为民，愿为军者聚为军，推恩以待，体德而绥，则达一人可以自刎，三军饬以全安。然达舍生果能出全吾军，捐躯稍可仰对我主，虽斧钺之交加，死不为辱，任身首之分裂，义亦无伤。惟是阁下为清大臣，当得巨任，志果推诚纳众，心实以信服人，不设诈虞，能依清约，切冀飞转先复，并望台驾近临，以便调停，庶免耽阻。否则阁下迟行有待，吾军久驻无粮，昔三千之师，犹足攻城略地，况数万之众，岂能束手望天乎。特此寄书，佇候望鉴。

太平天国癸开十三年五月初九日书

石达开率子投降后押往成都就义，部下多被杀害。

石达开失败殉难后，在这一带人民群众中流传着这样一个故事：某年，在湍急的大渡河上，有一个白发老人渡河，神采奕奕，目光炯炯，上船后未发一言，抵岸后亦忘付船费，疾行而去。船夫呼之，顷刻不见，得老人遗船中雨伞一把，甚重，力不能举，审视之，其柄为铁铸，上镌“翼王府”三字。回村，众人围观，始悟乘船者为翼王石达开，而在成都牺牲者并非本人。这个传说说明了人民群众对太平军及石达开的怀念。

石军失败后，一部分将士被清军打散，从清军的屠刀下死里逃生，奔向越嶲、石棉、甘洛一带的彝族地区。在饥寒之中，彝族人民很同情他们，给予食宿。

彝族奴隶主、土司与清军一起攻掠太平军，得到清廷的“褒扬”与“封赠”。岭承恩被加封为土游击，受煖带土游击印信，赏给恒勇巴图鲁名号，并世袭其职；王应元被封为土都司，受松林地土都司印信，加副将衔，世袭其职。他们拘留了逃亡的太平军，使之沦为奴隶，这些奴隶也被称为“长毛”。新中国成立后，民主改革以前，他们的后裔还分布在上述县内，约千余户，数千人，一般已传三代。（概况一节是根据调查资料和有关文献综合而成的。）

二、太平军经过会东、会理、西昌等地的情况

同治元年冬月，太平军由云南分两路渡金沙江进入四川。一路由石达开的前锋赖裕新率领，由川南经贵州西部到达云南的东川金沙江边，从今会东县鲹河等地渡江，然后北经披砂（宁南）松林坪等地进入西昌。一路由石达开亲自率领（主力）由云南的永北一带渡金沙江沿安宁河谷北上，经攀莲、撒莲抵米易、挂榜驻扎过年，同治二年元月初四日再由挂榜出发，仍沿安宁河谷行进，经永定营、绵川等地进入德昌、西昌。

当赖裕新所部渡金沙江时，会理知州徐传善曾率清军前往阻击，连遭挫败，急忙退入城中。从此以后，太平军经过德昌、西昌、越嶲和冕宁等县时，清军都闻风逃散，或藏匿深山，或死守城内，不敢抵抗。

太平军到达会东一带以前，当地人民曾暗中派人前往迎接，并充当向导。黄柏、漕

源一带有彝族数十人到宁南境内为太平军引路和搬运物资，太平军给以重额酬金。他们把太平军一直护送到普格县才回家。

太平军在会东宣传说：他们是要打到北京去和清王朝争天下的。太平军的纪律很好，不侵扰百姓，也不惊吓百姓，吃一文钱的东西就要给一文。人民群众逐渐明白了真相，不再相信清政府和地主所造的谣言了。

太平军到德昌、西昌以前，清朝官吏和地主豪绅一面准备仓皇逃命，一面大肆造谣，他们说：太平军所到之处，烧杀抢掠，无所不为，连他们的战马都是以人的肚腹为槽，以人血为饮料的。（据调查，当时的反动派在太平军所经过的地方都散布过与此相似的谣言。）

在米易、德昌一带，太平军通过了由彝族土目管辖的地区。太平军曾向各家土目发送文告，说明太平军反清的目的，送达各土目。太平军只是路过此地，要求互不相扰。新中国成立前几年，德昌编修县志时，昌州土司禄氏曾出示太平军致他家的一份文告，大意是："清满异族，荼毒中华，以故天主拔举义师，大张挞伐。天兵纪律之师，望所到之处，约束所属百姓，切勿听信谣言，滋生事端。"同时太平军也以行动驳斥了清朝官吏和地主豪绅的谣言。所以在太平军路过时，有的土目便没有出来干扰。太平军走过之后，一些土目也没有听清朝官吏的命令率部追击。

在太平军到达之前，有一伙流氓歹徒伪称太平军，到处烧杀抢掠。有的老百姓不明真相，闻太平军到即阖家外逃。这帮"太平军"在德昌麻义沟曾抢了一家姓张的，为太平军逐走。太平军并用刀在张家门槛上砍了两刀，借以警告这匪徒，再有冒太平军之名，侵扰百姓者，有如此槛。

太平军到达德昌时，有杨石匠等人前往迎接，太平军加以抚慰并赐以酒食。

太平军在德昌向群众宣传说："一个人不能欺侮另一个人，一个人不能压榨另一个人。大家都应该有地种，大家都应该有衣穿。"他们对待群众很好，安宁河一带的汉族便来德昌"投长毛"参加了太平军。据说有个姓徐的老头都参加了太平军。他们还招募了许多工匠来打造梭镖、双刀、弓箭等武器。太平军对待工匠很好。德昌群众说："太平军是帮助穷人的。"有人说："当时天兵过境，真是秋毫无犯。"

太平军离德昌后即分兵两路进入西昌县境。一路由黄达关经大箐，一路由河西直趋樟木箐，主力部队都是沿宁宁河西岸北上，先头部队全是骑兵，昼夜兼程。有的一个人就牵了两匹马，一匹骑死了，立即跨上另一匹。

当时，西昌县的清军和民团都躲在西昌城内，紧闭城门不敢出战，并准备了大量灰包、矢石守城。

太平军经过安宁河沿岸时，有不少群众参加了太平军或为他们运送辎重，特别是河西一带去的人很多。直到太平军失败以后，有的人才回家，这些人往往被称为“长毛”。太平军的战士也有因伤或迷途掉队后流落在这一带的。樟木箐有一个姓何的，便是那时在那里安了家的太平军战士。

太平军大部队过去以后，又有一帮流氓无赖，伪称太平军跟在后面骚扰百姓。

一个多月以后，太平军主力行经冕宁、石棉一带，遭到清军围追堵击和土司岭承恩的袭击，损失很大。在紫打地又遇到清军的猖狂进攻，进抵大渡河时，逢河水陡涨，制舟筏数次皆不能渡，河的北岸有四川总督骆秉章所派大兵及土司王应元阻拦，河南岸又有清军和土司围击，太平军被围月余，弹尽粮绝，马皆食尽，牺牲者颇多，伤者不得治，石达开乃以促使部众生命安全为条件，自投清营。清军初假意允诺，但石达开到达后立即将其枷往成都处死。又将已交出武器疲弱不堪的太平军战士数千人尽行杀戮。

据说有一部分太平军循大渡河而上，到达了草地，人民很爱戴石达开，都说他不是被杀死，而是到草地去了。

太平军战士败散后，有些人就沿途留下，在当地成家立业，越嶲、西昌、德昌都有他们的孩子。有的流落到彝区，或投靠了彝族劳动人民，或被奴隶主强迫为奴隶。由于奴隶数量的增多，加以太平军战士的反抗，所以有些奴隶主愿贱价出卖也不留在家中，甚至用一锭银子可以买三四个“长毛”，一块粑都可以换回一个来。直到现在，甘洛县田坝一带都还有不少“长毛”的后代。

三、太平军经过越嶲大端、中所等地的情况

清同治元年，太平军由云南渡江，经会理北上，于同治二年春到达泸沽后，即分兵两路。大队循冕宁大道向大渡河方向进攻，由石达开亲自率领，在铁宰宰被清军和土司兵击败。少部分进入越嶲县境。在到达越嶲县以前，经过的地方有冕宁、登向营、九盘营、小相岭、凌水湾、长老坪、长坪子、小哨、白泥湾、炒米关、五里盘、阴家营、大端、中所、小孤山等。

太平军的前锋都是骑兵，后面的步行和骑马的都有。他们为了抗击尾随而来的清军，曾在白泥湾后的山顶上构筑工事，但未发生战斗。

太平军带着不少辎重物资，行军时抬着挑着，上山下坡非常不便，白泥湾一带的彝

族人民便主动帮助他们运输。太平军战士抬着东西，彝族人民便用粗大的绳子系住杠子，一步一步地往上拉。下山时又系住杠子的另一端，一点一点往下放，终于使太平军顺利地翻过山坡。当时帮助太平军拉绳子运东西的彝族人民是很多的，他们见到太平军一批批路过时，就在山上叫："长毛来了，快来拉索！"太平军也送给他们一些酒钱或酒，向他们表示感谢。

但是，汉族地主阶级对太平军完全是另一种态度，太平军也曾给他们以惩处。

当时田湾有一家姓郑的官僚地主攻击过太平军。这家的一名"武秀才"郑早卿在黑夜杀死了两名露宿在他家院墙外的太平军战士，太平军就烧了他家的碉楼，把他全家人逐到山里去。另外，太平军在这一带既没有烧过房子，也没有杀过人。

太平军失败后，不少战士流落到大端一带，有一名姓邓的太平军战士帮这里的曲莫阿牛家做活，阿牛便把外甥女嫁给了他。大花地区的倮西家有一户娃子也招赘了一名太平军战士，这一带的郭宏田家等都如此，太平军战士在这里安家立业，和这里的彝汉人民共同生活，共同劳动。现在这些地方还有他们的后代。

太平军由大端到达中所以前，谣言已经传到中所一带。清朝官吏说：太平军见人就杀，见东西就抢，见房子就烧。

太平军快要进驻中所时，有钱人急忙跑到城里躲避，有些穷人不明真相，听了谣言，也跑到附近山上林中藏起来，但是有些人没有走开，仍然住在家里。

当时清军有一名通判，率军一营，约四百至五百人，扎在中所。他听说太平军快到了，便急忙率军退避入城，根本不敢打照面。

太平军到达中所时，没有跑开的人就出来迎接，他们都是无田无地的农民。太平军就在他们每家门上插上一支小旗，表示这些人是好人。有一部分太平军在太平坎住了一夜。当时，那里的老百姓有的跑了，有的躲在附近观看动静。有一家房子里关着几十头牲口，虽然主人不在，太平军也没有宰杀或牵走。据说太平军见到圈里有怀孕母猪，就在猪圈上贴一张条子，说明圈里是母猪，不要杀掉它以免一刀伤数命。

邓家坝有一家地主，新修了一幢房屋。路过的太平军在这里住了一夜，这家地主在夜间派人暗杀了一位出来挑水的太平军战士，太平军临走时把这幢房子烧了。中所坝别的房子都没有被烧，也没有遭到任何破坏。

原先躲在附近观望的老百姓，看到太平军并没有杀人放火，乱抢东西，也就渐渐地回家来了。

太平军离开中所坝时，不少彝、汉群众都跟他们去了。有的是参加了太平军，仅王嘉廷听人说过而且还记得起来的就是英连、郑显廷、刘崇清等人，更多的是为太平军挑担、赶马，运输东西。

太平军给中所地区的彝、汉人民留下了很好的印象。

太平军进抵越嶲城下时，城内的清朝官吏和豪绅地主害怕遭到惩罚，死命防守。城墙上每个垛堞都站了一个人。太平军路过几天，清军一直把城门紧闭。由于城里的人太多，粮食吃完了，水也喝完了，只好以荞叶为粮。太平军也没有攻城，绕城经东山脚下继续前进。东山下有一片水田，清军把水沟下游堵塞，使田里的水深达数尺。太平军在黑夜急行军时，有的马匹收脚不住，陷入田中。当时太平军行军是一小批一小批的，前队的已远去，后队的未赶上，清军就乘机而出，对这些陷入泥潭的太平军进行攻击。太平军被溺、被杀的五六十人。清政府以银悬赏缴拿太平军人头，有些清军就把老百姓杀了，提头去领赏。

太平军走到大渡河边时就失败了。当翼王石达开被俘以后，清政府就来招降太平军战士。讲明只要交出武器，保证不杀人，并且每人发给四两肉。但太平军仍进行抵抗，牺牲的很多。

太平军过后不久，山上的彝族便下来了，一方面是彝族人民向清军、向民团进攻。另一方面是彝族奴隶主乘机抢掠，他们把比里湾（白泥湾）到小孤山一带的房屋大都焚烧了。以后，清政府就说这些房子是太平军烧的。那时候，清军见了头发较长的老百姓就说是“二毛子”，便抓去杀掉。有的老百姓被迫去追赶太平军，自愿当“长毛”去了。

有些太平军战士就在这一带留下来了。中所有周、潘等四家，瓦岩有一个姓刘的，后来人们叫他“刘长毛”。挖补塘有一个姓沈的，原是太平军的军医，他的技术很高明，看病又非常认真，而且不贪财，不敲诈病人，彝、汉人民都十分敬爱他。

太平军失败之后，这一带的彝汉人民对他们十分怀念。有的说翼王石达开没有被杀，在成都被清政府处死的是另外的人。有的说石达开跑到草地去了，或是到峨眉山去了，据说后来还有人见过他。

四、太平军经过越嶲彝区的影响

翼王石达开的军队经过我们这里已九十多年了，那年是猪年，我们的人都知道猪年“长毛”反，猪年过“长毛”。

“长毛”快要来以前，我们那些地方就听说“长毛”要来了，“长毛”见人就抢、就杀，捉住人后把肚子剖开，挖出心肝五脏，装上粳子喂马，马吃惯了，所以“长毛”的马见人就吃。听到这些话后，大家都害怕。

“长毛”来得很快，来了才知道，他们从相岭顶，经小山、白泥湾、滥田坝、五里箐到中所坝这一带，没有听到老一辈说过他们在那里烧过房子，杀过人，他们日夜不停地赶路，马太累了，鼻孔出不赢气，就把马的鼻子割开。因为“长毛”来得很快，有的人躲藏了，来不及躲藏的人与“长毛”会了面，他们在山下大路过，我们彝人在山顶偷偷看，他们看见山顶上的彝人，就打招呼说：“你们下山来，我们宰牛、宰羊给你们吃！”“长毛”打的是白字黑旗。

“长毛”都过了很多以后，岭土司（承恩）就来命令叫各支土人去打“长毛”。果基阿石子家与岭土司是亲戚，翼王就是阿石子家娃子捉住的，以后由土司交到成都去，岭家得了赏，共有七个半印。

“长毛”过了以后，我们彝族人就惹祸了。老一辈的人常说：“翼王是惹祸的兜兜。”因为翼王在我们彝人地方过时，打听到各支彝人住哪些地方，哪些人是各支的头人之后，他就给各支头人写信。写信时没有和各支头人见面，有的是通过彝人各家支互相传送，有的是通过到彝区做生意的汉商送信。阿候、八且和果基等十三家都得到他的信，给果基十三家的信统一给一封。听老一辈说信上的大意是：“我们已经把清朝皇帝的地盘占了大半了，我们走这里过就是去夺皇帝位的。各支头人要好好率领自己的人起来和清朝官兵干。等我们把做坏事的人都杀掉，夺了皇帝位后，各支头人都可以当官，都有一份粮饷吃。”

那时各支头人亲眼看到千千万万的“长毛”打出来了，清朝官兵一听到“长毛”来了就跑，各个哨卡很空虚，大家就动手干起来。因此，“长毛”过了以后，就把小山扎断，营房烧毁，清军粮草一运到就抢。后来听说翼王在河道（即石棉）失败，但我们彝人已经惹祸了，就继续干下去，越干越大，干的人越来越多。到了“长毛”过了以后的第六年（龙年），清朝就派周达武率领清军来打我们凉山。

老一辈说，当我们彝人扎断小山，抢粮草，断绝交通以后，土司就派人给成都清官带信说：“如不派大军来打彝人，我管不下了！”周达武带领清兵一直打到牛井坎才收兵。这次我们彝人被打败以后，才开始作质挨班制度。

在我们越嶲，周达武从大阿一直到谢家墩，沿东山一带都修筑碉堡，每个碉堡都驻扎一个总爷带兵把守，主要是防普雄彝人出来抢劫。听说我们彝人和周达武打仗时，火药枪很少，大都是把硬木头削尖，在火塘里烧一下作武器。从滥田坝经蛮子沟、田箕沟一带，杀死了许多人，那一条河的水都是臭的。后来我们土人被打败了才投降。

在打仗中有一个穿红裙的妇女在山上奔跑观望，并没有参加战斗，但周达武说这个女人很厉害，一定要交出来杀掉。八且家被打败投降了，但周达武一定要把八且家的头人八且格硕杀了才甘心。八且家的人为了保全这个头人的性命，他们说投降可以，但头人一定不能杀掉。但周达武说，如果头人没有杀着，就将八且家整家支杀绝，斩草除根。后来八且格硕为了顾全家支，就自动出来让周达武杀，但他提出一个条件，即要他与周达武再打三次仗以后同意就刑，周达武接受了这个条件。他在射箭时，果然三箭射中三个清兵后，才被周达武所杀。

各支彝人投降后，周达武上报成都，说各支彝头人都杀了。其实只杀了一些没钱的头人，有钱的都出钱买命。听说周达武杀这些头人时，成都还派了官来监斩，但周达武先通知了各支头人，叫他们用娃子当"替死鬼"。这些头人把好衣裳给老实的娃子穿上，宰牛宰羊给娃子吃后，然后同这个娃子说："周达武要给你官做，送你好东西，但他要问你是不是某某人（即头人的名字）时，你就要答应是！"这样，名义上说是杀了各支头人，其实杀的是娃子。周达武得了不少银子，多的是二三千锭，少的也要出几百锭。听说这件事是周达武通过他的师爷两父子干的。后来周达武害怕他的师爷把这件秘密泄露出去，就把这两父子杀死在中所坝附近的五里排。

五、太平军经过越嶲城郊的情况

太平军到达这里前十年左右，"长毛"造反，要夺清朝江山的消息就传到了越嶲。后来，听说太平军要从云南往这里来的消息后，清朝的官吏便大肆造谣说："长毛无恶不作，无所不为，连他们的马都是吃人肉、喝人血的。"

同年二月初，太平军从泸沽分兵，一股进入了越嶲。清朝的官兵同地主豪绅急忙跑进城里躲避，他们不仅一直闭门不出，而且还拆了一座石桥，把几千斤重的石条拿来抵住城门，城墙上每个垛堞站着一个兵，放着五支矛，准备在太平军攻城时进行顽抗。但是太平军却没有攻城，从东门外河边绕过去了。太平军路过的几天里，城里的官兵地主连大气都不敢出一口，不知道什么时候城会被打破。

太平军的先头部队是骑兵，接连走了几天，人数不知有多少。白天路上的灰尘像云雾一样遮得不见太阳；晚上火把一个接一个望不到头。太平军骑着快马，带着火把，像一条火龙。

和清朝官吏与地主豪绅的造谣相反，太平军是不轻易杀人的。中所、小孤山、越嶲东南门外都有老百姓站在路旁观看太平军行军，太平军都没有伤害他们。而且，若不是地主杀害了太平军战士，太平军也没有先烧他们的房子。

真正会杀人的却是清朝官兵。当一部分太平军战士误陷入越嶲城外的水田中，失去战斗力时，清朝官吏下令取得一颗太平军的人头者，赏银十两。清军为了贪赏，除杀害太平军战士割下人头外，还残杀无辜的老百姓，割下人头去领赏银。例如他们杀了南门外的一个青年，把他的头割下来带进城去领了赏，在悬头示众时，被这位青年的母亲认了出来，她伤心地痛哭了好几天。

附近的农民也有随太平军去的，也有不少人为太平军背粮食、抬东西。城附近的李家就是有人参加太平军，大屯的陈家有人去运东西。大屯的胡家（即调查对象胡钖城的叔公）为太平军作厨师，太平军在安顺场失败后才回家，还被人呼为“二毛子”。

太平军失败后，不少战士流落到这里，为彝汉人民所收留。太平军在白沙沟遭到清军伏击，牺牲了不少人，也有很多人受伤。当地人民暗自把这些伤员引回家来，调养掩护。后山乡有一个彝族老乡引回了三个受伤的太平军战士，他们伤养好后就和这家人一同生活、劳动，有的入赘在这些人家，有的又由这些人家另说了媳妇安家立业。

我们的访问对象之一张天寿的母亲是一位广西籍的太平军女战士。她是随太平军后队前进的，后来掉了队，便为南门外的张家所收留，不久便和张家的一个青年结了婚。

这一带的老百姓把流落下来的太平军战士留下来，为了避免清军搜捕，为他们剃去了头发，换了衣服，教他们说本地话。以后这里的挖煤工人，从富林到泸沽运盐的力夫中就有不少是太平军战士。他们多是被这里认作干儿子、干女儿，或是招为女婿后留下来的。现在街上的田家、陆家、郑家和先家坛的张家、李家都是他们的后代。

太平军过了之后，附近的一些奴隶主乘机下山来抢劫，普雄的阿候博留家、倮伍尼子家掳去了外南街的几十个人，还把房子烧光了。那时清军还不敢出城，只是把城门开一条缝，容一人出入。以后清朝官吏就说房子是太平军烧的，人也是被他们掳去的。

六、太平军经过越嶲县新民、保安、梅子营、腊关顶、蓼叶坪和海棠等地的情况

在太平军到达这些地区之前，清朝官府和地主、奴隶主们就十分惊恐。他们造谣

说:“长毛走一处吃一处,吃一处杀一处。”“长毛一来,大人都要杀光,小人都要带走。”又说什么“长毛把小孩的肚子剖开,挖出心肝五脏后,装上米喂马,马吃习惯了,见小人就吃”。又布置了一套“坚壁清野”的办法,设下陷阱,以便消灭太平军。官僚地主们一面四出藏匿粮食和财物,一面威胁彝、汉、番各族人民说:“你们把房子拆掉,把粮食和全部东西都搬出去藏起,人都躲起来,长毛见不到人烟,住的地方和吃的东西都没有,他们就不会来了。”例如,当时腊关顶居住着十一二户番人和三户汉族农民,吃水很困难,要到五六里以外的五里排去挑,清朝官兵竟强迫他们把水桶也藏起来。梅子营附近有一个火岩洞,能容一二百人,清兵和地主豪绅就强迫群众到这里躲藏。此后竟将这个洞叫作“躲长毛”洞。

在太平军快到越嶲以前,保安和海棠的都司还专门派人到越嶲城五家屯(新民)去探听消息,在当时群众中造成了一种恐怖气氛。

据说在属猪的那年(1864)的四五月间,太平军从西昌经泸沽分路,一支经冕山、小相岭、大河、中所坝等地逼越嶲城下,(石达开本人没有经过这里)城区附近的地主豪绅都仓皇逃入城内躲藏,就连保安、海棠一带的有钱人也争着逃往城内。太平军经过了百天(天数恐怕不确切),城门也紧闭了百天。因为当时城里躲藏的人太多,把城里的井水都汲干了。

当时太平军马不停蹄,日夜兼程赶路。越嶲城内有重兵把守,城上架着大炮,所以太平军没有花费时间去攻城,而从中所坝插到东山边,再折经五家屯到保安。

一路上,清军不敢交锋,驻守青杠关的一个把总已逃得不知去向。只是太平军到达五家屯附近的大屯时,这里的地主妄图螳臂当车,在家里向进军的太平军射击,太平军立即攻占大屯,消灭了敌人,焚毁了碉堡。

当太平军神速进驻保安时,驻防当地的清军“武字营”大为震惊。落荒而逃的保安都司由于大肆榨取民脂民膏,金银财宝很多,在仓皇逃命之际,还有一大箱子银子顾不上带走,扔到茅坑里去。只有一个姓赵的领哨率领四清兵企图负隅顽抗,在太平军迅速攻占保安后,将这个领哨擒获,并立即押到城墙上处决,然后将“武字营”驻地武庙焚毁。保安镇上的汉族地主豪绅则逃到附近深山老林中的彝族奴隶主家安身,并积极策划进攻太平军。

太平军从保安到梅子营时,汉族地主和彝族奴隶主岭承恩(土目)率领反动武装进行截击,但与太平军一触即溃,逃到附近山林中躲藏起来。当时,他们还欺骗和唆使一些老百姓去杀害太平军,“凡杀死一个长毛,割下一只耳朵表功者赏银六两”。根据梅子营老人蔡登贵说:“太平军在这里驻扎三四天,我们家是穷人,没有跑。那时我的父亲和二爸都是二十多岁的小伙子,清官就悬赏叫他们带上灶刀去杀刚到这里的太平军。因为他们行军累了,睡得很熟,我二爸就去揪住一个太平军的耳朵,正准备用刀割时,这个太平军战士发觉有人揪他的耳朵,就一个反掌把二爸的刀打掉。二爸被打在地上。这个太平军战士爬起来,看见我父亲和二爸是老百姓,不但没有打骂他们,还给他们说,你们不要听信清官和发财人的话,不要受他们的指使与我们作对。我父亲和二爸见太平军的武艺那样好,又那样宽待他们,同太平军赔了礼以后就走了。”在太平军驻扎腊子曹的期间,一些清军官兵和土司兵也混在老百姓中躲在四山观望。太平军看见清军和土司兵就去追杀,看见老百姓就不伤害。他们吃的粮食是抄地主豪绅的家得来的,晚上进军时,就用布缠在木棒上浇上油作成火把照明。

几万太平军经过了大半,后面来的人渐渐少了,行军中有些间断。这时有些清兵和地主、奴隶主武装就在山势非常险峻的白沙沟西面陡壁上钉上木桩,系上皮条、藤子和绳索,沿着陡壁放上滚木和檑石。当后队太平军不了解情况,从梅子营、腊关顶进入西山之间的深谷白沙沟,路经白沙沟西岸时,这批丧心病狂的地主、奴隶主分子竟将皮条、藤子、绳索砍断,滚森、檑石从几十丈高的陡坡上滚下来,正在行军中的太平军战士猝不及防,有的立即被打死,有的被打伤,当时牺牲的有一二百人。这时反动武装已扼据梅子营到白沙沟间的腊关顶,已经过了关的少数太平军战士因受滚木礌石的威胁,不能再过白沙沟而散失。已过了白沙沟的太平军战士由于不熟悉道路,不能再沿陡坡前进,便从干沟绕过腊关顶回到保安。据说他们折回保安后,又从保安向梅子营、腊关顶进发,驱散了盘踞在那里的清兵和土司兵。

这次太平军在白沙沟的伤亡是惨重的,除牺牲的以外,约有百人身受重伤,就住中在白沙沟畔的岩洞里,后被反动武装发现,向他们进攻,又断绝了粮食,结果被困在洞中活活饿死,几天之内,当地群众还能听到呻吟声。

已过白沙沟的太平军前队,经蓼叶坪向海棠进发。海棠的驻防清军有二三百人,并在层楼上架设大炮,对准蓼叶坪到海棠的大路,企图炮击太平军。不过,当太平军一到,海棠的清军都司韩士享早已弃关而逃,汉族地主也逃到少数民族地区。当地老百姓在清朝官府和地主豪绅的恐吓逼迫下,许多人也躲藏起来。造谣惑众总是掩盖不了事实真相的,太平军到达海棠时,即有少数清军和贫苦群众迎接他们,以一个姓朱的农民为首的部分贫苦人民带领太平军搜索官府和地主豪绅的粮食财物。太平军在取得粮食和财物后,即将清军营房和地主豪绅的房子烧毁,人心大快。

由于太平军是一支革命军队，因此对这一带的彝、汉、番各族人民的影响是非常深远的。他们向当地各族人民宣传了反对清王朝反动统治者的道理。如向群众宣传说："我们是反对满清的，推翻了满清，夺了王位，大家就过好日子了。"太平军打击的目标也比较明显，打击了群众痛恨的清朝官兵与地主豪绅。有少数群众即使一时受到了清王朝官兵与地主豪绅的欺骗利诱与太平军对抗，太平军也采取说服教育的办法，对他们进行教育。因此，太平军经过王家屯、梅子营和腊关顶时，曾有一些汉、彝、番各族人民参加了太平军，太平军也把一些小孩寄养在老百姓家里。

太平军路过这一带以后，彝族人民反对清王朝的斗争也更加激烈了。王家屯附近的彝族人民纷纷起来攻打清军，切断了越嶲通向海棠的大路，虽然青杠关就有总爷带着五百人把守，但连这条路都守不住。直到第二年，追赶太平军的一个"将军"到了，才把彝族人民镇压下去。在互拉岗的彝族人民也进行了反清斗争，当时的清政府急忙派了梅子营的把总带清兵五十人前往镇压。彝族人民将官兵诱入村寨，用一部分力量包围歼灭了清王朝的官兵，而派另一部分力量去攻打梅子营，并将梅子营的清军营房烧毁。

尽管清朝官府、地主、奴隶主对太平军进行了造谣污蔑，彝、汉、番各族人民还是很快就认识到了：这支队伍是种庄稼的穷人起来闹革命的，清朝官兵和彝、汉人中的发财人听到他们来了就只有跑。群众一致赞扬，保安杀清兵杀得好。因此，在太平军后队遭到反动武装袭击溃散后，固然有一部分被杀或被掠为奴隶，但其余的则在当地彝、汉、番各族人民的积极掩护和帮助下，活下来或逃了出去。当清政府逼着群众交出这些太平军战士时，群众都挺身而出保护他们，把他们认作自己的儿子、女婿或亲戚。这些太平的军战士得到当地各族劳动人民的掩护后，有的自愿给彝、汉、番各族人民做儿子，有的上门做了女婿。如一个太平军战士即在梅子营附近彝族甲勒家上门，他的劳动生产很好，经常耐心地帮助当地人民，大家也很尊敬他，为他取了个彝名叫甲勒者涅，现在已经三四代人了。

当1935年红军长征路过这里时，国民党反动派和地主、奴隶主大肆造谣污蔑，各族人民就想起了七十年前太平军经过的情况。他们说："七十年前过长毛，清朝官兵和发财人说长毛杀人放火，无恶不作；这回要过红军了，国民党和发财人又说红军是杀人放火、无恶不作的，因此不再相信了。"所以红军长征经过这一带时，许多劳动人民都没有跑，也没有躲藏。

总之，太平军对这一带各族人民的影响是深远的，群众至今还念念不忘。

按：这份资料是中国科学院民族研究所四川少数民族社会历史调查组编写的，时在1963年12月。全名《四川彝族地区近现代史调查资料选集》。《太平军经过四川彝族地区资料》仅是其中的一章，分为六个小节，详细地记录了石达开远征军经过四川彝族地区活动情况的口碑。包括太平军行军、作战的描述，清朝官吏和彝族土司头人勾结起来袭击太平军的经过，太平军和彝族劳动人民之间的友好关系，当时群众收留溃败的太平军与太平军后裔数千人分布在石棉、甘洛、越嶲等县的情况。来自广大地区各族人民的大量口碑，自较当时清吏闭门造车上下相欺的官方文书为可信。文中叙述史事部分，因为大量沿用旧说，不免有失实之处。（正文中已注明“概况一节是根据调查资料和有关文献综合而成的”）但是记录口碑部分却向我们提供了不少宝贵材料，可以解决一些太平天国史上长期悬而不决的疑难问题。

第一个问题是：石达开远征军在进入凉山州地区时，与少数民族（主要是彝族）的关系究竟如何？由于当时的彝族土司岭承恩、番族土司王应元帮助清军围攻太平军，有些同志就据此论断石达开有大汉族主义思想，不注意团结少数民族，因而给自己树了敌而招致失败。但从石达开过去的事迹看来，并非如此。他在故乡时就和壮族瑶族团结得很好，他母亲就是壮族人。后来他驻军庆远和进军黔西时，也得到壮族和苗族的热烈拥护。为什么进入凉山州地区时，却和少数民族闹不团结？这个问题长期得不到结论。但从这份资料看来，石达开远征军是很注意团结少数民族的。他们对彝族劳动人民非常爱护，非常亲切，彝族劳动人民常常自愿地来帮助他们搬运辎重。文中描述：当太平军过路时，彝族就在山上叫“长毛来了，快来拉索”！（帮太平军拉绳子运辎重）非常生动。就是对于那些土司头人，他们也力争与之搞好关系，争取他们能够严守中立。一直保留到现在的太平军给昌州土司禄氏的文告，就有力地证实了这一点。至于少数土司为了贪财被清廷收买，甘当鹰犬，而与太平军作对，那是另一回事。不能得出石达开远征军不注意团结少数民族的结论。

我们应该看到：石达开远征军在这一地区进军神速，正是他们注意团结彝族劳动人民，所以处处得到彝族劳动人民的帮助的结果。

我们应该看到：石达开远征军一路上不断散发文告，极力和许多土司头人搞好关系，争取他们保守中立，所以能在四五百里的行军途中，和这些土司头人相安无事。

第二个问题是：石达开带到老鸦漩的太平军六千余人是否已被清军杀光？石达开的舍命全军是否全无效果？由于骆秉章的奏疏说得斩钉截铁，长期以来，大家都认为的确是杀光了的。因此石达开的舍命全军也就完全没有达到目的。但是这份资料向我们提供了确凿有据的情况。即:石达开的余部(包括在洗马姑被遣散的四千人,以及在大树堡被围杀的两千人中逃出的幸存者)并未被杀光,逃出了不少,他们的后裔在石棉、甘洛、越嶲三县县境以内的即有数千人,一般已传三代。那里地广人稀,搬迁的情况很少,因此,哪一家是“长毛根子”(太平军的后裔),左邻右舍都能指的出来。这种调查材料自比骆秉章的表功奏疏更为可信。

此外,文中所记太平军进军路线与作战情况等等,均可作治太平天国史者的参考。

《太平天国革命历史补充资料》中有关石达开的传说

关于翼王石达开的几种传说：

（一）1937 年秋，我走访过住在越嶲城内北街，年逾九十岁高龄的老人赵天成（客籍人，为寻访石达开事迹，始迁居越嶲。）白发童颜，气满神足，常徒步涉于百里以外大洪山间，寻师访友（大洪山，一般称为雪山，又呼为阳诺雪山）。山在越嶲、九龙两县交界的丛山中，建有祖师庙一座，供奉祖师像。造型雄伟粗犷，面方口阔。据赵天成老人称："昔年太平军失败，翼王石达开即隐居雪山，后来在此成道，保佑地方清静，六畜平安，灵异事迹甚多，每年都有各地的人来烧香，朝拜阳诺雪山。"赵老人又称："我小时就听见我爹爹说，他有一次，会见过一个在太平军里吃粮的（即当兵的称为）讲：'阳诺祖师神像很像石王爷，只是左脸角下，少几根痣胡子啰！'我每年去朝山，也是这么在想。"根据地方上多数老年人谈，阳诺祖师就是石达开。

（二）1938 年笔者又访问过田坝场（属越嶲）会见着暖带密土司衙门文牍，年近七旬的王学渊老人。他从青年时候，就跟随老土司多年。据他说："听老土司岭承恩的儿子讲过关于太平天国翼王石达开失败的始末。（老土司岭承恩就是当年出卖石达开的主要人物之一，由于帮助清军消灭太平军立了功，清朝廷加封他'邛部宣抚司'的官衔。他原系暖带密土游击，职权只及越嶲县境。后管辖地扩大到：从四川邛崃县境起，一直到云南金河边止。）"笔者向王老先生问："石达开真被清军生擒去的吗？"王云："情况是这样：当年太平军前站刚到安顺场洗马姑（地名）时，土千户即密报清营……被围投降前，翼王即化装绕大渡河下游，取道嘉定，拟从水道出川，另谋对策。但以川江水陆两岸，沿途清军防堵甚严，所谋未遂，乃折转回到宁远，隐居雪山。至于翼王在梁桥受降，传说多端。我们所晓得的，翼王逃走在前，梁桥受降在后，梁桥受降的，是翼王义女四姑娘的丈夫马德良。马是跟随翼王多年的书记，身材面貌，极似翼王，尤其是穿上了翼王的袍服，本营官兵见之，一时也辨认不出。何况梁桥受降，只一霎时间，就把身着王袍的被囚者装入了囚车，星夜押解成都。清军头目立即上奏报功，及至打开囚笼，当审时发现是假，只好将擒回之假翼王立即斩首灭迹，以逃避欺君谎奏之罪责。”笔者又问：“为何伪降的地点不选择大树堡，而选择在梁桥呢？”王云：“太平军失败，这是‘天意’。翼王当时的驻营地，是在安顺场与海棠镇之间，梁桥又在安顺、海棠两者之间的一个小镇‘洗马谷’（亦称洗马沽）的上场头，距洗马谷的半华里即梁桥所在地的‘铁宰宰’，两山对峙，地势险峻，中夹深溪，水流湍急。两岸有巨石耸立，高约数丈，古木参天。梁桥即横跨其溪上。‘梁桥’又称铁索桥，铁索刚系于两岸巨石上，铺以木板，步履时如跨银蛇，摇摆不定。此是清营所定地点。”又云：“昔年在太平军尚未入川时，本地即流行过‘石头开花马生角’民谣（石头指石达开，碰上了‘铁宰宰’，马生角，名字假借，指骆秉章的骆字）民谣虽属附会，而是事有巧合。古人所称避讳或避忌，忌讳皆缘此意。”从笔者访询王的对话中，强调石达开没有就擒，而是逃脱后归隐雪山的。

按：《太平天国革命历史补充资料》一文为年近九旬的王云舍老先生所撰的未刊稿。他是前国民党四川省政府主席刘湘的幕僚，三十年代提到他为调查九龙县大烟案而去过阳诺雪山。1936年，他曾参加过刘湘所组织的发掘石达开窖藏的工作，所以文中也叙述了当时发掘的情况。此文写于1980年5月，文中有关发掘窖藏的情况，已摘录入《关于石达开在紫打地窖藏问题的资料》。以上所摘录的，只是文中所记有关石达开的传说。这些传说与史实相去甚远，近于神话，自不可信。文中甚至把相距数十里的洗马姑与铁宰宰两地扯在一起，混为一谈，更是明显的错误。但是从这些传说中，我们可以看出广大群众是同情石达开的，设想他没有死，几经波折之后能够回到阳诺雪山隐避起来，得道成仙。大家敬爱他，希望得到他的保护，认为他能“保佑地方清静，六畜平安”。也可以说，一代杰出的民族英雄石达开永远活在广大人民的心里。

附　录

祝 词

中华古国，神州大地，名胜古迹，每每并提，盖凡名胜之地，必有若干古迹；反之古迹所在，自有名胜可游。何以故？盖二者相辅而相成也，名胜之地，代有游人，名人而游名山，名山因名人之遗迹而更有名，岂非产生古迹乎！又凡真正史迹，慕名而至者必多，为助游兴，不免广建园林，增辟胜境，岂非产生名胜乎！

涪陵市之望州公园，盖因古迹而成名胜者也。太平翼王石达开者，文武全才，一代人杰，惜乎受忌于人，终遭排挤，远征万里，难奏肤功，覆军殉国，遗恨千秋。吾人固不宜以成败论英雄也。当其进军涪州，颁布训谕，爱民之心，溢于言表，蔼然仁者之言，足以传诸千古。涪陵人士于其驻军之处，修筑翼王台以为纪念，并广辟园林，建为名胜，俾游人于流连江山之际，进而缅怀先烈，发思古之幽情，启爱国之遐想，是古迹与名胜，相得而益彰焉。

今闻诸君更有创办《园林与太史》之议，使园林建设与太史研究合而为一，以文会友，鉴古知今，诚盛事也。承蒙不弃，索序于余，欣然命笔，为缀数语，不敢言序，聊表祝贺之忱耳。

吊大渡河紫打地古战场

其一

铜河[①]涨水何太忙？雄师乃受池鱼殃。我到此间犹扼腕，临风洒泪悼翼王。

其二

乱石穿云如剑锋，惊涛击岸震长空。天兵碧血依稀在，独上荒山吊鬼雄。

其三

夜宿河边梦难成，风声涛声一片声。自从英雄失利后，风悲水怒到如今。

① 大渡河，本地人称铜河。

关于太平天国与中国近代化若干问题之管见

内容提要

一、太平天国是封建政权，历史上本无所谓农民政权。前期的“诸王议政”与后期的一人独裁只不过是封建政权的两个阶段，前期是“幼虫政体”，后期是“成虫政体”。

二、广大农民为饥寒所迫，奋起反抗，无可非议，故曰“造反有理”；但是农民起义难以推动社会发展、历史前进，故日“造反无功”。太平天国政权难以作为古老的中国冲出封建社会走向近代化的载体。

三、以洪仁玕来到天京为契机，走向近代化的机会首先来敲太平天国的大门，这一机会具有极大的偶然性。机会一失，时不再来，新政失败，太平天国也就随之而覆亡。

四、失败的原因主要是内因。太平天国前期建国纲领是《天朝田亩制度》，其核心是“平均”；后期建国纲领是《资政新篇》，其核心是“竞争”。太平天国的英雄们可以打破千万雄关，就是打不破自己头脑中的封建意识，陈旧观念。“竞争”与“平均”展开激烈的斗争，最后竟败于“平均”。因而新政失败，天国覆亡。百年往事，发人深省！

（1991年11月，中国茂名）

如何冲出封建社会，走向近代化，这是一百多年来始终摆在中国人民面前，关系国家存亡、民族兴衰，足以牵动每一个中国人心弦的大问题。在太平天国史研究领域中，太平天国政权能否成为古老的中国冲出封建社会、走向近代化的载体，也是一个引人注目，但是至今尚无定论的大问题。值此纪念金田起义140周年之际，笔者愿就管窥所及，对于太平天国与中国近代化的若干问题，略抒己见，以就教于各位专家与广大读者。

幼虫政体与成虫政体

——对太平天国政权性质问题之管见

太平天国政权是什么性质的政权？或曰封建政权，或曰农民政权，或曰双重性政权，或曰过渡性政权。所谓双重性，是指封建政权与农民政权的双重；所谓过渡性，是指农民政权向封建政权的过渡。总的说来，争论的焦点在于历史上有无农民政权？如果有，太平天国又是否农民政权？在作出结论之前，笔者认为，有两个问题值得探讨：

一、认为太平天国是农民政权，根据何在？

二、主张太平天国是农民政权者，希望说明什么问题？

现在依次探讨。认为太平天国是农民政权的理由，不外乎说太平天国与历代封建王朝颇有不同之处。概括言之，其不同之处大致有三：

一曰不称皇帝而称天王，不尊孔孟而奉源于基督教的上帝教；

二曰颁布了不许土地私有，与封建王朝土地政策大异其趣的《天朝田亩制度》；

三曰在前期实行诸王共同议政，以军师综理政事，天王临朝而不理事的军师负责制。其政体显然不同于封建王朝的政体。

前两点不算什么问题，因为仅有形式的差别，并无本质的不同。

虽有“天王”与“皇帝”之分，这不过是名称问题，并不影响事情的实质。太平天国颁布了不少严格规定君臣关系的诏旨法令，“君”也就是皇帝。封建大皇帝受命于天，治理天下百姓；太平天国的天王则受命于天父，下凡为万国独一真主，作用完全一样。

与封建王朝土地政策大异其趣的《天朝田亩制度》虽经前后两次颁布，其实从未付诸实行。真正实行的则是“照旧交粮纳税”的政策，这与封建王朝的粮税政策并无本质的不同。

值得探讨的是政体问题。简又文在《太平天国典制通考·天号考》中对此加以评论说：“太平天国政体实为天王与五王（杨萧冯韦石）‘共有共治共享’性质。五王诚如俗言为‘一字并肩王’。缘洪氏与五人在运动革命时结为兄弟，情同骨肉，大概矢誓将来打得江山是彼此‘共有共治共享’的……其‘共有共治共享’制度之斑斑，实开创亘古未有之怪异政体。”

简氏认为这种“怪异政体”与封建王朝一人专断之政体大不相同。他的说法，似有值得商榷之处：

一、我们不难看出，简氏所谓“共有共治共享”来自林肯的“民有民治民享”。把这种近代民主主义的口号套在太平天国头上，颇为不伦不类。至于农民起义的领袖们结为兄弟，共打江山，遇事共同商量，不由一人独断的情况则是古已有之，并无“怪异”之处。例如隋末瓦岗军开仓散粮，各路农民起义军都来归附，共议反隋大计。又如明末各路农民起义军聚会于荥阳，共商对付明军的策略。例子甚多，无须多举。太平天国诸王在永安州集体议事，从表面上看，颇有一点“集体领导”的“民主”意味，但是这种“民主”并无制度来保证。大家商量好了，固是美事；一旦商量不好，仍然是一个人说了算数——此人既可能是名义上的元首洪秀全，更可能是手握实权的杨秀清——或者竟会爆发一场惊心动魄的大火并，那一点点“民主”气息也就烟消云散，不复存在。这种“民主”与近代民主主义显然的不同之处是：与会诸人一无表决权，二无否决权。只能在一定程度上发表意见“以供参考”，对决定问题起不了多大作用，只不过是“咨询”性质而已。这种“议事”，仍然是地道的封建主义货色。

为何会有这种“怪异政体”出现？这是由于起义之初，力量太小，如不广开言路，和衷共济，起义就会失败。在大敌当前，形势危如累卵之时，容许大家发表意见，既可摘善而从，有利于决策；也能获得讷谏的美名，有利于收揽人心，有何不可。一旦江山打平，宝座坐稳，自有叔孙通来制定朝仪，以示大皇帝之尊严，岂容沙中偶语，议论纷纷哉！这时，对于“怪异政体”，也就弃之若遗矣。

封建政权犹如一只昆虫，从出生到成长要经历不同的阶段。一人说了算——当然有时候也会垂询群臣——的专制政体是成虫，近乎“集体领导”的“怪异政体”是幼虫，无论是成虫政体还是幼虫政体，都是封建政权的政体，在本质上并无区别。简氏认为“怪异”的政体不过是“幼虫政体”，毫不足怪！蝴蝶都是毛虫变成的，但并非每只毛虫都会变成蝴蝶。毛虫如果被人踹死，也就变不成蝴蝶。如果农民起义在幼虫阶段就被扑灭，自然不会出现成虫政体。有人看到某些幼虫政体还有一些“民主”气息，而成虫政体大都专断独裁，不禁感慨系之，谴责起义领袖蜕化变质，复辟倒退。其实这一切都是正常现象，都是历史规律，感慨、谴责，皆无必要。

就太平天国而言，前期“诸王议政”与“军师负责”的办法，正是典型的“幼虫政体”。后期洪秀全自称“主是朕做，军师亦是朕做”，废弃“诸王议政”与“军师负责”的办法，实行个人独裁，则已过渡到“成虫政体”。政体转换的关键事件是天京内讧。可惜洪秀全治国无方，大事未定而急于藏弓烹狗，以致政体的转换不能起到巩固政权的作用，反而导致国家的迅速覆亡。

现在再探讨第二个问题：主张太平天国是农民政权者，希望说明什么问题？笔者对此有一种看法，即认为太平天国是农民政权的说法，还有一段潜台词没有说出来。这段潜台词是：农民政权具有一定的“民主”气息，比反动腐朽的封建政权要好得多，如果太平天国取代了清王朝，改朝换代成功，就会促使多灾多难的中国早日冲出中世纪，走向近代化。其实，这种想法是缺少依据的。我们没有必要去讨论农民政权是否比封建政权“民主”、“进步”，因为历史上本无所谓“农民政权”。太平天国之所以被人误认为“农民政权”，只不过是其前期“幼虫政体”的表现形式与封建王朝颇有差别，以致造成误会而已。

造反有理，造反无功

——农民起义难以推动社会发展、历史前进

既然农民起义建立不起所谓“农民政权”，成功了，经过改朝换代，建立的还是封建政权；失败了，被封建王朝扑灭，封建社会依然如故。那么，农民起义在历史上究竟起了什么作用？能否推动社会发展——解放生产力、改变生产关系——历史前进？笔者认为：就每一次具体的农民起义而言，自然能够或多或少的影响中国历史的进程；但是概括言之，所有的农民起义都难以推动社会发展、历史前进。尽管历次农民起义常常作为封建王朝的对立面登上历史舞台，但是对于根深蒂固的封建制度并没有起到多大的冲击作用。如无外来的影响，他们能否一举冲垮封建制度，使得古老的中国冲出中世纪，走向近代化？恕我直言，无数的历史事实证明，没有这种可能。

我们不妨请一些农民起义的领袖们现身说法。在两千多年的封建社会中，秦末的陈胜、吴广、项羽、刘邦是农民起义的老祖宗。司马迁以如椽之笔生动地写出了他们的心里话：

陈胜的“王侯将相，宁有种乎？”一语，横绝千古，鼓舞了千千万万下层人物起而奋斗。但是此语并不否定王侯将相，并不否定封建制度，只不过是“你当得，我也当得”，“打倒了你，让我来当”而已。

项羽对秦始皇的看法是“彼可取而代也”，刘邦对秦始皇的看法是“大丈夫当如是”。他们对秦始皇并无疾恶如仇之心，却有十分艳羡之意。与其说他们是封建制度的对立面、反对者，倒不如说他们是封建制度的赞成者、拥护者。正如翦伯赞先生所说：农民并不反对"皇帝"这种制度，只不过是反对坏皇帝，希望来个好皇帝而已。其实，在君主专制的制度之下，皇帝的权力大得无边，毫无制约。太平日久，励精图治的好皇帝也会变成骄奢逸淫的坏皇帝，"好皇帝"是很难出现的。即使出现了，也很难持久。而且在皇帝世袭的规定之下，开国明君很快就会传位给一些昏君、暴君，农民盼望"好皇帝"，只不过是一种天真的梦想。

当一个王朝出现衰败现象时，总有一些人会起来问鼎中原，逐鹿天下。在角逐者中，既有同姓，也有异姓；既有贵族，也有平民。角逐者的条件不同，角逐的方法也不同，但有一点相同，即目的都在于做皇帝。农民起义失败了——如汉末的黄巾——中国是个封建社会；农民起义成功了——如元末的朱元璋——中国还是个封建社会，并无本质的不同，而且，也很难看出封建贵族所建立的王朝与农民起义所建立的王朝有什么程度上的差别。例如出身贵族的李世民所建立的唐王朝并不逊于平民出身的刘邦所建立的汉王朝；农民出身的朱元璋所建立的明王朝较之贵族出身的赵匡胤所建立的宋王朝更为专制暴虐。要说农民起义所建立的政权一定比封建贵族所建立的政权开明、进步，恐怕很难找到足够的令人信服的数据。道理很简单，在长期的封建社会中，封建意识并不为贵族、官僚、地主所独有；平民、农民长期生活在充满了封建毒素的大环境中，也都不自觉地接受了封建意识。这一历史事实是不容怀疑的。

有人认为农民起义是推动历史前进的火车头。倘若真的如此，则这样的火车头会把人们带到什么地方去？令人担心。要说是火车头也可以，但只能是玩具火车头，虽然也轰隆轰隆地前进，不久又会跑回原地，出现可悲的历史循环现象。

中国历史上"五百年必有王者兴"的说法，与《三国演义》开头所说的"话说天下大势合久必分，分久必合"正是指的这种历史循环现象。既然"循环而无端"，自然也就很难走向近代化。封建贵族所建立的王朝冲不出这种历史循环，自是理所当然，不足为怪；遗憾的是，作为封建王朝的对立面而登上历史舞台的农民起义领袖，最后也都加入这个可悲的大循环之中，难越雷池。正如《西游记》中所描绘的，神通广大的孙悟空还是跳不出如来佛的手掌心。

中国封建社会中各个王朝的兴衰，大致形成了这样一种规律：在前代王朝覆灭之后，经过多年的大混战，人口减少，土地荒芜，新王朝招抚流亡，轻徭薄赋，人民得以休养生息，发展生产。而开国之君大都励精图治，勤于国事，这样就会出现一个太平盛世，有三五十年或七八十年的兴旺时期。以后，由于专制制度的天生缺陷，国君只能世袭,昏君、暴君必然出现,统治机构逐渐腐化;人口增长,耕地不足,求生不易,矛盾激化,一遇天灾,民不聊生。由灾荒引起战乱,由战乱造成瘟疫,天下大乱的结果,是人口锐减,十室九空。在废墟上建立起来的新王朝,再来从头收拾旧山河,这就是几百年出现一次的大循环。长期的重农抑商,闭关锁国,使得中华大地上生产方式不变,分配制度依然,历史的脚步也就难以走出"循环无端"的怪圈。

所以说,农民起义最多只能改朝换代,难以冲破封建制度,不能推动社会发展、历史前进。从这个角度看来,可以说"造反无功"。"造反"指的是农民起义,"无功"指的是不能推动社会发展、历史前进。

不过,"无功"并非"无理"。广大农民饥寒交迫,奋起反抗,无可非议。从这个角度看来,可以说农民起义"造反有理"。如果认为农民饿死也不该起来造反,一造反就成了盗贼,认为"造反无理",那是不近人情。但是说有理即有功,既然"造反有理",也就"造反有功",那是不明事理。

历代农民起义无不牺牲惨重,但却"有理"而"无功",令人浩叹。但这是历史规律使然,不以人们意志为转移。中国历史上规模最大的一次农民起义——太平天国亦复如此。寄希望于农民起义,想以为载体而使古老的中国冲出封建社会,走向近代化,那只是一种不可能达到的奢望。

奇迹是如何产生的?

——洪仁玕的出现是推行新政的契机

如果说:太平天国并不是什么农民政权;农民起义也难以作为古老的中国冲出封建社会,去向近代化的载体,那么,太平天国居然公布了被后世称为"中国第一个现代化方案"的《资政新篇》,居然一度推行了新政,就只能说是一种"奇迹",含有极大的偶然性,而缺少必然性。

要想推行新政的前提是打开视界,学习西方。从这一方面来比较,清王朝已经早于太平天国。洪秀全从西方学来的仅仅是基督教教义中某些平等思想,用来为自己的政治目的服务,丝毫未涉及足以富国强兵的西方文化、科学。而清王朝的封疆大吏林则徐早在虎门焚烟之前就派人翻译外文书报,编成《四洲志》,用以了解西方。此后,清王朝中呼吁"师夷之长技以制夷"者,大有人在。而太平天国人物中,除洪仁玕外,从未有人提出过同样的设想。

推行新政一事不产生于清王朝，而产生于太平天国，实以洪仁玕之到达天京为契机。这个偶然事件乃由以下许多偶然因素所促成：

一、洪秀全有此堂弟。

二、此堂弟参加了传播上帝教活动，但又未能赶上金田起义。

三、此堂弟有机会去香港，且有机会学习西方文化、科学。

四、此堂弟乃有心人，学了西方文化、科学，准备为太平天国服务。

五、此堂弟经历许多艰难、危险，终于闯关到达天京。

如果洪秀全无此堂弟，或此堂弟没有这么丰富的经历，推行新政一事也就无从谈起。

天京内讧之后，洪秀全正苦于治国无方，辅政无人。对于异姓，虽有才而不敢重用；对于同姓，愿重用却缺少人才。洪仁玕天外归来，洪秀全喜出望外。这一堂弟既有兄弟之亲，又有王佐之才，还从海外带来了足以安邦定国的《资政新篇》，真是天助我也！于是一再破格提拔，不久就提到了与前期东王杨秀清大致相当的地位。在《资政新篇》的许多条款上，洪秀全也大笔一挥，写下了“此策是也”，“此策可行”的眉批。看来，洪仁玕可以从此大展鸿图，放手推行新政了，可是事情的发展不如人意，事与愿违。洪仁玕只身来投比自己大九岁已经开基立业的堂兄洪秀全，是为了做一番大事业，绝无篡位的非分之想。这一点，是任何人都会相信，连洪秀全本人也不会怀疑的。但是在经过短时间的共事之后，两人的裂痕逐渐加深，矛盾逐渐扩大，以致发生了一件又一件不愉快的事。小事不说，只举以下几件大事就足以说明问题。

洪仁玕久居香港，熟悉外事，又与一些外国传教士有私谊，太平天国要想推行新政，进行改革，就有不少事要和外国人打交道，办理外交工作，自然非洪仁玕莫属。但是这位被外国人称为“首相”的洪仁玕，却在到达天京不久之后，被洪秀全剥夺了办外交的大权，外交工作交给了并无多少知识的土包子林绍璋。由此可见，洪仁玕未能真正得到洪秀全的信任。

当时的安庆可以称为太平天国的陪都，洪仁玕对其战略上的重要地位是有充分认识的。他在《自述》中曾经说过：“安庆一日无恙，则天京一日无险。”但是在安庆失守之后，洪秀全大发雷霆，处分了不谙军事的洪仁玕与尽心竭力的陈玉成，却不处分拥兵自重的李秀成，此事极不公平。而且对洪仁玕褫职革爵，未免过分。

洪仁玕一度担任正军师，其地位略等于前期的东王杨秀清。但是其职权逐渐被剥夺，有其名而无其实。到了天京危急之时，这位百僚之长的正军师竟然成了出差跑腿，到处去催兵催粮的听用人员。皮之不存，毛将焉附？洪仁玕的职权已不存在，还能推行什么新政！

应该说，如果洪仁玕一直得到信任，受到支持，新政不一定会以彻底失败而告终。当时东方几个封建政权——包括清王朝、太平天国、明治维新以前的日本——都走到了或者继续重农抑商闭关锁国，或者推行新政改革开放的岔路口上。1840 年英国的大炮打开了中国的大门；1854 年美国的大炮打开了日本的大门。历史的滚滚洪流逼迫人们必须赶快做出抉择，不是改革前进，就是落后挨打，第三条路是没有的。于是：

1859 年，太平天国公布《资政新篇》，推行新政，进行改革。

1868 年，日本明治维新开始，以天皇政府为载体，推行新政。

1898 年，清王朝在败于日本之后，意欲改革图强，进行戊戌变法。

以洪仁玕到达天京为契机，走向近代化的大好机会首先来敲太平天国的大门，而把清王朝与日本抛在后面。这个机会来得太偶然了，以洪秀全为首的太平天国领袖们并未珍惜这个天外飞来的机会，机会既失，时不再来。冷酷的历史事实竟是：太平天国与清王朝的改革失败，而日本明治维新成功。

丢开腐朽的清王朝不说，拿太平天国与当时的日本相比，太平天国除起步较日本为早之外，更有其相当有利的客观条件：

一曰环境条件，太平天国后期的领土为江南富庶之区，邻近外国租界，是为商品经济开始发展的地区。当时的日本还没有一块这样的地方。

二曰人才条件，洪仁玕既是《资政新篇》的设计师，又是太平天国的“首相”，集贤者、能者于一身。当时的日本还缺少类似的人物。

但是，太平天国推行新政终于失败，《资产新编》终于成为废纸。为什么？前事不忘，后事之师，其原因值得认真探讨。

“竞争”与“平均”之争

——旧观念难以改变是失败的主要原因

要探讨太平天国推行新政为何失败，首先要探讨太平天国为何失败。笔者认为：太平天国的失败既有外因，也有内因，而主要的原因在于内因。前期，败于内讧，国势从此一蹶不振;后期,败于腐败,无法扭转而致覆亡。

至于太平天国推行新政的失败,也有外因与内因之分。外因可概括为二:

一、戎马倥偬,缺少稳定的客观环境,不利于推行新政。

二、军事失利,天国覆亡,皮已不存,毛将焉附?

对于第二点,自无议论之可言。但是对于第一点,并非全无可以议论之处。如果太平天国决心推行新政,上下一心,艰苦奋斗,十年生聚,多难兴邦,国势复兴仍有一线希望。

过去每每认为洪仁玕乃一介书生,能文而不能武,纸上谈兵,无济于事。实际上推行新政的目的就在于富国强兵,并非空谈礼乐。由容闳提议而被洪仁玕所赞同的七项建议——包括建立军事学校、编练新军及向国外购买新式武器等——也应该包括在新政之内。袁世凯以7000新军为老本而登上历史舞台,做起了皇帝梦。以当时太平天国的国力而言,如能认真推行新政,编练数万新军当非难事。一旦以数万新军保住江南财富之区,饷源也不致匮乏,在军事上鹿死谁手,尚未可知,何致一败涂地!

当时容闳怀着满腔热情而来,愿为太平天国效力,但是太平天国办事颟顸,态度犹豫,久议不决,难以拍板。容闳看到洪仁玕名为"首相",并无实权,天王与诸王常加牵制,难成大事,最后拂袖而去,其事逐寝。举一可以反三,太平天国新政之所以雷大雨小,一事无成,并不在于缺少客观条件,其主要原因在于内因,即天王与诸王的旧观念难于改变,接受不了外来的新事物,洪仁玕孤掌难鸣,最后的失败自是意料中事。

自1859年春天来到天京,至1864年夏在南昌就义,洪仁玕在太平天国政权中生活五年。这五年的日子并不好过。表面上看来,他是天王之弟,位极人臣,声势显赫;实际上对于太平天国政权来说,他总像是一个"异体",与上层——天王,中层——诸王与将领,下层——一般军民,长期格格不入。

对于洪秀全来说,洪仁玕提出的富国强兵,巩固王权,他是乐意接受的;但是不靠人治而重法治,凡事依法办理,设新闻官监督朝政等设想,无不侵犯他至高无上的王权,他就接受不了。洪仁玕希望富国强兵之后能"与番人并雄",而洪秀全就厌恶这个"并"字,一定要争"口角之胜",君临天下,作"天下万国独一真主"。思想的矛盾,观念的矛盾,是难于调和的矛盾。矛盾激化的结果,是洪仁玕一再受到贬斥,他如果不是姓洪,恐怕早就被杀了头,步了杨、韦的后尘,活不到太平天国覆亡之时。

对于太平天国的文武百官来说,洪仁玕可以说是一种"异类"。"江山"是他们打出来的,享受一些特权自是理所当然。洪仁玕却要把人权、财权、兵权一律收归中央,整饬法纪，这就处处影响了他们的利益。他们想不通，不约而同地对新政加以抵制，也就不足为奇。在封建社会中，尤其是在新王朝开国之时，“大丈夫功名当以弓马得之”，洪仁玕只凭自己的血统与知识登上百僚之长的宝座，受到那些功臣宿将的排挤，当是意料中事。不管他如何以大局为重，委曲求全，主动去团结那些对立面，苦口婆心相劝，但是言者谆谆，听者藐藐，他的努力全无效果。最为典型的例子是在《李秀成供词》中的李鸿裔手书便条中所说“伪干王所编各书，李酋（秀成）皆不屑看也”。新政难以推行，中央指挥不动，人人争官，处处敛财，贪污严重，腐败成风。敌军攻苏之时，李秀成的二十万大军一朝瓦解，不战而降，正是腐败造成的直接后果。推行新政，统一军权，本有抑制腐败的功效，可惜洪仁玕孤军奋斗，孤立无援，空有名位，号令不行，新政一败而不可收拾，国家终于覆亡。

对于太平天国的一般军民来说，新政正是挽救国家的危亡，保护他们切身利益的对症之药，理应受到他们的支持与拥护。但是他们却对陌生的新政态度冷淡。《天朝田亩制度》虽未真正付诸实行，但是那种“有衣同穿，有饭同食”的宣传已经深入人心，吃平均主义的大锅饭视为理所当然。《资政新篇》中通过竞争发展生产的设想不为人们所理解，更难为人们所接受。大家习惯于坐吃大锅饭，视通过竞争求生存求发展为畏途。

洪仁玕为推行新政呕心沥血，他所编撰的《资政新篇》正是古老的中国走向近代化的进军号角，给摇摇欲坠的太平天国带来一线曙光。令人扼腕的是，他所推行的新政虽为敌人所赞赏——曾国藩的机要秘书赵烈文见到了《资政新篇》后，大为惊叹，评之曰“不可谓贼中无人”——却受到自己阵营中上层的反对，中层的抵制，下层的冷淡。一再受挫之时，欲哭无泪，呼救无门。他在南昌慷慨就义，抱恨终天。

太平天国前期后期各有一个建国纲领。前期是《天朝田亩制度》，后期是《资政新篇》。尽管这两个纲领都未能付诸实现，但却能起到画龙点睛的作用，向后来的研究者说明了许多问题。

《天朝田亩制度》反映的是重农抑商、闭关锁国的思想，其奋斗目标是“饱暖”，其核心精神是“平均”。

《资政新篇》反映的是近代的发展经济、解放生产力以富国裕民的思想，其奋斗目标是“进步”，其核心精神是“竞争”。

令人无限惋惜的是，太平天国的英雄们可以在一年多的时间里长征万里，饮马长江，投鞭断流，威震敌国。可以打破千万雄关，就是打不破自己头脑中的封建意识、陈旧观念。因而，开拓的、先进的、充满竞争思想的新政，终于败于保守的、落后的、弥漫着平均思想的旧政，《资政新篇》终于败于《天朝田亩制度》。“竞争”与“平均”展开了激烈斗争，结果竟败于“平均”。太平天国被淹没于血泊之中，中国的近代化也就推迟了一百多年。

百年往事，历历在目，发人深省，引人深思！

试探百余年来对石达开评价变化无常的原因

一、横看成岭侧成峰，远近高低各不同

“横看成岭侧成峰，远近高低各不同；不识庐山真面目，只缘身在此山中。”苏东坡在这一首《题西林壁》的短诗中，同时说明了两个哲理。前两句说的是，人们每每不能正确认识客观事物，看问题不够全面；后两句说的是，人们也每每不能正确地认识自己，即缺少自知之明。这种形象化的哲理诗，很值得深思。

在对历史人物的评价中，也常常会出现“横看成岭侧成峰，远近高低各不同”的现象。对于同一个人物，有人认为是英雄，是仁人志士；有人认为是蟊贼，是千古罪人。出入之大，到了水火不相容的程度。众说纷纭，莫衷一是，甚至长期难做定论。这是为什么？其原因需要从两个方面来探讨：这一人物本身是否情况复杂，真相难明；评价者是否有意加以抑扬，古为今用。凑巧的是，石达开在这两方面兼而有之。

先说第一方面。历史人物有的情况单纯，有的情况复杂。单纯的人物有如修建在一片平地上的金字塔，从四面八方看上去，形状都差不多。复杂的人物有如被云封雾绕的深邃的庐山，人们从远近高低不同的角度所见到的形象就不一样。就太平天国的人物而言，萧朝贵就很单纯。他没有文化，在家“种田种山为业”[①]。起义后“勇敢刚强，冲锋第一”[②]。后来进攻长沙时中炮牺牲。经历单纯，全无争论，说他是一位农民起义的英雄，大家都会赞成。比较而言，石达开的问题就要复杂得多。他的前期活动虽有不少记载，可是颇有出入，他的后期活动不仅记载甚少，而且这些记载的可靠性很成问题，因而真相难明。

石达开出身于什么家庭？从自耕农到土豪大族，各种说法都有。我们到他的故乡

---

① 引自《李秀成自述》。

② 引自《李秀成自述》。

访问时，所得到的口碑是“田不多”，自耕自食。有的史料说“家稍裕”[①]。有的史料说“家中资”[②]。有的史料说“家本富饶”[③]。有的史料说“以财雄一方”[④]。有的同志竟称石家为“当地土豪大族”[⑤]。当然，现已谁也不会再讲唯成分论，但是出身不同的人参加革命的原因不会完全一致，这就难免会对他的评价产生影响。再说，石达开虽然自幼读书，但是从未应考，没有功名。他算不算读书人，也很难说。无文凭而有水平的人是不是知识分子？这个问题我们现在还在争论，何况是对古人。此事也与评价问题有关，因为“春秋责备贤者”，同样做错了一件事，我们对于有识之士的要求显然要高于无识之徒。石达开在太平天国前期的活动，除立下赫赫战功被称为一位杰出的军事家这一点没有争议外，其他许多重要史事都还没有弄清真相，未下定论。例如“安庆易制”究竟包括哪些内容，是否能够完全肯定，大家的意见就不一致。天京内讧之前，他是否参与了“诛杨密议”？如果参与了，就要承担发动内讧的一定责任。此事虽然“查无实据”，究竟事出有因，因而至今尚未得到澄清。天京内讧之后，他是否负气出走，带走大批人马，决心远征不返？果真如此，他就要承担分裂的责任。现在虽然有些同志已经提出确据，证明他离开天京的当时并未蓄意远征，决定远征不返是两年以后的事，是由以后主客观两方面许多原因所促成[⑥]。但是目前此说还未成为定论。

有关石达开后期活动的史料甚少，这是易于理解的。当时石达开孤军流动作战，出没无常，敌人常常弄不清他的踪迹，自然不会有很多的记载；而他们自己的文书史料，在失败后，大都被毁，残存下来的寥寥无几。由于史料过少，我们想对这一段史实勾画出一个大致的轮廓已经十分困难，更何况这些史料的内容还并不完全可靠。这一时期的史料大致可以归纳为三类：

（一）石达开远征军自己的史料。除了像《翼王石达开告涪州城内四民训谕》这样有限的几件文书文理通顺叙事详明，某些将领文化程度不高，文书叙事不清，有的把贵州的“威宁”错写为“谓林”[⑦]，这种半读半猜的史料，要想据以查明史实，确有困难。

（二）清朝官方记载。为了邀功或者诿过，清方将吏的奏报每每故意说假话，例如

① 引自谢介鹤《金陵癸甲纪事略》。

② 引自民国《贵县志》卷十六。

③ 引自张德坚《贼情汇纂》卷二。

④ 引自许平叔《兰茗馆外史》。

⑤ 引自范文澜《中国近代史》上册。

⑥ 如拙著《石达开并非蓄意远征不返》一文，载《社会科学研究》1984 年第 6 期。

⑦ 引自《人台左宰辅掀天燕李福猷上翼王石达开禀报》。

薛福成就揭破过骆秉章的谎言："按达开初到大渡河边，北岸实尚无官兵，而骆文忠公奏疏谓唐友耕一军已驻北岸，似为将士请奖张本，不得不声明防河得力，因稍移数日以迁就之。当时外省军报，大都如此，亦疆吏与将帅不得已之办法也。"[①]像这样的史料，只会把人引入歧途，掩盖庐山真面目。

（三）地方志的记载。这些记载虽非存心作伪，但又常常得自道听途说，不足为据。例如石达开为了迷惑敌人，对分兵作战时各路队伍都打自己的旗号。以至在同一时间，相距数百里的两个地方都有石达开路过该地的记载。孰真孰假，连当时当地的人都弄不清楚，何况后人。因此，这种记载的史料价值也就不高。

既然史料数量甚少，质量不高，据以探讨史实，必然困难很大。例如石达开最后渡过金沙江的兵力，根据不同的史料，既有十余万人之说，也有三四万人之说，甚至还有数千人之说。史实没有弄清，我们又怎能正确地评价石达开当时的战略得失，以至是非功过。就在这些数量甚少、质量不高的史料之中，也还难免掺入赝品。如说石达开"舍命以全三军"的说法来自《石达开致骆秉章书》。可是近年来已有几位同志对于此信的真实性表示怀疑，甚至直指为伪作[②]。如果此信真是赝品，据此而对石达开所做的评价岂不全都落空了吗？

因此，百余年来对石达开评价变化无常的第一个原因是：石达开本身是一位情况复杂的人物。记载他前期活动的史料虽多，但是对于某些重要史事分歧甚大；记载他后期活动的史料太少，以至真相难明。评论者从"远近高低"不同的角度去评价他，难免偏而不全，甚至摇摆不定。

二、他常常被选作古为今用的对象

评价历史人物，只能在已经掌握到的确凿可靠的史料的基础上进行，若加取舍，即非全人；再加抑扬，更离真实。遗憾的是，一百多年来，石达开常常被作古为今用的对象，评论者并非真正去评价石达开，而是"醉翁之意不在酒，在乎山水之间也"，是为达到某种政治目的而去评价石达开的。石达开为什么常常被选作古为今用的对象，这是由于他是太平天国人物中间最引人注目的一位。为什么引人注目？这是因为：

（一）他既是太平天国最出色的军事家与政治家，又以"诗人"闻名于世。这种在多

① 引自薛福成《书剧寇石达开就擒事》。

② 如田士道《应当实事求是地评价石达开》一文。

方面都有才能的人物,在历史上并不多见。

(二)他是个很年轻就已经建功立业的人物。金田起义时,他的实足年龄才十九岁,已是领导集团中的重要人物,天京内讧之后,他回京主持军国大政,一身系天下安危,那时才不过是个二十五六岁的青年。

(三)在太平天国诸领袖中,他是最有代表性的人物。他短暂的一生是和整个太平天国革命事业的兴衰成败密切结合在一起的。他又常常处在一些真相难明的矛盾与漩涡中间,引起后人的许多猜测和议论,给加以美化或丑化、神化或鬼化留有余地。

(四)出师未捷身先死,长使英雄泪满襟。失败了的英雄更能引起后人的同情,正如赵矢元同志所说:"英雄令人敬仰,悲剧使人同情,历史悲剧中的英雄石达开,更叫人一掬同情之泪,表示敬仰之情,为之惋惜和慨叹。"①

石达开殉难至今不过一百多年,后人对他的评价却波澜起伏,极不稳定。概括言之,我们可以把后人对他的评价分为以下六个时期:

(一)清代。在这一时期,不论是太平天国自己人,外国人与民间对他的评价都是很高的。清廷上下虽然对他切齿痛恨,也不能不衷心佩服他的才能。曾国藩说他:"狡(应释为机智)悍(应释为勇敢)为诸贼之冠。"②左宗棠说他:"其才智出诸贼之上。"③薛福成甚至情不自禁地称他为"绝代英物"④。

(二)辛亥革命前后。革命党人为了宣传革命的需要,把石达开塑造成为一位理想人物,一座高大无比的神像。

(三)中华人民共和国成立前。人们对他的崇拜虽然赶不上辛亥革命时期,仍然是作为一位民族革命的英雄来歌颂的。

(四)中华人民共和国成立后的十七年。肯定他是一位杰出的农民革命领袖,赞扬他前期的不朽功勋,批判他后期的分裂行为。

(五)"文革"时期。"四人帮"及其走狗别有用心地攻击诬蔑石达开到了匪夷所思的程度。

(六)现在。拨乱反正以后,推翻"四人帮"加给石达开的一切诬蔑不实之词,为古人"平反",恢复历史的本来面目。

---

① 引自赵矢元《石达开与资产阶级革命》一文。

② 引自曾国藩《陈明石逆情形片》。

③ 引自左宗棠《咸丰丁巳与王朴山书》。

④ 转引自简又文《太平天国全史》第十八章。

在任何时期，“古为今用”，借他人酒杯，浇自己块垒的情况都是有的。而对石达开的“古为今用”，则以辛亥革命前后与“文革”中间这两个时期表现得最为突出。

辛亥革命前后，许多革命党人都选中了文武全才而又惨遭不幸的石达开，把他树为一面旗帜，借以宣传反清，鼓动革命。称石达开为反清志士、民族英雄、老革命党人。石达开既有能诗之名，一些革命者伪造石达开的遗诗以鼓吹革命，就成为一种别开生面的宣传方式。其中主要是梁启超收进《饮冰室诗话》中的五首伪诗与高天梅“以一夕之力”写成的二十首伪诗。这些慷慨悲歌的壮丽诗篇，虽然有不少地方悖于史实，却能感动许多读者，使之奋起参加革命，收到古为今用的效果。可以说，辛亥革命时期，历史人物的石达开对宣传革命起了很大的作用；而经过革命党人作了加工成为艺术形象的石达开所起的作用就更大。这是完全应该加以肯定的一件好事。但是我们却不能把历史人物的石达开与艺术形象的石达开混为一谈。作为艺术形象是可根据生活的真实来虚构和夸张的。但研究历史，就应该让历史人物的石达开恢复本来面目。

“文革”期间，“四人帮”及其走狗为了篡党夺权，影射攻击老干部，就把石达开骂得体无完肤，一无是处。任意给他戴上“地主土豪”、“阶级敌人”、“投机分子”、“阴谋家”、“野心家”、“分裂主义者”、“复辟倒退者”、“蛀虫”、“叛徒”等不计其数的大帽子，把他描绘成青面獠牙的恶鬼。“四人帮”大搞影射史学，借古讽今，古为帮用，使史学界成为重灾区。在史学领域中，他们又看中了太平天国史。学霸戚本禹就是从评论《李秀成自述》开始，掀起一股歪风恶浪的。因此，太平天国史又成为重灾区中的特重灾区。他们完全撇开史实，闭着眼睛说瞎话，一切以洪划线，除洪秀全外，首义五王一律打倒。连对洪秀全百依百顺的李秀成尚且一错到底，何况曾经和洪秀全大闹矛盾的石达开。在一段时间里，梁效文章的矛头一直对准石达开，说什么“石达开本来就是土豪大姓，富有财产，他混进革命队伍，当然不是谋求农民的解放”，“石达开……大肆鼓吹仁政，极力破坏对地主阶级的革命专政”。[①] 由于他们攻击石达开的用语太现代化了，就完全暴露了他们自己指桑骂槐的恶毒用心。

因此，百余年来对石达开评价变化无常的第二个原因是：常常有人把他选作古为今用的对象，借题发挥。随着当时的需要，或者对他加以美化、神化；或者对他加以丑化、鬼化，掩盖了历史的真面目。

---

① 引自梁效《试论太平天国政权问题上的两条路线的斗争》一文。

三、新发现的史料所引起的轩然大波

有些历史人物，千秋一片颂声，我们在史料中再发现他的一点长处，对他的评价并无什么影响。有些历史人物，万世受人唾骂，我们在史料中再发现一点他的劣迹，对他的评价也没有什么作用。因为他们已经定了型，功、过略有变动，改变不了人们对他们的看法。但是对于某些有争议的人物，我们发现一条与他有关的史料，就可以影响到人们对他的评价。举例说，一架天平，两边所放的东西都刚好是一百斤重，相持不下。这时有谁在某一边加上了一两重的东西，这一边就立即下沉。这一两重的小东西，就有举足轻重的作用。石达开正是一位颇有争议的人物，而且在他的一生中多次搅进真相难明的矛盾与漩涡，因此，每发现一件与他有关的史料，都可能引起一场轩然大波，立即影响到人们对他的评价。

举例说，自从在《吴煦档案》中发现了《吉庆元朱衣点等六十七将领缕陈军情请准暂居原职共图报效本章》之后，有些同志就责备石达开不择手段骗走了二十万太平军将士，对革命事业拆台。因为这个《本章》中说："小臣等自丁巳七年跟随翼王进取江右，跋涉险阻，逾越关河，意欲开疆拓土……小臣等始则信翼王亲奉密诏，转回粤西，招纳英俊，广罗贤辅，作我陛下股肱心膂，继则观其动静行为，多滋物议。"[①]如果事实确实如此，石达开理应受到责备，承担欺骗将士，制造分裂的罪名。但是遍查史料，他们完全找不到石达开有说自己"亲奉密诏"外出招兵的记载。而且恰恰相反，他在离开天京以后，一路上遍贴《五言告示》，说明自己是因洪秀全"重重生疑忌"而被迫离京的——当然也就不是奉什么"密诏"出征。这个《告示》中还说"为此行谆谕，遍告众军民，依然守本分，照旧建功名。或随本主将，亦足标元勋，一统太平日，各邀天恩荣"。也就是劝告全体军民，各自安守本分，为革命事业立功，如果确属自愿，也可以前来参加自己的队伍建功立业。这种态度是诚恳而坦率的，并没有玩弄什么阴谋诡计。那么，《本章》中为什么会有"小臣等始则信翼王亲奉密诏"的说法？这是不难理解的。因为吉庆元朱衣点等人先是脱离洪秀全去投奔达开，后来因为种种原因，又脱离了石达开回到洪秀全这边来，自己也会觉得不好意思，总得要为先前离开洪秀全的行动找个借口。事情已经查清，真相不过如此，这一史料的发现是不值得引起轩然大波的。

---

① 引自《吉庆元朱衣点等六十七将领上天王奏》。

还有,《六安州总制掌书陈凤曹上六安州总制陈敬禀》一文的发现,也对石达开造成极为不利的影响。因为此文中有"翼王私自出京,誓不回去"一语,常常被人引来作为石达开蓄意远征不返的证据。其实,此文正好否定了所谓"亲奉密诏"外出招兵之说。既然在石达开离开天京的当时,全军上下都知道他是"私自出京,誓不回去",也就是说,他并未说谎,那又何来"亲奉密诏"之说。值得推敲的是"誓不回去"一语,如果不管史实,孤立地只看这几个字,似有脱离或者背叛太平天国之嫌。但从以后发现的另一史料——德兴阿向清廷的奏片看来,所谓"誓不回去",是指绝不愿意回京辅政,以避免和洪氏集团纠缠,并不等于脱离太平天国。石达开不回天京,只在安庆指挥作战,仍然是太平天国通军主将,能够行使全军统帅的职权。而且,陈凤曹所写的这份文书只是太平天国一个下级官员道听途说而来,并非出自石达开之手或石达开之口,只可作为参考,不可引为确据。

1981年,《历史档案》上公布了一批与天京内讧有关的档案材料,其中有:"洪逆以溧水、句容相继克复,大兵云集镇江,屡求石逆救援不应。该逆将洪仁发、洪仁达伪号削去,并镌伪义王金牌一道,及合各城大小伪职求救表章送往安庆。石逆但遣党二千余人乘坐木筏前来援镇等语。或云石逆并未受物,亦不允来,坐观洪逆成败。"①这记载是何桂清对清廷的奏片。所谓"或云",也只能是道听途说,而非确讯。有些同志即据此批评石达开不顾大局。认为洪秀全既然已经认错,削去洪仁发、洪仁达的王号,而且送来义王金牌,石达开就理应乘势回京,重掌大权,共挽危局。我们不能把问题看得那么简单。洪秀全的性格,洪仁发、洪仁达的胡作非为,都为石达开所深知。一时削去王号并不能真正解决问题。石达开如果此时回京,"重重生疑忌"的情况仍将重演。史实说明洪秀全后来依然重用他那两个宝贝哥哥,挟制李秀成等人,一直闹到亡国。石达开不愿回京,坚持驻在安庆指挥作战,并不一定就是过错。至于他以后确实远征不返,那是一年多以后的事,是由主客观两方面多种原因造成的,与当时的不肯回京是两回事。

在近年来新发现的史料之中,只有一件对石达开有利的。这就是咸丰七年九月德兴阿向清廷奏报的附片。咸丰帝硃批该片的日期是九月二十二日。一片中说:

> ……又抄得石逆由安庆寄与洪逆伪章一纸,内有令贼党李寿成(李秀成)会合张洛行领数十万贼分扰下游,又调贼党陈玉成、洪仁常、洪春元、韦志俊、杨来清等

① 引自何桂清《据探金陵求石达开救援及遵筹军务诸情片》。

各率贼数万及五六千不等概回金陵，并欲赴援江西，窜扰浙江等语。而书中之意，似与洪逆各树党援，不相附丽。洪逆伪批，亦似外示羁縻，内怀猜忌。惟贼踪分合无常，总不容稍疏防范。①

这一史料的真实性是不容怀疑的，当时以六百里加急送到军机处的奏报不可能是伪造。德兴阿也不敢“欺君”，捏造什么“石逆伪章”与“洪逆伪批”。石达开在本章中说：已派许多将领回援天京，他自己即将赴援江西，并拟进军浙江。这些行动，后来都已实现，成为事实。德兴阿不能预知未来之事，足以说明他确实看到了“石逆伪章”。这一史料，至少说明了以下这些问题：

（一）石达开离开天京之后，并非一去不回头，与洪秀全断绝一切关系。事实是，他在离开天京四个月之后，遇事仍然向洪秀全报告，洪秀全仍有批示，君臣关系如故。德兴阿说他们“外示羁縻，内怀猜忌”，即关系虽不融洽，但还是保持着的。又说“贼踪分合无常，总不容稍疏防范”，即他认为洪、石之间并非完全分裂，既有“分”的可能，仍有“合”的可能。

（二）石达开当时驻节安庆，仍然行使他全军统帅（通军主将）的职权，指挥许多将帅回援天京。从以后的事实来看，李秀成确也听从他的指挥，会合张洛行部东援天京。

（三）石达开后来赴援江西，进军浙江，并非临时起意，而是经过周密布置，并且得到洪秀全的同意，才付诸行动，绝非盲目流窜。向浙江进军，是以进攻东南财富之区的办法来解天京之围。两年之后，洪仁玕、李秀成共议奇袭杭州，以解京围，正是师法石达开的故智。

（四）过去我们总认为石达开离开天京之后，是一去不返，想到四川去另立一国，独树一帜，那是一种误会。事实证明，他在进军浙江之前，绝无远征不返的想法与行动。到四川去，应该向西进军，而他在离开天京十个月以后，不向西，不向南，不向北，却向着东方的浙江进军，这是为什么？是为着配合其他将领共解天京之围。后来，石达开确实向四川进军，远征不返了。但那是离开天京两年以后的事，是由多种原因造成的。如洪秀全撤了他通军主将的职务，使他进退失据；如杨辅清受封为中军主将之后，和他闹矛盾，发生摩擦；如湘军向他施加压力，堵住他的归路，等等。有一条史料可以证明他的远征四川，是在驻军江西南安府时才决定的：“伪二旗军略萧发胜等计画由楚而

① 引自咸丰七年九月，德兴阿等奏折附片，硃批日期为九月二十二日。

鄂，进图西蜀，占上游之势，入完善之区。”[1]萧发胜等向石达开提出这一建议，为石达开所采纳。他们才全军西进，攻入湘南，以图四川。如果他们离开天京之时即已决定远征四川，驻军南安府时，萧发胜就没有再向石达开提出进图四川的建议的必要。

（五）洪秀全铸义王金碑，派人送到安庆，争取石达开回京辅政，石达开“誓不回京”，不肯接受。这并不是脱离或背叛太平天国，而是“将在外，君命有所不受”，是想按自己的战略思想指挥作战，不愿意再回天京和洪氏集团纠缠。

总之，这一条史料至少可以证明：石达开在1857年5月底离开天京之时，并非蓄意远征不返，更未打算到四川去另立一国。在一切新发现的史料中，能够为石达开解释误会，澄清事实的，似乎只有这一件。

因此，百余年来对石达开评价变化无常的第三个原因是：由于石达开一生经历疑案甚多，误会不少，是毁是誉，难以定案，所以每发现一件与他有关的史料，就会引起一场轩然大波，影响人们对他的评价。

四、对石达开可以做出宏观的评价

对石达开的评价长期以来一直变化无常，难以做出定论的原因是：还有不少疑案至今尚未查清。论从史出，史实没有查清，又怎能作出令人信服的结论！如何解决这个问题，笔者仅提出以下的意见，以就教于各位专家与广大读者。

有关石达开的问题很多。但是解决问题要分主次，首先应该排除一些枝节问题，找出事情的关键所在。关键问题得以解决，枝节问题也就迎刃而解。对于石达开的评价，同志们可以大体同意的，至少有以下两点：

（一）在太平天国诸领袖中，石达开是一位年轻有为，最有才能的人物。

（二）他在太平天国前期所建立的功勋应该充分肯定，有争议的只是他在后期的所作所为应该如何评价。

对于石达开后期活动的评价，关键问题只有两个：(1)他在离开天京时是否蓄意远征不返，去另立一国。如果是的，那就应该对分裂承担一定的责任。(2)他在大渡河畔覆军之时，究竟是真降还是诈降。如果是真降，那就应该戴上叛徒的帽子。只要这两个问题有了结果，对石达开后期的评价也就可以做出结论。其他枝节问题，都不足以

---

① 引自李滨《中兴别记》卷四十二。

影响这个结论。当然，要想解决这两个问题，并非易事，还需要同志们共同努力。在此笔者提出自己粗浅的看法：

关于第一个问题，石达开离开天京之时，并非蓄意远征不返。上述德兴阿的奏片虽然不能完全证明此事，至少能够基本上为石达开澄清误会。

关于第二个问题，我认为石达开是诈降而非真降。所谓真降的记载，仅仅出于敌人骆秉章之手，不足为凭。至于诈降的记载，则出于地方志与清方官员私人笔记，比较可信。

对石达开是否能够做出为大家都能接受的评价？我认为是可以的。我们研究历史人物，对于其一切言行，不妨从微观上去进行探讨，点点滴滴都希望能够窥见庐山真面，但这并不影响从宏观上去做出一个总的评价。对于主要问题，我们必须查清，绝对不能含糊。但是要想查清一切枝节问题再做结论，则既不可能，亦无必要。总的看来，石达开是中国近代史上一位杰出的农民起义领袖，是太平天国最出色的军事家和政治家。在太平天国前期，他为革命事业立下了不朽的功勋，在太平天国后期，他的行动虽然出现一些缺点和失误，还谈不上"分裂"与"叛变"，因此就影响不了对他总的评价。

对于"分裂"问题，且不说他离开天京之时并非蓄意远征不返。即或如此，主要的责任也不在他。因为谁都承认一个事实，即他的出走是被逼的。如果被逼者要负"分裂"之责，逼人者却可以不负"分裂"之责，那就是逻辑上的混乱。

对于"叛变"问题，这是敌人给他定的案，岂能勉强我们接受。他兵败被俘，慷慨就义。说他"叛变"，查无实据，难以成立。

太平天国是一场历史的大悲剧

余以为太平天国是一场历史的大悲剧。之所以称为悲剧,至少有以下三个理由:

如果太平天国这次农民大起义是发生在鸦片战争之前,发生在古代封建社会,或成而为王——改朝换代,或败而为寇——遭到镇压,结果都是一样:封建社会依然如故。这是历史规律使然,无悲剧之可言。值得惋惜的是:太平天国这次农民大起义却发生在鸦片战争之后,完全有可能成为古老的中国“冲出中世纪”、“进入近代化”的契机,结果竟归于失败,使中国的“进入近代化”推迟了一百多年。当然,太平天国的英雄们从未想到,也不可能想到要在古老的中国发展商品经济,发展近代工业,他们所梦想建立的“新天新地新世界”依然是一个金字塔式的封建王朝。但是在起义大军到达之处,在《天朝田亩制度》所许诺的“耕者有其田”的口号冲击之下,原有的封建秩序已经发生动摇。如果太平天国胜利了,清王朝崩溃了,历史的发展将不以人的意志为转移,在古老的大地上,“近代化”的萌芽就会破土而出。太平天国的失败,使得鸦片战争以后的中国失掉了第一次“冲出中世纪”、“进入近代化”的机会,因而成为历史的悲剧。此其一。

太平天国是失败了,但不等于说,命中注定它一定会失败。政治理想能否实现是一回事,军事斗争的胜败是另一回事。《天朝田亩制度》肯定是难以贯彻实行的,但这不等于说,太平天国在军事上就一定要打败仗。1856 年以前,英、美、法等国皆严守中立,就说明一时胜负难分,也就是说太平天国还有战胜清王朝的可能,噩梦般的天京内讧基本上摧毁了太平天国自身的力量,这次内讧的规模之大,损失之重,在中国几千年的历史中都是比较突出的。这是悲剧中的大悲剧。此其二。

天京内讧之后,太平天国的国脉民命不绝如缕。在一片黑暗沉沉之中,忽又闪现出一线光芒,这就是洪仁玕从香港间关来到天京,带来了“进入近代化”的具体的建国纲领《资政新篇》。此书全文写完的时间虽然难以详考,但是其中的构想必然是洪仁玕来到天京以前就想好了。

过去有人认为洪仁玕的《资政新篇》只是无法实现的空想，理由是：它不合中国国情，推行新政的条件还不具备。余则以为这种说法本身才是缺少根据的空想。若与日本的明治维新相比，洪仁玕新政的推行客观条件更好。试看：

一、洪仁玕推行新政（1859）早于明治维新（1868）十年，中日两国都是东方的封建国家，国情有不少近似之处。从实行新政的客观条件来说，日本比中国更为落后。

二、洪仁玕推行新政之时，西方资本主义国家早已用大炮打开了中国的大门，与天京近在咫尺的上海已经有了租界，欧风美雨已经吹洒到中国大地。而日本刚刚受到美国海军大炮的轰击，大门还未打开。

三、洪仁玕推行新政之时，太平天国辖区主要在江浙一带，这里正是当时中国商品经济最发达的地区，稍加诱导，就能顺水推舟地推行新政。而日本还无此条件。

结果，日本明治维新成功，而洪仁玕推行新政失败，这是为什么？排除了客观条件，就不得不从主观因素，也就是人的因素上来找原因。

日本的明治天皇，俄国的彼得大帝，百日维新中的光绪帝，他们在封建帝王中还算是比较开明的人物。愿意励精图治，为了国家的富强宁肯多少放弃一点自己的封建特权——正是有所失才能有所得。而洪仁玕的堂兄，专制暴君洪秀全则是一个顽固派，抱着宁肯亡国也不愿变法的死硬态度拒绝推行新政。坚持迷信，反对科学，坚持专制，反对立法。在他的支持之下，宗室、权贵横行，横征暴敛，民不聊生；功臣宿将自恃功高，争权夺利，对略带科学、民主色彩的新政抱着抵制与嘲笑的态度。洪仁玕孤家寡人，赤手空拳，徒唤奈何！

洪仁玕不愧为向西方寻找真理的先进人物，只可惜书生气太重了一点。他认为自己忠心耿耿为堂兄天王打算，为太平天国打算，一定能够得到大家的理解与支持。但是事实上却不断地碰钉子。他感到茫然，所以在《四十千秋自咏》中叹道："不惑年临惑转滋，知非尚欠九秋期。"他实在难以理解：为什么有些人宁肯丢脑袋也不肯丢掉旧观念，有些人宁肯让子孙后代万劫不复也不愿放弃眼前的丝毫利益。

在洪仁玕推行新政之时，太平天国虽已处于困境还未达到绝境，虽已奄奄一息还存在进行抢救的可能。如果洪秀全略有一点光绪帝的气魄（更谈不上明治天皇与彼得大帝的气魄），功臣宿将略加配合而不是事事掣肘，则新政得以推行之日，也可能是太平天国起死回生之时。山穷水尽疑无路非真无路之后，还有一线希望出现柳暗花明又一村。可恨顽固分子为了维护一己的尊荣，维护眼前的利益，宁肯丧身灭国，也不愿进行改革。洪仁玕在南昌慷慨就义之时，感到痛心的不是自己遭受凌迟酷刑，而是壮志未酬，死难瞑目。“出师未捷身先死，长使英雄泪满襟！”这更是历史的悲剧。此其三。

太平天国未能取得胜利，《天朝田亩制度》未能推行，未能为中国的近代化铺平道路，这已经是历史的悲剧——付出重大牺牲而一无所获。在两军决战胜负难分之际而发生了自相残杀的天京内讧，为亲者所痛仇者所快，太平天国从此一蹶不振，这更是令人扼腕的历史悲剧。尤其是洪仁玕的推行新政，对古老的中国从“冲出中世纪”到“跨入近代化”只有一步之差，结果竟然未能跨过。历史老人已经为垂危的病人找来了良医，带来了起死回生的灵药。可是病人宁死不肯用药，愿意带着花岗石的脑袋去见他的天父。顽固分子至死不悟，死不足惜。可是，如苍生何！如后代何！这真是更大的历史悲剧！

所以，余以为太平天国是一场历史的大悲剧。

往者已矣，来者可追！我们现在又面临一次使古老的中国在前进的道路上改弦易辙的契机，唯愿能够记取前人用鲜血换来的教训，弃旧图新，不要再让历史的大悲剧重演。则国家幸甚！人民幸甚！子孙幸甚！

试论石达开远征的是非得失

一、究竟是“出走”还是“远征”

对于石达开率领大军离开天京一事，在太平天国文书中称为“远征”，但是近年来诸家著作中则多称为“出走”。用词的差别绝非小事，因为词义有褒贬之分。通过用词可以看出作者对于某一历史事件的态度和看法。“远征”是正大光明的事，应是褒义；“出走”则是悄悄做事，不敢公开，即或不算贬义，至少不算褒义。“远征”的用法，古已有之，不必解释。“出走”一词，《辞海》不收，显然是近代才产生的新词。《现代汉语词典》解释说：“出走：被环境逼迫不声张地离开家庭或当地。”而石达开率军离开天京，事实上不是不声张地“出走”，而是大张旗鼓地“远征”。据清朝地方政府的探报说，石达开是由天京南门出城的，出城后还在城南雨花台“讲道三天”，然后经过安徽铜陵，大举渡江，进入安庆。沿途张贴布告，把自己的行动遍告全国军民。这绝不是“不声张”，而是大事声张，试问怎能叫作“出走”？石达开的这一行动究竟应该称为“出走”还是称为“远征”，我们且看看太平天国方面对于此事是怎么说的？

自从石达开远征之后，直到天京陷落之时，太平天国官方对于此事一直称为翼王远征。例如《李秀成自述》中说：“翼王回京，合朝同举翼王提理政务，众人欢悦，主有不乐之心，专用安、福两王……押制翼王，是以翼王与安、福王二人结怨，被忌押制出京，今而远征未肯回者，因此之由也。”《洪仁玕自述》中说：“翼王见大局如此不满意，乃决意离京远征，一去不回，彼在四川作战，得获胜利，亦占得数地，卒之，他被四川总督骆秉章所部擒获。”洪秀全自己在诏书中从未正面提起石达开远征一事，这是他有难言之隐，有意回避。但是，在官方每年颁布的历书中都列有石达开的衔名，以及朝天朝主图仍有石达开的座次看来，洪秀全仍然承认石达开的地位与职务，这就是说，石达开的一切行动，太平天国中央政府是认账的，至少是默认的。既然如此，石达开先后转战九省，长驱万里，这不是远征又是什么？如果认为石达开是“不声张地”“出走”，那么，按照太平天国的说法，就是“三更”，就是“反草变妖”。应该“过云中雪”，斩首不留的。尽管洪秀全当时无力出师讨伐，至少可以加以贬斥，可以口诛笔伐，但是一向坚持“只有臣错无君错”的专制帝王洪秀全，却不敢有一语指斥石达开。既然石达开的对立面洪秀全本人都不说石达开是“三更”，我们又有什么理由一定要说石达开是“不声张地”“出走”呢？笔者认为：为了符合历史事实，不应称为“出走”，应该称为远征。

二、石达开的远征并非意气用事

不少同志在评论石达开远征一事的时候，都是采取“各打四十大板”的办法，认为洪秀全的错误是“用亲不用贤”，石达开的错误是“意气用事”。也就是说：造成这一悲剧，双方都有责任。

石达开的远征果真是“意气用事”么？笔者对此有不同的看法。在天京内讧的整个过程中，石达开的态度与行动都是无可非议的。内讧爆发之前，他毫不知情。内讧爆发之后，他奋不顾身地赶到天京制止屠杀。由于洪、韦不许他进行干预，并要对他下手，他才决心逃出天京，然后组织力量回来制止屠杀。兴师靖难之时，他虽然为了顾全大局，只要求韦昌辉之头，不要求洪秀全之头，但是他所施的压力是直接加到洪秀全的头上的。布列治门《太平天国东北两王内讧纪实》一文中说：“石达开急行集合忠实的部队，及既得有足用及可靠的兵力，即上奏于天王，要求韦昌辉之头。同时致以恐吓，谓如不得其头，即班师回朝攻灭天京。”这样的恐吓，完全是正义的，无可非议。因为当时天京的大屠杀再不停止，太平天国就会立刻覆灭，不会再拖八个年头。天京城外的敌人看到城里的火光，见到成千上万的尸体由观音门漂流出江，无不兴高采烈，随时准备进城办理接收。石达开的义师回到天京，才打破了敌人的好梦。我们绝不能忘记这一不容怀疑的历史事实，即石达开以他果断的正义行动，从覆亡的边缘上挽救了太平天国。

如果不是石达开大兴问罪之师，洪秀全是不肯杀掉韦昌辉的。麦高文在《太平天国东王北王内讧详记》一文中说，石达开起兵之后“即要求杀北王及其党羽。最初，其要求未蒙答应（就是说洪秀全不肯）韦昌辉犹欲负隅顽抗……但未几，洪秀全见全体军心皆归附翼王，不得不屈从其主张。”天京内讧的阵线分明，洪、韦是一党，洪秀全利用韦昌辉为工具，袭杀杨秀清，屠杀所谓“杨党”。石达开正是为了顾全大局，挽救革命事业，才不顾个人安危跑回来制止屠杀的。如果他只身回京可以解决问题，那又何必兴师动众，他第一次回京正是这样打算的。可惜空口说话，不起作用，他只好逃出天京去组织力量。这一来，得罪了洪、韦。他本人虽然脱险，结果全家被杀。如果他意气用事，那么在率领靖难大军进入天京时，就会大杀洪、韦党羽以泄私愤。当时，他完全有力量杀洪而代之。可是大敌当前，怎能自相残杀！在韦已伏诛，大军进入天京之后，他力争和洪秀全取得谅解，稳定大局，医治大屠杀所造成的严重创伤。这真是先国家之急而后私仇，也可以说是急国家之急而忘私仇。石达开大军进城，鸡犬不惊，并无任何私人报复的举动，连韦昌辉之父都受到保护。因此，"翼王回京，合朝同举翼王提理政务，众人欢悦。"(《李秀成自述》)。我们不要忘记，石达开当时不过是个二十五岁的青年。他能这样顾全大局，不记私仇，确实是一件很了不起的事。我们怎么还能把"意气用事"的帽子加到他的头上？

为了共济时艰，挽救革命事业，石达开能够把全家被杀的大仇置之度外，和洪秀全继续共事，委曲求全。如果洪秀全也能顾全大局，从此重用石达开，则正如罗尔纲先生所说："这就是说明太平天国经过了杨、韦内讧，当然是受了大损失的，但这一件大损失，在石达开归来执政之后，是可以补救起来的，太平天国的前途还是有发展的。"(《太平天国领导集团内讧考》)。但是在石达开执政的半年中，洪秀全重用一窍不通的安、福两王，处处压制石达开，逐步夺石达开的权，而且策划杀害石达开。这真是"是可忍孰不可忍？"如果石达开真的意气用事，则再度爆发内讧，是完全可能的。为了顾全大局，石达开不此之图，最后决心离京远征，这就绝不是意气用事，而是审时度势深思熟虑的结果。石达开不愧是一个公而忘私的人，如果在他执政之后，洪秀全能够尽弃前嫌，和他很好地合作，他是不会做出任何不利于革命事业，不利于洪秀全个人的事情的。这一点，难道还有什么疑问吗？

三、"委曲"是不是可以"求全"

罗尔纲先生对石达开的远征是表示惋惜的，他认为石达开应该尽量委曲求全："石达开在太平天国处于这样一种举足轻重的地位，那么，他对洪仁发、洪仁达的挟制，应该要委曲求全，忍辱负重以求内部的团结，对洪秀全的疑忌，应该要用忠贞的行动，以消释洪秀全的疑忌。后来忠王李秀成也给洪仁发等欺压，也给洪秀全猜忌，李秀成对付洪姓只是委曲求全，忍辱负重。虽然得不到团结的结果，但洪姓也没有再进一步杀害他。"(《太平天国领导集团内讧考》)笔者认为:如果"委曲"而能"求全",我们当然十分赞成。遗憾的是:"委曲"不一定能够"求全"。理由如下:

(一)拿石达开与李秀成相比较,李秀成有委曲求全的可能,而石达开绝无这种可能。李秀成是后起的人物,威望远远不如石达开,只要他俯首听命,洪李双方相安是可能的。石达开则不同,他是首义诸王之一,不管他如何努力,双方勉强相安的可能性都是不存在的。广西首义六王,西、南两王死于进军途中,东、北两王死于内讧,还活着的只有洪秀全与石达开两人。在洪秀全心目中,有资格和有条件和他争夺宝座的,就只有年轻有为的石达开。而且,石达开知道他发动内讧袭杀杨秀清而夺取实权的全部秘密,石达开和他之间有杀害全家的大仇。石达开不是一个唯唯诺诺的驯顺工具,而是一个桀骜不驯的人物,曾经扬言要起兵"攻灭天京"。更危险的是:石达开文武全才,得到全体军民的拥护。这样的人不除,他怎能安枕?以上所说的这一切都是客观存在,洪秀全的猜忌就是在这些客观存在的基础上产生的。不管石达开如何努力委曲求全,都无法消除洪秀全的猜忌。石达开态度强硬,固然会引起猜忌,石达开处处忍让,也同样会引起猜忌,洪秀全会认为这是伪装,这是斗争策略。总而言之只要石达开活着,猜忌就无法消除,要想消除猜忌,石达开只好自杀。委曲求全,谈何容易?

(二)委曲而"求"来之"全"并非完全一样,而有各种不同的内容。如果求来的只是苟且偷安之"全",对革命事业不利,我们是不赞成的。历史事实证明,李秀成事事委曲求全,并没有给革命事业带来多大好处。在李秀成的大军即将攻下上海的关键时刻,洪秀全不予支持,勒令退兵回救天京,结果坐失战机,带来无穷的后患。李鸿章的淮军就是以上海为根据地而逐渐发展起来的。后来洪秀全心血来潮,逼李秀成率领大军冒雪"扫北"。李秀成明知形势不利,不敢力争,只好委曲求全,奉命而行,结果士兵冻馁而死者居半,大大地损失了有生力量。最后,在天京被围即将断粮的紧急关头,李秀成提出一个完全正确的"让城别走"的战略,准备把主力拉到帝国主义势力所不及的地区,徐图发展,等到力量恢复,然后卷土重来。洪秀全拒不接受,李秀成只好委曲求全,困守天京,陪他同归于尽。这难道不是事实?即或石达开真能像李秀成那样决心委曲求全,而历史又出现了奇迹——洪秀全的性格突然改变,变得心胸宽大,对石达开不再疑忌;石达开的性格也突然改变,变得十分驯顺,对洪秀全事事服从——事情的发展也不见得会对太平天国革命事业有利。有的同志在读到太平天国晚期历史时,掩卷叹息,认为李秀成应从大局出发,敢于违抗洪秀全的乱命,执行正确的战略。"将在外,君命有所不受。"古有明训,有何不可?看来,李秀成过分委曲求全似乎并不符合革命的利益。虽说“春秋责备贤者”，我们如果一方面责备李秀成过于委曲求全，另一方面又责备石达开不能委曲求全，纵然石、李无言，我们又将何以自圆其说？

委曲而求苟且偷安之“全”，已不可得；欲求符合革命利益之“全”，更不可能。因此，石达开委曲求全的道路是走不通的。

四、远征是石达开当时唯一可走的道路

我们要评论石达开远征一事的是非，不能纸上谈兵，必须分析当时的具体情况，两害则取其轻，两利则取其重。如果当时还有更好的道路可走，远征就是错误的，如果当时的确没有更好的道路可走，远征就是正确的。正如一个人负了重伤，如果可以不截肢，则截肢是错误，如果不截肢就要死人，则截肢而挽救生命就是正确的。

我们如果冷静地分析当时局势，就会发现，摆在石达开面前的只有五条道路，此外就再没有什么第六条道路。这五条道路是：一、委曲求全，二、束手待毙，三、叛变投敌，四、取而代之，五、率军远征。委曲求全这一条道路是走不通的，前面已加分析。取而代之和叛变投敌，是石达开宁死也不肯为的，这里不用再说。以下只分析其余二条道路。

束手待毙之说，绝非危言耸听。石达开如果不走，迟早必被洪秀全所杀。新本《石达开自述》中说：“洪秀全把韦昌辉杀了，又疑心达开，有一并谋害之意”。罗尔纲先生的《太平天国领导集团内讧考》中说：“石达开见洪秀全对自己的疑忌越来越重，他害怕被洪秀全杀死，就逃出天京。”这种估计都是有根据的。天京内讧，洪、韦站在一起，而石达开则是站在杨秀清一边的。洪、石之间本来就是对立的。石达开兴师问罪，洪秀全迫于形势，才杀韦顺石，石入京主持政务，不出于洪之任命而出于“合朝共举”，自非洪所能容忍。总之，洪、石难以并存，石既不愿杀洪，迟早必将为洪所杀，这一点洪、石双方都是了然于心的。石达开既走之后，洪秀全在全体军民都同情石达开的巨大压力之下，铸“义王”金牌送给石达开，请他回京，那只是一种姿态，是想捞回一点政治资本的策略，骗不了人。石达开不走，一定被杀无疑。我们全都承认，石达开是被逼走的。所谓“逼”也者，非死即走耳！否则又何能称之为“逼”？愚忠而死，于国何补？于民何益？我们既然不提倡“君要臣死不得不死”的封建道德，就没有理由苛责不死而走的石达开。石达开并非怕死的人，他最后“临刑之际，神色怡然”就能充分说明问题。但是为了保存革命力量，我们就不应该劝他束手待毙。

道路一共只有五条，排除了以上的四条，就只剩下率军远征的一条路。比较而言，上策是没有的，远征是中策，其他四条道路只是下策或者无策。设身处地想一想，我们就没有充足的理由可以反对石达开走远征的道路。

五、不能以成败论英雄

以成败论英雄，连封建社会的史家也觉得可耻。何况我们！我们研究历史，应该寻求真正的客观规律，探索历史的必然。不能为一些偶然的现象所蒙蔽。如果某一个人物由于偶然的原因而失败了，我们就说：此人既然失败，则他过去的所作所为必然是错误的。某一个人物由于偶然的原因而成功了，我们就说：此人既然成功，则他过去的所作所为必然是正确的。这不仅是太公式化，而且有趋炎附势之嫌。不错，石达开最后是失败了，但是，大渡河覆军的原因包括了极大的偶然因素在内，这就是大渡河多年不遇的提前涨水。当时，如果石达开的大军渡过了大渡河，袭取成都的可能性是极大的。袭取了成都，石达开受人指责的流寇路线就可以宣告结束，因为他想在四川建立永久性根据地的打算是中外皆知的。在长江下游双方打得难解难分的情况之下，石达开的力量在西南内地坐大是可能的。

多年来，流寇路线一直是石达开被人指摘的重点之一。其实，历史上大规模的农民起义队伍总是流过一段时间的。太平天国在定都天京之前，也流过两年之久。石达开一心想取四川为根据地，在没有达到这个目的之前，自然不免流来流去。大渡河覆军之时，他事实上已经结束了流寇路线，一心想袭取成都为根据地。可惜功败垂成，无法再拿事实来证明他并不是想一辈子当流寇的。

多年来，“官制礼文多所更改”也是石达开被人指摘的重点之一。有些同志认为，石达开远征之后，对于“官制礼文”改得不少，就有背叛太平天国之嫌。如果不凭印象而凭数据来分析问题，我们就会发现：石达开远征之后，洪秀全对官制礼文改得更多，滥封两千七百多王。这是谁干的事？庚申十年以前参加革命的，无人不官，无官不爵，造成一大批封建特权阶层，这又是谁干的事？从笔者自己所编撰的《太平天国专用词语释义汇编》的条目看来，石达开远征之后所改“官制礼文”的条目不过数十条，而洪秀全所改“官制礼文”的条目有两三百条之多。制度是为人服务的。石达开既已远征，对于某些不大适用的“官制礼文”加以适当的更改，又有什么不对？

多年来，人们每每指责石达开用兵不慎，误入绝地。这是不明真实情况所造成的误会。紫打地原非绝地，大渡河亦非不可逾越的天堑。石达开的先行部队赖三所部数万人在未涨水的时候，三四天就全部渡过了河。石达开部在紫打地的覆败，实在是遭受洪水突然袭击所造成的。骆秉章的《奏报河神助顺疏》中的一段话，就足够说明问题："乃石逆于三月二十七日甫抵河干，是夜大雨滂沱，次日河水陡涨十余丈，波涛汹涌，并松林小河亦成巨浸，询之土人，向来三四月间，从未见此盛涨……该逆就擒之后，水势乃复消落，众目共睹，无不传以为异。"在科学如此发达的今天，我们对于洪水的突然袭击还是难以预料，而遭受很大的损失，那又怎能苛责一百多年前的石达开对于提前涨水没有先见之明。

石达开最后为了全军而亲赴清营谈判，受骗被俘，慷慨就义，"临刑之际，神色怡然"。但却被人误解为变节投降。这一问题不在本文讨论范围之内，姑置不论。笔者只想提出一点事实，以供同志们参考。即：凡是认为石达开变节投降的，其主要根据是出自清吏之手的《骆秉章奏疏》与所附的《石达开自述》。而《奏疏》与《自述》的内容与地方志的记载，民间口碑均不相合。我们绝不能轻信清吏的文书。这个问题还值得仔细探讨，不宜轻下结论。

当然，说石达开的远征一事并非错误，不等于说他在远征过程中就没有犯错误。在远征中，他还是有不少缺点和错误的。例如：

（一）流动作战，固然事非得已。但是流动得确实太远了一些，也太快了一些，以致缺少休整时间，影响战斗力。

（二）扩充队伍要求不严。兼收并蓄，来者不拒。重量而不重质，因而出现某些队伍军纪不佳，或者指挥不灵的情况。

（三）统战工作做得不够，与天地会的队伍既有合作，也有摩擦。大成国被清兵包围消灭之时，见死不救，更不应该。在广西时曾经介入土客械斗，造成很坏的影响。

（四）兵力过于分散，作战时不能互相配合，互相支援。例如在向大渡河进军时，他如果和先头部队密切联系，就不致因孤立无援而失败。

尽管如此，我们还是认为，石达开的远征未可厚非。在石达开离开天京之时，远征是唯一可走的道路。而且，胜利的可能性是存在的。大渡河覆军并非必然，而是包含很大的偶然因素在内。石达开本人虽在1863年失败，慷慨就义。比天京陷落要早一年。但是他的余部李文彩，却打着"真天命太平天国"的旗帜，一直奋斗到1872年，比捻军余部坚持斗争的时间还要长些。石达开远征的足迹踏遍南方各地，散布了许多革命的种子，对后世产生巨大的影响。南方各省，尤其是四川，不少有关石达开的故事在民间长期流传。“裨史漫传曾羽化，千秋一例不平鸣”，足见民间是同情石达开，怀念石达开的。辛亥革命时期，不少革命志士伪造石达开的诗文来鼓舞人心，宣传革命。这些事实充分说明石达开在广大群众的心目中绝非可耻的叛徒，而是巍然屹立、形象高大的民族英雄。

让太平天国恢复本来面目

——为金田起义150周年而作

半个世纪以来，太平天国在大陆一直是一门显学，许多有关太平军的故事，也成为大家感兴趣的热门话题。90年代以来，由于多种原因，逐渐受到冷落。

最近天津百花文艺出版社出了一本书，曰《太平杂说》，书中收集了35篇短文，其内容全都是探讨或评价太平天国历史的，作者潘旭澜先生在书中直率地说出了自己的论点：

> 洪秀全为首的太平军，是头领们利用迷信发动和发展起来的一支造反队伍。他的一套教义、教规、戒律，不但从精神到物质严厉地控制着参加造反者，而且断绝了一切可能的退路。它们的指归，在于由洪秀全个人占有天下，建立他个人的“地上天国”。这种洪氏宗教，披着基督教外衣，拿着天父上帝的幌子，以中国奴隶主和封建帝王的腐朽思想、条规，对他控制下的军民实行极其残酷的剥夺与统治，实际上是一种极端利己主义的政治性邪教。洪秀全造反获得局部成功，是以中国社会的大动乱、大破坏、大倒退为代价的，是以数以百万计军民的生命、鲜血为代价的，是以中国丧失近代的最后机遇而长期沦为帝国主义刀俎下的鱼肉为代价的。尤其可怕的是，这一切还被作为一首英雄史诗，向人们指点通向人间天堂的金光大道。

虽然在过去我们长期拔高、美化太平天国的时候，海内外也有一些学者曾经提出过疑问和异议；但是像如此彻底的否定意见，以前还没有见过。此论一出，有如一石击起千重浪，南北各地报刊纷纷发表争鸣文章，有赞成的，有补充的，有反对的，还有指为“攻击农民起义”的，形形色色，各类都有。看来这场争论针锋相对，没有调和的余地。如果太平天国是革命，能够推动历史前进，那就应该肯定；如果太平天国是邪教，只会造成动乱破坏，那就应该否定。要想解决问题，唯一的办法就是探明历史真相，让太平天国本身做出回答。

可惜100多年来,我们对太平天国总是雾里看花,难明真相。由于种种原因,我们从辛亥革命前后开始,就不断地拔高、美化太平天国。发展到今天,人们头脑中对太平天国的印象与真正的历史事实相去甚远,在这种情况下,假作真来真亦假,虽然拿得出真凭实据,想要一朝说出历史真相,使人信服,使人接受,让太平天国恢复本来面目,绝非易事,可以说是一大难题。

太平天国历史何以扑朔迷离

一段时间的历史,传闻失实者有之,因日久而湮没无闻者亦有之。但是像太平天国这样短短十几年的历史一再被人为地修改,古为今用的,却很少见。

首先借太平天国历史来“古为今用”的是孙中山先生。他当时公开号召同盟会员、革命志士宣传太平天国,宣传洪秀全,借以激发民气,推翻清廷。据宫崎寅藏《孙逸仙传》,他首先以“洪秀全第二”自居,因此大家就以“洪秀全”呼之。他又褒称太平天国诸领袖为“民族英雄”、“老革命党”。1902年,他鼓励留日学生刘成禺搜集资料,写出一本太平天国史来。1940年成书,定名为《太平天国战史》,孙中山先生为之作序,交由日本东京祖国杂志社出版,作者署名为汉公。此书史实误漏之处甚多,史学价值是谈不上的,可贵之处在于公开反清,号召革命。

值得注意的是孙中山先生的序言中有这样一句话:“洪朝亡国距今四十年,典章伟绩,概付焚如。”也就是说,孙先生以为太平天国自己的史书与典章制度全被烧掉了,一点也没有留下来。由此可以证明,他对太平天国本身的史料丝毫未见,对洪秀全是个什么样的人,对太平天国推行的是什么样制度,不甚了了。他推崇洪秀全,只不过是因其“起自布衣,提三尺剑驱逐异胡”而已。

在孙先生的倡导之下,革命党人借太平天国史事宣传反清,一时蔚然成风。1906年,黄小配所撰《洪秀全演义》成书,章太炎为之作序,序中说希望“复有洪王作也”,这就是公然号召武装反清。从此书的内容、封面来看,作者对于太平天国制度、服饰等等也是所知甚少。1907年,《民报》增刊《天讨》出版,刊出了富有民族意识的绘画《太平天国翼王夜啸图》,作者苏曼殊,题词者章太炎。苏曼殊作此画时只有24岁,鼓吹革命,热血沸腾,但对翼王石达开其人,大概是一无所知。据其女弟子何震在《曼殊画谱后序》中说:“(曼殊)所作之画,则大抵以心造境,于神韵为尤长。”对于这种但求神似不求形似的艺术作品，我们要求它符合历史的真实，实在是不必要的，也是不可能的。

以后，南社诗人高天梅更假托石达开之名写诗多首，自己出钱出版《石达开遗诗》一册，流布四方。这对宣传反清虽然起了很大的作用，但是以讹传讹，石达开能诗之名遂喧传海内。其实，据我们的考证，石达开得以流传后世的真诗，不过广西宜山白龙洞题壁诗一首而已。

革命党人为了宣传革命，推翻清廷，尽量拔高太平天国，拔高洪秀全，只取一点，不问其余，至于是否符合史实，当时根本不及考虑。例如章太炎所作《逐满歌》曰："地狱沉沉二百年，忽遇天王洪秀全；满人逃往热河边，曾国藩来做汉奸。洪家杀尽汉家亡，依旧猢狲作帝王；我今苦口劝兄弟，要把死仇心里记。"这种通俗易懂的唱词，对于鼓舞下层人民奋起反清，起了很大的作用。至于这种说法能否符合历史事实，势难兼顾。范文澜先生写了一篇《汉奸刽子手曾国藩的一生》，从上述《逐满歌》看来，称曾国藩为汉奸并非始于范先生，辛亥革命时期早已如此。

孙中山先生与革命党人为了宣传革命，推翻清廷而放手拔高太平天国，目的非常明确，而且这个目的也已经达到了。宣传中间有些背离史实之处，可以理解，可以谅解，这种做法未可厚非。但是因此却留下了后遗症，在我们的印象里，太平天国常常与"英雄"、"革命"连在一起，给认真评价太平天国的工作带来了不少困难。

值得钦佩的是，孙中山先生的头脑是清楚的。他只赞赏太平天国反清的"民族主义"，却直指太平天国"只知有民族，不知有民权；只知有君主，不知有民主。即使成功了，也不过是历史上的又一个封建王朝而已"，根本不值得效法。并在《民权主义》第三讲中说："中国的革命思潮是发源于欧美平等自由的学说是由欧美传进来的。"他认为太平天国并不是我们学习的榜样，因为他们的领袖还有皇帝思想，实行的是封建专制主义。"大家若是有了想做皇帝的心理，一来同志就要打同志，二来本国人更要打本国人，全国长年相争相打，人民的祸害便没有止境。"(《民权主义》第一讲)他虽曾经自居"洪秀全第二"，也并不以洪秀全作为学习的榜样，至少他终生不许任何人对他呼万岁，就是明证。

可是由于孙中山先生曾经有过拔高太平天国的事实，影响所及，国共两党都有了肯定太平天国的思维定式，国民党认为太平天国诸领袖是民族革命的英雄，共产党认为太平天国诸领袖是农民起义的英雄。1949 年以前，国民党政府一直认为太平天国是革命的，视之为革命前辈。其间虽然也有杂音——例如推崇曾国藩的"平乱"，大读《曾文正公家书》，但是在正式场合，从不贬低太平天国。1949 年以后，新中国把金田起义的英雄定为英雄人物、正面人物，只能歌颂，不得批评。凡此均对学术界产生了很大的影响。

即以郭廷以、简又文、罗尔纲三位先生为例，说明他们受到影响的事实。郭廷以先生最早在中央大学开设太平天国史的课程，据我所知，他早有撰写一部《太平天国史》的打算；为了给修史打下坚实的基础，乃先着手编撰一部编年体的《太平天国史事日志》。此书记事力求客观，不加褒贬，但在称呼上就无法掩盖自己的态度。郭先生在此书“凡例”中说：“太平天国革命或变乱，为近代中国史上之一大波澜。”波澜一词是中性的，但“革命”就有褒义，“变乱”则有贬义。太平天国究竟是革命还是变乱，他在成书之时尚无定论，足以说明其客观态度，但仍把“革命”放在“变乱”之前，就说明已经受到大环境的影响。至于对捻军，他就直指为“捻乱”，毫无顾忌。

简又文先生反对太平天国的“阶级斗争说”与“农民起义说”，他认为如按阶级划分，作战双方的士兵都来源于农民，于是任何一次战争都是“农民打农民”，史学界传为笑谈。对于研究太平天国，他用力甚勤，终身不懈，以一人之力完成了《太平天国典制通考》与《太平天国全史》两部大书，从纵横两个方面收罗了有关太平天国的绝大部分史料，所发议论也有不少独到之处。但他对于拔高太平天国，却也出语惊人。他在《太平天国典制通考·天号考》中说：

> 太平天国体制实为天王与五王“共有共治共享”性质，五王诚如俗言为“一字并肩王”。缘洪氏与五人在运动革命时结为兄弟，情同骨肉，大概矢誓将来打得江山是彼此“共有共治共享”的……此可于以下数事见之：如六王宗亲同称“国伯”或“国宗”，简直六人之姓皆国姓也；又各王于府内自行登殿设朝，自立小政府，有六部及其他官，俨然“天朝”内之小朝廷焉；再则定鼎天京后即开科取士，但于“天试”外，另开“东试”或“北试”、“翼试”，各取元甲翰林进士焉。可见其“共有共治共享”制度之斑斑，实开创亘古未有之怪异政体。

我们不难看出，简先生所谓“共有共治共享”之说来自19世纪60年代美国总统林肯在葛底斯堡演说中解释全民政治的口号——民有民治民享。把这种近代西方民主主义的口号套在太平天国的头上，实在不伦不类。就是在简先生所说的六人小团体中，也还是常常互相倾轧，所谓共有共治共享的情况，从来就没有出现过。太平天国内讧的杀戮之惨，洪、杨的专制残暴。简先生应该了然于胸。但竟如此不顾事实地拔高太平天国，实在令人费解。

远在 1949 年之前就主张太平天国是“农民起义说”的罗尔纲先生，长期肯定太平天国，肯定洪秀全，认为太平天国是中国历史上的一个正式的王朝，用正史的纪传体撰写《太平天国史》，这一些都是容易理解的。他对太平天国有所拔高，也就势所难免。罗先生生于 1901 年，1997 年逝世，是一位与 20 世纪同步的世纪老人。他以自己一生的辛勤笔耕与多年一贯的奖掖后进，受到许多晚辈的尊重，成为研究太平天国历史的一代宗师。我们觉得，他的拔高太平天国，至少表现在以下两个问题上：

一、他认为在战争中对老百姓烧杀淫掠的都是清军、外国雇佣军，而不是太平军。有《满清统治阶级诬蔑太平军杀人放火奸淫掳掠考谬》一文可证。我们觉得，太平军在前期军纪较严，清军的军纪一直都很差，华尔等组织的外国雇佣军更是得到清廷认可的盗匪集团，这全是事实；但是太平天国后期，神话破产，军心涣散，太平军军纪败坏，也就和清军不相上下。而且当时军队叛变的事时常发生，今天倒过来，明天又倒过去，谁是清军，谁是太平军，已经说不清楚，完全没有加以回护的必要。

二、他认为从金田起义起即已妻妾成群的洪秀全生活严肃，荒淫之说是敌人的诬蔑。我们就很难理解，“严肃”的标准是什么？因此，我们不能不认为罗先生是在拔高太平天国，拔高洪秀全。

“文革”之前，大家觉得对革命有功的英雄是该推崇，并无多大疑问；可是在“文革”中间四人帮对洪秀全的吹捧，到了匪夷所思的程度。他们认为洪秀全是真理的化身，所作所为绝对正确，无可怀疑。在太平天国中除洪秀全外，杨秀清是想篡位的野心家，韦昌辉是混入革命阵营的阶级敌人，石达开是分裂主义者，李秀成忠王不忠，是个大叛徒，一律该杀；好像除洪秀全这个孤家寡人外，太平天国里再没有一个好人。物极必反，这种极端的说法引起大家极端的反感，大家被迫重新思考，难道历史上真有这样荒唐的事？于是在四人帮垮台之后对太平天国史研究工作重新开始的时候，听到的已经不是清一色的歌颂之声，各式各样的声音都先后出现了。

1979 年 5 月，在南京举行太平天国史学术研讨会时，有人提出太平天国也是一个封建政权，其封建专制的程度更甚于清朝。

1981 年 3 月，在广州举行纪念太平天国起义 130 周年学术研讨会时，有人提出太平天国实行的是奴隶制，上层搞特权，下层讲平均。

1981 年 8 月，在四川石棉举行四川纪念太平天国起义 130 周年学术研讨会时，很多论文都为石达开说话，认为石达开的出走应由洪秀全负主要责任。

1983年3月，在南京举行太平天国建都天京130周年学术研讨会时，有论文指责太平天国的《天朝田亩制度》是公开推行奴隶制，人民全无自由，生产不能发展，历史必然倒退。

后来的各种会议，对太平天国的批评意见逐渐增多。最有代表性的否定意见是一篇公开发表的对冯友兰教授的访问记，冯先生就否定太平天国谈了自己的想法。他说："我之所以否定太平天国，因为太平天国是要推行神权政治。假如太平天国统一了中国，那么中国的历史将倒退到黑暗时期。"他又指出："有人说，太平天国建立的是农民政权，这无论如何是不对的，中国在历史上未曾建立过农民政权。"他还说："否定太平天国必然为曾国藩翻案，为曾国藩翻案必然否定太平天国，可以说这是一个问题的两个方面。"

在大陆史学界对太平天国的看法逐渐发生变化的同时，台湾史学界也有类似的情况。试以钱穆先生为例，他在作"中国历代政治得失"的讲演中提到太平天国时，扼要地提出了自己的一些看法：

> 由今看来，大家同情太平天国，认为是一个民族革命，但实际也不尽然。至少他们太不懂政治，他们占了南京十多年，几乎没有丝毫制度上的建树。
>
> 他们对下层民众，想推行均田制度，大抵是粗浅一些的社会主义，他们是有此想法的。但说到政治就太低能了。
>
> 他们国号太平天国，早可预示他们的失败。这样一个国名，便太违背了历史传统。正因为这一个集团里，太没有读书人。
>
> 若太平天国成功了，便是全部中国历史的失败了。当时洪杨不是推不翻满清，但他们同时又要推翻中国全部历史，所以他们只有失败。

台湾陈致平先生在他的巨著《中华通史》中对太平天国与洪秀全都提出了义正词严的批评：

> 定都南京后，它所能统治的地方，不过江南一隅与安庆、九江、武汉几个据点而已。所以太平天国的政权完全建立在军事上，而不能与政治配合。其作战的"冲击"、"屠戮"、"裹胁"与"流窜"的行动颇类流寇，而中国历史上的"流寇政权"是没有能成功的。
>
> 天国的法令森严，刑律惨酷，凡犯天条者，一律处死刑。天条以外之罪，也非

杖即死。死刑中又有“点天灯”、“五马分尸”、“割肉”、“抽肠”等非刑。行刑之前，往往先鸣锣聚众，讲说道理，宣布罪状，然后当众行刑，令观者惊心怵目，自然俯首听命，而造成一种恐怖气氛。这种恐怖统治，完全违背了当初革命救世的人道宗旨，自然要归于失败。

洪秀全等人，起自草莽，既缺乏政治学术，又不能罗致政治人才辅弼，而始终建立不起一个健全合理的政治组织。人性弱点，往往能共患难而难共安乐，早年誓同生死的患难兄弟，一旦享富尊荣，经不住物欲的诱惑，与权势的冲突，竟自斗而亡。最为讽刺的，是他自己揭橥的革命宗旨，常自行推翻；自己所订的天条，已自行违犯。

总而言之，过去对于太平天国历史的记载为什么严重失实，是由于以下这样一些原因所造成：

一、一百年来，许多政治家为了达到自己的政治目的，一再拔高太平天国，借宣传太平天国史事来为政治服务，每每只取一点，不问其余。

二、史学家本有秉笔直书，追求真理，澄清史实的责任。但是由于种种原因，也难免受到政治环境的影响，不能畅所欲言。或者是虽然说了，却得不到重视。

三、一般群众对于历史知识不甚了了，只好相信书本，以讹传讹，弄假成真。

近二十年来情况有所转变，对太平天国批评、指责的声音已经从无到有，从少到多，这是因为：做学问的环境相对宽松；逐渐开展的对外学术交流，特别是两岸的学术交流，有利于互相切磋，探讨太平天国历史的真相；特别有利的是：近年来陆续发现一些珍贵的史料，有的来自国外，有的来自民间。这些史料是揭开太平天国历史真相的铁证。孙中山先生当年认为已经“概付焚如”的太平天国典章制度，绝大部分都已发现。

作为学者的马克思在前后不到十年的时间里，对太平天国产生两种截然不同的看法，就是明显的例证。1853 年，马克思听到太平军胜利进军的消息，万分高兴，寄予热切的期望，想象以后东方会出现一个崭新的中国。他在《国际述评(一)》中说：

世界上最古老最巩固的帝国八年来在英国资产者的大批印花布的影响之下已经处于社会变革的前夕，而这次变革必将给予这个国家的文明带来极其重要的结果。如果我们欧洲的反动分子不久的将来会逃奔亚洲，最后到达万里长城，到达最反动最保守的堡垒的大门，那么他们说不定就会看见这样的字样：

REPUBLlQUE CHINOISE

LIBERTE,EGALITE,FRATERNITE

［中华共和国
自由,平等,博爱］

可惜太平天国太不争气,使他完全失望,1862年,当他知道了太平天国推行的各种暴政之后,又说出了如下的话:

> 除了改朝换代以外,他们没有给自己提出任何任务。
>
> 他们给予民众的惊慌比给予老统治者的惊慌还要厉害。他们的全部使命,好像仅仅是用丑恶万状的破坏来对立与停滞腐朽,这种破坏没有一点建设工作的苗头。
>
> 显然,太平军就是中国人的幻想所描绘的那个魔鬼的inpersona(化身)。但是,只有在中国才能有这类魔鬼,这类魔鬼是停滞的社会生活的产物。

新世纪已经到来,2001年的新年已经到来,金田起义150周年的纪念日也已到来,重新评价太平天国的历史任务必须开始,无可回避。太平天国究竟是革命还是邪教?洪秀全究竟是上帝之子还是魔鬼?只有靠历史事实,只有靠真凭实据来做出回答。

洪秀全的历史作用

对洪秀全的研究,重点在于他后来的所作所为,他与太平天国这一件大事的关系。众所周知,他是太平天国的领袖;也都知道,他既是太平天国的开国之君,又是亡国之君。这其中值得认真探讨。主要探讨洪秀全是不是真有开国的功劳,又是不是应该负亡国的责任?

我们不妨先来看看洪秀全是不是应负亡国之责。对这方面的探讨比较容易,因为没有什么争论。天京内讧以后,洪秀全宣布“主是朕做,军师亦是朕做”,一时兴致很高。但是随即手忙脚乱,因为军政大权过去都由杨秀清掌管,他想找人帮忙,又不敢重用外姓,只好提拔亲贵——洪仁发、洪仁达,宠信佞臣——蒙得恩等人,把国事搞得一塌糊涂。以后他的堂弟洪仁玕前来投奔,带来了一份兴国大计——《资政新篇》,他十分高兴,立刻重用,封为精忠军师。但在讨论国家大事之时,他不肯放弃半点封建特权，无法接受推行新政的建议，不久，洪仁玕即遭冷落。陈玉成、李秀成等将领在外苦战，力撑危局，却得不到他的理解与支持，动辄大骂、惩罚，使人心灰意冷。南京被围，形势危急，他还纵容洪仁发、洪仁达贪污勒索，垄断粮食，发国难财。到了事无可为之时，李秀成劝他“让城别走”，他大发脾气，说了什么“朕之天兵多于水，朕之江山尔不扶，有人扶”等等。洪秀全这些倒行逆施，班班可考。令人尊敬的罗尔纲先生在这个大问题上并没有回护他，曾经亲口对我说：“太平天国之亡，洪秀全应负主要责任。”后来为《湘军史料丛刊》作序时，他写下这样的话：

> 湘军陆军远不是太平军敌手，曾国藩也承认他的陆军“全不能战”。太平天国的败亡，实洪秀全“自惹而亡”。（《李秀成自述》）

至于他是不是开国之君？请看《李秀成自述》：

> 南王冯云山在家读书，其人才干明白，前六人之中，谋立创国者出南王之谋，前做事者皆南王也。

当时太平军全军上下都知道，开国英雄是冯云山。“谋立创国”与“前做事者”“皆”南王，而不是别人。没有冯云山的鼓励，洪秀全不会到艰苦的粤北和广西去；当洪秀全失掉信心退回广东之时。冯云山却独自到紫荆山去开创根据地。根据地已经有了规模，洪秀全还一无所知。

冯云山在紫荆山区的活动，是以传教的形式进行的，当时小地主王作新向桂平县告发，说他们图谋不轨，桂平县抓了冯云山等人。冯辩称是在传教，始得脱险。因为鸦片战争以后，英国人争到了传教的特权。他们以传教为掩护才能立足。冯云山把远在广州曾经在教会工作的洪秀全推为教主，对于群众，更增加上帝教的神秘性；对于官府，也可以引广东的教会为后台，以策安全。冯云山出于策略上的考虑，推洪秀全为教主，是完全正确的。因此，洪秀全这个领袖，只起偶像作用，并不需要他真正领导。金田起义以前，洪秀全深藏不露，不与群众见面。当时领导班子的位次是：洪秀全称天上的基督为长兄，他自己是上帝次子，一把手；冯云山是上帝第三子，二把手；杨秀清是上帝第四子，三把手；以下类推。

从金田起义到永安建国，中间经过八个月的苦战，领导班子的情况有了变化。由于战争频繁，军事第一，能够掌握群众的本地实力派杨秀清、萧朝贵地位上升，来自广东的洪秀全、冯云山地位下降。为了确保洪秀全的教主地位，冯云山做了让步，退居四把手，而让杨、萧上升为二、三把手，并由杨总揽军政大权。洪秀全发布《永安封王诏》，向全军说明“以上所封各王，俱受东王（杨秀清）节制”，确立杨秀清的领导地位。后来出师北伐，向中原进军之时，出师的檄文《奉天讨胡檄》上也只用杨、萧的名义，不用洪秀全的名义。洪秀全成了挂名的领袖，正像罗尔纲先生所说的“虚君制”的虚君——象征性的元首。

太平军入南京，洪秀全一头钻进深宫，安享富贵，不坐朝，不见人，连一个国君的基本动作也不做。因此，清方情报专书《贼情汇纂》中说：洪秀全实无其人，喜庆节日大殿上所坐的只是一个木偶。别以为此书的情报不确，在内讧发生之前，此书中就出现了相当准确的预报：“不久必有并吞之事。”

在太平天国史的研究工作中，直到今天，《贼情汇纂》仍不失为最重要的一部史料。

在冯云山支撑大局的时代，洪秀全是偶像。到了杨秀清掌握大权的时代，洪秀全更下降成为木偶。飞扬跋扈的杨秀清看透了洪秀全的无能，只把洪秀全作为一个木偶，一个道具对待，丝毫不加尊重，甚至假借天父下凡的名义指责洪秀全的短处，要打屁股，经百官求告，始予“赦免”。洪对杨积怨已深，又不甘心长期充当木偶，所以在1856年夏，暗中联络了一批对杨不满的人，采取突然袭击的手段，杀了杨的全家，并且株连两万余人，杀得全城天昏地暗。杨秀清为何被杀？洪秀全并没有公布他的罪状，只散布一些谣言，说是杨秀清“逼封万岁”。我在1982年1月发表了《逼封万岁的谣言是怎么来的？》一文，指出其中内幕：

> 洪秀全和韦昌辉发动突然袭击杀害东王杨秀清时，总得找个借口，于是在杨秀清死后，立即出现了“逼封万岁”的谣言；由于杨秀清及其部属二万余人无辜被杀，群情愤激，为了挽回人心，在韦昌辉伏诛之后，又出现了“无诏擅杀”的谣言；及到石达开愤而离京，远征不返，为了稳定人心，把罪名推给石达开，又产生了“诛杨密议”的谣言。根据“谣言对谁有利”的线索，我们不难发现，这些谣言都来自天王府，来自洪秀全。

今人一再把洪秀全奉为农民起义的领袖，奉为中国历史上规模最大的一次农民起义的领袖。那么，就请看看洪秀全自己是如何看待农民起义的。1844—1845年，冯云山正在努力开辟农民起义的根据地，洪秀全则在广东老家教书，写作诗文。其中有一篇《百正歌》，劝人崇正辟邪，去恶从善。歌中直指黄巢、李闯等人为邪恶。洪秀全出身农民家庭，但是太平天国公布的《天朝田亩制度》中，却视农民为贱民。简又文先生在《太平天国典制通考·田政考》中对此作出评论说：

以上所列各款，皆以黜贬为农为惩戒犯官之最重大的刑罚，仅亚于死刑，等于清廷之充军，或发放到新疆或黑龙江充当苦工效力一般的严重处分。是故农民在各阶层中，身份上一点尊贵也没有了，其地位之卑贱等于罪囚。

广西紫荆山区许多纯朴的农民做出了最大的牺牲把洪秀全捧上了天王的宝座，但是这位忘本的"天王"却如此看不起农民。太平天国后期，在他自己"亲政"的时候，镇江地区出现了顾某所发动的农民起义，驻防的太平军毫不手软地加以镇压。农民起义的队伍又去镇压农民起义，真是一个极大的讽刺。

洪秀全的私生活也颇有可议之处。如果是匹夫匹妇，私生活是小节，无关大局。但是洪秀全的私生活却严重影响了太平天国的大局，不可不问。作为封建帝王，多妻纵欲，广置嫔妃，这本不足为奇。但是洪秀全与别人不同之处，一是在起义之初脚跟还未站稳的时候拖带一大批女人，二是他的虐待嫔妃到了伤天害理、灭绝人性的程度。

据《洪大全供词》：在起义之初，"洪秀全耽于女色，有三十六个女人"。又据外人的报道，金田起义后，驻军石头脚时，洪秀全已有15个女人。英文《华北先驱报》654号（1863年2月2日出版）中有一篇《天王惩戒娘娘记》。文中说："1851年，当天王由广州来（广西）时，中途勾引（原文作偷盗）一个不幸的女子，而此女子则于此时欲私逃回家。天王曾虐待她，而却畏惧受人指摘，乃托言天父传旨以惩罚之……天王众妻全体均被传到，十五位娘娘，一一出现。"

如果说，洪大全的话和外人的报道均不足信，那么请看太平天国"旨准颁行"的正式官书《天父诗·一百一十六》：

天兄耶稣在石头脚下凡圣旨：天兄曰：咁多小婶有半点嫌弃怠慢我胞弟，云中雪飞。

其中所说天兄下凡的时间为金田起义之后的16天，地点为距金田十多公里的江口石头脚。"天兄"下凡借萧朝贵之口说的话是：咁多（这么多）小婶（指洪秀全的一群妻子）有半点嫌弃怠慢我胞弟（指洪秀全），云中雪（刀的隐语）飞。（刀要飞，即指要杀人。）

天京宫廷生活中，洪秀全把嫔妃当成一群牲口，动辄打、杀，宫廷生活是一片肃杀之象。请看一看太平天国“旨准颁行”的官书《天父诗》十七、十八中所载对后妃的管教规定：“服事不虔诚，一该打；硬颈不听教，二该打；起眼看丈夫，三该打；问王不虔诚，四该打；躁气不纯净，五该打；讲话极大声，六该打；有喙不应声，七该打；面情不欢喜，八该打；眼左望右望，九该打；讲话不悠然，十该打。”拙著《太平天国词语汇释》（1984 年 10 月出版）第 7 页对于这些规定加按语曰：“通过这些清规戒律，可以看出洪秀全对其后妃管得极为严酷而不近人情。她们啼笑皆非，左右为难，诚惶诚恐，动辄得罪。从这一点，就能推知太平天国实行男女平等的说法不可轻信。”

洪秀全对后妃虐待不仅是打，是杀，而且使用各种酷刑来慢慢消遣。《太平天国大辞典》“煲糯米”条中说，天王用来惩处妃嫔的酷刑包括“一说系用硫黄火点天灯，即《御制千字诏》：‘淫乱秽亵，硫黄烧尔’，《天父诗·四百九十》：‘面突乌骚身腥臭，喙饿臭化烧硫黄。’一说是将受刑者绑跪大锅水中，慢火煨水升温，至臀股煮烂而死。”在十多年中间，洪秀全通过一些佞臣，把一批批天真的少女从她们父母手中夺来，关进天王府的深宫以供淫乐。她们有时犯了鸡毛蒜皮的小事，或者只是因为洪秀全心情不好，看不顺眼，就可能被打、被杀（比较幸运，死得痛快），遭受酷刑，被慢慢地烧死，烧得乌焦巴弓；被慢慢地煮死，煮得肉尽剩骨。

太平天国的实质是什么

要问太平天国究竟是革命还是邪教？这不是简单的一句话所能回答，需要说明那十几年中事情发展变化的过程。这个过程说清楚了，答案也就很自然地浮出水面。请先看一组词：

革命	起义	起事	造反	叛乱	邪教

它们都不是孤立的，也不是静止的，相互之间都可以发展变化。例如“起义”可以上升为“革命”，“邪教”可以发展为“叛乱”，等等。从词义褒贬上来看，“革命”“起义”显然有褒义，“叛乱”“邪教”显然有贬义，“起事”则是中性词，因为此“事”可能是好事，也

可能是坏事。说“造反”还得看是谁造反，造什么人的反。就连最好的革命与最坏的邪教之间也不是全无瓜葛。辛亥革命就有不少会党参加，会党中难免也有邪教分子。

我在这里只提邪教，不提正当宗教。因为正当宗教有教规约束，不容许成为“叛乱”的温床。当然，在某些特殊情况下，正当宗教的机构也会被邪教所利用。在历史上，农民起义或流民起事总不免与宗教有牵连。如汉末黄巾军之与太平道，宋代方腊之与摩尼教，明代朱元璋之与明教，清代各地起事队伍之与白莲教，等等。其原因也不难理解，在封建社会中，老百姓既不能组党问政，也不能集会结社。只有通过宗教活动，人们才能获得经常聚会的机会。也不论是什么宗教，土生土长的，或是外来的皆可利用。大致开头是借助于正式宗教活动，以后为了达到自己的政治目的，逐渐转为邪教活动，太平天国就是这样。洪、冯先是在传布基督教的掩护下，到处寻找发展机会。同时借用一些基督教教义，另创上帝教。等到后来他们与杨、萧的力量结合，承认了天父、天兄下凡等神鬼附身的荒唐举动，当然就成了地道的邪教。

古今中外都有邪教，从两千年前我国土生土长的邪教，到20世纪美国、日本的新型邪教，名目不同，花样百出，各有各的个性；但是中外古今的各种邪教，也必然有其共性，才能与正当宗教有所区别。这些共性大致是：

一、正当宗教要求教徒恪守教规，劝人行善，从宗教信仰上获得精神上的寄托。既不危言耸听，用种种灾祸来恐吓教徒，也不对教徒作空头许诺。邪教则常以世界末日来吓人，并许诺信教可以逃避灾祸，进入天国。太平天国正是一再做出许诺，入教可登入小天堂、大天堂，不入教者在世会有“蛇虎伤人”(《李秀成自述》语)，死后堕入地狱。

二、邪教都会装神扮鬼，特别是会吹嘘教主能知天意，能与天神沟通。太平天国除吹嘘洪秀全是天上派来的世界万国独一真主，还按广西“降僮”的迷信习俗吹嘘天父能附杨秀清之身下凡说话，天兄能附萧朝贵之身下凡说话。

三、邪教都需要敛财。因为正当宗教能够公开募化，或有经费来源，邪教必须自筹活动经费，否则无法生存，无法发展。太平天国则要求入教者把全部财物交公，做得最为彻底。

四、正当宗教只要求内部的宗教职业者遵守教规，对教徒们不做硬性要求，对许多宗教活动也只是自愿参加。邪教是一种半公开半秘密的组织，为了保证自身的生存和发展，无不对入教者加以严格控制。太平天国军民不分，全民皆兵，入教者都成了“圣兵”，以教规——十款天条作为军律，对内控制之严，堪称空前绝后。

五、还有个怪现象也是古今中外的邪教所专有，而为正当宗教所绝无。这就是邪教的教主都是淫棍,年轻的女教徒都是他们的猎物。因为邪教既从身心两方面都严格控制了所有的教徒,也就给了教主对女教徒为所欲为的可乘之机。太平天国洪、杨两个的多妻纵欲,甚至以天父天兄的圣旨作为根据,也是够荒谬的。

以这五项标准来衡量,太平天国正是不折不扣的邪教。那么,是不是就可以在太平天国与邪教之间画了等号?事情也并不如此简单。可以说,在太平天国的领袖们中间——如开国元勋冯云山、石达开,如后来抱着满忱热诚前来投奔的洪仁玕——是极不愿意让太平天国堕落为邪教组织。他们冒着极大的风险,做了极大的努力,希望力挽狂澜,把太平天国推上正轨,可惜由于种种原因,最后都归于失败,壮志难酬,抱恨终天!

历代农民起义或流民起事,大都利用过邪教。邪教是一种破坏的力量,推翻旧王朝需要利用它,它不是一种建设的力量,建立新王朝就用不上它。因此,比较聪明的领袖在取得初步胜利之后,就会断然抛弃邪教,重用知识分子,来建立正规的新王朝,谋得长治久安。

冯云山是个胸怀大志的知识分子,在他规划中的太平天国,是一个驱除鞑虏恢复中华的新王朝。利用宗教策动起义是他决定的方针,杨秀清搞的天父下凡的把戏是得到他的追认之后才能继续下去。利用邪教来打开局面,只是权宜之计,不可能长治久安。如果冯云山不是在湘桂边境战死,则放弃邪教,让太平天国转入正轨的计划就有实现的可能。冯云山做了最艰苦的开国工作,对太平天国的典章制度作了详细的规划。在他牺牲之后,无人能够制约杨秀清,杨秀清才能把天父下凡的闹剧一直带到南京去,让不登大雅之堂的民间陋习公然登上大雅之堂。天京内讧固然是由洪秀全一手策划的,但是使洪、杨矛盾不断激化的主要原因,就在于杨秀清肆无忌惮地大搞邪教活动——表演天父下凡,一再羞辱或杖责诸王、百官,包括洪秀全。

天京内讧是一场噩梦。身经百战的老兄弟在起义后的六年中,不过牺牲四千余人;而在不到一个月的内讧中,牺牲的人数就在两万以上。城里的内讧爆发,城外的清兵将领欣喜若狂,他们在奏报清廷时很有信心地说:“洪杨股匪,不患今岁不平。”这个时候,如果不是石达开力挽狂澜,太平天国这艘破破烂烂的大船在 1856 年之内就会沉没了。

年仅 20 岁的石达开毁家纾难,参加金田起义,态度鲜明,就是为了反清,为了驱除鞑虏,还我河山。对于邪教活动,他丝毫不感兴趣。连《贼情汇纂》一书中也说他“不甚附会俚教邪说”。在驻军安庆的时候,他就反对杨秀清在南京推行的兵民合一,吃大锅饭,主张“照旧交粮纳税”,让老百姓安心发展生产。内讧爆发,噩耗传到前线,他心急如焚，只身回京，阻止内讧扩大；可惜洪秀全、韦昌辉都不听他的意见，韦昌辉还对他暗算，袭杀他的全家。他缒城逃走，随即率领四万大军，兴师靖难。洪秀全不得已，只好杀了韦昌辉，向他谢罪，迎他进城。这时局势极为严重，内讧余波未息，清兵伺机攻城，善后的重任就完全落在石达开的头上。

在风雨飘摇的时刻，洪秀全六神无主，只有事事听石达开的裁断；一旦局势粗安，他又故态复萌，开始算计自己人了。石达开功高震主，自然使他不放心。他先封自己的两个哥哥为王，逐步夺石达开的权；以后又想重演袭杀杨秀清的故技，谋害石达开。石达开得到消息，仰天长叹，为了避免又一次内讧，他只好被迫离京，远征不返。出发时在沿途贴出《五言告示》，自表心迹，并安抚广大军民。在告示初稿中，他说明了洪秀全对他意图加害，但是后来又觉得影响不好，于是加以修改，文字比较隐晦。现在流传的《五言告示》，都是修改稿，初稿已经少见。

石达开远征之后，继续反清，独立作战。太平天国晚期，洪秀全擅改国号为“天父天兄太平天国”，天父天兄是假，天王是真，也就是说，洪秀全已把太平天国视为个人私产。石达开拒绝接受这个国号，一直沿用金田起义时的“真天命太平天国”这个老国号，《石达开对涪州四民训谕》一文可以作证。直到大渡河覆军殉国为止，石达开不改初衷，一直忠于太平天国。

石达开是首义六王中年纪最轻的一位，文才武略，出类拔萃。尤其难得的是，他的头脑十分清醒，知道邪教不可久恃，力主改制，让太平天国通过农民起义的正道推翻清廷，建立一个富强的新王朝。内讧以后，神话破产，产生了信仰危机。如果洪秀全能下决心重用石达开，以石达开的魄力，完全可以扭转局势，抛弃邪教，走上正途。但是洪秀全始终信邪不信正，信己不信人，容不得正派与有才能的人，必杀之或逐之而后快。这样，在内讧惨剧之后出现的一线生机，就被洪秀全亲自掐断了。

1859 年，石达开远征的两年之后，洪仁玕不辞千辛万苦，前来投奔，给垂死的太平天国又带来了新的希望。洪仁玕不是为寻求宝贵而来，是为做一番事业而来，是想以太平天国政权为载体，建立一个现代化的新国家。这样做虽然困难重重，也不全是幻想。以当时的中日两国相比，日本的人口、资源、实力都比不上中国，封建势力和中国同样的根深蒂固。太平天国占领地区是一片富庶之区，因与租界邻近，已经受到一些资本主义国家的影响，具有推行新政的基础，日本当时还没有这样的地区。日本可以在 1868 年进行明治维新，中国为什么不可以在 1859 年推行新政！

洪仁玕提出自己的规划，说他可以通过许多在香港结识的外国传教士争取外援。

有些西方人士听说太平天国是个信仰基督教的政权，引为同道，如果可以合作，将从各个方面给予支持，援助。先决条件是要太平天国推行新政。洪秀全开头还很欣赏洪仁玕提出的《资政新篇》，在某些建议上批了“此策可行”的字样以示支持。要真正推行之时，他退缩了。最终洪仁玕被冷落了，洪仁玕徒呼负负，无可奈何。

推行新政的事，尽管任重道远，但是只要开了一个头，太平天国就不再是邪教，不仅可以称为起义，而且可以称为革命——因为这个政权已经抢在日本之前推行新政，可以富国强兵，推动历史前进。可是谈来谈去，最后还是被洪秀全所否定，太平天国最后的一线生机还是让洪秀全自己亲手掐断了。在这一点上，洪秀全和慈禧太后的态度是惊人的一致——宁肯亡国，不愿变法！

在太平天国十多年的短促的历史中，经过了不少波澜起伏。开始依靠邪教以策动起事，这是事非得已，不得不然。但是后来形势发展，一再出现了可以抛弃邪教，改弦易辙的机会。既可能按传统的模式改朝换代，建立一个反满复汉的新王朝，使得士农工商各安生业；还可能走上革命的道路，在古老的东方首先推行新政，实现富国强兵，建立起一个现代的新国家。只可惜机会一失，时不再来。

但是我们却不能在太平天国与邪教之间画上等号。如果这样，我们将把冯云山、石达开、洪仁玕这些志士仁人置于何地？将把成千上万自觉地为了救国救民而奋斗牺牲的忠勇军民置于何地？就是对那些被愚弄而付出了生命代价的人们，我们也不忍心加以指责。真正应该受到谴责的只是那些暴君、野心家、佞臣、走狗，如此而已。更重要的，是我们必须从一场历史大悲剧中吸取教训，让后人不要再蹈前车的覆辙。思之再三，我觉得对于太平天国可以称之为一场流产了的革命，一场失败了的起义，一个不应该长期延续却可悲地一直延续到覆亡的邪教集团。

2000 年 11 月 22 日于海口

出版说明

本卷是继《史式文集》第一卷之后，史老关于太平天国研究的又一部重要著作，所收录的文字，写作时间大多在20世纪八九十年代，因着当时的语言习惯及历史因素，文中有些用词现在看来不够准确，我们此次重新编辑出版，对其稍做了调整。

有些地名的称呼和辖区也有变动，如"武隆司（今武隆县）"，圆括号中为史老写作该文时的注释。武隆司是所叙历史事件发生时的地名称呼，史老写作此文时，在行政区划上已改作武隆县，所以史老注释为"今武隆县"。但时至今日，由于行政区划的再次变动，武隆县已调整为武隆区，隶属于重庆市管辖。书中此类情况较多，我们不一一做注，希望读者诸君能够根据文章写作背景和时间仔细分辨，与今之地名和行政区域进行对照，以免误读。

众所周知，太平天国政权有造字、改字的传统，因此其发布的文件中，多有一些现在不用的字或词，此次收录，视情况对其进行保留，不强行规范和统一，以便读者诸君能够了解原始资料。

今日，第二卷付梓在即，但距离第一卷的出版已有两年多了，我们工作进度的缓慢，实有愧于史老的在天之灵，也愧对读者诸君的翘首企盼。

《史式文集》编辑部

2018年4月5日清明节